KB216575

커피 연구
최신 동향

Coffee: Recent Developments
by Ronald Clarke, O. G. Vitzthum

Coffee
Recent Developments

R.J. Clarke and
O. G. Vitzthum

커피 연구 최신 동향

R.J. 클라크, O.G. 비츠툼 편저
이민주 옮김 | 허상혁 추천·감수

아마존북스

커피 연구 최신 동향

초판 1쇄 인쇄 | 2024년 10월 20일
초판 1쇄 발행 | 2024년 10월 25일

편저자 | R.J. 클라크, O.G. 비츠툼
옮긴이 | 이민주
추천 · 감수 | 허상혁
펴낸이 | 최화숙
편집인 | 유창언
펴낸곳 | **아마존북스**

등록번호 | 제1994-000059호
출판등록 | 1994. 06. 09

주소 | 서울시 마포구 성미산로2길 33(서교동) 202호
전화 | 02)335-7353~4
팩스 | 02)325-4305
이메일 | pub95@hanmail.net | pub95@naver.com

ISBN 978-89-5775-261-6 93590
값 89,000원

* 아마존북스는 도서출판 집사재의 임프린트입니다.

이 책을 추천하며

허상혁 KCBC 한국커피추출센터 원장

과학적인 접근으로 커피가 발전하게 된 지도 오랜 시간이 지났다. 물론 커피 산업이 발전함에 따라 경제적인 측면의 발전이 눈에 띄지만 아직도 한잔의 완벽한 커피를 향한 커피인들의 열정이 뜨겁다.

이 책은 커피가 연구를 통해 과학적인 접근을 하게 된 첫 번째 책이라는 의미도 있지만 오랜 시간 동안 700백여 개의 논문 결과들의 집합체이기도 하다.

커피의 맛이 어떻게 변화되는지 커피의 성분들을 나열하며 서로의 상관관계를 설명하고 있다. 그동안 풀리지 않았던 맛의 다양한 표현들이 과학적인 방법으로 풀어냈던 책이기도 하다.

나는 이 책을 첫 페이지부터 공부하는 책으로 인식되기보다는 우리가 커피를 접근하며 풀리지 않았던 부분을 찾아보는 커피 백과사전이라는 의미가 크다.

이 책을 기획하며 어려운 부분도 많았지만 커피를 사랑하는 많은 사람들에게 길잡이가 되어줄 것이라고 생각한다.

서 문

커피에 관한 과학 기술을 총망라한 제6판을 출시한지도 꽤 오랜 시간이 흘렀다. 1985~1988년 당시 클라크와 맥래 편집장은 화학과 공학, 생리학, 농경제학, 관련 음료, 상업 및 기술-법 분야를 폭넓게 다루었고, 이보다 앞서 1985년과 1979년에 클리포드와 윌슨, 시베츠와 데스로지어스가 각각 커피 관련 종합서를 출판한 바 있다. 로버트 맥래 편집장은 지난 1995년 일찍 세상을 떠나버린 탓에 그가 남긴 문학과 과학 저서들이 더욱 아쉽게 느껴진다.

도서 편집팀은 이번 개정판에 새로운 주제들을 추가할 적기라고 판단했다. 국제과학커피협회가 주관하는 제7차 커피학회가 개최되었으며, 1987년 이후 학회 프로시딩(학술 연구 논문 모음집)에 500여 편의 논문이 실렸다. 덕분에 15명의 국제적으로 저명한 커피 과학자와 공학자로부터 다양한 분야의 새로운 정보들을 독자들에게 소개할 수 있었다.

이번 개정판에서는 비휘발성과 휘발성 화합물 관련하여 세 개의 챕터를 추가하였다. 최근 풍미를 결정하는 성분으로서 새로이 밝혀지거나 정확히 규명된 주요 내용들을 포함시켰다. 이 외에도 커피 공학에 관한 챕터 4개를 업데이트했다. 특히 로스팅 최신 기술 동향을 다룬 챕터와 인스턴트 커피와 디카페인 공정 관련 2개 챕터, 가정/케이터링 음료 조제에 관한 최신 동향을 실었으며, 특히 이탈리아 에스프레소를 중점적으로 살펴보았다.

커피 섭취로 인한 생리학적 효과는 과학계와 일반 대중에게 초미의 관심사였던 만큼, 최근 10년간 발표된 각종 문헌들과 연구들을 종합해서 커피와 건강 챕터에 소개하였다. 농경제 분야에서는 전통 기술과 조직 배양체 기술을 이용한 커피 육종이 지속적으로 발전해왔다. 또한 커피 나무의 유전자와 그 기능에 대한 심층적인 이해가 도모되면서 관련 분야가 비약적으로 발달하였다. 이를 토대로 유전공학을 이용해 무카페인 커피 나무처럼 원하는 형질을 얻을 수 있는지 가능성을 타진하거나 실현화하기도 했다. 마지막으로 국제커피기구 등 국제기구들의 최근 활동 등 커피에 관한 다른 주제들도 별첨에서 상세히 다루었다. 기고자의 의견은 어디까지나 개인의 견해일 뿐이며, 편집인들의 의견을 반영하지 않았음을 밝혀둔다.

기고자 명단

하르트무트 H. 발저 박사, 독일 뮌헨 D–81737, 운트비버제아스트라쎄 15, 크래프트푸드 R&D 주식회사(Dr Hartmut H. Balzer, Kraft Foods R&D Inc., Unterbibergerstrasse 15, D–81737, Munich, Germany)

(1B 커피의 산성 물질)

토머스 W. 바우만 교수, 스위스 취리히대학교 식물학연구소(Professor Thomas W. Baumann, Institute of Plant Biology, University of Zurich, Switzerland)

(10. 농협 경제학 II: 발생 및 세포 생물학)

앨런 G.W. 브래드버리 박사, 독일 뮌헨 D–81737, 운트비버제아스트라쎄 15, 크래프트푸즈 R&D 주식회사(Dr Allan G.W. Bradbury, Kraft Foods R&D Inc., Unterbibergerstrasse 15, D–81737, Munich, Germany)

(1A 화학 I : 비휘발성 화합물)

크리스토프 캐빈, 스위스 CH1000 로잔 28, 베르스 체슬레스 블랑, 사서함 44, 품질 및 안정인증부, 네슬레연구센터(Christophe Cavin, Nestle Reserch Center, Department of Quality and Safety Assurance, PO Box 44, Vers chez–les Blanc, CH1000 Lausanne 28, Switzerland)

(8. 건강에 미치는 효과와 안전성)

로널드 F. 클라크 박사, 영국 PO20 7PW, 웨스트 서식스, 체스터, 도닝턴, 애쉬비 코티지 (Dr Ronald J. Clarke, Ashby Cottage, Donnington, Chichester, West Sussex, PO20 7PW, UK)

(6. 공학 III: 인스턴트커피)

앤 콘스터블, 스위스 CH1000 로잔 28, 베르스 체슬레스 블랑, 사서함 44, 품질 및 안정인증부, 네슬레연구센터(Anne Constable, PO Box 44, Vers chez–les Blanc, CH1000 Lausanne 28, Switzerland)

(8. 건강에 미치는 효과와 안전성)

C. 파블로 R. 두보이스, 영국 W1P 4DD, 런던, 버너스 스트리트 22, 국제커피기구(C. Pablo. R. Dubois, International Coffee Organization, 22 Berners Street, London, W1P 4DD, UK)

공학박사 루돌프 에게스 교수, 함부르크–하부르크 기술대학교, 독일, 함부르크, D–21073, 아이센도르프 스트라쎄 38(Professor Dr.–Ing. Rudlof Eggers, Technical University Hamburg–Harburg, Eissendorfer Strasse 38, D–21703 Hamburg, Germany)

(4. 공학 I : 로스팅)

베르너 그로쉬 교수, 독일 제어메딩, D–85604, 부르크스트라쎄 3B(Professor Werner Grosch, Burgstrasse 3B, D–85604, Zermeding, Germany)

(3. 화학 III: 휘발성 화합물)

볼프강 하일만 박사, 독일 D–28355 브레멘, 홀러렌더 비크 50(Dr Wolfgang Heilmann, Hollerender Weg 50, D–28355 Bremen, Germany)

(5. 공학 II: 커피의 디카페인)

셀리치 호마 교수, 오카노미즈대학교 영양 및 식품과학과, 일본 112–8610, 동경, 분쿄 구 오츠카 2–1–1(Professor Selichi Homma, Ochanomizo University, Department of Nutrition and Food Science, Ohtsuka 2–1–1 Bunkyo–ko. Tokyo, 112–8610, Japan)

(2. 화학 II: 비휘발성 화합물)
이사벨 쾰링 스피어 박사, 드레스덴공과대학, 수학 및 자연과학 융합 교수, 식품화학연구소, 독일 드레스덴 D-01062(Dr Isbelle Kölling-Speer, Institut für Lebensmittel-chemie, Facltat für Mathematik and Natur-wissenschften. Technisch Universitat Dresden, D-01062 Dresden, Germany)

(1C 지질)
마리노 페트라코, 이탈리아 트리에스테 34147, 비아 플라비아 110, 일리카페 스파(Marino Petracco, Illycaffe Spa, Via Flavia 110, 34147 Trieste, Italy)

(7. 공학 IV: 음료 제조: 브루잉의 미래 동향)
아너 피치 공학박사, 독일 바터마이드 유럽기술지도사무국 GmbH(Dr.-Ing, Arne Pietsch, Eurotechnica Ingenieurbüro GmbH, Bartemeide, Germany)

(4. 공학 I: 로스팅)
브누아 쉴터 박사, 네슬레연구센터 품질안정인증부, 스위스 CH1000 로잔 28, 베르스 체슬레스 블랑, 사서함 44(Dr Benoit Schilter, PO Box 44, Vers-chez-les Blanc, CH1000 Lausanne 28, Switzerland)

(8. 건강에 미치는 효과와 안전성)
마로 손달 박사, 피토링크 코퍼레이션, 미국 08054 뉴저지 마운트로렐 에딘버러가 6(Dr Maro Sondahl, Fitolink Corporation, 6 Edinburgh Lane, Mount Laurel, 08054 NJ, USA)

(10. 농협 경제학 II: 발생 및 세포 생물학)
칼 스피어 교수, 드레스덴공과대학, 수학 및 자연과학 융합 교수, 식품화학연구소, 독일 드레스덴 D-01062(Karl Speer, Institut für Lebensmittel-chemie, Facltat für Mathematik and Natur-wissenschften. Technisch Universitat Dresden, D-01062 Dresden, Germany)

(1C 지질)
존 스타일스, 인티그레이티드 커피, 테크놀로지 주식회사, 미국 하와이 호놀룰루 96813 알라 모아나가 4 워터프론트 플라자 575(Dr John Stiles, Integrated Coffee, Technologies Inc., 4 Waterfront Plaza, Suite 575, 500 Ala Moana Boulevard, 96813 Honolulu, Hawaii, USA

(11. 농업 경제학 III: 분자 생물)
안젤리카 트리취, 네슬레연구센터 품질안정인증부, 스위스 CH1000 로잔 28, 베르스 체슬레스 블랑, 사서함 44(Dr Angelika Tritscher, PO Box 44, Vers-chez-les Blanc, CH1000 Lausanne 28, Switzerland)

(8. 건강에 미치는 효과와 안전성)
헤르베르트 반더 보센, 네덜란드 16 CA 벤후이젠, 스틴후일 18(Dr Herbert Van der Vossen, Steenhuil 18, 1606 CA Venhuizen, The Netherlands)

(9. 농업 경제학 I: 커피 육종 기술)

차 례

Chapter 2
화학II: 비휘발성 화합물

S. 홈마

Chapter 3
화학III: 휘발성 화합물

W. 그로쉬

Chapter 4
공학 I: 로스팅
R. 에거스 및 A. 피에츠

Chapter 5
공학 II: 커피의 디카페인
W. 하일만

Chapter 6
공학 III: 인스턴트 커피
R.J. 클라크

Chapter 7
공학 IV: 음료 제조: 브루잉의 미래 동향

M. 페트라코

Chapter 8
건강에 미치는 효과와 안전성

베노이트 실러, 크리스토프 캐빈, 앤젤리카 트리처, 앤 콘스터블

Chapter 9
농업 경제학 I: 커피 육종 기술

허버트 A.M. 바스 반 데르 보센

Chapter 10
농업 경제학 II: 발생 및 세포 생물학

M.R. 손달, T.W. 바우만

Chapter 11
농업 경제학 III: 분자 생물

존 I. 스타일스

별첨 1 국제표준화기구 (ISO)

별첨 2 국제커피기구(ICO)

별첨 3 단위와 숫자

CHAPTER 1

화학 I : 비휘발성 화합물

CHEMISTRY 1: NON-VOLATILE COMPOUNDS

A.G.W. 브래드 버리
크래프트 푸드(Kraft Foods R&G inc.) 독일 뮌헨 소재

1A
탄수화물

A.G.W. 브래드버리
크래프트 푸드(Kraft Foods R&G Inc.), 독일 뮌헨 소재

1.1 | 서론

이번 장은 커피의 탄수화물을 화학적으로 분석한 문헌들을 정리한 것으로, 트루고(Trugo) 연구(1985) 이후에 진행된 문헌들을 주로 다루고 있다. 커피에서 탄수화물은 차지하는 비중이 높은 만큼 중요한 의의를 갖는다고 할 수 있으며, 건조 중량에서는 커피 생두의 절반이나 차지한다. 커피 생두에 들어 있는 저분자 탄수화물과 고분자 탄수화물 모두 로스팅 과정에서 화학적 변화가 크게 일어난다. 탄수화물은 로스팅 커피와 솔루블 커피 가공품(커피 추출액을 건조해 분말로 만든 커피: 역자)에도 물론 다량 함유되어 있다. 이번 장에서는 생두와 로스팅 커피, 솔루블 커피에 있는 탄수화물의 구성과 특성을 자세히 소개한다.

1.2 | 생두

1.2.1 저분자 탄수화물

커피 생두에서 중요한 저분자 탄수화물이나 당류를 꼽자면 수크로오스(자당)라 할 수 있겠지만 차지하는 비중은 상대적으로 적은 편이다. 앞서 발표된 함량을 보면 원두 종류에 따라 함량도 큰 차이를 보이지만 대체적으로 아라비카 원두 품종은 로부스타 품종의 수크로오스보다 두 배나 많다. 여러 논문에서 확인된 수크로오스의 함

량을 보면 로부스타 원두는 보통 2~5%인 반면 아라비카 품종은 5~8.5% 수준이다(Clifford 1985). 룰만과 실와르(1988; Lüllmann & Silwar, 1989)는 고성능 액체 크로마토그래피(HPLC) 시험법을 이용해 13개 커피 생산국의 생두 샘플 20개에 대한 저분자 탄수화물의 조성을 밝혀냈다(표 1.1). 해당 연구에서 밝혀진 주요 내용은 다음과 같다.

(1) 아라비카 샘플 중 자당 함량은 6.25~8.45%이고 로부스타 샘플은 0.9~4.85%였다(최저값인 0.9%, 1.25% 제외 시 로부스타는 상기 범위에 모두 해당).
(2) 로부스타 품종은 아라비카보다 환원당이 많았다.
(3) 자당 외에, 로부스타 샘플 1개에 말토오즈(엿당)(0.01%)가 극소량 함유되어 있었고, 기타 단순 올리고당에 속하는 '장내 가스를 유발하는 당류'나 라피노오스, 스타키오스는 확인되지 않았다.

생두가 숙성되거나 가공되는 동안 내인성 효소가 작용함에 따라 다당류로부터 단당류가 만들어진다고 추측해 볼 수 있다. 실제 모든 커피에 단당류인 아라비노오스가 소량 함유되어 있거나 대다수 샘플에서 만노오스를 확인할 수 있었던 반면, 유리 형태의 갈락토오스(유당) 단당류가 함유된 샘플은 없었다.

당류 데이터들은 고성능 액체 크로마토그래피(HPLC) 또는 가스 크로마토그래피(GC) 시험법으로 주로 측정되었다. 그러나 전기 검출 기능을 결합한 이온 교환 크로마토그래피가 최근 등장하면서 분리능이 뛰어나면서도 검출한계까지 낮출 수 있게 되었다. 이 시험법은 커피의 당류 분석법으로 각광을 받으면서 특히 상업용 솔루블 커피 제품 분석에 많이 이용되기도 한다(1.4.1 참조). 바로 이 기술을 활용해 잽(Zapp, 개인 서신)은 인도네시아 로부스타 커피 3종에서 수크로오스 2.60%~3.02%를 검출해냈다. 아울러, 건조시킨 가공 아라비카 원두(브라질산)에서 수크로오스 6.6%, 습식 가공 아라비카 샘플 2종에서 7.02%(뉴기니산), 6.5%(멕시코산)를 각각 확인했다. 이를 통해 숙성 정도에 따라 수크로오스 함량도 증가함을 알 수 있으며, 특히 결점두에서 이러한 특징이 두드러졌다. 실제 설익은 브라질 블랙빈과 브라질 생두의 수크로오스는 일반 원두 대비 1/3, 1/5 수준에 그쳤다(Mazzafera, 1999).

표 1.1 아라비카 및 로부스타 커피의 단당류, 이당류 함량 (Silwar & Lüllmann, 1988.)

커피	수크로오스	과당	포도당	만노오스	아라비노오스	람노오스	합계
아라비카							
콜롬비아	8.20	0.15	<0.01	ND	<0.01	ND	8.35
콜롬비아	8.30	0.07	0.30	ND	0.05	ND	8.72
살바도르	7.30	0.02	<0.01	ND	0.09	0.02	7.43
브라질	6.65	0.15	<0.01	0.02	0.15	ND	6.87
브라질	6.30	0.15	<0.01	0.10	0.07	ND	6.62
케냐	8.45	0.02	<0.01	<0.01	0.07	0.01	8.55
케냐	7.05	0.03	<0.01	0.06	0.07	ND	7.21
탄자니아	7.55	0.20	0.45	0.08	0.05	ND	8.33
에티오피아	6.30	0.40	0.40	ND	<0.01	ND	7.10
에티오피아	6.25	0.25	0.45	ND	0.04	ND	6.99
뉴기니	7.70	0.07	<0.01	ND	0.06	0.01	7.84
동인도	6.50	0.04	<0.01	ND	0.10	ND	6.64
로부스타							
마다가스카르	3.90	0.25	<0.01	ND	0.12	0.02	4.29
카메룬	3.20	0.30	<0.01	ND	0.09	0.01	3.60
코트 디부아르	3.40	0.35	0.20	ND	0.09	0.02	4.06
코트 디부아르	0.90	0.55	0.50	ND	0.15	<0.01	2.10
인도네시아	1.25	0.25	<0.01	ND	0.05	0.01	1.56
인도네시아	3.00	0.20	0.35	0.06	0.07	<0.01	3.68
필리핀	4.00	0.40	0.35	0.02	0.10	<0.01	4.87
필리핀	4.85	0.35	0.50	ND	0.04	<0.01	5.74

건량 기준 % 표시. ND(Not Detected): 불검출.

또 다른 연구에 따르면, 인도산 커피 또한 생육 과정 중 탄수화물이 적게 축적되는 탓에 블랙빈(결점두 종류: 역자)이 생성되는 것이며, 일반 원두에 비해 수크로오스 함량도 절반 수준에 머물렀다(Gopal & Venkataramanon, 1974). 이런 결과는 베트남 로부스타 품종에서도 동일하게 나타났는데 블랙빈의 수크로오스 함량은 0.9%였던데 반해 같은 배치의 일반 원두는 4.0%였다(Zapp, 개인 서신).

루게르와 스타인하트(Luger & Steinhart, 1995)는 생두를 증기로 처리하면서 수크로오스가 포도당과 과당으로 가수분해되는 것을 밝혀냈다. 증기 강도가 강해질수록 전화당(invert sugar)도 많이 생성되는데 이때 다당류 가수분해 산물인 만노오스와 갈락토오스도 소량 만들어진다. 고강도 증기압에서 케톤당인 사이코스도 만들어지는 원인으로는 과당의 위치가 재배열되었을 것으로 추정하고 있다.

프란츠와 마이어(Franz & Maier, 1993)는 이온교환컬럼 고성능 액체 크로마토그래피(HPLC) 분석법으로 커피에서 3인산-, 4인산-, 5인산-, 6인산 이노시톨(피트산)을 측정해냈다. 커피 생두에는 6인산 외에도 5인산이 소량 함유되어 있었다. 로부스타 품종 원두의 인산 이노시톨 총 함량은 아라비카 품종보다 많았고, 품종별로 샘플 4개를 선정해 측정해 보니 각각 0.34~0.40%와 0.28~0.32%로 나타났다(Franz & Maier, 1994). 살바도르 아라비카 샘플을 사전 증기 처리하는 과정에서 3인산 에스테르와 4인산 에스테르 유도체가 생성되는 점을 미루어보아 인산 에스테르 결합 중 일부가 가수분해됨을 알 수 있었다(Franz & Maier, 1994).

생두에서 폴리알코올도 발견되었다. 노이어스와 추(Noyes & Chu, 1993)는 브라질 로부스타와 아라비카 블렌딩 원두에서 만니톨을 소량 검출하였다(평균 함량 0.027%). 앞서 1970년대 스피텔러(Spiteller) 연구진은 생두와 로스팅 원두에서 디테르펜 글리코사이드류인 아트락틸 글리코사이드를 밝혀냈으며(Ludwig et al. 1975), 마이어(Maier)와 베베체르(Wewetzer)는 커피의 아트락틸 글리코사이드의 주요 구성 성분인 KAI, KAII, KAIII를 발견하기에 이른다(1978). 이후 브래드버리와 발체르(Bradbury & Balzer, 1999)는 생두를 대상으로 한 LC-MS 실험을 통해 글리코사이드의 네 번째 탄소(C-4)에 카복실기 2개가 존재한다는 사실을 밝혀냈는데 이후 이 작용기는 카복실아트락틸글리코사이드로 드러난다. 해당 화합물의 구조는 그림 1.1에서 확인할 수 있다.

카복실아트락틸글리코사이드는 증기 처리처럼 약한 열이 가해지는 조건에서 바로 탈카복실화가 진행되고, 이 과정에서 카복실기가 글리코사이드에서 탈락된다. 초기 연구들에서 아트락틸 형태만 발견될 수 있었던 까닭도 바로 카복실 그룹의 불안정성으로 풀이해 볼 수 있다. 각종 원두의 카복실아트락틸글리코사이드를 측정한 마이어와 베베체르(Maier & Wewetzer, 1978) 선행 연구에 따르면, 동 성분은 로부스타에 비해 아라비카에서 월등히 많았다(표 1.2). 정량값이 너무 작아 정확성은 떨어질 수 있겠지만 CKAIII의 이성체 3종도 함께 확인했으며, 기타 글리코사이드류도 발견하였다.

그림 1.1 생두의 카복실아트락틸글리코사이드 (Bradbury & Balzer, 1999.)

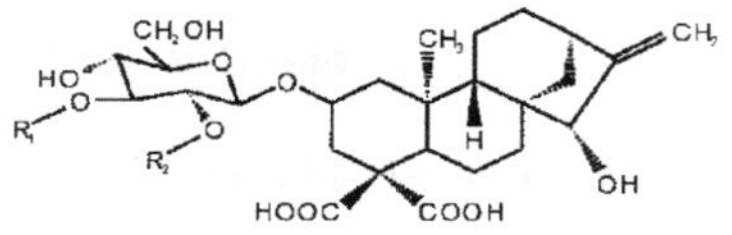

R_1	R_2	Compound	MW
H	H	CKA II	526
H	$-C(=O)-CH_2-CH(CH_3)_2$	CKA III	610
β-D-Gluc$_p$(1→)	$-C(=O)-CH_2-CH(CH_3)_2$	CKA I	772

1.2.2 고분자 탄수화물

지난 몇 년간 커피 원두에서 다양한 다당류가 확인되었지만 이 중에서도 아라비노갈락탄과 만난(또는 갈락토-만난), 셀룰로오스 3종이 주요 다당류로 꼽힌다. 이 같은 사실은 브래드버리 및 헬리데이(Bradbury & Halliday, 1990)가 생두를 4-메틸모르폴린 N-산화물로 가용화한 뒤 분쇄, 탈지, 당류 제거 과정을 거쳐 다당류 구조를 분석한 덕택이었다. 다당류의 결합 패턴(그림 1.2)에서 볼 수 있듯이 상기 다당류 3종은 다분지 아라비노갈락탄과 저치환 선형 만난, 비치환 글루칸(셀룰로오스)이 혼합된 형태로 존재한다. 한편, 아라비카와 로부스타 원두의 '전당(산 가수분해로 얻은 단당류의 수율과 종류)'을 분석한 결과에서, 아라비카와 로부스타의 만난과 셀룰로오스 함량은 유사했지만(약 22% 및 7%) 아라비노갈락탄은 아라비카가 다소 낮게 나타났다(약 14% 및 17%). 잽(Zapp, 개인 서신)의 실험에서도 로부스타 품종의 만난 함량이 다소 적긴 해도 비슷한 결과가 나왔다(표 1.3). 연구 결과는 갈락토오스 총 함량이 만난에 소량 결합된 형태가 아닌 아라비노갈락탄 고분자와 관련이 있는 것으로 가정하였다(섹션 1.2.1(b)).

(a) 아라비노갈락탄 구조

볼프롬(Wolfrom)과 파틴(Patin)은 커피의 아라비노갈락탄 구조를 최초로 연구하였다(1965). 이들 연구팀은 생두에서 고분자를 분리(수율 약 1%, 건조 중량 기준)한 후, 아라비노갈락탄의 구조가 β1-3 결합 갈락토오스 골격을 중심으로 단일 곁사슬(아라비노퓨라노실)이 다수 결합해 있으며, β1-3 결합 주사슬의 6번 탄소에 2개의 곁사슬 단위(아라비노퓨라노실 3번 탄소에 갈락토피라노실 결합)가 연결된 형태임을 알아냈다. 이는 아라비노갈락탄 '제2형' 구조에 속한다. 이후 브래드버리와 핼리데이(Bradbury & Halliday, 1990)는 상기 아라비노갈락탄의 구조를 제2형으로 분류하는 동시에 새로운 구조인 비말단 아라비노오스 단위(1-5결합)와 1-6 갈락토오스 단위 결합, 말단 칼락토오스 단위를 밝혀낸다. 아라비노갈락탄 제제를 약산으로 부분 가수분해한 경우, 아라비노오스 함량이 감소하는데 이는 퓨라노사이드의 글리코사이드 결합(예: 아라비노오스와 결합)이 가수분해에 불안정한 탓이며, 반대로 피라노사이드(예: 갈락토오스와 결합)와는 가수분해에 안정적이어서 말단 갈락토오스와 3-6결합 갈락토오스 함량이 증가한다. 이는 곁사슬에 갈락토오스가 포함되어 있다고 주장한 선행 연구들을 입증한 셈이며, 그 결합 형태가 갈락토오스-갈락토오스 결합(1-6) 골격으로도 존재한다는 가능성을 보여주었다.

이후 피셰르 등(Fischer et al., 1999)은 생두에서 세포벽 구성물질(cell wall material, CWM)을 분리하여 분석하였다. 세포벽 구성 물질은 모든 다당류가 존재하는 부위로, 이 중 20%는 가용성 아라비노갈락탄 등 수용성 물질로 이루어져 있었다. 해당 피셰르 등(Fischer et al.)과 상기 브래드버리(Bradbury) 및 핼리데이(Halliday) 연구의 결합 분석 결과 값은 비슷하게 나타났다(표 1.4). 다만, 세포벽 구성물질에서 분리한 아라비노갈락탄에서 분지형 구조(분지형 갈락토오스: 비분지형 갈락토오스 1:1.15 대비 1:3.5)가 더 많았던 이유는 아라비노갈락탄 고분자 유형이 혼합되어 있기 때문으로 보인다.

표 1.2 커피 중 카복실아트락틸글리코사이드 및 아트락틸글리코사이드 함량(g/kg). (Bradbury & Balzer, 1999.)

		생두		증기처리 커피		로스팅 커피	
		CKA II	CKA II	KA II	KA I	KA II	KA I
습식 가공 아라비카	코스타리카 I	2.0	0.2				
	과테말라	1.9	0.4				
	엘살바도르	2.0	0.1			1.4	0.2
	콜롬비아 엑셀사 I	2.4	1.0	1.9	0.8	1.4	0.4
	콜롬비아 엑셀사 II	2.2	0.9	1.5	0.6		
	케냐	2.2	0.5			1.2	0.1
	에티오피아 하라	2.0	1.1				
	에티오피아 짐마	1.0	3.1				
	파푸아 뉴기니아	1.8	1.0				
	인도네시아 수마트라	2.0	1.0				
	자메이카 블루 마운틴	1.4	1.1				
	부룬디	2.0	0.9				
	짐바브웨	1.0	0.5				
건식 가공 아라비카	브라질 미나스	2.2	1.9				
	브라질 산토스	2.2	2.4	1.6	1.5	1.2	0.9
	브라질 올드 크롭 (1년생)	2.1	1.3				
	브라질 올드 크롭 (5년생)	2.1	1.3				
로부스타	베트남	0.2	0.2				
	인도네시아	0.1	0.6			0.03	0.06
	디카페인 인도네시아	0.2	0.8				

그러나 곁사슬(side chain)에 존재하는 비분지형 갈락토오스 단위의 총량을 알 수 없어 분지화 정도를 실제로 가늠하기 어려우며, 세포벽 구성물질에 있는 아라비노갈락탄 구조 가운데 1-6 결합인 갈락토오스에 대해서도 확인할 방법이 없었다.

커피콩의 유리형 아라비노갈락탄은 액체에 잘 녹는 편이긴 하지만 수용성 용액에서 점성이 있는 편은 아니다. 특히 이러한 현상은 2형 아라비노갈락탄에서 전형적으로 나타나는데, 가령 낙엽송의 아라비노갈락탄은 분자량이 40,000가량임에도 (Prescott et al., 1995) 50%(wt)가 물에 바로 용해된다. 이는 갈락탄 주사슬 구조(β(1—3) 결합)가 열린 나선형 형태이고, 아라비노갈락탄 곁사슬들이 불규칙적으로 다량 결합된 구조여서 수용액에서의 분자 간/분자 내 수소 결합을 방해하는 역할을 하기 때문으로 보인다.

그림 1.2 로부스타 생두의 결합 분석. 부분 메틸화 알디톨 아세테이트의 가스 크로마토그래피 분리(Bradbury & Halliday, 1990.)

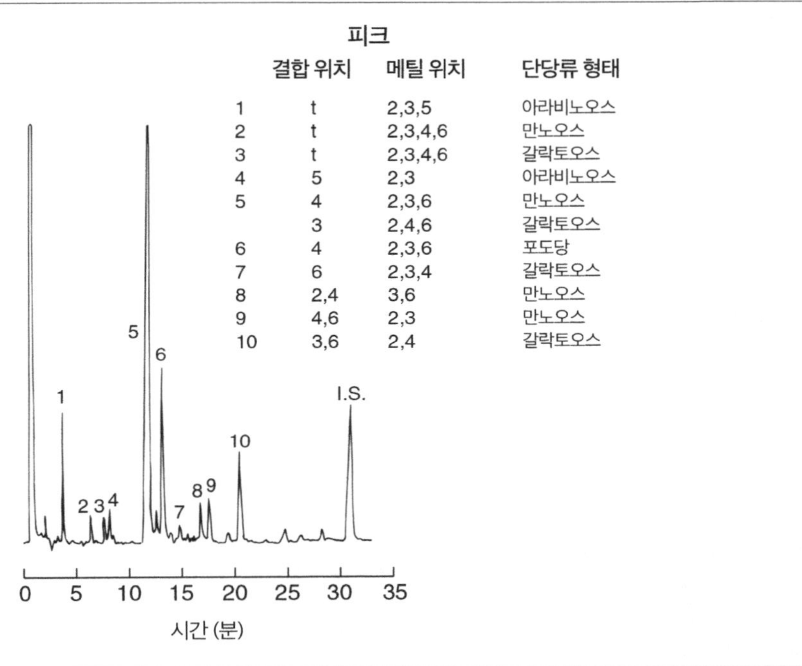

이처럼 아라비노갈락탄의 가용성이 높다지만 분쇄한 생두에서 바로 추출되지는 않는다. 가령, 고분자 아라비노갈락탄을 100°C, 오버나이트(통상 12~16시간: 역자), 20% NaOH 조건에서 가열하더라도 약 45%는 불용성 분획에 남아 있었다(Bradbury & Halliday, 1990). 이는 아라비노갈락탄이 세포벽 바탕질(cell wall matrix)에서 가용성이 다소 낮은 구성성분과 공유 결합을 이루는 것으로 해석할 수 있다. 특히 단백질일 가능성이 높은데, 실제로 특정 식물은 2형 아라비노갈락탄이 단백질과 공유 결합하고 있는 것으로 알려져 있다(Prescott et al., 1995). 단백질 분해효소를 처리하여 실제 아라비노갈락탄 추출 수율을 높일 수 있었으나 대부분은 불용성 상태로 존재했다(Bradbury & Halliday, 1990).

표 1.3 생두의 다당류 분석 (% 건조 중량 기준).[1] (Zapp, 개인 서신; Bradbury & Halliday, 1987).

	아라비노오스	갈락토스	포도당	만노오스	총량	참고
아라비카						
엘살바도르	3.6	22.5	6.7	10.7	43.5	16
콜롬비아 I	3.4	22.2	7.0	10.4	43.0	16
에티오피아	4.0	21.3	7.8	11.9	45.0	16
콜롬비아 II	3.4	21.6	ND	10.5	ND	5
브라질	3.5	20.7	ND	10.0	ND	5
엘살바도르	3.4	21.5	ND	10.7	ND	5
로부스타						
인도	4.1	21.9	7.8	14.0	48.2	16
코트디부아르	4.0	22.4	8.7	12.4	48.3	16
시에라리온	3.8	21.7	8.0	12.9	46.9	16
카메룬	4.0	19.2	ND	13.4	ND	5
인도네시아 I	3.9	19.5	ND	11.9	ND	5
인도네시아 II	4.3	19.6	ND	13.8	ND	5

[1] 건산가수분해 측정. 무수 단당류 값과 동일.
ND(not determined): 불검출

표 1.4 생두에서 분리한 아라비노갈락탄의 결합 분석 결과 비교(Bradbury & Halliday(1987) 및 Fischer et al. (1999))

결합	브래드버리 및 헬리데이(1987) (결합 %)	피셰르 등 (1999) (결합 %)
t–rhap	—	4.7
t–araf	15.4	28.6
5–araf	9.8	17.2
2–araf	2.1	—
t–galp	5.0	3.9
3–galp	44.5	24.5
6–galp	1.9	—
3,6–galp	21.5	21.1

커피의 아라비노갈락탄 구조를 정확히 밝히려면 전제되어야 할 것들이 있는데 첫째로 고순도 제제가 필요하다. 이는 아라비노갈락탄 결합으로 이루어진 세포벽 바탕질을 동정한 다음 화학물질이나 효소를 처리하여 결합을 끊으면 아라비노갈락탄 고분자가 용해되어 고순도 제제를 얻을 수 있다. 겔 침투 크로마토그래피로도 고순도 제제를 만들 수 있으며, 특정 가수분해 효소와 함께 사용하면 정밀한 구조 분석도 가능해진다.

(b) 만난의 구조

생두에서 분리한 만난의 구조를 처음 밝혀낸 이들은 볼프롬(Wolfrom)과 파틴(Patin)이었다(1961). 이렇게 분리한 고분자 만난은 β(1-4) 결합으로 이루어져 있으며, 분자량은 약 7000이었다. 만노오스 47개 단위마다 갈락토오스 곁사슬 1개가 결합되어 있다(예: 분자 당 갈락토오스 단위 1개 연결). 만난은 생두 건조 중량의 5%를 차지하며, 이는 전체 생두의 20%~25% 상당에 해당한다. 이후 브래드버리과 핼리데이(Bradbury & Halliday, 1990)는 로부스타 생두에서 선형 만난을 분리해낸다. 선형 만난은 갈락토오스 곁사슬이 훨씬 더 적고(약 130개 단위마다 1개 결합), 중량 대비 수율이 9.5%이다. 생두의 홀로셀룰로오스를 10% 알칼리로 추출한 다음 염산으로 중화시킨 뒤 여러 차례 추출하여 만난을 얻을 수 있다(Wolfrom et al., 1960). 생두에서 추출한 만난 중 절반 가량은 직선형태를 띠는 β(1-4) 결합의 고분자 형태로서 갈락토오스 곁사슬 결합이 거의 없다. 연구진이 구조 분석을 통해 만난의 곁사슬 활성 근거를 제시했지만(만노오스 18개 단위마다 탄소 2번에 위치; 16개 만노오스 단위마다 탄소 6번에 위치) 다른 추출 분획의 곁사슬 구조도 동일한지는 근거가 부족한 실정이며, 연구 당시에 사용한 만난 분획이 저메틸화였을 가능성도 있다.

피셰르 등(Fischer et al., 1999)은 수산화바륨 침전법을 이용하여 수용성 세포벽 구성물질 제제에서 아라비노갈락탄을 제거하고 만난을 분획하였다(이전 섹션 참조).

만난의 구조를 분석한 결과, 만노오스 30개 단위마다 탄소 6번 위치에 갈락토오스 곁사슬 한 분자가 결합되어 있었다. 말단기 분석(말단 만노오스의 빈도)에서는, 만난 고분자의 수평균분자량이 3500가량으로 낮게 나왔다. 다른 구조 분석 연구에서도(섹션 1.3.2) 로스팅 커피 추출물의 가용성 만난 분획에 대한 갈락토오스 곁사슬 밀도가 불용성 만난 분획보다 더 높은 편이었다. 커피콩의 만난 화학 구조는 비치환 형태와 치환 형태가 혼합되어 있고, 치환 만난은 갈락토오스 곁사슬 결합 빈도가 대체적으로 매우 적었다. 갈락토오스 치환에 대해서는 앞으로 나올 로스팅 커피의 고분자 탄수화물(1.3.2)에서 상세히 다룰 것이다.

커피 고분자 관련 문헌에서 '만난'과 '갈락토만난' 명칭이 모두 사용되는데 구조적 측면에서 보면 혼용해도 무방하다. 커피에는 갈락토오스 치환 고분자가 적은 편이고, 분자량이 상대적으로 적기 때문에 통상 만난으로 지칭한다. 그러나 로스팅 커피 추출물이나 솔루블 커피 추출물의 만난 고분자가 소량이면서 갈락토오스 곁사슬 밀도가 높고, 수용성이라면 갈락토만난으로 지칭해도 괜찮다(섹션 1.3.2 및 1.4.2).

(c) 기타 다당류

생두를 수성 에탄올로 추출한 뒤 당화시켜 수득한 포도당은 모두 셀룰로오스에서 유래한 것으로, 셀룰로오스는 β(1-4) 결합 형태의 글루칸으로 구성되어 있다(Bradbury & Halliday, 1990; Trugo & Macrae, 1985). 아라비카 3종의 포도당 함량은 6.7%~7.8%이었고, 로부스타 커피 3종은 7.8%~8.7%으로 측정되었다(표 1.3).

산가수분해물에서 자일로오스 및 람노오스 등의 단당류가 미량 검출되었다는 점에서 다른 고분자가 소량 함유되어 있다고 짐작해 볼 수 있으며, 아라비카와 로부스타 원두의 기타 다당류 함량은 각각 평균 0.2%, 0.3%로 비슷했다(Bradbury & Halliday, 1987). 따라서 모든 식물에서 볼 수 있는 전분이나 펙틴 등의 다당류가 숙성된 커피 콩에도 소량 함유된 것으로 해석해 볼 수 있다. 생두에 소량 붙어 있는 파치먼트(parchment, 다당류를 함유한 부위로 가수분해산물로 자일로오스가 있다)라도 간과해서는 안 된다.

1.3 | 로스팅 커피

1.3.1 저분자 탄수화물

로스팅을 거치면서 수크로오스가 빠르게 분해되기 때문에 '일반' 로스팅 커피에는 수크로오스의 함량이 매우 적다. 트루고와 맥래(Trugo & Macrae, 1985)는 아라비카와 로부스타 샘플을 라이트 로스팅하였을 때 수크로오스 손실을 97%, 다크 로스트를 했을 때 99%였다고 밝혔다. 휴즈 및 소프(Hughes & Thorpe, 1987)에 따르면, 일반적으로 로스팅한 커피 샘플의 수크로오스는 각각 0.24%, 0.33%였고, 디카페인 로스팅 커피 샘플에서는 0.08%와 0.11%였다. 로스팅 과정에서 수크로오스의 가수분해 산물인 포도당과 과당이 생성되는데 이들 환원당은 열에서 훨씬 더 빠르게 분해되는 성질을 갖고 있어 일반 로스팅 강도에서 포도당과 과당이 가장 적었다. 노이어스 및 추(Noyes & Chu, 1993)의 연구 결과에 따르면, 로스팅한 브라질 아라비카/로부스타 블렌드 21종의 당분은 평균 0.1%에 그쳤다. 만니톨 함량이 0.017%인 것으로 보아 로스팅이 일어나는 동안 폴리올 형태인 만니톨에서 분해가 일어났음을 확인할 수 있었다(생두의 평균 함량 0.027%). 케토당인 사이코스(psicose)는 과당이 재배열됨으로써 생성되는 것으로 추정되는데, 로스팅 커피에서는 소량 검출되었다(Blanc & Parchett, 1989).

글리코사이드 결합 분해는 물 분자를 필요로 하는 가수분해 과정을 거치기 때문에 고열을 가하는 로스팅 조건에서는 잘 일어나지 않는다. 따라서 비가수분해 방식으로 당무수물이 생성될 가능성이 있으며, 올리고당이나 셀룰로오스 같은 다당류가 열분해되면서 당무수물이 생성될 수 있다(Maga, 1989). 로스팅 커피에서 1,6-무수 글루코오스가 검출된 적이 있으나(Bradbury, 미발표 데이터) 검출량은 0.01% 미만이었다.

프란츠 및 마이어(Franz & Maier, 1994)는 로스팅을 하는 동안 인산 이노시톨의 탈인산화 반응이 일어난다는 사실을 발견했다. 로스팅 초기 단계에서 6-인산 함량이 감소하는 동시에 5-인산, 4-인산, 3-인산이 증가한 것이다. 로스팅 단계가 높은 경우, 인산화도가 낮아지면서 이들 물질의 함량도 서서히 감소하는 경향을 보였다. 탈인산화와는 별개로 인산 이노시톨 화합물의 함량은 다소 안정적인 모습을 보였다. 기존 엘살바도르 샘플 생두에 함유된 인산 이노시톨 75%는 유기 로스팅 손실(organic roast loss)이 16%인 원두에서도 그대로였다. 용해도는 인산화도가 감소하면서 증가하는 양상을 보였으나 반복 여과 추출(퍼콜레이션)한 로스팅 커피에서는 이노시톨 3인산(IP3)이 모두 용해되었으며 이노시톨 6인산(IP6) 유도체는 최대 80%까지 추출 가능했다.

로스팅 과정에서는 아트락틸글리코사이드 KA Ⅰ, Ⅱ 및 Ⅲ이 카복실아트락틸글리코사이드에서 탈카복실이 일어난 만큼 생성되었다(Bradbury & Balzer, 1 999).

이들 유도체는 안정성이 뛰어났으며, '일반' 로스팅 조건에서의 분해율은 50%이었다(Maier & Matzel, 1982; Bradbury & Balzer, 1999) (표 1.2).

1.3.2 고분자 탄수화물

커피콩의 단단한 질감은 두껍게 형성된 세포벽 때문이다. 현미경을 이용한 연구들에서 해당 세포벽 구조가 일반적인 로스팅 환경에서도 대개 유지되는 것으로 나타났다(Wilson et al., 1997). 세포벽 주성분인 다당류는 로스팅에서도 상대적으로 안정적이었다. 커피의 다당류 구조를 분석하고자 다당류 결합의 대표격인 메틸화 당류에 브래드버리와 핼리데이(Bradbury & Halliday, 1990)의 시험법을 적용하여 가스 크로마토그래피 '지문(fingerprint, 화학물질마다 지문처럼 고유한 스펙트럼이 나타난다: 역주)'을 얻었다. 그 결과, 생두에 있는 모든 결합들이 로스팅 후에도 유지되고 있었다.

그러나 탈러(Thaler) 연구팀(1975)의 선행 연구에서 로스팅 중에도 다당류가 일부 분해되는 경우도 있었다. 로부스타 품종의 전당을 로스팅 정도에 따라 분석한 결과, 다당류의 상대적인 불안정성이 아라비노오스>갈락토오스>만노오스>포도당 순으로 나타났다. 특히 아라비노갈락탄 곁사슬 중 주로 말단에 위치하는 아라비노오스는 불안정성이 가장 높았다. 셀룰로오스는 자연계 다당류 가운데 안정성이 높은 편에 속해 로스팅 중 결합 포도당 손실이 낮았다.

로스팅은 커피 다당류의 추출률을 향상시킨다. 를루와 리어든(Leloup & Liardon, 1993)은 95°C에서 아라비노오스와 갈락토오스, 만노오스를 가진 분자들의 용해도를 살펴보았는데 용해도가 약 1g/ 100g였던 생두가 로스팅한 콜롬비아 아라비카 원두에서는 약 6g/ 100g로 증가함을 알 수 있었다. 아라비노갈락탄은 아라비노오스 또는 아라비노오스가 결합된 올리고머 형태, (생두대비) 분자량이 감소된 고분자형태로 용해되었다. 추출된 고분자의 아라비노오스/갈락토오스 비율도 1:7(생두)에서 1:12(로스팅 원두)으로 감소하였다. 한편, 원두에서 추출한 갈락토만난(및/또는 만난)

양은 무시가능한 수준이었으나 95°C에서 로스팅한 원두에서는 약 2.5%(원두 중량 기준, 원두 고분자의 약 12% 수준)로 추출되었다. 크기배제 크로마토그래피에서 로스팅 커피 추출물 중 아라비노갈락탄 유래 분획의 분자량은 200~50000이었던 반면, 갈락토만난 유래 분획의 분자량은 800~80000으로 확인되었다.

브래드버리(Bradbury) (미발표 데이터)는 로스팅 커피 샘플 3종의 추출액에 에탄올을 첨가(에탄올 3: 수용성 추출액 1)하여 만난 제제로부터 고분자를 분별 침전시켰다. 해당 만난 제제는 펠링 용액을 이용해 침전 분리시켰다. 샘플 3종에 대한 결합 분석을 실시한 결과, 분지도가 12.9~26.4였다(표 1.5). 말단 단위 비율을 통해 확인한 수평균 중합도(DP)는 14.8~26.2로, 이는 앞서 크기배제 크로마토그래피의 값보다 현저히 낮았다. 분리 혼합물은 로스팅 원두의 만난 대비 5%도 채 되지 않았기에 전체 만난의 구조를 대표한다고 말하기는 어렵다. 곁사슬의 분지 밀도는 동일 조건에서 비추출된 침전 분획보다 가용성 만난 분획에서 더 높게 나타났다.

그림 1.3 로스팅 3단계에 따른 카메룬 로부스타 생두의 전당 분석 (잽(Zapp), 개인 서신)

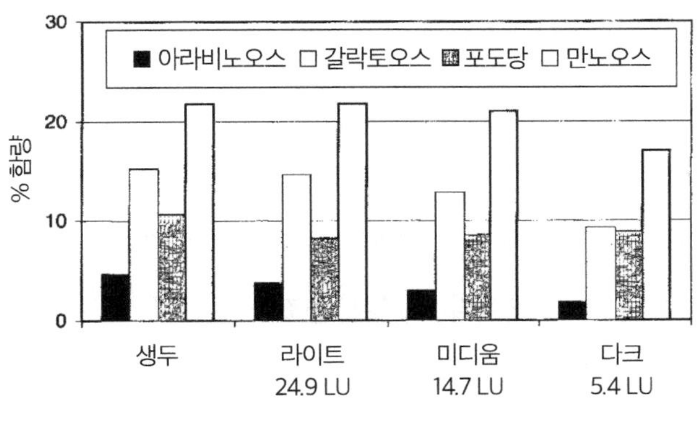

나바리니 등(Navarini et al., 1999)은 다크 로스팅(90°C)한 아라비카 추출물에서 다당류 분획을 분리하기 위한 분획 방법을 구체화하였다. 이렇게 얻은 분획은 전당 분석을 통해 특성을 살펴보고, ^{1}H와 ^{13}C NMR 분광법으로 단당류 잔류물의 결합 위

치를 확인했다. 또한, 추출물을 황산 암모늄으로 침전시킨 다음 재용해 투석, 이소프로판올 처리를 하여 분획물 A를 얻었다. 분획물 'A'의 주요 구성성분은 만노오스로 몰 백분율이 75%였고, 커피 콩에서의 수율은 2.2%였다. 이후 분획물 A에 0.1M NaOH를 처리(3시간 실온)한 후 투석하여 12.4%의 분획물 'Ans'을 다시 얻었다. 이 분획물에는 탄수화물이 96.3%를 차지했고, 이 중에서도 95%(몰 기준)는 만노오스가 결합되어 있었다. 불용성 침전물이 생성된 원인을 찾지 못한 가운데, 연구진은 염기성 용액으로 결합 단백질 성분이 제거되었기 때문으로 풀이했다.

표 1.5 로스팅 커피(로스팅 컬러(미디엄) 12색 기준)에서 분리한 만난의 결합 분석. 브래드버리(Bradbury, 미발표 데이터).

커피	만난[1] 수율 (% 중량)	결합[4]				Dp[2]	DB[3]
		t-man	t-gal	4-man	4,6-man		
베트남 로부스타	0.27	0.043	0.086	1	0.041	26.2	26.4
우간다 로부스타	0.73	0.070	0.104	1	0.090	17.9	12.9
콜롬비아 아라비카	0.81	0.080	0.068	1	0.053	14.8	21.4

1 펠링 혼합액에서 분리
2 수평균 중합도
3 [4,6-man] 기준 평균 분지도 = 분지점 개수
4 몰, 4-man 기준

불용성 만난이 형성될 수 있었던 또 다른 가능성은 바로 결정화이다. 갈락토오스와 아라비노오스 잔류물질들이 만난 고분자와 공유 결합했다는 연구가 발표되었다. 그러나 잔류물질이 워낙 소량이라서 분자 구조를 입증하기에는 역부족이었다. 수산화바륨 침전물(β1-4 결합 만난(Wolfrom et al., 1961)과 분획물 'As'를 처리(분획물 'Ans'를 시약 처리하여 분리한 뒤, 상층액을 동결건조)하여 침전물과 가용성 고분자를 얻을 수 있다. 가용성 고분자의 몰(mole, 물질량을 나타내는 기본 단위: 역주) 백분율은 갈락토오스 76.9%, 아라비노오스 13.4%, 만노오스 9.7%로 정량할 수 있었다. 결합 분석 결과도 커피의 아라비노갈락탄 선행 연구에서 발표한 구조 특성과 일치했다(Bradbury & Halliday, 1990).

연구진은 생두의 다당류에도 해당 접근법을 적용할 수 있으며, 흥미있는 결과가 나올 수 있다고 언급했다. 다만, 로스팅 과정에서 일어나는 구조적 변화가 다당류를 분획하는 과정에서도 일어날 수 있기 때문에 특히 다크 로스팅 조건에서의 결과 값에 유의해야 한다. 아울러 연구 과정에서 분리한 다당류 구조는 전체 커피 콩 다당류의 극히 일부에 불과하므로 전체 분획을 대변한다고 보기에는 어렵다.

1.4 | 솔루블 커피

1.4.1 저분자 탄수화물

최근 몇 년간 상업용 솔루블 커피 제품에 대한 당류 조성을 밝혀내려는 움직임이 거세게 일어났다. 솔루블 커피 제품을 시중에서 흔히 접할 수 있게 된 만큼 분석을 통해 제품을 분류할 필요성이 제기된 탓도 있겠지만 커피 콩 성분이 들어가지 않은 제품을 모니터링하고, 불량 제품을 가려내기 위한 분석 기준의 필요성이 대두되었기 때문이다. 탄수화물의 분석 분해능이 발달하고 정밀해지면서 커피의 당류 분석도 크게 개선되었다. 섹션 1.3.2에서도 볼 수 있듯이 로스팅 커피와 대기압 조건에서 추출한 커피는 당류 함량이 적은 편이다. 그러나 고온 공정을 거치는 상업용 솔루블 커피는 다당류에서 가수분해가 일어나기 때문에 단당류인 아라비노오스와 갈락토오스, 만노오스 비율이 높아진다. 솔루블 커피용 로스팅 커피 추출액(20분간 각각 70°C 및 190°C에서 추출)의 물질 수지 데이터를 통해서도 환원당이 생성됨을 알 수 있다(Noyes & Chu, 1993). 로스팅 커피와 추출액(21회 측정)에서 환원당이 평균 0.0042% 및 0.666%(아라비노오스), 0 및 0.137%(갈락토오스), 0.006% 및 0.36%(만노오스)만큼 함유되어 있었다. 블랑크 등(Blanc et al., 1989)은 아라비카와 로부스타 커피를 대상으로 오토클레이브(가압 처리기) 추출 시간과 온도(대기압 100°C 추출 이후 공정)가 유리 탄수화물과 전당 조성에 어떠한 영향을 미치는지 살펴보았다(표 1.6). 단당류 결합 형태 중에서도 안정성이 가장 떨어지는 아라비노오스가 가장 먼저 추출되었고, 갈락토오스와 만노오스 추출 함량은 추출 시간과 온도에 따라 증가세를 보이다 최대 시간, 최고 온도 조건에 이르자(190°C, 240분) 탄수화물이 급격히 분해되었다.

표 1.6 아라비카(산토스) 로스팅 커피의 오토클레이브 추출물 중 유리 탄수화물 및 전당 함량. 전체 1단계 추출 조건: 30분, 100℃. (Blanc et al., 1989.)

2단계 추출 조건 유리		탄수화물					전당					
분	℃	아라비노오스	과당	만난	포도당	갈락토오스	자일리톨	아라비노오스	만난	포도당	갈락토오스
30	150	1.35	0.11	0.05	0.09	0.10	0.14	6.29	10.66	1.86	12.76
	160	1.74	0.10	0.08	0.10	0.19	0.16	6.00	8.95	1.40	18.40
	170	1.89	0.11	0.17	0.09	0.38	0.21	5.34	9.93	1.32	20.60
	180	1.44	0.17	0.43	0.10	0.79	0.17	3.55	13.09	1.29	18.00
	190	0.52	0.47	1.42	0.19	1.61	0.21	2.53	19.50	1.73	14.63
120	160	2.17	0.11	0.32	0.11	0.82	0.17	4.26	10.23	1.29	20.93
	170	1.19	0.24	0.82	0.14	1.55	0.20	2.65	13.40	1.45	16.40
	180	0.64	0.77	2.54	0.36	2.36	0.13	1.03	15.50	1.87	10.08
240	160	1.44	0.24	0.84	0.16	1.79	0.18	2.70	11.30	1.36	17.00
	170	0.62	0.57	2.02	0.27	2.31	0.14	2.01	13.70	1.86	11.48
	180	0.03	1.08	2.82	0.70	1.44	0.06	1.72	9.36	2.00	4.61
	190	0.00	0.03	0.43	0.01	0.01	0.08	2.05	5.91	1.66	3.19

포도당과 과당 함량도 함께 증가세를 보였다. 일부 포도당은 로스팅 도중 셀룰로오스에서 부분적으로 탈중합된 산물이거나 아트락틸글리코사이드 유래일 수도 있다(섹션 1.3.1). 과당은 포도당과 만노오스가 고온에서 재배열되어 생성되었을 가능성이 있다(1,2-인다이올 중간체 경유).

를루 등(Leloup et al., 1997)은 고온 조건(180°C, 20분)에서 로스팅 커피를 추출했을 때 로스팅 정도가 탄수화물 조성에 어떠한 영향을 미치는지 관찰하였다. 라이트와 미디엄, 다크 로스트의 추출액 중 탄수화물 조성은 유사했으나 유형(표 1.7)과 크기 분포(그림 1.4)에 따라 현격한 차이를 보였다. 라이트와 다크 로스팅한 커피 추출액에서는 아라비노오스와 갈락토오스 수율 합계가 각각 22.4%와 15.4%였으며, 만노오스는 8.7%, 16.0%였다. 이를 토대로, 로스팅이 강할 때 아라비노갈락탄 분해가 증가하는 것으로 보이며, 이는 앞서 아라비노갈락탄이 로스팅 시 만난에 비해 안정성이 떨어진다는 관측 결과를 뒷받침해준다. 열 안정성이 비교적 좋은 만난 분자도 강한 로스팅 상태에서는 두꺼운 세포벽 바탕질(matrix)이 약해지면서 수율이 증가했다. 고성능 액체 크로마토그래피(HPLC) 결과를 보더라도 모든 추출물에서 중합도 1~7인 올리고만난이 확인되었다는 점에서 추출 과정 동안 만난이 가수분해되었음을 알 수 있다.

최근 게르하르트-리에벤 등(Gerhard-Rieben et al., 1999)은 탄수화물의 분자량 조성을 이용해 커피 추출 과정에서의 가수분해 정도를 나타내는 특허 기법을 발표하기도 했다. 이 실험법은 기존의 추출 3단계와 열가수분해 1단계를 단축시켰다. 일반적으로 열가수분해 단계에서 다당류가 가수분해되어 단당류와 올리고당이 생성된다. 잽 및 쿤(Zapp & Kuhn, 1997)은 MALDI-TOF 질량 분석으로 상업용 솔루블 커피 샘플에서 중합도가 2~14인 만노덱스트린을 식별하였다. 질량 스펙트럼에서 볼 수 있듯이 올리고머마다 이중선(doublet) 피크 신호가 나타났으며, (나트륨과 칼륨 양이온을 첨가한) 올리고머 분자량은 각각 23과 39가량 증가하였다(그림. 1.5). 만노덱스트린 중합도 2, 3, 6, 7을 이용해 보정한 결과, 질량 피크 면적 반응과 분자량이 선형 관계라는 가정 하에 중합도가 2~14인 샘플의 함량을 정량 분석할 수 있다. 분자 크기가 클수록 수율이 점차 감소하는 추세를 보였다. 분자량에 따라 올리고머를 분리하는 방식이기 때문에 올리고머에 갈락토오스가 존재하는지 여부는 알 수 없었다. 샘플 중 아라비노오스 검출량이 3.65%였지만 함유 여부는 불분명하다(아라비노오스 함유 올리고머는 아라비노오스 단위가 결합된 6탄당 올리고머에 비해 분자량이 30 작다). 갈락토오스와 만노오스는 샘플에서 각각 17.11%와 16.09%를 차지했다.

솔루블 커피 중 환원당은 모세관 전기영동법을 이용해 거울상 이성질체 형태로서 분리하였다. 이때 카이랄 시약으로 페닐에틸아민을 사용했다(Noe et al., 1 999). 솔루블 커피의 탄수화물 조성을 확인함으로써 상업용 솔루블 커피 제품에서 커피콩 외에 허스크(husk, 껍질) 등의 불순물이 존재하는지를 알 수 있다.

표 1.7 커피 추출물의 추출 수율 및 탄수화물 조성(건조 추출 g/100g) (Leloup et al., 1997.)

	아라비노오스	갈락토오스	포도당	자일리톨	만난	과당	총량 + 기타
추출 1: 라이트 로스트, 추출 수율 38.4%							
DP 1	1.70	0.92	0.21	0.02	0.31	0.18	3.64
DP 2 to 6	0.00	4.02	0.49	0.07	3.45	0.00	8.03
DP>6	0.67	15.04	0.21	0.01	4.92	0.00	20.92
총량	2.38	19.99	0.91	0.10	8.68	0.18	32.59
추출 2: 미디엄 로스트, 추출 수율 39.2%							
DP 1	1.45	0.83	0.14	0.01	0.32	0.14	3.16
DP 2 to 6	0.00	4.41	0.60	0.07	4.49	0.00	9.57
DP>6	0.20	12.53	0.04	0.00	5.60	0.01	18.44
총량	1.65	17.77	0.79	0.08	10.41	0.15	31.17
추출 3: 다크 로스트, 추출 수율 39.1%							
DP 1	0.90	0.60	0.08	0.01	0.28	0.14	2.29
DP 2 to 6	0.00	3.08	0.40	0.06	3.84	0.00	7.37
DP>6	0.57	10.24	0.22	0.02	11.84	0.00	23.05
총량	1.47	13.92	0.70	0.08	15.96	0.14	32.71

블랑크 등(Blanc et al., 1989)은 커피 원두에 허스크가 붙은 상태에서 추출했다면 제품에서의 유리형 포도당과 과당 함량이 높다고 말했다. 또한 산가수분해 후 자일리톨 총 함량을 통해서도 로스팅 껍질(hull)의 유무를 알 수 있다. 껍질이 붙은 채로 로스팅되었다면 분해가 일어나면서 환원당과 포도당, 과당의 함량이 훨씬 낮아지기 때문이다. 허스크 추출물이 있는 경우 트리메틸실릴 유도체에 대한 가스크로마토그래피를 적용했을 때 당알코올 함량 또한 증가하는 것으로 확인되었다(Davis et al., 1990). 당알코올 종류로는 이노시톨과 만니톨(커피에서 최초 발견)이 있으며, 만니톨 함량이 0.3%를 초과하는 제품은 껍질(허스크) 불순물이 섞여 있는 것으로 나타났다.

베르게르 등(Berger et al., 1991)은 효소류 시험법을 이용하여 세 가지 조건인 표준 상태(as-is), 약산 가수분해, 강산 가수분해 하에서 솔루블 제품의 포도당과 과당 함량을 측정하였다. 연구진은 이 방식을 이용하여 무화과, 말토덱스트린, 포도당 시럽,

전분, 로스팅되지 않은 허스크와 파치먼트는 물론이고 치커리(이눌린이 함유된 치커리를 가수분해하면 과당을 얻을 수 있다), 곡류 가공품, 카라멜과 같은 불순물을 검출했다. 그러나 이 방법으로는 불순물의 종류나 함량을 알 수는 없다.

그림 1.4 콜롬비아 아라비카 커피 추출물의 겔 투과 크로마토그래피(GPC) 프로파일 (Leloup et al., 1997).

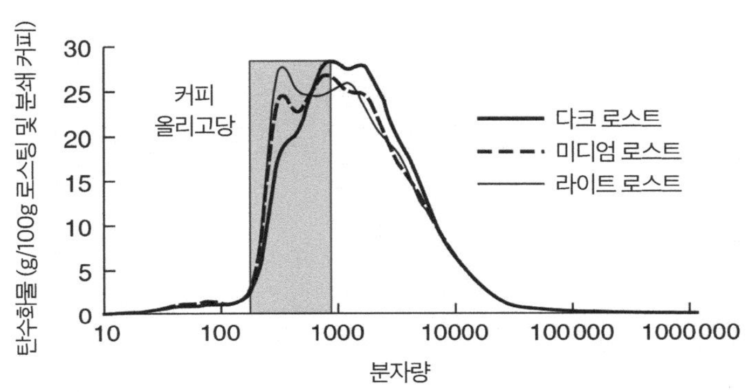

노에스 등(Noyes et al., 1991)은 솔루블 커피의 탄수화물 조성이 허스크 종류와 함량, 커피 블랜딩, 로스팅 정도, 추출 조건에 따라 어떤 변화가 있는지 통계 분석하였다(트리메틸실릴에테르 가스 크로마토그래피로 측정). 그 결과, 허스크가 많을수록 자일리톨과 만니톨, 유리형 포도당 및 과당 총량이 높다는 선행 연구 결과들을 확인할 수 있었다. 기타 다른 요인들은 관련성이 낮았으며, 샘플마다 탄수화물 검출량 차이가 컸다. 따라서 연구진은 제품의 제한 기준을 설정하기 위해 원재료와 가공 조건에 관한 상세 정보들을 요약 정리했다.

고성능 음이온 교환 크로마토그래피-펄스식 전기 화학 검출기(HPAE-PAD)가 등장하면서 솔루블 커피 속 탄수화물 측정이 한층 수월해질 수 있었다(Prodolliet et al., 1992).

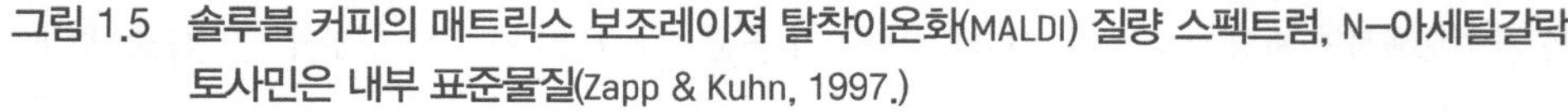

그림 1.5 솔루블 커피의 매트릭스 보조레이저 탈착이온화(MALDI) 질량 스펙트럼, N-아세틸갈락토사민은 내부 표준물질(Zapp & Kuhn, 1997.)

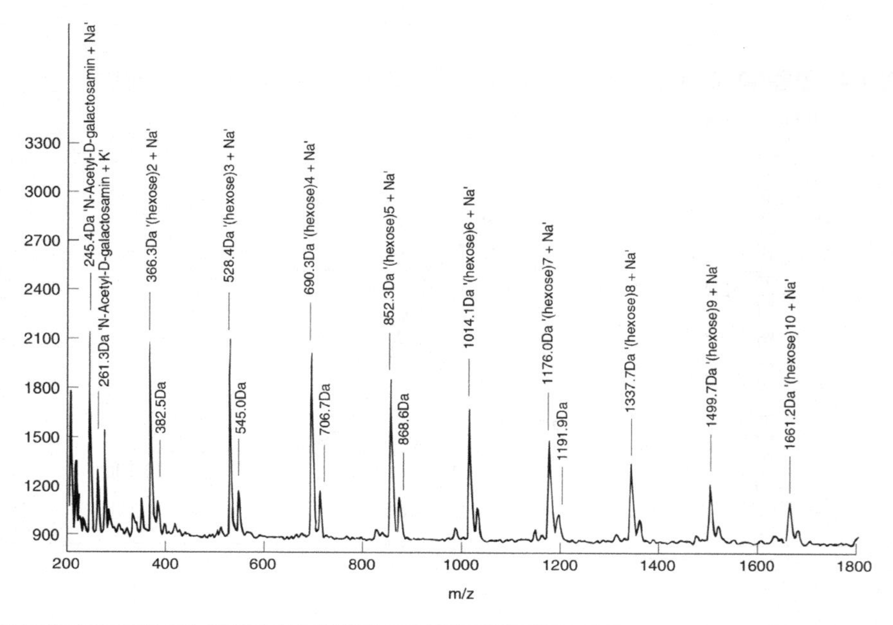

이는 폴리스티렌 다이비닐벤젠 수지를 충전시킨 표피형 음이온 교환 분리 컬럼에 민감도와 특이도가 뛰어난 전기 화학 검출기를 결합한 시험법이다. 염기성 조건에서 진행되는 이 시험법은 분자량이 비교적 작은 탄수화물들을 한번에 모두 얻을 수 있다. 그림 1.6과 1.7은 유리형 탄수화물(가수분해 전)과 전당(가수분해 후) 조성을 보여준다. 이후 실험실간 연구(Prodolliet et al., 1995c)를 비롯해 각종 연구(Prodolliet et al., 1 995a, 1995b)에도 활용되어 솔루블 커피의 탄수화물 특성을 규명했으며, 국제분석화학회(AOAC)의 공식 등재를 시작으로 국제표준화기구(ISO) 정식 표준 시험법으로 채택되었다(ISO 11292).

다른 연구진들도 솔루블 커피의 탄수화물 조성을 규명하기 위해 이 기법을 활용하였다. 오이스트리치-잰젠(Oestreich-Janzen, 1995)은 고성능 음이온 교환 크로마토그래피(HPAEC)와 양이온 교환 고성능 액체 크로마토그래피(HPLC)를 이용해 각종 커피 대체재와 유사 음료에 대한 조성을 대대적으로 조사하였다. 이 외에도 치커리와 커피 함유 음료 중 맥아 유래 고형분의 올리고당 조성을 측정하기 위해 옥심/트리메틸실릴 유도체를 대상으로 가스크로마토그래피 분석법을 적용했다(Kundel et al., 1998). 영국 농수산식품부(MAFF, 1995) 문서에 따르면, 유럽 솔루블 커피 산업협회(AFCA-SOLE)는 상기 저분자 탄수화물에 관한 허용 기준을 두고 있다(표 1.8). 상업용 솔루블 커피 344종에 대해 ISO 시험법으로 유리 탄수화물 및 전당의 조성을 측정하고, 권고 기준과 비교한 영국 농수산식품부 조사에서, 50종(약 15%)은 지표 탄수화물 1종 이상이 신뢰구간 97.5%을 초과했을 때 불량 제품으로 간주하였다.

이들 불량 커피는 다음과 같이 크게 두 가지로 다시 분류해 볼 수 있는데 자일리톨과 포도당 함량이 모두 높은 제품은 껍질(skin)이나 허스크가 불량인 것으로 볼 수 있고, 포도당 함량이 높으나 자일로오스 함량이 낮은 경우 전분에 문제가 있다는 것을 뜻한다.

그림 1.6 퓨어 솔루블 커피의 일반 전당 조성에 관한 고성능 음이온 교환 크로마토피(HPAEC)의 크로마토그램(Prodolliet et al. 1995b.)

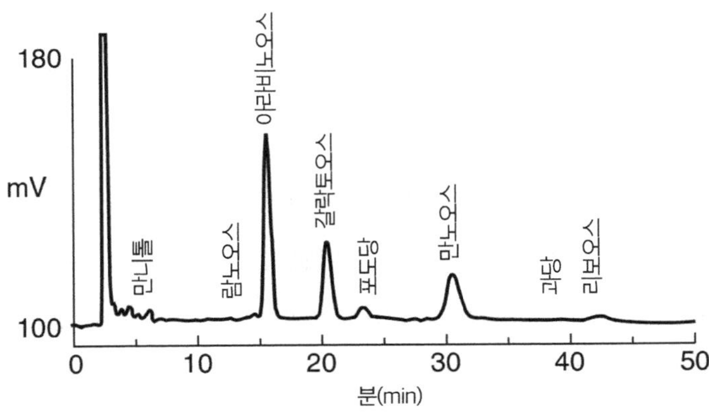

그림 1.7 퓨어 솔루블 커피의 일반 유리형 탄수화물 조성에 관한 고성능 음이온 교환 크로마토그래피(HPAEC)의 크로마토그램(Prodolliet et al., 1995b.)

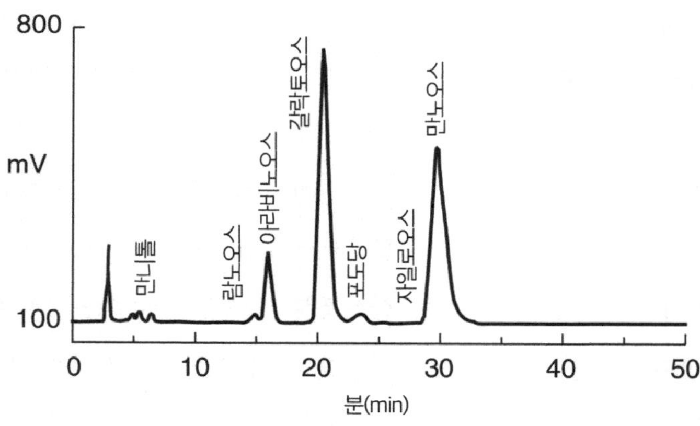

표 1.8 솔루블 커피 판별을 위한 탄수화물 지표별 최대 기준('M') 및 실험 변이 구간('I'),% 건조 중량 기준 (영국 농수산식품부, 1995.)

탄수화물 지표	'M'기준	'I' 구간 (±)	'M + I' 기준
포도당 총량	1.80	0.47	2.27
자일로오스 총량	0.40	0.18	0.58
유리 만니톨	0.30	0.17	0.47
유리 과당	0.60	0.37	0.97

1.4.2 고분자 탄수화물

앞서 섹션 1.4.1에서 다루었듯이 추출 과정에서 고분자 탄수화물이 대거 가수분해되지만 상업용 추출 커피에는 고분자 탄수화물이 존재한다는 내용의 연구들도 다수 발표되었다. 이들은 용매 침전(Leloup et al, 1997)이나 겔 투과 크로마토그래피(gpc)를 이용한 분자량 측정법, 펠링 용액으로 만노오스와 갈락토오스 함유 다당류를 침전시키는 방법을 이용했다(Ara & Thaler, 1976). 과거 탈러(Thaler, 975)는 다당류의 추출률을 추출 수율/온도, 원두 종류로 설명하는 연구들을 많이 수행했으며, 최근에는 를루와 리어든(Leloup & Liardon, 1993)이 관련 연구를 진행하고 있다. 아라와 탈러(Ara

& Thaler, 1976, 1977) 연구진은 다양한 색상의 아라비카와 로부스타 원두를 추출한 뒤 펠링 용액으로 각종 혼합물들을 침전시켰다. 침전물을 산으로 가수분해한 결과, 6탄당 대부분은 만노오스였으나 갈락토오스도 다소 높은 수율을 보였다. 갈락토오스가 모두 만난에 결합된 형태라고 전제하면 분자의 분지도가 상당히 높다고 할 수 있겠다. 원두의 로스팅 수준에 따라 만노오스:갈락토오스 비율이 제각각이었는데 아라비카 품종은 3.0:29.5(산토스)와 9.5:21.3(콜롬비아), 로부스타는 1.7:10.0(아이보리 코스트)와 1.55:13.2(앙골라)로 다양했다. 로부스타 품종은 곁가지 밀도가 높았다. 로스팅 과정에서 곁사슬의 빈도가 낮아지는 경향성을 보였으나 수율이 서로 다른 품종이더라도(산토스 아라비카 36.4~53.2%, 앙골라 로부스타 38.8%) 만난의 함량은 큰 차이가 없었다. 다만, 해당 연구에서 갈락토오스가 만난 고분자와 공유 결합 형태로 연결되어 있는지는 입증하지 않았다. 만난 고분자의 갈락토오스 치환도는 상업용 솔루블 커피 추출액에서의 함유량이 전체 만난 고분자의 갈락토오스 치환도 평균(예: 비추출 잔류 분획에서의 치환 정도)보다 높았다. 이를 통해 만난 분획의 용해도가 높을 수 있었던 원인은 갈락토오스 치환의 영향일 수 있으며, 앞서 클리포드(Clifford, 1985) 연구 결과와도 일치한다. 한편, 라이트와 일반, 다크 로스팅 커피를 오토클레이브에 넣어 추출액을 취한 뒤 에탄올로 처리한 침전물에는 만노오스보다 갈락토오스가 더 많았다 (Leloup et al. 1997).

이는 아라비노갈락탄 유래의 고분자 물질이 포함되었다는 사실을 방증하는 것으로 추출 과정에서 가수분해가 일어났더라도 샘플의 분자량이 올리고당 수준이었을 가능성이 있다. 상업용 추출 과정 이후에 남은 잔류 고형물('분쇄 찌꺼기')에서 다당류 분획을 대거 얻을 수 있었다. 스탈과 투렉(Stahl & Turek, 1991)은 상업용 분쇄 커피를 산으로 가수분해하여 만난 분자를 만노오스로 전환하는 방법을 제시했다. 만노오스는 이후 환원 단계(수소/환원 니켈 촉매)를 거쳐 만니톨로 전환된다. 연구진은 동 시험법을 통해 만난 고분자의 가수분해 속도를 셀룰로오스 속도보다 크게 앞당겼으며, 셀룰로오스 가수분해를 최소화하는 동시에 만난을 전환시킬 수 있도록 반응 조건(고온, 단시간)을 조정했다. 아울러, 만노오스의 가수분해 생성물을 만드는 방법 또한 개발되었다(Fulger et al, 1985);(챕터6 참조, 6.2.11).

1.5 | 로스팅 단계에서의 탄수화물 반응

수크로오스는 로스팅 단계에서 빠르게 분해된다. 반응 초기 단계 동안 전화당인 과당과 포도당과 더불어 1,6 무수 포도당, 아라비노오스, 에리스리톨이 생성된다. 이들 1차 반응 산물은 이후 다음과 같은 여러 반응을 일으킨다:

- 탄수화물 분획과 반응하여 저분자를 만든다(예: 지방족산). 커피콩을 로스팅하는 초기 단계에서 산이 만들어진다. 긴츠 등(Ginz et al., 2000)은 탄수화물 분획 중에서도 특히 수크로오스가 주요 전구체로 작용한다고 말했다. 탄수화물로 만들어지는 산으로는 주로 포름산, 아세틱산, 글리콜산, 젖산이 있다(몰 수율 순으로 나열).
- 탈수(카라멜화) 반응이 일어나면서 각종 헤테로고리 화합물을 생성한다(예: 히드록시메틸푸르푸랄). 헤테로고리 화합물 대부분은 휘발되는 성질이 있어 커피 향을 구성하는 주요 성분이다. 반응성이 좋은 일부 화합물들은 중합체인 멜라노이딘 분자를 생성한다(Tressl et al., 1998).
- 아미노산 또는 단백질과 상호 작용하여 마이야르 산물을 생성한다. 이때 생성물은 중합체(멜라노이딘)이거나 저분자일 수 있다. 저분자는 휘발성 향미 화합물이나 비휘발성 정미 화합물들처럼 커피의 향미에 커다란 영향을 미친다. 마이야르 반응 산물은 갈색을 띤다.

탄수화물 분해 산물들은 커피 단백질의 구성성분인 아미노산의 곁사슬과 반응한다. 헨레 등(Henle et al., 1996)은 전체 아르기닌 중 최대 30%가량은 메틸 글리옥산과 반응한 후 이미다졸리논과 결합한다고 밝혔다(I, 그림. 1.8). 이후 다른 연구(Henle et al., 1997)를 통해 로스팅 커피에 있는 5탄당(아라비노오스)이 아르기닌과 리신 곁사슬과 교차 결합한다고 말했다(II, 그림. 1.8). 적은 농도(11~40mg/kg 단백질)에도 교차 결합 반응을 통해 멜라노이딘이 생성된다. 이들 산물은 단백질을 가수분해하여 얻은 아미노산 시험법으로 측정할 수 있다(단백질 40~50mg 샘플: 6N HCl(10 ml, 110°C, 23 시간)).

그림 1.8 커피 로스팅 조건별 단백질 결합 구조 (Henle et al. 1996 및 Hofmann et al. 1999.)

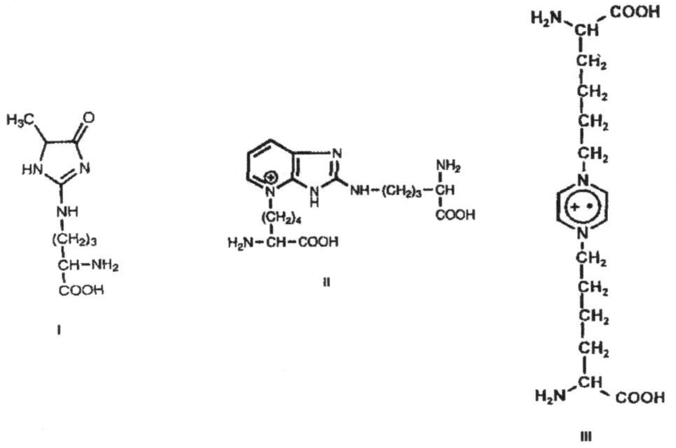

H_3C, O, HN, N, NH, $(CH_2)_3$, $CH-NH_2$, COOH, I

N, N, H, $NH-(CH_2)_3-CH$, NH_2, COOH, $(CH_2)_4$, $H_2N-CH-COOH$, II

H_2N, CH, COOH, CH_2, CH_2, CH_2, CH_2, N, N, CH_2, CH_2, CH_2, CH_2, H_2N, CH, COOH, III

갈색 빛을 띠는 멜라노이딘 분획은 커피 음료의 30%를 이룰 만큼 생성될 수 있으며, 현재까지 많은 연구들이 진행되어 왔다. 커피의 멜라노이딘을 만드는 주요 전구체가 탄수화물과 단백질이기는 하지만 클로로겐산도 관여한다(챕터 2 아미노산 참조).

관련 연구들이 활발히 진행되고 있는 가운데 호프만은 멜라노이딘 형성과 관련된 화학 메커니즘 분야를 연구하고 있다. 그는 본인 연구뿐 아니라 최근 다른 연구들에서도 색깔을 띠는 저분자 화합물이 상당량 발견된 사례를 언급하면서 아미노산과 탄수화물 간에 마이야르 반응을 그 원인으로 지목했다(Hofmann, 1998).

그는 색깔이 없는 단백질 속 리신 곁사슬에 특정 발색단들(chromophores)이 결합하면서 색깔을 갖는 멜라노이딘류 고분자가 된다고 설명했다. 아울러 멜라노이드 형성 과정에서 유의미하다고 볼 수 있는 라디칼 생성 사실을 발견해 내는데 이는 단백질 단위끼리 결합하는 도중에 발생된다(Hofmann, 1999). 여러 화학 반응 모형을 통해 단백질과 글리옥살 사이에서 자유 라디칼을 가진 단백질 가교결합(CROSSPY로 명명)이 밝혀진다(그림. 8의 III). 모형에서 확인한 가교 결합상의 자유 라디칼은 로스팅 커피를 대상으로 한 신호와 유사하게 나타났다. CROSSPY 결합은 리신 곁사슬과 글리옥살의 반응으로 생성되며, 글리옥살은 로스팅 단계에서 생성되는 탄수화물 분해산물이다(Hofmann et al., 1999).

전자스핀공명 실험을 통해 솔루블 커피 샘플에 메탄올을 첨가하여 얻은 침전물에서 자유 라디칼이 다량 발견됐다. 분광기를 이용하여 분획의 주요 구성성분인 탄수화물을 식별하고, 수크로오스를 열처리하여 얻은 자유 라디칼의 스펙트럼과 실험 결과가 유사한 형태를 보였다는 점을 감안했을 때 탄수화물이 커피의 자유 라디칼 전구체라는 것을 알 수 있었다(Gonis et al., 1995).

스타인하트와 패케르트(Steinhart & Packert, 1993)는 겔 침투(gel permeation) 시험법을 활용하여 아라비카와 로부스타 로스팅 커피의 열수 추출물에서 멜라노이딘을 분리하였다. 샘플마다 네 가지 색상의 분획물을 얻었는데 피크 머무름(peak retention)이 나타난 분자량 범위는 1000~60000 돌턴(Da)이었다. 해당 샘플은 다시 분취 박층 크로마토그래피를 통해 분별 가능한 띠를 소분획으로 분리하였다. 아울러, 산 가수분해 시험으로 멜라노이딘 유래의 다당류는 결합형 탄수화물로 구성되어 있는 것을 확인할 수 있었다. 겔투과 크로마토그래피(gpc)로 분리한 상기 분자량 범위대의 분획 대부분은 만노오스였으며, 갈락토오스와 아라비노오스, 포도당은 미량이었다. 저분자량 분획에서는 람노오스가 상당량을 차지했다. 로스팅 이전에 증기로 전처리한 원두와 비처리한 원두의 겔투과 크로마토그래피 결과는 차이가 없었다(Moller & Steinhart, 1993).

이러한 결과로 말미암아 상당수의 다당류는 로스팅 이후 단계에서 분해되는 것으로 예상되며, 분해 산물 대부분이 고분자 멜라노이딘으로 축합될 가능성이 있다. 그러나 아라비노갈락탄 고분자의 말단에 위치한 아라비노오스 단위가 불안정한 편이어서 로스팅 과정 초기에 분리되었을 수 있다. 스탈과 팔러먼트(Stahl & Parliment,

1993)는 바로 이 과정에서 커피 향미에 중요한 영향을 미치는 푸르푸랄 메르캅탄(furfural mercaptan) 화합물이 형성된다고 밝혔다. 해당 연구진에 따르면, 분해된 아라비노오스에서 물 분자가 제거되어 푸르푸랄이 생성되고 이후 황화수소(H_2S)를 생성하는 단백질과 반응한다. 드 마리오 등(De Mario et al., 1995)도 아라비노갈락탄이 푸르푸랄의 전구체라고 주장했다. 해당 연구진은 생두에서 수크로오스를 제거한 다당류 분획을 로스팅하면서 푸르푸랄을 관찰했다. 탄수화물 물질 밸런스를 보면 결합 아라비노오스의 분해 수준은 42%였지만 다른 탄수화물은 거의 분해되지 않은 것으로 나타났다. 이후 동 연구진은 다른 논문(De Mario et al., 1996)에서도 생두 추출물 분획 시험에서 커피 로스팅 중 푸르푸랄과 다른 퓨란의 수득이 다당류보다 수크로오스 분해 유래에서 더 높다는 결과를 발표한다.

1.6 | 커피 탄수화물의 기능적 특성

1.6.1 솔루블 커피 가공에서의 역할

(a) 추출 점성

상업용 솔루블 커피 추출물은 전당 함량이 보통 약 30%이며, 여러 가수분해 단계에서 탄수화물이 발견된다. 따라서 솔루블 커피 공정에서 탄수화물의 물성을 이해하는 것이 중요하다. 상업용 솔루블 커피 고형분의 분자량 분포를 알면 공정이 쉬워질 뿐 아니라 제품의 안정성도 높일 수 있다. 다당류가 모두 가수분해되면 제품의 흡습성이 높아질 수 있으나 반대로 고분자일수록 추출액의 점성도 높아질 수 있다. 대신, 하이솔리드(high solid)의 점도를 저감하여 추출 공정을 개선시킨 사례들도 있다. 커피의 아라비노갈락탄은 수용액에서 점성이 매우 낮고, 만난 분획도 제품의 점성에 영향을 주는 것으로 보인다. 엘러스(Ehlers, 1980)는 추출 점성 저감화법으로 만난아제(mannanase) 효소를 이용했다. 가용성을 높여 증발이 쉽도록 만들어준 뒤 분사하거나 동결건조하면 생산 단가까지 낮추는 이점이 있다. 자르딘과 모레티(Jardine

& Moretti, 1993)는 커피 추출물에 상업용 다당류 가수분해 효소를 처리하여 점성을 1.6 x~2.5 x대로 낮추는 방법을 제안했다. 이 방법을 사용하면 가용성 고형분이 45%~62%인 상업용 커피 추출액을 얻을 수 있어 동결 건조 공정을 향상시킬 수 있다. 이 외에도 만난을 가수분해하는 고정화 효소를 이용하여 커피 추출액의 만난 분자량을 낮춤으로써 솔루블 커피 가공 단계에서 점성을 저감화하는 특허 공정도 있다(Nicolas et al., 1999. 챕터6 참조).

(b) 침전

갓 뽑은 추출물에 침전물이 생성된다는 사실은 익히 잘 알려져 있다. 브래드버리와 앳킨스(Bradbury & Atkins, 1997)는 침전물의 구성성분 대부분이 만난임을 밝혔다. 연구진은 X선 결정학을 통해 추출 공정에서 만난 고분자가 결정화되면서 불용성으로 변한다고 설명했다. 결정화는 고온과 추출 농도에 의해 유도되는데 결정화된 만난을 '만난 P 타입'으로 정했다. 만난 P 타입은 '상아야자나무 열매'에서 흔히 볼 수 있는 만난으로 중합체 중에도 분자량이 적은 편에 속한다. 선형이면서 분지가 없는 만난 영역들 간에 수소 결합이 이루어지면서 결정화가 일어난다. 침전 분자에 갈락토오스 총량이 적다면 만난 분자가 긴 선형 형태를 띤다고 볼 수 있다. 이는 향후 분자간 수소 결합과 결정이 형성되는 자리라고 할 수 있다. 비결정질 만난 분자는 구조특성 상 바로 용해될 수 있다. 이들 분자는 분자량이 작고, 갈락토오스 곁사슬 밀도가 높은 특징을 가지고 있다.

1.6.2 거품(Foam)

누네스 등(Nunes et al., 1997)은 다당류 농도와 에스프레소 거품 유지력의 직접적인 상관 관계를 규명했다. 브라질 아라비카와 우간다 로부스타 품종 에스프레소 커피 중에서도 로스팅 정도(유기 로스팅 손실 기준)가 각각 9.7%와 7.65%인 경우 거품 유지력이 가장 높았고, 다당류 함량 또한 최고치였다. 다당류는 에스프레소 추출물에 에탄올(55% 및 75%)을 첨가하여 침전시켜 얻었고, 이후 산 가수분해, 유도체화 및 가스 크로마토그래피를 통해 단당류(만노오스 〉 갈락토오스 〉 아라비노오스, 수득률 순)를 측정할 수 있었다. 따라서 거품 유지력은 에스프레소 추출물에 있는 갈락토만난 다당류의 점성과 관련이 있었다. 동 연구진(Nunes & Coimbra, 1998)은 55% 에탄올 첨가 침전물에서 얻은 고분자 분획(약 2000 kDa, 겔투과 크로마토그래피 적용)을 규명하였다. 고분자 분획이 소량이더라도(총 고형물 중 0.3%~0.9%) 함량과 최대 거품 유지력은 상관 관계를 보였고, 특히 우간다 로부스타 로스팅 7.65% 샘플에서 거품 유지력이 가장 높았다. 로스팅 과정에서 다당류와 단백질, 페놀 화합물끼리 결합하면서 복잡한 고분자 구조가 형성되기 때문이다. 아울러 페트라코 등(Petracco et al., 1999)에 따르면, 다크 로스팅 커피의 A 분획 다당류(만노오스 총량의 80%)의 거품 유지력이 우수한 것으로 나타났다(챕터7 참조). A 분획은 앞서 섹션 1.3.2에서 설명한 나바리니 등(Navarini et al., 1999)의 방법을 적용했다.

1.6.3 커피 섬유

포유류는 커피 다당류를 가수분해할 수 있는 효소를 갖고 있지 않기 때문에 체내에 유입되면 식이섬유와 유사한 기능을 하게 된다. 실제 로스팅 커피 추출물에서 분리한 아라비노갈락탄 제제(커피 식이섬유)가 결장암을 낮춘다는 섭식 연구들도 발표된 바 있다(Rao et al., 1998).

참고문헌

- Ara, V. & Thaler, H. (1976) Investigations on coffee and coffee substitutes. XVIII. Dependence of yield and structure of polymeric galactomannan on the type and degree of coffee roast. *Z. Lebensm. Unters.-Forsch.*, 161, 143—50.
- Ara, V. & Thaler, H. (1977) Investigations on coffee and coffee substitutes. XIX. Dependence of yield of polymeric galactomannan on the degree of extraction of coffee extract. *Z. Lebensm. Unters.-Forsch.*, 164, 8—10.
- Berger, A., Bruelhart, M. & Prodolliet, J. (1991) Determination of adulteration in pure soluble coffee by enzymatic sugar determination. *Lebens. Wissens. Tech.*, 24, 59—62.
- Blanc, M.B., Davis, G.E., Parchet J.-M. & Viani, R. (1989) Chromatographic profile of carbohydrates in commercial soluble coffees.^. *Agric. Food Chem.*, 37, 926-30.
- Blanc, M. & Parchet, J.M. (1989) Identification and quantification of a new carbohydrate in coffee chemistry. In: *Proceedings of the 13th ASIC Colloquium (Paipa)*, pp. 191-5. ASIC, Paris, France.
- Bradbury, A.G.W. & Atkins, E.D.T. (1997) Factors affecting mannan solubility in roast coffee extracts. In: *Proceedings of the 17th ASIC Colloquium (Nairobi)*, pp. 128-32. ASIC, Paris, France.
- Bradbury, A.G.W. & Balzer, H.H. (1999) Carboxyatractyligenin and atractyligenin glycosides in coffee. In: *Proceedings of the 18th ASIC Colloquium (Helsinki)*, pp. 71-8. ASIC, Paris, France.
- Bradbury, A.G.W. & Halliday, D.J. (1987) Polysaccharides in green coffee beans. In: *Proceedings of the 12th ASIC Colloquium (Montreux)*, pp. 265—9. ASIC, Paris, France.
- Bradbury, A.G.W. & Halliday, D.J. (1990) Chemical structures of green coffee bean polysaccharides. *J. Agric. Food Chem.*, 38, 389-92.
- Clifford, M.N. (1985) Chemical and physical aspects of green coffee and coffee products. In: *Coffee, Botany, Biochemistry and Production of Beans and Beverage* (eds M.N. Clifford & K.C. Willson), pp. 305—74. Croom Helm, London.
- Davis, G.E., Garwood, V.W., Barfuss, D.L., Hussini, S.A., Blanc M.B. & Viani, R. (1990) Chromatographic profile of carbohydrates in commercial coffees. 2. Identification of mannitol. *J. Agric. Food Chem.*, 38, 1347-50.
- De Mario, C.A.B., Trugo, L.C., Aquino Neto, F.R. & Moreira, R.F.A. (1995) Arabinogalactan as a potential furfural precursor in roasted coffee. *Int. Food Sci. Tech.*, 29, 559—62.
- De Mario, C.A.B., Trugo, L. C., Aquino Neto, F. R., Moreira, R. F. A. & Alviano, C. S. (1996) Composition of green coffee water-soluble fractions and identification of volatiles formed during roasting. *Food Chem.*, 55, 203—7.
- Ehlers, G.M. (1980) Possible applications of enzymes in coffee processing. In: *Proceedings of the 9th ASIC Colloquium (London)*, pp. 267—71. ASIC, Paris, France.
- Fischer, M., Reimann, S., Trovato, V. & Redgwell, R.J. (1999) Structural aspects of polysaccharides from Arabica coffee. In: *Proceedings of the 18th ASIC Colloquium (Helsinki)*, pp. 91-4. ASIC, Paris, France.
- Franz, H. & Maier, H.G. (1993) Inositol phosphates in coffee and related beverages. I. Identification and methods of determination. *Deutsche Lebensm.-Rundsch.*, 89, 276-82.
- Franz, H. & Maier, H.G. (1994) Inositol phosphates in coffee and related beverages. II. Coffee beans. *Deutsche Lebensm.- Rundsch.*, 90, 345-9.
- Fulger, C.V., Stahl, H.D., Turek, E.J. & Bayha, R. (1985) Production of a mannan oligomer hydrolysate. US Patent 4508745.
- Gerhard-Rieben, E., Lebet, C. R., Leloup, V. & Schlecht, K. (1999) Coffee extraction process and patent. US Patent 5 897903.
- Ginz, M., Balzer, H.H., Bradbury, A.G.W. & Maier, H.G. (2000) Formation of aliphatic acids by carbohydrate

degradation during roasting of coffee. *Eur. Food Res. TechnoL,* 211, 404-10.

- Gonis, J., Hewitt, D.G., Troup G., Hutton D.R. & Hunter C.R. (1995) The chemical origin of free radicals in coffee and other beverages. *Free Rad. Res.,* 23, 393-9.
- Gopal, N.H. & Venkataramanan, D. (1974) Studies on black bean disorder in coffee. *Ind. Coffee,* 9/10, 259—67.
- Henle, T., Deppisch, R. & Ritz, E. (1996) The Maillard reaction — from food chemistry to uraemia research. *Nephrol. Dial. Transplant,* 11, 1718—22.
- Henle, T., Schwarzenbolz, U. & Klostemeyer, H. (1997) Detection and quantification of pentosidine in foods. *Z. Lebensm. Unters.-Forsch. A.,* 204, 95-8.
- Hofmann, T. (1998) Studies on melanoidin-type colorants generated from the Maillard reaction on protein-bound lysine and furan-2-carboxaldehyde — chemical characterization of a red coloured domaine. *Z. Lebensm. Unters.-Forsch. A.,* 206, 251-68.
- Hofmann, T. (1999) 4-Alkylidene-2-imino-5-[4-alkylidene-5- oxo-l,3-imidazol-2-inyl]aza-methylidene-l,3-imidazolidine — a novel colored substructure in melanoidins formed by Maillard reactions of bound arginine with glyoxal and furan-2-carbox- yaldehyde. *J. Agric. Food Chem.,* 46, 3896-901.
- Hofmann, T., Bors, W. & Stettmaier, K. (1999) Radical-assisted melanoidin formation during thermal processing of foods as well as under physiological conditions. *J. Agric. Food Chem.,* 47, 391-6.
- Hughes, W.J. & Thorpe, T.M. (1987) Determination of organic acids and sucrose in roasted coffee by capillary gas chromatography. *J. Food Sci.,* 52, 1078-83.
- ISO 11292 (1997) Instant coffee — determination of free and total carbohydrates — method using HPAEC. International Standards Organization, Geneva, Switzerland.
- Jardine, J.G. & Moretti, R.H. (1993) Enzyme treatment of coffee extract to reduce viscosity in instant coffee manufacture. *Boletim da Sociedade Brasileira de Cienca e Technologia de Ali- mentos,* 27, 14-23.
- Kundel, W., Kunz, M. & Martin, D. (1998) Determining oligosaccharide spectra in food products. *Lebensmittelchemie,* 52, 72— 73.
- Leloup, V., De Michieli, J.H. & Liardon, R. (1997) Characterization of oligosaccharides in coffee extracts. In: *Proceedings of the 17th ASIC Colloquium (Nairobi),* pp. 120-27. ASIC, Paris, France.
- Leloup, V. & Liardon, R. (1993) Analytical characterization of coffee carbohydrates. In: *Proceedings of the 15th ASIC Colloquium (Montpellier),* pp. 863-5. ASIC, Paris, France.
- Ludwig, H., Obermann H. & Spiteller, G. (1975) On new diterpenes found in coffee. In: *Proceedings of the 7th ASIC Colloquium (Hamburg),* pp. 205-10. ASIC, Paris, France.
- Luger, A. & Steinhart, H. (1995) Carbohydrates in steam treated coffee. In: *Proceedings of the 16th ASIC Colloquium (Kyoto),* pp. 366-71. ASIC, Paris, France.
- Lullman, C. & Silwar, R. (1989) Investigation of mono- and disaccharide content of Arabica and Robusta green coffee using HPLC. *Lebensm. Gericht. Chem.,* 43, 42—3.
- MAFF (1995) *Authenticity of soluble coffee.* Food surveillance paper No. 46. Ministry of Agriculture, Fisheries and Food, London. HMSO, London.
- Maga, J.A., (1989) Thermal decomposition of carbohydrates. In: *Thermal Generation of Aromas* (eds T.H. Parliament, R.J. McGorrin & C.-T. Ho) pp. 32—9. ACS Symposium Series. ACS, Washington.
- Maier, H.G. & Matzel, U. (1982) Atractyligenin and its glycosides in coffee. In: *Proceedings of the 10th ASIC Colloquium (Salvador),* pp. 247—51. ASIC, Paris, France.
- Maier, H.G. & Wewetzer, H. (1978) Determination of diterpeneglycosides in coffee beans. *Z. Lebensm. Unters.-Forsch.,* 167, 105-107.
- Mazzafera, P. (1999) Chemical composition of defective coffee beans. *Food Chem.,* 64, 547-54.

- Moller, A. & Steinhart, H. (1993) Studies of melanoidins in coffee beverages. *Lebensmittelchemie,* 47, 16-17.
- Navarini, L., Gilli, R., Gombac, A., Abatangelo, A., Bosco, M. & Toffanin, R. (1999) Polysaccharides from hot water extracts of roasted *Coffea arabica* beans. Isolation and characterization. *Carbohydr. Polym.,* 40, 71-81.
- Nicolas, P., Raetz, E., Reymond, S. & Sauvageat, J.L. (1999) Hydrolysis of coffee with immobilized beta-mannanase. European Patent Application EP 0676145.
- Noe, C.R., Lachmann, B., Mollenbeck, S. & Richter, P. (1999) Determination of reducing sugars in selected beverages by capillary electrophoresis. *Z. Lebensm. Unters. Forsch. A.,* 208, 148-52.
- Noyes, R.M. & Chu, C.M. (1993) Material balance on free sugars in the production of instant coffee. In: *Proceedings of the 15th ASIC Colloquium (Montpellier),* pp. 577-82. ASIC, Paris, France.
- Noyes, R.M., McCarthy, J.P. & Oram, C.P. (1991) The variation of xylose, mannitol, and free sugar levels in instant coffee. In: *Proceedings of the 14th ASIC Colloquium (San Francisco),* pp. 202-10. ASIC, Paris, France.
- Nunes, F.M. & Coimbra, M.A. (1998) Influence of polysaccharide composition in foam stability of espresso coffee. *Carbohyd. Polym.,* 37, 283-5.
- Nunes, F.M., Coimbra, M.A., Duarte, A.C. & Delgadillo, I. (1997) Foamability, foam stability, and chemical composition of espresso coffee as affected by the degree of roast. *J. Agric. Food Chern.,* 45, 3238-43.
- Oestreich-Janzen, S. (1995) Carbohydrate profiles in beverages like coffee: methods and objects of investigations. In: *Proceedings of the 16th ASIC Colloquium (Kyoto),* pp. 286-91. ASIC, Paris, France.
- Petracco, M., Navarini, L., Abatangelo, A., Gombac, V., D'ag- nolo E. & Zanetti, F. (1999) Isolation and characterization of a foaming fraction from hot water extracts of roast and ground coffee. In: *Proceedings of the 18th ASIC Colloquium (Helsinki),* pp. 95-105. ASIC, Paris, France.
- Prescott, J.H., Enriquez, P., Jung C., Menz E. & Groman, E.V. (1995) Larch arabinogalactan for hepatic drug delivery: isolation and characterization of a kDa arabinogalactan fragment. *Carbohyd. Res.,* 278, 113-28.
- Prodolliet, J., Blanc, M.B., Bruelhart, M., Obert, L. & Parchet J.- M. (1992) Determination of soluble carbohydrates in coffee by high-performance anion-exchange chromatography with pulsed amperometric detection. In: *Proceedings of the 14th ASIC Colloquium (San Francisco),* pp. 211-19. ASIC, Paris, France.
- Prodolliet, J., Bruelhart, M., Blanc, M.B., *et al.* (1995a) Adulteration of soluble coffee with coffee husks and parchments. *J. AOAC Int.,1%,* 761-7.
- Prodolliet, J., Bruelhart, M., Lador, F., *et al.* (1995b) Determination of free and total carbohydrate profile in soluble coffee. *J. AOACInt.,18,* 749-61.
- Prodolliet, J., Bugner, E. & Feinberg, M. (1995c) Determination of carbohydrates in soluble coffee by anion-exchange chromatography with pulsed amperometric detection: interlaboratory study. *J. AOAC Int.,* 78, 768-82.
- Rao, C.V., Chou, D., Simi B., Herching, K. & Reddy, B.S. (1998) Prevention of colonic aberrant crypt foci and modulation of large bowel microbial activity by dietary coffee fiber, inulin and pectin. *Carcinogenesis,* 19, 1815—19.
- Silwar, R. & Lullman, C. (1988) The determination of mono- and disaccharides in green Arabica and Robusta coffees using high performance liquid chromatography. *Cafe, Cacao, The,* 32, 319-22.
- Stahl, H.D. & Parliment, T.H. (1993) Generation of furfuryl mercaptan in cysteine-ribose model systems in relation to roasted coffee aroma. In: *Proceedings of the 15th ASIC Colloquium (Montpellier),* pp. 607-15. ASIC, Paris, France.
- Stahl, H. & Turek, E. (1991) Acid hydrolysis of spent grounds to produce D-mannose and D-mannitol. In: *Proceedings of the 14th ASIC Colloquium (San Francisco),* pp. 339-48. ASIC, Paris, France.
- Steinhart, H. & Packert, A. (1993) Melanoidins in coffee. Separation and characterization by different chromatographic procedures. In: *Proceedings of the 15th ASIC Colloquium (Montpellier),* pp. 593—600. ASIC, Paris, France.
- Thaler, H. (1975) Structures of macromolecules in coffee. In: *Proceedings of the 7th ASIC Colloquium (Hamburg),*

pp. 175- 87. ASIC, Paris, France.

- Tressl, R., Wondrak, G.T., Garbe, L.-A., Rewicki, D. & Kruger, R.-P. (1998) Pentoses and hexoses as sources of new mela- noidin-like Maillard polymers, y. *Agric. Food Chern.,* 46, 1765— 76.
- Trugo, L.C. (1985) Carbohydrates. In: *Coffee, Vol. 1, Chemistry* (eds R.J. Clarke & R. Macrae) pp. 83-114. Elsevier Applied Science, London.
- Trugo, L.C. & Macrae, R. (1985) The use of the mass detector for sugar analysis of coffee products. In: *Proceedings of the 11th ASIC Colloquium (Lome),* pp. 245-51. ASIC, Paris, France.
- Wilson, A.J., Petracco, M. & Lilly, E. (1997) Some preliminary investigations of oil biosynthesis in the coffee fruit and its subsequent re-distribution within green and roasted beans. In: *Proceedings of the 17th ASIC Colloquium (Nairobi),* pp. 92-9. ASIC, Paris, France.
- Wolfrom, M.L., Laver, M.L. & Patin, D.L. (1961) Carbohydrates of the coffee bean. II. Isolation and characterization of a mannan. *J. Org. Cherm.,* 26, 4533—35.
- Wolfrom, M.L. & Patin, D.L. (1964) Isolation and characterization of cellulose in the coffee bean. *J. Agric. Food Chern.,* 12, 376-7.
- Wolfrom, M.L. & Patin, D.L. (1965) Carbohydrates of the coffee bean. IV. An arabinogalactan. *J. Org. Cherm.,* 30, 4060—63.
- Wolfrom, M.L., Plunkett, R.A. & Laver, M.L. (1960) Carbohydrates of the coffee bean. *J. Agric. Food Chern.,* 8, 58—65.
- Zapp, J. & Kuhn, R. (1997) Maldi-MS, a new analytical technique and its potential for coffee analysis. In: *Proceedings of the 17th ASIC Colloquium (Nairobi),* pp. 141—9. ASIC, Paris, France.

1B
커피의 산성 물질

H. H. 밸저
크래프트 푸드(Kraft Foods R & G Inc.), 독일 뮌헨 소재

1.7 | 생두의 유기산 정량 데이터

생두의 산성 물질에 대한 연구는 마브룩과 데서리지(Marbrouk & Deatherage, 1956)를 시작으로, 렌트너와 데서리지(Lentner & Deatherage, 1959) 및 나카바야시(Nakabayashi, 1978a)에서 시트르산, 말산, 옥살산, 타르타르산, 피루브산 및 아세트산 등을 다루었다. 이후 캄프만(Kampmann, 1981), 캄프만과 마이어(Kampmann & Maier, 1982) 연구에서 생두의 퀴닉산을 최초로 정량 측정하였다(표 1.9). 퀴닉산은 실릴화 처리를 한 뒤 모세관 가스 크로마토그래피(GC)를 이용해 분리하였다. 아라비카 생두의 퀴닉산 평균 함량은 5.5g/kg, 로부스타는 3.5g/kg였는데 숙성이나 가공, 발효 등 각종 요인에 의해 함량에 차이가 있었을 것으로 추정된다. 이후 동일한 시험법을 적용하여 증기 처리한 원두에 대해 퀴닉산을 분석했다(Hueke & Maier, 1985). 증기를 처리한 원두는 그렇지 않은 경우에 비해 퀴닉산 함량이 15~40% 더 많았다.

클로로겐산과 퀴닉산 외에도 말산과 시트르산이 생두의 주요 산성 물질로 꼽힌다. 표 1.9은 숄체와 마이어(Scholze & Maier, 1984) 연구진이 발표한 생두 오리진 7종에 대한 말산과 시르트산 자료로, 모세관 등속전기영동 방법으로 조사하였다.

분석 결과에 따르면, 아라비카 커피는 평균 말산 5.6g/kg, 시트르산 12.3g/kg이었으며, 로부스타 커피의 말산 평균 함량은 3.0g/kg, 시트르산은 8.6g/kg이었다. 케냐 커피는 아라비카 품종 중 말산 농도가 가장 높게 나타났다. 로부스타는 케냐에 비해 절반이 채 되지 않았으며, 클로로겐산 다음으로 시트르산 함량이 가장 많았다. 케냐

커피가 중미 지역 아라비카보다 시트르산 함량이 낮은 편이었고, 식물의 물질대사와 관련이 있는 말산 함량을 따져보았을 때 케냐 커피의 숙성이 상대적으로 느릴 수 있다고 볼 수 있다. 등속전기영동법으로 인산 함량도 측정하였다(표 1.9) (Scholze & Maier, 1983). 대체적으로 아라비카 커피(평균 1.3g/kg)가 로부스타 품종(평균 1.7g/kg)에 비해 인산이 적었다.

표 1.9 생두별 퀴닉산, 말산, 시트르산, 인산 함량 (Kampmann & Maier; 1982; Scholze & Maier, 1983, 1984.) [7,8].

산지	퀴닉산[1]	말산[2]	시트르산[2]	인산[2]
산토스 아라비카	5.6	6.15	13.81	1.07
부룬디 아라비카	5.7	5.12	13.0	1.11
케냐 아라비카	4.7	6.62	11.65	1.37
콜롬비아 아라비카	5.5			
모카 아라비카		4.60	10.55	1.47
브룬디 로부스타	3.5	3.78	10.01	1.42
앙골라 로부스타		2.78	9.17	2.16
토고 로부스타	3.1	2.47	6.70	1.63
기니 로부스타	3.9			
코트디부아르 아라부스타		4.53	9.09	1.73
코트디부아르 엑셀사		5.22	10.90	1.46
코트디부아르 스테노필라		2.92	10.02	2.19
리베리카		3.90	10.63	1.76

1 실릴화 유도 후 GC 분석
2 등속전기영동 분석

이후 엥겔하르트와 마이어(Engelhardt & Maier, 1984, 1985a)가 실릴화/가스 크로마토그래피(GC) 시험법을 한층 보강하여 석신산과 글리콜산, 젖산, 인산 등 다른 산성 물질들도 검출하기에 이른다. 과거 등속전기영동 시험 결과 값과 비교하면 검출량이 다소 낮은 편이었다. 아라비카와 로부스타 생두의 유기산은 반데르슈테겐과 반 뒤진(van der Stegen & van Duijin, 1987) 연구진에 의해 분석되었다. HPLC-UV(210 nm) 크로마토그래피를 적용한 실험 결과는 표 1.10에서 확인 가능하다. 이 밖에도 세척 및 농축 단계에 자유흐름식 전기영동을 적용하면서 산성 물질을 추가적으로 확인할 수 있었다. 이 기법은 바레(Bahre, 1997) 및 바레와 마이어(Bahre & Maier, 1999) 논문에서 이용되었다. 시료를 동결 건조 시킨 후 실릴화/GC로 산성 물질을 분리하고, 질량분석기(MS)로 동정하였다. 이 방법을 통해 생두에 소량 함유되어 있는 기타 산성 물질들도 측정할 수 있었다(표 1.11). 커피에서 처음 확인된 산성 물질도 있었다. 기타 산성 물질은 모두 합쳐 0.6g/kg 미만이었다.

1.8 로스팅 커피의 유기산 측정

마브룩과 데서리지(Marbrouk & Deatherage, 1956), 렌트너와 데서리지(Lentner & Deatherage, 1959)는 로스팅 정도에 따른 커피의 산성도를 규명했다. 클레먼츠와 데서리지(Clements & Deatherage, 1957)는 종이 크로마토그래피로 카페익산과 퀴닉산, 클로로겐산을, 컬럼 크로마토그래피 기법을 통해 시트르산, 말산, 타르타르산, 옥살산, 피루브산 및 아세트산을 분리하였다. 쇼트뮐러 등(Schottmüller et al., 1961)의 연구에서 맥아와 치커리로 만든 커피 대용품과 커피와 혼합한 제품들을 대상으로 유기산을 측정했다. 분별 증류 후 가스 크로마토그래피로 산성 물질을 분리했다. 가스 크로마토 컬럼에서 순차적으로 용리된 물질을 적정하여 시트르산, 말산, 타르타르산, 옥살산, 피루브산을 밝혀냈다. 우드만 등(Woodman et al., 1967)은 부탄올/클로로포름으로 산성 물질을 추출하고, 컬럼 크로마토그래피로 정제한 뒤 산성 물질의 메틸 에스테르를 이용하여 가스 크로마토그래피로 분리하였다. 분석 결과, 로스팅 커피의 시트르산 함량은 9g/kg, 아세트산은 5g/kg, 젖산 4g/kg으로 나타났다. 아울러 에스테르를 이용한 가스 크로마토그래피(GC)와 근적외선분광분석법(IR), 질량분석법(MS)를 적용하여 산성 물질 12종을 동정했으며, 이 중 8종은 최초 규명되었다. 이타콘산, 시트라콘산, 메사콘산은 시트르산의 분해산물이었으며, 말레산과 푸마르산은 말산의 분해산물로 확인되었다.

펠트만 등(Feldman et al., 1969)은 로스팅 아라비카 2종(콜롬비아, 산토스)을 대상으로 메틸에스테르 및 트리메틸실릴(TMS) 유도체를 이용한 가스 크로마토그래피 시험을 실시하여 산성 물질을 측정하였다. 이 외에도 페닐에스테르화하여 액상 크로마토그래피로 유기산을 측정했으나(Moll & Pictet, 1980) 정량 분석은 하지 못했다.

블랑(Blanc, 1977)은 효소 시험을 적용하여 로스팅 과정에서 아라비카 커피 2종의 카르복실산 함량을 도출했다. 측정 대상은 시트르산, 말산, 젖산, 피루브산, 아세트산이었다(표 1.12). 여러 연구 결과들을 비교하기에 앞서 배전도(로스팅 정도) 정보가 필요했다. 블랑 연구는 배전도에 관한 언급이 없었지만 '미처리(as is)' 시료가 생두의 수분(보통 8~13%) 함량을 갖고 있어 배전도를 추정해 볼 수 있었다. 이를 앞으로 로스팅 손실(roast loss, RL)로 칭한다. 그러나 주로 로스 백분율을 건조 중량 기준인 건조 기준 로스팅 손실(유기 로스팅 손실(organic roast loss, ORL))로 명시하는 편이다.

1985년 이전에 수행되었던 연구들은 우드만(Woodman, 1985) 연구에 잘 정리되어 있다. 슐츠와 마이어 연구에서는 로스팅 커피의 주요 산성 물질인 포르말산, 말산, 클로로겐산, 시트르산, 아세트산, 글리콜산, 인산을 모세관 등속전기영동 방법으로 분석했다(Scholze & Maier 1982, 1983, 1984; Scholze 1983).

표 1.10 HPLC/UV를 이용한 아라비카 및 로부스타 생두의 산성 물질 함량 분석 (g/kg). 건조 중량 기준 (van der Stegen & van Duijn, 1987.)

	아라비카		로부스타	
산성 물질	8개 샘플 범위	평균	7개 샘플 범위	평균
시트르산	5.0–14.9	7.6	3.3–10.1	6.5
말산	2.6–6.7	4.1	1.8–7.3	3.4
퀴닉산	3.3–6.1	4.3	1.6–8.6	3.6
석신산	tr–1.5	0.5	0.5–3.5	1.1
포름산	tr–1.4	0.7	tr–3.9	1.3
아세트산	tr	tr	tr–2.0	0.5

tr(trace amounts): 미량.

표 1.11 케냐 및 콜롬비아 아라비카 생두의 산성 물질 함유량(g/kg). 자유흐름 전기영동으로 실릴화 유도 및 예비농축 후 GC/MS 분석. (Bahre & Maier, 1996, 1999.)

산성 물질	케냐		콜롬비아	
	증기 비처리	증기처리	증기 비처리	증기처리
아라본산	12	18	10	19
석신산	38	47	31	49
2- 옥소프로피온산	4	14	4	18
시트라콘산	tr	tr	ND	ND
에리트로 -3- 디옥시펜톤산	13	12	9	11
트레오 -3- 디옥시펜톤산	3	4	2	5
2,4- 디하이드록시 부티르산	tr	1	1	2
3,4- 디하이드록시 부티르산	5	29	3	18
에리트론산	4	20	3	22
푸마르산	22	15	22	18
2- 푸라노산	ND	2	tr	2
글루콘산	67	51	50	48
글루타르산	2	4	2	2
글리세린산	7	20	7	39
3- 하이드록시벤조산	8	10	ND	ND
4- 하이드록시벤조산	7	7	ND	ND
2- 하이드록시부티르산	tr	tr	ND	ND
3- 하이드록시부티르산	3	3	2	2
4- 하이드록시부티르산	5	3	4	2
하이드록시아세트산	5	29	4	50
2- 하이드록시글루타르산	25	15	17	12
5- 하이드록시메틸 -2- 푸라노산	ND	1	ND	3
3- 하이드록시프로피온산	4	9	2	15
이타콘산	4	3	1	ND
말레산	6	7	ND	ND
만논산	24	18	16	15
메사콘산	3	2	1	1
리보, 아라보-메타사카린산	ND	11	ND	14
메틸석신산	3	3	2	2
젖산	75	93	42	82
니코틴산	ND	ND	ND	ND
2- 옥소부티르산	tr	tr	ND	ND
2- 옥소글루타르산	ND	15	ND	12
4- 옥소발레르산	ND	4	tr	tr
리본산	12	14	9	10
시킴산	tr	10	tr	tr
트레온산	8	14	4	8
타르타르산	2	4	2	3

ND(not detected): 불검출, tr(trace): 미량

후케(Hucke, 1984)와 후케 및 마이어(Hucke & Maier, 1985) 연구에서 실릴화/GC로 퀴닉산을 정량 분석한 결과, 상업용 로스팅 및 분쇄(R&G) 블렌딩 커피 13종은 8.7~16.6g/kg였고, 솔루블 커피(SC)는 24.6~46.4g/kg로 확인되었다. 로스팅 커피에서 퀴닉산은 락톤(퀴니드) 함량에 정비례하는 양상을 보였는데 유기 로스팅 손실은 최대 15%였다. 그러나 생두 14종과 증기처리한 생두 4종에서는 퀴니드가 검출되지 않았다. 휴즈와 소프(Hughes & Thorpe, 1987)는 모세 가스 크로마토그래피를 적용하여 로스팅 커피의 유기산과 수크로오스를 측정했다. 샘플을 트리메틸실릴화로 유도한 뒤 유기산 27종을 분석했다.

표 1.12 탄자니아 아라비카 생두의 로스팅 중 카르복실산 함량 변화(g/kg, 건조 중량). 효소 시험 분석(Blanc, 1977).

RL (%)	시트르산	말산	젖산	피루브산	아세트산
11.6	8.7	3.9	0.8	1.7	1.1
12.15	7.8	2.8	0.3	0.9	1.0
13.45	7.4	3.4	1.5	1.3	2.4
13.80	6.8	2.7	3.2	1.4	2.7
15.10	7.2	2.1	1.2	1.3	3.1
17.25	5.1	2.4	3.2	1.3	2.5
17.75	5.5	2.4	1.0	1.4	2.2

RL(roast loss): 로스팅 손실

유기산인 피멜산, 프탈산, 수베르산, 세바스산, 아스코르브산, 이소-페룰산, 도데칸디오닉산, 시나핀산이 커피에서 처음 동정되었다. 카페인 커피와 디카페인 커피의 퀴닉산 함유량은 8.15~9.74g/kg 대이었다. 겔 전기영동을 이용한 비휘발성 산성 시료의 정제 방법은 엥겔하르트(Engelhardt, 1984) 연구에서 찾아볼 수 있다. 시료를 동결 건조 시킨 후 트리메틸실릴 유도체 반응을 실시했다. 반응이 끝나면 가스 크로마토그래피로 분리하고, 질량분석기로 확인했다. 이 시험법으로 주요 산성 물질 5종과 비주요 산성 물질 14종을 확인할 수 있었다. 이 방법으로 측정한 상업용 로스팅 커피의 산성 물질 함량을 표 1.13에 제시하였다(Engelhardt & Maier, 1985b).

표 1.13 상업용 R&G 커피 샘플의 산성 물질 함량(g/kg). 실릴화 유도 후 분석 (Engelhardt & Maier, 1985a.)

산성 물질	함량
말산	2.16
퀴닉산	7.93
시트르산	6.72
2- 푸라노산	0.14
말레산	0.09
인산	1.78
3,4-디하이드록시벤조산	0.08
2,5-디하이드록시벤조산	0.23
포름산	2.01
클로로겐산	21.4
아세트산	5.15
글리콜산	1.32
메사콘산	0.08
피로글루탐산	0.87
석신산	0.07
시트라콘산	0.54
푸마르산	0.12
이타콘산	0.16
젖산	0.88
타르타르산	0.04

커피의 주요 산성 물질은 일반적으로 많이 이용되는 반데르슈테겐과 반뒤진(van der Stegen & van Duijin, 1987) 연구진의 HPLC/UV 210 nm 간이 시험법을 적용하여 분석했다. 이 시험법은 시트르산, 말산, 퀴닉산, 석신산, 글리콜산, 젖산, 포름산, 아세트산, 푸마르산에는 적합했으나 인산은 분석할 수 없었다. 시료는 음이온 교환 수지로 정제하였다. 상업용 커피 시료의 산성 물질 함량은

표 1.14 상업용 로스팅 및 분쇄(R&G) 커피의 산성 물질 함량. HPLC/UV 적용. (van der Stegen & van Duijn, 1987.)

산성 물질	샘플 17종 측정범위
시트르산	4.3–7.0
말산	1.0–3.9
퀴닉산	8.9–15.0
석신산	1.9–8.0
포름산	1.8–2.5
아세트산	3.6–5.5
글리콜산	1.7–4.9
젖산	0.0–1.8

표 1.14에 제시하였으나 원두의 로스팅 강도는 밝히지 않았다. 동 연구는 커피 중 석신산을 최초 측정하였다.

최근 모세관 전기영동법(CE)이 등장하면서 주요 지방족 유기산을 측정할 수 있게 되었다. 모세관 전기영동법은 기존의 고성능 액체 크로마토그래피(HPLC) 시험법보다 분해능이 뛰어나고 시간을 단축시켰다. 특히 각종 식음료의 유기산 분석에 효과적이라는 평을 얻었다.

이때 UV 흡수용 완충장치는 산성 물질 시료의 이온화가 충분히 유지될 수 있는 pH에서 설치한다. 비어스 등(Weers et al., 1995)에서 모세관 전기영동법을 커피 분석에 이용하였다. 표 1.15와 표 1.16은 유기 로스팅 손실(ORL)에 따른 콜롬비아 아라비카와 인도네시아 로부스타(EK I)의 주요 지방산(및 인산) 함량을 보여준다. 시료는 생두를 비롯해 관능적 기호도에 적합한 로스팅 원두를 준비하였다. 생두의 주요 산성 물질은 말산, 시트르산, 퀴닉산이었다. 로스팅이 진행될수록 말산과 시트르산 함량은 감소세를 보였으나 기타 지방족산은 증가하는 경향을 보였다. 앞서 언급했듯이 퀴닉산은 로스팅 과정에서 클로로겐산이 제거되면서 수율이 높아지는 특성이 있다(Maier, 1987). 강배전 로스팅에서는 포름산과 아세트산 수율이 감소하기 시작한다. 휘발성이 높은 포름산의 수율이 감소하면서 유기 로스팅 손실이 줄어든다. 한편, 다른 지방족산은 로스팅 강도가 세지면 더 이상 증가하지 않는다. 로스팅 강도가 강하더라도(타 연구 결과) 휘발성 산은 계속 감소하는 추세를 보이나 휘발성이 낮은 산성 성분들은 증가세를 보이다 유지되었다.

로스팅 손실에 따른 콜롬비아 아라비카와 인도네시아 로부스타의 산성 물질 수율을 비교해 보면 흥미로운 점을 발견할 수 있다(표 1.15 및 1.16). 로부스타 품종에서 인산이 유독 다량 검출된 것인데, 이는 표 1.9 측정값과도 일맥상통한다. 프란츠와 마이어(Franz & Maier, 1994)는 로부스타 시료 4개가 모두 아라비카 시료보다 인산과 피트산 함량이 높았다고 밝혔다. 로스팅 동안에도 로부스타 커피의 퀴닉산 함량이 빠르게 증가하면서 품종별로 달랐던 생두에서의 함량 차이가 약화되었다. 이러한 경향은 로부스타의 클로로겐산도 마찬가지였다(Clifford, 1985). 인산과 퀴닉산을 제외한 다른 지방족산은 로스팅 시료 중 콜롬비아 품종에서 높은 수율을 보였다.

표 1.15 유기 로스팅 손실(ORL, %)에 따른 콜롬비아 아라비카의 산 함량, 모세관 전기영동 분석 (Weers et al., 1995.)

산성 물질	0.0 (생두)	3.3	4.2	5.1	6.4
포름산	ND	2.29	2.53	2.47	2.28
말산	4.02	3.29	3.11	2.49	2.00
시트르산	13.11	11.1	9.53	7.66	6.34
석신산	ND	0.28	0.25	0.36	0.33
글리콜산	ND	1.28	1.64	1.81	2.02
아세트산	0.29	3.76	4.18	4.86	4.98
젖산	ND	0.73	1.00	1.35	1.30
인산	1.45	1.88	1.69	2.30	2.18
퀴닉산	6.87	9.96	8.81	8.94	9.12

ND(not detected): 불검출.

표 1.16 유기 로스팅 손실 기준(ORL, %)에 따른 인도네시아 로부스타의 산 함량, 모세관 전기영동 분석 (Weers et al., 1995.)

산성 물질	0.0 (생두)	3.25	4.15	5.0	6.5
포름산	0.18	0.86	1.31	1.48	1.61
말산	2.47	2.40	2.20	1.93	1.45
시트르산	13.50	13.38	12.26	10.79	8.38
석신산	0.13	0.23	0.37	0.43	0.45
글리콜산	ND	0.47	0.86	1.04	1.30
아세트산	0.15	1.98	2.73	3.0	3.25
젖산	ND	ND	0.51	0.71	0.77
인산	2.79	4.05	5.47	6.35	5.95
퀴닉산	4.70	10.01	10.82	12.32	13.19

ND(not detected): 불검출.

바를리안토(Barlianto, 1990)와 바를리안토 및 마이어(Barlianto & Maier, 1994) 연구에서는 커피 대용품에 대해 산성 물질 64종을 식별 및 측정했다. 연구 대상은 볶은 치커리(신종 성분 48종), 볶은 보리 60종(신종 성분 47종)으로, 대부분 산성 물질이 미량 검출되었다. 바레(Bahre)와 마이어(Maier)는 커피에 각종 산성 물질이 함유된 사실을 밝혀냈다(Bahre, 1997; Bahre & Maier, 1996, 1999). 이들 연구진은 시료 정제법을 간소화한 유동흐름 전기영동 시험법을 적용했는데, 이 시험법을 이용하면 로스팅 커피와 솔루블 커피에서 비산성 및 고분자화합물과 유기산을 분리할 수 있게 된다. 산성 물질은 동결 건조와 트리메틸실릴화 후 GC/MS를 통해 확인한 결과, 총 38종을 식별 및 정량화할 수 있었다(표 1.17). 이 가운데 18종은 처음 밝혀졌으며, 또 다른 5종은 커피에서 처음으로 정량 측정되었다(3-하이드록시프로피온산, 2-옥소부티르산, 글리세르산, 2.4-디하이드록시부티르산, 5-하이드록시메틸푸란-2-카르복실산, 2-하이드록시글루타르산 등).

표 1.17은 상업용 로스팅 커피 블렌드 6종(증기처리 시료 1종 포함)과 에스프레소 블렌드 1종, 솔루블 커피 1종에 대한 산성 함량을 담고 있다. 에스프레소 블렌드는 대부분 로스팅 분쇄커피(R & G)보다 산성 물질의 평균 함량이 높았다. 이를 통해 가열 시간이 길어질수록 산성 물질이 다양하게 생성된다는 것을 알 수 있다. 그러나 탄수화물 유래 산성 물질은 대부분 감소세를 보였는데 이는 가열 조건에서 분해가 일어난다는 점을 알 수 있다. 솔루블 커피는 로스팅 및 분쇄커피의 평균 함량 대비 3.6배가 더 많은 산성 물질이 함유되어 있었다. 실릴화/GC 시험법은 커피의 산성 물질을 측정하기에 적합한 시험법이며, 특히 자유흐름 전기영동으로 예비농축/세척한 경우라면 비주요 산성 물질을 정량하는 시험으로 탁월하다. 그러나 휘발성 산 확인에는 적용할 수 없으며, 특히 실릴화 반응 시 휘발성이 강해지는 포름산과 아세트산에는 사용할 수 없다.

1.9 | 산성 물질 형성 메커니즘

표 1.17와 같이 커피에는 산성 성분을 만들어내는 급원과 전구체가 존재한다. 1.9에서는 산이 형성되는 메커니즘을 다뤄본다.

1.9.1 아세트산, 포름산, 젖산, 글리콜산 및 기타 탄수화물 유래 산성 물질

탄수화물의 산성 물질 형성을 다룬 실험 모델 시스템 연구들이 다수 발표되었다. 올슨 등(Olsson et al., 1978)은 비효소적 갈변 반응 과정에서도 탄수화물 전구체로부터 산성 성분이 형성되는 사실을 밝혀냈으며, 나카바야시(Nakabayashi, 1978) 연구에서 로스팅 조건에서의 수크로오스를 실험 모델로 관찰하였다. 실제 로스팅 혼합물에는 포름산과 아세트산, 젖산이 함유되어 있다. 벡 등(Beck et al., 1990)은 포도당/글리신 혼합물을 로스팅하는 모델을 설계하여 마이야르 반응 후 산성 물질과 락톤, 에스테르가 형성되는 것을 발견했다. 이후 산성 물질의 생성 메커니즘을 밝히려는 연구들이 발표되었다. 바를리안토(Barlianto, 1990), 바를리안토와 마이어(Barlianto & Maier, 1994)는 과당과 말토오스, 이눌린 실험 모델을 통해 로스팅 과정에서 다양한 산성 물질들이 탄수화물에서 유래된다고 설명했다.

탄수화물에서 유래된 화합물 21종은 표 1.17에서 확인할 수 있다. 탄수화물 유래의 산성 성분들은 포름산과 아세트산과 결합한 형태로 존재하는데 이는 산성 성분의 전구체로 추정되며, 생두에는 무시 가능한 수준인 극미량이 함유되어 있다. 긴츠 등(Ginz et al., 2000)에 따르면, 생두에서 산성 성분을 생성하는 주요 전구체가 수크로오스인 것으로 나타났다. 이러한 결과는 아라비카 커피(수크로오스: 70~80g/kg)가 로부스타 커피(수크로오스: 30~40g/kg) 대비 탄수화물 유래의 산성 물질 함량이 더 높은 것과 서로 관련이 있다고 할 수 있다. 가령, 콜롬비아 아라비카에는 아세트산이 4.86g/kg, 포름산이 2.47g/kg이 함유되어 있었지만(5.1% ORL 기준) (표 1.15), 인도네시아 로부스타에는 아세트산과 포름산이 각각 3g/kg, 1.48g/kg 밖에 검출되지 않았다(표 1.16). 커피 로스팅 과정에서 생성되는 주요 산성 분획들은 포름산, 아세트산, 글리콜산, 젖산 같은 지방족산의 형성에 기인했을 수 있으며, 로스팅에 따른 해당 주요 산성 성분별 반응 속도는 그림 1.9에서 제시하였다. 아세트산과 포름산은 로스팅 온도가 높아질수록 함량이 증가하다가 240°C를 기점으로 감소했는데 두 화합물 모두 휘발성이 높기 때문으로 추정해 볼 수 있다. 반면, 젖산과 글리콜산은 반대로 240°C보다 높은 280°C에서도 함량이 계속 증가하였다.

아라비노오스, 에리트로오스와 1,6-무수포도당은 수크로오스가 열분해되면서 생성되는 중간 반응물이며, 이후 산성 물질을 생성하는 전구체로 작용한다. 동위원소 표지법을 통해 기존에 알려진 분해 경로로 수크로오스 유래의 지방족산 4종 생성을 설명할 수 있었다.

1.9.2 퀴닉산

위에서 이미 언급한 바와 같이, 생두에 존재하는 퀴닉산은 로스팅 동안 소량 증가하며, 전구체는 클로로겐산(CGAs)이다(Blanc, 1977).

다만, 퀴닉산의 증가량이 클로로겐산 분해량보다 적게 나타났다. 를루 등(Leloup et al. 1995)의 연구에서 이러한 화학 반응 속도를 중점적으로 분석한 결과, 로스팅에서 주로 생성되는 산물은 퀴닉산이 아닌 클로로겐산 락톤과 퀴닉산 락톤임이 밝혀진다.

이후 슐츠-뵈트허와 마이어 연구진(Scholz-Böttcher & Maier, 1991)이 퀴닉산과 퀴닉산 락톤(퀴니드) 이성질체까지 대대적인 연구를 진행했다. 커피를 로스팅하는 과정에서 생성되는 이성질체인 퀴닉산 이성질체 6종과 퀴니드 7종을 정량 분석했을 때, 미디엄 로스팅 커피(ORL=5~8%)의(±)-퀴닉산이 6.63~9.47g/kg로 가장 많았고, 실로-퀴닉산은 0.27~0.67g/kg이 검출되었다. 네오-퀴닉산이나 메조-퀴닉산 Ⅰ, 메조 퀴닉산 Ⅱ, (±)-에피-퀴닉산 등 기타 이성질체는 0.2g/kg 미만이었다. 락톤의 경우, (±)-γ-퀴니드는 2.29~8.49g/kg였고, 실로-5-퀴니드는 0.17~0.59g/kg, 기타 이성질체는 0.3g/kg 보다 적었다(챕터2 참조).

표 1.17 로스팅 분쇄 커피 6종, 에스프레소, 솔루블 커피의 산성 물질 함유량 (mg/kg). 자유 흐름 전기영동으로 실릴화 및 예비농축 후 GC/ MS 분석 (Bahre & Maier, 1996, 1999; Bahre, 1997.)

산성 물질의 급원	상업용 로스팅 분쇄(R&G) 블렌드			에스프레소	솔루블
	평균	최저	최고		
탄수화물 유래					
글리콜산	838	540	1360	767	1892
글리세르산	188	157	211	186	427
에스트로닉산	15	10	25	6	15
트레오닉산	16	10	30	6	15
아라본산	13	ND	21	ND	28
리본산	11	4	18	ND	13
글루콘산	21	7	45	8	15
만논산	10	tr	22	3	12
젖산	473	330	617	548	1443
3- 하이드록시 프로피온산	91	60	104	57	230
2,4- 디하이드록시 부티르산	51	41	63	99	215
3,4- 디하이드록시 부티르산	33	8	67	16	65
에리트로 -3- 데옥시펜토닉산	85	53	119	257	508
트레오 -3- 데옥시펜토닉산	109	70	143	283	617
메타사카린산	194	93	312	357	589
2- 푸라노산	85	64	105	116	328
5- 히드록시 메틸 -2- 푸라노산	126	84	143	91	236
2- 옥소프로피온산	117	62	177	47	342
2- 옥소부티르산	12	6	20	7	50
4- 옥소발레르산	25	5	37	52	167
메틸 석신산	19	16	24	36	139
클로로겐산					
3- 하이드록시 벤조산	8	3	11	26	57
4- 하이드록시 벤조산	7	ND	13	9	16
시킴산	21	3	32	42	105
시트르산					
시트라콘산	272	233	332	325	798
글루타르산	13	10	15	20	52
이타콘산	145	119	197	182	456
메사콘산	40	29	54	116	269
석신산	61	53	67	87	270
말산					
푸마르산	97	86	108	157	553
말레산	60	55	70	79	286

트리고넬린					
니코틴산	46	4	82	114	255
전구체 미상					
2- 하이드록시 부티르산	27	19	33	45	112
3- 하이드록시 부티르산	6	3	7	8	15
4- 하이드록시 부티르산	8	2	14	29	50
2- 하이드록시 글루타르산	9	7	9	16	33
2- 옥소글루타르산	46	38	59	46	96
타르타르	5	3	8	ND	ND

ND(not detected): 불검출, tr(trace): 미량

그림 1.9 인도네시아 로부스타(EK I)의 온도에 따른 포름산, 아세트산, 젖산, 글리콜산 함량(g/kg). 모세관 전기영동 분석. 3분간 열풍식 로스팅(Ginz et al., 2000.).

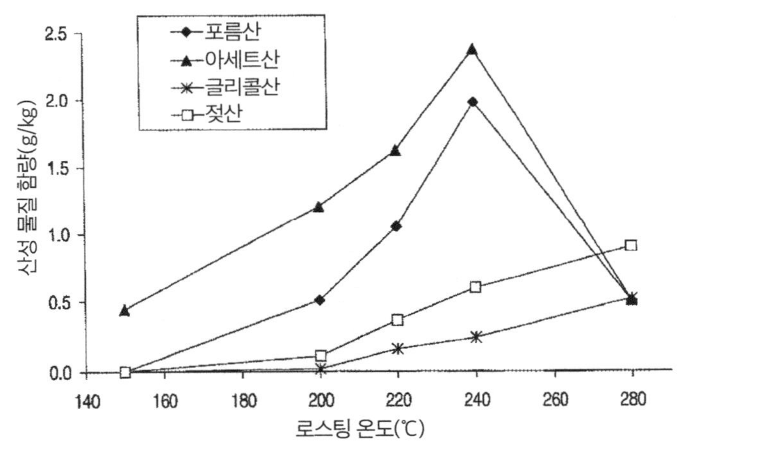

1.9.3 시트르산 및 말산

위에서 언급한 바와 같이 시트르산과 말산은 생두의 품종에 따라 함유량이 다양하다. 로스팅 과정에서 시트르산과 말산이 계속 분해 과정을 겪는데 분해 산물 일부는 표 1.17에 열거되어 있다. 이 외에도 시트르산은 시트라콘산, 글루타르산, 이타콘산, 메사콘산, 석신산을 생성하며, 말산은 푸마르산과 말레산을 만드는 것으로 알려져 있다(Bahre, 1997; Bahre & Maier, 1996, 1999).

1.9.4 인산

프란츠와 마이어(Franz & Maier, 1994)는 커피 추출물에 존재하는 일부 인산(인산염)이 추출과 저장 과정에서 가수분해된 피트산과 기타 인산 이노시톨(IP5—IP1) 분해물임을 밝혔다. 생두에는 주로 IP6와 IP5 소량이 발견되었다. 로스팅 중에는 IP6가 분해되었으나 다른 인산 이노시톨은 로스팅 시작 단계에서 증가하다가 강배전에서 감소하는 추세를 보였다(그림. 1.10).

그림 1.10 유기 로스팅 손실에 따른 살바도르 아라비카 커피의 인산이노시톨 함량 (g/kg), HPLC 분석. (Franz & Maier, 1994.)

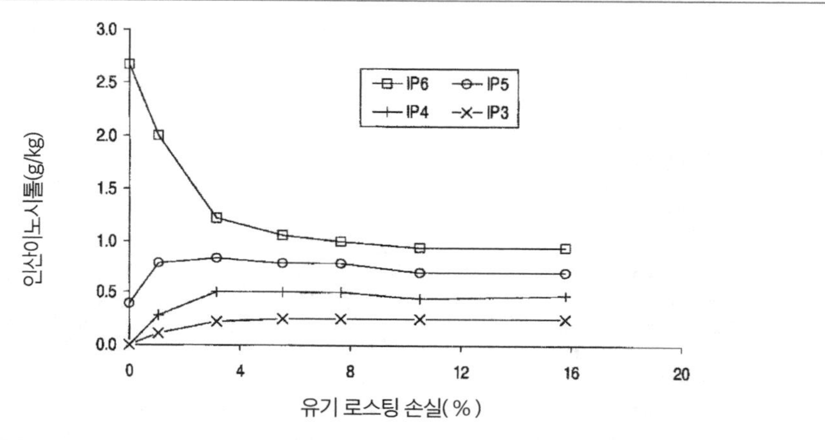

그 밖에 피트산 및 그 유도체, 인산 이노시톨(IP5—IP1)도 커피에서 중요한 역할을 한다. 솔루블 커피 4종과 커피 원두 5종(생두 및 로스팅)에서 피트산을 분석한 결과(McKenzie, 1984), 로스팅 커피에서는 피트산이 감소했고, 솔루블 커피 시료에서는 피트산이 모두 0.6g / 100kg 이상 검출되었다. 생두는 원두 품종별로 콜롬비아가 2.2g/kg, 브라질 산토스 2.3g/kg, 탄자니아 3.4g/kg, 파푸아뉴기니 3.5g/kg 이상 정량 측정되었다. 로스팅 원두에서는 피트산이 35%(콜롬비아), 53%(탄자니아) 감소했다.

각종 생두와 로스팅 커피에서 6인산 이노시톨(IP6), 5인산 이노시톨(IP5), 4인산 이노시톨(IP4), 3인산 이노시톨(IP3)을 고성능 액체 크로마토그래피(HPLC)를 통해 측정하였다(Maier, 1993). 인산 이노시톨은 열수나 차가운 염산으로 추출한 뒤 음이온 교환으로 분리하고, RP-18 컬럼으로 정제하였다. 고성능 액체 크로마토그래피 시험 조건으로는 이온 교환 컬럼에 물 / 질산 나트륨 / 질산 마그네슘 구배 용매 조성 조건 하에서 분리한다. 과염소산철로 후컬럼 반응을 시킨 후 310 nm UV 파장으로 검출한다(Franz & Maier, 1993). 이 방법으로 IP4 이성질체 일부와 IP5를 분해시킬 수 있었다. 또 다른 인산 시험법으로는 인산 이노시톨과 그 이성질체를 모세관 가스 크로마토그래피로 측정하거나(March et al.,1996), 모세관 등속전기영동(CE)과 질량 분석기를 사용하는 방법이 있다(Maier et al., 1983).

1.10 | 저장 과정에서의 산성 물질 증가

브루잉 커피를 보관하다 보면 실온에 두었더라도 산도가 약간 증가하는 것을 알 수 있다. 시베츠(Sivetz)는 1963년도에 시간이 흐르거나 특히 온도가 높아질 때 산도가 증가하는 사실을 밝혀냈다. 이후 저장 과정에서 산도가 증가한다는 내용의 연구들이 연달아 발표되었다. 연구진들은 pH가 감소하거나 적정 산도가 증가하는 것을 통해 이 같은 결과를 도출하였으나(Cros et al.,1980; Walkowski, 1981) 당시 그 원인은 밝히지 못했다. 반데르슈테겐과 반뒤진(van der Stegen & van Duijin, 1987) 연구에 따르면, 산성 물질의 25%를 차지하는 퀴닉산이 산성 물질을 증가시키는 이유라고 설명했다. 해당 연구진은 95°C에서 24시간 가열한 후 모든 산성 물질이 증가한 것을 확인하였으며(표 1.18), 상업용 로스팅 분쇄 커피의 평균 함량과도 비교하였다.

구조가 단순한 알데하이드 성분들이 산화되어 산성이 증가한다는 가설들이 제기되었지만 갓 추출한 커피에 산소 접촉을 차단한 조건 하에서도 산성이 증가하지 않아 인정받지 못했다. 이후 커피를 로스팅하는 동안 생성된 에스테르와 퀴닉 락톤이 가수분해되어 산성이 증가했다는 또 다른 연구가 발표되었다(Maier et al., 1984b). 실제로 다크 로스팅 커피의 pH가 가장 많이 감소한데다 등속전기영동으로 측정한

산 농도에서도 60°C 이상에서 모든 산성 물질이 증가하였다. 또한, 산 전구체의 분획 대부분은 수용성이었는데 산 전구체 20%는 물로 수차례 추출한 커피를 다른 커피와 함께 가열했을 때 추가로 얻을 수 있었다.

표 1.18 상업용 로스팅 분쇄 커피 음료의 산 함량 (g/kg) 및 24시간, 95℃ 가열 후 산 증가. HPLC/UV 분석. (van der Stegen & van Dujin, 1987.)

산성 물질	상업용 커피, 시료 17종 평균	산성 물질 증가
시트르산	5.9	0.2
말산	2.7	0.1
퀴닉산	10.4	2.8
석신산	4.0	0.9
포름산	2.2	0.5
아세트산	4.3	1.0
글리콜산	2.6	0.4
젖산	1.0	0.3

에스테르화된 다른 산성 물질들은, 산이 탄수화물과 모노에스테르 결합을 생성한 경우로 산성 물질과 탄수화물을 함께 가열할 때 이러한 반응이 일어난다(Maier & Ochs, 1973). 퀴닉산과 퀴닉산 락톤(퀴니드)은 모두 실릴화/가스 크로마토그래피로 분석할 수 있다(Hucke & Maier, 1985). 이 두 성분은 각종 커피에서 확인되는데 브루잉 커피를 48시간, 80°C에서 가온했을 때 급감하는 락톤의 양만큼 퀴닉산이 증가하였다. 이후 달라 로사 등(Dalla Rosa et al., 1990)의 추가 연구를 통해서도 재확인할 수 있었다.

산도가 높아지면 산미도 함께 따라오기 때문에 원치 않는 품질 저하를 불러일으킬 수 있다. 브래드버리 등(Bradbury et al., 1998)은 커피를 저장하는 동안 발생하는 산도를 염기로 억제하는 방법을 고안하였다. 브루잉 커피의 pH 산가가 8 이상이면 에스테르와 락톤이 가수분해되는 특성을 이용하여 중화시킨 것이다. 관련 연구들에서도 저장 기간 동안 떨어졌던 pH가 더이상 발생하지 않는 것으로 확인되었다.

1.11 휘발성 산

'휘발성 산'이라 함은 카르복실 작용기를 갖는 지방족산 화합물을 총칭하는 용어로 동시증류추출장치(SDE)나 감압증류로 커피에서 분리 가능한 물질을 일컫는다. 휘발성 산은 별도의 유도화 과정 없이 가스 크로마토그래피로 분리 가능하다. 일부 물질들은 커피의 향미 프로파일에 영향을 미치는데 산패/쉰내(sweaty)는 2-메틸부탄산 및 / 또는 3-메틸부탄산 화합물에서 기인한다(Holscher et al., 1990). 이후 뵈르만 등(Wöhrmann et al., 1997)은 생두와 로스팅 커피를 대상으로 휘발성 산을 대대적으로 정량 측정했다.

연구진은 포름산과 아세트산을 제외한 나머지 휘발성 산들을 동시증류추출장치(SDE)로 추출 후, 이온 교환, 가스 크로마토그래피 / 불꽃이온화검출기(FID)로 분석했다. 2-메틸부탄산 및 / 또는 3-메틸부탄산 피크를 일반 가스 크로마토그래피로 식별할 수 없어 카이랄 사이클로덱스트린 상을 이용하여 분리하였다. 증기처리한 커피 시료도 동일한 방법으로 분석하였다(Schröder et al. 1997). 증기처리한 시료의 경우, 휘발성 산 함량이 대체적으로 낮게 검출되었으며, 미지 시료에 대한 증기 처리 지표로 3-메틸부탄산과 (S)-2-메틸부탄산을 적용할 수 있었다.

아라비카와 로부스타 로스팅 원두의 휘발성 산 함량은 표 1.19와 표 1.20에서 각각 제시하였다(Wöhrmann, 1991). 로스팅은 유기 로스팅 손실 기준 0~9.97% 수준이었다. 일부 산성 물질은 로스팅 커피에서 처음 측정되었다. 대부분은 배전 강도가 강할수록 함량이 증가했지만 일부 포화지방산이 많이 함유된 원두는 다른 추세를 보였으며, 지방산 가수분해물로 C5~C10 길이의 직쇄 지방산이 생성되었다.

1.12 | 산 함량 및 관능적 특성

1.12.1 총 산도 및 산미

브루잉 커피의 산도와 산미가(아로마와 쓴맛과 더불어) 관능 품질을 좌우한다고 알려져 있다. 일반적으로 산성 물질은 커피 생두 중량의 11%, 로스팅 커피 중량의 6%를 차지한다(Maier, 1987). 특히 라이트 또는 미디엄 로스팅한 고품질 원두(아라비카)는 주로 산미가 느껴진다(Clifford, 1989). 케냐산 원두는 '뛰어난 산미'를 자랑하는 것으로 유명하다(Vitzthum, 1976).

표 1.19 유기 로스팅 손실(ORL, %)에 따른 아라비카 로스팅 커피의 휘발성 산 함량(mg/kg). 동시증류추출장치(SDE)에 의한 커피 추출 후 GC/MS 분석. (Wöhrmann, 1991.)

산성 물질	0 (생두)	3.68	6.02	8.17	9.97
프로판산	ND	2.93	2.02	3.45	1.71
2- 메틸프로판산	0.43	0.69	0.28	0.47	0.58
부탄산	0.32	1.55	4.02	4.49	5.0
2-/ 3-메틸부탄산	38.27	65.18	70.20	78.01	74.48
2- 메틸-프로펜산	ND	0.15	0.89	1.28	1.03
펜타노산	0.31	0.45	0.44	0.51	0.57
트랜스-2- 부텐산	ND	0.44	0.98	0.93	0.68
3- 메틸펜탄산	0.32	0.64	0.82	0.97	0.99
3,3- 디메틸 프로펜산	5.68	15.84	15.45	14.24	10.65
헥사논산	0.83	1.11	0.99	0.71	0.88
트랜스-2-메틸-2-부텐산	0.38	0.95	1.37	1.59	2.22
2- 에틸헥사논산	ND	0.06	0.16	0.25	0.48
헵타논산	0.31	0.32	0.45	0.36	0.46
옥탄산	0.50	0.33	0.48	0.24	0.45
노나논산	0.76	0.61	0.47	0.85	0.53
데칸산	0.20	0.38	0.34	0.36	0.47
도데칸산	0.22	0.31	0.31	0.31	0.40
테트라도데칸산	2.95	3.31	3.32	4.74	6.24
펜타도데칸산	0.70	0.84	0.72	0.95	1.24

ND(not detected): 불검출.

반면, 다크 로스팅한 아라비카 원두는 산미는 낮고 쓴맛이 두드러지는 특징을 갖는다. 습식 가공('세척') 커피는 비습식, 건조 가공한 원두에 비해 산미가 높은 편이다(예. 브라질 아라비카 또는 로부스타 커피). 로부스타 커피는 산미가 가장 낮아 초기 로스팅 커피의 산미를 규명하는데 많이 활용되었다. 아라비카 커피 품종의 경우, 브루잉 커피의 pH가 4.85~5.15로 pH가 5.25~5.40인 로부스타보다 산미가 강했다.

표 1.20 유기 로스팅 손실(ORL, %)에 따른 로부스타 로스팅 커피의 휘발성 산 함량(mg/kg). 동시 증류추출장치(SDE)에 의한 커피 추출 후 GC/MS 분석. (Wöhrmann et al., 1997.)

산성 물질	0 (생두)	4.41	5.76	7.50	8.57	9.66
프로판산	ND	3.87	2.78	1.56	2.80	1.33
2- 메틸프로판산	0.55	0.89	0.83	0.35	0.63	0.45
부탄산	0.43	1.41	1.79	2.86	3.23	3.89
2-/ 3-메틸부탄산	31.89	63.67	72.52	80.10	70.11	64.99
2- 메틸-프로펜산	ND	0.68	0.43	0.85	0.89	0.88
펜타노산	0.55	0.56	0.59	0.73	0.68	0.73
트랜스-2-부텐산	ND	2.37	2.25	2.52	2.02	1.63
3-메틸펜탄산	0.62	1.12	1.14	1.46	1.48	1.43
3,3-디메틸 프로펜산	7.77	18.38	15.79	14.81	12.62	10.02
헥사논산	3.17	3.97	3.62	3.70	3.03	2.46
트랜스-2-메틸-2-부텐산	0.37	0.66	0.96	1.21	1.49	1.57
2- 에틸헥사논산	ND	0.11	0.12	0.12	0.16	0.15
헵타논산	0.34	0.38	0.49	0.83	0.83	0.94
옥탄산	0.50	0.37	0.48	0.85	0.78	0.91
노나논산	0.69	0.15	0.44	0.63	0.46	0.47
데칸산	0.20	0.51	0.53	0.63	0.67	0.83
도데칸산	0.32	0.36	0.39	0.41	0.44	0.36
테트라도데칸산	3.07	2.53	2.18	2.37	2.49	2.69
펜타도데칸산	1.64	1.05	0.77	0.82	0.74	0.78

ND(not detected): 불검출.

이처럼 로스팅 조건과 원두 품종이 산 함량에 중요하지만 생두를 가공하는 방식과 숙성 또한 pH에 영향을 미친다(Werner & Kohley, 1965a,c,d). 커피 산도와 산미에 대한 연구가 집중적으로 이루어졌다. 수소 이온의 농도가 산미와 관련이 있다는 데에는 이견이 없으나 실제 산미와 pH는 중등도의 상관관계를 가졌다. 브루잉 커피의 총 산도는 통상 적정산도(TA)로 표현하는데 실제 산미는 pH보다 적정산도와 더 관련성이 큰 것으로 나타났다(Bahre & Maier, 1996). 그러나 pH 적정 종말점을 정확히 찾기 어렵다는 한계도 제기되었다. 시우레아 및 뵈스겐(Ciurea & Vösgen, 1985)과 부르지거 및 드류스(Wurziger & Drews, 1983a,b)은 적정 종말점을 pH 7.0으로 설정했다. 시우레아와 뵈스겐(Ciurea & Vösgen, 1985)은 pH 7에서 커피 산의 99% 이상이 용해 형태로 존재한다고 주장했다. 시트르산과 말산, 이양성자산은 첫 번째 해리 상태라고 간주했다. 산성 물질별 적정 커브를 보면 페놀 양성자는 pH 8 이상에서 적정을 시작한다. 산미와 pH, 적정 산도와의 상관관계는 마이어 등(Maier et al., 1983)이 브루잉 커피 26종과 솔루블 커피 용액 36종을 대상으로 분석했다. 그중 pH 값의 선형 회귀분석의 상관 계수(r^2)가 0.53로 상관관계가 낮았다. 반면 산미와 pH 8 종말점의 적정산도 상관관계는 꽤 높은 편이었고(r^2 =0.85), pH가 7과 6까지 도달할 때 상관계수가 더 높게 나타났다(r^2 =0.89, r^2 =0.92). 특히, 상관관계는 풍미가 고를 때 더욱 높았다. 회귀곡선을 벗어난 데이터 점들은 다소 쓴맛이 느껴지는 경우였다(Maier et al., 1984a). 마이어 등(Maier et al, 1983)은 적정산도가 pH 6일 때 상관관계가 가장 높았던 이유로 사람 혀 주변의 침 산도가 pH 6이기 때문이라고 설명했다. 따라서 신맛은 입안의 산이 중화되면서 생겨나는 것으로 보인다. 많은 연구진들이 산미를 규정하고 구강내 수용체가 신맛을 느끼는 메커니즘을 밝히려는 노력을 기울여왔다(Noble et al., 1986; Ganzevles & Kroeze, 1987). 각종 산성 물질의 신맛을 다룬 연구들을 살펴보면, 자유 양성자(pH로 표현)도 신맛에 영향을 미치지만 결합 양성자도 수용체 부근에서 해리될 가능성이 있어 신맛과 관련이 있다고 밝혀졌다. 적정산도는 바로 자유 양성자와 결합 양성자를 모두 아우를 수 있다는 점(Shallenberger, 1996)에서 산미와 적정산도와의 상관관계를 보여준 다른 연구들과도 연결된다.

1.12.2 산 함량 및 산도

주로 앞서 챕터에서 다루었듯이 커피는 클로로겐산을 비롯한 각종 지방족 카르복실산으로 구성되어 있다.

이 외에도 지방족산과 헤테로고리산과 결합한 인산이나 피트산, 기타 인산 이노시톨도 존재한다. pH와 적정산도에 영향을 주는 산은 pKa 상수로 나타낼 수 있다.

pKa 값이 낮을수록 산성이 강하다는 것을 의미하는데 예를 들어, pH가 낮다면 용액에서 분자가 양성자와 음이온으로 해리되었다는 것을 의미한다. 주요 커피 산성 물질의 pKa 값은 표 1.21에 제시되어 있다. 클리포드(Clifford, 1989)는 브루잉 커피의 다양한 산 농도를 측정하였다. 시트르산과 인산(및 피트산), 퀴닉산, 클로로겐산, 말산은 강산에 속했다. 시트르산과 말산, 인산은 다양성자산을 포함하였다.

커피에 대한 산 정량 데이터를 토대로 산미에 주된 영향을 미치는 산성 물질별로 측정했다. 적정산도(종말점 pH6)는 브루잉 커피의 pH와 pH6 사이의 수산화물 소모량과 관련이 있다. 따라서 염기 소모량이 많은 산성 물질 순으로 산미에 영향을 미친다고 할 수 있다. 또한, 브루잉 커피의 pH(약 4.9)와 구강 pH(약 6) 이내의 산 해리도를 염기 소모량으로 계산할 수 있다. 산성 물질 농도와 해리 상수, pH 범위(예. 브루잉 커피의 pH =6) 값을 알면 계산이 가능하다(Engelhardt & Maier, 1985b).

엥겔하르트와 마이어(Engelhardt & Maier, 1985a) 연구에 따르면, 종말점 pH가 6인 총 적정산도의 67%(로스팅 커피, 로스팅 분쇄 커피)와 72%(솔루블 커피, SC)는 산성 물질 22종이라고 밝혔다. 이 가운데 시트르산(12.2% 로스팅 분쇄 커피/ 10.7% 솔루블 커피)과 아세트산(11.2% / 8.8%), 고분자 산성 물질(8% / 9%) 순으로 총 적정산도에 기여하는 것으로 나타났다. 클로로겐산(9% / 4.8%), 포름산(5.3% / 4.6%), 퀴닉산(4.7% / 5.9%), 말산(3.9% / 3%), 인산(2.5% / 5.2%)도 주목할 필요가 있다. 다른 산성 물질들도 산도에 포함시킬 필요가 있다. 대부분 산미와는 무관한 음이온 형태이지만 양성자를 내놓기 때문에 산도에 영향을 줄 수 있다. 따라서 기타 산성 물질들이 많아지면 pH가 낮아지고, 적정산도는 증가할 수 있다. 클리포드(Clifford, 1989)는 pH와 적정산도, 무기질의 완충용량, 유기산과 인산의 관련성을 상세히 조사하였다. 연구진은 이를 토대로 생두 품종과 배전도에 따른 변이를 설명할 수 있는 모델을 제시하였다.

1.12.3 로스팅 반응속도(kinetics)

로스팅 과정에서 커피에 산성 물질이 생성된다는 사실은 커피 추출물의 pH가 5.7-6.0에서 4.8~5.5로 감소한다는 것을 통해 밝혀졌다(Werner & Kohley, 1965b). 주요 산성 물질들은 로스팅 초반에 생성되었다(그림 1.11).

표 1.21 콜롬비아 아라비카 및 인도네시아 로부스타 로스팅 분쇄 브루잉 커피에 대한 주요 산성 물질의 pK_a 및 함량 (μmol/100 ml). (Clifford, 1989.)

산성 물질	양성자	pKa	일반 함량(μmol/100 ml)
클로로겐산		3.4	96–291
시트르산	1	3.14	75–189
	2	4.77	
	3	6.39	
퀴닉산		3.4	123–242
인산	1	1.96	65–108
	2	7.21	
	3	12.30	
포름산		3.75	130–159
아세트산		4.73	74–226
말산	1	3.4	58–76
	2	5.05	
글리콜산		3.83	51–100
젖산		3.89	22
피로글루탐산		3.32	27

그림 1.11 유기 로스팅 손실에 따른 콜롬비아 아라비카 및 인도네시아 로부스타(EK I)의 적정 산도 변화 (Balzer, 1999, 미발표 연구 데이터).

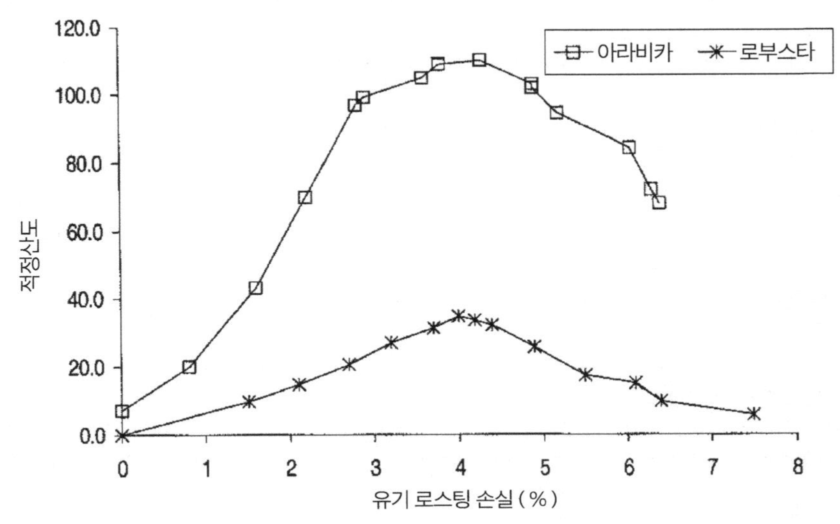

생두에서 유기 로스팅 손실 4.2%까지 로스팅하는 동안 적정산도가 빠르게 증가하다가 로스팅이 진행되면서 조금씩 감소하였다(Balzer, 미발표 연구 데이터).

참고문헌

- Bahre, F. & Maier, H.G. (1996) Electrophoretic clean-up of organic acids from coffee for the GC/MS analysis. *Fresenius J. Anal. Chem.*, 355, 190—93.
- Bahre, F. (1997) *Neue nichtfluchtige Sauren im Kaffee*. Dissertation, Technical University of Braunschweig, Germany.
- Bahre, F. & Maier, H.G. (1999) New non-volatile acids in coffee. *Dtsche Lebensm.-Rundsch.*, **95**, 399—402.
- Barlianto, H. (1990) *Sauren in Zichorie und Malz*. Dissertation, Technical University of Braunschweig.
- Barlianto, H. & Maier, H.G. (1994) Acids in chicory roots and malt. *Lebensm. Unters.-Forsch.*, **198**, 215—22.
- Beck, J., Ledl, F., Sengl, M. & Severin T. (1990) Formation of acids, lactones and esters through the Maillard reaction. *Z. Lebensm. Unters.-Forsch.*, **190**, 212—16.
- Blanc, M. (1977) Les acides carboxyliques du cafe. In: *Proceedings of the 8th ASIC Colloquium*, pp. 73—8. ASIC, Paris, France.
- Bradbury, A.G.W., Balzer, H.H. & Vitzthum, O.G. (1998) *Stabilization of liquid coffee by treatment with alkali*. US Patent Application No. 98300217.1—2114.
- Buscher, B.A.P., van der Hoeven, R.A.M. Tjaden, U.R., Andersson, E. & van der Greef, J. (1995) Analysis of inositol phosphates and derivatives using capillary zone electrophoresis-mass spectrometry. *J. Chromatogr.* **A712**, 235—43.
- Ciurea, I.C. & Vosgen, W. (1985) Uber die elektrometrische Sauregrad-Bestimmung von Kaffee-Extrakten. In: *Proceedings of the 11th ASIC Colloquium (Lome)*, pp. 197—203. ASIC, Paris, France.
- Clements, R.L. & Deatherage, F.E. (1957) A chromatographic study of some of the compounds in roasted coffee. *Food Res.*, **22**, 222—32.
- Clifford, M.N. (1985) Chlorogenic acids. In: *Coffee, Vol. 1, Chemistry* (eds R.J. Clarke & R. Macrae). pp. 153—202, Elsevier Applied Science, London.
- Clifford, M. (1989) What factors determine the intensity of coffee's sensory attributes. *Tea Coffee Trade J.*, **8**, 35—9.
- Cros, E., Fourny, G. Guyot, B., Rouly, M. & Vincent,J.C. (1980) Changes in roasted Arabica coffee stored in four model packagings. Changes in the volatile fraction. Comparison with a control. *Cafe, Cacao, The*, **24**, 203—25.
- Dalla Rosa, M., Barbanti, D. & Lerici, C.R. (1990) Changes in coffee brews in relation to storage temperature. *J. Sci. Food Agric*, **50**, 227—35.
- Engelhardt U.H. (1984) *Nichtfluchtige Sauren im Kaffee*. Dissertation, Technical University of Braunschweig.
- Engelhardt, U.H., Maier, H.G. (1985a) Sauren des Kaffees. XI. Anteil einzelner Sauren an der titrierbaren Gesamtsaure. *Z. Lebensm. Unters.-Forsch.*, **181**, 20—23.
- Engelhardt, U.H. & Maier, H.G. (1985b) Sauren des Kaffees. XII. Anteil einzelner Sauren am sauren titrierbaren Gesamtsaure. *Z. Lebensm. Unters.-Forsch.*, **181**, 206—9.
- Feldman, J.R., Ryder, W.S. & Kung J.T. (1969) Importance of nonvolatile compounds to the flavor of coffee. *J. Agric. Food Chem.*, **17**, 733—9.
- Franz, H. & Maier, H.G. (1993) Inositolphosphate in Kaffee und Kaffeemitteln. I. Identifizierung und Bestimmungsmethode. *Dtsche Lebensm.-Rundsch.*, **89**, 276—82.
- Franz, H. & Maier, H.G. (1994) Inositolphosphate in Kaffee und Kaffeemitteln. II. Bohnenkaffee. *Dtsche Lebensm.-Rundsch*, **90**, 345—9.
- Ganzevles, P.G.L. & Kroeze, J.H.A. (1987) The sour taste of acids. The hydrogen ion and the undissociated acid as sour agents. *Chem. Senses*, **12**, 563—75.

- Ginz, M., Balzer, H.H., Bradbury, A.G.W. & Maier H.G. (2000) Formation of aliphatic acids by carbohydrate degradation during roasting of coffee. Eur. Food Res. Technol., **211**, 404— 410.
- Holscher, W., Vitzthum, O.G. & Steinhart, H. (1990) Identification and sensorial evaluation of aroma-impact-compounds in roasted colombian coffee. *Cafe, Cacao, The*, **34**, 205—12.
- Hucke, J. (1984) *Chinasaurelacton im Kaffee*. Dissertation, Technical University of Braunschweig.
- Hucke, J. & Maier, H.G. (1985) Chinasaurelacton im Kaffee. *Z. Lebensm. Unters.-Forsch.*, **180**, 479—84.
- Hughes, W.J. & Thorpe, T.M. (1987) Determination of organic acids and sucrose in roasted coffee by capillary gas chromatography. *J. Food Sci.*, **52**, 1078—83.
- Kampmann, B. (1981) *Uber Chinasaure im Kaffee*. Dissertation, Technical University of Braunschweig.
- Kampmann, B. & Maier, H.G. (1982) Sauren des Kaffees. I. Chinasaure. *Z. Lebensm. Unters.-Forsch.*, **175**, 333—6.
- Leloup, V., Louvrier, A. & Liardon, R. (1995) Degradation mechanisms of chlorogenic acids during roasting. In: *Proceedings of the 16th ASIC Colloquium (Kyoto)*, pp. 192—8. ASIC, Paris, France.
- Lentner, C. & Deatherage F.E. (1959) Organic acids in coffee in relation to the degree of roast. *Food Res.*, **24**, 483—92.
- McKenzie, J.M. (1984) Content of phytate and minerals in instant coffee, coffee beans and coffee beverages. *Nutr. Repts. Int.*, **29**, 387—95.
- Maier, H.G. (1987) The acids of coffee. In: *Proceedings of the 12th ASIC Colloquium (Montreux)*, pp. 229—37. ASIC, Paris, France.
- Maier, H.G. (1993) Status of research in the field of non-volatile coffee components. In: *Proceedings of the 15th ASIC Colloquium (Montpellier)*, pp. 567—76. ASIC, Paris, France.
- Maier, H.G., Balcke, C. & Thies, F.-C. (1983) Die Sauren des Kaffees. VI. Abhangigkeit des sauren Geschmacks von pH- Wert und Suregrad. *Lebensm. Gerichtl. Chem.*, **37**, 81—3.
- Maier, H.G., Balcke, C. & Thies F.-C. (1984a) Sauren des Kaffees. X. EinfluB des bitteren Geschmacks auf den sauren. *Dtsche Lebensm.-Rundsch.*, **80**, 367—9.
- Maier, H.G., Engelhardt, U.H. & Scholze, A. (1984) Sauren des Kaffees. IX. Zunahme beim Warmhalten des Getranks. *Dtsche Lebensm.-Rundsch.*, **80**, 265—8.
- Maier, H.G. & Engelhardt U.H. (1985) Determination of nonvolatile acids in coffee: comparison of capillary isotachophoresis and capillary gas chromatography. *Fresenius Z. Anal. Chem.*, **320**, 169—74.
- Maier, H.G. & Ochs, H. (1973) Bildung von Estern aus Genup- sauren und Zuckern bzw. Polyalkoholen. *Susswaren*, **18**, 925—8.
- Marbrouk, A.F. & Deatherage, F.E. (1956) Organic acids in brewed coffee. *Food Tech*, **10**, 194—7.
- March, J.G., Forteza, R. & Grases F. (1996) Determination of inositol isomers and arabitol in human urine by gas chromatography-mass spectrometry. *Chromatographia*, **42**, 329—31.
- Moll, H.R. & Pictet G.A. (1980) La chromatographie liquide haute performance appliquee a certains constituants specifi- ques du cafe. In: *Proceedings of the 9th ASIC Colloquium (London)*, pp. 87—98. ASIC, Paris, France.
- Nakabayashi, T. (1978a) Chemical studies on the quality of coffee. VI. Changes in organic acids and pH of roasted coffee. (*Nippon Shok. Kogyo Gak.*, **25**, 142—6.) *fap. Soc. FoodSci. Technol.*, **25**, 142—6.
- Nakabayashi, T. (1978b) Chemical studies on the quality of coffee. VII. Formation of organic acids from sucrose by roasting. (*Nippon Shok. Kogyo Gak.*, **25**, 257—61. *fap. Soc. Food Sci. Technol.*, **25**, 257—61.
- Noble, A.C., Philbrick, K.C. & Boulton, R.B. (1986) Comparison of sourness of organic acid anions at equal pH and equal titratable acidity. *f. Sens. Stud.*, **1**, 1—8.
- Olsson, K., Pernemalm, P.A. & Theander, O. (1978) Formation of aromatic compounds from carbohydrates. VII. Reaction of D-Glucose in slightly acidic, aqueous solution. *Acta. Chem. Scand. B*, **32**, 249—56.

- Scholz-Bottcher, B.M. & Maier, H.G. (1991) Isomers of quinic acid and quinides in roasted coffee: indicators for the degree of roast. In: *Proceeding of the 14th ASIC Colloquium (San Francisco)*, pp. 220—29. ASIC, Paris, France.
- Scholze, A. (1983) *Quantitative Bestimmung von Sauren in Kaffee durch Kapillar-Isotachophorese*. Dissertation, Technical University of Braunschweig.
- Scholze, A. & Maier, H. G. (1982) Quantitative Bestimmung von Sauren in Kaffee mittels Kapillar-Isotachophorese. *Lebensm. Gerichtl. Chem.*, **36**, 111—12.
- Scholze, A. & Maier, H.G. (1983) Die Sauren des Kaffees. VII. Ameisen, Apfel-, Citronen- und Essigsaure. *Kaffee Tee Markt* **33**, (22) 3—6.
- Scholze, A. & Maier H.G. (1984) Sauren des Kaffees. VIII. Glykol- und Phosphorsaure. *Z. Lebensm. Unters.-Forsch.* **178**, 5—8.
- Schormuller, J., Brandenburg, W. & Langner H. (1961) Orga- nische Sauren in Kaffee-Ersatzstoffen sowie in Trocken- Extraktpulvern aus Kaffee-Ersatzstoffen und Kaffee. *Z. Lebensm. Unters.-Forsch.*, **115**, 226—35.
- Schroder, I., Stern, G., Hojabr-Kalali, B., Schliekelmann, K. & Maier, H.G. (1997) Volatile minor acids in coffee. II. Detection of steam treatment, *Dtsche Lebensm.-Rundsch.* **93**, 216-18.
- Shallenberger, R.S. (1996) The AH,B glycophore and general taste chemistry. *Food Chem.*, **56**, 209—14.
- Sivetz, M. (1963) *Coffee Processing Technology*. Vol. II. AVI, Westport.
- van der Stegen, G.H.D. & Duijn, J. (1987) Analysis of normal organic acids in coffee. In: *Proceedings of the 12th ASIC Colloquium (Montreux)* pp. 238—46. ASIC, Paris, France.
- Vitzthum, O.G. (1976) Chemie und Bearbeitung des Kaffees. In: *Kaffee und Coffein* (ed. O. Eichler.) pp. 3—64. Springer-Verlag, Berlin.
- Walkowski, A. (1981) Changes in factors determining coffee bean quality during storage. *Lebensm. Ind.*, **28**, 75—6.
- Weers, M., Balzer, H., Bradbury, A. & Vitzthum, O.G. (1995) Analysis of acids in coffee by capillary electrophoresis. In: *Proceedings of the 16th ASIC Colloquium (Kyoto)*, pp. 218—23. ASIC, Paris, France.
- Werner, H. & Kohley, M. (1965a) Untersuchungen uber den Sauregehalt von Roh- und Rostkaffee verschiedener Herkunft. *Kaffee Tee Markt* **15**(2), 6—9.
- Werner, H. & Kohley, M. (1965b) Untersuchungen uber den Sauregehalt von Roh- und Rostkaffee verschiedener Herkunft. *Kaffee Tee Markt* **15**(3), 6—12.
- Werner, H. & Kohley, M. (1965c) Untersuchungen uber den Sauregehalt von Roh- und Rostkaffee verschiedener Herkunft. *Kaffee Tee Markt* **15**(4), 6—10.
- Werner, H. & Kohley, M. (1965d) Untersuchungen uber den Sauregehalt von Roh- und Rostkaffee verschiedener Herkunft. *Kaffee Tee Markt* **15**(5), 5—10.
- Wohrmann, R. (1991) *Gehalte Flüchtiger Sauren in Kaffee, Malz u. Zichorie.* Dissertation, Technical University of Braunschweig.
- Wohrmann, R., Hojabr-Kalali, B. & Maier, H.G. (1997) Volatile minor acids in coffee. I. Contents of green and roasted coffee. *Dtsche Lebensm.-Rundsch*, **93**, 191—4.
- Woodman, J.S., Giddey, A. & Egli, R.H. (1967) The carboxylic acids of brewed coffee. In: *Proceedings of the 3rd ASIC Collo- quicion (Trieste)*, pp. 137—43. ASIC, Paris, France.
- Woodman, J.S. (1985) *Carboxylic acids*. In: *Coffee, Vol. 1, Chemistry* (eds R.J. Clarke & R. Macrae) pp. 266—89 Elsevier Applied Science, London and New York.
- Wurziger, J. & Drews, R. (1983a) Zur lebensmittelrechtlichen Beurteilung von Getranken aus ROstkaffee, Teil I. *Kaffee Tee Markt* **33**(15), 3—9.
- Wurziger, J. & Drews, R. (1983b) Zur lebensmittelrechtlichen Beurteilung von Getranken aus ROstkaffee, Teil II. *Kaffee Tee Markt*, **33**(16), 3—8.

1C
지질

K. 스피어 및 I. 코엘링-스피어
독일 드레스덴 공과 대학, 식품화학연구소

1.13 | 서론

폴스타(Folstar, 1985)가 커피 생두 외에 로스팅 커피 제품에 대해서도 전반적인 지질 연구가 진행된 이후, 지질의 개별 성분들을 상세히 다룬 연구들이 다수 발표되었다. 아라비카 생두의 지질 함량은 건조 중량 대비 평균 15% 정도이며, 로부스타는 이보다 적은 10%가량이 함유되어 있다. 지질 대부분은 커피콩의 배젖에 들어 있는 커피 오일이며(Wilson et al., 1997), 그 밖에도 커피콩 외층에 있는 커피 왁스도 소량으로나마 존재한다. 마이어(Maier, 1981a)는 카프만 연구 자료(Kaufman, 1962-4)를 인용하여, 아라비카 생두의 커피 오일 중 75%는 중성지방이며, 상당량이 비-비누화물(불검화물) 형태라고 설명했다. 가령, 유리 및 에스테르화 디테르펜 알코올이 약 19%, 유리 및 에스테르화 스테롤은 약 5%, 기타로 구성되어 있으며 토코페롤 등 극미량 함유된 성분도 포함되어 있다고 설명했다. 해당 개별 성분은 섹션별로 나누어 설명할 예정이다. 이들 성분은 자주 언급되기는 하지만 실제 용매 추출 중 7%밖에 되지 않는다. 16-O-메틸카페스톨 등을 비롯해 분석 대상으로서 유의미한 신규 성분들이 다수 발견되었다.

1.14 | 커피 오일

1.14.1 오일 총함량 측정

커피의 조지질 수율은 원두의 특성 외에도 입자의 크기/범위, 표면적, 용매 선택, 추출 시간 등 추출 조건에도 영향을 받는다(Folstar, 1985). 국제분석화학회(AOAC, 1965) 표준 시험법은 비등 범위가 35~50°C인 석유 에테르를 용매로 사용하여 16시간 동안 속슬렛 추출기로 정량하는 방법이다. 1952년 독일 지질과학협회(DGF)가 내놓은 시험법은 1966년 국제순수응용화학연합과 유사한데, 시료 물질을 분쇄하여 105℃에서 30~35분간 건조(수분 함량 10%를 초과한 경우)한 다음 석유 에테르(비등범위 40~55°C)로 4시간 추출하는 방식이다.

슈트로일 등(Streuli et al., 1966; 1970)은 분쇄한 생두를 산 처리한 후 추출하는 시험법을 적용했는데 이는 추후 스위스 공인 시험법으로 채택된다. 슈트로일 등(Streuli et al., 1966)은 상기 세 가지 시험법을 비교 분석하였으며, 그 결과를 표 1.22로 정리하였다. 이 중 스위스 공인 시험법의 커피 오일 비율이 가장 높게 나타났다.

표 1.22 세 가지 시험법으로 측정한 커피 오일 비율. 건조 중량 기준. (Streuli et al., 1966.)

	스위스 공인 시험법 (1973)	AOAC[1] 시험법 (1965)	DGF[2] 시험법 (1952)
생두			
콩고	10.3	7.8	8.4
산토스	15.9	13.6	14.1
마다가스카르	9.2	7.6	10.5
로스팅 커피			
콩고	11.4	10.9	11.9
산토스	16.3	15.1	16.4
마다가스카르	10.6	9.7	12.0

1 국제분석화학회

2 독일 지질과학협회(Deutsche Cresellschaft fiir Fettwissenschaft)

이처럼 수율 편차가 크게 나타나자 '커피 오일' 용어를 정비할 필요성이 제기되었다. 로스팅 커피의 커피 오일 함유량이 원두에 비해 높게 나타난 이유는, 배전도에 따라 건조물 함량 로스에 차이가 있었기 때문으로 보인다. 실제 지질 성분의 로스는 적은 편이었다(Vitzthum, 1976).

1.14.2 정밀 분석을 위한 커피 오일 분리

커피 오일에 대한 화학 조성을 정밀 분석하기 위해서는 산으로 처리하지 않은 시료를 직접 용매로 추출해야 했다. 피카드 등(Picard et al., 1984)에 따르면, 관련 연구들은 추출 용매로 다이에틸에테르나 비등점이 다른 석유 에테르, 노말-헥세인(n-hexane), 다이에틸에테르와 노말-헥세인 혼합물을 다양하게 사용했다. 다만, 사용한 용매에 따라 기타 극성성분이나 카페인 같은 비지질 성분들의 추출량도 제각각이어서 분석 결과 값을 비교하기에는 무리가 있었다. 피카드 등(Picard et al., 1984)에 따르면 추출 시간이 길어짐에 따라 헥세인/다이에틸에테르로 로부스타 커피에서 추출한 오일이 6~8시간 동안은 증가하였지만(각가 11.4%, 10.9%) 10~12시간 동안에는 다소 감소했다(각각 11.0%, 10.9%). 아울러, 폴스타 등(Folstar et al., 1975)은 용매 추출을 통해 수율이 커피의 최종 분쇄 입자 크기와 관련이 있다는 사실을 증명했다(표 1.23).

표 1.23 콜롬비아 아라비카 생두의 오일 함량 (%), 건조중량 기준 (Folstar et al. 1975; Folstar 1985.)

체 크기(mm)	에테르로 직접 추출 (40-60℃, 6시간)	스위스 공인 시험법으로 추출
0.15–0.42	15.51	15.54
0.42–0.60	13.10	15.66
0.60–0.85	9.36	14.06

스피어(Speer, 1989)는 입자 크기가 0.63mm 이하인 분쇄 커피를 다이에틸 에테르보다 안전한 터셔리 부틸 메틸 에테르 용매로 추출했다. 이는 독일 표준협회 DIN 10779(DIN, 1999) 시험법을 일부 차용하였다. 시험 방법은 다음과 같다. 로스팅 커피 원두를 일반 커피 그라인더로 굵게 분쇄한 뒤 직경 0.63mm 체에 거른다. 체에 거른 분쇄 커피 5g을 계량한 뒤 사발에 황산나트륨과 섞어 분말로 만들고, 속슬렛 추출장

치에서 터셔리 부틸 메틸 에테르 용매로 추출한다(4시간). 사이펀은 시간당 6회 또는 7회 작동한다. 용매를 증발시킨 후 잔여물을 항량이 될 때까지 건조시킨다(105℃). 추출 시간이 길어지더라도(6, 8 또는 10시간) 지질 성분이 증가하지는 않는다. 생두 검체일 경우, 그라인더로 분쇄 시 드라이아이스를 준비한다.

1.15 | 지방산

1.15.1 총 지방산 및 중성지방의 지방산

지방산 대부분은 결합된 형태로 존재한다. 그 가운데 지방산과 글리세롤이 에스테르로 결합된 중성지방이 가장 많고, 약 20%는 디테르펜과 에스테르 결합된 지방산이며, 스테롤 에스테르에도 지방산이 소량 발견된다. 커피 오일의 총 지방산은 많은 연구들이 주제로 다뤄왔다. 표 1.24은 생두의 지방산 조성에 관한 자료이다. 표 1.24의 문헌검토 1은 마이어(Maier, 1981a)가 포코니 및 포만(Pokorny & Forman, 1970), 로피 등(Roffi et al., 1971), 슈트로일(Streuli, 1970), 비츠툼(Vitzthum, 1976), 부르지거(Wurziger, 1963) 및 레르커 등(Lercker et al., 1996)의 연구 데이터를 요약한 것이다. 문헌검토 2는, 폴스타(1985) 연구를 참조하여, 칼졸라리 및 체르마(Calzolari & Cerma, 1963), 카리사노 및 가리볼디(Carisano & Gariboldi, 1964), 하트만 등(Hartmann et al., 1968), 샤스방 등(Chassevent et al., 1974) 자료를 정리한 레르커 등(Lercker et al., 1996) 연구를 인용하였다.

폴스타(Folstar et al., 1975)와 스피어 등(Speer et al., 1993)은 지방산을 정밀 분석하였다. 해당 연구진은 커피 콩에 대한 중성지방 및 디테르펜 에스테르의 지방산을 연구했다. 스테롤 에스테르의 지방산은 피카드 등(Picard et al., 1984)이 분석했다. 폴스타 연구에서는 지질류를 분리하기 위해 플로리실 컬럼을 사용했고, 스피어 논문에서는 겔 투과 크로마토그래피로 중성지방을 분리한 다음 칼륨 메틸레이트로 전이에스테르화 반응을 시킨다. 메틸화된 지방산은 RTX 2330을 코팅한 60m 용융 실리카 모세 컬럼으로 크로마토그래피 분석을 한다. 그 결과, 총 지방산과 중성지방의 지방산 간의 유의미한 차이는 없었다(표 1.24). 다만, 로스팅을 하는 동안 지방산 조성이 경미하게 차이 났다(Vitzthum, 1976).

표 1.24 생두의 오일 지방산 조성에 대한 가스 크로마토그래피 데이터 (%)

	총 지방산			중성지방 중 지방산	
	문헌검토 1[1]	문헌검토 2[2]	왁스제거(탈납) 생두[3]	로부스타 (n = 9)[4]	아라비카 (n = 4)[4]
$C_{12:0}$	미량				
$C_{14:0}$	0.1–2.3	미량	0.2	미량	미량
$C_{14:1}$	0.1–0.5				
$C_{15:0}$	0.1–1.7	미량		미량	미량
$C_{15:1}$	0.1–0.9	미량			
$C_{16:0}$	16.8–38.6	30.7–41.5	33.3	27.2–32.1	26.6–27.8
$C_{16:1}$	0.2–4.0			미량	미량
$C_{17:0}$	미량–0.6	미량		미량	미량
$C_{17:1}$	미량–0.3	미량			
$C_{18:0}$	4.5–13.1	6.6–10.6	7.3	5.8–7.2	5.6–6.3
$C_{18:1}$	7.6–18.9	7.6–11.9	6.6	9.7–14.2	6.7–8.2
$C_{18:2}$	30.5–50.4	36.6–45.9	47.7	43.9–49.3	52.2–54.3
$C_{18:3}$	0.3–6.0	1.1–2.7	1.7	0.9–1.4	2.2–2.6
$C_{19:0}$				미량	미량
$C_{20:0}$	0.7–6.7	0.3–3.3	2.5	2.7–4.3	2.6–2.8
$C_{20:1}$	미량–0.4			0.2–0.3	미량–0.3
$C_{20:4}$	0.7				
$C_{21:0}$				미량	미량
$C_{22:0}$	–3.0	0.3–6.4	0.5	0.3–0.8	0.5–0.6
$C_{22:1}$	–0.4				
$C_{22:2}$	–0.3				
$C_{23:0}$	미량–1.0			미량	미량
$C_{24:0}$	미량	미량–0.3	미량	0.3–0.4	0.2–0.4
$C_{28:0}$	미량				

[1] 마이어 (1981a).

[2] 폴스타 (1985).

[3] 폴스타 등 (1975).

[4] 스피어 등 (1993).

최근 카살 등(Casal et al., 1997) 연구에서 아라비카와 로부스타 커피가 로스팅되는 동안 트랜스지방산 함량이 늘어나며, 특히 $C_{18:2ct}$와 $C_{18:2tc}$가 눈에 띄게 증가했다고 밝혔다. 이후 폴스타(Folstar, 1985)는 중성지방 분자의 지방산 위치를 조사했다. 동 연구는 췌장의 리파아제를 이용하여 부분 탈아실화를 시킴으로써 중성지방에서 sn-1,2 (2,3)-디글리세라이드, sn-2-모노글리세라이드, 지방산을 얻었다. 해당 리놀렌산 등 불포화지방산은 주로 글리세롤의 2차 수산기에 에스테르 결합하는 경향이 있었다.

1.15.2 유리 지방산

커피 중 유리 지방산(FFA)을 밝혀내려는 연구들이 여럿 발표되었다(Kaufmann & Hamsagar, 1962a; Calzolari & Cerma, 1963; Carisano & Gariboldi, 1964; Wajda & Walczyk, 1978). 그러나 이 연구들은 모두 지방산을 산가로 측정하였는데, 일반적인 방법이기는 하나 지방을 직접적으로 측정하는 방식은 아니다. 적정산도는 근사치를 측정하는 시험법이기도 하지만 유리 지방산뿐 아니라 다른 산성 화합물도 함께 정량화된다. 그래서 스피어 등(Speer et al, 1993)은 직접적으로 유리 지방산을 측정하는 방법을 개발했다. 겔 크로마토그래피 시스템인 바이오비즈(BioBeads) S-X3은 위에서도 언급했지만 터셔리 부틸 메틸 에테르로 커피의 지질 성분을 추출한 다음 중성지방과 디테르펜 지방산 에스테르, 유리 지방산 분획 3개를 취하는 방법이다. 이후 유리 지방산 분획을 BF_3 / 메탄올로 전환하여 모세관 가스 크로마토그래피로 메틸 에스테르를 측정한다.

지방산은 총 9가지가 검출(Speer et al., 1993)되었으며 로부스타와 아라비카 커피에서 모두 고른 분포를 보였다. 두 원두 품종 모두 주요 지방산이 $C_{18:2}$와 C_{16}이었다. 이 외에도 C_{18}, $C_{18:1}$, C_{20}, C_{22}가 대량 확인되었으며 C_{14}, $C_{18:3}$, C_{24}는 미량이었다. 아라비카와 로부스타는 스테아르산과 올레산을 크로마토그래피로 비교해서야 차이가 나타났다(그림 1.12). 로부스타의 경우 스테아르산의 함량이 올레산보다 유의미하게 작았으나 아라비카 커피에서는 두 산성 물질의 함량이 거의 같았다. 로부스타 블렌딩 커피에서의 스테아르산과 올레산 비율을 처음으로 가늠해 볼 수 있게 된 것이다.

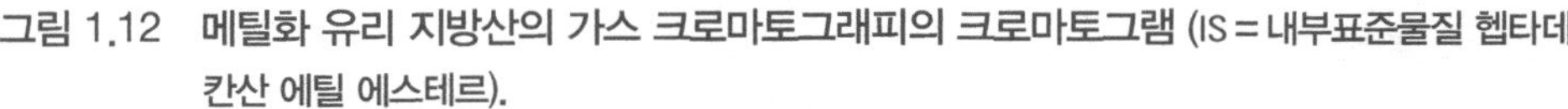

그림 1.12 메틸화 유리 지방산의 가스 크로마토그래피의 크로마토그램 (IS = 내부표준물질 헵타데칸산 에틸 에스테르).

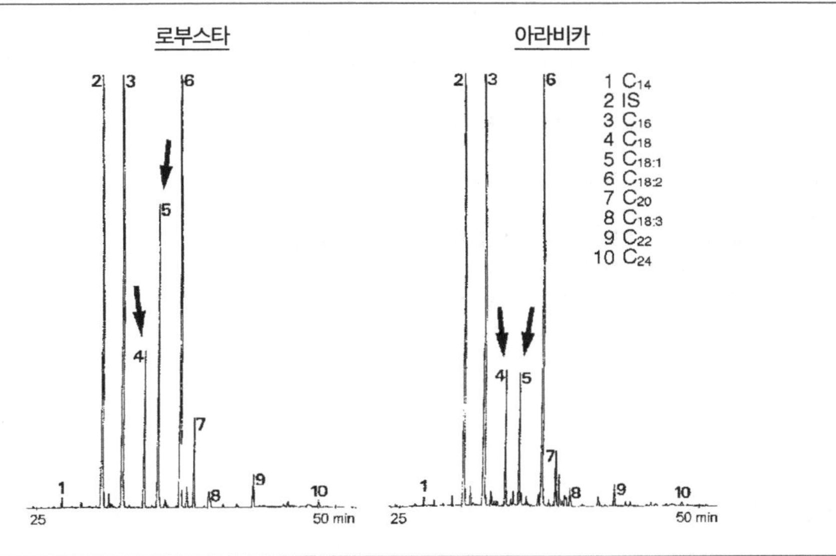

로부스타와 아라비카 생두 시료의 지방산 함량은 그림 1.13.에서 확인할 수 있다. 모든 아라비카 커피 시료의 지방산 함량은 로부스타에 비해 다소 낮았고, 지질 100g 당 약 1~1.5g 수준이었다.

로스팅 온도를 달리한 커피에서는 지방산의 함량이나 개별 지방산의 분포에 차이가 거의 없었다. 로스팅 온도가 높을수록 리놀렌산이 약간 감소하는 정도였다. 배전도를 다르게 설정한 마다가스카르 커피를 대상으로 유리 지방산을 크로마토그래피로 직접 측정하거나 산가를 이용해 간접 측정하였다(그림 1.14). 생두에서는 약 350mg 차이를 보이다 로스팅 온도가 높아지면서 점차 차이가 벌어져 최고 로스팅 온도에서 차이가 1300mg으로 벌어졌다. 이러한 현상은 고온에서 배출되는 화합물들의 양이 점점 증가했기 때문으로 풀이된다. 이 화합물은 주로 클로로겐산의 페놀

분해산물로 유리 지방산 결과치에 상당한 영향을 줄 수 있다.

그림 1.13 로부스타 및 아라비카 생두의 유리 지방산 함량

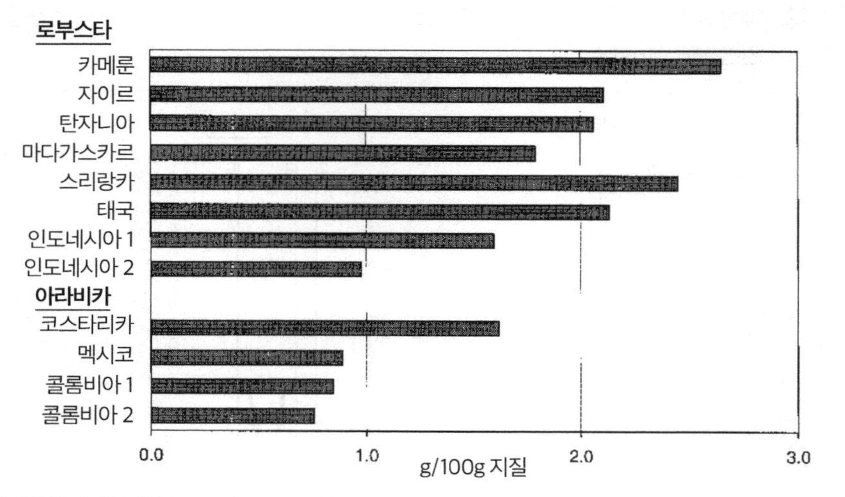

그림 1.14 마다가스카르 로부스타 생두 및 로스팅 커피의 유리 지방산 함량. 로스팅 조건 2분 30초. 가스 크로마토그래피 및 산가 측정

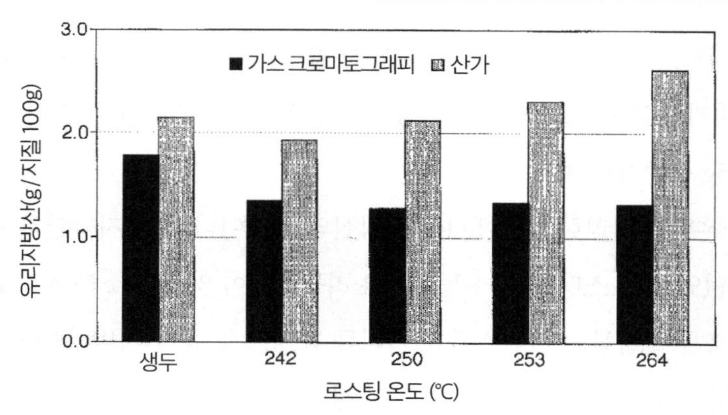

독일 시중에서 판매하는 커피 시료 12종을 분석한 결과, 일부 지방산 함량이 0.8g~1.8g / 지질 100g으로 확인되었다(Schliiter, 1992). 로부스타 비중이 많은 프랑스

산 블렌딩 커피 9종을 대상으로 한 지방산 함량은 1.2~2.5g / 지질 100g 검출되었다 (Liitjohann, 1993).

1.16 | 로부스타 및 아라비카 커피의 지질 분획 중 디테르펜

커피의 디테르펜 중에는 카우란 골격을 갖는 펜타사이클릭 디테르펜 알코올이 가장 많다. 수년간 벤지스 및 안데르송(Bengis & Anderson, 1932), 카크라보티 등(Chakravorty et al., 1943a,b), 베트슈타인 등(Wettstein et al., 1945), 하워스 및 존스톤(Haworth & Johnstone, 1957), 피네간 및 제라시(Finnegan & Djerassi, 1960) 연구들을 통해 카웨올(kahweol)과 카페스톨(cafestol)이라는 커피의 두 가지 디테르펜 구조가 밝혀졌다.

두 성분 모두 산과 열, 빛에 민감하며, 카웨올은 정제 형태일 때 특히 불안정하다. 1989년 로부스타 커피 원두에서 16-O-메틸카페스톨이 분리되었으나 합성 형태를 통해 그 구조를 알아낼 수 있었다(Speer & Mischnick, 1989; Speer & Mischnick-Lübbecke, 1989). 16-O-메틸카웨올과 더불어 또 다른 O-메틸 디테르펜도 로부스타 커피 원두에서 발견되었다(Kölling-Speer & Speer; Speer et al., 2000). 해당 디테르펜의 구조식은 그림 1.15 에서 확인할 수 있다.

커피에서 발견되는 또 다른 디테르펜 유도체는 아트락틸로시드인데, 대개 글리코사이드 형태로 존재한다(Obermann & Spiteller, 1976; Maier & Wewetzer, 1978; Maier & Matzel, 1982; Aeschbach et al., 1982; Bradbury & Balzer, 1999). 본 장에서는 탄수화물 섹션에서 자세히 다루었다.

아라비카 커피에는 카페스톨과 카웨올이 함유되어 있으며, 로부스타 커피

그림 1.15 디테르펜의 구조식

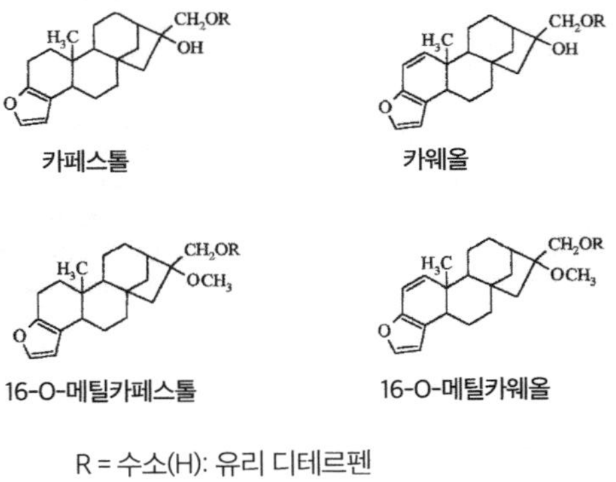

H_3C, CH_2OR, OH
카페스톨

H_3C, CH_2OR, OH
카웨올

H_3C, CH_2OR, OCH_3
16-O-메틸카페스톨

H_3C, CH_2OR, OCH_3
16-O-메틸카웨올

R = 수소(H): 유리 디테르펜
R = 지방산: 디테르펜 에스테르

원두에는 카페스톨, 카웨올 소량을 비롯해 로부스타 품종에서만 발견되는 16-O-메틸카페스톨(16-OMC)이 들어 있다(Speer & Mischnick-Lübbecke, 1989; Speer & Montag, 1989; Speer et al., 1991a) (그림 1.16). 아라비카 커피에 16-OMC가 존재하지 않는다는 사실은 이후 화이트(White, 1995), 프레가 등(Frega et al., 1994), 트로슈 등(Trouche et al., 1997) 연구를 통해 확인된다. 16-O-메틸카페스톨은 로스팅 중에도 안정적이기 때문에 아라비카 커피 블렌드에서 로부스타를 검출해낼 수 있는 품질 특성으로 사용하기에 적합하다(Speer et al., 1991a).

그림 1.16　각종 아라비카 및 로부스타 생두의 비-비누화물(불검화물) 중 디테르펜 함량

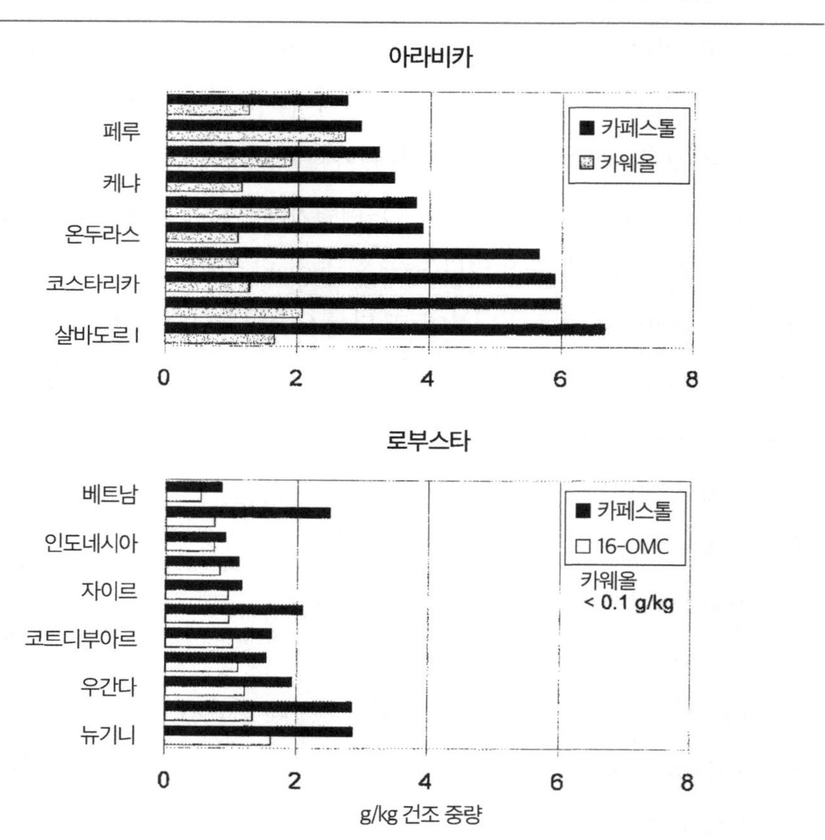

로부스타 생두와 로스팅 원두를 분광기로 검출했을 때 16-O-메틸카페스톨이

뚜렷이 관찰된다(Kölling-Speer & Speer, Speer et al, 2000). 해당 연구 결과는 디 루스 등(De Roos et al., 1997)의 연구와는 반대되는 결과로, 당시 16-O-메틸카페스톨은 카웨올에서 유래된 16-O-메틸 유도체이며 코페아 스페노필라(Coffea stenophylla) 품종에서만 일시적으로 생성된다고 언급됐다.

월버그 등(Wahlberg et al., 1975)은 또 다른 디테르펜 알코올인 엔트-16-카우렌-19-올(ent-16- kauren-19-ol)을 코페아 아라비카 품종에서 분리, 식별해냈지만 퓨란 고리가 없는 형태였다.

앞서 언급했듯이 카페스톨과 카웨올, 16-O-메틸카페스톨은 주로 다른 지방산과 에스테르 결합되어 있다. 따라서 세 물질의 총량은 커피 오일을 검화시킨 후 검화되지 않은 비-비누화물에서 가스 크로마토그래피로 디테르펜을 측정하거나(Speer & Mischnick-Lübbecke, 1989; Frega et al., 1994) 용리액 아세토니트릴 / 물로 역상 고성능 액체 크로마토그래피(RP-HPLC)를 적용하면 보다 신속하게 분석할 수 있다(Nack-unstz & Maier, 1987; Speer, 1989; White, 1995; Trouche et al., 1997) (그림 1.17). 최근 독일 표

그림 1.17 아라비카 및 로부스타 생두의 고성능 액체 크로마토그래피(HPLC)의 크로마토그램. 조작조건: 컬럼 250 x 4mm, 뉴클레오실 120-3 C18, 용리액: 아세토니트릴/물(50:50), 검출기: uv 220nm (Speer, 1989).

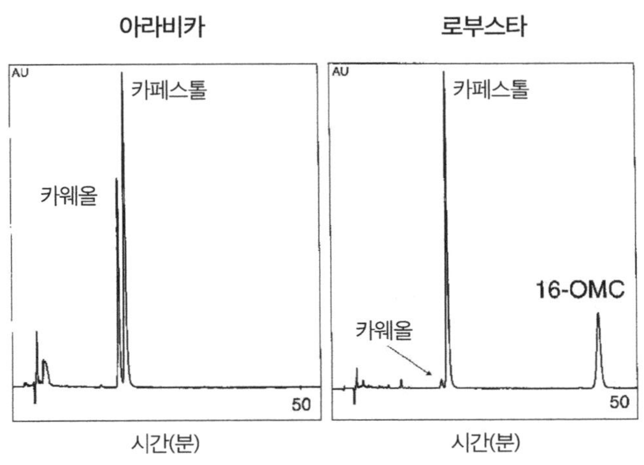

준협회는 16-OMC 밸리데이션 측정법인 DIN 시험법 10779(DIN, 1999)를 발표하였다.

이 시험법은 아라비카 품종에 로부스타가 2% 미만 혼입된 사실을 검출할 수 있었던 스피어 논문(1989)을 바탕으로 작성되었다.

다만, 아라비카 커피콩에서 16-O-메틸카페스톨이 검출되지 않았더라도 잎과 같이 다른 식물 부위에는 함유되어 있을 수 있다는 점을 유의해야 한다(Kölling- Speer & Speer, 1997).

1.16.1 유리 디테르펜

유리 디테르펜에는 카페스톨, 카웨올, 16-OMC가 미량 존재하기 때문에 이를 정량 측정하기 위해서는 주요 화합물에서 효과적으로 분리해야 한다. 유리 지방산 측정을 위한 겔 투과 크로마토그래피 시험법을 유리 디테르펜에도 적용한 뒤 역상 고성능 액체 크로마토그래피(RP-HPLC)로 분석할 수 있다(Speer et al., 1991b; Kölling-Speer et al., 1999). 아라비카 커피의 경우, 유리 카페스톨과 유리 카웨올이 건조 중량 기준 50~200mg/kg 측정되었으며, 로부스타는 유리 카페스톨 함량이 50~100mg/kg, 16-OMC 함량은 이보다 좀 더 적은 10~50mg였다. 카웨올은 일부 커피에서 미량 검출되었는데 로부스타 커피의 카웨올 총량 자체가 소량이기 때문으로 해석된다.

유리 디테르펜 함량은 비누화한 이후의 측정값과 유사하게 나타나, 아라비카는 0.7%~2.5%, 로부스타는 이보다 약간 많은 1.1%~3.5% 수준이다.

1.16.2 디테르펜 지방산 에스테르

지금까지 밝혀진 디테르펜 지방산 에스테르 성분은 많지 않았다(Kaufmann & Hamsagar, 1962b; Folstar et al., 1975; Folstar, 1985; Pettitt, 1987). 이후 스피어 연구진이 16-OMC 에스테르(Speer, 1991, 1995)와 카페스톨 에스테르(Kurzrock & Speer, 1997a,b) 구조들을 다수 밝혀냈다. 상기 겔 투과 크로마토그래피 시험법으로 디테르펜 에스테르를 스테롤 에스테르와 함께 분리한 뒤, 스테롤 에스테르는 고체상 추출 실리카 카트리지를 이용하여 제거하였다. 아라비카에서 얻은 첫 번째 분획은 카페스톨과 카웨올 에스테르를 함유하고 있었으며, 로부스타에서 얻은 두 번째 분획에서는 16-O-메틸카페스톨 에스테르를 분리할 수 있었다. 분획들을 다시 아세토니트릴/이소프로판올 용리액으로 역상 고성능 액체 크로마토그래피(RP-HPLC) 시험을 적용하여 에스테르별로 측정할 수 있었다. 그림 1.18은 로부스타 커피 시료에서 얻은 카페스톨 에스테르의 크로마토그램이다. 카페스톨 지방산 에스테르는 C_{14}, C_{16}, C_{18}, $C_{18:1}$, $C_{18:2}$, $C_{18:3}$, C_{20}, C_{22}, C_{24}가 있었으며, 이 외에도 $C_{20:1}$과 C_{17}, C_{19}, C_{21} 및 C_{23} 같은 홀수 지방산도 일부 관찰되었다. 16-O-메틸카페스톨과 카웨올에서도 유사하게 나타났다(Kurzrock, 1998).

그림 1.18 로부스타 커피의 카페스톨 지방산 에스테르에 대한 고성능 액체 크로마토그래피(HPLC)의 크로마토그램. 조작조건: 컬럼 250 x 4mm, 뉴클레오실 120– 3 C18, 용리액: 아세토니트릴/이소프로판올 (60:40), 검출기: uv 220 nm

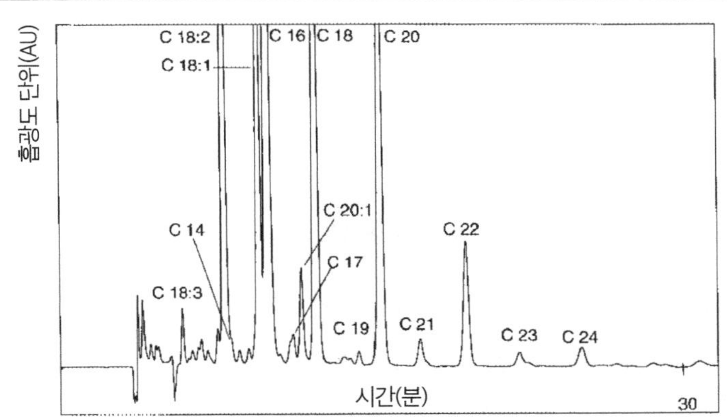

커피 오일에 있는 디테르펜 에스테르는 종류별로 그 농도가 달랐다. 홀수 지방산 에스테르는 미량인 반면에 팔미트산, 리놀레산, 올레산, 스테아르산, 아라키딘산 및 베헨산 에스테르는 다량 함유되어 있었다(Speer, 1991, 1995; Kurzrock & Speer, 1997a). 따라서 이들 디테르펜 에스테르 6종을 중점적으로 다루었으며, 해당 디테르펜 중 98%가 디테르펜 에스테르 형태로 존재한다.

표 1.25는 여러 논문에서 발표된 아라비카 커피에서의 에스테르 6종의 분포도를 나타낸 것이다. 카페스톨 에스테르 6종의 총량은 건조중량 기준 9.4~21.2g / kg이었으며, 아라비카 커피의 카페스톨 함량은 5.2~11.8g / kg이었다. 한편 로부스타 커피의 카페스톨 에스테르 총량은 2.2~7.6g / kg, 카페스톨은 1.2~4.2g / kg로, 아라비카 커피와 비교했을 때 확연히 적었다.

표 1.25 아라비카 커피의 디테르펜 에스테르 분포 (%)

	카페스톨 + 카웨올 (Kaufmann & Hamsagar 1962b) (n = 1)	카페스톨 + 카웨올 (Folstar, 1985) (n = 1)	카페스톨 (Kurzrock & Speer, 1997a) (n = 10)	카웨올[1] (Kurzrock, 1998) (n = 10)
C_{16}	42.5	51.4	40–49	46–50
C_{18}	17.5	9.1	9–11	8–11
$C_{18:1}$	11.0	7.4	9–15	8–12
$C_{18:2}$	20.5	26.4	24–30	25–29
C_{20}	6.0	4.6	3–6	3–6
C_{22}	2.5	1.1	0.6–1.2	0.7–1.3

[1] 카웨올 에스테르를 카페스톨 에스테르로 갈음

1.16.3 로스팅 커피의 지질 분획 중 디테르펜

로스팅을 하는 동안 신종 디테르펜 화합물이 생성되었다. 로스팅 커피에서 카페스톨과 카웨올 분해산물 2종인 디하이드로카페스톨(dehydrocafestol)과 디하이드로카웨올(dehydrokahweol)을 확인할 수 있었다(그림 1.19). 디하이드로카페스톨과 디하이드로카웨올 화합물은 모두 로스팅 온도가 높아질수록 증가하는 경향을 보였는데, 이러한 경향은 생두의 카페스톨과 카웨올의 함량을 통해서도 알 수 있다(Speer et al., 1991c; Tewis et al., 1993; Kölling-Speer et al., 1997). 쾰링-스피어 등(Kölling-Speer et al., 1997) 연구에 따르면, 로스팅 온도와 카페스톨 / 디하이드로카페스톨 비율 간의 상관 관계가 아라비카와 로부스타 커피에서 동일하게 나타났다(그림 1.20).

그림 1.19 카페스톨 및 카웨올의 분해산물 구조식

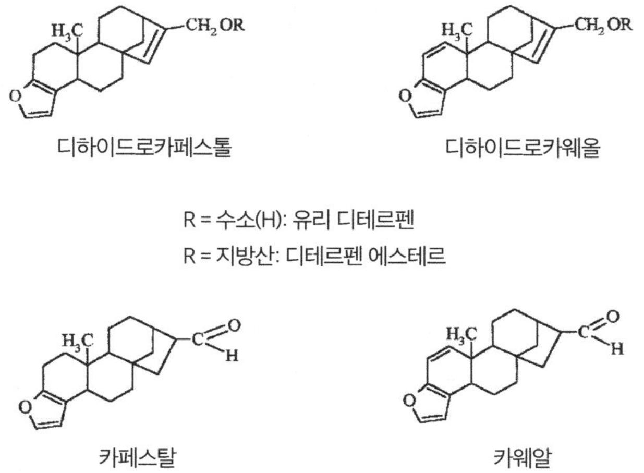

디하이드로카페스톨　　디하이드로카웨올

R = 수소(H): 유리 디테르펜
R = 지방산: 디테르펜 에스테르

카페스탈　　카웨알

그림 1.20 로스팅 온도에 따른 카페스톨/디하이드로카페스톨 비율

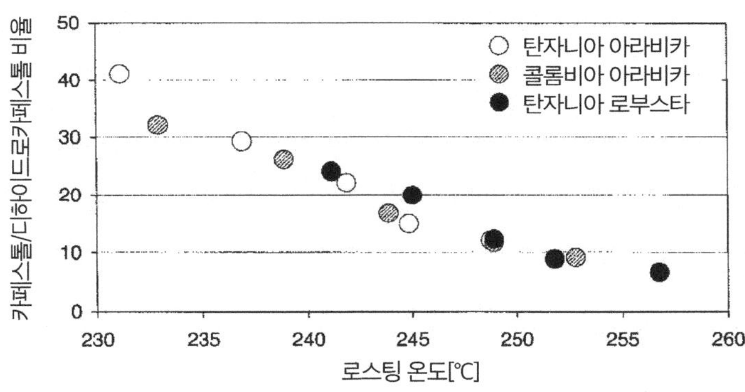

로스팅 온도와 카페스톨 / 디하이드로카페스톨은 선형 상관관계를 보였으나 로스팅 온도가 높아질수록 다소 편차가 생겼다. 이는 카페스톨로부터 다른 분해 산물들도 생성되었기 때문으로 보인다(다음 내용을 참조).

숙련된 커피 테이스터(coffee taster)가 아라비카 2종을 평가한 자료를 통해 카페스톨 / 디하이드로카페스톨 비율은 또한 '로스팅의 풍미(taste)'와도 관련이 있다는 것을 알 수 있다(그림 1.21). 카페스톨 / 디하이드로카페스톨 비율이 약 20이면 로스팅이 강하다고 분류하며, 10 정도는 오버 로스트(over roast)로 판단한다. 독일 시중 커피 가운데 비율이 25 이상이었던 제품을 분석한 연구를 통해서도 동일한 경향을 확인할 수 있다(Kölling-Speer et al., 1997; Speer et al. 미발표 결과). 따라서 카페스톨 / 디하이드로카페스톨의 비율로 커피의 로스팅 등급을 측정해도 적절하다 할 수 있다.

그림 1.21 카페스톨 / 디하이드로카페스톨 비율 및 관능적 로스팅 등급의 상관관계

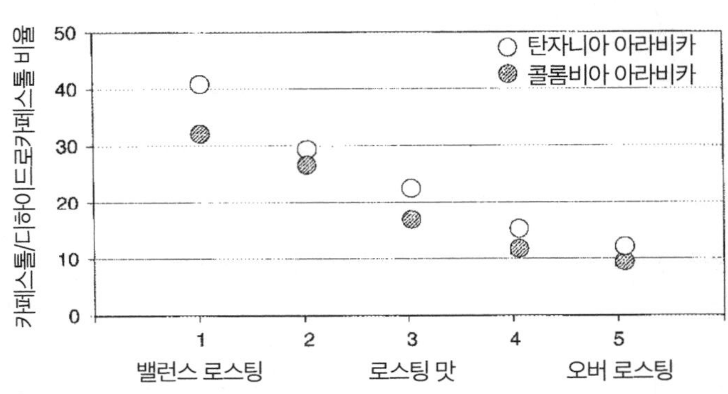

카페스탈(Cafestal)과 카웨알(kahweal) (그림 1.19 참조)은 카페스톨과 카웨올에서 생성된 또 다른 분해산물들로 상업용 로스팅 커피의 불검화물에서 발견되었다(Hrusch-ka & Speer, 1997). 독일 커피를 대상으로 한 연구에서는 이들 분해산물이 약 0.3mg/지질g 측정되었으며, 에스프레소 시료 1개에서는 이보다 월등히 높은 약 0.6mg/ 지질g이 검출되었다. 아라비카와 로부스타 커피를 혼합한 상업용 로스팅 블렌드의 고성능 액체 크로마토그래피(HPLC)의 크로마토그램은 그림 1.22에서 확인할 수 있다. 주요 디테르펜 성분이 로스팅 과정에서 분해되었는지 여부는 유리 형태의 함량을 통해 바로 알 수 있다. 로스팅 온도에 따라 카페스톨과 카웨올은 초기 함량 대비 최대 80%까지 감소되는 반면, 16-O-메틸카페스톨은 영향을 훨씬 덜 받는다(Kölling-Speer et al., 1999).

이들 디테르펜 3종의 지방산 에스테르 안정성은 로스팅 과정에서 서로 다르게 나타난다. 16-O-메틸카페스톨 에스테르는 로스팅을 거치더라도 상당히 안정적이다. 로스팅 온도를 달리 해도 디테르펜 에스테르 분포율이 거의 변하지 않는다(Speer et al., 1993). 그러나 카페스톨과 카웨올의 디테르펜 에스테르 함량은 로스팅 온도에 따라 감소했지만 분포는 비슷하게 나타났다(Kurzrock & Speer, 1997a).

그림 1.22 아라비카/로부스타 로스팅 커피 혼합물의 고성능 액체 크로마토그래피(HPLC)의 크로마토그램

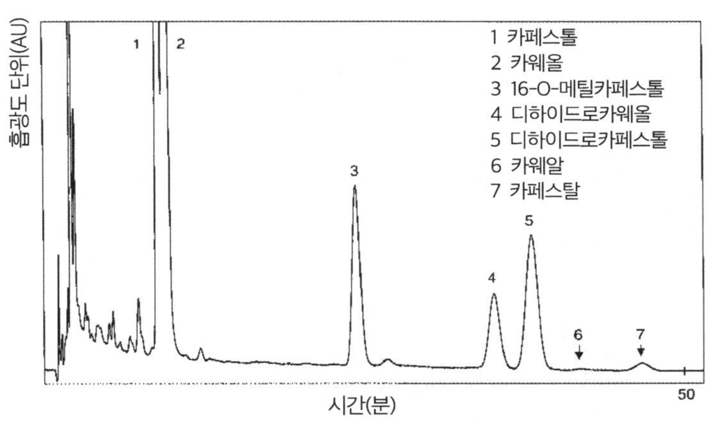

쿠르츠록 등(Kurzrock et al., 1998)은 카페스톨 지방산 에스테르에서도 탈수 반응이 일어나는 것을 확인하였다. 해당 연구진은 팔미트산 카페스톨 및 리놀레산 카페스톨을 가열한 실험 모델에서 로스팅 커피 연구 결과와 마찬가지로 디하이드로카페스톨 에스테르를 획득할 수 있었다(그림 1.23).

그림 1.23 디하이드로카페스톨 팔미트산 및 카페스톨 팔미트산의 질량 스펙트럼

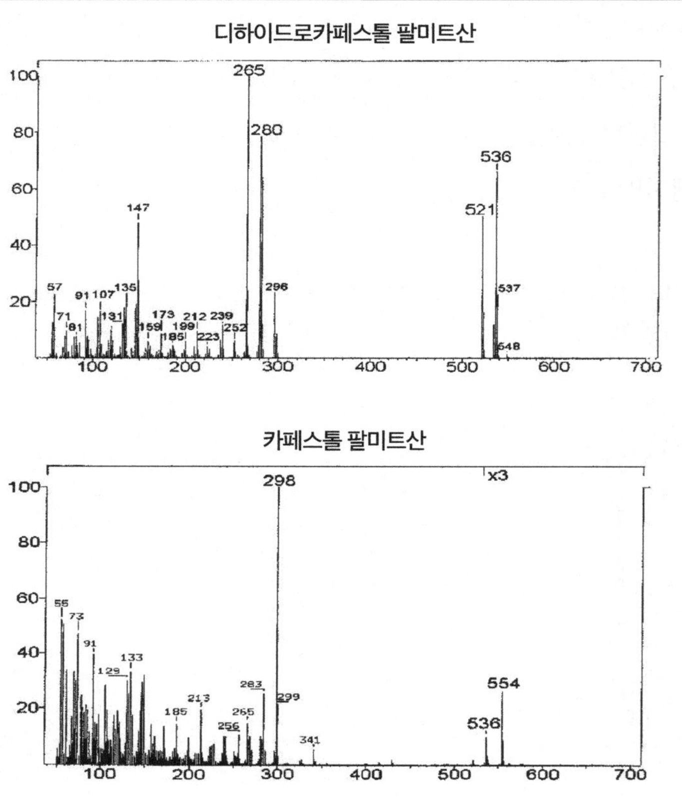

1.16.4 커피 중 디테르펜: 메틸카페스톨 에스테르가 건강에 미치는 영향

브루잉 커피를 음용하면 혈청 콜레스테롤 수치가 증가한다는 연구들이 다수 발표되었다. 브루잉 커피 속 지질이 물에는 잘 녹지 않지만 인퓨전 방식에 따라 브루잉 커피에 존재할 수 있으므로 혈청 콜레스테롤의 수치를 높이는 주범으로 지목되었다. 초기에는 중성지방 때문이라는 얘기가 있었지만 최근 몇 년간 연구를 통해 디테르펜의 영향이라는 사실이 입증되었다. 이 중에서도 특히 유리 카페스톨과 유리 카웨올 성분과 팔미트산염 에스테르가 혈청 콜레스테롤에 영향을 주는 것으로 확인되었다(Bak & Grobbee, 1989; Weusten-Van der Wouw et al., 1994; Mensink et a/., 1995; De Roos & Katan, 1999). 기타 디테르펜에 대한 건강영향은 아직 연구되지 않았다.

디테르펜의 장점을 과학적으로 분석한 문헌들도 쏟아졌다. 카페스톨이 발암성 화학물질을 분해하는 글루타티온-S-트랜스퍼라아제를 촉진시키거나(Lam et al., 1982), 카페스톨과 카웨올이 아플라톡신 B1이 유발하는 유전독성을 보호한다는 연구 결과들이 발표되었다(Miller et al., 1993; Cavin et al., 1998; 8장 참조). 이 때문에 각종 커피 조제 음료 속에 함유된 디테르펜에 관한 보고서들이 큰 관심을 받았다(Ratnayake et al., 1993; Sehat et al., 1993; Urgert et al., 1995; Gross et al., 1997).

16-O-메틸카페스톨 에스테르를 예로 들어보면, 세핫 등(Sehat et al, 1993)은 친유성 디테르펜 에스테르가 커피 인퓨전에 용출되었으며, 인스턴트 커피 과립에서도 검출되었다고 밝혔다. 조제법에 따라 음료 속 함량에도 차이를 보였는데 총 지질 함량과 직접적인 상관관계가 있었다. 가정용 커피 머신으로 만든 필터 커피의 경우, 지질 함량은 0.2% 미만이었다. 반면 에스프레소 커피는 지질 함량이 1~2%대였으며, 디테르펜도 발견되었다.

스칸디나비아 스타일로 커피를 끓인 경우 커피의 지질 함량은 최대 22%까지 나타났다. 커피 음료의 디테르펜 분포 비율은 로스팅 커피 분말과 흡사했다. 한편, 아라비카 커피로 만든 에스프레소는 50ml 한 잔 기준 카페스톨 지방산 에스테르가 1.3mg, 카웨올 에스테르가 0.5mg으로 쿠르츠록(Kurzrock, 1998) 측정 결과 확인되었다. 이는 로스팅 분쇄 커피의 카페스톨 에스테르가 약 1.5%, 카웨올 에스테르가 약 1.0% 검출된 것과도 부합했으며, 16-O-메틸카페스톨 에스테르 연구에서도 확인할 수 있었다. 아울러, 디하이드로카웨올과 디하이드로카페스톨, 카페스탈 분해 산물과 더불어 일부 디하이드로카페스톨 에스테르도 커피 음료에서 발견되었다.

1.17 | 스테롤

커피에도 다른 종자유에서 흔히 볼 수 있는 스테롤이 다양하게 함유되어 있다. 4-데스메틸스테롤을 비롯해 4-메틸스테롤, 4,4-다이메틸스테롤이 발견되었다. 커피에서 발견된 각종 스테롤에 관한 연구들을 표 1.26에 정리했으며, 주요 스테롤 구조식은 그림 1.24~1.26에 게재하였다. 커피콩에 함유된 스테롤은 유리형(약 40%)과 에스테르 결합형(약 60%)으로 이루어져 있다(Nagasampagi et al., 1971; Picard et al. 1984). 커피 오일의 불검화물을 대상으로 가스 크로마토그래피 또는 가스 크로마토그래피/질량 분석기를 이용해 측정한 TMS-유도체를 스테롤 총량으로 갈음했다. 4-데스메틸스테롤, 4-메틸스테롤, 4,4-다이메틸스테롤 분획은 주로 박층 크로마토그래피(TLC), 고성능 액체 크로마토그래피(HPLC) 또는 실리카 젤 카트리지를 통해 분리한다(Nagasampagi et al., 1971; Itoh et al., 1973a,b; Picard et al., 1984; Horst- mann & Montag, 1986; Homberg & Bielefeld, 1989). 전체 스테롤 중 데스메틸스테롤은 90%가량이며, 이는 지질의 1.5%~2.4% 정도 차지한다(Picard et al., 1984). 나가삼파지(Nagasampagi, 1971) 연구에서는 이보다 더 많은 5.4%가 검출되기도 했다.

로부스타와 아라비카 커피 시료에 함유된 주요 데스메틸스테롤은 표 1.27에서 확인할 수 있다. 주요 스테롤은 약 50%를 차지하는 β-시토스테롤(sitosterol)이며, 스티그마스테롤(stigmasterol)과 캄페스테롤(campesterol) 순으로 많았다. 24-메틸렌콜레스테롤(24-Methylenecholesterol)과 △5-아베나스테롤(avenasterol)은 아라비카보다 로부스타에 더 많이 함유되어 있는 까닭에 커피 블렌딩 연구에 보다 적합한 성분이라 할 수 있다(Duplatre et al., 1984; Frega et al., 1994). 그러나 실제 자연에서의 함량이 다를 수 있기 때문에 아라비카와 로부스타 커피가 혼합된 경우, 로부스타가 20% 이상일 경우에만 스테롤의 비율을 결정할 수 있다(1.16 참고).

피카드 등(Picard et al., 1984)은 컬럼 크로마토그래피(산화 알루미늄)로 유리 스테롤과 스테롤 지방산 에스테르를 분리하였다. 로부스타 커피 시료 12개를 분석한 결과, 전체 스테롤 중 주요 스테롤 구성비가 달라졌다. 유리 스테롤의 경우, 스티그마스테롤 〉 β-시토스테롤 〉 캄페스테롤 순이었던데 반해 스테롤 에스테르의 경우 β-시토스테롤 〉 캄페스테롤 〉 스티그마스테롤 순으로 나타났다. 아울러 동 연구에서는 스테롤 에스테르의 지방산을 종류별로 분석하여 주요 지방산 C_{18}과 C_{16}, $C_{18:1}$을 밝혀냈으며, 이는 중성지방의 지방산 분포와 비슷한 양상을 보였다.

표 1.26 커피에서 확인된 스테롤

스테롤	참고문헌							
4- 데스메틸스테롤								
콜레스테롤 *	N	I	T	P	D	M	F	s
캄페스테롤 *	N	I	T	P	D	M	F	s
스티그마스테롤 *	N	I	T	P	D	M	F	s
β- 시토스테롤 *	N	I	T	P	D	M	F	s
△5- 아베나스테롤 *		I	T	P	D	M	F	s
콜레스타놀 *	N		T			M		
캄페스타놀 *	N		T			M		
24- 메틸렌 콜레스테롤 *						M	F	s
스티그마 스타놀 * = 시토스타놀	N		T			M		s
△ 7- 스티그마스테놀 *		I	T	P	D	M		s
△ 7- 아베나스테놀 *		I	T	P	D	M	F	s
△ 7- 캄페스테롤 *						M		
△ 5,23- 스티그마 스타디에놀						M		
△ 5,24- 스티그마 스타디에놀 = 푸코스테롤					D	M		
클레로스테롤 *						M		
브라시카스테롤		I						
4- 메틸스테롤								
시트로 스타디에놀 *	N	I	T	P			F	s
사이클로 유칼레놀 *	N		T	P				
옵투시폴리올 *	N	I	T	P				s
그래미스테롤 *		I		P				s
24- 메틸렌로페놀	N		T					
24- 에틸렌로페놀				P				
4α, 24R- 다이메틸 -5α- 콜레스트 -8-엔-3β- 올	N		T					
4α, 24R- 다이메틸 -5α- 콜레스트 -7-엔-3β- 올	N		T					
4α, 24R- 메틸 -5α- 스티그마스트 -8-엔-3β- 올	N		T					
4,4- 다이메틸스테롤								
사이클로 아르테놀 *	N	I	T	P			F	s
24- 메틸렌 사이클로아르타놀 *	N	I	T	P			F	s
사이클로아르타놀 *		I	T					
사이클로브라놀		I						
β- 아미린		I						

* 구조식 제시

D = 듀플라트르 등 (1984), F = 프레가 등 (1994), I = 이토 등 (1973a,b), M = 마리아니 및 페델리 등 (1991), N = 나가삼파기 등 (1971), P = 파카드 등 (1984), S = 스피어 등 (1996), T = 티스코르니아 등 (1979).

커피 콩을 로스팅하더라도 스테롤의 함량과 분포에는 거의 영향을 주지 않았다(Duplatre et al., 1984; Speer et al., 1996). 렌드리히(Lendrich) 연구 방법에 따라 공업용 증기 처리를 한 경우에도 별다른 차이를 보이지 않았다(Speer et al., 1996).

다음은 스칸디나비아식으로 추출한 커피 인퓨전과 에스프레소, 필터 커피를 대상으로 스테롤을 분석하였다. 콜레스테롤, 캄페스테롤, 스티그마스테롤, β-시토스테롤, 스티그마스타놀, △5-아베나스테롤, △7-스티그마스테놀, △7-아베나스테롤, 시트로스타디에놀, 그라미스테롤 및 사이클로아테놀과 함께 24-메틸렌사이클로아르테놀 미량이 모든 커피 인퓨전에서 확인 및 정량 측정되었다. 디테르펜 관련 연구에서와 마찬가지로 스테롤 또한 필터 커피의 함량이 가장 낮았다(그림 1.27)(Speer et al., 1996).

1.18 | 토코페롤

커피 오일에 토코페롤도 함유된 사실이 폴스타 등(Folstar et al., 1977) 연구에서 처음 등장했다. α-토코페롤은 확연히 드러났으나 β- 및 γ-토코페롤은 박층 크로마토그래피와 가스 크로마토그래피로도 분리되지 않아 하나의 그룹으로 간주했다(그림 1.28).

크로스 등(Cros et al., 1985)은 β- 및 γ-토코페롤도 고성능 액체 크로마토그래피(HPLC)로 정량 측정하였다. 폴스타 등(Folstar et al., 1977)에서 α-토코페롤 농도는 89~188mg / kg 오일이었고, β- 및 γ-토코페롤은 252-530mg / kg 오일로 확인되었다.

이후 1988년, 아오야마 등(Aoyama et al.)이 각종 커피 품종에서 α-, β-, γ-토코페롤을 분석했다. 해당 세 성분은 대략 2:4:0.1 비율로 함유되어 있었으며, 총 함량은 5.5~6.9mg / 100g이었다. 커피콩에 α-토코페롤이 압도적으로 다량 함유되어 있어 다른 식물이나 과일들과 반대되는 양상을 보였다. 오가와 등(Ogawa et al., 1989)은 커피 생두 14종과 생두별 로스팅 커피, 인퓨전 커피와 함께 인스턴트 커피 38종의 토코페롤을 고성능 액체 크로마토그래피(HPLC)로 분석하였다.

그림 1.24 4-데스메틸스테롤

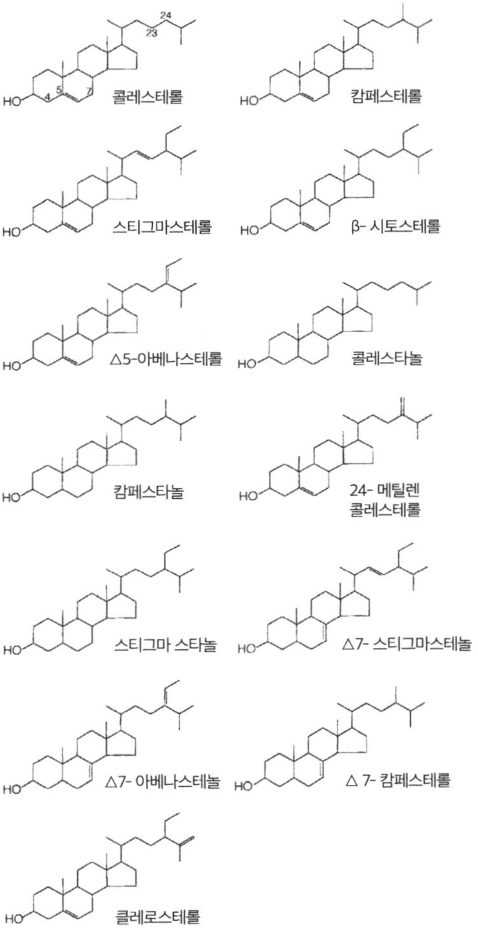

콜레스테롤 캄페스테롤
스티그마스테롤 β- 시토스테롤
Δ5-아베나스테롤 콜레스타놀
캄페스타놀 24- 메틸렌 콜레스테롤
스티그마 스타놀 Δ7- 스티그마스테놀
Δ7- 아베나스테놀 Δ 7- 캄페스테롤
클레로스테롤

이 가운데 생두의 토코페롤 총량이 최고치 15.7mg / 100g, 평균치 11.9mg / 100g으로 가장 많았다. α- 및 β-토코페롤은 각각 2.3~4.5mg / 100g, 3.2~11.4mg / 100g였으며, γ- 및 δ-토코페롤은 검출되지 않았다. 로스팅은 α-토코페롤과 β-토코

그림 1.25 4-메틸스테롤

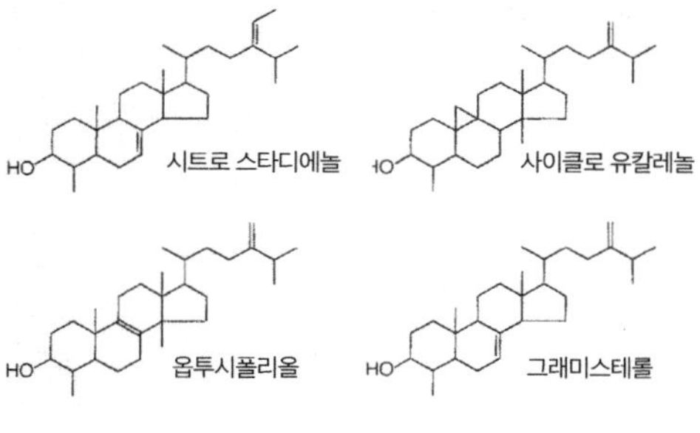
HO
시트로 스타디에놀
HO
사이클로 유칼레놀
HO
옵투시폴리올
HO
그래미스테롤

그림 1.26 4-디메틸스테롤

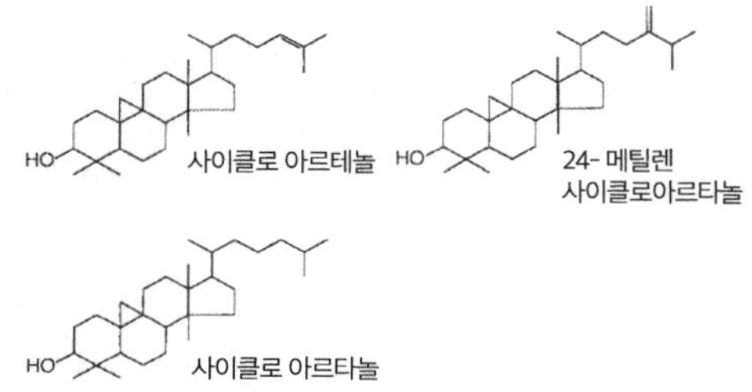
HO
사이클로 아르테놀
HO
24- 메틸렌
사이클로아르타놀
HO
사이클로 아르타놀

페롤, 토코페롤 총량을 각각 79~100%, 84~100% 및 83~99% 감소시키는 것으로 나타났다.

그림 1.29는 아라비카와 로부스타 생두의 토코페롤 고성능 액체 크로마토그래피(HPLC)의 크로마토그램으로, 코스(Coors, 1984) 연구진이 발표한 식물성 유지류 시험법을 이용하여 측정하였다. 아라비카 커피 오일에서 α-토코페롤은 161mg/kg, β-토코페롤은 597mg/kg이 각각 검출되었다.

표 1.27 아라비카와 로부스타 커피 품종 중 데스메틸스테롤 분포 (%) (시료 30개) (Mariani & Fideli, 1991).

스테롤	아라비카	로부스타	평균값	
			아라비카	로부스타
콜레스테롤	0.2–0.4	0.1–0.3	0.3	0.2
캄페스테롤	14.7–17.0	15.5–18.8	15.8	16.9
스티그마스테롤	20.5–23.8	20.0–26.7	21.9	23.1
β–시토스테롤	46.7–53.8	40.6–50.7	51.6	45.4
Δ5–아베나스테롤	1.6–4.1	5.1–12.6	2.7	9.1
캄페스타놀	0.2–0.6	0.1–0.3	0.4	0.2
24–메틸렌 콜레스테롤	0.0–0.4	1.5–2.4	0.2	1.9
시토스타놀	1.4–2.8	0.5–1.2	2.0	0.8
Δ7–스티그마스테놀	0.9–4.5	0.1–0.8	2.2	0.2
Δ7–아베나스테롤	1.2–2.1	0.2–0.6	1.5	0.4
Δ7–캄페스테롤	0.4–1.2	0.1–0.6	0.6	0.2
Δ5,23–스티그마 스타디에놀	0.2–0.5	0.1–2.0	0.3	0.5
Δ5,24–스티그마 스타디에놀	0.0–0.4	0.0–0.3	0.1	0.0
클레로스테롤	0.2–0.8	0.5–1.0	0.5	0.7

반면 로부스타 커피오일에 함유된 α-토코페롤은 107mg/kg, β-토코페롤은 260mg/kg이었다. GC-MS으로 γ-토코페롤도 일부 로부스타 커피에서 검출할 수 있었다(Kölling-Speer, 미발표 연구 결과).

토코페롤은 브루잉 커피에서도 확인되었다. 커피 인퓨전과 인스턴트 커피 용액에서 각각 0.003–0.013 및 0.001–0.013mg / 100ml 만큼 함유되어 있었다(Ogawa et al., 1989).

그림 1.27 커피 인퓨전 방식별 특정 스테롤의 함량

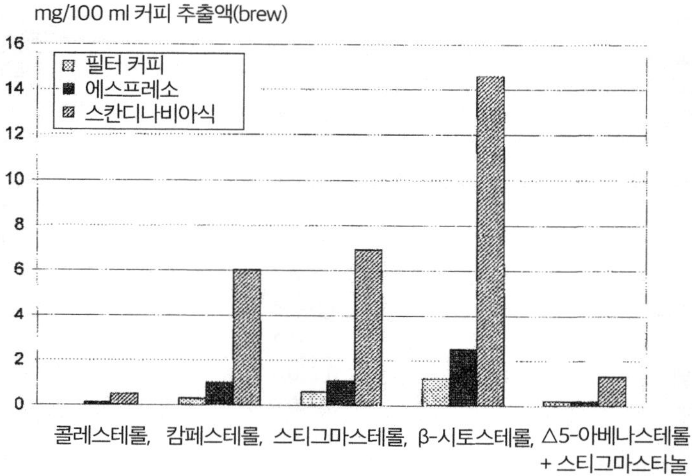

그림 1.28 토코페롤 구조식

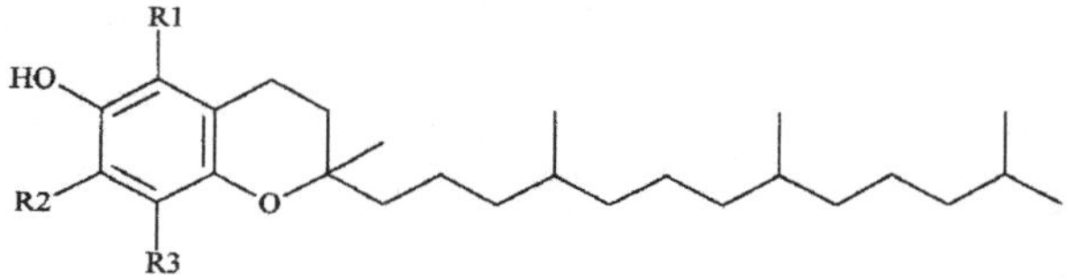

R1, HO, R2, R3, O

$R_1 = CH_3$ $R_2 = CH_3$ $R_3 = CH_3$ $= \alpha$- 토코페롤

$R_1 = CH_3$ $R_2 = CH_3$ $R_3 = H$ $= \beta$- 토코페롤

$R_1 = H$ $R_2 = CH_3$ $R_3 = CH_3$ $= \gamma$- 토코페롤

1.19 | 기타 화합물

카우프만과 센 굽타(Kaufmann & Sen Gupta, 1964)는 커피오일의 불검화물에서 스쿠알렌(squalene)을 발견했다. 이후 폴스타(Folstar, 1985)는 커피 왁스가 불포함된 커피 오일과 커피 왁스에서 홀수 및 짝수 알케인을 동시에 발견한 연구를 발표하였다. 1999

년에는 컬트와 스피어(Kurt & Speer)가 분자식 $C_{19}H_{30}O_2$인 새로운 구성 성분을 검출, 분리하였다. 해당 성분은 기존에 알려져 있던 커피의 디테르펜 카페스톨과 구조가 유사했으나 퓨란 고리가 없고, 10번 탄소(C_{10}) 원자에 결합된 메틸기 위치가 달랐다. 이 성분은 이후 코페아디올(coffeadiol)로 명명되었다(그림 1.30).

그림 1.29 생두의 토코페롤 고성능 액체 크로마토그래피(HPLC)의 크로마토그램. HPLC 조작조건: LiChrosorb Si 60, 5 μm, n–hexane/dioxan (94:6), 검출기: 295/ 330 nm.

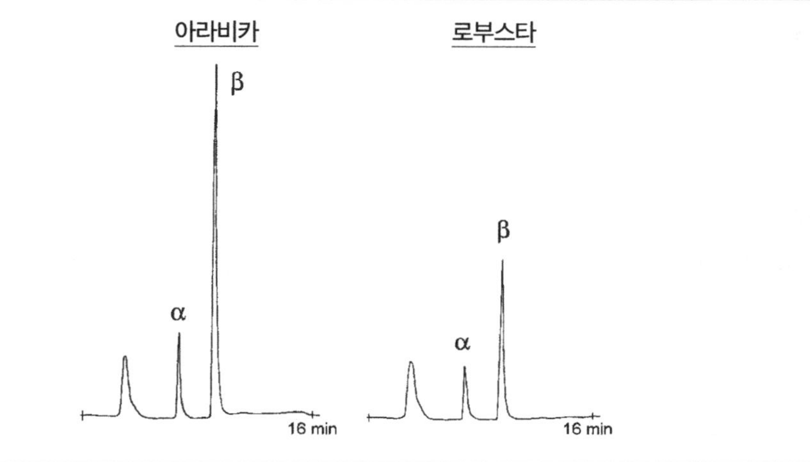

그림 1.30 코페아디올(coffeadiol)의 구조식

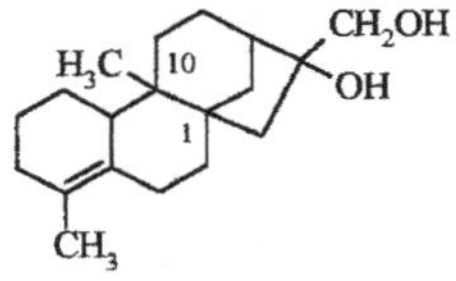

1.20 | 커피 왁스

커피 생두 표면은 얇은 왁스층으로 코팅되어 있다. 보통 분쇄하지 않은 생두를 염소계 용매인 클로로포름이나 다이클로로메테인으로 추출한 용액에서 왁스를 측량한다. 표면 왁스 함량은 전체 커피 지질 중 0.2~0.3%를 차지한다. 폴스타(Folstar, 1985)는 석유 에테르에 가용된 성분은 커피 왁스의 37% 밖에 되지 않는다고 밝혔다. 지방산 조성을 분석한 결과, 석유 에테르에 용출된 가용성 왁스 성분과 실제 커피 오일의 지방산 함량은 큰 차이가 있었다. 고도 포화 지방산은 커피 왁스에서 상대적으로 많이 함유되어 있었다.

부르지거(Wurziger) 연구진은 아라비카의 생두를 대상으로 왁스의 조성을 최초로 규명하였다(Dickhaut, 1966; Harms, 1968). 관련 연구를 통해 5-하이드록시트립타마이드(C-5-HT)에서 아라키딘산(n =18), 베헨산(n =20) 및 리그노세르산(n =22) 탄산 3종을 분리, 확인하였다(그림 1.31). 해당 탄산은 5-하이드록시트립타마이드의 주요 아미노기와 결합되어 있었다.

그림 1.31　탄산 5-디하이드록시트립타마이드의 구조식 (C-5-HT)

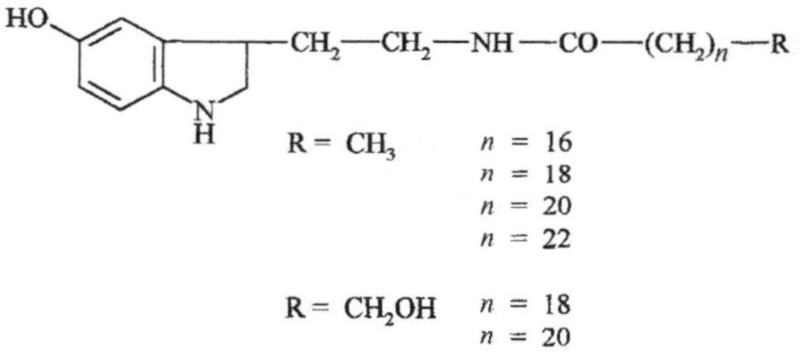

HO — (indole) — $CH_2—CH_2—NH—CO—(CH_2)_n—R$

N H

$R = CH_3$　$n = 16$, $n = 18$, $n = 20$, $n = 22$

$R = CH_2OH$　$n = 18$, $n = 20$

이 외에도 폴스타 등(Folstar et al., 1979) 연구에서 스테아르산 5-하이드록시트립타마이드가 발견되었으며(n =16), 이후 ω-하이드록시아라키딘산 5-하이드록시자이트립타마이드(n =18), ω-하이드록시베헨산 5-하이드록시자이트립타마이드(n =20)

가 확인되었다(Folstar et al., 1980). 해당 성분은 모두 쾨니그와 슈투름(König & Sturm, 1982) 연구를 통해서도 재확인되었다. 아라키딘산과 베헨산 5-하이드록시트립타마이드가 주로 함유되어 있었으며, 아미노기는 소량이었다.

커피 왁스나 구성 성분들이 체내에서 제대로 소화하지 못하는 사람들은 커피 음료를 마신 뒤 위장 장애를 겪을 수도 있다(Lickint, 1931). 이럴 때는 용매 세척 또는 증기 처리 방법을 이용해 원두의 왁스층을 제거하여 원두의 완전성(wholesomeness)을 높일 수 있다(Behrens & Malorny, 1940; Wurziger, 1971a; Fintelmann & Haase, 1977; Corinaldesi et al. 1989).

렌드리히(Lendrich et al.)가 1933년에 개발한 증기 처리법은, 로젤리우스 등(Roselius et al., 1971)에 의해 수차례 개선되었다. 주요 왁스 성분인 C-5-HT는 '불편감을 조장하는 성분(irritating substance)'으로 여겨졌었다(Wurziger, 1971b; Rosner et al., 1971). 그러나 페라우 및 네터(Fehlau & Netter, 1990)는 커피 인퓨전이 쥐의 위점막에 미치는 영향을 분석한 결과, C-5-HT가 위에 주는 불편감은 커피 인퓨전에 비해 월등히 적다고 발표했다.

여러 연구진이 생두와 로스팅 원두, 각종 처리를 한 커피를 대상으로 C-5-HT의 함량을 측량할 수 있는 분석법을 개발하였다(Culmsee, 1975; Hubert et al., 1975; Kummer & Biirgin, 1976; Hun- ziker & Miserez, 1977, 1979; Studer & Traitler, 1982; Chiacchierini & Ruggeri, 1985; Lagana et al., 1989; Battini et al., 1989; Kele & Ohmacht, 1996). 아라비카 생두에는 통상 50~2370mg/kg이 함유되어 있었고, 로부스타 커피에는 565~1120mg/kg이 검출되었다(Maier, 1981b).

30년간 저장한 커피는 C-5-HT 총 함량이 30~625mg/kg(Wurziger, 1973) 수준이었다. 폴리싱(polishing), 왁스 제거, 디카페인 공법 등을 거친 커피 원두에서는 C-5-HT 함량이 크게 감소하였다(Harms & Wurziger, 1968; Hunziker & Miserez, 1979; Folstar et al., 1979, 1980; van der Stegen & Noomen, 1977). 아울러, C-5-HT는 로스팅 과정에서 부분 분해되기도 했다(Wurziger, 1972; Hunziker & Miserez, 1979). 일반적인 로스팅 커피에 함유된 C-5-HT은 600~1000mg/kg 정도였다. 비아니 및 호르만(Viani & Horman,

1975) 연구진은 C-5-HT의 열분해 반응경로를 제시하면서, C_{22}-5-HT가 열분해 시 알킬인돌과 알킬인덴이 생성된다고 밝혔다. 폴스타 등(Folstar et al., 1980)은 5-하이드로-자이인돌과 3-메틸-5-하이드록시인돌을 비롯해 n-알케인, n-알케인니트릴, n-알케인산아마이드를 검출하였다.

5-하이드록시트립타마이드가 커피 원두의 왁스 층에 한해 존재하고, 상기 언급한 바와 같이 가공 과정에서 저감화되기 때문에 부르지거(Wurziger, 1971b)는 C-5-HT를 별도 처리한 커피 원두에서 함량을 측정해야 한다고 주장했다. 스위스에서는 1973년부터 C-5-HT 400mg/kg 이하인 C-5-HT 저함유 로스팅 커피를 '저자극성(low irritating)'(독일어 'reizarm') 성분으로 규정하고 있다(Anon, 1973). 반데르슈테겐(van der Stegen, 1979)은 별도 처리를 하지 않은 원두를 삼출식으로 여과하여 제조한 브루잉 커피에는 리터당 최대 2.3mg C-5-HT가 함유되었을 가능성이 있다고 제시했다. C-5-HT는 필터 방식이나 왁스를 제거한 원두를 삼출식으로 조제한 커피 음료에서는 검출되지 않는다. 한편, 해당 성분은 항산화 효과성이 제기되어 최근 이목을 끌고 있다(Lehmann et al., 1968; Bertholet & Hirsbrunner, 1984).

참고문헌

- Aeschbach, R., Kusy, A. & Maier, H. G. (1982) Diterpenoide in Kaffee. *Z. Lebensm. Unters.-Forsch.*, **175**, 337—41.
- Anon (1973) Kreisschreiben des Eidgenoss. Gesundheitsamtes Bern. *Kaffee- und Tee-Markt*, **23**, 1.
- AOAC (1965) Method 14.029. In: *OfficialMethods ofAnalysis of the Association of Official Analytical Chemists Handbook*, 10th edn. AOAC, Washington, DC.
- Aoyama, M., Maruyama, T., Kanematsu, H. *et al.* (1988) Studies on the improvement of antioxidant effect of tocopherols. XVII. Synergistic effect of extracted components from coffee beans. *Yukagaku*, **37**, 606—12.
- Bak, A.A.A. & Grobbee, D.E. (1989) The effect on serum cholesterol levels of coffee brewed by filtering or boiling. *N. Engl. J. Med.*, **321**, 1432—7.
- Battini, M.L., Careri, M., Casoli, A., Mangia, A. & Lugari, M.T. (1989) Determination of N-alkanoyl-5-hydroxytryptamines (C-5-HT) in coffee beans by means of HPLC and TLC. *Ann. Chim.*, **79**, 369—77.
- Behrens, B. & Malorny, G. (1940) *Naunyn-Schmiedebergs Arch. Pharmak. U. exp. Path.*, **194**, 369.
- Bengis, R.O. & Anderson, RJ. (1932) The chemistry of the coffee bean. I. Concerning the unsaponifiable matter

of the coffee bean oil. Extraction and properties ofkahweol. *J. Biol. Chem.*, **97**, 99—113.

- Bertholet, R. & Hirsbrunner, P. (1984) Preparation of 5-hydro- xytryptamine from coffee wax. Patent EP 1984—104696.
- Bradbury, A.G.W. & Balzer, H.H. (1999) Carboxyatractyligenin and atractyligenin glycosides in coffee. In: *Proceedings of the 18th ASIC Colloquium (Helsinki)*, pp. 71—7. ASIC, Paris, France.
- Calzolari, C. & Cerma, E. (1963) Sulle sostanze grasse del caffe. *Riv. Ital. Sostanze Grasse*, **40**, 176—80.
- Carisano, A. & Gariboldi, L. (1964) Gaschromatographic examination of the fatty acids of coffee oil. *J. Sci. Food Agric.*, **15**, 619—22.
- Casal, S., Oliveira, M.B. & Ferreira, M.A. (1997) Discrimination of Coffea arabica and Coffea canephora var. robusta beans by their fatty acid composition. In: *Proceedings of Euro Food Chem IX*, Vol. 3, 685, Interlaken, Switzerland (eds R. Amado & R. Battaglia).
- Cavin, C., Holzhauser, D., Constable, A., Huggett, A.C. & Schilter, B. (1998) The coffee-specific diterpenes cafestol and kahweol protect against aflatoxin B1-induced genotoxicity through a dual mechanism. *Carcinogenesis*, **19**, 1369—75.
- Chakravorty, P.N., Levin R.H., Wesner, M.M. & Reed. G. (1943b) Cafesterol III. *J. Am. Chem. Soc.*, **65**, 1325—8.
- Chakravorty, P.N., Wesner, M.M. & Levin R.H. (1943a) Cafesterol II. *J. Am. Chem. Soc.*, **65**, 929—32.
- Chassevent, F., Dalger, G., Gerwig, S. & Vincent, J.-C. (1974) Contributiona l'etudedesMascarocoffea. *Cafe, Cacao, The*, **18**, 49—56.
- Chiacchierini, E. & Ruggeri, P. (1985) Dewaxed coffee: determination of carboxylic acid 5-hxdroxytryptamides (C-5-HT). *Riv. Soc. Itai. Sci. Aliment.*, **14**, 197—200.
- Coors, U. (1984) *Bestimmung und Verteilung von Tocopherolen and Tocotrienolen in Lebensmitteln*. Dissertation, University of Hamburg, Germany.
- Corinaldesi, R., De Giorgio, R., Stanghellini, V. *et al.* (1989) Effect of the removal of coffee waxes on gastric acid secretion and serum gastrin levels in healthy volunteers. *Curr. Ther. Res.*, **46**, 13—18.
- Cros, E., Fourny, G. & Vincent, J.C. (1985) Tocopherols in coffee. High-pressure liquid chromatographic determination. In: *Proceedings of the 11th ASIC Colloquium (Lome)*, pp. 263— 71. ASIC, Paris, France.
- Culmsee, O. (1975) Methode zur quantitativen Bestimmung der Carbonsaure-5-hydroxy-tryptamide im Kaffee. *Dt. Lebensm. Rundschau*, **71**, 425—7.
- De Roos, B. & Katan, M.B. (1999) Possible mechanisms underlying the cholesterol-raising effect of the coffee diterpene cafestol. *Curr. Opin. Lipid.*, **44**, 41—5.
- De Roos, B., van der Weg, G., Urgert, R., van de Bovenkamp, P., Charrier, A. & Katan, M.B. (1997) Levels of cafestol, kahweol, and related diterpenoids in wild species of the coffee plant Coffea. *J. Agric. Food Chem.*, **45**, 3065—9.
- Dickhaut, G. (1966) *Uber phenolische Substanzen in Kaffee und deren analytische Auswertbarkeit zur Kaffeewachsbestimmung*. Dissertation, University of Hamburg.
- DIN (1999) Method 10779. Analysis of coffee and coffee products — determination of 16—O-methylcafestol content of roasted coffee — HPLC-method. *Deutsches Institut fur Normung*, Berlin.
- Duplatre, A., Tisse, C. & Estienne, J. (1984) Contribution a l'identification des especes arabica et robusta par etude de la fraction sterolique. *Ann. Fais. Exp. Chim.*, **828**, 259—70.
- Fehlau, R. & Netter, K.J. (1990) The influence of untreated and treated coffee and carboxylic acid hydroxytryptamides on the gastric mucosa of the rat. *Z. Gastroenterol.*, **28**, 234—8.
- Finnegan R.A. & Djerassi, C. (1960) Terpenoids XLV. Further studies on the structure and absolute configuration of cafestol. *f. Am. Chem. Soc.*, **82**, 4342—4.

- Fintelmann, V. & Haase, W. (1977) Unbearbeiteter und veredelter Kaffee. Vergleich der magensaurestimulierenden Wirkung im gekreuzten Doppelblindversuch. *Z. Allg. Med.*, **53**, 1888—95.
- Folstar, P. (1985) Lipids. In: *Coffee Chemistry*, Vol. 1, (eds R.J. Clarke & R. Macrae) pp. 203—22. Elsevier Applied Science, London.
- Folstar, P., Pilnik, W., de Heus, J.G. & van der Plas, H.C. (1975) The composition of fatty acids in coffee oil and wax. *Lebens- mittelwiss. Technol.*, **8**, 286—8.
- Folstar, P., van der Plas, H.C., Pilnik, W. & De Heus,J.G. (1977) Tocopherols in the unsaponifiable matter of coffee bean oil. *f. Agric. Food Chem*, **25**, 283—5.
- Folstar, P., van der Plas, H.C., Pilnik, W., Schols, H.A. & Melger, P. (1979) Liquid chromatographic analysis of Np-alkanoyl- hydroxy-tryptamide (C-5-HT) in green coffee beans. f. *Agric. Food Chem.*, **27**, 12—15.
- Folstar, P., Schols, H.A., van der Plas, H.C., Pilnik, W., Land- herr, C.A. & van Vildhuisen, A. (1980) New tryptamine derivatives isolated from wax of green coffee beans. *f. Agric. Food Chem.*, **28**, 872—4.
- Frega; N., Bocci, F. & Lercker, G. (1994) High resolution gas chromatographic method for determination of Robusta coffee in commercial blends. f. *High Res. Chromatogr.*, **17**, 303—7.
- German Society for Lipid Sciences (DGF), No. B-1b (1952), *Einheitsmethoden 1950-1975.* Wissenschaftliche Verlagsge- sellschaft, Stuttgart.
- Gross, G., Jaccaud, E. & Huggett, A.C. (1997) Analysis of the content of the diterpenes cafestol and kahweol in coffee brews. Food *Chem. Toxicol.*, **35**, 547—54.
- Harms, U. (1968) *Beitrage zum Vorkommen und zur Bestimmung von Carbonsaure-5-hydroxy-tryptamiden in Kaffeebohnen.* Dissertation, University of Hamburg.
- Harms, U. & Wurziger, J. (1968) Carboxylic acid 5-hydro- xytryptamides in coffee beans. *Z. Lebensm. Unters.-Forsch.*, **138**, 75—80.
- Hartmann, L., Lago, R.C.A., Tango,J.S. &Teixeira, C.G. (1968) The effect of unsaponifiable matter on the properties of coffee seed oil. *f. Am. Oil. Chem. Soc.*, **45**, 577—9.
- Haworth, R.D. & Johnstone, R.A.W. (1957) Cafestol. Part II. *f. Chem. Soc. (London)*, 1492—6.
- Homberg, E. & Bielefeld, B. (1989) Einflup von Minorbes- tandteilen des Unverseifbaren auf die Sterinanalyse. *Fat. Sci. Technol.*, **91**, 105—108.
- Horstmann, P. & Montag, A. (1986) Neue Methoden zur schnellen Isolierung von Sterinen aus Fettmatrices. *Fette Seifen Anstrichm.*, **88**, 262—4.
- Hruschka, A. & Speer, K. (1997) Cafestal in coffee. In: *Proceedings of Euro Food Chem IX*, Vol. 3, Interlaken, Switzerland (eds R. Amado & R. Battaglia), pp. 655—8.
- Hubert, P., Kwasny, H., Werkhoff, P. & Turner, U. (1975) Analytik von Carbonsaurehydroxytryptamiden in Kaffee. *Z. Anal. Chem.*, **285**, 242—50.
- Hunziker, H.R. & Miserez, A. (1977) Bestimmung der 5- Hydroxytryptamide in Kaffee mittels Hochdruck-Flussig- keitschromatographie. *Mitt. Geb. Lebensm. Unters. Hyg.*, **68**, 267—74.
- Hunziker, H.R. & Miserez, A. (1979) Bestimmung der 5- Hydroxytryptamide in Kaffee mittels Hochdruck-Flussig- keitschromatographie, *Mitt. Geb. Lebensm. Unters. Hyg.*, **70**, 142—52.
- Itoh, T., Tamura, T. & Matsumoto, T. (1973a) Sterol composition of 19 vegetable oils. *f. Am. Oil Chem. Soc.*, **50**, 122—5.
- Itoh, T., Tamura, T. & Matsumoto, T. (1973b) Methylsterol compositions of 19 vegetable oils. *f. Am. Oil Chem. Soc.*, **50**, 300—303.
- Kaufmann, H.P. & Hamsagar, R.S. (1962a) Zur Kenntnis der Lipoide der Kaffeebohne. II. Die Veranderung der Lipoide bei der Kaffee-Rostung. *Fette Seifen Anstrichm.* **64**, 734—8.

- Kaufmann, H.P. & Hamsagar, R.S. (1962b) Zur Kenntnis der Lipoide der Kaffeebohne. I. Uber Fettsaure-Ester des Cafes- tols. *Fette Seifen Anstrichm.*, **64**, 206—13.
- Kaufmann, H.P. & Sen Gupta, A.K. (1964) Uber die Lipoide der Kaffeebohne. V. Die Triterpene und Kohlenwasserstoffe. *Fette Seifen Anstrichm.*, **66**, 461—6.
- Kele, M. & Ohmacht, R. (1996) Determination of serotonin released from coffee wax by liquid chromatography. *f. Chromatogr.*, **730**, 59—62.
- Kolling-Speer, I., Kurt, A., Nguyen, Thu, Speer, K. (1997) Cafestol and dehydrocafestol in roasted coffee. In: *Proceedings of the 17th ASIC Colloquium (Nairobi)*, pp. 201—204: ASIC, Paris, France.
- Kolling-Speer, I. & Speer, K. (1997) Diterpenes in coffee leaves. In: *Proceedings of the 17th ASIC Colloquium (Nairobi)*, pp. 150— 54. ASIC, Paris, France.
- Kolling-Speer, I. & Speer, K. 16-O-methylkahweol in Robusta coffee. In preparation.
- Kolling-Speer, I., Strohschneider, S., Speer, K. (1999) Determination of free diterpenes in green and roasted coffees. *f. High Resol. Chromatogr.*, **22**, 43—6.
- Konig, W.A. & Sturm, R. (1982) Gas chromatography and mass spectrometry as aids in studying high-boiling coffee components. In: *Proceedings of the 10th ASIC Colloquium (Salvador)*, pp. 271—8. ASIC, Paris, France.
- Kummer, P. & Burgin, E. (1976) Neue Erkenntnisse zur quantitativen Bestimmung der Carbon-saure-5-hydroxy-tryptamide in Kaffee. *Mitt. Geb. Lebensm. Unters. Hyg.*, **67**, 212—15.
- Kurt, A. & Speer, K. (1999) A new component in the lipid fraction of coffee. In: *Proceedings of Euro food chem X*, Vol. 3. 22—24 September, Budapest, Hungary, pp. 882—6.
- Kurzrock, T. (1998) *Cafestolfettsaureester im Kaffee*. Dissertation, Technical University of Dresden, Germany.
- Kurzrock, T., Kolling-Speer, I. & Speer, K. (1998) Identification of dehydrocafestol fatty acid esters in coffee. In: *Proceedings of the 20th International Symposium on Capillary Chromatography* (eds P. Sandra & A.J. Rackstraw) No 27. Naxos Software Solutions, M. Schaefer, Schriesheim, Germany.
- Kurzrock, T. & Speer, K. (1997a) Fatty acid esters of cafestol. In: *Proceedings of the 17th ASIC Colloquium (Nairobi)*, pp. 133—40. ASIC, Paris, France.
- Kurzrock. T. & Speer, K. (1997b) Identification of cafestol fatty acid esters. In: *Proceedings of Euro Food Chem. IX*, Vol. 3. Interlaken, Switzerland. (eds R. Amado & R. Battaglia), pp. 659—63.
- Lagana, A., Curini, L., De Angelis Curtis, S. & Marino, A. (1989) Rapid liquid chromatographic analysis of carboxylic acid 5- hydroxytryptamides in coffee. *Chromatographia*, **28**, 593—6.
- Lam; L.T.K.; Sparnis, V.L. & Wattenberg, L.W. (1982) Isolation and identification ofkahweol palmitate and cafestol palmitate as active constituents of green coffee beans that enhance glutathione S-transferase activity in the mouse. *Cancer Res.*, **42**, 1193—8.
- Lehmann, G., Neunhoeffer, O., Roselius, W. & Vitzthum, O. (1968) Antioxidants made from green coffee beans and their use for protecting autoxidizable foods. Patent DE 1668236.
- Lendrich, P., Wemmering, E. & Lendrich, O. (1933) Verfahren zum Verbessern von Kaffee. DR-Patent 576.515.
- Lercker, G., Caboni, M.F., Bertacco, G. *et al.* (1996) Coffee lipid fraction I. Influence of roasting and decaffeination. *Ind. Ali- mentari*, **35**, 1057—65.
- Lickint, F. (1931) *Med. Klin.*, **27**, 387.
- Lutjohann, J. (1993) *Ubergange von Kaffeelipiden am Beispiel von freien Fettsduren und Triacylglycerinen in das Kaffeegetrank*. Thesis, University of Hamburg.
- Maier, H.G. (1981a) Rohkaffee. In: *Kaffee*, pp. 21—2. Paul Parey Verlag, Berlin and Hamburg.
- Maier, H.G. (1981b) Rohkaffee. In: *Kaffee*, pp. 26—7. Paul Parey Verlag, Berlin and Hamburg.
- Maier, H.G. & Matzel, U. (1982) Atractyligenin und seine Gly- koside im Kaffee. In: *Proceedings of the 10th ASIC*

Colloquium (Salvador), pp. 247—51. ASIC, Paris, France.

- Maier, H.G. & Wewetzer. H. (1978) Bestimmung von Diterpen- Glykosiden im Bohnenkaffee. *Z. Lebensm. Unters.-Forsch.*, **167**, 105—107.
- Mariani, C. & Fedeli, E. (1991) Sterols of coffee grain of Arabica and Robusta species. *Riv. It. Sost. Grasse*, **68**, 111—15.
- Mensink, R.P., Lebbink, W.J., Lobbezoo, I.E., Van der Wouv Weusten, M.P.M.E., Zock, P.L. & Katan, M.B. (1995) Diterpene composition of oils from Arabica and Robusta coffee beans and their effects on serum lipids in man. *f. Int. Med.*, **237**, 543—50.
- Miller, E.G., Gonzales-Sanders, A.P., Couvillion, A.M., Binnie, W.H., Sunahara, G.I. & Bertholet, R. (1993) Inhibition of oral carcinogenesis by roasted coffee beans and roasted coffee bean fractions. In: *Proceedings of the 15th ASIC Colloquium (Montpellier)*, pp. 420—25. ASIC, Paris, France.
- Nackunstz, B. & Maier, H. G. (1987) Diterpenoide im Kaffee. III. Cafestol und Kahweol. *Z. Lebensm. Unters.-Forsch.*, **184**,494—9.
- Nagasampagi, B.A., Rowe,J.W., Simpson, R. & Goad, L.J. (1971) Sterols of coffee. *Phytochemistry*, **10**, 1101—17.
- Obermann, H. & Spiteller, G. (1976) Die Strukturen der 'Kaffee- Atractyloside'. *Chem. Ber.*, **109**, 3450—61.
- Ogawa, M., Kamiya, C. & Iida, Y. (1989) Contents of tocopherols in coffee beans, coffee infusions and instant coffee. *Nippon Shokuhin Kogyo Gakkaishi*, **36**, 490—94.
- Pettitt, B.C. Jr (1987) Identification of the diterpene esters in Arabica and Canephora coffees.f *Agric. Food Chem.*, **35**, 549— 51.
- Picard, H., Guyot, B. & Vincent, J.-C. (1984) Etude des composes steroliques de l'huile de cafe coffea canephora. *Cafe, Cacao, The*, **28**, 47—62.
- Pokorny, J. & Forman, L. (1970) Pflanzenlipide, 2. Mitt. Kaf- feelipide. *Nahrung*, **14**, 631—2.
- Ratnayake, W.M.N., Hollywood, R., O'Grady, E. & Starvric, B. (1993) Lipid content and composition of coffee brews prepared by different methods. *Food Chem. Toxicol.*, **31**, 263—9.
- Roffi, J.A., Corte dos Santos, J.T.M., Busson, F. & Maigrot, M. (1971) Cafes verts et torrefies de l'Angola. In: *Proceedings of the 5th ASIC Colloquium (Lisbon)*, pp. 179—200. ASIC, Paris, France.
- Roselius, W., Vitzthum, O. & Hubert, P. (1971) Removal of undesirable irritants from raw coffee beans. Patent US 1971— 187168.
- Rosner, P., Keiner, F. & Kuhn, U. (1971) Der Einflup von behandeltem und unbehandeltem Kaffee auf die Magensaur- esekretion. *Med. Klin.*, **66**, 238—42.
- Schluter, S. (1992) *Die Verteilung der freien und in den Triacylglycerinen gebundenen Fettsduren von Robusta-Kaffee.* Thesis, University of Hamburg.
- Schweizerische Lebensmittelbuch (1973) Methode No 35A/08. Schweizerische Lebensmittelbuchkommission und Eidgen- ossisches Gesundheitsamt, Bern.
- Sehat, N., Montag, A. & Speer, K. (1993) Lipids in the coffee brew. In: *Proceedings of the 15th ASIC Colloquium (Montpellier)*, pp. 583—92. ASIC, Paris, France.
- Speer, K. (1989) 16-O-Methylcafestol — ein neues Diterpen im Kaffee — Methoden zur Bestimmung des 16-O-Methylcafestols in Rohkaffee und in behandelten Kaffees. *Z. Lebensm. Unters.- Forsch.*, **189**, 326-30.
- Speer, K. (1991) 16-O-methylcafestol — anewditerpene in coffee; the fatty acid esters of 16-O-methylcafestol. In: *Proc. Euro Food Chem. VI, Hamburg, Germany*, Vol. 1, (eds W. Baltes., T. Eklund, R. Fenwick, W. Pfannhauser, A. Ruiter & H.-P. Thier) pp. 338—42. Behr's Verlag, Hamburg.
- Speer, K. (1995) Fatty acid esters of 16-O-methylcafestol. In: *Proceedings of the 16th ASIC Colloquium (Kyoto)*, pp. 224—31. ASIC, Paris, France.

- Speer, K., Hruschka, A., Kurzrock, T. & Kolling-Speer, I. (2000) Diterpenes in coffee. In: *Caffeinated Beverages, Health Benefits, PhysiologicalEffects, and Chemistry* (eds T. H. Parliament, C-T. Ho & P. Schieberle), pp. 241—51. ACS symposium series 754.
- Speer, K. & Mischnick, P. (1989) 16-O-Methylcafestol — ein neues Diterpen im Kaffee — Entdeckung und Identifizierung. *Z. Lebensm. Unters.-Forsch.*, **189**, 219—22.
- Speer, K. & Mischnick-LUbbecke, P. (1989) 16-O-Methylcafes- tol — ein neues Diterpen im Kaffee. *Lebensmittelchemie*, **43**, 43.
- Speer, K. & Montag, A. (1989) 16-O-Methylcafestol — ein neues Diterpen im Kaffee — Erste Ergebnisse: Gehalte in Roh- und ROstkaffees. *Dtsch. Lebensm.-Rundsch.*, **85**, 381—4.
- Speer, K., Tewis, R. & Montag, A. (1991a) 16-O-Methylcafestol — a quality indicator for coffee. In: *Proceedings of the 14th ASIC Colloquium (San Francisco)*, pp. 237—44. ASIC, Paris, France.
- Speer, K., Tewis, R. & Montag, A. (1991b) 16-O-Methylcafestol — ein neues Diterpen im Kaffee — Freies und gebundenes 16- O-Methylcafestol. *Z. Lebensm. Unters.-Forsch.*, **192**, 451—4.
- Speer, K., Tewis, R. & Montag, A. (1991c) A new roasting component in coffee. In: *Proceedings of the 14th ASIC Colloquium (San Francisco)*, pp. 615—21. ASIC, Paris, France.
- Speer, K., Sehat, N. & Montag, A. (1993) Fatty acids in coffee.
- In: *Proceedings of the 15th ASIC Colloquium (Montpellier)*, pp. 583—92. ASIC, Paris, France.
- van der Stegen, G.H.D. (1979) The effect of dewaxing of green coffee on the coffee brew. *Food Chem.*, **4**, 23—9.
- van der Stegen, G. H. D. & Noomen, P.J. (1977) Mass-balance of carboxy-5-hydroxytryptamides (C-5-HT) in regular and treated coffee. *Lebensmittelwiss. Technol.*, **10**, 321—3.
- Streuli, H. (1970) Kaffee. In: *Handbuch der Lebensmittelchemie VI* (ed J. Schormuller), pp. 19—21. Springer Verlag, Berlin.
- Streuli, H., Schwab-van Buren, H. & Hess, P. (1966) Methodik der Fettbestimmung in Roh- und Rostkaffees. *Mitt. Geb. Lebensm. Unters. Hyg.*, **57**, 142—6.
- Studer, A. & Traitler, H. (1982) Quantitative HPTLC determination of 5-hydroxytrytamides of carboxylic acids and tryptamines in food products. *J. High Resol. Chromatogr. Chromatogr. Commun.*, **5**, 581—2.
- Tewis, R., Montag, A. & Speer, K. (1993) Dehydrocafestol and dehydrokahweol — two new roasting components in coffee. In: *Proceedings of the 15th ASIC Colloquium (Montpellier)*, pp. 880—83. ASIC, Paris, France.
- Tiscornia, E., Centi-Grossi, M., Tassi-Micco, C. & Evangelisti, F. (1979) Sterol fractions of coffee seeds oil (Coffea arabica L.). *Riv. Ital. Sost. Grasse*, **56**, 283—92.
- Trouche, M.-D., Derbesy, M. &Estienne,J. (1997) Identification of Robusta and Arabica species on the basis of 16-O-Methyl- cafestol. *Ann. Fais. Exp. Chim.*, **90**, 121—32.
- Urgert, R., van der Weg, G., Kosmeijer-Schuil, T.G., van der Bovenkamp, P., Hovenier, R. & Katan, M.B. (1995) Levels of the cholesterol-elevating diterpenes cafestol and kahweol in various coffee brews. *f. Agric. Food Chem.*, **43**, 2167—72.
- Viani, R. & Horman, I. (1975) Determination of trigonelline in coffee. In: *Proceedings of the 7th ASIC Colloquium (Hamburg)*, pp. 273—8. ASIC, Paris, France.
- Vitzthum, O.G. (1976) Chemie und Bearbeitung des Kaffees. In: *Kaffee und Coffein* (ed. O. Eichler), pp. 3—64. Springer Verlag, Berlin, Heidelberg, New York.
- Wahlberg, I., Enzell, C.R. & Rowe, J.W. (1975) Ent-16-kauren- 19-ol from coffee. *Phytochemistry*, **14**, 1677.
- Wajda, P. & Walczyk, D. (1978) Relationship between acid value of extracted fatty matter and age of green coffee beans. *J. Sci. Food Agric.*, **29**, 377—80.
- Wettstein, A., Spillmann, M. & Miescher, K. (1945) Zur Konstitution des Cafesterols 6. Mitt. *Helv. Chim. Acta*,

28, 1004—13.

- Weusten Van der Wouw, M.P.M.E., Katan, M.B., Viani, R. *et al.* (1994) Identity of the cholesterol-raising factor from boiled coffee and its effect on liver function enzymes.f *Lipid Res.*, **35**, 721—33.
- White, D.R. (1995) Coffee adulteration and a multivariate approach to quality control. In: *Proceedings of the 16th ASIC Colloquium (Kyoto)*, pp. 259—66, ASIC, Paris, France.
- Wilson, A.J., Petracco, M. & Illy, E. (1997) Some preliminary investigations of oil biosynthesis in the coffee fruit and its subsequent re-distribution within green and roasted beans. In: *Proceedings of the 17th ASIC Colloquium (Nairobi)*, pp. 92—9. ASIC, Paris, France.
- Wurziger, J. (1963) L'huile du cafe vert et du cafe torrefie. *Cafe, Cacao, The*, 7, 331—40.
- Wurziger, J. (1971a) Neuentdeckte Kaffee-Inhaltsstoffe. Ihre Bedeutung fur die Bekommlichkeit von Kaffeegetranken. *Med. Heute*, **22**, 10—13.
- Wurziger, J. (1971b) Carbonsaure-5-hydroxy-tryptamide zur Beurteilung von frischen und bearbeiteten Kaffees. In: *Proceedings of the 5th ASIC Colloquium (Lisbon)*, pp. 383—7. ASIC, Paris, France.
- Wurziger, J. (1972) Carbonsauretryptamide oder atherlosliche Extraktstoffe um Nachweis und zur Beurteilung von bearbeiteten bekommlichen Rostkaffees. *Kaffee- und Tee-Markt*, **22**, 3—11.
- Wurziger, J. (1973) Carbonsaurehydroxytryptamide und Alkali- farbzahlen in Rohkaffees als analytische Hilfsmittel zur Beurteilung von Rostkaffee-GenuBwert und Bekommlichkeit. In: *Proceedings of the 6th ASIC Colloquium (Bogota)*, pp. 332—42. ASIC, Paris, France.

CHAPTER 2

화학 II: 비휘발성 화합물

CHEMISTRY II: NON-VOLATILE COMPOUNDS

S. 홈마
오차노미즈여자대학, 일본 도쿄 소재

화학 II:
비휘발성 화합물

S. 홈마
오차노미즈여자대학. 일본 도쿄 소재

커피 생두를 로스팅하면서 브루잉 커피의 색과 향, 풍미가 만들어진다. 로스팅 과정에서 주로 마이야르 반응과 페놀계 화합물의 산화성 중합 또는 분해가 일어난다.

이번 장에서는 브루잉 커피의 품질을 결정하는 생두와 로스팅 커피 원두의 비휘발성 구성 성분들을 다룬다. 가령, 쓴맛을 내는 미량의 구성 성분이나 화합물, 항산화 또는 금속 킬레이트화 활성들을 소개한다.

2.1 | 아미노산과 단백질

아미노산은 브루잉 커피의 향미와 색에 관여한다. 아미노산의 함량과 종류가 향의 강도와 품질에 영향을 주는 것이다. 커피 원두의 유리 아미노산은 로스팅 과정에서 상당량 형태가 변화하기 때문에 로스팅 커피에는 거의 찾아볼 수 없다. 따라서 커피 원두의 유리 아미노산은 커피 열매를 수확한 후 공정별로 측정해야 한다.

2.1.1 아미노산

아놀드 등(Arnold et al., 1994)은 생두를 분쇄한 시료를 5-설포살리실산 용액으로 추출하고, 컬럼 분리 전에 9-플루오레닐메틸 클로로포메이트 시약으로 아미노산 시료를 유도체화시켰다. 그 결과, 맥래(Macrae)의 1985년도 보고서에 인용된 탈러(Thaler) 연구진의 결과와 마찬가지로 아라비카와 로부스타 원두에서 주요 및 미량 아미노산 구성이 동일했다. 미량 유리형 아미노산은 오르니틴과 하이드로자이프롤린, β-알라닌, 파이프콜린산, 3-메틸히스티딘 같은 로부스타와 아라비카 원두에서 정량 측정할 수 있었다. 이들 미량 아미노산은 아라비카 생두의 유리형 아미노산 중 통상 2.8% 함유되어 있었고, 로부스타 생두에는 1.9% 수준이었다. 아놀드와 루드윅(Arnold & Ludwig, 1996)은 수확 후 공정 단계인 건조나 발효, 저장(1~3개월) 후 커피 원두의 아미노산 함량 변화를 관찰했다. 갓 수확한 커피 원두를 20°C와 40°C에서 각각 건조시킨 후 유리 아미노산의 함량 변화를 살펴보았다. 글루타민산은 전 시료에서 건조 중량 기준 500mg/kg(db)까지 증가했고, 반대로 아스파르트산은 7개 시료 중 5개에서 110~780mg/kg(db) 감소했다. 발린이나 페닐알라닌, 류신, 이소류신 등의 소수성 아미노산은 대부분 시료에서 50mg/kg(db)로 급증했다. 발효 과정에서 커피 원두에 붙은 펄프를 제거한 뒤(20~30°C에서 27시간, 6~40°C에서 32시간) 건조한 후에 관찰한 아미노산 함량은 단순 건조와 비교해서 크게 변화가 없었다.

스타인하트와 루게르(Steinhart & Luger, 1995)는 커피 생두를 증기로 처리했을 때 유리 아미노산과 총 아미노산에 어떠한 영향을 주는지 조사하였다. 유리 아미노산의 경우, 스팀 처리를 하는 동안 상당량 감소하는 것으로 나타났다. 특히 글루타민산, 아스파라긴, 아르기닌, 류신, 페닐알라닌, 트립토판, 리신은 0.8바 압력에서 증기 처리했을 때 크게 감소하였다. 총 유리 아미노산은 로부스타보다 아라비카에서 더 많이 감소했다. 단백질 결합 아미노산은 1시간 100°C 포화증기 처리한 후 측정했을 때 기존 함량 대비 95%였으며, 4시간 후에는 80~85%였다. 이러한 감소 경향성은 아라비카와 로부스타 공통적으로 나타났다. 따라서 상업용으로 증기 처리한 커피 원두는 본래 함유한 단백질 결합 아미노산 대비 약 90%였으며, 유리 아미노산은 절반 밖에 되지 않았다.

2.1.2 아미노산 유도체

하이드록시신남산(hydroxycinnamic acid)과 아미노산 카페오일(caffeoyl) 유도체 등 커피 생두에서 미량의 구성 성분을 분리하였다. 로부스타 생두 시료에서 확인된 카페오일트립토판(Morishita et al.,1987)은 질량 분석기(MS)와 UV 시험을 통해 상업용 커피 브랜드 제품에서도 검출되었다. 발야야 및 클리포드(Balyaya & Clifford, 1995)에 따르면, 카페오일-L-트립토판과 카페오일-L-티로신은 로부스타 커피에서만 발견되었다. ρ-쿠마로일-L-트립토판은 생두에 30mg/kg 상당 함유된 성분으로서 이에 대한 식물학적 및 지리학적 분포를 조사할 필요성이 제기되었다(Murata et al., 1995). 생두의 3차원 고성능 액체 크로마토그래피(HPLC) 분석 결과, 흡수 스펙트럼 영역대가 270—350nm의 확인이 불가능한 구성성분이 관측되었는데 카페오일, 페루로일 또는 ρ-쿠마로일 유도체로 추정되었다(Clifford et al., 1989a). 이처럼 커피 원두를 체계적으로 분석하면서 식물학적 및 지리학적으로 분류하는데 도움이 되었다.

2.1.3 단백질

맥래(Macrae)는 1985년 커피 생두의 단백질과 아미노산 함량에 관한 자료들을 대대적으로 검토했다. 단백질이 로스팅을 하는 동안 향미와 색을 내는데 일조하지만 여태까지 관련 연구는 미미한 실정이었다. 유리 아미노산과 달리 단백질 결합 아미노산은 로스팅을 하는 동안 빠르게 분해되어 다소 반응성이 떨어지는 경향을 보인다. 그럼에도 단백질이나 펩타이드가 브루잉 커피의 향이나 쓴맛, 금속킬레이트 화합물 형성에 기여한다는 연구들이 최근 보고되었다. 로저스 등(Rogers et al., 1997)은 분자유전 연구를 통해 아라비카 원두의 배젖을 이용하여 주요 저장 단백질의 생화학 및 분자 특성을 다루었다. 배젖 단백질은 2차원 전기영동과 아미노산 마이크로 염기서열로 분석하였다. 이를 통해 원두의 주요 저장 단백질을 특정지을 수 있었는데, 상보적 DNA(cDNA)의 전체 길이가 1706bp였다. 또한, 해당 저장 단백질은 대두 종자의 11S 저장 단백질과 염기서열 상동성이 높았다. 이 단백질은 배젖의 전체 단백질 가운데 약 50%, 건조 중량 기준 5~7%를 차지했으며, 생체 내에서 약 52킬로 달튼(kDa) 상당의 커피향 전구체 형태로 존재한다(챕터11 참조).

루드윅 등(Ludwig et al., 1995)은 커피의 분리 단백질을 대상으로 반응성을 조사했다. 해당 단백질은 컬럼비아 코페아 아라비카 품종의 성숙 원두를 수용 추출하여 조제했고, 전체 커피 단백질의 45%였다. 분리한 단백질은 알부민이 15%, 글로불린이 85%로 구성되어 있으며 색과 맛, 냄새가 나지 않았다. 분리 단백질에는 갈락토오스, 아라비노오스, 람노오스, 포도당 같은 당류가 소량 함유되어 있었다. 환원 단백질 단량체의 분자량을 SDS PAGE 시험으로 확인한 결과, 주 단백질 밴드는 20~30kD였고, 부 단백질 밴드는 30~45kD로 확인되었다. 주 단백질 밴드의 등전 집중 구간은 pH5~7이었다. 주 아미노산은 글루타민/ 글루타민산(28.2 mol%), 글리신(8.8%) 및 아스파라긴/ 아스파라긴산(7.8%)이었다. 주요 N-말단 아미노산은 글리신(36%), 글루타민산(15%), 아스파르트산(10%)였다. 로스팅 커피 조건에 맞춰 200°C에서 분리 단백질을 가열하자 노란색이 밝은 갈색을 띠면서 가벼운 로스팅 맛과 냄새가 났다. 단백질 절반가량(45~46%)은 실온수에서 용해되었으며, 아미노산은 분해가 잘 일어나지 않았으나 분자량이 10kD 이하인 펩타이드가 형성되었다.

(a) 단백질 반응성

커피 생두에 있는 단백질은 유리 아미노산에 비해 가열 시 불안정한 반응을 보이는 것으로 알려져 있다. 생두의 유리 아미노산은 로스팅 시 빨리 분해되는 성질 때문에 반응 속도가 빠르다. 그러나 최근 단백질이나 펩타이드가 브루잉 커피의 향과 쓴맛, 금속 킬레이트 화합물에 영향을 줄 수 있다는 보고서와 보도들이 공개되었다. 리신의 입실론-아미노기 반응성과 단백질의 아미노산 곁사슬인 설프하이드릴과 메틸티오 그룹을 유리 아미노산의 설프하이드릴과 메틸티오 그룹과 비교한 연구들이 다수 발표되었다.

리신의 곁사슬 반응성

호프만 등(Hofmann et al., 1999a,b)에 따르면, 이온 축합 반응 외에 아민(amine) 관련 산화성 탄수화물 절편과 자유 라디칼 메커니즘도 마이야르 반응 과정 중 아마도리 전위가 일어나기 전에 착색 화합물을 형성시키는 것으로 나타났다. 연구진은 단백질의 리신 중 입실론-아미노기의 반응성을 검사하기 위한 각종 모델 실험을 설계하였다. 중성 수용액에 알라닌과 탄수화물 분해 산물을 95°C로 가열 처리하면서 발색 현상을 연구한 결과, 글리콜알데하이드에서 발색 계수가 가장 높게 나타났으며(표 2.1), 동시에 라디칼이 다량 형성되었다.

라디칼은 L-알라닌과 5탄당 또는 6탄당 혼합물을 가열했을 때도 발생했으며, 1,4-다이알킬피라지늄 라디칼 양이온 형태로 발견되었다. 6탄당/L-알라닌 혼합물의 경우, 반응 초기에 라디칼이 생성되기 전 글리옥살이 형성되었다. 이후 리덕톤은 글리옥살 및/또는 글리옥살 아민이 환원될 때 라디칼을 형성하기 시작한다. 글리옥살 아민은 아미노산과의 반응으로 생성되는 물질로, 글리코알데히드를 만든다.

포도당과 N-α-아세틸-L-리신을 혼합한 중성 수용액을 가열 처리하면 1,4-비스[5-(아세틸아미노)-5-카복실-1-펜틸]-피라지늄 라디칼 양이온과 함께 갈변이 강하게 일어난다. N-α-아세틸-L-리신은 단백질의 리신 곁사슬을 모델화한 성분이라 할 수 있다. 소혈청 알부민(0.05mmol)과 글리콜알데히드(1.25mmol)의 중성 수용액을 95°C에서 5분간 가열하면 크로스링커(cross linker)로서 1,4-비스[5-아미노-5-카복실-1-펜틸]-피라지늄 라디칼 양이온(CROSSPY)이 생성되어 이량체 형태의 단백질이 만들어진다(그림 2.1).

그림 2.1 아미노산 1,4-비스(5-아미노-5-카복실-1-펜틸) 피라지늄 라디칼 양이온의 단백질 교차 결합 구조 (CROSSPY) (Hofmann, 1999b).

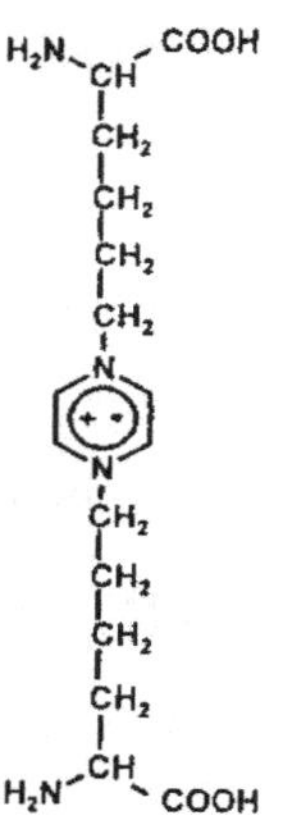

식품의 CROSSPY 형성 여부를 검증하고자 밀로 만든 빵의 껍데기나 로스팅한 코코아, 커피 원두에 대해 고강도 비효소적 갈변이 일어나는 동안 전자스핀공명분석기(ESR)를 적용하였다. 그 결과, 단백질 결합 형태의 CROSSPY가 확인되었으며, 이는 소혈청 알부민이 글리콜알데하이드와 반응하여 생성된 라디칼에 비교하여 반응성이 뛰어났다.

식품을 가열 가공하면서 단백질 중 리신 아미노산의 ε-아미노기가 비효소적 갈변 반응과 관련된 라디칼에 관여한 것이다.

설프하이드릴 및 메틸싸이올 그룹의 반응성

로스팅을 하는 동안 원두에 있는 황 함유 아미노산이 방향성 화합물인 퓨란 유도체 등을 생성하는 것으로 알려졌다. 퓨란 유도체로는 2-푸르푸릴싸이올과 2-메틸-3-푸르안싸이올 등이 있다(Grosch, 1995). 일반적으로 황 함유 아미노산은 단백질에 결합된 형태보다 유리 형태일 때 반응성이 더 좋다.

표 2.1 L-알라닌 및 탄수화물, 탄수화물 분해산물의 발색현상 (CD) 및 라디칼 형성 (Hofmann, 1999a).

카보닐 화합물	CD 계수[1]	Rel 라디칼형성 (%)
포도당	16	4[2]
자일로오스	64	8[2]
N- (1-디옥시-D-프럭토오스-1-일)-L-알라닌	8	1[2]
글리콜 알데히드	1024	100[3]
글리옥살	128	4[3]
푸란 -2- 카르복스 알데히드	1024	0[3]
피롤 -2- 카르복스 알데히드	256	0[3]
2- 옥소프로판알	256	0[3]
부탄 -2,3- 디온	128	NA
5- (하이드록시메틸) 푸란 -2- 카르복스 알데히드	2	NA
글리세린 알데히드	2	NA
2- 하이드록시 -3- 부타논	2	NA

[1] CD 계수는 15분간 95℃에서 가열 시 반응 혼합물의 발색 강도를 비교할 때 적용한다.

[2] 전자 상자성 공명(EPR) 측정 시 10분간 95℃에서 가열한다.

[3] 전자 상자성 공명(EPR) 측정 시 2분간 95℃에서 가열한다.

NA: 분석 불가

리치(Rizzi, 1999)는 가열에 따른 황 함유 화합물의 생성량을 통해 유리 및 결합 형태(N-아세틸 또는 펩타이드 결합)의 반응성을 비교하였다. 푸르푸릴 알코올 또는 5-메틸푸르푸릴 알코올을 시스테인, 메티오닌 또는 기타 황 아미노산이 결합된 펩타이드, N-아세틸유도체와 함께 100°C, pH 4 아세테이트 완충액에 넣어 원두 로스팅 초기 단계에서의 단백질 반응 환경과 유사하게 설정하였다. N-아세틸아미노산은 pH 4 용액 하에서 아마이드 형태의 비전하 분자이기 때문에 펩타이드에 있는 황 원자는 순 양전하일 것으로 예상된다. N-아세틸시스테인(AcCys) 및 푸르푸릴 알코올은 유리형 시스테인 및 푸르푸릴 알코올(총 휘발성 성분(TV) 중 미량)보다 2-푸르푸릴싸이올(7.9% TV) 생성량이 더 많았다. 이 외에도 5-메틸푸르푸릴 알코올과도 유사한 반응을 일으켜 5-메틸푸르푸릴싸이올(11%)이 만들어졌다. 한편, N-아세틸메티오닌은 2-푸르푸릴알코올 및 5-메틸푸르푸릴알코올과 각각 반응하여 메틸푸르푸릴 설파이드(1.4%)와 5-메틸푸르푸릴 메틸설파이드(0.03%)을 생성시켰다. 예상대로 N-아세틸메티오닌과 반응하여 생긴 메틸푸르푸릴 설파이드의 수율이 유리 메티오닌보다 높게 나타났다(0.05%). 시스테인 아미노산을 포함한 트리펩타이드인 글루타티온은 유리형 시스테인에 비해 푸르푸릴 알코올과 반응하여 더 많은 2-푸르푸릴싸이올(2.7%)을 생성했다. 이를 통해 식품이 가열되는 동안 단백질에 결합된 시스테인이 2-푸르푸릴싸이올의 직접적인 전구체로 작용한다는 것을 알 수 있다. 메티오닌 아미노산으로 구성된 다이펩타이드 분자인 글리실-메티오닌의 경우, 푸르푸릴 알코올과의 반응물로 메틸 푸르푸릴 설파이드를 생성해내지 못했다. 이는 글리실-메티오닌의 PK_1 값이 메티오닌의 PK_1인 2.38 보다 크기 때문으로 보인다. PK_1이 높을수록 pH 4에서의 펩타이드는 양전하를 띄기 때문에 황 원자의 반응성(친핵성)이 감소하기 때문이다. 커피콩의 단백질은 생명유전학적으로 설프하이드릴과 메틸티오 잔기의 개수와 위치를 명확히 알 수 있어 유리 아미노산에 비해 향미를 좀 더 통제할 수 있다. 커피의 당단백에 포함된 환원당은 특정 위치에 존재할 가능성이 많아 로스팅 동안 단백질의 염기성 및 황 함유 아미노산과 결합한다.

동 연구진은 단백질이 원두 외에도 일반 가공 식품에서 향미와 멜라노이딘 형성에 중요한 역할을 하는 까닭으로, 입실론-아미노산이 싸이올 또는 메틸싸이올 그룹과 잘 반응하고, 유리 아미노산에 비해 단백질 함량이 높기 때문이라고 설명했다.

(b) 쓴맛을 내는 화합물

식품 화학자들 사이에서 브루잉 커피의 쓴맛은 늘 주목의 대상이었다. 카페인이 쓴맛을 낸다는 사실이 밝혀진 이후 줄곧 브루잉 커피의 쓴맛이 카페인 때문이라는 의견이 지배적이었다. 그러나 브루잉 커피의 카페인 농도에 따른 관능 평가를 보면 카페인은 쓴맛의 10~30% 밖에 영향을 주지 못했다(Macrae, 1985). 디카페인 인스턴트 커피도 쓴맛을 낸다는 점을 고려해 보면 카페인이 아닌 다른 성분이 쓴맛에 영향을 준다고 볼 수 있다. 따라서 트리고넬린을 비롯한 클로로겐산류의 폴리페놀 화합물, 멜라노이딘 또는 고분자 화합물이 쓴맛을 내는 물질일 것이라는 의견들이 제시되었다.

긴츠와 엥겔하르트(Ginz & Engelhardt, 2000)는 쓴맛을 내는 화합물은 단백질이 가열되면서 생성되었다고 주장했다. 연구진은 커피 생두에서 단백질이 80~90%를 차지하는 분리물을 획득한 후, 모델 로스터로 가열시켰다. 이후 뜨거운 물로 추출하여 분획하였더니 고리형 펩타이드인 사이클로(프롤린-발린), 사이클로(프롤린-프롤린), 사이클로(프롤린-페닐알라닌)을 얻었다. 고리형 다이펩타이드인 디케토피페라진도 검출되었는데, 해당 성분은 맥주(Gautschi et al., 1997)와 코코아(Pickenhagen et al., 1975)에서 쓴맛을 내는 것으로 알려져 있다. 디케토피페라진은 10~50 ppm 한계 농도 범위에서 쓴맛을 내며, 코코아에서는 테오브로민과 시너지 효과를 낸다(Pickenhagen et al., 1975). 브루잉 커피에서 디케토피페라진의 쓴맛에 관한 연구가 조만간 이루어질 것으로 보인다.

커피 원두는 로스팅 과정에서 마이야르 반응과 클로로겐산의 산화성 중합 반응이 가속화된다. 호프만(Hofman, 1999)은 분말 포도당과 L-프롤린을 180°C, 15분간 같은 몰수만큼 혼합하여 가열하면 쓴맛을 내는 비스피롤리디노 헥소오스 리덕턴 및 피롤리디노 헥소오스 리덕턴이 생성된다는 사실을 확인했다. 건조 가열한 해당 혼합물을 관능 평가했을 때 강한 쓴맛이 났으며, 이는 수크로오스와 프롤린 혼합물을 가열했던 팝스트 등(Papst et al., 1984; 1985)의 연구 보고와도 유사하였다. 그러나 포도당과 프롤린 혼합물에 L-시스테인을 첨가하면 로스팅 과정에서 생성되는 쓴맛이 현격하게 감소하는 현상을 보였다. 호프만(Hofman, 1999)은 헥소오스(6탄당)에서 유래한 아세틸포르모인이 아미노헥소오스 리덕톤(reductones)으로 바뀌는 것을 확인하였다. 아미노헥소오스 리덕턴은 L-프롤린보다 시스테인과 반응하여 7-하이드록시-4a, 6-다이메틸-2H,3H,4aH-퓨로 [2, 3-b] 티아진을 형성한다. 반면, L-프롤린과 반응하면 아미노헥소오스 리덕턴를 생성한다. 따라서 L-시스테인 첨가가 쓴맛을 내는 물질을 차단하는 셈이라고 할 수 있겠다(그림 2.2).

그림 2.2 쓴맛을 내는 비스피롤리디노헥소오스 리덕턴 1 및 피롤리디노헥소오스 리덕턴 2 형성 억제. 아세틸포르모인 3 및 L-시스테인 반응에 의한 7- 하이드록시-4a,6-다이메틸-2H, 3H, 4aH-퓨로 [2,3-b] 티아진 4 생성(Hofmann, 1999).

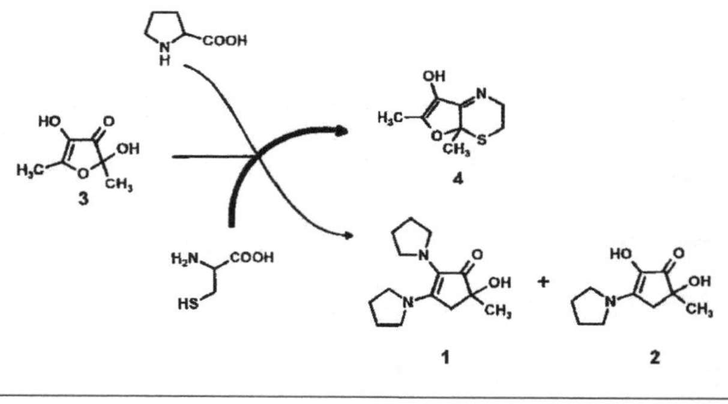

호프만(개인 서신)은 아미노헥소오스 리덕톤이 로스팅한 커피 원두에 존재할 수 있다고 제기했다.

원래 생두에 존재했던 카페인과 트리고넬린, 페놀화합물이 로스팅을 통해 고리형 펩타이드나 아미노헥소오스 리덕턴 등 쓴맛을 내는 화합물을 생성한다고 보았기 때문이다. 다만, 브루잉 커피에도 해당 화합물들이 존재하는지 여부와 쓴맛에 얼마나 영향을 주는지에 대해서는 현재 연구가 진행 중이다.

2.2 | 로스팅 중 클로로겐산 유도체 동태

클리포드(Clifford)는 1985년 생두와 로스팅 커피의 클로로겐산에 관한 자료들을 검토하였다. 로스팅 커피 원두의 향미를 만들어내는 주요 요인이 바로 클로로겐산의 동태라 할 수 있다. 클로로겐산 중 퀴닉산 성분은 카페익산 성분에 비해 로스팅 중 산화 변화가 상대적으로 적은 편이다.

2.2.1 퀴닉산 성분

(-)-퀴닉산은 커피 생두의 클로로겐산에 결합된 형태 또는 유리 형태로 존재하며, 로스팅 과정에서 결합(-)-퀴닉산이 유리형과 입체 이성질체, 퀴니드를 만든다.

숄츠-뵈트허와 마이어(Scholz-Böttcher & Maier, 1991)는 퀴닉산(그림 2.3) 및 퀴니드(그림 2.4) 이성질체를 살바도르 아라비카 로스팅 커피에서 발견하였다. GC/MS를 이용하여 퀴닉산 5종을 비롯해(±)-γ-퀴니드 등 퀴니드 7종을 추가 확인했다.

그림 2.3 퀴닉산 입체이성질체 (Scholz-Böttcher & Maier, 1991).

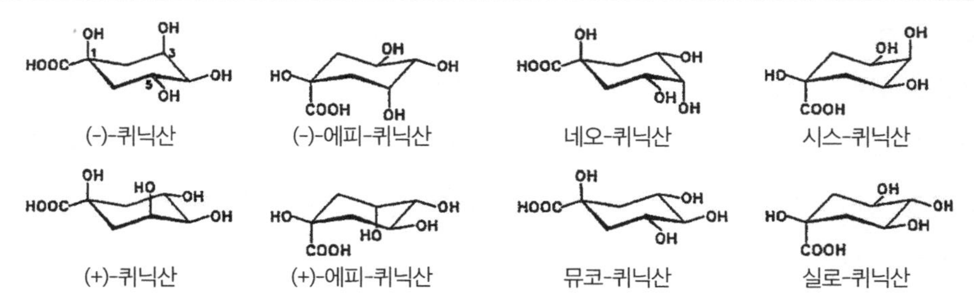

그림 2.4 퀴닉산 락톤 (Scholz-Böttcher & Maier, 1991).

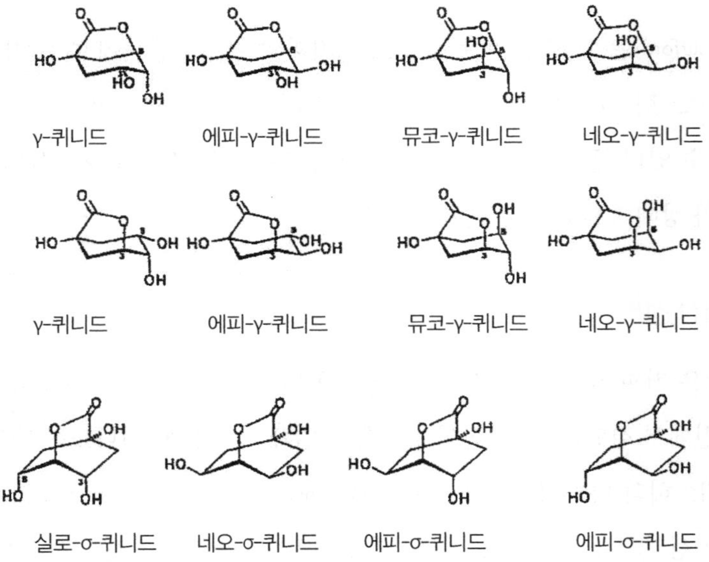

로스팅 공정에서의 퀴닉산과 퀴니드 함량 변화 추이는 그림 2.5에 제시되어 있다. (±)-퀴닉산은 로스팅 초반에 다소 증가하나 이후 온도를 높이더라도 변화가 없었다. 라이트에서 미디엄 로스트 단계에서는 (±)-γ-퀴니드 양이 증가했으나 다크 로스트 단계에서는 다소 감소하는 경향을 보였다. (±)-퀴닉산 및 그 퀴니드와는 달리 기타 입체이성질체 산성 성분과 락톤은 로스팅 온도와 비례해 증가하였다. 다만, 증가율은 제품별로 상이했다. (±)-에피-퀴닉산은 강배전에서 비교적 선형의 상관관계를 보이며 증가했다. (±)-에피-γ-퀴니드와 (±)-σ-퀴니드는 로스팅 손실이 높아질수록 증가하였다. 실로-퀴닉산 및 퀴니드는 라이트 로스팅 커피에서만 발견될 뿐 미디엄 로스팅 커피에서는 거의 모든 입체이성질체 퀴닉산과 퀴니드가 생성되었다. 배전도가 강해지면서 이성질체 화합물의 함량도 늘어났다. 로스팅 커피에서 주로 실로-σ-퀴닉산 I 및 메조-퀴닉산 I과 (±)-에피-γ-퀴니드가 검출되었다.

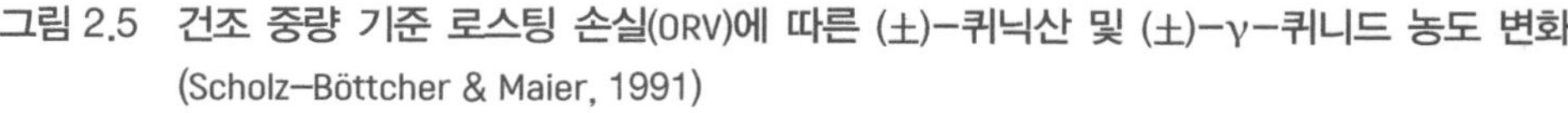

그림 2.5 건조 중량 기준 로스팅 손실(ORV)에 따른 (±)-퀴닉산 및 (±)-γ-퀴니드 농도 변화 (Scholz-Böttcher & Maier, 1991)

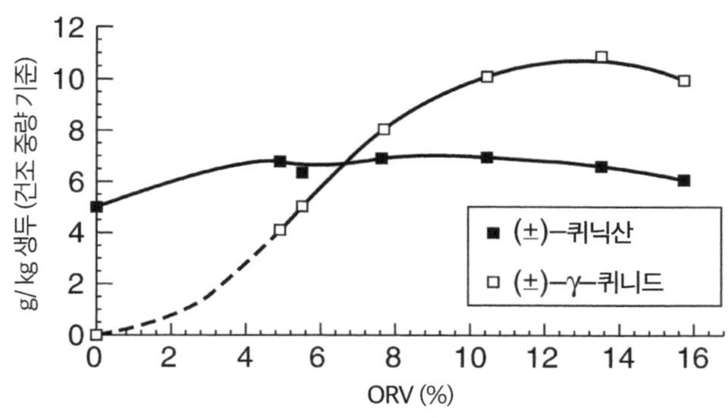

커피 원두 로스팅 과정에서의 관측 결과를 토대로 연구진들은 퀴닉산과 퀴니드를 로스팅 강도를 나타내는 지표로 적용할 수 있다고 판단하고, 이성질체화 정도를 이성체 퀴닉산과 퀴니드의 총합(네오-퀴니드와 퀴니드 No 1 제외)과(±)-퀴닉산 및 그 퀴니드의 총합의 비율로 정했다. 이를 통해 이성질체 정도와 로스팅 손실과의 상관관계를 확인할 수 있었다.

로스팅 과정에서 커피 생두의 클로로겐산 함량이 감소하면서(-)-퀴닉산 및 락톤이 생성되었으며, 페룰로일퀴닉산 락톤도 보고되었다(Wynnes et al., 1987). 베낫 등(Bennat et al., 1994)은 로스팅 커피 원두에서 3- 및 4-카페오일 퀴닉산-γ-락톤을 모두 확인할 수 있었다(그림 2.6). 아라비카 생두를 각기 다른 강도로 로스팅한 후 카페오일퀴니드 함량을 측정한 결과, 건조 중량 기준 1.5~3.5g/kg 수준이었고, 미디엄 로스팅 커피일 때 락톤이 최대치로 생성되었다. 배전 강도가 강해지면서 락톤 함량이 감소하는 추세를 보였는데 이는 클로로겐산 락톤이 분해된 것으로 추정된다. 해당 연구에 따르면, 인스턴트 커피에서 동일 락톤 성분이 매우 미량이었던 원인은 추출 과정에서 가수 분해가 일어났기 때문이다.

그림 2.6 4-카페오일-γ-퀴니드의 구조 (Bennat et al., 1994).

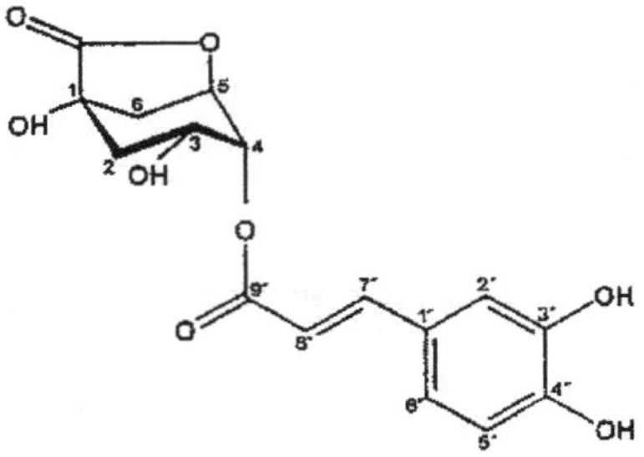

슈레더 등(Schrader et al., 1996)은 로스팅 커피에서 모노- 및 다이카페오일퀴닉산 및 락톤, 페룰로일퀴닉산을 동시 분석할 수 있는 고성능 액체 크로마토그래피(HPLC) 기법을 개발했다. 이를 토대로 3-카페오일퀴닉산-γ-락톤은 2.1g/kg, 4-카페오일퀴닉산-γ-락톤은 1.0g/kg으로 각각 검출되었다. 브루잉 커피를 80°C 고온에서 보관하자 카페오일퀴닉산 락톤이 처음 대비 60%로 감소했다.

이렇듯 브루잉 커피를 핫플레이트에 장시간 두었을 때 클로로겐산 락톤과 퀴닉산 락톤에 일어나는 변화가 산미와 쓴맛에 영향을 미치는 것으로 보인다. 브래드버리 등(Bradbury et al., 1998) 연구에서는 클로로겐산 락톤이 퀴닉산과 카페익산으로 가수분해되며, 퀴닉산 락톤으로도 가수분해된다고 언급했다. 이들 산은 브루잉 커피의 산도를 크게 증가시켰다. 표 2.2는 시간에 따른 브루잉 커피의 유기산 변화를 보여주고 있다. 콜롬비아 원두로 만든 표준 커피 용액을 60°C에서 200시간 이상 보관하자 일정 수준을 유지하기 시작했으며, pH는 4.9에서 4.5로 떨어졌다. 퀴닉산 농도는 14.8mmol/kg까지 증가한 반면, 퀴닉산 락톤은 12.2mmol/kg로 감소하는 것으로 미루어보아 이들 락톤 성분들이 보관 과정에서 생성되는 산성 성분들의 주요 전구체임을 알 수 있었다.

표 2.2 브루잉 커피에서의 유기산 변화 (Bradbury et al., 1998).

산 (g/kg)	시간 (시)					
	0	2.5	8	24	72	120
퀴닉산	7.8	8.7	8.7	9.0	9.9	10.8
아세트산	3.15	3.6	3.6	3.6	3.9	3.9
글리콜산	1.14	1.29	1.23	1.25	1.23	1.32
포름산	2.0	2.10	2.13	2.19	2.22	2.28
말산	2.09	2.19	2.16	2.40	2.22	2.19
시트르산	6.6	6.9	6.9	6.9	6.9	6.9
인산	1.44	1.50	1.53	1.59	1.71	1.83

2.2.2 신남산 유도체 성분

로스팅 커피 원두의 클로로겐산은 처음 퀴닉산과 카페익산으로 가수 분해된 다음 열분해를 거쳐 휘발성 페놀을 생성하는 것으로 보인다. 신남산(Cinnamic acid)의 경우, 주로 탈카르복실 메커니즘을 통해 4-비닐과이어콜 등의 비닐페놀을 형성한다. 다만, 로스팅 커피 원두 중 4-비닐페놀 생성량이 클로로겐산 소비량에 비해 적어 (Heinrich & Baltes, 1987a) 경쟁 반응 메커니즘설이 제기되었다. 리치와 부클리(Rizzi & Boekley, 1993)는 대체 반응 경로를 밝혀내기 위해 p-하이드록시신남산 유도체의 열분해 메커니즘을 연구했다. 초기 비닐페놀 생성 수준을 예측하고자 유도체들을 207°C에서 열분해한 뒤 유도체 잔여량과 이산화탄소 생성량을 정량했다(표 2.3). 에틸아세테이트 용해 반응 산물은 메틸화한 뒤 GC/MS로 분석했다. p-하이드록시 치환기를 가진 신남산인 p-쿠마린산, 카페익산, 페룰산은 점차 분해되어 45분이 지나자 전량 분해되었다. 단일 p-하이드록시기를 가진 신남산은 비치환 신남산(48%)에 비해 상대적으로 분해가 빠르게 일어났다. 카페익산이나 페룰산 등 p-하이드록시 신남산은 하이드록시기 또는 메톡시기로 치환되는 특성을 갖고 있으며, 쉽게 분해되는 편이다. p-하이드록시 유도체는 트리에논 이성질체와 화학 평형 상태로 존재하기 때문에 이산화탄소가 쉽게 방출되며, 수율이 75~97%에 달해 비닐페놀이 초기에 다량 생성된다(그림 2.7). p-하이드록시 신남산은 중합 반응이 빠르게 일어나 최종 분해 산물 형태는 주로 중합체를 이룬다. 신남산 분해 산물 대부분은 비닐페놀 이량체인 1,3-비스-아릴부텐 형태로 존재하며, 올레핀의 Z/E 배열과 위치에 따라 다섯가지 이성체가 있다.

표 2.3 207℃ 에서의 신남산 열분해 (Rizzi & Boekley, 1993).

신남산 또는 고리 유도체	일반명	분해[1] (%)	CO_2% 수율[2]
신남산		48	—
3-하이드록시		24	—
4-하이드록시	p-쿠마린산	>99	89
3,4-다이하이드록시	카페익산	>99	75
3,4-다이하이드록시 (칼륨염)		—	55
3-하이드록시-4-메톡시	헤스페리틴산	0	—
4-하이드록시-3-메톡시	페룰릭산	>99	97
4-메톡시		22	—

[1] 45분 후 초기 물질 감소량. HPLC 분석

[2] 이론적 수율. 가열 160분 후 분리한 $BaCO_3$ 질량 기준. (다만, 페룰산은 100분 가열 후 측정)

그림 2.7 신남산의 탈카르복실화 예상 메커니즘 (Rizzi & Boekley, 1993).

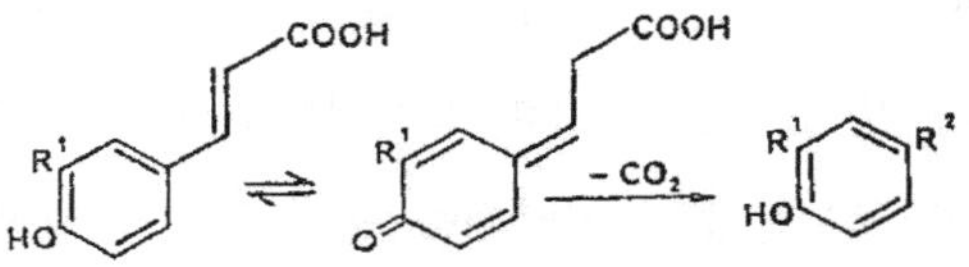

2.3 | 브루잉 커피의 항산화 화합물

최근 로스팅한 브루잉 커피의 항산화 활성에 관한 연구가 활발히 진행되고 있다 (Turesky et al., 1993). 식품에서의 항산화 용도뿐 아니라 생물계에서 세포의 산화적 손상을 보호할 수 있는 기능과도 관련이 있다. 브루잉 커피의 항산화 활성은 페놀 화합물 같은 천연 구성성분 외에도 로스팅 과정에서 생성되는 반응 화합물과도 관련이 있다(챕터8 건강 및 안전성 영향 참조).

2.3.1 생두의 자연발생 화합물

모리시타와 기도(Morishita & Kido., 1995)는 클로로겐산이 커피의 항산화 활성에 주도적인 역할을 한다고 보고했다. 즉, 시험관 내에서 일어나는 1,1-디페닐-2-피크릴하이드라질(DPPH) 라디칼 소거 과정과 과산화물 음이온 매개 리놀레산 과산화 과정이 그것이다. 오니시 등(Ohnishi et al., 1998)에 따르면, 커피 생두에 미량 함유된 카페오일 트립토판이 1~50 μM 농도대에서는 양에 비례하여 DPPH 라디칼 소거 활성능이 증가하는 것으로 나타났다. 카페오일트립토판은 카페익산 〈 5-카페오일퀴닉산 〈 카페오일트립토판 〈 dl-α-토코페롤 순으로 리놀렌산의 컨쥬게이티드 다이엔 형성 억제능이 높았다. 아울러 과산화수소로 인한 마우스(mouse) 적혈구의 과산화 작용과 시험관 내 용혈에 카페오일트립토판이 미치는 영향력을 살펴본 결과, 강력한 억제능을 지니고 있는 것으로 판단되었다. 따라서 카페오일트립토판은 인체 식생활에 있는 천연 항산화 물질일 수 있으며, 라디칼 메커니즘으로 인한 독성 프로세스를 중단시킬 수 있을 것으로 추정했다.

나카야마(Nakayama, 1995)는 3가 철(Fe^{3+}), 2가 구리(Cu^{2+}), 2가 망간(Mn^{2+}) 등 전이금속이온이 있는 경우, 카페익산이 히드록실 라디칼 생성을 촉진시켜 산화적 손상이 일어나는 반면, 카페익산 에스테르는 전이금속이온이 없을 때 라디칼 생성을 보호하는 효과를 가진다고 설명했다.

데바사가얌 등(Devasagayam et al., 1996)은 하이드록시 라디칼과 과산화 라디칼, 일중항산소로 인해 쥐의 간 마이크로솜에 산화적인 손상이 발생하는 현상을 1밀리몰 카페인으로도 억제할 수 있다고 발표했다. 연구진은 카페인이 이러한 활성 종들을 억제할 수 있으므로 카페인을 하루 섭취함으로써 얻는 긍정적인 특성들이 다양할 수 있다고 시사했다. 스태들러 등(Stadler et al., 1996a)에 따르면, 카페인과 관련 메틸-잔틴은 하이드록시 라디칼 매개 공격을 받아 C-8 하이드록시 유사체로 주로 바뀐다. 카페인이 더욱 산화되면서 N-1-, N-3- 및 N-7-다이메틸화 메틸잔틴 유사체와 테오브로민, 파라잔틴, 테오필린이 생성되기도 한다.

로스팅 커피 원두에 주로 과산화수소가 함유되어 있는 것으로 많이 알려져 있다.

로스팅 원두에 과산화수소가 생성되는 데에는 여러 이유들이 있겠지만 카페익산과 클로로겐산, 퀴닉산이 열분해되어 만들어졌다는 설이 가장 일반적이다. 특히, 2가 망간이 있는 상태에서 카페익산이 열분해되었을 경우, 과산화수소 생성량이 가장 높게 나타났다(표 2.4). 카페익산을 230℃에서 열분해하자 신종 테트라산화 페닐인단 이성질체인 1,3-시스, 1,3-트랜스 테트라산화 페닐인단이 주성분으로 생성되었으며, 두 이성질체의 총 수율은 3.6%였다. 카페익산의 산 촉매 고리화 반응으로 생성된 이성질체는 5~6%였다. 이렇게 생성된 인단류 성분들은 이후 대부분 과산화수소를 생성하는 것으로 입증되었다(Stadler et al., 1996b).

표 2.4 시간별 열분해 클로로겐산의 과산화수소 형성 (마이크로몰) 및 2가 망간 첨가 효과 (Stadler et al. 1996b)

	카페익산		클로로겐산		퀴닉산	
반응 시간 (분)	$-Mn^{2+}$	$+Mn^{2+}$	$-Mn^{2+}$	$+Mn^{2+}$	$-Mn^{2+}$	$+Mn^{2+}$
0	11 ± 1.3	15 ± 1.0	6 ± 1.2	16 ± 2.2	3.8 ± 0.8	11 ± 0.5
30	33 ± 2	104 ± 2	10 ± 3	24 ± 1	6 ± 0.5	15 ± 3
60	64 ± 2	205 ± 5	17 ± 1	41 ± 2	3.4 ± 0.3	18 ± 0.7

로스마린산, 클로로겐산, 카페익산을 228℃, 15분간 진공 열분해했을 때 래트의 간 세포막 분석 실험에서 항산화능이 각각 4배, 11배, 460배씩 증가하였다(Guillot et al., 1996). 항산화 성분인 1,3-시스- 및 1,3-트랜스 테트라산화 페닐인단 이성질체는 카페익산 열분해에서만 확인되었다. 해당 인단 이성질체는 BHT에 비해 항산화능이 8배 높았다. 이처럼 페닐 인단 이성질체는 환원력이 뛰어나 산화 분석 실험에서 산화를 촉진하는 효과를 냈으며, 2′-디옥시구아노신의 하이드록실화가 일어나 8-오쏘-2′-디옥시구아노신이 생성되었다. 아직 페닐 인단 이성질체가 로스팅 커피 원두에서 발견된 적은 없으나 로스팅하지 않은 원두의 추출물과 라이트 로스팅 커피 추출물, 다크 로스팅 커피 추출물을 비교했을 때 로스팅 강도와 래트의 간 세포막의 지질 과산화 억제와의 상관 관계를 보였다. 페닐 인단의 생성 메커니즘을 통해 이량

체화 과정에 유리 카르복실기가 중요한 역할을 수행한다는 사실을 시사했으며, 카페익산 단량체는 빠르게 응축하여 페닐 인단을 구성하는 만큼, 카페익산 단량체가 산 또는 열 촉매로 탈카르복실화가 일어나면서 트리사이클릭 이량체가 생성되는 것으로 보인다.

브루잉 커피의 항산화능은 저분자부터 고분자에 이르기까지 어떠한 화합물을 함유하고 있는지에 따라 달라진다. 이들 성분들은 생두에 이미 존재하고 있을 수도 있지만 로스팅 과정에서 생성되기도 한다. 카페오일이나 트립토판, 카페인 또는 생두에 자연적으로 함유되어 있는 페놀류 화합물뿐 아니라 로스팅 과정에서 생성되는 것으로 보이는 멜라노이딘과 페닐인단류 등의 활성 화합물들이 바로 그 예이다. 브루잉 커피의 항산화 메커니즘이 복잡하기는 하나 전이 금속의 킬레이트화와 연쇄 반응에서의 라디칼 소거, 활성 산소 포집 등이 항산화 요인과 모두 관련이 있었다. 따라서 커피 섭취와 건강적 측면에서 브루잉 커피 구성성분이 생물계에서 미치는 긍정적인 효과를 연구하는 것도 흥미로운 주제인 듯하다.

2.3.2 로스팅에 의한 항산화 활성 영향

로스팅 커피의 항산화가 가공 식품에 미치는 영향을 연구하고자 로스팅 커피 원두 분말이 들어간 쿠키나 철분 200ppm을 함유한 시험용 항산화제를 준비하였다. 12개월 동안 40°C에 보관하면서 지질 자동 산화의 변화를 관찰한 결과, 지질 분획의 과산화물가를 기준으로 커피 원두 분말의 항산화 효과가 매우 뛰어났다. 반면 카페익산과 로즈마리 추출물은 효과가 떨어지는 것으로 나타났다(Ochi et al., 1997).

니콜라이 등(Nicoli et al., 1997)은 배전도를 달리한 커피 원두를 열수 추출하여 추출액의 항산화 활성을 평가했으며, 항산화능은 산화연쇄반응 억제능과 산소 소비 특성을 측정했다. 이 중 산화연쇄반응 억제능은 과산화 라디칼에 의한 크로신 화합물의 표백 특성을 이용하였는데 항산화제가 있는 경우 표백 속도가 느려진다는 특징이 있다. 연구 결과, 항산화능이 가장 뛰어난 원두는 미디엄-다크 로스팅 커피였다(그림 2.8).

그림 2.8 로스팅 시간에 따른 브루잉 커피의 산소 제거 특성(산소 소비량 %/g 건조중량) (Nicoli et al., 1997).

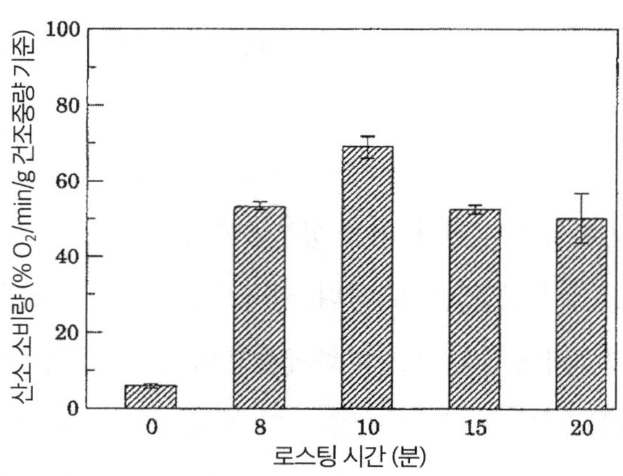

2.4 | 착색 고분자 화합물

2.4.1 착색 고분자의 특성

로스팅 커피 원두에서의 착색 고분자인 멜라노이딘은 주로 페놀 중합작용과 마이야르 반응에 의해 생성되는 것으로 많이 알려져 있다. 커피 원두를 로스팅하는 과정에서 마이야르 반응이 일어난다는 연구는 지금껏 많이 진행되어 왔다(Dart & Nursten, 1985: Ho et al., 1993: Maier, 1993: Reinec-cius, 1995).

방향 성분인 퓨란과 피라진, 알데하이드는 마이야르 반응으로 당이 분해되면서 생성되는 물질들이다.

(a) 화학적 특성

로스팅 원두를 열수추출하여 얻은 멜라노이딘을 겔 투과 컬럼 크로마토그래피를 이용하여 분석하였다. 커피 멜라노이딘의 분자량은 단백질(protein) PAK-125 컬럼 고성능 액체 크로마토그래피(HPLC)로 측정했다. 표준 마커는 선형 형태의 다당류 중합체인 폴루란이 가장 적합했다. 커피 멜라노이딘의 분자량은 3000~100000 이상으로, 로스팅 정도와 원두 품종에 따라 다르긴 했으나 로스팅 시간이 길어질수록 증가세를 보였다. 고분자 멜라노이딘은 아라비카보다 로부스타 품종에서 많았다 (Steinhart et al., 1989). 세파덱스(Sephadex) G-25 컬럼에 수용 추출물을 충전하여 분자량이 서로 다른 4가지 분획을 얻었다. 해당 분획들은 이후 암모니아 25%와 1-프로판올 혼합 전개 용매를 이용한 세파덱스 박층크로마토그래피(TLC) 분석에서 3개 또는 4개 밴드로 분리되었다. 밴드별로 가수분해하여 당 성분을 분석했을 때 주로 만노오스와 아라비노오스, 갈락토오스가 주성분이었으며, 람노오스는 미량이었다 (Steinhart & Packert, 1993).

그러나 클로로겐산 등 페놀 화합물은 커피 생두를 로스팅하면서 분해되었다. 로스팅 과정에서 감소한 클로로겐산 중 상당량은 형태를 알 수 없었다. 를루 등(Leloup et al., 1995)은 240° C 미디엄 슬로우 로스팅 조건에서의 클로로겐산 동태를 반응 속도식 분석을 통해 관찰하였다. 이 중에서도 5-카페오일 퀴닉산과 디카페오일 퀴닉산의 감소 속도가 가장 빨랐다. 로스팅 시간이 짧은 경우, 디카페오일 퀴닉산(diCQA)이 부분 가수분해되어 카페오일 퀴닉산과 카페익산이 생성되었다. 5-카페오일 퀴닉산 이성질체는 탄수화물 및 단백질과 빠르게 에스터 반응을 일으켜 결합 형태의 클로로겐산이 만들어진다(그림 2.9). 로스팅 시간이 길어질수록 페놀 화합물과 퀴닉 성분이 빠르게 분해되는 양상을 보인다. 페놀 화합물은 분해되어 4-비닐 카테콜과 카테콜 등의 각종 페놀 성분들을 생성하고, 퀴닉 성분들은 천천히 분해되어 하이드로퀴논, 카테콜, 페놀, 피로갈롤을 만든다(그림 2.10). 마이어(Maier, 1993)는 브루잉 커피를 대상으로 했던 열분해 멜라노이딘 연구를 참고하여 커피의 멜라노이딘과 비휘발성 화합물을 조사하였다. 하인리히와 발테스(Heinrich & Baltes, 1987b)는 로부스타 로스팅 원두에서 멜라노이딘 분획 7종을 조제하고, 퀴리 온도에서 멜라노이딘을 열분해한 뒤 100여 종의 산물을을 고분해능 GC/MS로 분석하였다. 이 가운데 33종은 페놀류였다.

그림 2.9 로스팅 동안의 퀴닉에스터 및 페놀에스터 비교 (g/100g 생두 건조 중량 기준) (Leloup et al., 1995).

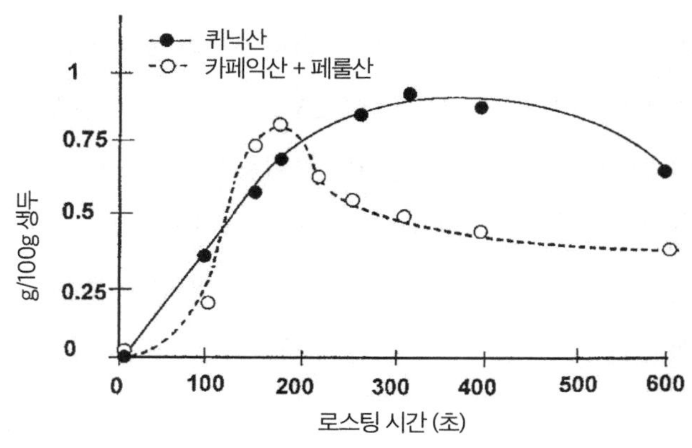

(b) 미생물학적 특성

브루잉 커피와 고분자 분획의 흡수 스펙트럼을 보면 모형 멜라노이딘(당-아미노산 결합)의 가시 영역대 흡수 스펙트럼과 클로로겐산 및 카페익산의 자외선 스펙트럼과 유사한 분포를 보인다. 따라서, 브루잉 커피에 함유된 멜라노이딘은 당과 페놀 화합물 형태의 멜라노이딘이 모두 혼합된 형태이거나 당과 페놀류 성분이 공중합된 형태로 존재할 것으로 여겨졌다.

이들 갈색 색소의 화학적 구조를 분류하기 위해 식품에 함유된 갈색 색소들을 미생물로 탈색하는 실험들이 진행되어 왔다. 인스턴트 커피 용액을 탈색시킬 수 있는 진균류 패실로마이세스 카나덴시스(P.canadensis) NC-1은 동결 건조한 인스턴트 커피가 담긴 유리병에서 분리된 바 있다. 당시 유리병을 연 채로 2주간 방치한 결과, 최적 조건 하에서 인스턴트 커피 용액이 79%까지 탈색되었다. 탈색된 커피 용액을 겔 투과 크로마토그래피로 분석하고, 500nm 파장에서 흡광도를 측정했다. 그림 2.11 상의 대조군 용액과 탈색 용액의 크로마토그래피를 비교해 보면 고분자 분획이 탈색된 것을 알 수 있다(Terasawa et al., 1994). 아울러 이 균주는 홍차도 탈색시킬 수 있다.

그림 2.10 3,5 디카페오일퀴닉산의 로스팅 중 분해 메커니즘(안) (Leloup et ai, 1995).

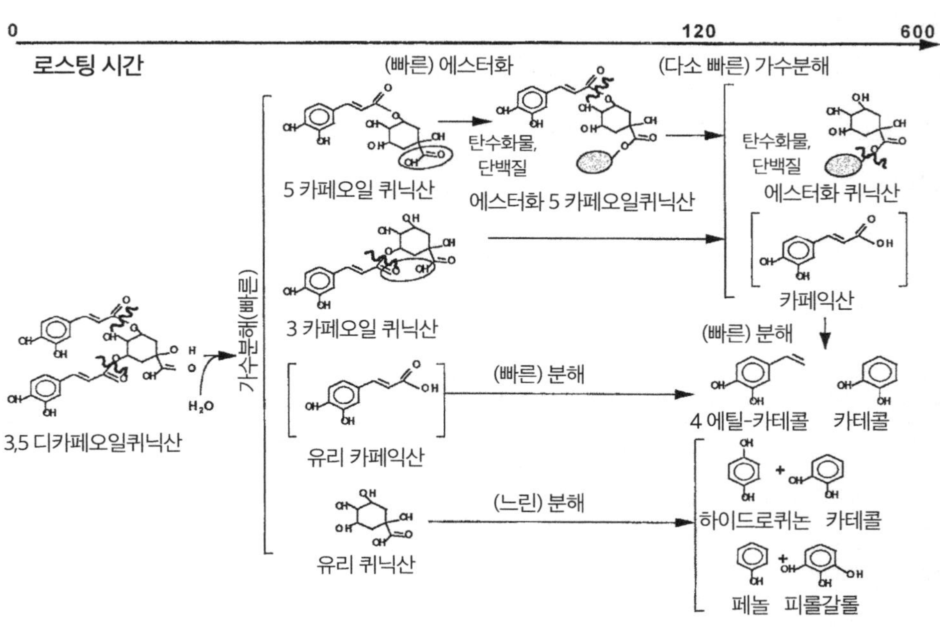

그림 2.11 패실로마이세스 카나덴시스 NC-1에 의한 커피 탈색. 겔 투과 크로마토그래피로 분석. 대조군(실선) 및 탈색 커피(점선) (Terasawa et al. 1994).

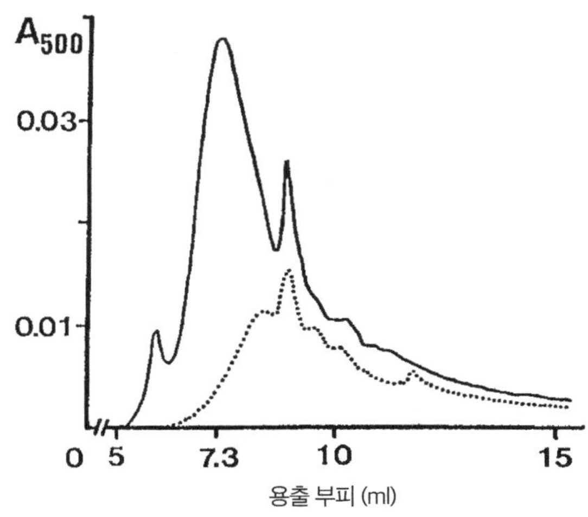

포도당과 글리신으로 조제한 멜라노이딘 모형의 탈색 속도를 이용하여 스트렙토마이세스 웨르라인시스(S. werraensis) TT14(Murata et al, 1992)와 코리오루스 베르시칼라(C.versicolor) IFO 30340(Aoshima et al., 1985)을 토양에서 선별해냈다. 스트렙토마이세스 웨르라인시스 TT14와 코리오루스 베르시칼라 IFO 30340, 패실로마이세스 카나덴시스 NC-1 미생물 3종은 앞서 갈색 색소 모형과 갈색 식품의 탈색 속도를 비교하기 위해 배양된 바 있다(Terasawa et al., 1996). 탈색 속도는 표 2.5와 표 2.6에 제시되었다.

표 2.5 갈색 합성 색소에서의 미생물 배양 후 색도 감소율 (Terasawa et al. 1996).

합성 갈색 색소	스트렙토마이세스 웨르라인시스 TT 14	코리오루스 베르시칼라 IFO 30340	패실로마이세스 카나덴시스 NC-1
포도당–글리신[1]	42.6 ± 6.4	68.1 ± 1.5*	36.9 ± 5.3
자일로오스–글리신[1]	70.4 ± 7.2	63.0 ± 4.4	58.3 ± 1.0
갈락토오스–글리신[1]	40.1 ± 12.6	70.7 ± 2.1*	35.9 ± 0.3
포도당–γ 아미노낙산(GABA)[1]	1.2 ± 4.0	58.7 ± 4.3*	32.9 ± 11.0
포도당–리신[1]	72.9 ± 1.6	51.0 ± 12.2	28.4 ± 4.7*
포도당–트립토판[1]	40.5 ± 14.5*	74.1 ± 27.3	94.5 ± 0.2
산화형[2]	46.6 ± 3.9	71.1 ± 1.5*	35.9 ± 5.2
환원형[2]	29.1 ± 16.3	58.5 ± 6.3*	23.8 ± 13.1
카테킨[3]	5.8 ± 22.2	(84.7 ± 11.7)[5]	95.9 ± 1.0*
클로로겐산[3]	−96.2 ± 10.8	−140.0 ± 30.0	32.1 ± 3.0*
클로로겐산–수크로오스[4]	−33.6 ± 13.4	−30.1 ± 11.3	42.9 ± 2.3*
카라멜 P	−37.4 ± 7.5*	14.2 ± 14.3	2.2 ± 36.4
카라멜 N	−0.8 ± 4.7*	34.4 ± 5.8	47.7 ± 13.6

평균 + 표준편차 값으로 표현

[1] 당 및 아미노산으로 구성한 멜라노이딘 모형

[2] 포도당-글리신 멜라노이딘의 K3 $[Fe(CN)_6]$ 산화형 및 $NaBH_4$ 환원형

[3] 카테킨 및 클로로겐산의 KIO_3 산화형

[4] 클로로겐산 및 수크로오스를 220℃, 40분간 가열

[5] 균사체 표면에서 색소 흡수

[6] 갈색 색도 감소율은 미생물 배양 후 대조군 대비 A_{500}의 감소율로 측정. 미생물별로 패실로마이세스 카나덴시스 NC-1의 경우, 27℃ 에서 10일. 스트렙토마이세스 웨르라인시스 TT14는 37℃에서 5일. 코리오루스 베르시칼라 IFO 30340는 27℃에서 10일 배양함.

* 탈색 속도가 다른 미생물 2종 대비 유의적인 차이를 보임 ($P \le 0.05$)

해당 데이터를 통해 유의미한 차이를 보이는 탈색 속도를 분류할 수 있었다(그림 2.12). 패실로마이세스 카나덴시스 NC-1은 페놀류의 갈색 색소를 탈색시켰으며, 다른 미생물 2종에 비해 독특한 특성을 보였다. 따라서, 브루잉 커피에 함유된 주요 갈색 색소는 페놀류임을 추정해볼 수 있다.

한편, 금속 킬레이트 친화성을 적용해서도 색소를 분류해볼 수 있었다. 아연(II), 구리(II) 또는 철(II)을 충전한 킬레이트 세파로오스 6B 컬럼에 각각 간장과 인스턴트 커피, 포도당 및 글리신으로 조제한 멜라노이딘 모형을 주입하였다.

표 2.6 갈색 식품에서의 미생물 배양 후 색도 감소율 (Terasawa et al. 1996).

갈색 식품	스트렙토마이세스 웨르라인시스 TT 14	코리오루스 베르시칼라 IFO 30340	패실로마이세스 카나덴시스 NC-1
사탕수수 당밀	4.0 ± 9.1	72.5 ± 4.7*	−19.0 ± 11.5
간장	−28.7 ± 16.9	66.6 ± 1.6*	18.3 ± 26.3
미소	−51.4 ± 13.5	64.7 ± 2.3*	−53.0 ± 16.5
카라멜 A	72.3 ± 9.1	51.8 ± 2.1	14.6 ± 3.0*
카라멜 B	15.8 ± 6.5	36.2 ± 4.3	25.7 ± 4.5
다크 맥주	26.0 ± 6.2	45.9 ± 8.6*	2.6 ± 7.3
콜라	54.8 ± 15.4	40.8 ± 15.9	46.2 ± 13.0
보리차	20.3 ± 4.0	60.0 ± 8.3*	27.6 ± 10.3
인스턴트 커피	−100.0 ± 61.4	−13.2 ± 11.0	61.8 ± 7.7*
홍차	−68.9 ± 16.4	−109.0 ± 32.7	58.1 ± 8.4*
우스터 소스 A	−41.9 ± 12.3*	61.8 ± 9.2	60.0 ± 10.2
우스터 소스 B	−24.2 ± 13.0	68.1 ± 5.6*	33.3 ± 35.3
우스터 소스 C	−48.0 ± 26.7*	69.4 ± 3.1	64.5 ± 7.0
코코아	76.9 ± 7.3	87.7 ± 4.0	82.3 ± 21.6
초콜릿	−66.2 ± 31.2*	79.5 ± 11.4	86.8 ± 4.4

평균 + 표준편차 값으로 표현

[1] 갈색 색도 감소율은 미생물 배양 후 대조군 대비 A_{500}의 감소율로 측정. 미생물별로 패실로마이세스 카나덴시스 NC-1의 경우, 27℃ 에서 10일. 스트렙토마이세스 웨르라인시스 TT14는 37℃에서 5일. 코리오루스 베르시칼라 IFO 30340는 27℃에서 10일 배양함.

* 탈색 속도가 다른 미생물 2종 대비 유의적인 차이를 보임 ($P \leq 0.05$)

그림 2.12 미생물 탈색에서의 통계적 유의성에 따른 갈색 합성 색소 및 갈색 식품의 분류 (Terasawa et al., 1996)

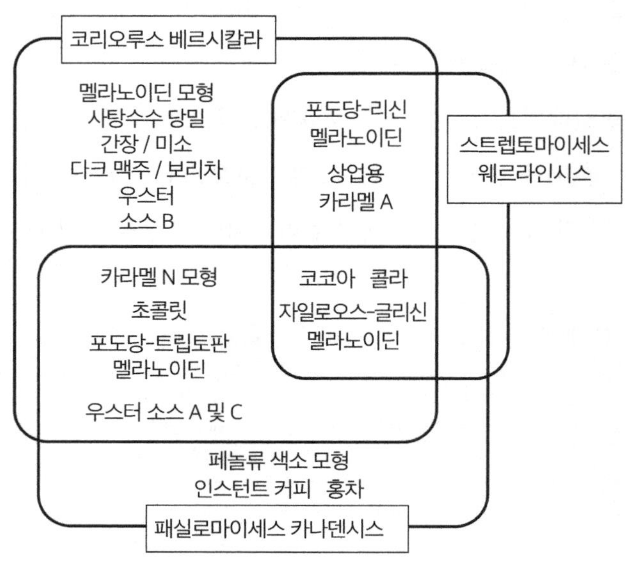

간장의 갈색이 바로 환원당이 아미노산과 펩타이드와 반응하여 생성된 전형적인 멜라노이딘 색소이다. EDTA를 전개액으로 크로마토그래피를 실험했을 때, 멜라노이딘 모형과 간장 멜라노이딘은 철(II)과의 친화도가 약한 반면 인스턴트 커피 색소는 친화도가 높았다. 이처럼 인스턴트 커피가 철(II) 킬레이트 세파로오스 6B 컬럼 크로마토그래피에서 흡착도가 높다는 점으로 미루어보아 브루잉 커피의 주요 색소 성분이 페놀류라는 가설을 입증한 셈이다(Homma & Murata, 1995).

2.4.2 브루잉 커피에서의 아연 킬레이트 화합물 특성

(a) 커피 섭취로 인한 무기질의 생물학적 이용성 영향력

브루잉 커피가 무기질 영양소에 영향을 미칠 수 있다는 사실이 최근 주목을 받기 시작했다. 브루잉 커피가 금속 킬레이트 활성을 갖고 있어 커피 소비가 많은 영양 결핍 지역에서는 미량 영양소의 결핍으로 이어질 수 있다(Munoz et al, 1988). 아울러 인체

(Morck et al., 1983)와 래트(Greger & Emery, 1987; Brown et al., 1990)를 대상으로 한 비헴철 흡수 연구에서 비헴철 이용성이 감소한다는 연구가 보고되었다. 프라일레와 플린(Fraile & Flynn, 1992)의 동물 실험에서, 황산망간과 폴리페놀이 함유된 다류와 커피, 레드 및 화이트 와인을 젖먹이 래트에게 먹이더라도 망간 흡수에는 거의 영향이 없는 것으로 나타났다(91.7%). 반면, 비슷한 조건에서 탄닌산을 먹였을 때는 망간 흡수가 91.0% 에서 77.0%로 다소 감소하는 경향을 보여 폴리페놀과 망간의 결합이 탄닌산과 망간의 결합력보다 더 약한 것으로 추정된다. 뮬러 등(Mueller et al., 1997)은 분쇄 커피 속 알루미늄 건조물 19 μg 중 5%가량이 브루잉 커피로 전이된다고 보았다.

그러나 금속-킬레이트 활성도 식품 및 생물에서의 항산화 활성에 영향을 미친다. 커피 원두를 로스팅하면서 생성되는 마이야르 반응과 페놀류가 바로 이 금속-킬레이트 활성을 일으킬 수 있다. 다만, 음료에서 금속 이온이 페놀류나 다른 킬레이트제와 결합하는 활성도는 천차만별이었다. 해당 생물 연구에서 사용했던 검체 대부분 미온 또는 온수로 추출했으며 탄닌과 페놀류가 주를 이루었다. 바닐린-염산(HCl) 변형 시험법(Burns, 1971)은 식품 중 농축 탄닌을 측정하는 방법으로 플라바놀 및 플라보노이드의 레조르시놀기가 바닐린과 반응하는 점을 이용했다. 폴린-시오칼트 시약으로 총 페놀류를 측정하는 방법은 단백질 외에도 아스코르브산 같은 환원 성분과 마이야르 반응으로 생성되는 리덕톤까지 페놀기를 가진 모든 성분을 검출한다는 단점이 있다. 브룬 등(Brune et al., 1991)은 식품에서 철과 결합한 페놀 화합물을 측정하기 위한 분광광도계를 개발했다. 해당 시험법은 철(III)-시약을 다이메틸포름아마이드(50%)로 추출한 식품 시료에 첨가함으로써 철-갈로일 및 철-카테콜 복합체가 내는 발색 현상을 이용했다. 그 결과, 두 가지 파장에 의한 최대 흡광도가 다르게 나타났다. 따라서, 브루잉 커피에 대한 페놀류 분획 및 화학적 특성과 금속 결합능을 가진 기타 활성 화합물에 대한 추가 연구가 필요하다.

(b) 인스턴트 커피에서의 아연 킬레이트 화합물 분리

일부 연구들이 로스팅 커피에서 금속 킬레이트 화합물을 분리한 바 있다. 아사쿠라 등(Asakura et al., 1990)은 인스턴트 커피에서 아연(II)과 배위 결합한 리간드가 자연 상태에서는 산성을 띄고 있으며, 전기 영동으로 측정한 분자량은 5000 Da 이하였다고 보고했다.

시험관 내 실험을 통해 커피 색소가 구리와 철에 결합되어 있다는 사실이 홈마 등(Homma et al., 1986)에 의해 밝혀졌다. 해당 연구진은 아연(II) 킬레이트 적정 시약인 테트라메틸뮤렉사이드(TMM)를 이용하여 커피에서의 유리 아연(II)을 측정했으며, pH 5.0 헥사민 완충용액(10mM)과 염화아연($ZnCl_2$) 50μM, 시료 0.05%, 10mM KCl을 조제하여 사용했다(Homma & Murata, 1995). 이 외에도 인스턴트 커피에서 금속 이온인 아연(II)과 철(II)의 킬레이트제로서 저분자 화합물질인 시트르산과 아스파르트산이 각각 분리되었다(Sekiguchi et al., 1994). 아연(II)-시트르산 착화물의 스캐차드 플롯으로 해리 상수가 3.50 × 10^{-8} [M]으로 나타났다. 분획물별로 시료 1g 당 결합 아연량을 통해 시료의 금속 결합능을 확인할 수 있었기에 해당 저분자 화합물을 리간드로 분리할 수 있었다. 한편, 아스파르트산을 분리하는 작업을 통해 로스팅 과정에서 거울상 혼합물이 생성되었을 가능성이 입증되었으며, 전체 유리 아미노산 대비 아스파르트산 함량이 일반 브루잉 커피보다 인스턴트 커피에서 높게 나왔다.

해리 상수가 약 10^{-6} 미만인 고분자 리간드를 분리할 수 있는 분획 분석법이 향후 개발될 것으로 예상된다. 아연(II)-킬레이트 화합물은 염화아연으로 응고하여 인스턴트 커피에서 분리시키고, 1% 암모니아로 녹인 뒤 이온교환 컬럼(앰버라이트 IRA-410 및 IR-120)에 통과시켜 정제한다. 이후 1% 암모니아와 n-프로판올 혼합액을 이용하여 셀룰로오스 컬럼 크로마토그래피에 전개한다(그림 2.13). 정제하여 얻은 킬레이트 아연(II) 착화물 Ap 시료는 ApI—IV(그림 2.13 제시), V 및 VI 6개로 분획할 수 있다. 분획 순으로 분자 크기가 커지나 아연 함량이 달라진다. 분리 과정 중 해리 상수가 큰 아연(II)—커피 착화물에서 아연이 방출되기 때문에 해리 상수가 작은 착화물을 선별할 수 있게 된다. 인스턴트 커피의 Ap-III 활성 화합물은 셀룰로오스 컬럼에서 최종 분리되어 0.3~0.4% 정도 수득할 수 있다. Ap-III은 갈색 비결정분말로 물에 녹는 성질을 가진다. 표준마커 단백질을 이용하여 고성능 액체 크로마토그래피(HPLC)로 추정한 분자량은 약 48,000이었다. 아연(II)의 겉보기 해리 상수는 스캐차드 플롯 측정 시 1.82×10^{-9} 및 1.13×10^{-7} [M]이었으며, 결합 부위 수는 각각 1.05와 1.98이었다. Ap-III 활성 화합물을 통해 구리(II)의 겉보기 해리 상수가 3.33×10^{-9} 및 2.67×10^{-7} [M]이었고, 결합 부위 수는 1.6 및 4.0임을 확인할 수 있었다.

그림 2.13 AP 시료의 셀룰로오스 컬럼 크로마토그래피 (Homma & Murata, 1995).

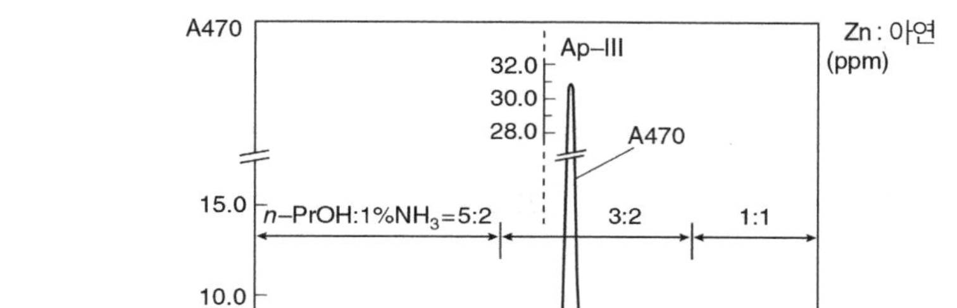

Ap-III는 EDTA로 처리하여 서브 유닛으로 해리시키고, 아연(II)를 추가 노출시켜 Ap-III 분획에서 Ap-IV 분획으로 이동시킨다. Ap-IV는 셀룰로오스 컬럼 크로마토그래피에서 Ap-III 보다 분자 질량이 크다(Homma & Murata, 1995).

철(II)-킬레이트 화합물도 아연(II)—커피 착화물과 같은 방법으로 인스턴트 커피에서 분리해낼 수 있다. 그 결과, 인스턴트 커피에서 Ap-III(분자량 36000 Da)과 Ap-IV(분자량 50000 Da) 시료를 각각 0.11%, 0.05% 수득할 수 있었다. 평형투석법으로 측정한 Ap-III의 철(II) 해리 상수는 5.56×10^{-6}이었다. 따라서, 철(II)—커피 착화물의 해리 상수 값이 아연(II)—커피 착화물보다 크다는 점을 알 수 있었다. 철(II)-커피 착화물에서 철이 검출되었기 때문에 Ap-III 분획은 대부분 철이 결합된 형태임을 알 수 있었으며, 분획 과정에서 철(II)이 쉽게 해리되는 것으로 보인다. Ap-III 분획에 철(II)을 추가 노출시켜 셀룰로오스 컬럼 크로마토그래피에서 Ap-IV 분획으로 이동된다. 겔 투과 고성능 액체 크로마토그래피(HPLC)를 통해서도 Ap-III가 Ap-IV로 전환된다는 사실을 알 수 있었다. EDTA나 o-페난트롤린, 비피리딜 같은 킬레이트제들은 Ap-III에서 철을 방출시키지 못했다. EDTA는 Ap-III에서 착화물을 형성했으나 o-페난트롤린, 비피리딜은 셀룰로오스 컬럼 크로마토그래피에서 Ap-III에서 Ap-IV 분획으로 이동했다(Homma & Murata, 1995).

(c) 아연 킬레이트 화합물의 일반적 특성

아연(II)-킬레이트 화합물의 실험 화학식은 $C_{16}H_{21}O_9N_3$이나 실제 클로로겐산을 검정 표준물질로 사용한 폴린-데니스 비색법을 통해 확인한 결과, 화학 조성은 페놀 화합물이 30.4%, 당 3%, 아미노산 4%이었다. 질소 함량이 10%를 상회하면 아연-킬레이트 고분자 형성 과정에서 단백질이 마이야르 반응을 일으킨 것으로 볼 수 있다. 생두를 로스팅하는 동안 아연-킬레이트 활성 화합물에 피트산이 관여한 경우, 해당 성분의 인산기가 킬레이트화 과정에 강하게 작용했음을 추정해 볼 수 있다(McKenzie 1984). 그러나 변형된 바틀릿(Bartlett) 검사로는 인을 검출하기가 어렵다.

아연-킬레이트 화합물인 Ap-III 분획에 대해 티오시안산 암모늄-염화철에서 형성된 과산화수소를 측정한 결과, 리놀렌산에 대한 항산화 효과를 확인할 수 있었다. Ap-III 분획에서의 킬레이트 금속이 적을수록 항산화 특성이 강하게 나타났다. 그러나 Ap-III에 수소를 첨가하자 항산화 효과와 아연-킬레이트화 활성이 절반으로 감소했다. 엔올과 에나민 등의 구조를 가진 올레핀 성분은 항산화 효과와 아연-킬레이트화 활성 모두 관여하는 듯 보였다(Homma et al., 1997). 로스팅 과정에서 금속-킬레이트 화합물의 형성 과정을 모니터링해 보니 아연(II)-킬레이트 활성이 생두의 배전 강도와 비례하여 증가함을 알 수 있었다. 브루잉 커피의 킬레이트 활성은 인스턴트 커피보다 레귤러 커피에서 큰 편이었다(Homma, 1999). 한편, 브루잉 커피의 구성성분 가운데 아연(II)-킬레이트 활성을 지닌 갈색 화합물을 모형 시스템을 통해 관찰하였다. 모형 시스템은 클로로겐산이나 수크로오스, 소혈청 알부민, 셀룰로오스 중 단독 1종 성분이나 두 가지 이상의 혼합물을 준비하고, 200°C에서 30분간 로스팅하였다. 시료 1g당 아연 킬레이트 활성은 클로로겐산 단독 모형에서 가장 높게 나타났고, 화합물 4종 혼합물에서 가장 낮았다(Homma & Murata, 1995; Homma et al., 1997).

(d) 아연 킬레이트 화합물의 화학적 조성

Ap-III 시료를 글리세롤과 함께 알칼리 용융(350°C)과 알칼리 분해(250°C) 등 분해 반응시킨 후 얻은 산물을 분석하여 활성 화합물 Ap-III의 화학 구조를 연구하였다(Homma et al., 1997).

Ap-III 활성 화합물을 알칼리로 용융하면 에테르 가용성 화합물 약 11%를 수득할 수 있다. 주성분은 피로갈롤(2.16%), 프로토카테큐산(3.56%), 카테콜(2.16%), p-하이드록시벤조산(0.76%) 등 저분자 폴리페놀이었다. Ap-III 알칼리 용융을 통해 얻은 산성 및 염기성 분획에서 잠정적으로 확인한 화합물들을 표 2.7에 열거하였다. 산성 분획에서는 페놀화합물을 비롯한 벤조산 및 유도체, 4-5 탄소 사슬의 카르복실산이 포함되어 있었으며, 염기성 분획에는 아마이드가 확인되었다. 아마이드는 Ap-III 분획에서 당과 단백질의 반응성을 나타내는 지표라고 할 수 있다.

해당 활성 화합물을 글리세롤과 함께 알칼리 분해하여 얻은 LC-MS 크로마토그래피 패턴은 알칼리 용융과 흡사했다. 산성 분획물의 LC-MS 크로마토그래피 중 일부 피크는 두 개의 벤젠 고리가 연결되어 있는 것으로 확인되었다.

Ap-III 분획을 $KMnO_4$-$NaIO_4$로 산화성 분해를 한 후 메틸화로 전처리하자 고성능 액체 크로마토그래피(HPLC) 패턴이 다르게 나타났기 때문에 Ap-III에는 메틸화가 가능한 하이드록시기(수산기) 및 카르복시기가 포함되어 있는 것으로 예상된다. 한편, $NaClO_2$로 분해한 경우(O'Neil & Selvendran, 1980), 피로갈롤과 카페익산이 얻어져 에터 결합으로 연결된 벤젠 고리가 분획에 존재하는 것으로 보인다.

알칼리 용융이 아닌 다른 분해 반응으로 얻은 산물들은 에테르 가용성 화합물이 적었고, 페놀 화합물은 비슷하게 측정되었다. 이를 통해 Ap-III 분획에 있는 벤젠 고리들의 결합이 강해 알칼리 용융 반응을 일으켰을 때 페놀 화합물이 가장 많이 생성되는 것을 알 수 있었다.

하인리히와 베이크스(Heinrich & Bakes, 1987b)는 앞서 설명한 퀴리점 열분해로 브루잉 커피에서 분리한 멜라노이딘의 특성을 파악하고, 고분해능 GC/MS로 관찰하였다. 커피 멜라노이딘의 분해 산물을 분자 크기와 아연(II)-킬레이트화로 멜라노이딘을 각각 분리한 결과, 페놀류 5종이 공통적으로 확인되었다(표 2.7). 주요 페놀류는 페놀과, 오쏘-, 메타-, 파라-크레졸, 4-에틸페놀이었으며, 질소 화합물도 확인되었으나 아미노산을 제외한 대부분이 미확인 성분이었다. 분해 화합물 다수는 GC MS와 LC MS 라이브러리로 식별하였다. 페놀 구조는 커피 멜라노이딘의 중합 구조와 상당히 유사했다. 칠리어스와 싱글턴(Cilliers & Singleton, 1989, 1991)은 pH 8.5, 실온에서 진행한 실험 모델을 통해 카페익산의 산화 산물을 확인했다.

해당 연구를 통해 페놀레이트 음이온이 자동 산화 속도를 조절하는 요인임이 밝혀졌다. 페놀레이트 음이온은 카페익산의 특정 올리고머에서 발견되었는데, 이는 1개 이상의 카페익산 단위에서 곁사슬이 반응을 일으켜 생성되었다. 올리고머는 리그난 또는 다이옥세인이 다리 결합된 네오리그난, 퓨란, 카페익산 단위 사이에 사이클로헥센이 결합된 형태와 유사했다. 향후 모체 페놀 화합물의 특정 고분자를 분해할 수 있는 신기술이 개발되리라 예상된다.

표 2.7 퀴리점 열분해, 알칼리 용융, 알칼리 분해 및 해당 반응의 조합에 따른 커피 멜라노이딘의 분해물 (Heinrich & Baltes, 1987b; Homma et al. 1997).

퀴리점 열분해		
2- 에틸페놀	피로카테콜	비닐과이아콜
3- 에틸페놀	3- 메틸피로카테콜	4(5)-프로페닐과이아콜
2,3- 다이메틸페놀	4- 메틸피로카테콜	레조르시놀
2,5- 다이메틸페놀	3(4)-에틸피로카테콜	시링올
2,6- 다이메틸페놀	3- 하이드록시 벤즈알데히드	유제놀
3,4- 다이메틸페놀	히드로퀴논	3(4)-하이드록시벤조산 메틸에스테르
에틸메틸페놀	메틸히드로퀴논	3- 하이드록시 페닐아세테이트
3(4)-하이드록시 아세토페논	4-메틸과이아콜	
2- 하이드록시 페닐아세테이트	에틸과이아콜	
퀴리점 열분해, 알칼리 용융 및 알칼리 분해		
페놀	p-크레졸	m-크레졸
4-에틸페놀	o-크레졸	
알칼리 용융 및 알칼리 분해		
카테콜	3-하이드록시 벤조산	2-메틸프로판산
프로토카테신산	2-하이드록시-4-메틸벤조산	다이메틸프로판산
피로갈롤	3-메톡시 벤조산	3-벤젠 프로판산
디하이드록시에틸벤젠	아세톤	2-메틸부탄산
2,4-다이메틸페놀	페닐부타논	3-메틸부탄산
플로로 글루시놀	페닐부탄디온	펜탄산
부틸하이드록시아니솔	디페닐 부탄디온	헵탄산
부틸하이드록시톨루엔	1-하이드록시-2-프로파논	4-메틸-2-펜탄올
트리메틸벤젠	1-(1-메틸에톡시)-프로판	2-메틸-사이클로 펜탄올
메틸프로필벤젠	2,2-다이메틸-3-옥타논	5-메틸-3-헥산올
다이에틸-프로필벤젠	2-에톡시부탄	1,2-사이클로헥산디올
3,5-디메톡시아세토페논	1-(1-메틸에톡시)-부탄	2-헥사날
벤조산	포름산	2-메톡시-3-(1-메틸에틸)-피라진
2-메틸벤조산	아세트산	5-메틸 피리미딘
3-메틸벤조산	프로판산	N-에틸-N-(1-메틸에틸)-2-프로판아민
2,3-다이메틸벤조산	2-하이드록시프로판산	

참고문헌

- Aoshima, I., Tozawa, Y., Ohmomo, S. & Ueda, K. (1985) Production of decolorizing activity for molasses pigment by *Cor- iolus versicolor* Ps4a. *Agric. Biol. Chem.*, **49**, 2041—5.
- Arnold, U. & Ludwig, E. (1996) Analysis of free amino acids in green coffee beans. II. Changes of the amino acid content in arabica coffees in connection with post-harvest model treatment. *Z. Lebensm. Unters.-Forsch.*, **203**, 379—84.
- Arnold, U., Ludwig, E., Kuhn, R. & Moschwitzer, U. (1994) Analysis of free amino acids in green coffee beans. I. Determination of amino acids after precolumn derivatization using 9- fluorenylmethylchloroformate. *Z. Lebensm. Unters.-Forsch.*, **199**, 22—5.
- Asakura, T., Nakamura Y., Inoue, N., Murata, M. & Homma, S. (1990) Characterization of zinc chelating compounds in instant coffee. *Agric. Biol. Chem.*, **54**, 855—62.
- Balyaya, K.I. & Clifford M.N. (1995) Individual chlorogenic acids and caffeine contents in commercial grades of wet and dry processed Indian green robusta coffee. *J. Food Sci. Technol.*, **32**, 104—8.
- Bennat, C., Engelhardt, U.H., Kiehne, A., Wirries, F.M. & Maier, H.G. (1994) HPLC analysis of chlorogenic acid lactones in roasted coffee. *Z. Lebensm. Unters.-Forsch.*, **199**, 17—21.Bradbury, A.G.W., Balzer, H.H. & Vitzthum, O.G. (1998). Stabilization of liquid coffee by treatment with alkali. European Patent Application 0 861 596 A1.
- Brown, R., Klein, A., Simmons, W.K. & Hurrel, R.F. (1990) The influence of Jamaican herb teas and other polyphenol-containing beverages on iron absorption in the rat. *Nutr. Res.*, **10**, 343-53.
- Brune, M.,Hallberg, I. & Skaanberg, A.B. (1991) Determination of iron-bindingphenolic groupsinfoods. *J. FoodSci.*, **56**,128-31.
- Burns, R.E. (1971) Method for estimation of tannin in grain sorghum. *Agron. J.* , **63**, 511.
- Cilliers,J.J.L. & Singleton, V.L. (1989) Nonenzymic autoxidative phenolic browning reactions in a caffeic acid model system. *J. Agric. Food Chem.*, **37**, 890-96.
- Cilliers, J.J.L. & Singleton, V.L. (1991) Characterization of the products of nonenzymic autoxidative phenolic reactions in a caffeic acid model system. *J. Agric. Food Chem.*, **39**, 1298-303.
- Clifford, M.N. (1985) Chlorogenic acid. In: *Coffee, Vol.1, Chemistry* (eds R.J. Clarke & R. Macrae), pp. 153-202. Elsevier Applied Science, London and New York.
- Clifford, M.N., Kellard, B. & Ah-Sing, E. (1989a) Caffeoyltyr- osine from green robusta coffee beans. *Phytochemistry*, **28**, 1989-90.
- Clifford, M.N., Williams, T. & Bridson, D. (1989b) The chlorogenic acid and caffeine as possible taxonomic criteria in *coffea* and *psilanthus*. *Phytochemistry*, **28**, 829-38.
- Dart, S.K. & Nursten, H.E. (1985) Volatile components. In: *Coffee, Vol. l, Chemistry* (eds R.J. Clarke, & R. Macrae), pp. 239-51. Elsevier Applied Science, London and New York.
- Devasagayam, T.P.A., Kamat, J.P., Mohan, H. & Kasavan, P.C. (1996) Caffeine as an antioxidant: inhibition of lipid peroxidation induced by reactive oxygen species. *Biochim. Biophys. Acta*, **1282**, 63-70.
- Fraile, A.L. & Flynn, A. (1992) The absorption of manganese from polyphenol-containing beverages in suckling rats. *Int. J. Food Sci. Nutr.*, **43**, 163-8.
- Gautschi, M., Schmid, J.P., Peppard, T.P., Ryan, T.P., Tuorto, R.M. & Yang, X. (1997) Chemical characterization of diketopiperazines in beer. *J. Agric. Food Chem.*, **45**, 3183-9.
- Ginz, M. & Engelhardt, U.H. (2000) Bitter compounds. Part I: Identification of proline-based diketopiperazines from roasted coffee proteins. *J. Agric. Food Chem.*, **48**, 3528-3532.
- Greger,J.L. & Emery, S.M. (1987) Mineral metabolism and bone strength of rats fed coffee and decaffeinated

coffee. *J. Agric. Food Chem.*, **35**, 551-6.

- Grosch, W. (1995) Instrumental and sensory analysis of coffee volatiles. In: *Proceedings of the 16th ASIC Colloquium (Kyoto)*, pp. 147-56. ASIC, Paris, France.
- Guillot, F.L., Malnoe, A. & Stadler, R.H. (1996) Antioxidant properties of novel tetraoxygenated phenylindan isomers formed during thermal decomposition of caffeic acid. *J. Agric. Food Chem.*, **44**, 2503-10.
- Heinrich, L. & Baltes, W. (1987a) Uber die Bestimmung von Phenolen im Kaffeegetrank. *Z. Lebensm. Unters.-Forsch.*, **185**, 362-5.
- Heinrich, L. & Baltes, W. (1987b) Vorkommen von Phenolen in Kaffee-Melanoidin. *Z. Lebensm. Unters.-Forsch.*, **185**, 366-70.
- Ho, C.-T., Hwang, H.-I., Yu T.-H. & Zhang, J. (1993) An overview of the Maillard reactions related to aroma generation in coffee. In: *Proceedings of the 15th ASIC Colloquium (Montpellier)*, pp. 519-27. ASIC, Paris, France.
- Hofmann, T. (1999) Influence of L-cysteine on the formation of bitter-tasting aminohexose reductones from glucose and L- proline: identification of a novel furo[2,3-b]thiazine. *J. Agric. Food Chem.*, **47**, 4763-8.
- Hofmann, T., Bors, W. & Stettmaier, K. (1999a) Studies on radical intermediates in the early stage of the nonenzymatic browning reaction of carbohydrate and amino acids. *J. Agric. Food Chem.*, **47**, 379-90.
- Hofmann, T., Bors, W. & Stettmaier, K. (1999b) On the radical- assisted melanoidin formation during thermal processing of foods as well as under physiological conditions. *J. Agric. Food Chem.*, **47**, 391-6.
- Homma, S. (1999) Nonvolatile compounds in coffee. In: Proceedings *of the 18th ASIC Colloquium (Helsinki)*, pp. 83-9. ASIC, Paris, France.
- Homma, S., Aida, K. & Fujimaki, M. (1986) Chelation of metal with brown pigments of coffee. In: *Amino Carbonyl Reactions in Food and Biological Systems* (eds M. Fujimaki, M. Namiki & H. Kato), Elsevier, Amsterdam, Netherlands.
- Homma S. & Murata, M. (1995) Characterization of metalchelating compounds in instant coffee. In: *Proceedings of the 16th ASIC Colloquium (Kyoto)*, pp. 183-91. ASIC, Paris, France.
- Homma, S., Murata, M. & Takenaka, M. (1997) Chemical composition and characteristics of a zinc(II)-chelating fraction in instant coffee. In: *Proceedings of the 17th ASIC Colloquium (Nairobi)*, pp. 114-9. ASIC, Paris, France.
- Leloup, V., Louvrier, A. & Liardon, R. (1995) Degradation mechanism of chlorogenic acids during roasting. In: *Proceedings of the 16th ASIC Colloquium (Kyoto)*, pp. 192-8. ASIC, Paris, France.
- Ludwig, E., Raczek N.N. & Kurzrock, T. (1995). Contribution to composition and reactivity of coffee protein. In: *Proceedings of the 16th ASIC Colloquium (Kyoto)*, pp. 359-64. ASIC, Paris, France.
- McKenzie, J.M. (1984) Content of phytate and minerals in instant coffee, coffee beans and coffee beverage. *Nutr. Rep. Int.*, **29**, 387-95.
- Macrae, R. (1985) Nitrogenous compounds. In: *Coffee, Vol. 1, Chemistry* (eds R.J. Clarke & R. Macrae), pp. 115-51. Elsevier Applied Science, London and New York.
- Maier, H.G. (1993) Status of research in the field of non-volatile coffee components. In: *Proceedings of the 15th ASIC Colloquium (Montpellier)*, pp. 567-76. ASIC, Paris, France.
- Morck, T.A., Lynch, S.R. & Cook,J.D. (1983) Inhibition of food iron absorption by coffee. *Am. J. Clin. Nutr.*, **37**, 416-20.
- Morishita, H. & Kido, R. (1995) Antioxidant activities of chlorogenic acids. In: *Proceedings of the 16th ASIC Colloquium (Kyoto)*, pp. 119-24. ASIC, Paris, France.
- Morishita, H., Takai, Y., Yamada, H. *et al.*, (1987) Caffeoyl- tryptophan from green robusta coffee beans. *Phytochemistry*, **26**, 1195-6.
- Mueller, M., Anke M. & Illing-Guenther, H. (1997) Availability

- of aluminium from tea and coffee. *Z. Lebensm. Unters.-Forsch.*, **205**, 170-73.
- Munoz, L.D., Lonnerdal, B., Keen, C.L. & Dewey, K.G. (1988) Coffee intake during pregnancy and lactation in rats: maternal and pup hematological parameters and liver iron, zinc and copper concentration. *Am. J. Clin. Nutr.*, **48**, 645-51.
- Murata, M., Okada, H. & Homma, S. (1995) Hydroxycinnnamic acid derivatives and p-coumaroyl-(L)-tryptophan, a novel hydroxycinnamic acid derivative, from coffee bean. *Biosci. Biotech. Biochem.*, **59**, 1887-90.
- Murata, M., Terasawa, N. & Homma S. (1992) Screening of microorganisms to decolorize a model melanoidin and the chemical properties of a microbially treated melanoidin. *Biosci. Biotech. Biochem.*, **56**, 1182-7.
- Nakamura-Takada, Y., Shata, H., Minao, M. *et al.* (1994) Isolation of zinc-chelating compound from instant coffee by the tetramethyl murexide method. *Z. Lebensm. Wiss. Technol.*, **27**, 115-18.
- Nakayama, T. (1995) Protective effect of caffeic acid esters against H2O2-induced cell damages. Antioxidant activities of chloro- genic acids. In: *Proceedings of the 16th ASIC Colloquium (Kyoto)*, pp. 119-24. ASIC, Paris, France.
- Nicoli, M.C., Manzocco, L. & Lerici, C.R. (1997) Antioxidant properties of coffee brews in relation to the roasting degree. *Lebensm.-Wiss. u.-Technol.*, **30**, 292-7.
- Ochi, T., Aoyama, M., Maruyama, T. & Niiya, I. (1997) Effects of various antioxidative substances on cookies containing iron. *J. Jap. Soc. Nutr. Food Sci.* (Nippon Eiyo Shokuryo Gakkaishi), **50**, 231-6.
- Ohnishi, M., Morishita, H., Toda, S., Yase, Y. & Kido, R. (1998) Inhibition in vitro of linoleic acid peroxidation and haemolysis by caffeoyltryptophan. *Phytochemistry*, **47**, 1215-18.
- O'Neil, M.A. & Selvendran, R.R. (1980) Glycoproteins from the cell wall of *Phaseolus. Biochem. J.*, **187**, 53-63.
- Papst, H.M.E., Ledl, F. & Belitz, H.-D. (1984) Bitterstoffe beim Erhitzen von Proline und Saccharose. *Z. Lebensm. Unters.- Forsch.*, **178**, 356-60.
- Papst, H.M.E., Ledl, F. & Belitz, H.-D. (1985) Bitterstoffe beim Erhitzen von Saccharose, Maltose und Proline. *Z. Lebensm. Unters.-Forsch.*, **181**, 386-90.
- Pickenhagen, W., Dietrich, P., Keil B., Polonsky, J., Nouaille, F.
- & Lederer, E. (1975) Identification of the bitter principle of cocoa. *Helv. Chim. Acta*, **58**, 1078-86.
- Reineccius, G.A. (1995) The Maillard reaction and coffee flavor. In: *Proceedings of the 16th ASIC Colloquium (Kyoto)*, pp. 24957. ASIC, Paris, France.
- Rizzi, G.P. (1999) Formation of sulfur-containing volatiles under coffee roasting conditions In: *Proceedings of the 217th ACS National Meeting in Anaheim.* Division of Agriculatural and Food Chemistry No. 048. American Chemical Society.
- Rizzi, G.P. & Boekley, L.J. (1993) Flavor chemistry based on the thermally-induced decarboxylation of p-hydroxycinnamic acids. In: *Food Flavors, Ingredients and Composition* (ed. Charalambous), pp. 663-70. Elsevier Science Publishers, Amsterdam, Netherlands.
- Rogers, W.J., Bezard, G., Deshayes, A., Petiard, V. & Marraccini, P. (1997). An 11s-type storage protein from *Coffea arabica* L. endosperm: biochemical characterization, promoter function and expression during grain maturation. In: *Proceedings of the 17th ASIC Colloquium (Nairobi)*, pp. 161-8. ASIC, Paris, France.
- Scholz-Bottcher, B.M. & Maier, H.G. (1991) Isomers of quinic acid and quinides in roasted coffee: indicators for the degree of roast? In: *Proceedings of the 14th ASIC Colloquim (San Francisco)*, pp. 220-29. ASIC, Paris, France.
- Schrader, K., Kiehne, A., Engelhardt, U.H. & Maier, H.G. (1996) Determination of chlorogenic acids with lactones in roasted coffee. *J. Sci. Food Agric.*, **71**, 392-8.
- Sekiguchi N., Yata M., Murata M. & Homma, S. (1994) Identification of iron-binding compound in instant coffee. *Nippon Nogeikagaku Kaishi*, **68**, 821-7.

- Stadler, R.H. Richoz, J., Turesky, R.J., Welti, D.H. & Fay, L.B. (1996a) Oxidation of caffeine and related methylxanthines in ascorbate and polyphenol-driven Fenton-type oxidations. Free *Rad. Res.*, **24**, 225-40.
- Stadler, R.H., Welti, D.H., Staempfli, A.A. & Fay, L.B. (1996b) Thermal decomposition of caffeic acid in model systems: identification of novel tetraoxygenated phenylindan isomers and their stability in aqueous solution. *J. Agric. Food Chem.*, **44**, 898-905.
- Steinhart, H. & Luger A. (1995) Amino acid pattern of steam treated coffee. In: *Proceedings of the 16th ASIC Colloquium (Kyoto)*, pp. 278-85. ASIC, Paris, France.
- Steinhart, H., Moller, A. & Kletschkus, H. (1989) New aspects in the analysis of melanoidins in coffee with liquid chromatography. In: *Proceedings of the 13th ASIC Colloquium (Paipa)*, pp. 197-205. ASIC, Paris, France.
- Steinhart, H. and Packert, A. (1993) Melanoidins in coffee. Separation and characterization by different chromatographic procedures. In: *Proceedings of the 15th ASIC Colloquium (Montpellier)*, pp. 593-600. ASIC, Paris, France.
- Terasawa, N., Murata, M. & Homma, S. (1994) Isolation of a fungus to decolorize coffee. *Biosci. Biotech. Biochem.*, **58**, 20935.
- Terasawa, N., Murata, M. & Homma, S. (1996) Comparison of brown pigments in foods by microbial decolorization. *J. Food Sci.*, **61**, 669-72.
- Turesky, R.J., Stadler, R.H. & Leong-Morgenthaler, P.M. (1993) The pro- and antioxidative effects of coffee and its impact on health. In: *Proceedings of the 15th ASIC, Colloquium (Montpellier)*, pp. 426-32. ASIC, Paris, France.
- Wynnes, K.N., Fumilari, M., Boublic, J.H., Drummer, O.H., Rae, I.D. & Funder, J.W. (1987) Isolation of opiate receptor ligands in coffee. *Clin. Exper. Pharmacol. Physiol.*, **14**, 785-90.

CHAPTER 3

화학 III: 휘발성 화합물

CHEMISTRY III: VOLATILE COMPOUNDS

W. 그로쉬
독일식품화학연구소, 독일 가르힝 소재

화학 III:
비휘발성 화합물

W. 그로쉬
독일식품화학연구소, 독일 가르힝 소재

3.1 | 서론

커피의 각성효과에도 불구하고 로스팅 후 생겨나는 감미로운 향 때문에 커피를 찾는 사람들이 많다. 이러한 관심 속에서 커피 특유의 향미를 만들어내는 휘발성 화합물에 대한 연구들이 많이 이루어졌다. 이 가운데에는 후각으로 직접 향미를 평가하거나 브루잉 커피를 마실 때 느끼는 풍미의 성분을 조사하기도 했다.

라이히슈타인(Reichstein)과 슈타우딩거(Staudinger)는 1920~30년대에 처음으로 관련 연구를 수행했다. 대량의 로스팅 분쇄 커피에서 황색 기름을 분리하고, 유도체 조제 및 물리 상수 측정을 통해 휘발성 성분 29종 이상을 확인하였다(Reichstein & Staudinger, 1926, 1950, 1955). 이들 연구진은 커피향이 한 가지 화합물에 의해서만 만들어지지 않는다는 주장을 계속하는 한편, 고도로 희석된 2-푸르푸릴싸이올 수용액이 '커피 향을 내는 중요한 지표'라고 강조했다(Reichstein & Staudinger, 1955).

기기 분석 중에서도 특히 고분해능 가스 크로마토그래피(HRGC) 및 질량 분석기가 발달하면서, 로스팅 커피의 휘발성 분획이 수많은 구성 성분으로 이루어진 것이 드러났다. 각종 작용기를 가진 800여 종의 휘발성 화합물들이 확인된 것이다(표 3.1). 다음과 같은 여러 연구들을 통해 기기 분석이 발달을 거듭하였다(Gianturco et al. (1963, 1964, 1966), 볼다로비치 등 (1967), 골드만 등 (1967), 스톨 등 (1967), 프리델 등 (1971), 비츠툼 및 베르크호프(1974a, b, 1975, 1976), 트레슬 등 (1978a, b, 1981), 트레슬 및 실와르(1981), 실와르 등 (1987)). 이들 연구는 다트와 너스텐(Dart & Nursten, 1985),

플라망(Flament, 1989; 1991)을 비롯해 네이선 등(Nijssen et al., 1996)의 문헌에서 다뤄진 바 있다.

이처럼 휘발성 화합물들의 종류들이 늘어나면서 휘발성 화합물이 향미에 모두 또는 일부분 영향을 주는지에 대한 의문이 제기되었으며, 브루잉 커피뿐 아니라 드라이 로스트 및 분쇄 제품에서도 휘발성 화합물이 향미 성분 또는 방향 화합물일 수 있다는 여론이 조성되었다.

표 3.1 커피의 휘발성 화합물

화합물 종류	개수
탄화수소	80
알코올	24
알데하이드	37
케톤	85
카르복실산	28
에스테르	33
피라진	86
피롤	66
피리딘	20
기타 염기 (예: 퀴녹살린, 인돌)	52
황 화합물	100
퓨란	126
페놀	49
옥사졸	35
기타	20
총합	841

출처: Nijssen et al. (1996).

로테 및 토마스(Rothe & Thomas, 1963)는 기기 분석 결과를 조합해 휘발성 화합물의 관능적 특성을 최초로 규명하였다. 해당 연구진들은 화합물의 농도가 향미의 역치(thresholds)를 초과했을 경우에 한해 식품에서 향미 활성을 보인다고 밝혔다. 그러나 표 3.1에 열거된 각종 화합물에 대한 농도와 향미 역치 값을 모두 측정해야 한다는 점에서 커피 휘발성 화합물의 향활성도(OAV, 화합물의 향미 농도/향미 역치)를 모두 측정하기에 번거로울 수 있다.

휘발성 화합물의 기기 분석 결과는 CHARM 분석(Acree et al. 1984; Acree, 1993)과 향추출물 희석분석법(ADEDA; Schmid & Grosch , 1986; Ullrich & Grosch , 1987)을 통해 관능 데이터로 간편하게 전환할 수 있다.

두 방법 모두 식품 중 휘발성 분획이 함유된 추출물을 여러 차례 희석시켜 가스 크로마토그래피/후각 분석(GCO)으로 분석한다. 로스팅 분쇄 커피와 브루잉 커피에 향추출물 희석 분석법을 적용했던 홀셔 등(Holscher et al., 1990), 블랭크 등(Blank et al., 1992) 연구가 향미에 기여하는 화합물을 확인, 정량화한 최초 연구로 꼽힌다. 그로쉬(Grosch, 1998a)와 비츠툼(Vitzthum, 1999)은 커피 향미 연구에서의 최신 동향을 문헌 검토한 바 있다.

이번 챕터에서는 커피 생두와 로스팅 커피뿐 아니라 브루잉 커피에 이르기까지 향미에 영향을 주는 화합물의 특성을 규명하고자 한다. 이 외에도 로스팅 커피를 보관하면서 생겨나는 관련 향미들의 조성 변화와 이취를 추가적으로 다룰 것이다. 다만, 향미에 관한 최신 분석법을 먼저 다루고, 로스팅 과정에서 생겨나는 주요 향미들의 반응 경로를 논하려 한다.

3.2 | 분석 방법

로스팅 커피는 각종 휘발성 화합물이 다양한 농도로 혼합되어 있기 때문에 아로마 활성 화합물을 확인하고 정량화하기란 쉽지 않다. 지금부터 다룰 표 3.2 상의 분석법들은 이미 검증을 거쳤다고 볼 수 있다.

3.2.1 휘발성 분획 분리

우선 휘발성 화합물이 함유된 커피 추출물은 온순 조건에서 조제되어야 한다. 특히, 싸이올과 이황화 등 불안정한 성분들이 있기 때문에 임계 온도에 맞춰 진행해야 한다(Guth et al., 1995). 로스팅 커피의 일부 2-푸르푸릴싸이올과 싸이올류들이 시스테인 및 시스테인 함유 펩타이드와 단백질과 이황화 결합으로 연결되어 있다(본 섹션의 향미 생성을 참고). Likens & Nickerson(Grosch et al., 1994) 방법대로 수증기 증류 추출(SDE)로 브루잉 커피에서 휘발성 화합물을 분리할 때 2-푸르푸릴싸이올이 증가한 원인으로, 이황화물의 이황화가 환원되었을 가능성이 가장 높다. 수증기 증류 추출 과정에서 인위적인 물질이 생성되지 않도록 하려면 50°C 이하에서 휘발성 성분을 분리해야 한다. 따라서 브루잉 커피(Mayer & Grosch, 2000)에도 적용한 바 있는 최신 용매 향기 증발법(solvent assisted flavour evaporation) (Engel et al., 1999) 등 감압 증류를 해야 한다.

표 3.2 향미 분석 개요

순서	절차
I	커피 시료를 용매(예: 다이에틸에테르)로 추출 및 감압 증류
II	고분해능 가스 크로마토그래피(HRGC)로 분리 및 향추출물 희석분석법(AEDA) 또는 CHARM 분석에 따른 주요 향미 확인
III	정지상 헤드스페이스 가스 크로마토그래프-후각 분석으로 고휘발성 주요 향미 검출 (GCOH)
IV	컬럼 크로마토그래피 및 다차원 가스 크로마토그래피(MDGC)를 통해 중성/염기성 및 산성 화합물 중 휘발성 화합물 분리 및 주요 향미 성분 농축
V	실제 성분의 고분해능 가스 크로마토그래피 및 질량 분석 (MS) 데이터 비교에 따른 주요 향미 성분 및 향미 품질 확인
VI	주요 향미에 대한 정량화 및 향활성도(OAV) 산출
VII	이전 단계에서 얻은 정량 데이터를 토대로 합성 향미를 조제. 합성 향미 모형과 원시 시료와의 향미 프로파일 비교
VIII	향미 전 성분 모형과 1종 이상 성분을 누락시킨 성분 모형을 비교 (오미션(omission) 실험)

3.2.2 주요 향미 성분 스크리닝

표 3.2에서 제시했듯이 고분해능 가스 크로마토그래피로 커피 추출물을 분리한 다음 단계로서 모세관을 통해 얻은 용출액을 냄새를 맡아 검사한다. 이 과정을 가스 크로마토그래피-후각분석이라고 한다. 그러나 휘발성 화합물의 향미 역치를 비롯해

커피 시료의 양, 휘발성 분획의 용매 희석, 고분해능 가스 크로마토그래피 분석 시료의 크기 등 임의적으로 설정한 파라미터가 향미의 검출 개수에 영향을 미친다. 따라서 일회성 가스 크로마토그래피-후각분석으로는 향미를 구성하는 주 성분과 기본 성분 또는 무시 가능한 수준의 성분을 구분할 수 없다.

따라서 향추출물 희석분석법 및 CHARM 분석에서는 추출물을 용매로 희석시킨 후(예: 1+1(v/v) 희석) 향추출물 희석분석법에 따라 희석물을 각각 분석했으며, 향미 희석률(FD)로 결과 값을 표현하였다(Grosch, 1993). 향미 희석률은 초기 추출물의 향미 농도 대비 분석법으로 감지 가능한 최대 희석 추출물의 농도를 비율로 나타낸 값이다. 따라서 향미 희석률은 공기 중 화합물의 향활성도의 비율이자 상대 값이라고 할 수 있다(Grosch, 1994).

CHARM 분석은 크로마토그래프 피크로, 추출물에서의 화학 성분 함량을 상대 면적으로 보여준다(Acree, 1993). CHARM 분석은 화합물을 용출하는 시간 동안 희석 값을 측정하지만 향추출물 희석분석법은 단순히 최대 희석 값을 측정한다는 점에서 가장 큰 차이가 있다(Acree, 1993).

홀셔 등(Holscher et al., 1990), 블랭크 등(Blank et al., 1992), 그로쉬 등(Grosch et al., 1996) 연구는 로스팅 아라비카 커피를 대상으로 향추출물 희석분석법을 실시했다. 해당 연구들을 통해 그림 3.1의 향미 희석률-크로마토그램을 도출할 수 있었다. 향미 희석률이 16 이상인 향미 성분 38종 가운데 14, 17, 35번 성분은 각각 고양이 냄새 / 고소한 향, 흙 향/고소한 향, 끓인 사과 향이 났으며, 최고 향미 희석률이 2048이었다. 휘발성이 큰 향미 성분들은 아로마 추출물을 농축하는 과정에서 손실이 되거나 가스 크로마토그램상에서 용매 피크에 가려지기 때문에 향추출물 희석분석법이나 CHARM 분석으로 감지되지 않는다. 따라서 향추출물 희석분석법이나 CHARM 분석법 외에도 헤드스페이스의 부피를 점차 줄이면서 분석하는 정지상 헤드스페이스 가스 크로마토그래프-후각 분석을 통해 보완해야 한다(표 3.2의 III 단계).

표 3.3에서 볼 수 있듯 정지상 헤드스페이스 가스 크로마토그래피는 헤드스페이

스 부피를 25ml로 조작하여 22종의 향미 성분을 밝혔다. 이후 헤드스페이스 부피를 단계별로 줄여나가면서 주요 향미 성분을 알아냈다. 0.4ml 용량을 사용한 정지상 헤드스페이스 가스 크로마토그래프-후각 분석에서는 향미 성분이 6종만 확인되었으며(표 3.3의 5, 8, 9, 11, 12, 14), 0.2ml 용량에서는 2,3-펜테인다이온(8번)만 발견되었다. 이를 토대로 8번 성분이 미디엄 로스팅 아라비카 커피 시료 중 휘발성이 가장 높은 주요 향미 성분임을 알 수 있었다.

싸이올류는 흡수가 잘 되는 성분이므로 정지상 헤드스페이스 가스 크로마토그래프-후각 분석에 사용하는 유리제 기구의 표면을 실릴 시약 등으로 처리하여 불활성화시켜야 한다(Semmelroch & Grosch, 1995).

정지상 헤드스페이스 가스 크로마토그래프-후각 분석은 커피 아로마에 크게 기여하는 4-하이드록시-2,5-다이메틸-3(2H)-퓨라논 등 극성 향미 성분을 검출할 수 없다는 한계가 있다(주요 향미 성분의 평가 섹션을 참조). 따라서 향추출물희석분석법이나 CHARM 분석법 대신 정지상 헤드스페이스 가스크로마토그래프-후각 분석법으로 대체할 수는 없다.

그림 3.1 미디엄 로스팅 아라비카 커피에서 분리한 향미 성분의 향미 희석률 크로마토그램 (Blank et al., 1992)

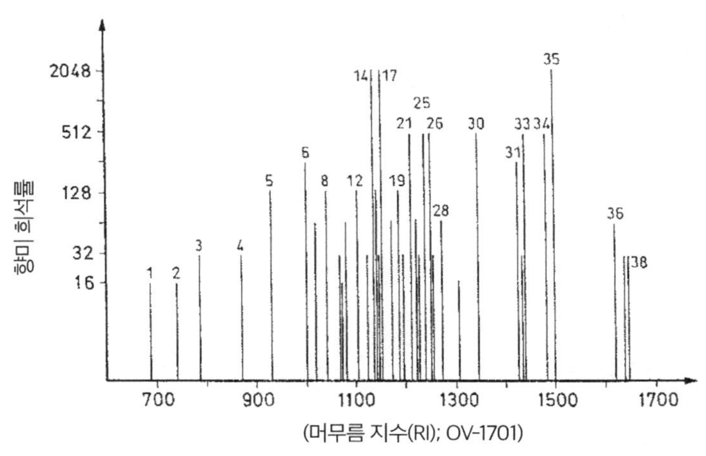

1 2,3–부테인다이온 (1)[a]
2 3–메틸부타날 (2)
3 2,3–펜테인다이온 (1)
4 3–메틸–2–부텐–1–싸이올 (3)
5 2–메틸–3–퓨란싸이올 (3)
6 2–푸르푸릴싸이올 (1)
7 2–/ 3–메틸부탄산 (1)
8 메티오날 (4)
9 미상
10 2,3,5–트리메틸티아졸 (5)
11 트리메틸피라진 (6)
12 미상
13 3–머캅토–3–메틸–1 –부탄올 (3)
14 3–머캅토–3– 메틸부틸 포메이트 (3)
15 2–메톡시–3–이소프로필피라진 (7)
16 5–에틸–2,4–다이메틸티아졸 (5)
17 2–에틸–3,5–다이메틸피라진 (6)
18 페닐아세트알데하이드 (8)
19 2–에테닐–3,5–다이메틸피라진 (9)
20 리나룰 (8)
21 2,3–다이에틸–5–메틸피라진 (10)
22 3,4–다이메틸–2–사이클로펜텐올–1–원 (11)
23 과이아콜 (1)
24 4–하이드록시–2,5–다이메틸–3(2H)–퓨라논 (12)
25 3–이소부틸–2–메톡시피라진 (13)
26 2–에테닐–3–에틸–5–메틸피라진 (9)
27 6,7–디하이드로–5–메틸–5H–사이클로펜트라피라진 (14)
28 (E)–2–노넨알 (15)
29 2–(또는 5–)에틸–4–하이드록시–5–(또는 2–)메틸–3(2H)–퓨라논[b] (12)
30 3–하이드록시–4,5–다이메틸–2(5H)–퓨라논 (16)
31 4–에틸과이아콜 (17)
32 p–아니스알데하이드 (16)
33 5–에틸–3–하이드록시–4–메틸–2(5H)–퓨라논 (16)
34 4–비닐과이아콜 (1)
35 (E)–β–다마세논 (3)
36 미상
37 비스(2–메틸–3–푸릴)이황화 (18)
38 바닐린 (19)

a 로스팅 커피에서의 최초 확인 논문은 괄호 안 숫자로 표시: 1, Reichstein & Staudinger (1926); 2, Zlatkis &

Sivetz (1960); 3, Holscher et al. (1990); 4, Silwar et al. (1987); 5, Vitzthum & Werkhoff (1974a); 6, Goldman et al. (1967); 7, Becker et al. (1988); 8, Stoll et al. (1967); 9, Czerny et al. (1996); 10, Bondarovich et al. (1967); 11 , Gianturco et al. (1963); 12, Tressl et al. (1987b); 13, Friedel et al. (1971); 14, Vitzthum & Werkhoff (1975); 15, Parliment et al. (1973); 16, Blank et al. (1992); 17, Gianturco et al. (1966); 18, Tressl & Silwar (1981); 19, Clements & Deatherage (1957).
b 토토머 2종 중 5-에틸-2-메틸 이성질체만 향미 활성을 지닌다(Bruiele et al., 1995).

표 3.3 아라비카 로스팅 분쇄 커피에 대한 정지상 헤드스페이스 가스 크로마토그래프-후각 분석

순번	향미 성분	머무름 지수(RI)[2]	용량[3] (ml)	향미 희석률[4]
1	아세트알데하이드 (1)[5]	<500	1	25
2	메테인싸이올 (1)[5]	<500	5	5
3	프로판알 (2)[5]	≈500	5	5
4	메틸프로판알 (3)[5]	≈500	5	5
5	2,3-뷰테인디온	580	0.4	62.5
6	3-메틸부탄알	653	2	12.5
7	2-메틸부탄알	662	5	5
8	2,3-펜테인다이온	697	0.2	125
9	3-메틸-2-부텐-1 -싸이올	822	0.4	62.5
10	2-메틸-3-퓨란싸이올	870	1	25
11	메티오날	906	0.4	62.5
12	2-푸르푸릴싸이올	911	0.4	62.5
13	미상	986	25	1
14	3-머캅토-3-메틸부틸 포메이트	1022	0.4	62.5
15	2-에틸-3,5-다이메틸피라진	1086	1	25
16	과이아콜	1092	2	12.5
17	2-에틸-3,5-다이메틸피라진	1107	1	25
18	2,3-다이에틸-5-메틸피라진	1155	1	25
19	2-에테닐-3-에틸-5-메틸피라진	1182	2	12.5
20	2-이소부틸-3-메톡시피라진	1186	1	25
21	미상	1225	25	1
22	(E)-p-다마세논	1400	5	5

출처: Semmelroch & Grosch (1995).

[1] 시료(100mg)를 헤드스페이스 용기(부피 250 ml)에 주입하고, 사이막(septum)으로 밀봉한 상태로 상온에 둔다.

[2] 무극성 모세관(RTX-5)에서의 머무름 지수(RI)

[3] 스니핑 포트(sniffing port)에서 향미 성분 인지에 필요한 헤드스페이스 최소 용량

[4] 헤드스페이스 최대 용량(25 ml)을 향미 희석률 1로 두고, 이를 기준으로 다른 향미 성분의 향미 희석률을 산출한다.

[5] 향미 성분 1~4번은 정지상 헤드스페이스 가스 크로마토그래프-후각 분석으로, 그 외 향미 성분은 향추출물 희석분석법으로 검출 가능(그림. 3.1 참조). 향미 성분 1~4를 커피에서 최초 규명한 연구는 다음과 같다: (1) Rekhstein & Staudinger (1926); (2) Prescott et al. (1937); (3) Rhoades (1958).

3.2.3 농축 및 확인

주요 향미 성분을 스크리닝하더라도 분리 과정에서 손실되는 향미 성분까지 정확히 알아낼 수 없다. 이를 보완하려면 최대 희석 배수 화합물뿐 아니라 희석률이 50~100배가량 낮은 화합물들에 대해서도 확인 실험을 중점적으로 해야 한다(Grosch, 1993). 로스팅 커피의 경우, 희석률이 16~2048배인 향미 성분 38종을 대상으로 확인 실험을 진행했으며(그림. 3.1), 이 중 향미 성분 35종은 화학 구조가 규명되었다. 로스팅 커피에서 이들 향미 성분을 최초로 검출한 연구진(그림 3.1 범례 참조)은 성분 6종(그림 3.1 중 1, 3, 6, 7, 23, 34)에 대해 이미 과거 라이히슈타인 및 슈타우딩거(Reichstein & Staudinger, 1926)의 고전 연구를 통해 규명된 바 있다고 언급하였다. 성분 9종(4, 5, 13, 14, 19, 26, 30, 33, 35)은 가스 크로마토그래피에서 무취의 휘발성 화합물에 함께 고 피크로 나타난 탓에 커피 추출물을 대상으로 한 가스 크로마토그래프-후각 분석으로만 검출할 수 있었다(Holscher et al., 1990; Blank et al., 1992). 따라서 분석 대상을 농축시킨 후 고분해능 가스 크로마토그래피-질량분석기(HRGC-MS)로 해야만 성공적으로 확인할 수 있었다. 실험 방법은 다음과 같다.

우선, 산성 성분과 퓨라논을 분리한 향미 추출물을 실리카 겔 컬럼 크로마토그래피에 적용한다. 분획물별로 가스 크로마토그래피/후각 분석을 실시하여 피분석물을 확인한다(Blank et al.,1992). 이 방법은 3-이소프로필-2-메톡시피라진, 2,3-다이에틸-5-메틸-피라진, (E)-β-다마세논 확인에는 도움이 되나, 3-머캅토-3-메틸부틸 포메이트 확인 시에는 불충분하므로 해당 성분이 함유된 분획은 실리카겔 고성능 액체 크로마토그래피(HPLC)로 추가 정제해야 한다. 정제한 시료는 표 3.2(V단계)에 제시된 방법을 통해 3-머캅토-3-메틸부틸 포메이트 성분을 확인할 수 있다. 체르니 등(Czerny et al., 1996)은 피라진 성분 19번, 26번을 확인하려면 별도의 실험 방법이 필요하다고 제안했다(그림. 3.1).

다차원 가스 크로마토그래피(MDGC; Weber et al., 1995)는 미량 함유된 휘발성 화합물을 농축시키는 새로운 분석 방법이다. 극성 사전컬럼으로 추출물을 분리하고, 분석 대상 성분이 함유된 용출액을 분취한다. 이후 액화 질소로 저온 농축시킨 후 질량분석기와 스니핑 포트(sniffing port)와 연결된 비극성 메인 컬럼으로 옮긴다. 마이어 등(Mayer et al., 1999)은 다차원 가스 크로마토그래피를 이용하여 지역별 아라비카 커피와 로스팅 강도를 분석하였다.

앞서 다루었지만 가스 크로마토그램에서는 향미 성분들이 아로마에 영향을 주지 않는 휘발성 화합물의 피크에 가려지는 경우가 많다. 이러한 경우, 가스 크로마토그래피/후각 분석으로 분석 대상과 표준 시료의 향미 품질을 비교하면 문제를 해결할 수 있다. 가스 크로마토그래피/후각 분석상으로 분석 대상과 표준 시료의 관능적 특성이 동일하게 나타나고, 분석 대상에 대한 가스 크로마토그래피와 질량 분석까지 추가로 실시하면 향미 성분을 정확히 확인했다고 말할 수 있다.

3.2.4 정량

앞서 살펴보았듯이 희석 실험으로는 분리 및 농축 단계에서의 향미 성분 손실량을 올바르게 측정할 수 없다. 또한, 향추출물 희석분석법과 CHARM 분석 과정에서 향미 성분이 모두 휘발되어 버리기 때문에 가스 크로마토그래피/후각 분석으로 평가해야 한다. 분쇄 커피와 커피 음료 속 아로마 화합물은 각각 비휘발성 구성 성분과의 결합과 수용성에 따라 휘발성이 결정된다. 희석 실험에서 확인한 화합물 가운데 아로마에 영향을 주는 성분을 알아내려면 다음의 분석 단계를 이용하여 주요 향미 성분을 정량화하고 향활성도(OAV)를 계산해야 한다(표 3.2 , 단계 VI).

커피의 휘발성 분획이 섞여 있고, 향미 성분의 농도와 휘발성, 반응성 차이가 커서 일반적인 분석 방법으로는 정확히 정량화할 수 없다(오차 〈 15%). 분석 대상을 세척하고, 가스 크로마토그래피에 흡수하는 과정에서 손실되는 양(Blank et al., 1992)을 대부분 간과해 버리는 탓에 결과 값이 정확하지 않을 수 있다. 그러나 내부표준물질로 안정성 동위원소 이성질체를 사용하는 이른바 '안정성 동위원소 희석분석법'으로 향미 성분을 정밀하게 정량할 수 있다. 이 방법을 이용하면 해당 동위원소 이성질체는 일부 무시 가능한 동위원소 효과를 제외하면 이화학적 특성이 동일하기 때문에 분석 대상을 분리 및 정제하는 과정에서 생겨나는 손실량을 보정할 수 있다.

그림 3.2 안정성 동위원소 희석분석법 내부표준물질인 주요 커피 향미 성분에 대한 동위원소 이성질체. 탄소-13 (■) 또는 중수소 (•)의 표지 위치. 내부표준물질을 기준으로 정량 측정한 향미 성분을 번호로 표시(표 3.6)

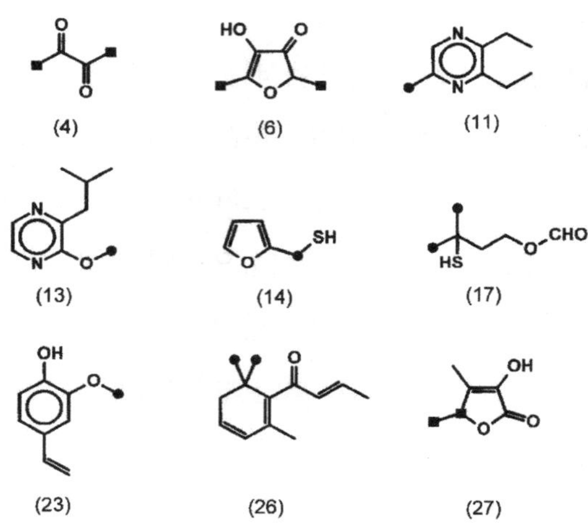

모형 실험을 이용해 안정성 동위원소 희석분석법의 정확성을 입증하였다(Schieberle & Grosch, 1987; Guth & Grosch, 1990). 일부 분석물들의 세척 후 수율이 10% 미만이었더라도 내부표준물질의 수율도 동일했기에 정량 값을 보정할 수 있었다.

브루잉 커피와는 반대로 고형 커피 시료에 내부표준물질을 직접 가해서는 안된다. 고형 커피 시료는 추출이 불완전하여 오차가 발생할 수 있다.

셈멜로흐 등(Semmelroch et al., 1995), 셈멜로흐 및 그로쉬(Semmelroch & Grosch, 1996), 마이어 등(Mayer et al., 1999)은 향미 성분의 수율을 높이기 위해 다양한 용매를 사용하여 추출했으며, 추출 후에는 표지된 내부표준물질을 첨가하였다.

커피의 주요 향미 성분에 속하는 2-메틸-3-퓨란 싸이올과 3-메틸-2-부텐-1-싸이올(그림. 3 . 1의 4번, 5번)은 각각 불안정성이 높고(Hofmann et al., 1996), 농도가 매우 낮아(표 3.6 참조) 정량화가 어려웠다. 그러나 표지 내부표준물질을 가하면 싸이올류가 p-하이드록시머큐리벤조산과 반응하여 트랩(trap)되기 때문에 정확하게 측정할 수 있다(Darriet et al., 1995). 그다음 인산염완충액으로 유도체를 추출한 후 과량의 시스테인을 첨가해 분석물과 내부표준물질을 유리시키고, 동적 헤드스페이스 실험으로 정량화한다(Ker- scher & Grosch, 1998; Mayer et al., 1999).

앞으로 다룰 정량 데이터들은 일부를 제외하고, 안정성 동위원소 희석분석법으로 측정한 값들이다.

3.2.5 아로마 모형 및 오미션(omission) 실험

희석 실험에서는 휘발성이 향미에 미치는 영향을 개별적으로 평가하기 때문에 향미 성분 간의 상호작용을 간과해 버릴 수 있다. 성분 간 상호작용은 대개 저해 및 억제(inhibition and suppression)로 구분 짓는다(Acree, 1993). 따라서 실제 아로마에 영향을 미치는 주된 향미 화합물이 무엇인지를 답할 수 있어야 한다.

실제 아로마에 영향을 주는 향미 성분들을 검출하기 위해서는 로스팅 커피(Czerny et al., 1999)와 브루잉 커피(Mayer et al., 논문 투고 준비 중)의 정량 데이터를 토대로 합성 혼합시료(아로마 모형)를 조제해야 한다(표 3.2의 VII 단계). 오미션 실험은 3점 검사로 진행했으며(표 3.2의 VIII 단계), 실험 결과는 주요 향미 성분에 대한 평가 섹션에서 다루었다.

3.3 | 생두

3.3.1 초창기 연구

생두의 휘발성에 관한 리뷰 논문에서 230여 종의 화합물을 정리하였다(Holscher & Steinhart, 1995). 비츠툼 등(Vitzthum et al., 1976)은 생두의 휘발성 분획에 가스 크로마토그래피/후각 실험을 적용하여 '완두콩 향' 아로마 특성에 기여하는 향미 활성 휘발물들을 최초 분석하였다. 그 결과, 3-알킬-2-메톡시피라진 4종이 확인되고, 2-메톡시-3-이소프로필피라진과 해당 이소부틸 유도체가 아로마에 관여한다는 결론을 도출하였다.

3.3.2 주요 향미 성분

표 3.4는 가스 크로마토그래피/후각 분석(Holscher & Steinhart, 1995)과 향추출물 희석분석법(Czerny & Grosch, 2000)으로 분석한 생두의 향미 성분 관련 최신 연구들을 요약하였다. 향추출물 희석분석법을 통해 향미 성분 21종이 확인되었으며, 이 가운데 3-이소부틸-2-메톡시피라진과 2-메톡시-3,5-다이메틸피라진의 희석률이 가장 높았다. 홀셔 및 스타인하트(Holscher & Steinhart, 1995) 연구에서 향추출물 희석분석법을 이용해 향미 성분 9종이 검출되었다(표 3.4의 1, 3, 6, 8, 10, 11, 13—15). 이 외에도 추가로 확인된 페닐아세트알데하이드, (E)-β-다마세논, 향미 성분 5종(22, 23, 25—27)은 불포화 지방산의 산화 산물로 잘 알려져 있다.

3.3.3 향미 성분의 함량 및 향활성도

생두 특유의 향미를 일으키는 화합물은 향활성도(OAV)를 정량 산출하여 자세히 분석할 수 있다(Czerny & Grosch, 논문 투고 준비 중). 이때 향활성도는 셀룰로오스에서 향미 역치 값을 이용하여 계산할 수 있다. 표 3.5를 보면 향활성도(OAV)가 490인 3-이소부틸-2-메톡시피라진이 생두에서 압도적으로 많은 비중을 차지했다. 콩 냄새가 나는 동 성분은 97μg/kg 함유되어 있었는데 이는 홀셔 및 스타인하트(Holscher & Steinhart, 1995)가 발표한 농도와 일치했으며, 스파도네와 리어던(Spadone & Liardon, 1988)이 보고한 농도대 50~70μg / kg과도 유사했다.

그러나 4-비닐과이아콜(2.3~7.5mg/kg; Spadone & Liardon, 1988), (E)-2-노넨알(280 μg/kg), (E)-β-다마세논(90μg/kg; Holscher & Steinhart, 1995)의 농도는 표 3.5에서 확인할 수 없었다. 따라서 상기 두 연구에서 사용했던 기본 정량 측정법으로는 생두에서 8번과 11번, 13번 향미 성분을 정확히 측정할 수 없었을 것으로 추정된다.

흙내가 나는 2-메톡시-3,5-다이메틸피라진은 향활성도(OAV) 기준에 따라 두 번째 주요 향미 성분으로 확인되었다(표 3 . 5). 향미 역치는 0.4ng / ℓ (물), 6ng / ℓ (셀룰로오스)로 식품에서 검출되었던 향미 활성 휘발 성분 중 가장 높았다. 3-이소프로필-2-메톡시피라진의 향활성도(OAV)는 23에 그쳐(표 3.5) 이소부틸 유도체와 유사했지만 이소부틸 유도체보다는 생두 아로마에 기여하는 수준은 낮을 것으로 보인다.

표 3.4 생두의 주요 향미

순번	화합물	향미 희석률[1]	가스 크로마토그래피 후각 분석(GCO)[2]	최초 확인[3]
1	n–헥산알	16	+	1
2	부티르산	16		2
3	2–/3–메틸부티르산	32	+++	3
4	에틸 2–메틸부티르산	256		1
5	에틸 3–메틸부티르산	256		1
6	메티오날	64	+++	3
7	펜탄산	16		2
8	1–옥텐–3–원	16	+	3
9	2–메톡시–3,5–다이메틸피라진	512		4
10	2–메톡시–3–이소프로필피라진	128	+++	5
11	리날롤	16	+++	1
12	3–하이드록시–4,5–다이메틸–2(5H)–퓨라논(소톨론)	64		4
13	(Z)–2–노넨알	64	+++	3
14	(E)–2–노넨알	128	+++	6
15	3–이소부틸–2–메톡시피라진	4096	+++	5
16	미상 (모세관 컬럼 DB–5의 머무름 지수: 1248)[4]	256		
17	미상 (모세관 컬럼 DB–5의 머무름 지수: 1259)[4]	256		
18	4–에틸과이아콜	64		4
19	4–비닐과이아콜	64		5
20	바닐린	128		6
21	미상 (모세관 컬럼 FFAP의 머무름 지수: 2068)[4]	64		
22	논나날		++	6
23	(E,Z)–2,6–논나디에날		+++	3
24	페닐아세트알데하이드		+++	5
25	(E,E)–2,4–논나디에날		++	7
26	(E,Z)–2,4–데카디에날		+	3
27	(E,E)–2,4–데카디에날		+++	6
28	(E)–β–다마세논		+++	6

출처: Holscher & Steinhart (1995), Czerny & Grosch (논문 투고 준비 중).

[1] 향미 희석률 (FD)

[2] 가스 크로마토그래피/후각 분석에 따른 냄새 강도: + , 약; ++ , 중; +++ , 강 (Holscher & Steinhart, 1995).

[3] 참고: (1) Guyot et al. (1983); (2) Wohrmann et al.. (1997); (3) Holscher & Steinhart (1995); (4) Czerny & Grosch, (논문 투고 준비 중); (5) Vitzthum et al. (1976); (6) Spadone et al. (1990); (7) Spadone & Liardon (1988).

[4] 모세관 컬럼 DB-5 또는 FFAP의 머무름 지수 (RI).

그러나 베커 등(Becker et al., 1988)은 동아프리카산 로스팅 커피의 일부 배치에서 콩과 유사한 이취가 나는 원인으로 유난히 과다 함유된 3-이소프로필-2-메톡시피라진을 지목하였다. '감자 맛'으로도 불리는 이 이취는 해충과 세균이 상호 작용하여 발생했을 가능성이 높다(Bouyjou et al., 1999). 얼룩무늬 커피 벌레(Antestiopis orbitales)와 각종 벌레들이 익지 않은 커피 열매에 상처를 내면서 그 사이로 메톡시피라진-생성균이 침투할 수 있다.

에틸 2-메틸부티르산과 에틸 3-메틸부티르산(표 3.5의 1번, 2번)이 각각 최대 37μg / kg과 345μg / kg까지 증가하는 것으로 보아 생두가 비조절 발효되었음을 알 수 있다(Bade-Wegner et al., 1997). 또한, 과발효된 생두에서는 사이클로헥사노익산 에틸에스테르가 검출되었다(Bade-Wegner et al., 1997). 에스테르의 향미 역치는 0.01μg / kg으로 매우 낮아 브루잉 커피 중 10~20μg/kg 정도 용해되어 있더라도 과일향, 사일리지 이취가 발생했다(Bade-Wegner et al., 1997).

미성숙두에서 생선 썩은내도 확인되었다(Illy & Viani, 1995). 풀 등(Full et al., 1999)이 식별한 4-헵타날은 리놀렌산이 자동산화한 생성물로서 이취를 유발시키는 주요 성분이었다.

표 3.5 상의 데이터를 통해 메톡시피라진이 로스팅동안 안정적이라는 비츠툼 등(Vitzthum et al., 1976) 가설이 증명될 수 있었다. 메티오날, 소톨론 등의 기타 향미 성분과 페놀 성분 10~12번은 로스팅을 하는 동안 함량이 급증했으며, (E)-β-다마세논의 농도는 255μg/kg으로 나타났다(표 3. 5).

표 3.5 아라비카 커피의 생두 및 미디엄 로스팅 원두 중 주요 향미 성분의 농도, 향미 역치 및 향활성도(OAVs)

순번	화합물	농도 (μg/kg)			
		생두	로스팅 커피	향미 역치[1]	생두의 향활성도(OAV)[2]
1	에틸 2-메틸부티르산	2.4	3.9	0.5	4.8
2	에틸 3-메틸부티르산	22	14	0.6	37
3	메티오날	22	213	9	2.4
4	2-메톡시-3,5-다이메틸피라진	0.5	1.1	0.006	83
5	3-이소프로필-2-메톡시피라진	2.3	2.4	0.1	23
6	3-하이드록시-4,5-다이메틸-2(5H)-퓨라논	0.7	1870	2.1	<1
7	(Z)-2-노넨알	<0.3	<0.3	ND	—
8	(E)-2-노넨알	12	19	15	<1
9	3-이소부틸-2-메톡시피라진	97	97	0.2	490
10	4-에틸과이아콜	21	4060	35	<1
11	4-비닐과이아콜	117	39000	80	1.5
12	바닐린	82	3290	100	<1
13	(E)-β-다마세논	<0.3	255	0.15	<2

출처: Czerny & Grosch (2000).

[1] μg/kg 셀룰로오스

[2] 향활성도(OAVs)를 농도 대비 향미 역치로 계산

ND: 불검출.

3.3.4 이취 유발 오염물질

커피에서 나는 강한 냄새(hardish), 페놀 향 또는 의약품이나 곰팡이 냄새가 나는 불쾌취로 표현되는 결함들이 브라질(Spadone et al.,1990)과 케냐 커피(Holscher et al., 1995)에서 발견된다. 주 원인 물질인 2,4,6-트리클로로아니솔(2,4,6-TCA)은(Spadone et al.,1990), 살진균제 프로클로라즈가 분해되면서 생성되었을 것으로 추정된다(Holscher et al., 1995). 홀셔(Holscher)는 구조 유사체인 2,3,6-TCA를 내부표준물질로 사용한 2,4,6-TCA 정량법을 개발하였다. 케냐의 하디시 생두에는 2,4,6-TCA가 4.3~7.9μg/kg 만큼 함유되어 있었으며, 브라질 리오이 로스팅 커피 시료에는 다소 많은 36.1μg / kg으로 측정되었다. 이는 커피 음료의 2,4,6-TCA 미각 역치 대비 500배가량에 달했다(Spadone et al., 1990).

2,4,6-TCA 외에도 2-메틸이소보르네올과 지오스민 성분이 멕시코 커피(아라비

카)의 곰팡이 이취를 일으키는 원인으로 나타났다(Cantergiani et al. 1999). 두 성분은 곰팡이 결함두에서 표준 시료 대비 5~10배 수준인 0.1~1μg/kg가량 검출되었다.

3.4 | 로스팅 커피

3.4.1 주요 향미의 농도

로스팅 커피의 아로마는 품종이나 지역, 로스팅 강도 등 다양한 요인들과 관련이 있다. 농도 차가 아로마에 미치는 영향을 살펴보고자 희석 실험에서 스크리닝한 향미 성분 28종을 지표로 사용하였다(Semmelroch et al., 1995; Semmelroch & Grosch, 1996; Mayer et al., 1999; 2000).

향미 성분 28종을 향미의 역치보다 50배 높은 수용액으로 조제하고, 성분별로 평가자 10명이 후각 측정하였다(Mayer, 미발표 데이터). 표 3.6에 나열한 것처럼 향미 품질에 따라 화합물을 유형별로 나누었다. 향미 성분 총 23종은 통상 커피의 아로마 프로파일을 묘사할 때 사용되는 달콤한 / 카라멜향, 흙냄새, 황 / 고소한 향과 스모키향 / 페놀향 노트로 분류하였다(추후 표 3.7 참조). 아울러, 과일향이 나는 향미성분 그룹과 향신료향/ 조미료(seasoning)향 아로마를 가진 퓨라논 2종이 로스팅 커피의 주요 향미 성분에 속했다.

표 3.6는 미디엄 로스팅한 콜롬비아산 아라비카 커피 블렌드의 향미 성분 농도로 3-메틸-2-부텐-1-싸이올 9.9μ/kg부터 아세트알데하이드 130mg/kg에 이르기까지 농도가 다양했다.

표 3.6 향미 품질이 유사한 휘발성 화합물 그룹: 미디엄 로스팅한 콜롬비아산 아라비카 커피 블렌드의 농도

순번	그룹/향미	농도 (mg/kg)	
		평균[1]	농도차[2]
달콤한/카라멜 그룹			
1	메틸프로판알	28.2	24.0–32.3
2	2–메틸부탄알	23.4	20.7–26.0
3	3–메틸부탄알	17.8	17.0–18.6
4	2,3–부테인디온	49.4	48.4–50.8
5	2,3–펜테인다이온	36.2	34.0–39.6
6	4–하이드록시–2,5–다이메틸–3(2H)–퓨라논	120	112–140
7	5–에틸–4–하이드록시–2–메틸–3(2H)–퓨라논	16.7	16.0–1 7.3
8	바닐린	4.1	3.4–4.8
흙향 그룹			
9	2–에틸–3,5–다이메틸피라진	0.326	0.249–0.400
10	2–에테닐–3,5–다이메틸피라진	0.053	0.052–0.053
11	2,3–다이에틸–5–메틸피라진	0.090	0.073–0.100
12	2–에테닐–3–에틸–5–메틸피라진	0.017	0.015–0.018
13	3–이소부틸–2–메톡시피라진	0.087	0.059–0.120
황/고소한 향 그룹			
14	2–푸르푸릴싸이올	1.70	1.68–1.70
15	2–메틸–3–퓨란싸이올	0.064	0.060–0.068
16	메티오날	0.239	0.228–0.250
17	3–머캅토–3–메틸부틸 포메이트	0.112	0.077–0.130
18	3–메틸–2–부텐–1 –싸이올	0.0099	0.0082–0.01 3
19	메테인싸이올	4.55	4.4–4.7
20	다이메틸 트리설파이드	0.028[3]	
스모키향/페놀향 그룹			
21	과이아콜	3.2	2.4–4.2
22	4–에틸과이아콜	1.6	1.42–1.8
23	4–비닐과이아콜	55	45–65
과일향 그룹			
24	아세트알데하이드	130	120–139
25	프로판알	1 7.4[3]	
26	(E)–β–다마세논	0.226	0.195–0.260
향신료향 그룹			
27	3–하이드록시–4,5–다이메틸–2(5H)–퓨라논	1.58	1.36–1.90
28	4–에틸–3–하이드록시–5–메틸–2(5H)–퓨라논	0.132	0.104–0.160

[1] Semmelroch et al. (1995), Semmelroch & Grosch (1996), Mayer et al. (1999 및 2000) 연구 데이터의 평균 값 계산

[2] 시료의 최소 농도 및 최대 농도

[3] 시료 1개 분석

콜롬비아 블렌드 3종 분석 결과를 토대로, 향미 성분의 농도차를 추정하였다(표 3.6). 농도는 최소 103%(2-에테닐-3-에틸-5-메틸피라진)와 최대 75%(과이아콜) 밖에 차이가 나지 않았다. 3~5, 7, 10, 12, 14~16, 24번 성분의 농도차는 최대 20% 수준이었다.

마이어 등(Mayer et al., 1999)은 커피 원산지가 향미에 미치는 영향을 규명하기 위해 브라질과 콜롬비아, 엘살바도르, 케냐 지역별 미디엄 로스팅 블렌딩 원두와 더불어 콜롬비아산 티피카 품종, 에콰도르 2개 지역의 카투라 품종에 대해 주요 향미 성분 28종을 비교하였다. 그 결과, 향미 성분의 농도차는 블렌딩 원두 내에서의 농도 차이보다 블렌딩 원두 대비 품종 간의 농도 차에서 더 크게 나타났다. 주요 성분인 2-푸르푸릴싸이올을 예로 들면, 콜롬비아의 티피카 품종에서 가장 많이 검출되었는데 이는 나머지 4개 원산지 가운데 가장 많이 함유된 브라질산(1.91mg/kg) 대비 52% 높은 수치였다.

홀셔(Holscher, 1996)는 커피 대용품의 아로마에 영향을 미치는 주요 향미 성분을 연구했다. 특히 2-푸르푸릴싸이올 성분은 커피 대용품에서의 함유량이 5배 이상 낮아 농도차가 가장 컸다. 아울러, 3-이소부틸-2-메톡시피라진, 3-메틸-2- 부텐-1-싸이올, 3-머캅토-3-메틸부틸 포메이트는 대용품에서 검출되지 않았다.

3.4.2 주요 향미 성분의 평가

아라비카 커피 시료의 아로마를 닮은 향미 혼합물 모형을 합성하였다(표 3.7). 특히 커피의 황/ 고소한 향 노트 강도를 실제 커피 시료와 동일하도록 만들었다. 2-에테닐-3-에틸-5-메틸피라진(표 3.6의 12번)을 뺀 아로마 모형의 향미 화합물(표 3.7)은 모두 표 3.6상의 성분 농도와 같았다. 혼합물 모형에서 12번 피라진 성분을 제외시킨 만큼 2-에틸-3 성분과 5-다이메틸피라진의 농도를 높여 피라진 성분의 공기 중 아로마 품질과 향미 역치를 맞추었다(Wagner et al., 1999).

아로마 모형에 대한 오미션 실험을 진행했다(Czerny et al., 1999). 27종 전 성분을 포함한 2개 시료와 구성 성분을 1종 이상 누락시킨 혼합물에 대해 3점 검사가 각각 이루어졌으며, 검사 결과를 표 3.8에 정리하였다. 실험 1에서 피라진을 뺀 경우 아로마에 영향을 미치는 것으로 확인되었으며, 실험 2에서는 알킬피라진 3종만 제외시키더라도 혼합물 모형의 아로마가 변화하였다. 브루잉 커피의 아로마 모형을 만들어 진행한 동일 실험에서는 3-이소부틸-2-메톡시피라진을 빼더라도 평가자들이 변화를 감지하지 못하였다(Mayer et al., 2000). 이를 근거로, 생두를 로스팅하면 감미로운 향이 생겨나기도 하지만 메톡시피라진에 의한 '풋콩' 냄새를 상쇄시킬 향미 성분들도 생성된다는 결론을 얻을 수 있었다(3.3 '생두' 참조!).

표 3.7 로스팅 분쇄 커피 및 아로마 모형의 프로파일

속성	강도[1]	
	커피	모형[2]
달콤한/카라멜향	1.0	1.4
흙향	1.6	1.3
황/고소한 향	2.3	2.1
스모키향	1.7	1.4
유사성[3]		2.3

출처: Czerny et al. (1999).

1 평가자 10명이 평가 척도 0 (없음)~3 (강)를 기준으로 강도를 채점

2 향미 성분 27종을 해바라기유-물 혼액(1:20, v/v)에 용해

3 유사성 평가 척도: 0 (유사성 없음)~3 (커피 시료와 동일)

실험 3에서는 퓨라논 I과 퓨라논 II 성분을, 실험 4에서는 퓨라논 III과 퓨라논 IV를 각각 제외시켰지만 패널 대다수는 차이를 인지하지 못했다(표 3.8). 그러나 퓨라논 4종을 모두 뺐을 때(실험 5) 혼합물 모형의 아로마가 유의미하게 달라졌다. 반면, β-다마세논을 제외시킨 경우(실험 6) 별다른 차이가 없었다. 실험 7과 실험 8을 비교함으로써 황/고소한 향 그룹에서 2-푸르푸릴싸이올이 중요한 성분임을 알 수 있었다. 2-푸르푸릴싸이올 성분을 뺀 실험 8에서 모형의 향미가 확연히 달라졌으며, 평가자 20명 중 15명이 아로마의 차이를 감지하였다. 실험 8은 실험 7과는 반대로 황/고소한 향 그룹 성분에서 2-푸르푸릴싸이올만 남겼으며, 실험 결과는 통계적으로 유의미하였다.

종합적으로 고려해볼 때 표 3.8상의 2-푸르푸릴싸이올, 4-비닐과이아콜, 알킬피

라진 및 퓨라논류를 비롯해 아세트알데하이드, 프로판알, 메틸프로판알, 2- 및 3-메틸부탄알은 커피 아로마에 커다란 영향을 미치는 것으로 판단된다. 다시 말해 커피의 로스팅 과정에서 생성된 휘발성 물질 중 향에 영향을 주는 물질은 매우 소수에 불과하다는 것을 알 수 있으며, 알킬피라진류 86종 중 오직 4종에 해당되었다(표 3.1 및 3.8 참조). 알킬피라진 성분 80종을 비교한 연구에서 표 3.8의 알킬피라진 3종은 공기 중 향미 역치가 월등히 낮은 것으로 확인된 만큼(Wagner et al., 1999) 알킬피라진이 커피 아로마에서 갖는 역할을 설명할 수 있다. 후각기관은 여러 종류가 복잡하게 혼합된 커피 휘발 성분 중에서도 상대적으로 소수의 화합물을 선별해서 인지한다는 사실을 확인할 수 있었다(Grosch, 1998b).

3.4.3 아라비카 커피와 로부스타 커피

아라비카와 로부스타 브루잉 커피의 아로마 프로파일이 차이를 보였다(Vitzthum et al., 1990; Semmel- roch & Grosch, 1996). 고소한 향, 흙향 및 스모키향 / 페놀향 노트는

표 3.8 제외 성분이 로스팅 분쇄 커피 모형의 아로마에 미치는 영향

실험 번호	화합물 제외 성분	평가 인원[1]
1	2-에틸-3,5-다이메틸피라진 (I), 2-에테닐-3,5-다이메틸피라진 (II), 2,3-다이에틸-5-메틸피라진 (III), 3-이소부틸-2-메톡시피라진	13*
2	실험 1에서의 알킬피라진 I~III	12*
3	4-하이드록시-2,5-다이메틸-3(2H)-퓨라논 (I), 5-에틸-4-하이드록시-2-메틸-3(2H)-퓨라논 (II)	8
4	4-하이드록시-4,5-다이메틸-2(5H)-퓨라논 (III), 5-에틸-3-하이드록시-4-메틸-2(5H)-퓨라논 (IV)	9
5	퓨라논 I~IV	11*
6	β-다마세논	6
7	2-메틸-3-퓨란싸이올, 다이메틸 트리설파이드, 메티오날, 3-머캅토-3-메틸부틸 포메이트, 3-메틸-2-부텐-1 -싸이올, 메테인싸이올	10
8	2-푸르푸릴싸이올	15*

출처: Czerny et al. (1999).

[1] 전 성분과 시료의 아로마 차이를 감지한 평가 인원 (최대 20명).

* 유의한 결과 (P <0.05).

로부스타에서 강하게 나타났으며, 달콤한 / 카라멜향과 '풋콩'향 노트는 아라비카에서 두드러졌다.

트레슬 등(Tressl et al., 1978a,b)과 하인리히 및 발테스(Heinrich & Baltes, 1987) 연구에서 아라비카 커피에 비해 로부스타 중 휘발성 페놀 함량이 훨씬 더 많은 것으로 밝혀졌다. 안정성 동위원소 희석 분석법으로 정량 측정했을 때도 이를 뒷받침했다. 표 3.9에서 볼 수 있듯이 로부스타 품종에서 과이아콜, 4- 에틸- 및 4-비닐과이아콜 농도가 9배, 11배, 3배로 더 많았다. 특히, 피라진류인 9번과 11번(표 3.9)은 로부스타가 3배 더 많아 유의미한 차이를 보였다.

표 3.9 아라비카 및 로부스타 커피의 향미 주성분 농도의 차이

순번[1]	향미	성분 농도(mg/kg)	
		아라비카[2]	로부스타[2]
9	2–에틸–3,5–다이메틸피라진	0.326	0.940
11	2,3–다이에틸–5–메틸피라진	0.090	0.310
21	과이아콜	3.2	28.2
22	4–에틸과이아콜	1.61	18.1
23	4–비닐과이아콜	55	178

출처: Semmelroch et al. (1995); Semmelroch & Grosch (1996); Mayer et al. (1999 및 2000).

[1] 표 3.6의 향미 성분 순번 참조

[2] 콜롬비아산 아라비카 (표 3.6 참조) 및 인도네시아산 로부스타의 미디엄 로스팅

콜롬비아 아라비카 블렌드와 비교해 보면(표 3.6) 인도네시아 로부스타 중 4-하이드록시-2,5-다이메틸-3(2H)-퓨라논 농도가 절반 밖에 되지 않았다(Semmelroch et al., 1995) . 그러나 아라비카 카투라 품종을 미디엄 로스팅한 시료에서도 농도가 낮았기 때문에 로부스타 품종의 특성으로 단정지을 수 없다(Mayer et al., 1999).

비츠툼 등(Vitzthum et al., 1990)은 곰팡이 냄새가 나는 2-메틸이소보르네올(MIB)이 로부스타 커피 고유의 향미 성분이라고 가정했다. 이러한 가정을 토대로, 안정성 동위원소 분석법(Bade-Wegner et al.,1993)과 기존 분석법(Rouge et al., 1993)으로 로부스타와 아라비카의 로스팅 커피와 생두를 측정한 결과, 로부스타 품종에서는 2-메틸

이소보르네올이 120~430 ng/kg 상당이었고, 아라비카 품종은 20ng/kg 미만이었다(Bade-Wegner et al., 1993). 물과 브루잉 커피에 용해된 2-메틸이소보르네올의 역치가 각각 2.5, 25ng/ℓ로 매우 낮은 편이었다는 점에서(Vitzthum et al., 1990; Blank, 개인 서신), 2-메틸이소보르네올이 로부스타 아로마에 기여하는 것으로 보인다. 그러나 아라비카 커피 54g/l로 만든 브루잉 커피에 2-메틸이소보르네올 25ng/ℓ을 가하자 로부스타 브루잉 커피에서 감지되었던 곰팡이/흙향 이취가 생겼다(Blank, 개인 서신). 루주 등(Rouge et al., 1993)에 따르면, 로부스타 생두에 2-메틸이소보르네올이 압도적으로 다량 함유되어 있었으나 선행 연구 결과와는 달리 로스팅 후에는 검출되지 않았다. 연구진은 이를 놓고 2-메틸이소보르네올이 가열 처리 과정에서 분해된 것으로 결론내렸다.

3.4.4 로스팅 강도가 미치는 영향

배전 강도를 약배전(라이트)에서 강배전(다크)으로 높일수록 아로마 프로파일에서 황/ 고소한(roasty) 향, 흙향, 스모키향 비중이 높아진다. 주요 향미를 분석한 연구에서, 다크 로스팅 시료에서 두드러지는 황/볶은 향과 스모키향 노트는 2-푸르푸릴싸이올 및 과이아콜이 영향을 준 것으로 여겨졌으며, 콜롬비아산 아라비카 시료를 중배전에서 강배전으로 로스팅하자 각각 63%와 82%가 검출되었다.

그림 3.3에서 볼 수 있듯이 2,3-부테인디온과 2-에틸- 3,5-다이메틸피라진은 로스팅을 하는 동안 농도 변화가 매우 적었다. 그러나 4-하이드록시-2,5-다이메틸-3(2H)-퓨라논은 로스팅 강도를 미디엄에서 다크로 높이자 불안정성을 보이며 다소 감소하는 추세를 보였다(그림. 3.3).

최근 레이저 유도 다광자 공명 이온화 및 비행시간형 질량 분석법으로 과이아콜과 4-비닐과이아콜, 4-에틸과이아콜을 온라인으로 모니터링하기도 했다(Dorfner et al., 1999). 향후에는 아로마 활성 휘발성을 지표로 로스팅 공정을 제어하는 고감도 피드백 시스템이 개발될 수도 있다.

그림 3.3 로스팅 중 향미 주성분 증가 (Mayer et al., 1999. 콜롬비아산 아라비카 커피의 배전 강도: 라이트(□, 색도 14.9), 미디엄(▩, 12.2), 다크(■, 9.2). 향미 성분의 순번은 표 3.6 참조. 4:2,3-부테인디온; 6: 4-하이드록시-2, 5-다이메틸-3(2H)-퓨라논; 9: 2-에틸- 3, 5-다이메틸피라진; 14: 2-푸르푸릴싸이올; 21: 과이아콜)

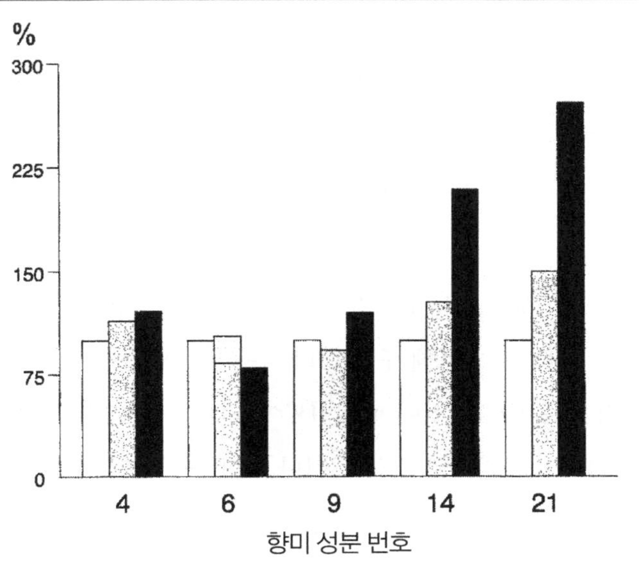

3.4.5 보관 중 아로마 변화

커피 아로마는 불안정하며 빛, 고열, 습도, 산소에 의해 불쾌취가 촉발될 수 있다(Holscher & Steinhart, 1992a). 리놀레산이 자동산화하면서 헥산알(Spadone & Liardon, 1989)이 생성되고, 동시에 메테인싸이올, 2,3-펜테인다이온, 메틸프로판올, 2- 및 3-메틸부탄알 함량이 손실되면(Kallio et al., 1990; Holscher & Steinhart, 1992a) 아로마 품질이 저하될 수 있다. 칼리오(Kallio)와 홀셔 및 스타인하트(Holscher & Steinhart) 연구에 따르면, 공기 접촉이 가능한 암실 조건에서 로스팅 커피를 상온 저장한 경우, 카보닐 화합물과는 달리 메테인싸이올이 가장 빨리 사라졌으며, 10일 후에는 25% 정도만 잔류해 있었다.

주요 향미 성분인 2-푸르푸릴싸이올도 상온에서는 불안정한 양상을 보였다. 아라비카 분쇄 커피의 경우, 보관 40일차에 손실량이 80%으로 높아졌다(Grosch et al.,

1994). 이는 커피 시료를 보관하는 동안 2-푸르푸릴싸이올 함량이 급증했다는 트레슬 및 실와르(Tressl & Silwar, 1981) 연구 결과와 반대되는 결과였다. 그러나 수증기 증류 추출법으로 2-푸르푸릴싸이올을 분리한 경우, 이황화물이 분해되어 싸이올류를 생성시켰을 수 있다(3.2.1 '휘발성 분획 분리' 참조).

로스팅 커피는 분쇄 직후부터 아로마가 변화하였다. 달콤한/카라멜향은 15분 이내로 급격히 감소하다가 이후 3시간 동안 천천히 감소했다. 아로마 프로파일상의 흙향과 스모키향 노트는 천천히 증가했으며, 고소한/황 냄새는 변화가 없었다(Grosch & Mayer, 2000).

보관한 지 30분이 지난 아라비카 커피를 헤드스페이스에 주입한 다음 민감도와 정확도가 뛰어난 측정법을 이용해 주요 향미 성분 22종의 농도를 분석하였다(Grosch & Mayer, 2000). 표 3.10에서와 같이 메테인싸이올과 아세트알데하이드는 증발하면서 수득 손실이 각각 66%와 45%만큼 일어나 가장 높은 수치를 보였다. 바닐린, 3-이소부틸-2-메톡시피라진, 2 -푸르푸릴싸이올, 메티오날(20%~30%) 손실량은 맥아 냄새를 일으키는 스트레커 알데하이드류의 메틸프로판알, 2-및 3- 메틸부탄알과 손실량이 비슷했다. 알킬피라진 4종의 방출 속도가 느린 편이었으며, 퓨라논 3종인 6, 7, 27번 성분은 30분간 손실량이 1%에 머물러 가장 느렸다.

헤드스페이스에 농축된 합성 혼합물(12번을 제외한 총 향미 성분 21종)의 아로마를 실제 커피 시료의 아로마 프로파일과 자세히 비교분석한 결과(Grosch & Mayer, 2000), 앞서 주요 향미 성분의 평가 섹션상의 내용과 일치하였다.

표 3.10 콜롬비아 로스팅 분쇄 커피의 상온 중 주요 향미 성분

순번[1]	향미 그룹/향미 성분	방출 (%)[2]
달콤한/카라멜향 그룹		
1	메틸프로판알	25
2	2-메틸부탄알	32
3	3-메틸부탄알	27
4	2,3-부테인디온	19
5	2,3-펜테인다이온	25
6	4-하이드록시-2,5-다이메틸-3(2H)-퓨라논	1.4
7	2-에틸-4-하이드록시-5-메틸-3(2H)-퓨라논	1.3
8	바닐린	20
흙향 그룹		
9	2-에틸-3,5-다이메틸피라진	12
10	2-에테닐-3,5-다이메틸피라진	6.6
11	2,3-다이에틸-5-메틸피라진	13
12	2-에테닐-3-에틸-5-메틸피라진	13
13	3-이소부틸-2-메톡시피라진	21
황/고소한 향 그룹		
14	2-푸르푸릴싸이올	23
16	메티오날	29
19	메테인싸이올	66
스모키/페놀향 그룹		
21	과이아콜	18
22	4-에틸과이아콜	8.4
23	4-비닐과이아콜	4.9
과일향 그룹		
24	아세트알데하이드	45
26	(E)-β-다마세논	12
향신료향 그룹		
27	3-하이드록시-4,5-다이메틸-2(5H)-퓨라논	1.1

출처: 그로쉬 및 마이어(2000).

[1] 표 3.6. 순번 참조

[2] 30분 내 방출. 헤드스페이스 대비 커피 비율(%)로 표시

3.5 | 브루잉 커피

3.5.1 주요 향미 성분의 추출 수율

브루잉 커피의 풍미는 분쇄 커피와는 차이를 보이는데, 특히 카라멜향과 버터향, 페놀향은 브루잉 과정에서 진해지는 특성을 가진다.

카라멜과 버터, 페놀향 노트는 브루잉 커피에서 더 강하게 나타났다. 향추출물 희석분석법과 정지상 헤드스페이스 가스 크로마토그래프-후각 분석, CHARM 분석 결과, 아로마 프로파일이 바뀐 이유가 새로운 향미 성분이 바뀐 것이라기보다 농도에 변화가 생겼기 때문인 것으로 드러났다(Blank et al. 1992; Semmelroch & Grosch, 1995; Deibler et al, 1998).

예상대로 2,3-부테인디온, 2,3-펜테인다이온, 퓨라논 6번, 7번 및 27번, 2-에틸-3,5-다이메틸- 피라진, 싸이올류 17번 및 18번(표 3.11) 같은 극성 향미 성분들은 열수 추출시 수율이 75% 이상을 보였다. 향미 성분 8종(표 3.11 중 1~3, 11, 16, 19, 21, 24)은 50~75%대 수율을 보였다. 분쇄 커피에서 25% 이하로 검출됐던 2-에테닐-3-에틸-5-메틸피라진, 3-이소부틸-2-메톡시피라진, 2-푸르푸릴싸이올 및 β-다마세논이 브루잉 커피에서도 확인되었다.

아로마에 기여한 화합물을 밝히기 위한 방법으로 향활성도가 이용되어 왔다. 표 3.11에 따르면, 3- 메틸부탄알, 메틸프로판알과 퓨라논 2종인 6번과 7번 향미 성분은 달콤한/ 카라멜향 그룹에서 아로마 활성이 가장 높았다. 싸이올류인 14, 17, 18번 성분은 황/고소한 향 그룹에서 향활성도(OAV)가 최고치를 기록했다. 오미션 실험을 통해서는 2-푸르푸릴싸이올과 3-머캅토-3-메틸부틸 포메이트가 브루잉 커피의 아로마에 기여하는 것을 확인할 수 있었다(Mayer et al.,2000). 그러나 3-메틸-2-부텐-1-싸이올을 없앤 오미션 실험에서 메티오날의 향활성도가 훨씬 낮음에도 불구하고 평가자들이 크게 감지하였다(표 3.11).

표 3.11 브루잉 커피 중 주 향미성분의 농도, 추출 수율 및 향활성도(OAV)

순번[2]	그룹/향미	농도 (mg/kg)	추출 수율[3] (%)	향미 역치[4] (mg/kg)	향활성도 (OAV)[5]
달콤한/카라멜향 그룹					
1	메틸프로판알	0.76	59	0.7	1090
2	2-메틸부탄알	0.87	62	1.9	460
3	3-메틸부탄알	0.57	62	0.4	1430
4	2,3-부테인디온	2.10	79	15	140
5	2,3-펜테인다이온	1.60	85	30	50
6	4-하이드록시-2,5-다이메틸-3(2H)-퓨라논	7.2	95	10	720
7	2-에틸-4-하이드록시-5-메틸-3(2H)-퓨라논	0.8	93	1.15	700
8	바닐린	0.210	95	25	8
흙향 그룹					
9	2-에틸-3,5-다이메틸피라진	0.017	79	0.16	110
10	2-에테닐-3,5-다이메틸피라진	0.001	35	ND	
11	2,3-다이에틸-5-메틸피라진	0.0036	67	0.09	40
12	2-에테닐-3-에틸-5-메틸피라진	0.002	25	ND	
13	3-이소부틸-2-메톡시피라진	0.0015	23	0.005	300
황/고소한(roasty) 향 그룹					
14	2-푸르푸릴싸이올	0.017	19	0.01	1700
15	2-메틸-3-퓨란싸이올	0.0011	34	0.007	160
16	메티오날	0.010	74	0.2	50
17	3-머캅토-3-메틸부틸 포메이트	0.0057	81	0.0035	1630
18	3-메틸-2-부텐-1 -싸이올	0.0006	85	0.0003	2000
19	메테인싸이올	0.170	72	0.2	850
스모키/페놀향 그룹					
21	과이아콜	0.120	65	25	50
22	4-에틸과이아콜	0.048	49	50	1
23	4-비닐과이아콜	0.740	30	20	40
과일향 그룹					
24	아세트알데하이드	4.7	73	10	470
26	(E)-β-다마세논	0.0016	11	0.00075	2130
향신료향 그룹					
27	3-하이드록시-4,5-다이메틸-2(5H)-퓨라논	0.08	78	20	4

출처: 마이어 등 (2000).

[1] 콜롬비아 아라비카 미디엄 로스팅 원두의 브루잉 커피 (54g/l).

[2] 표 3.6의 향미 성분 순번 참조

[3] 브루잉 커피 및 분말 커피의 농도비 (Mayer et al., 논문 투고 준비 중).

[4] 수용액 중 화합물의 향미 역치 (Rychlik et al., 1998); ND 불검출

[5] 향활성도(OAV). 농도/향미 역치로 계산

추출 수율이 낮은 2-푸르푸릴싸이올은 분쇄 커피와는 달리 브루잉 커피에서 아로마에 미치는 기여도가 낮았다. 메티오날과 포메이트는 오히려 브루잉 커피에서 주요 향미 성분에 속하나 분쇄 커피에서는 주성분으로 포함되지 않는다.

한편, (E)-2-노넨알은 브루잉 커피 아로마에 미치는 영향에 대해 밝혀진 바가 없는 성분이다. 표 3.5를 참고하면 브루잉 커피 중 (E)-2-노넨알 농도는 약 1μg/kg으로, 이는 팔러먼트 등(Parliment et al., 1973) 연구에 따라 나무향을 내기에 충분한 양이라고 할 수 있다. 이 정도 양은 실제 커피 테이스팅 전문가들이 브루잉 커피에서 향미를 감지할 수 있으나 솔루블 커피(인스턴트 커피)에서는 이 향을 맡을 수 없다. (E)-2-노넨알이 실제 브루잉 커피의 아로마에 중요한 역할을 하는지 여부는 위에서 언급한 오미션 실험을 실시해야 한다.

아라비카 및 로부스타 분쇄 커피로 조제한 브루잉 커피와 인스턴트 커피의 주요 향미 성분을 정지상 헤드스페이스 가스 크로마토그래프-후각으로 분석 및 비교했다(Semmelroch & Grosch, 1995). 프로판알, 메틸프로판알, 2- 및 3-메틸부타날, 2-에틸-3,5-다이메틸피라진, 과이아콜, 2,3-다이에틸-5-메틸피라진 및 2-에테닐-3-에틸-5-메틸피라진의 향미 활성이 아라비카 또는 로부스타 브루잉 커피의 향미 성분과 일치하였다. 그러나 2-푸르푸릴싸이올, 2-메틸-3-퓨란싸이올, 3-메틸-2-부텐-1-싸이올은 인스턴트 브루잉 커피의 아로마 형성에 있어 중요하지 않았다. 또 다른 가스 크로마토그래피/후각 분석법을 적용한 폴리앙 등(Pollien et al., 1997) 연구에서도 주요 향미성분에 대해 동일한 결과를 얻을 수 있었다.

가열 시 아로마 변화

123°C에서 20분간 가열 살균할 경우 커피의 아로마가 변화한다(Kumazawa et al., 1998). 캔커피 제품에 적용하는 이 방법은 고소한 향을 내는 노트를 감소시킨다. 향 추출물 희석 분석 값을 가열 전후로 비교해 보면 주요 향미 성분인 2-푸르푸릴싸이올, 메티오날, 3-머캅토-3-메틸부틸 포메이트가 크게 감소한 것을 알 수 있다(Kumazawa et al., 1998).

3.6 | 향미 생성

트레슬(Tressl, 1989), 홀셔 및 스타인하트(Holscher & Steinhart, 1992b), 호 등(Ho et al., 1993), 레이네치우스(Reineccius, 1995)는 커피가 로스팅되는 동안 생성되는 아로마 화합물의 전구체와 반응 경로를 탐색했다. 해당 연구진들은 향미 성분은 대부분 마이야르 반응이나 페놀산과 카로틴의 분해, 페닐알코올에 의한 반응을 통해 생성된다고 보고했다.

커피의 주요 향미 성분인 휘발성 화합물 형성에 대한 연구들이 뒤이어 발표되었다. 그러나 대부분 액상 반응 시스템에 한정되어 실제 커피 로스팅 조건과는 커다란 차이가 있었다. 따라서 해당 연구 결과들은 처음으로 커피의 반응 경로를 밝혀냈다는데 의의가 있다.

3.6.1 모노카보닐 및 다이카보닐 화합물

커피를 로스팅하면 모노카보닐과 다이카보닐, 올리고당이 분해되어 휘발성 화합물을 만들어내며, 달콤한 / 카라멜 및 흙냄새 향미 그룹에 속한 성분들의 전구체로 작용하기도 한다. 일례로 애쉬바허 등(Aeschbacher et al., 1989) 연구진이 밝혀낸 로스팅 커피 중 2-옥소프로판알은 하이드록시아세톤의 환원 산물이다.

마이야르 반응으로 인한 탄수화물 분해를 다룬 연구들에 따르면(Weenen & Apeldoorn, 1996), 2-옥소프로판알은 여러 경로를 통해 생성되는데 육탄당에서 1- 및 3-디옥시클리코손 중간체를 거쳐 만들어지기도 한다(그림. 3.4).

그림 3.4 1- 및 3-디옥시글리코손의 역-알돌화에 따른 2-옥소프로판알 생성

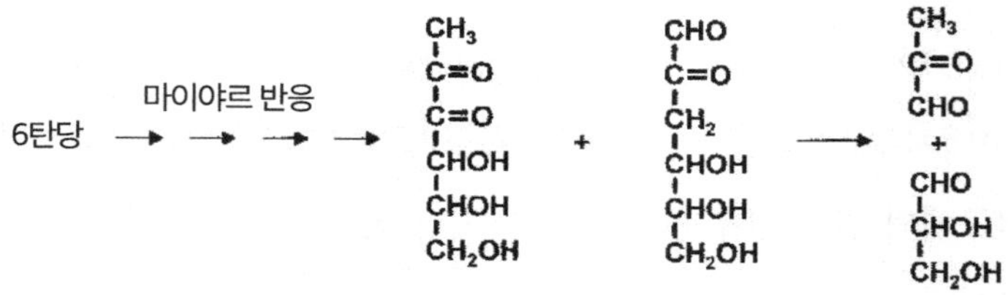

6탄당 → → → → (마이야르 반응) CH_3–C=O–C=O–CHOH–CHOH–CH_2OH + CHO–C=O–CH_2–CHOH–CHOH–CH_2OH → CH_3–C=O–CHO + CHO–CHOH–CH_2OH

2-옥소프로판알과 기타 α-다이카보닐 화합물은 아미노산에서 탈카르복실 아미노기전이를 일으킬 수 있다(스트레커 분해). 그리그 및 티안파타나굴(Grigg & Thianpatanagul, 1984)이 구체화시킨 이 메커니즘은 2-옥소프로판알과 아미노산이 반응하여 1,3-쌍극자가 생성된다(그림. 3. 5).

물을 가한 후에는 해당 중간체들이 아미노아세톤과 스트레커 알데하이드로 분해된다. 본 챕터에서 다루었던 주요 향미 성분 가운데 메틸프로판알, 2- 및 3-메틸부탄알, 메티오날은 각각 발린, 이소류신, 류신 및 메티오닌이 스트레커 분해가 일어나면서 생성되었다. 아울러, 아미노아세톤은 알킬피라진의 전구물질이라는 주장이 제기되었다(그림 3.9 참조). 그러나 생두의 어떤 펩타이드 결합 아미노산과 유리 아미노산이 얼마만큼 스트레커 분해에 의해 알데하이드로 바뀌는지는 아직 모호하다.

2,3-부테인디온과 2,3-펜테인다이온은 커피의 주된 향미 성분이자(표 3.6 참조), 2(5H)-퓨라논의 전구체이기도 하다(하단 참조). 위넨 및 아펠론(Weenen & Apeldoorn, 1996)은 1-디옥시글리코손이 이성질체화와 탈수, β-분열 과정을 거쳐 2,3-부테인디온이 생성된다고 밝혔다.

그림 3.5　아미노산의 탈카르복실 아미노기 전이 (스트레커 분해).

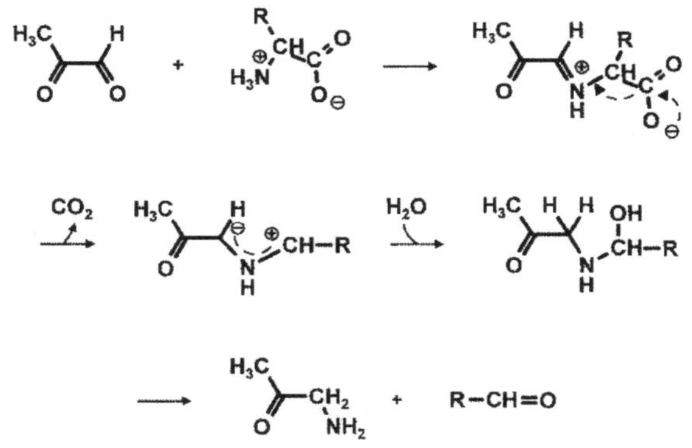

그림 3.6　α–다이카보닐 화합물 생성

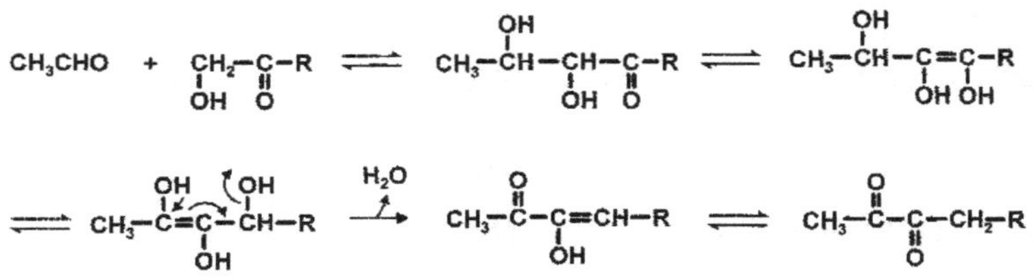

R - H: 2,3-부테인디온; R = CH_3: 2,3-펜테인다이온

그러나 1-디옥시글리코손은 다소 불안정한 편이기 때문에 3-디옥시글리코손과는 달리 해당 성분을 출발 물질로 설정하면 모형 실험이 어려워질 수 있다(Weenen & Tjan, 1992). 대신 당 파편이 분자간 축합을 일으켜 생성한 α-다이카보닐 화합물을 이용할 수 있다(Hofmann, 1995; Weenen & Apeldoorn, 1996). 그림 3.6에서도 상세히 다루고 있듯이 아세트알데하이드는 하이드록시아세트알데하이드와 하이드록시아세톤과 알돌 축합함으로써 2,3-부테인디온과 2,3-펜테인다이온을 각각 만든다(Hofmann, 1995).

3.6.2 퓨라논

육탄당이나 육탄당-인산을 가열하면 4-하이드록시-2,5-다이메틸-3(2H)-퓨라논(HDMF)이 곧바로 생성된다(Schieberle, 1992). 해당 성분은 1-디옥시글리코존과 2,4-디하이드록시-2,5-다이메틸-3(2H)-퓨라논(아세틸포르모인)을 거쳐 만들어지는 것으로 보이며, 이 중 농도 비중이 높은 2,4-디하이드록시-2,5-다이메틸-3(2H)-퓨라논(아세틸포르모인)이 4-하이드록시-2,5-다이메틸-3(2H)-퓨라논(HDMF)을 생성한다. 해당 경로(그림 3.7)는 [1-13C]-포도당을 이용한 실험(Tressl et al., 1994)과 포도당과 글리신의 마이야르 반응으로 생성된 아마도리 화합물 N-(1-디옥시-D-과당-1-일)-글리신의 분해에 관한 연구(Blank et al.,1998)를 통해 입증된 바 있다.

4-하이드록시-2,5-다이메틸-3(2H)-퓨라논(HDMF)과 2(5)-에틸-4-하이드록시-5(2)-메틸-3(2H)-퓨라논(EHMF)은 또한 오탄당이 글리신과 알라닌을 각각 만나 생성되기도 한다(Blank & Fay, 1996; Blank et al., 1997). 연구진은 13 C-표지 전구물질을 이용하여 주요 반응 경로에서도 오탄당 탄소 사슬이 유지된다는 사실을 보여주었다. 생성물의 표지 위치를 근거로 글리신(포름알데하이드) 또는 알라닌(아세트알데하이드) 유래의 스트레커 알데하이드와 아세틸포르모인류 중간체의 환원에 의해 1-디옥시펜토손에서 사슬 신장이 4-하이드록시-2,5-다이메틸-3(2H)-퓨라논(HDMF)과 2(5)-에틸-4-하이드록시-5(2)-메틸-3(2H)-퓨라논(EHMF)이 각각 생성된다고 제시했다.

그림 3.7 4-하이드록시-2,5-다이메틸-3(2H)-퓨라논(HDMF) 생성

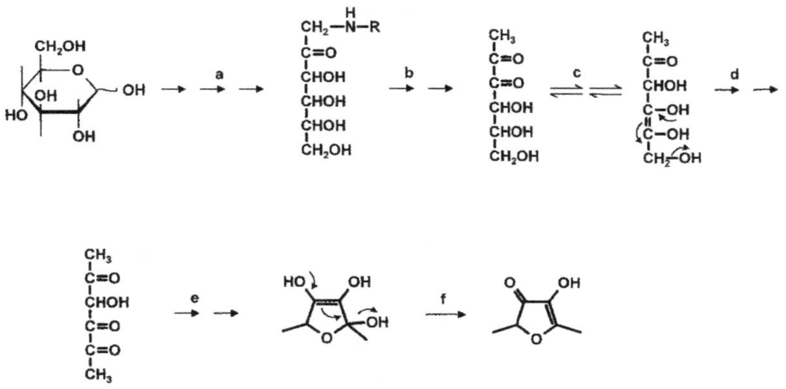

(a) 글루코실아민 생성 및 아마도리 화합물의 재배열
(b) 2, 3-에놀화 및 아민의 알릴 제거에 따른 1-디옥시-2,3-헥소디울로오스;
(c) 이성질체화;
(d) 알릴기 탈수 반응에 따른 열린 사슬 형태의 아세틸포르모인 생성;
(e) 고리화 및 환원;
(f) 탈수 및 4-하이드록시-2,5-다이메틸-3(2H)-퓨라논 생성

그러나 당 분해로도 4-하이드록시-2,5-다이메틸-3(2H)-퓨라논(HDMF)과 2(5)-에틸-4-하이드록시-5(2)-메틸-3(2H)-퓨라논(EHMF)이 부분 형성될 수 있다는 가능성이 제기되었다. 이러한 주장은 표지 실험(Blank & Fay, 1996)과 마이야르 반응 생성물인 C3, C4 파편에 대한 모형 반응(Schieberle & Hofmann, 1996)으로 설명할 수 있다. 가령, 2-하이드록시프로파논과 2-옥소프로판알이 가열-유도 알돌 축합되어 4-하이드록시-2,5-다이메틸-3(2H)-퓨라논을 생성하고, 2-옥소부탄알이 동일한 과정을 거쳐 2(5)-에틸-4-하이드록시-5(2)-메틸-3(2H)-퓨라논을 만들어낸다. 2-옥소부탄알은 아세트알데하이드와 하이드록시 아세트알데하이드의 알돌 축합으로 생성될 수 있다(Hofmann, 1995).

파편화된 당의 알돌 축합으로도 3-하이드록시-4,5-다이메틸-2(5H)-퓨라논(소톨론)과 4-에틸-3-하이드록시-5-메틸-2(5H)-퓨라논(앱헥손) 생성을 설명할 수 있다(Hofmann, 1995; Hofmann & Schieberle, 1996). 이는 2,3-부테인디온과 2,3-펜테인다

이온이 소톨론과 앱헥손의 전구 물질로서 작용한 실험을 통해 뒷받침할 수 있었다(그림 3.8). 이들 α-다이카보닐 화합물 2종에 대한 설명은 그림 3.6에서 다루었다.

그림 3.8 3-하이드록시-4, 5-다이메틸- 2(5H)-퓨라논 생성

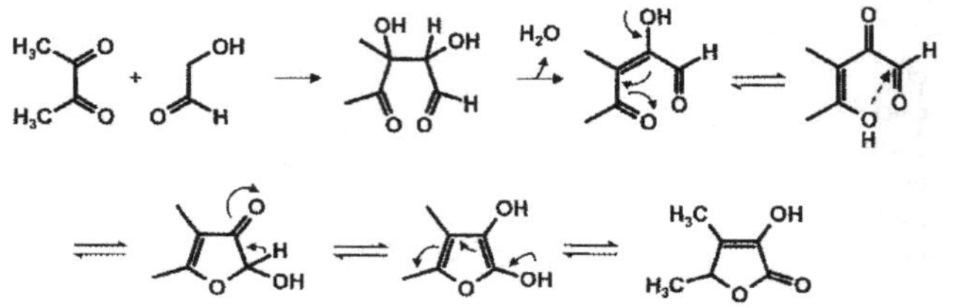

3.6.3 알킬피라진

아로마 활성이 뛰어난 알킬피라진, 2-에틸-3,5-다이메틸피라진(EDMP) 및 2,3-다이에틸-5-메틸피라진(DEMP)은 커피를 비롯해 다른 볶은 식품들에도 다량 함유되어 있다(Grosch, 1998b). 이들 두 피라진 성분에 대한 실험을 pH 5.6 조건에서 진행했다. 180°C에서 당과 아미노산을 넣고 가열하거나(Cerny & Grosch, 1994) 표지 실험을 적용했다(Amrani-Hemaimi et al., 1995). 해당 실험과 시바모토 및 베른하르트(Shibamoto & Bernhard, 1977), 비어넌 및 챤(Weenen & Tjan, 1992)의 의견을 토대로 2-에틸-3,5-다이메틸피라진의 경로가 다음과 같이 제시되었다(Cerny & Grosch, 1994). 2-옥소프로판알로 인한 알라닌의 스트레커 분해 과정에서 아미노아세톤과 2-아미노프로판알, 아세트알데하이드을 얻을 수 있었다. 그림 3.9에서도 알 수 있듯이 이들 화합물은 2-에틸-3,5-다이메틸피라진을 만들어냈다. 2,3-다이에틸-5-메틸피라진도 아미노아세톤과 1-아미노-2-부탄온으로부터 생성될 수 있으나 1-아미노-2-부탄온의 생성은 아직 밝혀지지 않았다(Amrani-Hemaimi et al., 1995).

그림 3.9 2-에틸-3, 5-다이메틸피라진 생성

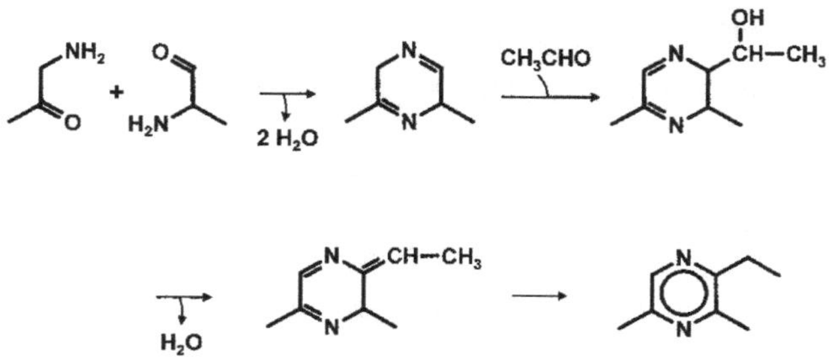

3.6.4 페놀

모형 실험에서 과이아콜, 4-에틸- 및 4- 비닐과이아콜(Tressl, 1989)의 전구체가 4-페룰로일 퀴닉산임이 밝혀졌다. 로부스타 품종은 아라비카에 비해 해당 산성 성분의 함유량이 많다는 점에서 로부스타가 페놀향이 더 강하게 나타났다고 풀이할 수 있다(표 3.9 참조). 유리 페룰산을 공기 중 200°C에서 가열하면 특히 과이아콜, 4-비닐과이아콜 및 바닐린을 얻을 수 있다. 연구진은 해당 향미 성분들이 일련의 라디칼-매개 반응을 거쳐 생성된다고 제시하였다(그림. 3.10).

그림 3.10 페룰산의 열분해에 따른 4-비닐과이아콜 (1), 바닐린 (2) 및 과이아콜 (3). R: 라디칼

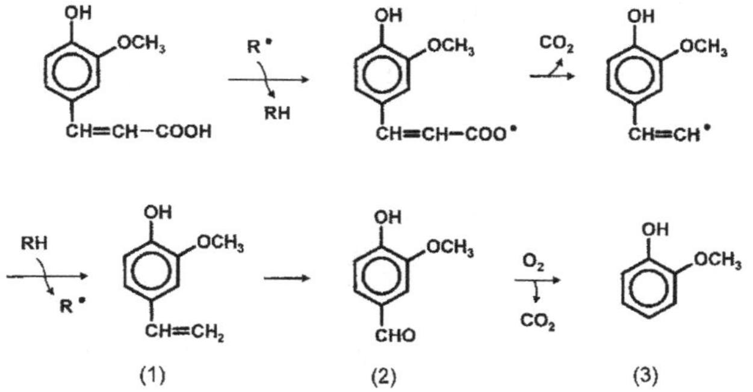

3.6.5 싸이올

주요 향미 성분에 대한 평가 섹션에서 다루었듯이 2-푸릴싸이올(FFT)은 로스팅 커피의 황 함유 분획 중에서도 눈에 띄는 향미 성분이다.

제한된 로스팅 조건 하에서 진행한 모형 실험을 토대로 2-푸릴싸이올의 전구체로서 오탄당이 효과적이며, 육탄당에 비해 생성 효율이 훨씬 뛰어난 것으로 나타났다(Parliament & Stahl, 1995; Grosch, 1999). 아울러, 시스테인-함유 트리펩타이드, 글루타티온 등 황이 함유된 급원이 유리 시스테인보다 2-푸릴싸이올을 효과적으로 생성시켰다(Parliment & Stahl, 1995) .

추가 모형 실험을 통해 유리 및 펩타이드 결합 시스테인 외에도 다당류의 구성 단위체인 아라비노오스(Bradbury & Halliday, 1990)가 2-푸릴싸이올의 전구체 가운데 가장 활성이 높은 것으로 확인되었다(Grosch, 1999). 생두에서 분리한 아라비노갈락탄을 로스팅함으로써 생두의 수분 함량이 낮고 산성을 띨 때 2-푸릴싸이올 생성이 향상되었다. 로스팅 동안 아라비노갈락탄 다당류가 부분 가수분해 되어 유리 아라비노오스를 형성한 것이 원인일 수 있다(Grosch, 1999).

푸르푸랄은 오탄당이 열분해되면서 생성되는 것으로 잘 알려져 있다. 푸르푸랄이 2-푸릴싸이올을 다량 만들어내며(Parliament & Stahl, 1995; Hofmann & Schieberle, 1997) 2-푸릴싸이올의 생성 과정은 그림 3.11 메커니즘에서 설명하고 있다. 시스테인 또는 시스테인 함유 펩타이드 및 단백질들은 2-푸르싸이올이나 기타 싸이올류들과 이황화결합을 하고 있다. 해당 성분들은 디티오트레이톨로 처리할 경우 분해된다(Grosch, 1999). 표 3.12는 로스팅 커피 시료에서 측정한 결합 싸이올류의 농도를 제시하였다. 3-메틸-2-부텐-1-싸이올과 3-머캅토-3-메틸부틸 포메이트(MMBF)은 향미 역치가 매우 낮아 주요 향미 성분에 해당되었다(Holscher et al., 1992). 생두에서 발생하는 약 0.5mg/kg 상당의 프레닐 알코올이 두 싸이올류의 전구체라는 주장이 제기되었다(Holscher et al., 1992). 유리 또는 결합 시스테인에서 방출된 황화수소가 프레닐 알코올의 하이드록시기를 대체해 3-메틸-2-부텐-1-싸이올을 생성한다는 것이다. 황화수소는 이 밖에도 프레닐 알코올의 이중 결합과 반응하여 3-머캅토-3-메틸부탄올을 생성할 수도 있다.

그림 3.11 2-푸르푸릴싸이올 생성 메커니즘 가설 (Hofmann & Schieberle, 1997).

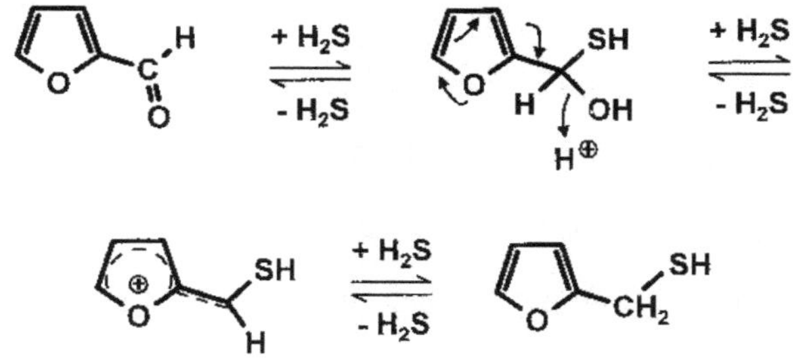

+ H_2S / - H_2S

표 3.12 콜롬비아 아라비카 로스팅 커피의 결합 싸이올

향미	농도 (μg/kg)
2-푸르푸릴싸이올	914
3-메틸-2-부텐-1-싸이올	12
3-머캅토-3-메틸부탄알	800
3-머캅토-3-메틸부틸 포메이트	13
메테인싸이올	1310

출처: Grosch (1999).

모형 반응에서 포름산은 3-머캅토-3-메틸부틸 포메이트을 생성하지 않았기 때문에(Holscher et., 1992) 글리신의 스트레커 알데하이드인 포름알데하이드가 3-머캅토- 3-메틸부탄올을 3-머캅토-3-메틸부틸 포메이트로 전환하는지 여부를 연구해보아야 한다.

3.7 | 결론

지난 십여 년간 커피 생두와 로스팅 커피에 관한 주요 향미 성분의 특성을 규명하고, 이를 정확히 측정할 수 있는 분석법들이 개발되었다. 이러한 분석법을 적용하여 커피 생두의 향미 성분을 밝혀내고, 아라비카와 로부스타 품종의 로스팅 분쇄 커피와 브루잉 커피의 아로마가 차이 나는 원인을 찾을 수 있었다. 초기 분석 결과를 통해 커피의 원산지와 로스팅 강도에 따라 주요 향미 성분의 조성이 달라지는 것을 알 수 있었다. 추후에는 커피 식물의 품종과 육종 및 가공 조건에 따른 주요 향미 성분 생성에 대해서도 확대 연구해 나갈 필요가 있다.

참고문헌

- Acree, T.E. (1993) Bioassays for flavor. In: *Flavor Science — Sensible Principles and Techniques* (eds T. E. Acree & R. Teranishi) pp. 1—20. American Chemical Society, Washington, DC.
- Acree, T.E., Barnard, J. & Cunningham, D.G. (1984) A procedure for the sensory analysis of gas chromatographic effluents. *Food Chem*, **14**, 273—86.
- Aeschbacher, H.U., Wolleb, U., Loeliger, J., Spadone, J.C. & Liardon, R. (1989) Contribution of coffee aroma constitutents to the mutagenicity of coffee. *Food Chem. Toxicol.*, **27**, 227—32.
- Amrani-Hemaimi, M., Cerny, C. & Fay, L. B. (1995) Mechanisms of formation of alkylpyrazines in the Maillard reaction. *J. Agric. Food Chem.*, **43**, 2818—22.
- Bade-Wegner, H., Bendig, I., Holscher, W. & Wollmann, R. (1997) Volatile compounds associated with the over-fermented flavour defect. In: *Proceedings of the 17th ASIC Colloquium (Nairobi)*, pp. 176—82. ASIC, Paris, France.
- Bade-Wegner, H., Holscher, W. & Vitzthum, O.G. (1993) Quantification of 2-methylisoborneol in roasted coffee by GC- MS. In: *Proceedings of the 15th ASIC Colloquium (Montpellier), pp. 537—44. ASIC, Paris, France.*
- Becker, R., Dohla, B., Nitz, S. & Vitzthum, O. G. (1988) Identification of the peasy off-flavour note in central African coffees. In: *Proceedings of the 12th ASIC Colloquium (Montreux)*, pp. 203—15. ASIC, Paris, France.
- Blank, I., Devaud, S. & Fay, L.B. (1998) Study on the formation and decomposition of the Amadori compound N-(1-deoxy-D- fructose-1-yl)-glycine in Maillard model systems. In: *The Maillard Reaction in Foods and Medicine* (ed. J. O'Brien) pp. 43—50. *The Royal Society of Chemistry, Cambridge.*
- Blank, I. & Fay, L.B. (1996) Formation of 4-hydroxy-2,4-dime- thyl-3(2H)-furanone and 4-hydroxy-2(or 5)-ethyl-5(or 2)- methyl-3(2H)-furanone through Maillard reaction based on pentose sugars. *f. Agric. Food. Chem.*, **44**, 531—6.
- Blank, I., Fay, L.B., Lakner, F.J. & Schlosser, M. (1997) Determination of 4-hydroxy-2,5-dimethyl-3(2H)-furanone and 2(or 5)-ethyl-4-hydroxy-5(or 2)-methyl-3(2H)-furanone in pentose sugar-bases Maillard model

systems by isotope dilution assays. *f. Agric. Food Chem.*, **45**, 2642—8.

- Blank, I., Sen, A. & Grosch, W. (1992) Potent odorants of the roasted powder and brew of Arabica coffee. *Z. Lebensm. Forsch.*, **195**, 239—45.
- Bondarovich, H.A., Friedel, P., Krampl, V., Renner, J.A., Shepard, F.W. & Gianturco, M.A., (1967) Volatile constituents of coffee. Pyrazines and other compounds. f. *Agric. Food. Chem.*, **15**, 1093—9.
- Bouyjou, B., Decazy, B. & Fourny, G. (1999) Removing the 'potato taste' from Burundian Arabica. *Plant. Rech. Develop.*, **6**, 113—16.
- Bradbury, A.G.W. & Halliday, D.J. (1990) Chemical structures of green coffee polysaccharides. f. *Agric. Food Chem.*, **38**, 389—92.
- Bruche, G., Dietrich, A. & Mosandl, A. (1995) Stereoisomeric flavour compounds. LXXI: Determination of the origin of aroma-active dihydrofuranones. *Z. Lebensm. Forsch.*, **201**, 249— 52.
- Cantergiani, E., Brevard, H., Amado, R.,Krebs,Y.,Feria-Morales, A. & Yeretzian, C. (1999) Characterisation of mouldy/earthy defect in green Mexican coffee. In: *Proceedings of the 18th ASIC Colloquium (Helsinki)*, pp. 43—9. ASIC, Paris, France.
- Cerny, C. & Grosch, W. (1994) Precursors of ethyldimethyl isomers and 2,3-diethyl-5-methylpyrazine formed in roasted beef. *Z. Lebensm. Unters.-Forsch.*, **198**, 210—14.
- Clements, R.L. & Deatherage, F.E. (1957) A chromatographic study of some of the compounds in roasted coffee. *Food Res.*, **22**, 222—32.
- Czerny, M. & Grosch, W. (2000) Potent odorants of roasted coffee. Their changes during roasting. f. *Agric. Food. Chem.* **48**, 868—872.
- Czerny, M., Mayer, F. & Grosch, W. (1999) Sensory study on the character impact odorants of roasted Arabica coffee. f. *Agric. Food Chem.*, **47**, 695—9.
- Czerny, M., Wagner, R. & Grosch, W. (1996) Detection of odoractive ethenylalkylpyrazines in roasted coffee. f. *Agric. Food Chem.*, **44**, 3268—72.
- Darriet, P., Tominaga, T., Lavigne, V., Boidron, J.N. & Dubourdieu, D. (1995) Identification of a powerful aromatic component of *Vitis vinifera L.* var. Sauvignon wines: 4-mer- capto-3-methylpentan-2-one. *Flavour Fragrance f.*, **10**, 385— 92.
- Dart, S.K. & Nursten, H.E. (1985) Volatile components. In: *Coffee. Vol. 1. Chemistry* (eds R. J. Clarke & R. Macrae), pp. 223—65, Elsevier Applied Science, London.
- Deibler, K.D., Acree, T.E. & Lavin, E.H. (1998) Aroma analysis of coffee brew by gas chromatography-olfactometry. In: *Food Flavors: Formation, Analysis and Packaging Influences* (eds E. T. Contis, C.-T, Ho, C.J. Mussinan, T.H. Parliment, F. Shahidi & A.M. Spanier) pp. 69—78, Elsevier Science, Amsterdam.
- Dorfner, R., Zimmermann, R., Yeretzian, C. & Kettrup, A. (1999) On-line analysis of food processing gases by resonance laser mass spectrometry (REMPI-TOFMS): Coffee roasting and related applications. In: *Proceeding of the 18th ASIC Colloquium (Helsinki)*, pp. 136—42 ASIC, Paris, France.
- Engel, W., Bahr, W. & Schieberle, P. (1999) Solvent Assistant Flavour Evaporation (SAFE) — a new and versatile technique for the careful and direct isolation of aroma compounds from complex food matrices. *Eur. Food Res. Technol.*, **209**, 237—41.
- Flament, I. (1989) Coffee, cocoa, and tea. *Food Rev. Int.*, **5**, 317— 414.
- Flament, I. (1991) Coffee, cacao and tea. In: *Volatile Compounds in Foods and Beverages* (ed. H. Maarse) pp. 617—69, Marcel Dekker, New York.
- Friedel, P., Krampl, V., Radford, T., Renner, J.A., Shephard, F.W. & Gianturco, M.A. (1971) Some constituents of the aroma complex of coffee. *f. Agric. Food Chem.*, **19**, 530—32.
- Full, G., Lonzarich, V. & Suggi-Liverani, F. (1999) Differences in chemical composition of electronically sorted

green coffee beans. In: *Proceedings of the 18th ASIC Colloquium (Helsinki)*, pp. 35—42, ASIC, Paris, France.

- Gianturco, M.A., Giammarino, A.S. & Friedel, P. (1966) The volatile constituents of coffee. *Nature*, **210**, 1358.
- Gianturco, M.A., Giammarino, A.S. & Friedel, P. & Flanagan, V. (1964) The volatile constituents of coffee. IV. Furanic acid pyrrolic compounds. *Tetrahedron*, **20**, 2951—61.
- Gianturco, M.A., Giammarino, A.S. & Pitcher, R.G. (1963) The structures of five cyclic diketones isolated from coffee. *Tetrahedron*, **19**, 2051—9.
- Goldman, I.M., Seibl,J., Flament, I. *et al.* (1967) Aroma research. About the aroma of coffee. II. Pyrazines and pyridines. *Helv. Chim. Acta*, **50**, 694—705.
- Grigg, R. & Thianpatanagul, S. (1984) Decarboxylative transamination: mechanisms and applications to the synthesis of heterocyclic compounds. *Chem. Soc. Chem. Commun.*, **1984**, 180—81.
- Grosch, W. (1993) Detection of potent odorants in foods by aroma extract dilution analysis. *Trends Food Sci. Technol.*, **4**, 68—73.
- Grosch, W. (1994) Determination of potent odourants in foods by aroma extract dilution analysis (AEDA) and calculation of odour activity values (OAVs). *Flavour Fragrancef.*, **9**, 147—58.
- Grosch, W. (1998a) Flavour of coffee. A review. *Nahrung*, **42**, 344—50.
- Grosch, W. (1998b) Which compounds are preferred by the olfactory sense in heated foods? *Lebensmittelchemie*, **52**, 143—6 (in German).
- Grosch, W. (1999) Key odorants of roasted coffee: Evaluation, release, formation. In: *Proceedings of the 18th ASIC Colloquium (Helsinki)*, pp. 17—26. ASIC, Paris, France.
- Grosch, W., Czerny, M., Wagner, R. & Mayer, F. (1996) Studies on the aroma of roasted coffee. In: *Flavour Science. Recent Developments* (eds A. J. Taylor & D. S. Mottram) pp. 200—205. The Royal Society of Chemistry, Cambridge.
- Grosch, W. & Mayer, F. (2000) Release of odorants from roasted coffee. *ACS-Symposium on Flavor Release*, New Orleans, 22—26 August 1999, Series 763, pp.430—438. American Chemical Society, Washington, DC.
- Grosch,W., Semmelroch, P.&Masanetz, C. (1994) Quantification of potent odorants in coffee. In: *Proceedings of the 15th ASIC Colloquium (Montpellier)*, pp. 545—9. ASIC, Paris, France.
- Guth, H. & Grosch, W. (1990) Deterioration of soya-bean oil: quantification of primary flavour compounds using a stable isotope dilution assay. *Lebensm. Hiss. Technol.*, **23**, 513—22.
- Guth, H., Hofmann, T., Schieberle, P. & Grosch, W. (1995) Model reactions on the stability of disulfides in heated foods. *f. Agric. Food Chem.*, **43**, 2199—203.
- Guyot, B., Cros, E. & Vincent, J.C. (1983) Characterization and identification of the compounds of the volatile fraction of a sound green Arabica coffee and a malodorous Arabica coffee (in French). In: *Proceedings of the 10th ASIC Colloquium (Salvador)*, pp. 33—58. ASIC, Paris, France.
- Heinrich, L. & Baltes, W. (1987) Determination of phenols in coffee. *Z. Lebensm. Unters.-Forsch.*, **185**, 362—5 (in German).
- Ho., C.-T., Hwang, H.-I., Yu, T.-H. & Zhang, J. (1993) An overview of the Maillard reactions related to aroma generation in coffee. In: *Proceedings of the 15th ASIC Colloquium (Montpellier)*, pp. 519—27. ASIC, Paris, France.
- Hofmann, T. (1995) *Characterisation of intense odorants in carbo- hydrate/cysteine model reactions and evaluation of their formation. A contribution to the Maillard reaction.* Thesis, Technical University Munich (in German).
- Hofmann, T. & Schieberle, P. (1996) Studies on intermediates generating the flavour compounds 2-methyl-3-furanthiol, 2- acetyl-2-thiazoline and sotolon by Maillard-type reactions. In: *Flavour Science. Recent Developments* (eds. A. J. Taylor & D.S. Mottram) pp. 182—7. The Royal Society of Chemistry, Cambridge.
- Hofmann, T. & Schieberle, P. (1997) Influence of the heating conditions on the formation of key odorants in

cysteine/ribose reaction flavours. In: *Flavour Perception. Aroma Evaluation*. Proceedings of the 5th Wartburg Symposium, Eisenach (eds H.-P. Kruse & M. Rothe) pp. 345—5. Universitat Potsdam, Eigenverlag.

- Hofmann, T., Schieberle, P. & Grosch, W. (1996) Model studies on the oxidative stability of odor-active thiols occurring in food flavors. f. *Agric. Food Chem.*, **44**, 251—5.
- Holscher, W. (1996) Comparison of some aroma impact compounds in roasted coffee and coffee surrogates. In: *Flavour Science, RecentDevelopments* (eds A.J. Taylor & D.S. Mottram) pp. 239—44. The Royal Society of Chemistry, Cambridge.
- Holscher, W., Bade-Wegner, H., Bendig, I., Wolkenhauer, P. & Vitzthum, O.G. (1995) Off-flavor elucidation in certain batches of Kenyan coffee. In: *Proceedings of the 16th ASIC Colloquium (Kyoto)*, pp. 174—82. ASIC, Paris, France.
- Holscher, W. & Steinhart, H. (1992a) Investigation of roasted coffee freshness with an improved headspace technique. *Z. Lebensm. Unters.-Forsch.*, **195**, 33—8.
- Holscher, W. & Steinhart, H. (1992b) Formation pathways for primary roasted coffee aroma compounds. In: *Thermally Generated Flavors* (eds T. Parliment, M. Morello & R. McGorrin) pp. 207—17. ACS Symposium Series 543, American Chemical Society, Washington, DC.
- Holscher, H. & Steinhart, H. (1995) Aroma compounds in green coffee. In: *Food Flavors — Generation, Analysis and Process Influence* (ed. G. Charalambous) pp. 785—803. Elsevier Science, Amsterdam.
- Holscher, W., Vitzthum, O.G. & Steinhart, H. (1990) Identification and sensorial evaluation of aroma-impact compounds in roasted Colombian coffee. *Cafe, Cacao, The*, **34**, 205—12.
- Holscher, W., Vitzthum, O.G. & Steinhart, H. (1992) Prenyl alcohol — source for odorants in roasted coffee. f. *Agric. Food Chem.*, **40**, 655—8.
- Illy, A. & Viani, R. (1995) *Espresso Coffee. The Chemistry of Quality*. Academic Press, London.
- Kallio, H., Leino, M., Koullias, K., Kallio, S. & Kaitarauta, J. (1990) Headspace of roasted ground coffees as an indicator of storage time. *Food Chem.*, **36**, 135—48.
- Kerscher, R. & Grosch, W. (1998) Quantification of 2-methyl-3- furanthiol, 2-furfurylthiol, 3-mercapto-2-pentanone, and 2- mercapto-3-pentanone in heated meat. *f. Agric. Food Chem.*, **46**, 1954—8.
- Kumazawa, K., Masuda, H., Nishimura, O. & Hiraishi, S. (1998) Change in coffee drink during heating. *Nippon Shokuhin Kagaku Kaishi*, **45**, 108—13 (in Japanese).
- Mayer, F., Czerny, M. & Grosch, W. (1999) Influence of provenance and roast degree on the composition of potent odorantsinArabicacoffees.Eur. *FoodRes. Technol.*,**209**,242—50.
- Mayer, F., Czerny, M. & Grosch, W. (2000) Sensory study on the character impact aroma compounds of coffee beverage. Eur. *FoodRes. Technol.* **211**, 212—276.
- Nijssen, L.M., Visscher, C.A., Maarse, H., Willemsens, L.C. & Boelens, M.H. (1996) *Volatile Compounds in Food. Qualitative and Quantitative Data*, 7th edn, pp. 72. 1—72.23. TNO Nutrition and Food Research Institute, Zeist, The Netherlands.
- Parliment, T.H., Clinton, W. & Scarpellino, R. (1973) *trans*-2- Nonenal: coffee compound with novel organoleptic properties. *f. Agric. Food Chem.*, **21**, 485—7.
- Parliment, T.H. & Stahl, H.D. (1995) Formation of furfurylmercaptan in coffee model systems. In: *Food Flavors: Generation, Analysis and Process Influence* (ed. G.Charalambous) pp. 805—13, Elsevier Science, Amsterdam.
- Pollien, P., Krebs, Y. & Chaintreau, A. (1997) Comparison of a brew and an instant coffee using a new GC-olfactometric method. In: *Proceedings of the 17th ASIC Colloquium (Nairobi)*, pp. 191—6. ASIC, Paris, France.
- Prescott, S.C., Emerson, R.L., Woodward, R.B. & Heggie, R. (1937) The staling of coffee. II. *Food Res.*, **2**, 1—5.
- Reichstein, T. & Staudinger, H. (1926) A new or improved method of producing artifical coffee oil. *Br. Patent* 260960.

- Reichstein, T. & Staudinger, H. (1950) About the coffee aroma. *Angew. Chem.*, **62**, 292 (in German).
- Reichstein, T. & Staudinger, H. (1955) The aroma of coffee. *Perfum. Essent. Oil. Rec.*, **46**, 86—8.
- Reineccius, G.A. (1995) The Maillard reaction and coffee flavor. In: *Proceedings of the 16th ASIC Colloquium (Kyoto)*, pp. 249— 57. ASIC, Paris, France.
- Rhoades, J.W. (1958) Sampling method for analysis of coffee volatiles by gas chromatography. *Food Res.*, **23**, 254—61.
- Rothe, M. & Thomas, B. (1963) Aroma compounds of bread. *Z. Lebensm. Unters.-Forsch.*, **119**, 302—10 (in German).
- Rouge, F., Gretsch, C., Christensen, K. & Liardon, R. (1993) Thermal stability of 2-methylisoborneol in Robusta coffee. In: *Proceedings of the 15th ASIC Colloquium (Montpellier)*, pp. 866—8. ASIC, Paris, France.
- Rychlik, M., Schieberle, P. & Grosch, W. (1998) *Compilation of Odor Thresholds, Odor Qualities and Retention Indices of Key Food Odorants*. Deutsche Forschungsanstalt fur Lebensmit- telchemie und Institut fur Lebensmittelchemie der Tech- nischen Universitat Munchen, 85748 Garching.
- Schieberle, P. (1992) Formation of furaneol in heat-processed foods. In: *Flavour Precursors. Thermal and Enzymatic Conversions* (eds R. Teranishi, G.R. Takeoka & M. Guntert) pp. 164— 74. ACS Symposium Series 490, American Chemical Society, Washington, DC.
- Schieberle, P. & Grosch, W. (1987) Quantitative analysis of aroma compounds in wheat and rye bread crusts using a stable isotope dilution assay. *f. Agric. Food Chem.*, **35**, 252—7.
- Schieberle, P. & Hofmann, T. (1996) Influence of the carbohydrate moiety on the formation of odour-active aroma compounds in thermally processed Maillard systems containing cysteine. In: *Chemical Reactions in Food III.* Proceedings of the Third Symposium on Chemical Reactions in Food, pp. 89—93. Czech Chemical Society, Division of Food and Agricultural Chemistry, Prague.
- Schmid, W. & Grosch, W. (1986) Identification of highly aromatic compounds from cherries (*Prunus cerasus* L.) (Z. *Lebensm. Unters.-Forsch.*, **182**, 407—12 (in German).
- Semmelroch, P. & Grosch, W. (1995) Analysis of roasted coffee powders and brews by gas chromatography-olfactometry of headspace samples. *Lebensm. Hiss. Technol.*, **28**, 310—13.
- Semmelroch, P. & Grosch, W. (1996) Studies on character impact odorants of coffee brews. *f. Agric. Food Chem.*, **44**, 537—43.
- Semmelroch, P., Laskawy, G., Blank, I. & Grosch, W. (1995) Determination of potent odorants in roasted coffee by stable isotope dilution assays. *Flavour Fragrance J.*, **10**, 1—7.
- Shibamoto, T. & Bernhard, R.A. (1977) Investigation of pyrazine formation pathways in glucose-ammonia model systems. *Agric. Biol. Chem.*, **41**, 143—53.
- Silwar, R., Kamperschroer, H. & Tressl, R. (1987) Gas chromatographic-mass spectrometry investigation of coffee aroma — quantitative determination of steam-volatile aroma constituents. *Chem. Mikrobiol. Technol. Lebensm.*, **10**, 176—87 (in German).
- Spadone, J.C. & Liardon, R. (1988) Identification of specific volatile components in Rio coffee beans. In: *Proceedings of the 12th ASIC Colloquium (Montreux)*. pp. 194—202. ASIC, Paris, France.
- Spadone, J.C. & Liardon, R. (1989) Analytical study of the evolution of coffee aroma compounds during storage. In: *Proceedings of the 13th ASIC Colloquium (Paipa)*, pp. 145—57. ASIC, Paris, France.
- Spadone, J.C., Takeoka, G. & Liardon, R. (1990) Analytical investigation of Rio off-flavor in green coffee. *f. Agric. Food Chem.*, **38**, 226—33.
- Stoll, M., Winter, M. Gautschi, F., Flament, I. & Willhalm, B. (1967) About the aroma of coffee. I. *Helv. Chim. Acta.*, **50**,628— 94 (in French).
- Tressl, R. (1989) Formation of flavor components in roasted coffee. In: *Thermal Generation of Aromas* (eds T.H.

Parliment, R.J. McGorrin & C.-T. Ho) pp. 285—301. ACS Symposium Series 409, American Chemical Society, Washington, DC.

- Tressl, R., Bahri, D., Koppler, H. & Jensen, A. (1978b) Diphenols and caramel compounds in roasted coffee of different varieties. II. *Z. Lebensm. Unters.-Forsch.*, **167**, 111—14 (in German).
- Tressl, R., Grunewald, K.G., Koppler, H. & Silwar, R. (1978a) Phenols of roasted coffees of different varieties. I. *Z. Lebensm. Unters.-Forsch.*, **167**, 108—110 (in German).
- Tressl, R., Grunewald, K.G. & Silwar, R. (1981) Gas chromatographic-mass spectrometric study of N-alkyl- and N-fur- furylpyrroles in roasted coffee. *Chem. Microbiol. Technol. Lebensm.*, 7, 28—32 (in German).
- Tressl, R., Kersten, E., Nittka, C. & Rewicki, D. (1994) Formation of sulfur-containing flavor compounds from [13C]- labeled sugars, cysteine, and methionine. In: *Sulfur compounds in Foods* (eds C.J. Mussinan & M.E. Keelan) pp. 224—35. ACS Symposium Series 564, American Chemical Society, Washington, DC.
- Tressl, R., Kossa, T., Renner, R. & Koppler, H. (1976) Gas chromatographic and mass spectrometric investigation of the formation of phenols and aromatic hydrocarbons in food. *Z. Lebensm. Unters.-Forsch.*, **162**, 123—30 (in German).
- Tressl, R. & Silwar, R. (1981) Investigation of sulfur-containing components in roasted coffee. *J. Agric. Food Chem.*, **29**, 1078— 82.
- Ullrich, F. & Grosch, W. (1987) Identification of the most intense volatile flavour compounds formed during autoxidation of linoleic acid. *Z. Lebensm. Unters.-Forsch.*, **184**, 277—82.
- Vitzthum, O.G. (1999) Thirty years of coffee chemistry research. In: *Flavor Chemistry — Thirty Years of Progress* (eds R. Teranishi, E.L. Wick & I. Hornstein) pp. 117—33. Kluwer Academic/Plenum Publishers, New York.
- Vitzthum, O.G., Weisemann, C., Becker, R. & Kohler, H.S. (1990) Identification of an aroma key compound in Robusta coffees. *Cafe, Cacao, The.*, **34**, 27—33.
- Vitzthum, O.G. & Werkhoff, P. (1974a) Newly discovered nitrogen-containing heterocycles in coffee aroma. *Z. Lebensm. Unters.-Forsch.*, **156**, 300—307 (in German).
- Vitzthum, O.G. & Werkhoff, P. (1974b) Oxazoles and thiazoles in coffee aroma. *J. Food Sci.*, **39**, 1210—15.
- Vitzthum, O.G. & Werkhoff, P. (1975) Cycloalkylpyrazines in coffee aroma. *J. Agric. Food Chem.*, **23**, 510—16.
- Vizthum, O.G. & Werkhoff, P. (1976) Steam volatile aroma constituents of roasted coffee: neutral fraction. *Z. Lebensm. Unters.-Forsch.*, **160**, 277—91.
- Vitzthum, O.G., Werkhoff, P. & Ablanque, E. (1975) Volatile components of raw coffee (in German). In: *Proceedings of the 7th ASIC Colloquium (Hamburg)*, pp. 115—23. ASIC, Paris, France.
- Wagner, R., Czerny, M., Bielohradsky, J. & Grosch, W. (1999) Structure—odour—activity relationships of alkylpyrazines. *Z. Lebensm. Unters.-Forsch. A.*, **208**, 308—16.
- Weber, B., Maas, B. & Mosandl, A. (1995) Stereoisomeric distribution of some chiral sulfur-containing trace components of yellow passion fruits. *J. Agric. Food Chem.*, **42**, 2438—41.
- Weenen, H. & Apeldoorn, W. (1996) Carbohydrate cleavage in the Maillard reaction. In: *Flavour Science, Recent Developments* (eds A.J. Taylor & D.S. Mottram) pp. 211—16. The Royal Society of Chemistry, Cambridge.
- Weenen, H. & Tjan, S.B. (1992) Analysis, structure, and reactivity of 3-deoxyglucosone. In: *Flavor Precursors. Thermal and Enzymatic Conversions* (eds R. Teranishi, G.R. Takeoka & M. Guntert) pp. 217—31. ACS Symposium Series 490, American Chemical Society, Washington, DC.
- Wohrmann, R., Hojbr-Kalali, B. & Maier, H.G. (1997) Volatile minor acids in coffee. I. Contents of green and roasted coffee. *Dtsch. Lebensm. Rdsch.*, **93**, 191—4.
- Zlatkis, A. & Sivetz, M. (1960) Analysis of coffee volatiles by gas chromatography. *Food Res.*, **25**, 395—8.

CHAPTER 4

공학 I: 로스팅

TECHNOLOGY I : ROASTING

R. 에거스 및 A. 피에츠
독일 함부르크-하르부르크 공과대학교

공학 I: 로스팅

R. 에거스 및 A. 피에츠
독일 함부르크-하르부르크 공과대학교

4.1 | 서론

생두는 아로마가 거의 없기 때문에 커피 특유의 아로마를 내려면 로스팅이 필요하다. 대개 원두를 뜨거운 표면에 접촉시키거나 기체를 주입시켜 가열시키는 로스팅 과정에서 이화학적 변성이 일어난다. 클라크(Clarke, 1987)는 커피 로스팅에 관한 메커니즘과 공법을 자세히 다루었다. 로스팅 공정이 오랜 기간 쉼 없이 발전을 거듭해 올 수 있었던 바탕에는 커다란 커피 시장 규모도 한몫했지만 로스팅 메커니즘이 그만큼 복잡한 탓도 있다. 최근 10여 년간, 새로운 과학적 기술들이 선을 보였다. 로스팅 특허 35건가량이 출원(미국)되었고, 새로운 로스팅 기계들이 출시되어 현장에 투입되었다. 이번 챕터에서는 커피 로스팅 공정에 대한 현황을 간략히 다루고, 1980년대 중반 이후 변천사를 중점적으로 소개한다.

4.2 | 로스팅 방법 및 관련 파라미터

4.2.1 일반

로스팅 공정은 기술적으로 매우 복잡하고 각종 파라미터와 공정들이 서로 영향을 미친다. 그림 4.1에 주요 요소들을 묘사하였다. 로스팅은 로스터기의 열에너지에 의해 발생된다. 열풍이나 뜨거운 금속 표면에 있던 열이 생두로 전달되면서 원두가 가열되고 수증기가 형성되는 흡열 과정이 일어난다. 시차열 분석에 따르면, 160°C에서 발열 반응이 시작되어 210°C에서 최고치를 보였다(아라비카 커피 기준) (Raemy & Lambelet, 1982). 이산화탄소나 수증기같은 기체 반응물들은 커피 원두에 남게 된다. 세포에 갇힌 기체는 원두의 내압을 높이면서 팽창(파핑, popping)하게 되고, 특정 순간 파열음을 낸다. 커피가 적당히 로스팅되면(색, 풍미, 로스팅 질량 손실) 로스터기에서 꺼내 수냉(water quenching)과 공냉식으로 급냉시킨다. 표 4.1은 0.15g 생두를 기준으로 생두와 로스팅한 아라비카 원두에 관한 데이터를 제시하였다.

그림 4.1 커피 원두 로스팅 – 주요 요인

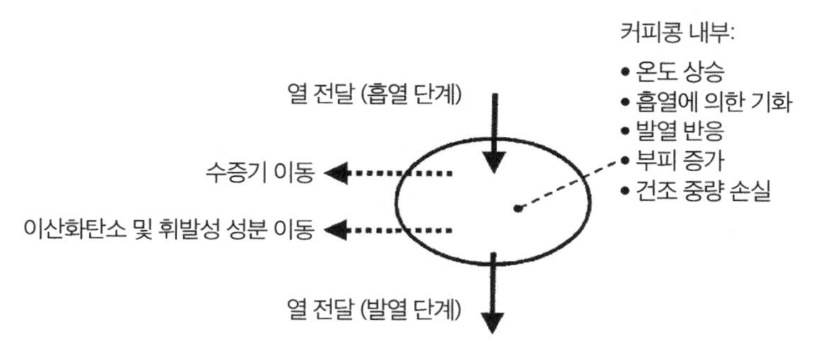

표 4.1 아라비카 커피 원두의 평균 이학적 특성 (초기 질량 0.15g).

	질량 (g)	수분 (wt%)	로스팅 손실 (wt%)	건조 기준 손실 (wt%)	밀도 (g/ml)	부피 (ml)	지름[1] (mm)	공극률 (–)
생두	0.15	10–12	0	0	1.2–1.4	0.11–0.13	3	〈0.1
미디엄 로스팅	0.13	2–3	15–18	5–8	0.7–0.8	0.16–0.19	3.5	0.5

[1] 등부피 구형체 지름

4.2.2 전통 로스팅

수평식 회전 드럼이나 패들이 달린 수직 드럼, 수직형 회전통에 원두를 넣고 열풍을 주입한다. 보통 8~12분간 로스팅을 하며, 주입 시 열풍 온도는 약 450°C 강도로 한다. 고온에서 장시간 로스팅하는 특징을 반영해 고온 장시간 로스팅(HTLT 고온 장시간)이라고 부른다. 연속 드럼 로스터기처럼 커피 대비 주입되는 기체량이 많을 경우, 250°C 정도의 비교적 낮은 온도에서 3~6분 동안 단시간 로스팅하기도 한다.

4.2.3 유동층 로스팅

유동층 로스팅은 주로 로스팅기계 하단에서 열풍을 빠른 속도로 쏘아 올려 원두를 기류 교반시키는 방식으로 원두가 공중에 떠 있는 상태로 가열된다. 유동층 로스팅은 과열되는 구간이 없어 가공 파라미터 조절이 쉽고, 로스팅 생성물이 상당히 고르다. 또한, 기계가 원두를 교반하지 않아 유지와 세척이 쉽다는 장점이 있어 기계의 신뢰도가 높다. 특히 원두가 파손이 일어나거나 작은 파편이 생겨나는 등의 커피 입장 손실량을 줄일 수 있고, 콩을 둘러싸고 있는 실버스킨의 탈피가 줄어 연기 발생을 줄일 수 있다는 점이 가장 큰 장점으로 꼽힌다. 커피 원두를 유동층에서 로스팅하는 원리는 70여 년 전부터 알려져 있었지만 실제 공업용 로스팅 기계가 선보이기까지는 오랜 시간이 걸렸다. 최근 공업용 로스팅 기계 분야 발전 양상(4.6 참조)에서 커피 원두의 유동층을 자세히 다루었다.

일반적으로 커피콩은 주로 끝이 매우 둥근 반원 형태이나 계산의 편의성을 위해 구형이라고 간주했다. 고체 입자의 유동화를 유형화한 겔다트(Geldart) 분류법을 원두에 적용할 경우(Kunii & Levenspiel, 1991), 원두의 직경은 6mm이며, 밀도는 700~1400kg/m^{3}로 겔다트 그룹 D로 분류할 수 있었다. 즉, 커피는 유동화가 쉽지 않고 깊이가 얕은 유동 베드(bed)에서는 가스 사용량이 많아질 수 밖에 없다는 것을 뜻한다. 유체를 표현하는 레이놀즈 수(Re)는 단위가 없는 무차원 인자이며, 주로 Re = $V_s\, d_{sphere} / V_{gas}$로 계산한다. Vs는 공탑 기체 속도를, V_{gas}는 기체의 역학 점도를 말한다. 대략 생두를 조립자로 가정하고 열풍이 200°C 조건으로 최소 유동화 속도를 어림 계산하면 2.1m/s(Re~360)이었다(Kunii & Levenspiel, 1991). 로스팅을 하면서 원두가 팽창하고, 밀도는 감소하기 때문에 이론적으로 미디엄 로스팅 원두의 최소 속도는 1.7m/s(Re~340)로 감소한다. 따라서 기체의 유속 조절이 관건이라고 할 수 있다. 유속이 너무 느리면 원두가 충분히 유동되지 않아 일부가 타버릴 수 있다. 반대로 유동 속도를 적절히 조절하여 로스팅으로 팽창된 원두를 로스터기에서 분사시킬 수 있다. 기체 온도도 최소 유동 속도에 영향을 줄 수 있다. 기체 온도를 250°C로 주입하자 생두의 최소 유속이 2.2m/s(Re~310), 미디엄 로스팅 원두는 1.8m/s(Re~300)로 측정되어 빈센트 등(Vincent et al., 1977) 실험 데이터보다 다소 높게 나타났다. 측정된 레이놀즈 수(Re)는 모두 층류 유동에서 난류 유동으로 변화하는 전이 구간에 속했으며, 로스팅 기계 대부분의 레이놀즈 수가 Re 〉 3×10^5으로 난류 구간에 해당되지는 않았다.

겔다트 그룹 D로 분류된 커피 원두는 쉽게 분사될 수 있기 때문에 분사층에서 로스팅이 이루어질 수 있다. 다만, 분사층에서 원두가 균일하게 유동되지는 않지만 기체의 분출 속도가 빨라 원두를 분사층 꼭대기까지 이동시킬 수 있다. 적은 양의 기체로도 분사가 가능하며, 분사층 높이에 따라 최소 분사 속도가 달라진다. 분사층은 모델링이 어려워 아직 관련 연구가 부족한 실정이다. 나가라주 등(Nagaraju et al., 1997)은 무게가 가벼운 피베리 커피 원두를 대상으로 실험을 진행했다.

밀도 0.9g/ml인 생두 분사에 필요한 최소유량 : 고형분 비율을 1.1~1.6로 설정했을 때 분사에 필요한 최소 및 최대 분사층이 각각 0.15m, 0.075m임을 관찰하였다. 다만, 풍속이나 공기속도, 로스팅 손실, 로스팅 원두 밀도 등 추가 연구가 필요한 파라미터들에 대한 언급은 없었다. 로스팅 중 커피 원두의 유동화와 분사 파라미터에 관한 기본 연구들이 여태 이루어지지 않았다. 유동층 로스팅과 분사층 로스팅은 단시간 저온으로도 로스팅이 가능하나 분사층 로스팅의 경우, 열전달은 잘되나 원두가 균일하게 로스팅되지 않을 수도 있다.

4.2.4 급속 로스팅

지난 15년간 커피 산업계에서 주로 단시간 로스팅 공법이 통용되었다. 생두 대비 기체량을 많게 하여 급속 로스팅하면 생두로의 열전달이 높고, 로스팅 시간이 보통 1~4분 밖에 걸리지 않는다. 로스팅 시간이 2분 미만인 경우를 초단시간 또는 초고속이라고 명명한다. 급속 로스팅 커피 원두는 일반적인 로스팅 원두와 달리 크기가 크고 밀도가 낮으며, 공극률이 확연히 높다. 이러한 구조적 특성 덕택에 물 투과도와 커피의 가용성분 추출이 뛰어나다. '고수율'이라 함은 전통 로스팅 커피에 비해 가용성 고형분이 다량 함유된 커피 원두를 뜻한다. 다시 말해, 커피 양을 줄이더라도 비슷한 추출 농도를 낼 수 있다는 것을 의미한다. 고수율 제품은 미국에서 꽤 많은 인기를 구가했지만 독일에서는 그렇지 않았다. 그러나 최근 대부분 커피 업계에서는 로스팅 시간을 줄이고 있다. 유동층 로스터기처럼 커피콩을 강하게 이동시키는 기계일수록 고수율 커피를 얻을 수 있다. 이처럼 고온에서 단시간에 로스팅하는 공법을 줄여서 고온 단시간 로스팅(HTST)이라 말한다.

마이어(Maier, 1985)는 전통 로스팅 커피와 급속 로스팅 커피의 화학적 조성을 비교하기 위해 동일한 로스팅 색깔을 가진 시료를 대상으로 실험하였다. 그 결과, 로스팅 시간이 짧아질수록 수용성 추출물(수용성 고형분)이 증가하였다. 특히 자당 등 특정 성분은 로스팅에 따라 함량이 변화했는데 이를 통해 전통 로스팅 커피와 단시간 로스팅 커피의 화학적 조성은 유사하지만 동일하지 않다는 결론을 도출할 수 있었다. 미세 분쇄한 커피 시료는 예상대로 추출량이 증가하였다. 그러나 한 가지 흥미로운 점은 전통 로스팅 커피와 급속 로스팅 커피 간의 수용성 고형분 차이가 미세 커피에서는 오히려 감소했다. 이는 급속 로스팅 커피의 추출 농도가 화학적 변화가 아닌 구조적인 이유에서 증가했다는 가설을 입증한 셈이다. 팽창 메커니즘에 관한 사항은 뒤에 4.3.2.에서 다룰 것이다. 아울러 로스팅 커피의 카페인 함량은 로스팅 속도와 독립적이어서 고수율 커피의 카페인 추출 농도가 낮았다면 이는 제조업체들이 권장한 대로 커피 대 물의 비율을 낮췄기 때문이라고 풀이했다.

나가라주 등(Nagaraju et al., 1997)은 분사층에서의 급속 로스팅 실험을 진행하였다. 로스팅 시간을 단축시키고 기체의 온도를 높일수록 가용성 고형분과 클로로겐산 함량이 많아졌으며, 탄맛과 휘발성 성분 손실량이 감소하였다. 버스텐(Bersten, 1993) 연구에 따르면, 원두의 아로마는 지방 함량과 관련이 있는데, 급속 로스팅 커피는 지방 함량이 높은 것으로 나타났다. 해당 연구진은 이를 토대로 좋은 아로마를 만들기 위한 최소 로스팅 시간으로 아라비카 품종은 3분 30초, 로부스타 품종은 2분 30초를 권장했다.

1986년부터 몇 년간 급속 로스팅에 관한 특허 출원이 쏟아졌다. 브란드라인 등(Brandlein et al.)은 기포유동층에서 5000~12000lb/h 상당의 생두를 처리할 수 있는 급속 로스팅 기계를 선보였다. 기포유동층을 이용하면 90초 이하로 로스팅 시간을 줄이고, 풍미 강도는 높일 수 있다(US 4 737 376; 표 4.4의 출원 목록 참조). 프라이스 등(Price et al.)은 유동층 로스팅 방법을 이용한 초고속 커피 로스팅(3-120초) 방법을 제시하고, 쓴맛을 줄이면서 추출물 보관 시의 선도 유지를 향상시켰다(US 4 988 590). 커크패트릭 등(Kirkpatrick et al.) (US 5 160 757)과 옌센 등(Jensen et al.) (US 5 322 703)은 로부스타 원두의 고수율 패스팅 로스팅 방법을 출원했다. 이는 패스팅 로스팅을 하기 전에 원두를 예비 건조시키는 방법을 선보였다. 거트웨인 등(Gutwein et al.) (US 5 721 005)은 급속 로스팅 커피의 적정 추출 산도를 맞추기 위해 고품질 아라비카나 콜롬비아 원두 등 산도가 높은 원두를 사용토록 권했다.

4.2.5 최적의 배전 강도

로스팅을 자동 중단하기 위해서는 로스팅 시간을 조절하고, 이를 적절히 감지할 수 있는 기술이 탑재되어 있어야 한다. 지난 15년간 많은 신기술들이 발표되거나 특허를 받았지만 보완이 필요했다. 시베츠(Sivetz, 1991)는 원두의 최종 온도를 유동층에서의 로스팅 종료 기준으로 삼고, 원두 온도와 아로마 및 풍미 강도 관계를 간단한 그래프로 제시했다. 연구진은 원두의 최종 온도를 앵글로 탄(Anglo tan)은 226℃, 아메리칸 라이트 브라운은 232℃, 유러피언 브라운은 238℃으로 명시하고, 해당 최종 온도가 로스팅 손실과 관련이 있다고 보았다.

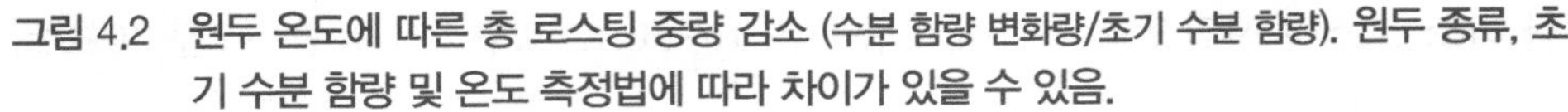

그림 4.2 원두 온도에 따른 총 로스팅 중량 감소 (수분 함량 변화량/초기 수분 함량). 원두 종류, 초기 수분 함량 및 온도 측정법에 따라 차이가 있을 수 있음.

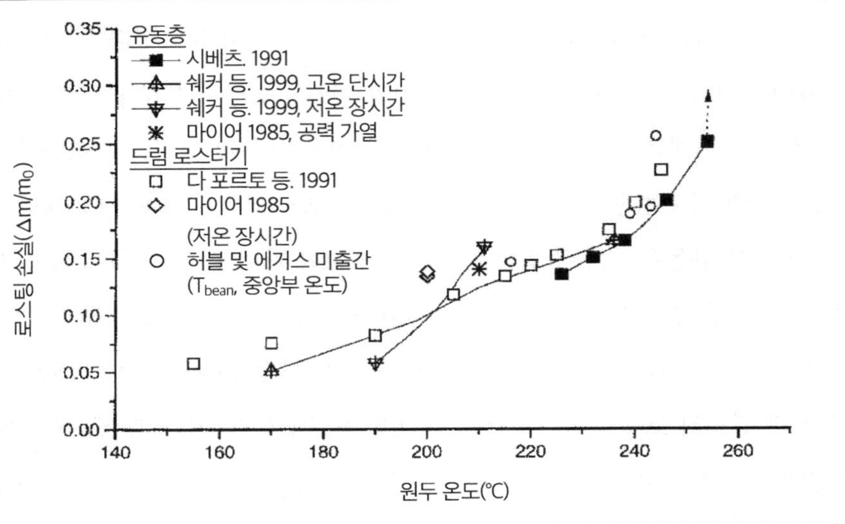

그림 4.2은 여러 연구진들이 각기 다른 로스터기를 가지고 로스팅 손실과 원두 온도 간의 상관 관계를 측정한 값이다. 특히 220°C 미만 온도대에서 로스팅 손실 값 차이가 크게 나타나는데 이는 생두 종류와 수분 함량, 로스팅 손실에서의 수분 비중 차이에서 기인하였다(Sivetz, 1991: 12%; Schenker et al., 1999; 11.1%; Da Porto et al., 1991: 9.8%; Maier, 1985: 미상; Hobbie et al., 1999: 8%). 유동층 로스터기 제조사들이 로스터기의 센서로 정밀 측정했다고 말하지만 '원두 온도' 및 '제품 온도'가 아직 제대로 정의되지 않았기에 주의해야 한다. 그러나 대부분 측정법에 따라 크게 좌우되고, 원두 온도와 로스팅 손실 또는 아로마 간의 상관 관계는 로스터기별로 차이가 있다. 따라서 원두의 절대 온도는 내장된 적외선 검출기나 열센서를 이용하거나 직접 측정하는 방식이 있다. 최근 로스터기 설계(Burns System 90)에서는 원두 온도 대신 배출구 기체 온도를 측정하기도 한다. 주입 기체의 온도와 연소 출력을 정밀하게 조절할 수 있으면 기기를 보다 정확하게 조작할 수 있다. 그러나 쉥커 등(Schenker et al.) 연구에서 얻은 두 곡선을 통해 알 수 있듯이(그림. 4.2) 반응 속도 또한 원두의 온도와 로스팅 손

실의 상관 관계에 영향을 미친다. 원두의 온도와 질량 간의 관련성은 추후에 다루었다(그림 4.3 참조).

최근에는 특정 화학 성분을 온라인으로 감지하여 로스팅 공정을 모니터링하는 방법들도 소개되었다. 커피콩 중 메틸피라진 비율을 관능 분석으로 감지하거나(Hashim & Chaveron, 1996), 헤드스페이스상의 휘발성 성분 농도 프로파일 특성을 이용하는 방법(Zimmermann et al., 1999)이 개발되었다. 아울러 냉각 광전기를 오븐의 점검창과 함께 조작하여 원두의 로스팅 색깔을 감지하는 공업용 특허(US 4 849 625; 1989) 외에도 압력(US 5 257 574; 1993) 또는 소리(US 4602 147; 1986)를 감지하는 소형 타이머도 특허를 취득했다. 원두가 동시 다발적으로 팝핑되지 않기 때문에 소리 분포에 대한 연구가 전제되어야 대형 배치식 로스터기에도 소리 감지법을 적용할 수 있을 것이다.

4.3 | 로스팅 과정에서의 원두 거동

4.3.1 원두의 온도, 질량, 수분

로스팅에 있어 무엇보다 원두의 온도가 매우 중요하며, 원두의 온도와 질량 간의 상관 관계는 그림 4.2를 통해서도 확인할 수 있다. 온도와 질량에 이어 세 번째로 중요한 로스팅 파라미터는 바로 시간이다. 로스팅 온도와 시간은 열전달계에 큰 영향을 미치기 때문에 기술적으로도 적용이 가능하다. 다 포르토 등(Da Porto et al., 1991)과 쉥커 등(Schenker et al., 1999) 연구에 따르면, 로스팅 과정에서의 원두 온도 변화에 관한 새로운 데이터가 발표되었다. 쉥커 등(Schenker et al., 1999)은 아라비카 원두 100g에 대해 급속 유동층 로스팅을 하였다. 열풍 유속을 0.01885 m^3/s로 설정하고, 조작 방법을 다음과 같이 달리하였다. 첫 번째 조작 조건은 이른바 저온 장시간 로스팅 공법으로 220°C 열풍 온도에 9~12분간 로스팅하였으며, 두 번째 조작 조건에서는 고온 단시간 로스팅 공법으로 260°C 열풍 온도에 2.6~3분간 로스팅하였다. 저온 장시간 로스팅 실험에서 로스팅 시간에 따라 원두 온도와 기타 파라미터들을 기록했더니 원두 온도가 20°C에서 190°C까지 2분간 계속 증가하였다(그림 4.3). 이처럼 원두 온도가 급상승세를 보이며 최종 온도 대비 90%까지 상승하였다(14분 이후 211°C). 고온 단시간 로스팅 조건에서는 1분 정도 로스팅했을 때의 원두 온도가 180°C가량 최종 온도 235°C(3분) 대비 75% 수준을 기점으로 온도 변화 기울기가 변했다. 다 포르토 등(Da Porto et al., 1991) 연구의 원두 온도 데이터는 다소 불규칙적으로 나타나 실험 절차상의 차이가 있었던 것으로 보인다. 실험용 로스터기로 산토스 커피 원두를 로스팅하면서 얻은 원두 온도는 3.3분 이후 155°C로 시작해 245°C(10분)까지 증가하였다. 기존의 전통 로스터기 데이터와 비교했을 때 유동층 로스터기가 원두의 온도 상승을 유의미하게 단축시키는 것으로 나타났다.

처음 12% 상당이었던 생두의 수분 함량은 로스팅이 진행되면서 감소하였다. 수분 함량은 보통 로스팅 후반부보다 초반에서 급감하는 특성을 보인다. 산토스 커피를 고온 장시간 로스팅한 해당 논문 데이터(Da Porto et al. 1991)를 보면 로스팅한 지 4분대에서 수분 함량이 9.8%에서 5.3%로 감소하다(미디엄 로스팅) 6.3분 이후로는 5.1%로 감소량이 다소 줄어들고, 10분 후에는 2.1%로 측정되었다(그림 4.3). 동일한 로스터기를 이용했던 마세니 등(Massini et al., 1990) 연구에서도 로스팅 14분대의 수분 함량이 초기 11%에서 3.2%로 감소한 것으로 나타났다. 쉥커 등(Schenker et al., 1999) 논문에서는 실험용 유동층 로스터기에서 저온 장시간 로스팅했을 때 수분 함량 데이터를 게재하였다. 처음 11.1% 함유되어 있던 수분은 로스팅을 하면서 점점 감소하다 6분이 지나면서 2.3%로 떨어졌다. 이후 10분 후 1.5%(미디엄 로스팅), 14분 후 1.3%대로 떨어지면서 수분 곡선의 기울기가 완만해졌다. 세 문헌 모두 로스팅이 끝났어도 원두에 수분이 2% 이상 남아 있었다. 기체 유량을 강하게 할수록 기체의 수분 분압이 감소하고, 원두에서의 증기 이동력이 높아졌다. 따라서 유동층에서 로스팅한 원두는 사용한 기체 온도가 낮음에도 불구하고 더 건조했다.

그림 4.3 로스팅 중 실험용 원두의 상대 질량(세모), 상대 부피(동그라미), 상대 수분 함량(네모) 및 원두 온도(다이아몬드) 변화(상대값 = t_R에서의 값/ t_R = 0에서의 값). 검정 도형은 저온 장시간 유동층 로스팅한 쉥커 등(Schenker et al., 1999)의 연구 데이터이며, 흰 도형은 드럼 로스팅한 다 포르토 등(Da Porto et al., 1991)의 연구 데이터이다.

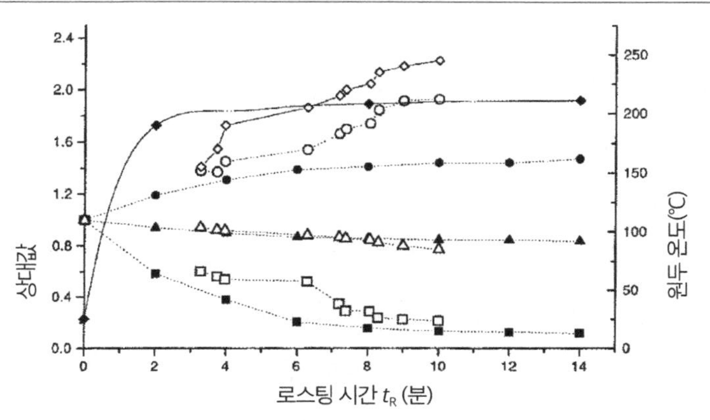

로스팅 과정 동안 원두의 질량은 감소하였다(예: 로스팅 손실이 증가). 로스팅 시간이 길어질수록 로스팅 손실이 꾸준히 증가하였다. 유동층 로스팅 연구진들은 총 질량 감소량이 15%인 원두를 미디엄 로스팅으로 정의하였다(Schenker et al., 1999). 이는 저온 장시간 로스팅 10분, 고온 단시간 2.7분일 때의 값으로, 저온 장시간 로스팅 시 건조 중량을 기준으로 환산했을 때 질량 감소는 6.4%였다. 다 포르토 등(Da Porto et al., 1991) (고온 장시간 로스팅) 데이터에서는 로스팅 손실 15.2%, 건조 중량 기준 질량 감소 8.6%인 원두는 8.1분대에서 얻을 수 있었다. 오르톨라 등(Ortola et al., 1998)은 원두 6종을 샘플용 드럼 로스터기에서 로스팅 기체 온도를 달리하여 실험한 결과, 최종 중량 감소 및 수분 함량은 로스팅 기체 온도와 뚜렷한 관련성을 보이지 않았다.

4.3.2 팽창 및 구조

원두가 팽창 및 팽화(puffing)되는 메커니즘은 아직까지 상세히 밝혀지지 않았다. 다만, 원두가 로스팅되면서 수분이 기화하고, 물과 이산화탄소가 배출되는 힘에 의해 원두가 팽창하는 것만큼은 분명하다. 팽창력은 원두 구조의 저항 강도에 반대되는 힘을 말한다. 라드케(Radtke, 1975)와 클라크(Clarke, 1987) 논문에서는 다양한 대기 조건(5~10)에서 원두의 내부압을 계산하였다. 브란드라인 등(Brandlein et al., 1988)은 급속 로스팅 원두의 팽화 현상이 크게 일어난 것은 수분 때문으로, 급속 로스팅으로 인한 원두의 온도 급상승은 내부에 다량의 수분을 보유할 수 있게 해준다. 따라서 원두가 로스팅 동안에도 유연하게 유지될 수 있다고 주장했다. 이러한 주장을 뒷받침하려면 로스팅 강도와 수분 함량에 따른 원두의 구조적 강도에 관한 데이터를 수집함으로써 흥미로운 결과를 도출해낼 수 있을 듯하다. 고분자 과학에서 말하는 '유리전이온도(glass transition temperature)' 용어는 고분자가 유연해지면서 결정 구조가 헐거워지는 온도를 말한다. 브란드라인 등(Brandlein et al., 1988) 연구진은 커피 원두의 유리 전도 온도가 420°F(215°C)로, 만난과 셀룰로오스가 중요한 역할을 한다고 보았다. 스몰 및 호렐(Small & Horrell, 1993) 연구에서도 원두 팽창에서 수분이 중요하다고 강조하면서 클로로겐산의 분해도 팽창에 기여한다고 설명했다. 연구진은 순수 클로로겐산이 210°C에서 분해되면서 갑자기 방출되는 이산화탄소가 원두 팽창에 필수적인 역할을 한다고 말했다. 마시니 외(Massini et al., 1990) 논문은 헤드스페이스 분석을 이용한 로스팅 원두 시료의 이산화탄소 방출을 조사하고, 동일 연구진(Da Porto et al., 1991)이 발표한 원두 온도 데이터와 비교하여 200°C 근방에서 이산화탄소 방출량이 급증했다고 밝혔다. 해당 온도는 스몰 및 호렐(Small & Horrell, 1993) 연구에서 보고한 클로로겐산의 분해 온도와 유사했다.

해당 연구진은 원두로 열이 빨리 전달될수록 클로로겐산이 갑자기 분해되어 팽화 효과가 커질 수 있다고 생각했다. 따라서 수분이 함유되어 있을 경우 기화열로 인해 원두를 빨리 가열할 수 없어 원두를 사전 건조해 두면 팽화 효과를 높일 수 있다고 보았다. 실제 사전 건조한 원두(수분 5% 미만)를 로스팅한 실험에서 로스팅이 고르게 이루어지고 커피 수율이 높았다. 최근 사전 건조 기법을 적용한 급속 로스팅에 관한 특허가 2건 등록되기도 했다(4.2.4 섹션 참조).

원두의 상대 부피를 나타내는 V_{rel}은 특정 로스팅 강도에서의 원두 부피를 생두의 부피로 나눈 값을 뜻한다. 쉥커 등(Schenker et al., 1999; 고온 단시간 및 저온 장시간)과 다 포르토 등(Da Porto et al., 1991; 고온 장시간) 연구에서는 로스팅 과정에서의 원두 부피(또는 밀도) 변화를 다룬 실험 데이터를 보고하였다. 고온 장시간 로스팅한 원두의 상대 부피는 원두의 온도와 마찬가지로 선형 증가세를 보였으며, 미디엄 로스팅 원두의 경우 1.74를 기록하였다(로스팅 손실 15.2%). 그러나 유동층 로스팅 원두의 상대 부피는 초반 강한 증가세를 보이다 약해지면서 선형적으로 증가하지 않았다. 유동층 미디엄 로스팅 원두의 상대 부피는 1.44(고온 단시간)와 1.7(저온 장시간)로 확인되었다.

쉥커 등(Schenker et al., 1999)은 수은압입법으로 아라비카 커피 원두의 공극 부피를 측정했다. 주사전자현미경과 X선 미세분석을 비교하여 커피 원두에서의 수은압입법 타당성을 입증하였다(Schenker et al, 1998). 연구진은 생두의 누적 압입 공극 부피가 130mm³/g으로 측정된 원인으로 커피 오일로 인한 인위적인 압축 효과로 풀이했다. (고온 단시간) 로스팅 과정에서 공극 부피는 로스팅 시간에 거의 비례하여 증가하였다. 로스팅 손실이 15%인 로스팅 원두 시료 2종의 공극 부피를 비교했을 때 고온 단시간으로 로스팅한 원두의 공극 부피가 840mm³ /g으로 나타나 저온 장시간 원두 630mm³ /g 대비 35%가 더 컸다. 두 원두 간 상대 부피는 크게 차이 나지 않았으며(18%), 상대 공극률은 차이가 더 적었다(12%).

원두 공극률은 공극 부피를 원두 부피로 나눈 값으로 정의하고, 상대 공극률은 생두의 공극률을 기준으로 하였다. 로스팅 커피 2종을 대상으로 한 라드케(Radtke, 1975) 연구에 따르면, 로스팅 원두의 중량이 0.15g, 원두 부피를 180mm³로 가정했을 때 저온 장시간으로 미디엄 로스팅한 원두의 공극률은 0.5로 계산할 수 있었다.

가지 및 클리포드(Kazi & Clifford, 1985) 연구에 따르면, 전통 로스팅 커피의 공극 크기는 15~40nm(평균 26nm)였으며, 급속 로스팅 고수율 커피는 15~39nm(평균

24nm)이었다. 로스팅 커피에서 공극이 생성되는 이유는 아직 완전히 밝혀지지 않았다. 다만, 새로 생성된 가스가 채워지면서 공극이 만들어졌다는 설과 공극 사이에 끼여 있는 원래 세포벽의 일부였다는 이른바 '함몰 세포' 설이 제기되었다. 공극의 구조를 상세 분석한 쉥커 등(Schenker et al.) 연구에서는 1999년 이전의 자료들을 정리하고, 새로운 통찰을 내놓았다. 수은 압입으로 얻은 공극 크기 분포를 확인한 결과, 20~50μm 상당의 미세 공극이 압도적으로 많았다. 연구진은 세포벽 내 미세 공극이 더 큰 세포 내강을 만들고, 미세공극의 겉보기 부피가 크게 측정된 것도 세포 내강에 압입한 수은 값과 일치하였다고 보았다. 따라서 공극 크기 분포 최대 값이 세포벽 내 미세공극의 크기를 나타낸다고 결론내렸다. 세포벽 미세공극은 로스팅을 하면서(배전도가 강할수록) 더 커지며, 크기 분포가 좁혀졌다. 동일한 로스팅 강도일 경우(로스팅 손실 15%), 로스팅 조건에 따라 최종 세포벽 공극 크기가 달라졌다. 고온 단시간 로스팅한 원두의 겉보기 반경은 13.4nm(저온 장시간 11.22nm)로 측정되었다. 급속 로스팅의 경우, 저온 로스팅 원두에 비해 고온 로스팅 원두가 원두의 부피가 더 크고, 누적 공극 부피가 더 높았으며, 세포벽 내 미세 공극도 더 크게 나타났다. 연구진은 빠른 기체 방출이나 오일 이동, 용이한 산소 접촉, 향미 화합물의 급격한 손실이 바로 세포벽의 미세 공극 크기가 더 컸기 때문으로 풀이했다. 그러나 이러한 연구 결과에도 세포벽 미세 공극 네트워크에 관한 원인과 구조에 대해서는 아직 밝혀진 바가 없다.

배출 가스의 조성과 배기 조절, 로스팅 강도 측정, 가용성 고형분 함량에 관한 상세 정보는 클라크(Clarke, 1987) 연구를 참조하고, 적외선 및 마이크로웨이브 로스팅 효과는 시베츠 및 데스로지에르(Sivetz & Desrosier, 1979) 연구에서 확인 가능하다.

4.3.3 디카페인 커피

라드케(Radtke, 1975) 연구에 따르면, 디카페인 로스팅 커피의 원두 단면 공극이 카페인 로스팅 커피 원두에 비해 눈에 띄게 더 많은 것으로 나타났다. 디카페인 공정 전에 원두를 열처리하면 원두 구조가 느슨해질 수 있다. 공극률을 높이면 원두의 평균 열전도가 낮아지기 때문에 디카페인 원두를 만들 때는 저자가 언급했듯이 로스팅 강도를 더 높여야 한다.

아울러 디카페인 로스팅 커피는 일반 원두에 비해 지방과 왁스 함량이 적을 수 있다. 지방의 열전도는 원두의 다른 유기 성분과 비슷하기 때문에 지방과 왁스 함량이 적더라도 평균 열전도에 영향을 미치지 않을 것으로 보인다(올리브유: 0.16 W/mK, Swern, 1979; 목질: ~ 0.17W/mK). 다만, 아로마 형성에 영향을 줄 수 있으므로 로스팅 강도를 높여야 한다.

4.4 | 열 전달 및 물질 전달

4.4.1 공정의 복합성

앞에서도 말했듯이 로스팅 과정 동안 이화학적 변화가 복잡하게 일어난다(그림 4.4). 시간과 온도에 의존적인 로스팅 공정에서는 원두의 이동과 수분 함량이 중요하다. 물질 전달과 열 전달이 고르게 일어나지 않기 때문에 시간에 따라 원두 내부에서 온도와 농도 프로파일이 만들어지는데 아직 명확히 규명된 바는 없다. 또한, 원두에서 국소적으로 일어나는 물리적 특성들은 해당 부위의 온도와 원두 조성에 의존한다.

원두 내부에서 일어나는 효과들을 시각화하기 위하여 그림 4.5에 예상 곡선을 그려보았다. 직접 측정하거나 모형화한 연구는 없었으나 현재 독일 함부르크-하르부르크 공과대학교에서 관련 연구가 진행 중이다. 로스팅 초기 단계의 열 흐름을 관측해 보면 증기가 반대 방향에 머무르는 것을 알 수 있다. 이러한 열전달은 효과가 매우 떨어지기는 하나 불가피하다. 초기 원두의 수분 분포가 고르다는 전제 하에 수분 함량 프로파일을 그림 4.5처럼 그려볼 수 있다. 원두의 국소 온도가 물의 기화점을 넘고, 증기 분자가 원두의 경계로 확산될 수 있을 때 비로소 물 이동이 일어난다. 국소 기화점은 압력과 물에 용해된 성분(삼투 효과), 물 상태에 따라 달라진다. 수증기가 생기면 내강의 압력이 올라가고, 국소 부위의 고압현상이 원두의 내부로 이동하게 된다. 이러한 온도 프로파일은 고온 영역대에서 곡선 형태가 변화하는 것을 보여준다.

4.4.2 커피의 비열

스몰과 호렐(Small & Horrel, 1993) 연구를 통해 아라비카/로부스타 블렌딩 커피에 관한 열용량 데이터가 새로 발표되었다. 수분을 함유한 생두 분쇄 커피(아라비카/로부스타 블렌딩)를 시차주사열량계(DSC)로 분석한 결과, 열용량(Cp)이 25°C에서 2.8kJ/kgK였으나 이후 85°C에서 최대 6kJ/kgK까지 상승하다 210°C에서 다시 2kJ/kgK로 감소하는 양상을 보였다. 따라서 210°C 이상은 발열 구간이라 할 수 있으며, 열용량이 음의 값을 나타내는 것으로 보아 시차주사열량계 방법으로 반응열 등을 포함한 열용량 값 측정이 가능하다는 점을 알 수 있다. 해당 시험법은 수분을 날린 로스팅 원두를 사용하였다.

그림 4.4 로스팅 공정: 파라미터 및 영향

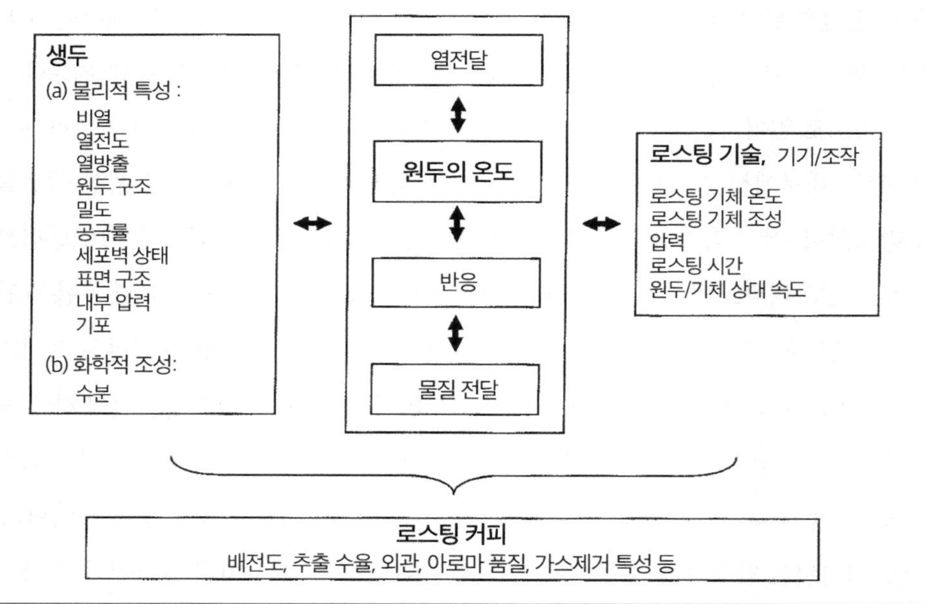

그림 4.5 커피 원두의 예상 프로파일

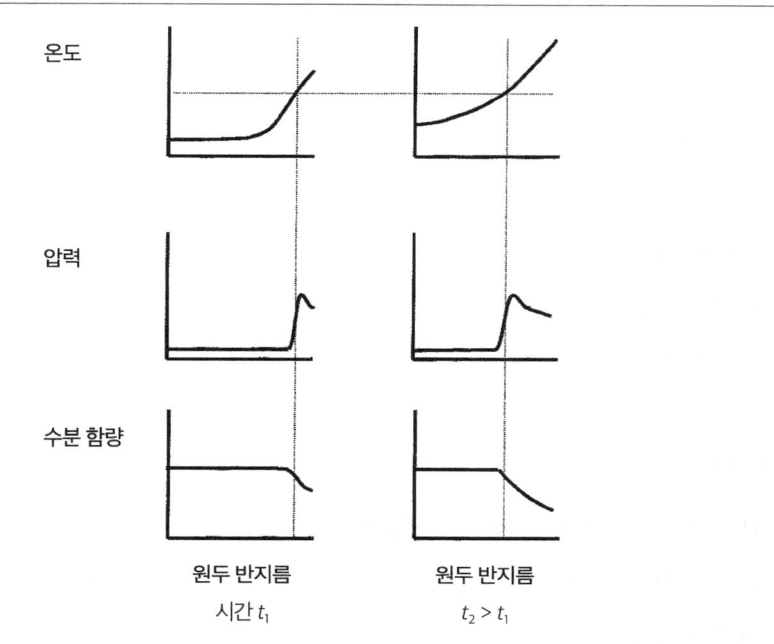

동 연구는 수분을 제거한 커피를 시차주사열량계로 분석하였다. 연구진은 25°C에서 열용량이 2kJ/kgK이고, 25°C~210°C구간의 평균 값이 약 2.5kJ/kgK로 측정되어 차이가 크지 않은 것으로 판단했다. 특히 210°C 이상 온도에서는 또 다른 로스팅 반응이 일어나면서 열용량 값이 크게 감소하였다. 수분을 제거한 아라비카 생두의 열용량이 30°C에서 0.395cal/g°C(1.65kJ/kgK)이고, 수분 함량이 12%인 아라비카 생두는 0.47cal/g°C(1.97kJ/kgK)라는 사실을 미루어볼 때(Clarke 1987, Raemy & Lambelet, 1982), 이번 연구에서 새롭게 측정된 열용량 값이 상당히 높다고 할 수 있겠다. 이처럼 온도에 따른 열용량 관련성이 밝혀져 고무적이기는 하나 수분 함량과 배전도에 관한 정보가 보완되어야 할 것이다.

생두의 열용량 곡선과 로스팅 커피의 시차주사열량계 열용량 곡선이 달리 측정된 것으로는 생두에 함유된 수분의 열용량을 충분히 설명할 수 없다. 물의 열용량이 약 4.2kJ/kgK이라는 점에서 열용량이 6kJ/kgK에 상당할 때에는 기화 등의 흡열 효과가 영향을 주었다고 보아야 한다. 이론적으로 산출한 수증기 함량은 0.1wt% 미만이다.

4.4.3 열전도율

열전도율 측정방법이 간단하지 않은데다 아직까지 정확도도 높지 않다. 따라서 불균일한 원두 모양을 감안해 조사할 필요가 있으나 어려움이 있다. 반응에 거의 영향을 주지 않으면서도 물리적 변화가 없는 온도 프로파일 측정 방법을 통해 열전도율을 계산할 수 있으리라 기대한다.

4.4.4 원두의 열흡수

로스팅 동안 일어나는 원두의 열흡수는 전문적인 로스팅기계를 이용하거나 현열 또는 잠열같이 열에 민감한 공정을 모두 더하여 계산할 수 있다. 클라크(Clarke, 1987) 연구에 지금까지 발표된 연구 결과와 방법들이 자세히 나와 있다. 위에서 언급한 두 방법 모두 로스팅 과정에서 발생하는 발열을 추산해야 한다. 스몰 및 호렐(Small & Horrel, 1993)은 원두를 -1°C 에서 각각 100°C와 204°C까지 가열하는데 필요한 에너지를 초기 수분 함량(*Xw*%)에 따라 표시하였다. 수분 함량이 0~30% 범주에서 수분 함량과 에너지는 선형의 상관 관계를 보였으며, 다음의 등식과 일치했다.

$$E_{-1\,\mathrm{to}\,100°\mathrm{c}}(\mathrm{KJ/kg}) = 27\,X\mathrm{w}(\%) + 210$$

및

$$E_{-1\,\mathrm{to}\,204°\mathrm{c}}(\mathrm{KJ/kg}) = 28\,\mathrm{Xw}(\%) + 450$$

초기 수분 함량이 12%인 경우, $E_{-1\sim100°\mathrm{C}}$는 약 530kJ/kg, $E_{-1\sim204°\mathrm{C}}$는 790kJ/kg 가량이었다. 다만, 커피 종류와 실험 방법은 논문에 제시하지 않았으나 논문의 제목으로 보아 원두의 중량을 기준으로 했으며, 종전에는 몰랐던 발열 효과를 감안한 것으로 보인다. 발열 효과를 반영하지 않은 열에너지(E_0)에는 현열과 잠열이 포함되어 있다. 앞에서도 언급했듯이 원두의 최종 수분은 0이 될 수 없으므로 앞으로 최종 수분을 2%로 가정할 것이다. 또한, 원두의 온도가 100℃일 때의 수분 함량을 대략 6%로 설정한다.

열용량이 1.9kJ/kgK인 수분 제거 커피의 열에너지를 이론적으로 계산한 결과, $E_{0,-1\sim100°C}$가 234kJ/kg, $E_{0,-1\sim204°C}$가 527kJ/kg이 도출되었다. 생두 중량을 기준으로 계산한 해당 열에너지는 실제 측정한 열에너지 값보다 의외로 작은 것을 알 수 있었다. 발열 효과를 감안한 열에너지는 미반영 열에너지보다 낮기 때문에($E < E_0$), 이론과 정반대되는 결과라고 볼 수 있다. 생두 중량을 기준으로 한 다른 논문들에서도 스몰 및 호렐(Small & Horrel, 1993) 연구의 열에너지 값이 다소 높다는 언급이 있었다. 위에서 언급한 전제 조건을 반영해 열에너지를 다시 산출해 보면 $E_{0,15\text{-}210°C}$ = 520kJ/kg이며, 시베츠 및 데스로지에르(Sivetz & Desrosier, 1979) 연구에서는 E_0 =710 및 E =561kJ/kg, 유동층 로스팅의 열에너지를 계산한 빈센트 등(Vincent *et al.*, 1977) 연구에서는 E =364-410kJ/kg으로 보고되었다. 로스팅 손실을 15%로 가정하면 래미 및 람벨르(Raemy & Lambelet, 1982) 연구 데이터를 토대로 대략 E =300-500kJ/kg이 도출되었다.

그러나 원두의 최종 온도를 대부분 누락하거나 다른 값들을 대략적으로 추정해 사용했기 때문에 상기 도출된 열에너지 값을 최종 평가할 수 없었다. 가령, 래미 및 람벨르 연구에서는 저수분 함량 원두(7.5%)를 이례적으로 사용했고, 빈센트 연구는 수분 함량을 전혀 명시하지 않았으며, 시베츠와 데스로지에르는 원두에서 방출되는 이산화탄소 중 50%는 탄소와 이산화탄소 간의 반응에 의해 열을 전달한다고 가정했다. 이때 방출되는 이산화탄소 양을 원두 중량의 4%로 대략 추정했는데 이는 다른 연구들이 0.5~1%로 가정했던 것에 비해 훨씬 높게 책정되었다고 할 수 있다. 이렇듯 제한점들이 존재하나 그림 4.6에서 경향성을 도식화하여 표현하였다. 무엇보다 $E = E_0 + E_{반응}$ 같이 단순화한 열평형식은 짧은 시간에 한정적으로 적용 가능하다는 것을 유념해야 한다. 또한 열평형식은 비열 효과가 동시에 일어날 수 없다는 점을 반영하지 않았다. 가령, 로스팅 후반부에 발열 반응으로 방출된 열은 반응 초반 기화열로 사용될 수 없다.

4.4.5 원두의 온도 프로파일

원두는 당연히 중심부보다 가장자리가 더 빨리 가열된다. 원두의 온도 프로파일을 추정해볼 수 있으나 높은 온도에서 매우 빠르게 로스팅한 커피는 중심부가 가장자리보다 밝은 색을 띄었다. 최근 로스팅의 온도 변화를 측정한 신규 자료를 보면 특정 시간 이후로 원두 온도가 급상승하는 것으로 나타났다. 이러한 반응은 열풍으로 로스팅한 원두 한 알을 온도 센서인 열전대로 측정한 값과도 일치했다(Hobbie & Eggers, 미발표 데이터).

원두의 온도 프로파일을 기록한 자료는 없지만 원두의 표면 온도와 중심부 온도를 동시 측정했을 때 둘 간의 온도차(△T)가 있었다. 이는 과도열 효과로 설명할 수 있다. 온도차는 처음 1분에서 최대치(~50°C)를 보이다가 로스팅이 끝날 무렵인 14분에는 10°C 정도 차이가 나 기화가 일어났음을 알 수 있었다(그림 4.7). 원두 표면과 원두 중심부 온도 곡선 모두 2~4분 사이 크게 변곡이 일어났다. 온도가 상승하다 갑자기 더뎌진 이유는 원두 내강이 파열되거나 갑자기 팽창했기 때문인데 압력이 급감하면서 원두에 있던 수분이 기화된다. 기화열을 어림 계산하고, 열용량이 2.5kJ/kgK라고 볼 때, 원두의 수분이 0.5~1%가량 추가 기화하는 것으로 나타났다.

쉥커 등(Schenker et al., 1999)이 밝혀낸 온도 곡선도 유사했으나 상기 사례처럼 변곡이 나타나지는 않았다. 이는 스몰 및 호렐 연구(Small & Horrel, 1993; 4.3.2 참조) 모형 연구를 통해서 설명할 수 있다. 쉥커 등(Schenker et al., 1999) 연구에서 사용한 생두는 수분 함량(11.1%)이 많은 편이었기 때문에 갑작스럽게 팽화되는 경우가 적었을 것으로 예상해 볼 수 있다. 아울러 표면 온도도 일정하지 않다는 전제 하에 커피 원두의 온도 프로파일을 측정 또는 산출해야 한다.

그림 4.6 생두 중량을 기준으로 한 정량적 효과 추정

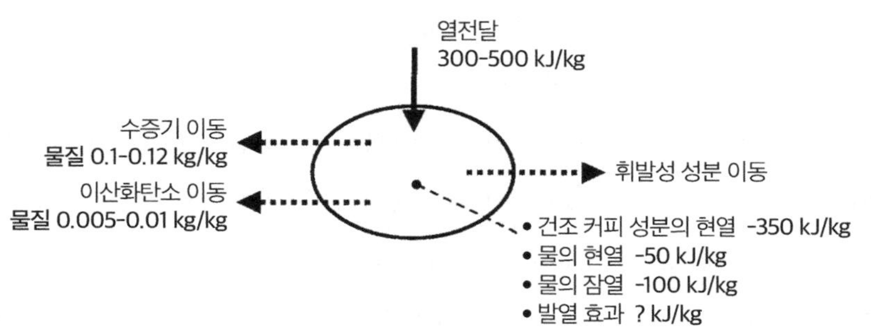

그림 4.7 열풍식 원두 로스팅 (브라질 아라비카, 기체 온도 250℃, 초기 수분 8%; Hobbie & Eggers, 미출간 문헌).

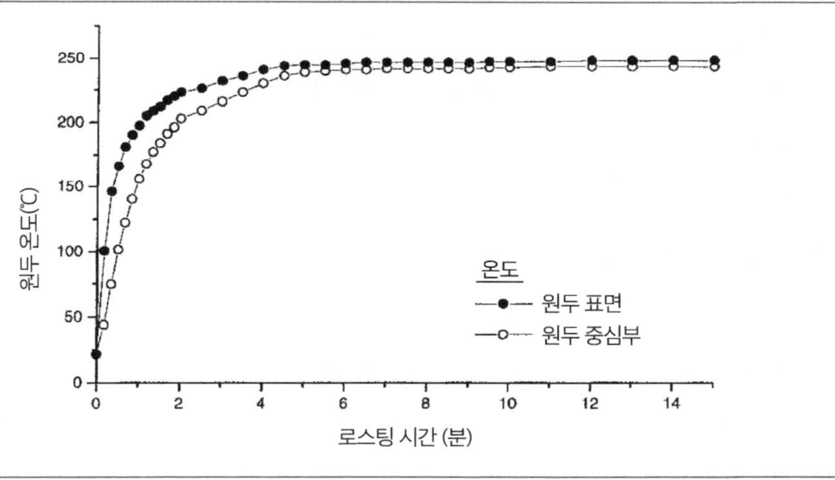

4.4.6 기체에 의한 원두 열전달 및 총괄 열전달 계수

구체와 기체 간의 대류 열전달은 구/기체의 상대속도(Vrel)와 기체의 공탑속도(Vs) 값만 있다면 무차원 수인 넛셀 방정식으로 계산할 수 있다(Bird et al., 1960). 넛셀 수를 알면 넛셀 Nu $\lambda_{기체}/d_{원두}$ 식을 이용해 열전달 계수(α) 산출이 가능하다. 유체(본 챕터에서는 열풍에 해당)의 열전도율(λ)과 열용량(Cp)은 온도에 영향을 받는다. 커피 원두를 구체로 가정하고 평균 정직경을 6mm로 두면 특정 기체 온도에서의 넛셀 수와

열전달 계수를 도출할 수 있다. 레이놀즈 수에 따른 열전달 계수 경향성은 그림 4.8에 제시하였다. 부동계(Vrel = 0)에서 열전달 계수는 대략 14W/m^2 K이었으며, 최소유동속도(예. Re = 300)에서의 열전달 계수는 약 75W/m^2 K였다.

위에서 산출한 열전달은 이상적인 조건이므로, 실제 원두층에 가해지는 열전달과는 차이가 있다. 구체가 밀집된 층으로의 열전달을 이론적으로 측정하려면 밀집층 또는 부피 공극률(bulk porosity, φ)를 알아야 한다. 공극률은 원두와 부피 밀도로 계산할 수 있다. 빈센트 등(Vincent et al., 1977)에서 얻은 $\varphi_{생두}$ = 0.46, $\varphi_{로스팅\ 원두}$ = 0.53을 토대로 계산한 평균 값은 0.5로, 입방구조 이론 값(φ = 0.48)에 가까웠다. 그림. 4.8은 밀집층(φ = 0.5)의 열전달 계수를 보여주고 있다. 이론적으로 산출한 밀집층의 열전달 계수는 단일구보다 높게 나타났으며, 두 곡선 간의 면적차를 로스팅 과정에 의한 열전달로 볼 수 있다. 이는 다음의 두 가지 중요한 결과를 나타낸다. 첫 번째로 속도가 증가할수록 열전달 계수도 증가한다는 것이다. 두 번째로는 넛셀 수(Nu)의 기울기가 완만하기 때문에 속도가 빨라져도 열전달 계수의 증가 효과가 제한적이라는 것이다. 밀집층 속도를 이론상 최소유동속도보다 더 빨리 설정하면 이를 설명할 수 있다. 해당 공정 파라미터는 번스 시스템 90 로스터기(4.6.3)에서 설정할 수 있다. 밀집층 속도는 20%까지, 레이놀즈 수(Re)를 300에서 360으로 올리자 열전달 계수가 8% 증가해 이론상 열전달 계수가 약 40-120W/m^2 K로 나타났다.

총괄 열전달 계수는 기체에서 원두로 전달되는 열과 원두 바탕질(matrix)로 전도되는 열을 모두 더한 값이다. 대형 연속식 드럼 로스터기(0.5 Btu/sq ft°F = 0.24 cal/h Cm² °C = 2.84 W/m^2 K)를 대상으로 한 시베츠 및 데스로지에르(Sivetz & Desrosier, 1979) 연구와 나가라주 등(Nagaraju et al., 1997) 연구에 관련 값들이 제시되어 있다. 나가라주 등(Nagaraju et al., 1997)은 연구진들은 물질 데이터를 고정(cp, 원두 표면, 원두 질량)한 상태에서 분사층에서의 총괄 열전달 계수가 14W/m^2 K임을 밝혀냈다. 원 데이터를 통해 재산출한 총괄 열전달 계수도 대략 10W/m^2 K로 나와 분사 단계의 열전달이 일반 드럼형 로스터기보다 빠른 것으로 나타났다.

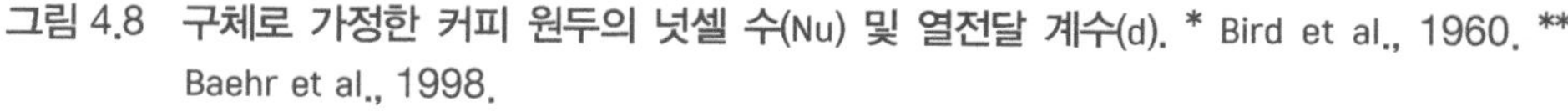

그림 4.8 구체로 가정한 커피 원두의 넛셀 수(Nu) 및 열전달 계수(d). * Bird et al., 1960. ** Baehr et al., 1998.

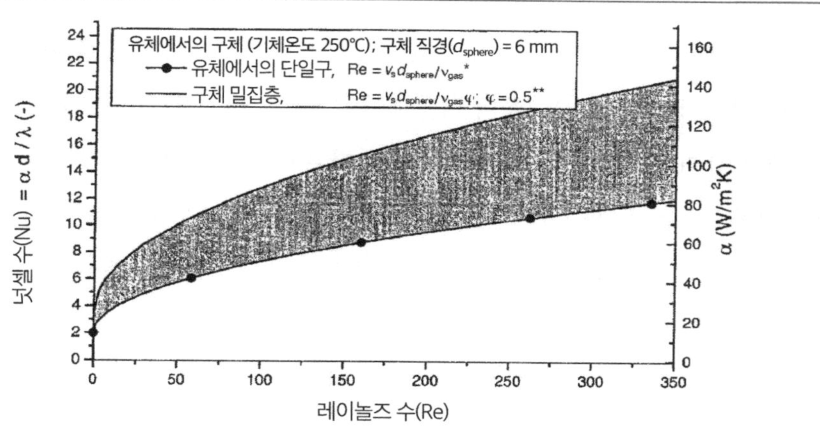

원두 표면으로의 열전달이나 전도가 제한적인지 여부를 규명하기 위해서는 커피 원두의 열전도도에 대한 이해가 필요하다. 시베츠 및 데스로지에르(Sivetz & Desrosier, 1979)의 제안대로 커피가 나무와 동일한 방식으로 거동한다고 가정하여 전도도 값으로 $\lambda = 413 \times 10^{-6}$ cal/s cm K = 0.173W/mK를 적용했다. 이 값을 원두 평균 반지름(r) 0.003m로 적용하면 $\lambda/r = 58W/m^2 K$ 값을 얻을 수 있다. 이 값을 이론적으로 α 값과 비교하면 원두 표면으로 전도 또는 열전달이 제대로 이루어지지 않고 있는 것으로 결론내릴 수 있다. 총괄 열전달 계수가 매우 다양하게 나타나는 것으로 미루어 보아 개별 요인이 기체/원두의 상대속도에 영향을 받는 것을 알 수 있다. 특히 로스팅 시간이 짧은 경우 이러한 전도 경향성이 강하게 나타난다. 특히 원두 경계면에 열전달 저항이 없고, 원두의 표면(반경 3mm로 가정) 온도가 200°C로 일정하다고 전제하면 구체로의 열전도는 30초 후 130°C였으며, 1분 후에는 180°C로 계산할 수 있었다. 이는 로스팅을 하는 동안 공극에 채워진 기체가 흡열 반응을 일으키고 질량 전달 과정이 열 흐름을 방해했을 가능성이 높다는 점에서 반드시 전도 효과를 고려해야 한다.

4.5 | 향후 연구 방향

로스팅 관련 연구들이 쏟아지고 있어도 로스팅 메커니즘에 대한 이해는 아직도 부족한 실정이다. 공정 요인들이 다양해지고 파라미터별로 기록이 되고 있지만 특유의 복합성 때문에 두루 적용할 수 있는 모형은 아직도 개발되지 않았다. 특정 측면만을 집중적으로 탐구할 수 밖에 없는 게 과학이라지만 그 외의 측면들이 도외시되는 경향이 있다. 그러나 관련 정보들을 모두 공개하여 다른 연구들과 서로 융합하고 비교할 수 있다면 커다란 도움이 될 수 있다. 일각에서는 시재료(원두 종류, 초기 수분) 조차 명시하지 않는 연구들도 있다. 따라서 지금까지 발표된 정보를 토대로 향후 연구보고서에 포함되어야 하는 파라미터들을 표 4.2에 제시하였다.

표 4.2 커피 로스팅 관련 연구에서의 주요 물리적 수치

	필수 파라미터	추가 파라미터
생두	원두 종류 평균 원두 크기 평균 원두 질량 수분	평균 원두 부피 평균 원두 밀도 평균 벌크 밀도
로스팅 원두	평균 원두 크기 평균 원두 질량 수분 (상세 측정법 제시) 색상 외관	평균 원두 부피 평균 원두 밀도 평균 벌크 밀도 이산화탄소 제거 가용성 고형분
공정	로스터기 유형 및 기계명 로스팅 시간 로스팅 기체 온도 생산물 최종 온도 (상세 측정법 제시)	로스팅 기체 처리량 원두의 파핑 시간 분석한 로스팅 기체

(육안으로 관측한) 원두 파핑을 온도나 밀도 등 다른 데이터들과 관련지어 관측한 연구가 모자라는 데다 팽창 등 물리적 파라미터를 화학 조성 또는 반응 관련 분야에서 도출된 새로운 결과들과 조합해 볼 필요가 있다. 원두 특성의 변화를 다룬 연구들은 특히 로스팅 시작 2분 동안의 데이터 값을 기록해야 한다. 최근 많이 다뤄지는 질

량이나 부피, 공극률, 수분 데이터로는 불연속성 여부를 알 수 없다. 원두 내부의 온도 프로파일을 측정함으로써 열전달 및 물질 전달 효과에 관한 새로운 정보들을 수집하면 이를 토대로 열전도율 산출이 용이해지고 최적의 로스팅 기체 온도 프로파일을 찾을 수 있을 것이다. 또한, 팽창 메커니즘을 이해하려면 원두의 구조 강도와 세포층별 탄성 관련 측정 값이 유용할 수 있다.

기술적 로스팅 공정에서의 열전달을 모형화하기 위해서 원두의 평균 상대 속도와 공극률(bed porosities)을 측정 또는 산출해야 한다. 앞으로 전류와 전도에 의한 열전달을 계산하려는 노력을 기울어야 하며, 온도와 로스팅 방법이 원두의 국소적인 부위에 미치는 영향성을 무시해서는 안된다. 모형은 구체나 반타원 형태의 윤곽이 뚜렷하고 단일 물질을 실험해 얻은 온도 프로파일과 결과 값을 비교하여 입증할 수 있다. 원두 표면 간 복사 열이 미치는 영향은 아직까지 연구된 바 없다. 일반적으로 복사 열은 표면 온도와 비례해서 증가하며, 특히 최종 로스팅 단계의 배치 온도가 다소 고르게 분포되도록 해준다. 로스팅 반응과 국소 기화열, 이로 인한 물질 전달까지 고려하면 모형이 무척 복잡해져 지금까지 알려진 로스팅 메커니즘보다 더 많은 정보가 추가적으로 필요하다. 로스팅 전체 과정을 모두 아울러 보면, 냉각 방법과 해당 메커니즘에 대한 보고는 거의 없었다는 점을 주목해 보아야 한다.

4.6 | 공업용 로스팅 기기

로스터기는 기계마다 작동 원리가 다르게 설계되었기 때문에 원두와 접촉하는 열풍 방식도 기계별로 다르다. 로스터기 대부분은 교반기로 원두를 섞는 방식이며, 열풍 유동식을 이용한 기기들도 있다. 업체들마다 특화된 설계 기기들을 선보이고 있다. 공업용 로스터기 대형 제조사로는 독일 업체인 바르트 루트비히스부르크, 고도(사) (프로밧 그룹), 노이하우스 네오텍(사) (칼 그룹), 프로밧(사) ; 미국 업체인 번스(프로밧 그룹)(사)와 울버린 프록터 앤 슈왈츠(사); 스페인 떼까이레(Tecaire)(사); 이탈리아 STA 임피안티(사) 및 스콜라리(사), 브라질 씨아 릴리아(사)가 있다. 모던 프로세스 이큅먼트(Modern Process Equipment Inc, ILL)(사)와 이큅 포 커피(Equip for Coffee, Cal)(사)는 각각 노이하우스 네오텍(사)과 프로밧(사)의 북미 판매 대리상을 맡고 있다. 중고나 재조립 로스팅 공장 설비는 유니언 스탠다드 이큅먼트(사)가 공급하고 있다(미국 뉴욕 소재). 독일 업체 뷜러(사)와 루르기(사)는 로스팅 기계 생산을 중단한 상태이나 네프로(사)가 신식 로스팅 공장 설비를 구축하고 새 사업에 뛰어들었다.

1986년 이전 로스팅 공장들에 대한 자료는 클라크 연구(Clarke, 1987)에서 확인할 수 있다. 해당 로스터기들은 앞으로 '전통 로스팅 기기'로 명명할 것이다. 지난 몇 십 년간 새로운 로스터기 설계들이 개발을 거쳐 시중에 판매되었다. 새로운 디자인을 간략히 설명하고 특장점들을 함께 소개한다.

4.6.1 전통 로스팅 기기

기존의 전통 로스팅 기기는 회분 또는 연속 공정형 수평식 회전 드럼 로스터기이거나 패들이 달린 수직 고정 드럼 로스터기, 회전통 로스터기들이었다. 해당 로스팅기들은 아직도 작동 또는 판매 중인 제품들이다. 커피 제품이 워낙 다변화되자 비용 절감 움직임이 일면서 대형 연속 로스터기에 대한 수요가 감소하고 있다. 이러한 추세에 맞춰 번스(사)는 연속 수평식 드럼 로스터기는 판매를 중단한 상태이다. 최근 배치식 로스터기는 시간별로 투입 열량을 조절함으로써 로스팅 원두의 일관성을 높였다. 압력 변동이나 스팀 로스터기는 아직 출시되지 않았으나 관련 분야에 대한 특허가 출원 중이다.

4.6.2 유동층

공장 규모의 유동층 로스터기를 처음 도입한 곳은 루르기(Lurgi)(사) '공력 가열' 로스터기로, 해당 업체가 원두 로스팅 사업을 중단하면서 지금은 시판되지 않고 있다. 울버린 프록터 앤 슈왈츠(사)가 발표한 '제트 존 로스터' 연속 유동층 로스터기는 진동 컨베이어가 원두를 로스터기로 운반하면 상단의 관을 통해 열풍이 유동층으로 분사되는 구조이다. 한편, 노이하우스 네오텍(사)의 신형 회전 유동층 로스터기(RFB)는 로스팅 챔버와 냉각 챔버가 동일한 기하구조로 설계되었으며, 생긴 모양을 본따 회전식 유동층이라고 불렸다.

그림 4.9 회전식 유동층 로스터기의 공정도: 1 로스팅 챔버 ; 2 냉각 챔버 ; 3 사이클론 열풍 순환 시스템 ; 4 채널 연소기 (열원 주입) ; 5 순환용 팬 ; 6 촉매 후연소 시스템 ; 7 원료 공급통 ; 8 로스팅 커피 배출통 ; 9 냉각 팬 ; 10 사이클론 냉각 시스템 ; 11 수냉. (주식회사 노이하우스 네오텍 제공)

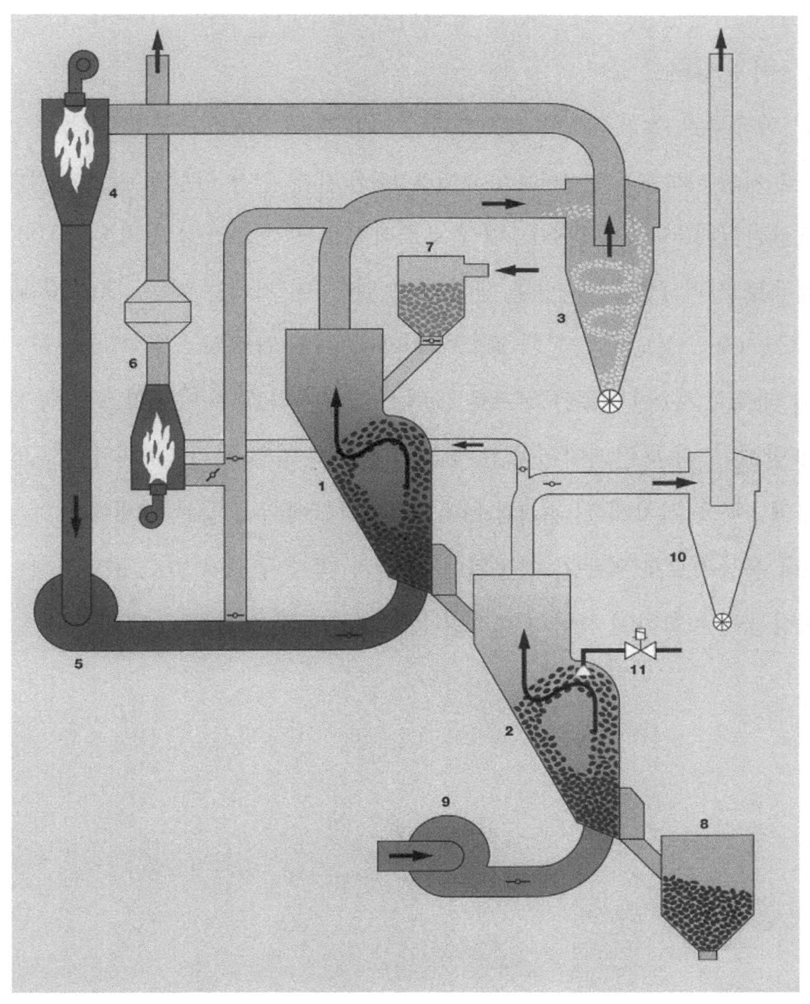

그림 4.9는 로스터기의 작동 방식을 묘사하였다. 기기 하단부에서 주입된 기체가 원두를 유동화시키면 챔버 형태를 따라 원두가 맞은편 둥근 챔버 벽을 지나 다시 바닥으로 이동한다. 따라서 유동층 로스터기에서 원두가 강하게 섞이면서 움직인다. 로스팅 섹션에서 원두가 밖으로 배출되지 않는 선에서 최소 유속보다 빠르게 기체가 움직인다. 온도 프로파일에 따라 배치별로 다양한 로스팅 공정을 적용할 수 있다. 현재 기체와 커피 비율을 다양하게 설정할 수 있는 유동층 로스터기(RH 2010)가 개발 중인데 장시간 로스팅, 고밀도 커피를 대량 생산할 수 있다는 장점이 있다. 지난 1984년부터 유동층 로스터 공장들이 설립되기 시작해 지금은 100여 개에 달하는 대기업들이 운영하고 있다.

독일 막데부르그에 소재한 로스트파인 까페(Röstfein Kaffee GmbH)(사)는 1999년 토레팩토 커피(커피 원두에 설탕을 입혀 카라멜화한 커피) 전용 유동층 로스터기 설비를 새로 도입하였다(Mörl, 개인 서신). 해당 로스터기는 연간 로스팅 커피 약 10,000톤 또는 토레팩토 커피 4,000톤가량을 생산할 수 있다. 이 기기는 커피 150~200kg 배치를 230°C~360°C 상당의 순환식 로스팅 기체/증기 대기로 로스팅한다.

독일 네프로(사) 신제품인 네프로 볼텍스 플루이다트는 '다구역 준연속 벨트 공정'을 표방했다. 다공 컨베이어 벨트에 놓인 원두는 가열 구역 3곳과 퀀칭 구역 1곳, 공냉 구역 1곳을 거치게 된다(그림 4.10). 기계 하단에서 주입된 기체에 의해 분사층에서부터 유동층으로 원두가 이동된다. 가열과 냉각 구간이 별도 구획화되어 있어 연속 공정들을 조합하여 하나의 로스팅 온도 프로파일을 만들 수 있다.

그림 4.10 네프로 볼텍스 I: 1 로스팅 구역 I ; 2 로스팅 구역 II ; 3 로스팅 구역 III ; 4 예비 냉각/퀀칭 구역 ; 5 냉각 구역/냉풍 ; 6 재순환 팬 ; 7 로스팅 벨트 ; 8 연소기 ; 9 회전 밸브 ; 10 연소 챔버/채프 분리 혼합기 (채프: 생두에서 떨어져 나온 은피: 역주) ; 11 예비 냉각 팬 ; 12 양수 펌프 ; 13 냉각 팬 ; 14 냉풍 주입기 ; 15 공급호퍼(feed hopper) ; 16 공급기; 17 냉풍 및 채프 분리기 ; 18 후연소 장치 ; 19 냉풍 배출구 ; 20 후연소 배출구 ; 21 회전 밸브 ; 22 컨베이어 벨트 ; 23 배기 팬 ; 24 연소기 ; 25 채프 수거기 ; 26 채프 배출기 (주식회사 네프로 제공)

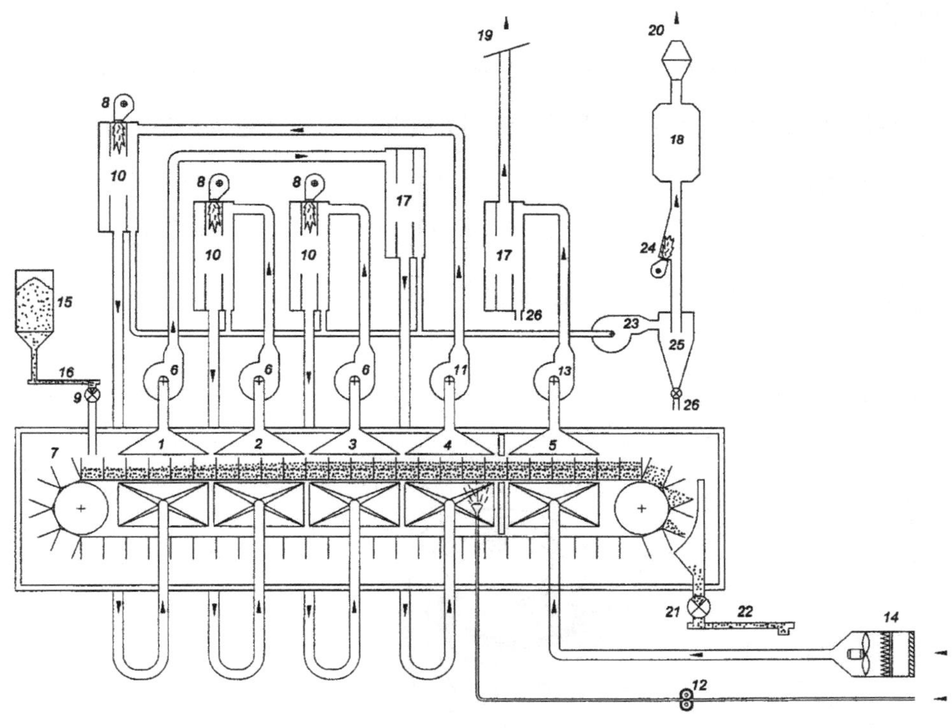

4.6.3 고밀도 로스팅

번스(Burns)(사)는 1995년 전통 및 고수율, 저밀도 로스팅에 적합한 고밀도 로스터기를 발표했다(Anon, 1995). 현재 고밀도 로스터기에 관한 검토가 진행 중이기는 하나 기계가 작동되는 원리는 다음과 같다. 우선, 원뿔형 챔버에 담긴 원두에 로스팅 기체를 고속으로 주입하여 로스팅한다(그림 4.11). 접면을 타고 유입된 기체는 특수 패턴 루버(louvers)를 통과하면서 챔버 안에 있는 원두를 교반하는데 이때 고밀도 회전

층이 만들어진다. 고밀도층은 두께 30~50mm의 수평원을 그리며 회전하고(Anon, 1996), 원두가 정해진 경로를 따라 강제 이동한다. 원심력에 의해 원두가 밀집해서 움직이므로 원두의 유동 속도보다 빠르게 기체 속도를 증가시킬 수도 있다. 이렇게 기체 속도가 빨라지면 열전달율이 높아져 저온에서도(통상 275°C~300°C) 단시간 내에 로스팅이 가능해진다. 제조사에 따르면, 해당 파라미터 조건에서는 휘발성 아로마 성분 손실이 줄고, 전통 방식으로 얻은 '고수율' 팽창 원두에 비해 밀도를 조금 높일 수 있다. 로스팅 챔버 아래에는 동일한 구조인 냉각 챔버가 위치하고 있으며, 로스팅이 끝난 원두는 중력에 의해 아래로 이동된다. 업체는 또한 로스팅 시간이 짧고 온도가 낮아 수평식 드럼 로스터기에 들어가는 소비 에너지의 60%로도 작동이 가능하며, 파쇄두도 로스팅할 수 있다고 언급했다. 미세 조절이 가능한 주입 기체와 배기 온도로 공정을 조절할 수 있다는 특징이 있다.

그림 4.11 번스(사) 고밀도 로스터기 회로도. 시스템 90 타입, 기체가 접선 방향으로 주입되는 원뿔형 로스팅 또는 냉각 챔버 구조.

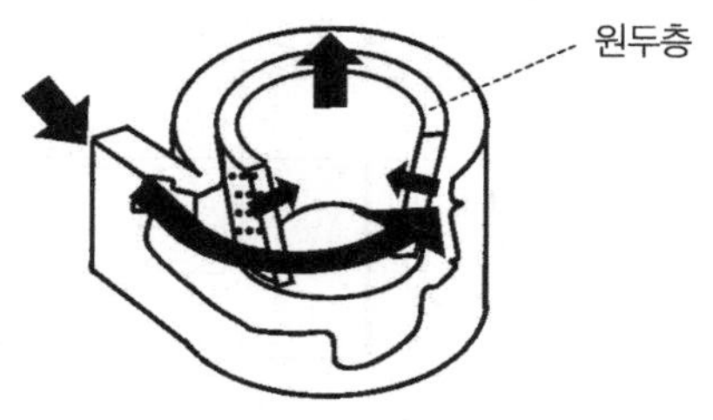

4.6.4 냉각된 기체를 가열한 로스팅

프로밧(사)는 냉각된 폐기체를 모두 가열하여 다시 로스터기에 주입하는 새로운 배치식 로스터기 특허를 갖고 있다. 이 방법은 로스팅 기체 유량을 높이고, 로스팅 기체 온도를 300°C~360°C 대로 낮출 수 있다. 이 외에도 보다 고른 로스팅이 가능해지며, 배출량을 줄이고 높은 열 효율과 경비 삭감이라는 장점이 있다. 이 로스팅 기기는 열 교환기와 연소기가 결합되어 있어 로스팅 기체열을 회수할 수 있다. 연소로 발생한 연기는 원두와 직접 접촉하지 않는다. 이 장치를 최초 접목한 공업용 로스터기가 현재 개발 중이며, 열 교환기가 연소기 주변을 감싼 구조이다. 관련 약식 공정도와 계획도는 미국 특허 5 718 164(1998)에서 확인할 수 있다.

4.6.5 기술 데이터 및 용량

앞서 소개한 로스팅 기기들은 용량이 모두 다르다. 현재 시판 중인 로스팅 기기(제조사 브로서 기준)에 대해 표 4.3.에 관련 데이터를 정리하였다.

4.6.6 1986–99년대 로스터기 특허

로스터기 특허가 쏟아졌던 1986년부터 1999년까지 가정이나 커피점에서 사용하는 소형 로스팅 기기가 주를 이루었다. 당시 유동층 로스팅을 비롯해 로스터기에서 배출하는 가스 중 오염물질을 저감화하는 방법들이 개발되었다. 표 4.4에 공업용 로스팅 특허 기기들을 나열하였다.

미국에서 출원된 특허들을 보면, 공업용 로스팅 대부분이 급속 로스팅에 치중되어 있다. 급속 로스팅의 장단점은 앞서 4.2.4와 4.3에서 다룬 바 있다. 기체 재순환 관련한 미국 특허는 세 건이 등록되었다. 연소 시 발생하는 연기와 식품이 접촉되지 않도록 열 교환기를 통해 외기가 가열되는 방식의 로스터기가 특허를 받았다(Farina, 미국 5 372 833). 기본 계획 흐름도 외에도 로스터기에서 재순환된 열풍이 연소 챔버로 들어가는 방식도 소개되었다. 펠립(Felip)이 1999년에 받은 특허는 잘 알려진 열풍 재순환 방식에 배기 흐름을 위한 2차 연소를 추가하였다(US 5 928 697).

최근 특허를 받은 프로밧 로스터기(US 5 718 164)는 로스팅 과정에서 냉각된 기체를 가열한 방식으로 4.6.4에서 상세히 설명하였다. 공정에서 원두를 이동시키는 방법도 특허로 출원되었다. 페라(Pera)(사)는 1990년 연속 '회전식 드럼 로스터기' 특허를 취득했다(US 4 924 765). 연속 배열된 대형 회전 드럼에서 원두의 가열, 로스팅, 냉각, 배출 공정이 연속적으로 이루어지는데 설계가 다소 복잡하다는 느낌을 받았다.

표 4.3 공업용 로스팅 기계, 용량 240~5,000 kg/시간

로스터기 (제조사, 유형)	로스팅 시간 (분)	커피 용량 (kg/시간)	(lb/시간)	(kg/배치)
수평식 드럼, 배치 조작				
번스 (미국) – 터말로 23, 24		545/907	1200/2000	280
번스 (미국) – 터말로 시리즈 4200	3.5–15	544/11 79	1200/2600	
레오갭 (브라질)–2000 콤팍토		540/900/1260	1191/1984/2778	180/300/420
레오갭 (브라질) – 라피도		900/1500/2100	1 984/3307/4630	180/300/420
씨아 릴리아 (브라질) – CG/CO		625/1250/2500	1 375/2750/5500	125/250/500
씨아 릴리아 (브라질) – COA		400/800/1600	880/1 760/3520	120/240/480
OPS (이탈리아) – MPS		120–1200	264–2642	
프로밧 (독일) – G	8–13	240/280	528/61 7	
프로밧 (독일) – CN	12	240/480/1200/2000	528/1058/2646/4409	
프로밧 (독일) – R	8–10	1000/1 500/2000/3000	2205/3307/4409/6614	
프로밧 (독일) – Excelsior	5–12	480	1057	
STA 임피안티 (이탈리아) – M3	10–15	260–2880	573–6342	60–480
STA 임피안티 (이탈리아) – Futura	10–15	240–1920	528–4228	60–480
떼까이레 (스페인) TNA		700/1 500/3000	1543/3307/6614	140/300/500
떼까이레 (스페인) TNA F		700/1 000	1 543/2205	60–90/80–1 00
토레팩토 커피:				
프로밧 (독일) – CN	15–17	180/360/900/1 500	367/794/1984/3307	
떼까이레 (스페인) TTA		420/700/1200	926/1 543/2646	140/240/400
떼까이레 (스페인) 콤플레트		600/1 000/1 500/2500	1323/2205/3307/5512	120/200/300/500
수평식 드럼, 연속 조작				
프로밧 (독일) – RC	1.5–8	2500/3500/4000	5512/7716/8819	—
노이하우스 네오텍 (독일) – C	1.5–6 또는 5–12	2500/3500/4500	5512/7716/9921	—
회전통 방식				
프로밧 (독일) – RZ	2.5–9.5	2500/3500/4000/5000	5512/7716/8819/11023	—
수직형 고정 드럼, 패들 장착				
고도 (독일) – RN	3–8	1000/2000/3000/4000	2205/4409/6614/8819	—
고도 (독일) – RT	3–9	1000/2000/3000/4000	2205/4409/6614/8819	—
고밀도층 로스팅				
번스 (미국) – 시스템 90	1–5	500/1 000/3000/4000	1100/2205/6614/8819	—
유동층 로스터기, 배치 조작				
노이하우스 네오텍 (독일) – RFB	1.5–8	300–3000	660–6600	15–300
노이하우스 네오텍 (독일) – RFB G		200–1 500	440–3300	20–90
노이하우스 네오텍 (독일) – RH 2010				
레오갭 (브라질) 터보 3500	3.5–4.5	240	529	16–17
유동층 로스터기, 연속 조작				
네프로 볼텍스 (독일) – 플루이다트	1–15	500–6000	1101–13211	—
울버린 프록터 앤 슈왈츠 (미국) – 제트존	1–3	453–5443	1000–12000	—

노이하우스 네오텍(사)는 신형 회전 유동층 로스터기 설계(독일 특허 DE 3116723 C2, 1984년)를 보유 중이며, 네프로(사)도 네프로 볼텍스 플루이다트 기기와 관련해 미국에 특허 2건(09/335 247 '과립 물질의 열처리 장치 및 방법' 및 09/427 975 '유동층 천공 바닥판')을 신청한 상태이다.

표 4.4 공업용 커피 로스팅 관련 미국 특허 (1986~99년도)

출원 번호	제호	연도	발명인	양수인
6 000144	식품의 가열 및 냉각 방법	1999	Bussmann, P. et al.	—
5 972 409	생두 추출물로 조제한 솔루블 인스턴트 커피	1999	Liu, R. T.-S. et al.	네스텍 S.A.
5 928 697	로스터기 가스 정제	1999	Felip, A.	네스텍 S. A.
5 721 005	급속 로스팅 커피 - 브루잉 강도 및 컵 컬러 강화, 적정 산도	1998	Gutwein, R.W. et al.	프록터 앤 갬블
5 718164	커피 등 식물성 벌크 물질의 로스팅 배치	1998	Finken, H. et al.	프로밧
5 681 607	로스팅 커피 원두의 스팀 처리	1997	Maki, Y. et al.	제네럴 푸드
5 372 833	로스팅 시스템 및 방법	1994	Farina, S.	페트로치니 SPA
5 368 875	풍부한 향을 구현한 로스팅 커피 원두 및 로스팅 분쇄 커피 제조법	1994	Hibi, H. et al.	나고야세이-라쿠
5 322 703	밸런스가 좋은 고수율 로스팅 커피	1994	Jensen, M.R. et al.	프록터 앤 갬블
5160 757	저밀도 커피 제조 공법	1992	Kirkpatrick, S.J. et al.	프록터 앤 갬블
5 019 413	로부스타 커피의 품질 향상을 위한 공정	1991	Becker, R. et al.	제이콥스 슈샤드 AG
4 988 590	초고속 로스팅 커피	1991	Price, S.E. ef al.	프록터 앤 갬블
4 985 271	커피의 풍미 향상을 위한 원두 처리 가공법	1991	Neilson, D.H. et al.	프록터 앤 갬블
4 924 765	커피, 헤이즐넛, 땅콩 및 유사 상품의 로스팅 기기	1990	Pera, B.	—
4 849 625	커피 및 유사 상품의 로스팅 중 색상 모니터링을 위한 오븐 장비	1989	Camerinie Porzi, P.C.	오피치네 비토리아 SpA
4 737 376	커피 로스팅 방법	1988	Brandlein et al.	제네럴 푸드

비열풍식 로스팅 특허 2건도 출원되었다. 커피 원두를 가열된 과립 고체 물질과 접촉시켜 로스팅하는 방식이다. 버즈만(Bussmann)(사)는 복합 공정에 로스팅 및 냉각용 과립 물질(실리카 제올라이트 선호)을 이용하는 방식을 선보였다(US 6 000 144). 솔루블 커피의 경우, 로스팅 후 퍼콜레이션(삼출식)순으로 하는 기본 공법과는 거꾸로 실시하는 공법이 나왔다. 미국 특허(5 972 409)에 따르면, 건조 생두의 추출물을 이축압출기로 로스팅('가열 카라멜화')하는데, 해당 생두 분말을 최대 5분간 130°C~240°C에

서 가열하는 방식이다. 압력에 따라 로스팅이 달라질 수 있으므로 압출 압력 조건을 10바로 설정했다. 공법 파라미터에 따라 생두 추출물 분획 2가지를 얻을 수 있다.

로스팅의 자동 종료에 관한 특허는 앞서 4.2.5에서 다루었다. 이 외에도 향미를 개선시킬 수 있는 다른 특허 기술들도 개발되었다. 관련 특허에 따르면(US 5 368 875), 원두를 -17°C 이하로 급냉하면 향미 열화를 크게 늦출 수 있으며, 냉각 온도 및 속도가 이산화탄소 발생에 미치는 영향을 보여주는 데이터도 공개하였다. 아울러 부분 로스팅한 원두를 알칼리 용액으로 처리하거나(US 4 985 271), 로부스타 생두를 135~140°C 온도의 증기로 처리하여(US 5 019 413) 풍미를 높인 특허들도 있었다. 마키(Maki) 씨가 취득한 특허는 증기 로스팅 공법이다(US 5 681 607 및 WO 95/20325). 증기 하에서 가수분해가 개시되면서 향미가 개선될 수 있다. 다만, 산미가 높아질 수 있는 문제점은 압력 로스팅(6.5~20바) 후에 대기압 조건에서 로스팅하면 해결할 수 있다.

참고문헌

- Anon (1995) Roasting revolution. *Coffee Cocoa Int.*, **2**, 38.
- Anon (1996) Packed bed vs. fluid bed. *Tea Coffee Trade J*, **168**.
- Baehr, H.D. & Stephan, K. (1998) *Heat and Mass-Transfer* Springer, Berlin.
- Bersten, I. (1993) *Coffee floats Tea sinks — Through History and Technology to a Complete Understanding*. Helian Books, Sydney.
- Bird, R.B., Steward, W.E. & Lightfoot, E.N. (1960) *Transport Phenomena*. John Wiley & Sons, New York.
- Carslaw, H.S. & Jaeger, J.C. (reprinted 1989) *Conduction of Heat in Solids*. Clarendon Press, Oxford.
- Chitester *et al.* (1984) quoted from: Kunii, D. & Levenspiel, O. (1991) Fluidization Engineering. Butterworth-Heinemann, Boston.
- Clarke, R.J. (1987) Roasting and grinding. In: *Coffee*, Vol. 2, Technology (eds R.J. Clarke & R. Macrae). Elsevier Applied Science, Barking.
- Da Porto, C., Nicoli, M.C., Severini, C., Sensidoni, A. & Lerici, C.R. (1991) Study on physical and physiochemical changes in coffee beans during roasting. Note 2. *Itai, J. Food Sci.*, 197207.
- Hashim, L. & Chaveron, H. (1996) Use of methylpyrazine ratios to monitor the coffee roasting. *Food Res. Int.*, **28** (6), 619-23.
- Kazi, T. & Clifford, M.N. (1985) Comparison of physical and chemical characteristics of'high yield' and 'regular'

coffees. In: *Proceedings of the 11th ASIC Colloquium, Lome*, pp. 297-308. ASIC, Paris, France.

- Maier, H.G. (1985) Zur Zusammensetzung kurzzeitgerosteter Kaffees. *Lebensmittelchem. Gerichtl. Chem.*, **39**, 25-9.
- Massini, R., Nicoli, M.C., Cassam, A. & Lerici, C.R. (1990) Study on physical and physiochemical changes in coffee beans during roasting. Note 1. *Itai. J. Food Sci.*, 123-30.
- Nagaraju, V.D., Murthy, C.T., Ramalaksshmi, K. & Srinivasa Rao, P.N. (1997) Studies on roasting of coffee beans in a spouted bed. *f. Food Eng.*, **31**, 263-70.
- Ortola, M.D., Londono, L., Gutierrez, C.L. & Chiralt, A. (1998) Influence of roasting temperature on physiochemical properties of different coffees. *Food Sci. Technol. Int.*, **4**, 59-66.
- Radtke, R. (1975) Das Problem der CO2-Desorption von Rost- kaffee unter dem Gesichtspunkt einer neuen Pack- stoffentwicklung. In: *Proceedings of the 7th ASIC Colloquium*, pp. 323-33. ASIC, Paris, France.
- Raemy, A. & Lambelet, P. (1982) A calorimetric study of selfheating in coffee and chicory. f. *Food Technol.*, **17**, 451-60.
- Schenker, S., Handschin, S., Frey, B., Perren, R. & Escher, F. (1998) Verification of mercury intrusion into coffee beans by scanning electron microscopy and X-ray microanalysis. *Scanning J. of Scanning Microscopies*, 273.
- Schenker, S., Handschin, S., Frey, B., Perren, R. & Escher, F. (1999) Structural properties of coffee beans as influenced by roasting conditions. In: *Proceedings of the 18th ASIC Colloquium (Helsinki)*, pp. 127-135. ASIC, Paris, France.
- Sivetz, M. (1991) Growth in use of automated fluid bed roasting of coffee beans. In: *Proceedings of the 14th ASIC Colloquium (San Francisco)*, pp. 313-18. ASIC, Paris, France.
- Sivetz, M. & Desrosier, N.W. (1979) *Coffee Technology*. AVI, Westport, Connecticut.
- Small, L.E. & Horrel, R.S. (1993) High yield coffee technology. In: *Proceedings of the 15th ASIC Colloquium (Montpellier)*, pp. 719-26. ASIC, Paris, France.
- Swern, D. (ed.) (1979) *Bailey's Industrial Oil and Fat Products*, Vol. 1, 4th edn, p. 210. John Wiley & Sons, New York.
- Vincent, J.-C., Arjona, J.-L., Rios, G., Gibert, H. & Roche, G. (1977) Torrefaction du cafe en couche fluidisee gazeuse. In: *Proceedings of the 8th ASIC Colloquium (Abidjan)*, pp. 217-26. ASIC, Paris, France.
- Zimmermann, R., Heger, H.J., Yeretzian, C., Nagel, H. & Boesel, U. (1999) Application of laser ionization mass spectrometry for on-line monitoring of volatiles in the headspace of food products: roasting and brewing of coffee. *Rapid Com. Mass Spectrom.*, **10**, 1975-9.

CHAPTER 5

공학 II: 커피의 디카페인

TECHNOLOGY II: DECAFFEINATION OF COFFEE

W. 하일만
독일 브레멘

공학 II: 커피의 디카페인

W. 하일만
독일 브레멘

5.1 | 서론

커피에 존재하는 생리학적 활성 성분인 카페인은 관련 연구가 활발히 이루어져 있다. 룽게(Runge)는 1820년 퓨린계 카페인의 화학명이 1.3.7 트리메틸잔틴(그림. 5.1)임을 밝혀낸다. 카페인은 바늘 모양의 결정 구조처럼 생겼으며 녹는점은 236°C이다. 커피 원두에 카페인은 0.8~2.8% 함유되어 있으나 품종이나 원산지에 따라 차이가 있으며, 커피 음료에서 나는 쓴맛 중 10~30%가 이 카페인에서 기인한다. 로스팅 공정에서 손실되는 카페인 양은 무시할 만한 수준이다. 카페인은 주로 탄산 음료에 많이 쓰이나 활성 성분과 함께 두통이나 심부전, 편두통, 중추 호흡 장애 치료제로도 사용된다. 카페인의 생리학적 효과는 추후 챕터8에서 다룰 예정이다.

그림 5.1 카페인 (1.3.7 트리메틸잔틴).

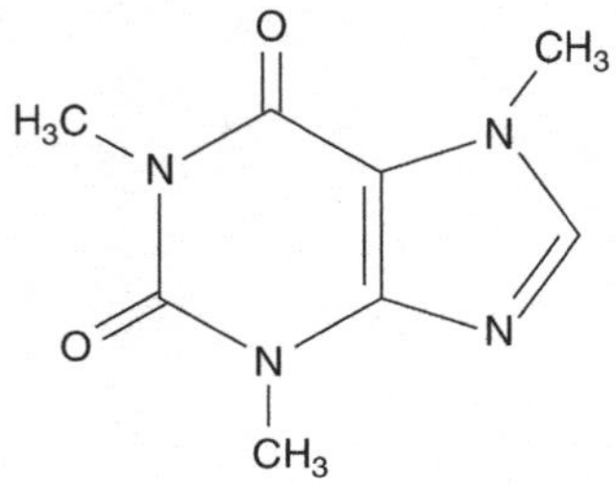

O
CH3
H3C
N
N
N
O
N
CH3

커피 음료에 함유된 카페인의 '부정적인' 생리학적 효과를 최소화하면서 건강에 유익할 수 있도록 여러 디카페인 공법이 개발되었다. 커피의 맛과 향은 그대로 살리기 위해 최근에는 디카페인 공정 후에 로스팅을 실시하기도 한다(실제 논문에서는 로스팅 커피 추출물의 디카페인화 공법이 훨씬 복잡하다) (Lack et al., 1993).

유럽의 '디카페인 커피' 규정은 건조 중량 기준 카페인 함량이 최대 0.1%인 커피이며, 미국은 원두의 초기 카페인 함량 3% 미만으로 정했다.

디카페인 공정은 기본적으로 다음의 다섯 가지 절차를 포함한다:

- 생두를 물에 담가 카페인-클로로겐산 칼륨 복합체를 침출시켜 추출 가능한 카페인 상태로 만든다.
- 용매로 불린 생두에서 카페인을 추출한다.
- 원두에 잔류하는 용매를 모두 제거하기 위해 증기처리한다(선택사항).
- 흡착제를 재생시킨다(선택사항).
- 디카페인 커피 원두를 초기 수분 함량과 같은 수준으로 건조시킨다.

디카페인은 공정 절차에 따라 크게 세 가지 유형으로 나뉜다:

(1) 화학 용매를 이용한 디카페인 공정으로, 염화메틸렌 또는 에틸아세테이트를 이용한다. 로젤리우스가 디카페인 제품인 '커피 HAG(Kaffee HAG)'를 최초로 선보였다. 해당 용매들은 식품법에 따른 승인 물질이나 커피에 잔류하는 용매가 안전한가에 대해 의구심을 제기하는 전문가들도 있다. 이에 일각에서는 커피 수십 만 잔을 마셔야 혈중에서 발견할 수 있을 만큼 거의 대부분의 용매를 효과적으로 제거할 수 있는 방법이 있다고 반박했다.

(2) 워터(Water) 디카페인은 원두 추출물과 비카페인 가용성 고형물을 1:1로 섞은 추출액에 다이클로르메테인으로 카페인을 제거하는 액체-액체 추출법이다(베리와 월터스가 1941년 최초 발견). 용매 추출물 대신 활성탄으로 카페인을 흡착한 방식이

후에 '스위스 워터 공정'으로 이어진다(Fischer, 1979).

(3) 습윤 초임계 이산화탄소를 추출용매로 한 카페인을 선택적으로 용해시키는 방법으로 독일 HAG(사) 제품에 처음 적용했다. 이는 초임계 기체의 유사 용매 특성('분해')을 이용한 '뮐하임 석탄연구학회'의 특허를 토대로 하였다.

이러한 기본 디카페인 공정은 관련 특허와 논문에 기술되어 있다(Katz, 1987; Clarke, 1988). 카페인을 함유하지 않은 커피나무 개발 이야기는 이후 챕터11에서 다루었다. 이번 챕터는 대신 지난 15년간 디카페인과 관련한 새로운 정보들을 중점적으로 소개한다:

- 디카페인 공법 3가지 (새로운 용매, 공정 절차 등)
- 활성탄을 이용한 카페인 회수
- 경제적 측면

5.2 | 용매를 이용한 디카페인

신기술 개발에도 프리웨트(prewet) 처리한 커피 생두 추출물을 용매로 디카페인화하는 기존 방식을 여전히 선호하는 편이다. 적은 투자비용과 운영비로도 고품질의 커피를 얻을 수 있어 용매를 이용한 디카페인 커피가 전 세계 시장에 50%를 차지한다.

지난 15년간 30종이 넘는 용매가 문헌을 통해 소개되었으나 전체 용매 공법 가운데 약 98%가 다이클로로메테인(DCM)과 에틸아세테이트로 여전히 우위를 점하고 있다. 두 용매는 건강이나 환경에 미치는 영향이 거의 없다. 원두 1톤에 들어가는 용매는 10kg도 되지 않으며, 디카페인 로스팅 커피 중 잔류 용매 최대 허용치는 2mg/kg으로, 용매 제거가 뛰어난 공장은 최대 0.3mg/kg까지도 잔류량을 저감화할 수 있다. 폐수 및 작업 환경에서의 최대 농도(각각 0.01ml/l, 0.015g/m^3)도 법적 기준에 적합했다. 더욱이 다이클로로메테인은 오존파괴물질에도 포함되지 않았다(몬트리올 프로토콜).

다이클로로메테인 사용은 휘발성 유기화합물 지침에서 규정하고 있다. 특정 가공 및 산업시설의 유기용매 사용에 따른 휘발성 유기화합물 배출 제한 관련 지침이 현재 마련되어 있다(참조: 유럽연합 관보 85, 29.03.1999). 동 지침에 따라 회원국들은 2001년 4월 이전까지 국가별 조치를 마련해야 한다. 당분간 다이클로로메테인과 식품업계를 대상으로 하지 않겠지만 향후 규제 대상으로 명문화될 가능성이 있으며, 이에 따라 '기술 및 경제적으로 타당한' 경우에 한해 휘발성 유기화합물을 배출할 수 있게 된다.

지금까지 대부분 배치식에서 반연속식 공정으로 전환되었다. 모리슨 등(Morrison et al., 1984) 연구는 향류 추출을 개선하여 카페인 제거 속도를 높였는데, 추출 용매를 난류시켜 카페인 추출 시간을 3~5시간으로 단축하였다. 다관식 향류 공법(그림 5.2)으로 추출 시간을 단축시키면 비-카페인 가용성 성분의 손실을 줄일 수 있어 결국 디카페인 커피의 품질을 향상시킬 수 있다.

이 외에도 커피에서 클로로젠 화합물을 제거할 수 있을 만큼 충분한 양의 산을 사용하여 생두로부터 카페인과 건강에 해로운 성분을 추출하는 공법도 개발되었다(Van der Stegen, 1985). 일반적으로 산(예: 아세트산, 포름산 또는 시트르산, 최대 25%)과 물(최대 15%)을 혼합한 유기 용매를 이용하면 카페인, 왁스 및 클로로겐산 화합물이 동시에 제거된 '마일드' 커피를 생산할 수 있다.

카츠(Katz, 1984)는 운송 및 보관 시와 유사한 수분 함량 조건에서 디카페인화시키는 또 다른 공정을 개발했다. 생두는 비양성자성 용매인 디메틸설폭사이드와 혼합시킨다(끓는점 189℃). 디메틸설폭사이드는 수분 농도가 높지 않아도 칼륨 클로로겐산염과 카페인 복합체를 분해할 수 있다. 디카페인 속도를 높이려면 디메틸설폭사이드 중 카페인을 저농도(0.05-0.3g/kg 용액)로 유지시켜야 한다. 디메틸설폭사이드로 당류 등 커피에 함유된 여러 성분을 용해시킬 수 있기 때문에 다른 가용성 성분들을 최대한 포화 상태로 유지시키는 것이 중요하다. 용액을 활성탄에 흡착시킨 후 카페인을 탈착시킬 수 있다.

첼러 및 살리브(Zeller & Saleeb, 1999) 연구에서는 카페익산(3,4-디하이드록시신남산)을 통해 메틸렌클로라이드나 에틸아세테이트, 대두유 용매를 이용한 디카페인 처리량을 늘릴 수 있었다. 해당 비수용성 용매와 카페익산 결정 현탁액을 물과 함께 혼합하면 카페인-카페익산 복합체가 상온에서 빠르게 형성된다. 이는 용매-물 혼합 용액보다 더 많은 카페인을 제거할 수 있다(그림 5.3). 동 기법은 물 사용량을 줄이고, 카페인 선택성을 높이는 동시에 후속 공정에서 커피의 풍미 손실을 줄여주는 것으로 나타났다.

그림 5.2 디카페인 가속 공법 (Morrison et al., 1984) 1 세척한 디카페인 원두, 2 , 3, 4 ,5 용매 제거, 6, 7, 8, 9 ,10 카페인 제거, 11 새로운 원두, 13 배출 로리(lorry), 20, 21 블렌딩 통, 23 프리웨팅을 위한 혼합기, 25 새로운 용매, 28 용매 포화기, 50 증기, 51 진공 공급원 104 용매 배출 106 용매 회수.

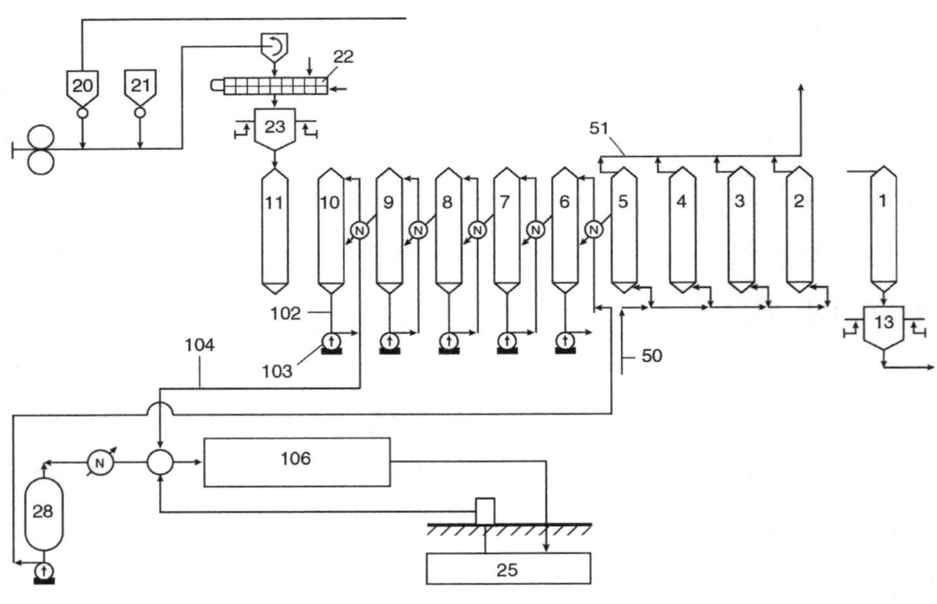

로스팅 분쇄 커피에서 카페인을 추출하는 디카페인 공법이 개선되었다(Jones et al., 1985). 추출물과 할로겐 용매(예: 다이클로로메테인)를 혼합한 액체-액체 추출물을 건조 인스턴트 커피로 제조한다. 카페인과 일부 커피 고형물을 용매상으로 전이시킨 후 2차 액체-액체 추출 단계에서 물과 혼합한다. 혼합액에서 카페인 외 수용성 커피 고형물 대부분은 디카페인 추출을 통해 재생되고, 카페인은 증류시켜 용매에서 분리시킨다.

그림 5.3 MeCl2(다이클로로메테인)에 따른 카페인 제거 (Zeller & Saleeb, 1999).

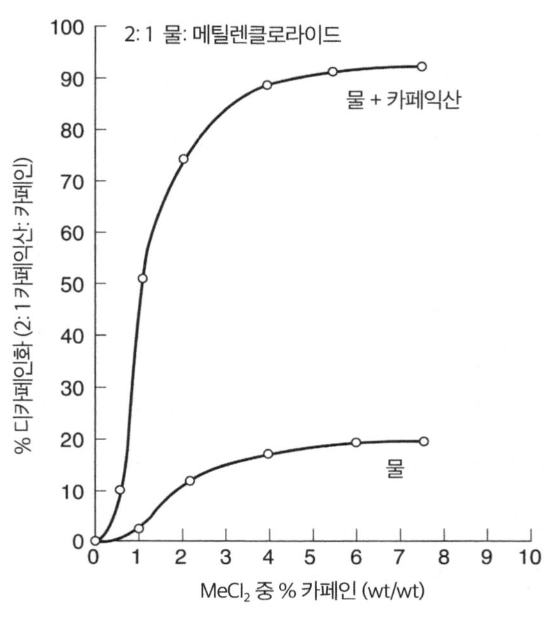

생두와 로스팅 커피 추출물에서 카페인을 제거하는 다른 방법도 개발되었다(Kaleda et al., 1986). 카페인이 함유된 추출 용액을 카페익산 결정, 물과 혼합한다. 카페인과 카페익산은 불용성 카페인/카페익산 복합체를 형성한다. 이 복합체를 여과나 원심분리 기술을 이용해 추출물로부터 분리시킨다.

5.3 | 워터 디카페인

식품 규제 당국이 다이클로로메테인을 금지시킬 것이 예상되면서 유기 용매 대신 물을 사용하는 공법이 등장했다. 이러한 논란 속에서도 다이클로로메테인은 아직도 식품용 용매로 사용이 가능하다.

워터 프로세스는 용매 디카페인 방식보다 훨씬 비싸지만 '천연' 공법이라는 이미지에 힘입어 디카페인 공장의 약 22%가 이 방식을 채택하고 있다.

초창기에는 카페인을 함유한 생두 추출액에 유기용매를 처리하여 카페인을 제거한 뒤 재생시키는 단순 '간접 용매 공정'이었다(Berry, 1943). 활성탄 또는 이온교환 수지에 카페인을 흡착시키는 방법이 도입되면서 비로소 순수한 워터 프로세스로 거듭날 수 있었다.

워터 디카페인은 원래 깨끗한 물을 사용하여 불린 원두를 디카페인하는 공법이다. 추출 용액은 카페인을 걸러낸 후 농축시키고, 미리 건조시킨 디카페인 원두에 재흡착시켰다. 이 과정에서 흡착시키지 않으면 손실될 수 있었던 카페인 외 고형물을 보충시킬 수 있다. 용매 추출보다 흡착 단계에서 고형물 손실량이 더 많았다. 그러나 흡착제를 동일한 구조와 분자 크기(예: 포도당 또는 자당) 성분과 함께 사전충전하면 고형물 손실량을 줄일 수 있으며, 흡착제 충전 정도를 조절하여 흡착 평형을 유지시킬 수 있다(Fischer & Kummer, 1979).

제네럴 푸드(사)는 활성탄과 에틸 셀룰로오스 용액을 사전충전시킨 특허 기법을 선보였다. 활성탄을 먼저 에틸 셀룰로오스 용액과 접촉, 건조시킨 다음 생두 추출물에 도포하는 방식이다(Hinman & Saleeb, 1985).

다우에 에그버츠(사)는 자체 특허를 통해 카페인 흡착능이 100g/ kg 탄소 이상이고, '액적 추출' 선택성(카페인/비-카페인 고형물의 흡착 비율)이 0.2 이상인 활성탄을 향류식 '액적 추출'과 결합시켰을 때 카페인 흡착 효율이 최상임을 입증했다. 해당 공법은 흡착과 탈착 과정을 거쳐야만 카페인을 제거할 수 있다. 흡착제는 평형 추출액에서 카페인을 선별적으로 흡수하는데 사용되므로 카페인 자체는 실제 순수 용액에서 얻어진다(Mooiweer, 1982).

제이콥스 슈샤드(사)는 '세코펙스(Secoffex)' 디카페인 공법을 변형시켰다. 산으로 세척한 '경탄' 탄소에 당류를 미리 흡착시켜 카페인의 선택성을 높이는 방법을 채택하였다(Heilmann, 1991). 흡착능은 80°C에서 활성탄 100g당 카페인 11g으로 측정되었다. 코코넛 유래 탄소를 사용하는 경우, 연속식 공정에서 마모 작용을 줄일 수 있었다. 카페인이 제거된 생두 추출액이 생두의 고형물 농도와 평형일 때 팽윤시킨 생두에서 탈수가 일어난다(그림 5.4). 새로운 캐러셀 추출기를 추가함으로써 기계 용량도 늘어나지만 원두의 품질과 미생물 안정성도 높아지며, 폐쇄형 장비 구조를 갖고 있어 휘발성 화합물의 손실도 방지할 수 있다. 카페인이 흡착된 추출액은 활성탄으로 주입된 후, 다시 원두로 흡수된다. 3단계 유동층 반응기로 활성화가 가능하나 카페인은 회수할 수 없다.

커피의 카페인 제거에 사용하는 활성탄과 미세 다공성 수지에 대한 대안으로 임프린트 중합체가 제안되어 왔다(Hay et al., 1995). 해당 중합체는 카페인에 대한 비공유 인식 부위를 가져 생두나 로스팅 커피 원두에서 추출액으로부터 카페인을 선택적으로 제거할 수 있다. 카페인 임프린트 중합체는 카페인이 있는 상태에서 단량체가 중합되면서 생성된다. 해당 중합체는 풍미 손실없이 카페인을 99% 이상 제거할 수 있으며, 카페인 임프린트 중합체를 넣은 카트리지를 사용할 수도 있다.

네슬레(사)는 비-이온화 미세다공성 수지를 이용해 생두 추출물을 흡착시켰다. 평균 크기는 6~40 Å였으며, 표면적은 400m^2/g이었다(Blanc & Margolis, 1981). 해당 수지는 카페인 친화도가 매우 높고 동시에 비-카페인 커피 고형물을 카페인과 동일한 크기 정도로 흡착시켰다. 수지 재생은 고온의 극성 용매를 사용했다(물-에탄올 혼합액).

추출액에서 카페인을 흡착시키는 또 다른 공법으로는 활성탄 섬유를 흡착제로 이용한 사례가 있다(Sipos & Jones, 1994). 활성탄 섬유는 카페인을 선택적으로 흡착시키는 데다 복잡하게 당류로 사전충전시킬 필요가 없다. 아울러 무게중량 대비 카페인을 최대 40%까지 충전시킬 수 있다. 이 공법은 생두나 로스팅 커피 추출액 모두에 사용할 수 있으며, 차 추출액과 기타 식물성 급원에서 추출한 카페인 함유 액체에도 적용 가능하다.

제이콥스 슈샤드(사)(Bunselmeyer & Culmsee, 1991)는 공장 시범 테스트에서 활성탄을 분자체(특히 Y-제올라이트)로 대체 가능하다는 것을 입증하였다. 분자체는 생두 추출액으로부터 카페인을 선택적으로 흡수할 수 있었는데 이 펠렛형 흡착제(개발자 아이조드가 명명한 1979년 초기 명칭 'UHP-Y')는 흡착되지 않은 상태에서 고정 컬럼에 배치한다. 흡착 단계가 끝나면 카페인을 탈착하지 않은 상태에서 물로 제올라이트를 세척한다. 커피 고형분을 함유한 물은 생두를 예비 침지할 때 사용할 수 있다.

그림 5.4 세코펙스 평형 공정 (Heilmann, 1991).

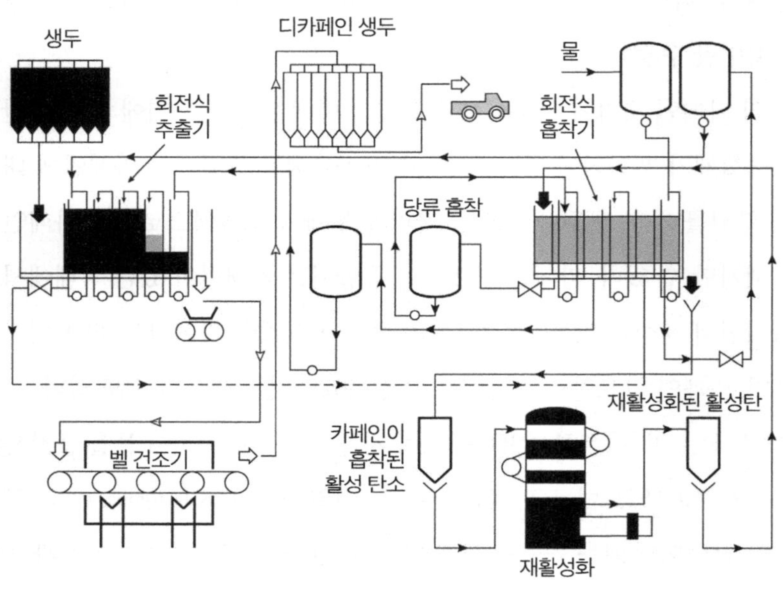

다음 단계에서는 물/알코올 용액을 통해 제올라이트에서 카페인이 탈착되며, 마지막으로 카페인을 증기와 물로 세척한다. 알코올은 증류 컬럼에서 분리하여 재활용할 수 있으며, 수용성 카페인 용액은 정제하여 판매한다. 제올라이트 충전 컬럼 여러 개를 순환식으로 배치하여 각 단계가 연속적으로 이어져야 한다.

제네럴 푸드(사)가 생두 또는 로스팅 커피로부터 얻은 추출액에서 카페인을 분리시킬 수 있는 새로운 방법을 선보였다(Zeller et al., 1983). 카페인 복합체인 카페익산을 커피 추출물과 결합시켜 불용성 콜로이드인 카페익산/카페인 복합체를 구성한다. 카페익산은 커피에 자연적으로 존재하는 성분으로, 특히 로스팅 커피에서 많이 볼 수 있다. 카페익산/카페인 복합체를 결정화한 후 디카페인 커피 추출물을 원심 분리시킨다. 해당 복합 결정체를 끓는점보다는 낮은 알코올이나 에틸아세테이트에 용해시키면 복합체가 분해되면서 카페익산과 카페인을 각각 회수할 수 있다.

비결정체 실리카를 이용한 카페인 흡착 관련 특허는 그레이스 앤 코(Grace & Co)(사) (Welsh, 1986)에게 있다. 해당 카페인 흡착제는 수용액 및 비수용액에 상관없이 각종 상업용 카페인 추출에 유동적으로 사용할 수 있다. 수용액에서는 디하이드록시 처리된 소수성 실리카를, 비수용액에서는 하이드록시 친수성 실리카를 사용하는 게 좋다. 흡착단계에서는 실리카 층에 연속흐름으로 이동시키는 것이 이상적인데, 다단계 컬럼 배열이 가장 좋다. 흡착 단계 이후에는 디카페인화된 용액을 제거하고, 실리카를 고온에서 물을 흘려보내 카페인을 용리시킨다. 재생 건조한 실리카는 나중에 재활용하고, 카페인은 기존 방법대로 정제 및 결정화한다.

다우 케미컬(사)는 카페인이 함유된 수용성 생두 추출물을 적정량의 흡착제 수지와 접촉시키는 공법을 개발하였다(Dawson-Ekeland & Stringfleld, 1991). 흡착제 수지는 모노비닐 방향족 단량체 및 가교 단량체의 공분자 겔로 만들었으며, 해당 겔은 프리델-크래프트 촉매 반응에 의해 팽윤 상태에서 후가교(post-crossed linked)가 일어난 분자이다. 이 흡착제 수지는 클로로겐산을 상당량 보존하면서도 카페인을 제거할 수 있어 일반 커피와 유사한 맛을 낼 수 있다. 흡착 수지는 비즈나 펠릿 등 어떤 형태든 사용 가능하며, 충진 컬럼에서 연속적으로 흡착이 이루어지는 형태가 좋다.

충진 컬럼의 수지가 포화되었다면 고온에서 용매나 물/유기용매 혼합물을 사용하여 카페인을 탈착시킨다. 다만 컬럼에 물을 충분히 주입하여 세척한 후 해당 재생 폐액을 배출시키고, 컬럼의 미세 오염을 제거하고 재사용할 수 있게 다시 세척한다.

5.4 | 초임계 이산화탄소를 이용한 디카페인

앞에서도 언급했듯이 식품 업계의 합성 화학용매 사용을 원치 않는 소비자들이 늘어나면서 건강에 무해한 천연 성분으로 대체하는 대안법이 개발되었다(Lack & Seidlitz, 1993). 초임계 이산화탄소를 접목하여 커피 생두에서 카페인을 추출하는 신기술이 탄생한 것이다. 다이클로로메테인 사용으로 인한 건강 논란은 일단락되었지만 이산화탄소 디카페인 방법은 여전히 전 세계 디카페인 생산의 20%가량을 차지하고 있다.

초임계 유체를 이용한 추출 컨셉은 1879년 처음으로 제기되었다. 고체 화합물을 초임계 유체로 용해할 수 있다는 사실을 발견한 것이다(Hannay & Hogarth, 1879). 초임계 유체 기법을 적용한 식품 공법 대부분은 이산화탄소를 용매로 사용하고 있다. 고압 이산화탄소는 각종 식품 화합물에 강력한 용매로도 사용할 수 있지만 그 자체로도 불활성, 저가, 무독성, 재활용, 불연성, 고순도물 이용 가능성, 비-잔류성과 같은 이점을 갖고 있다. 또한, 초임계 이산화탄소를 사용하면 보통 이산화탄소와는 달리 지구 오존층이나 '온실 효과' 문제를 일으키지 않는다. 상업용 이산화탄소는 화석 연료를 연소시켜 얻지만 초임계 유체는 발효 과정에서 생성되는 부산물이기 때문이다(Moyler, 1993). 초임계 이산화탄소의 임계점은 31.1°C, 7.58 MPa(75.8 바) (그림 5.5)이며, 임계 및 초임계 이산화탄소는 상대적으로 안전하고 편리한 온도와 압력에서 사용 가능하며, 특히 열에 약한 화합물을 추출할 때 적합하다(Palmer & Ting, 1995). 초임계 유체에서의 화합물 용해능은 용매의 밀도에도 영향을 받지만 용매에 대한 용질의 이화학적

그림 5.5 이산화탄소 밀도에 따른 압력/온도 3차원 그래프 (g/l) (Martin, 1982).

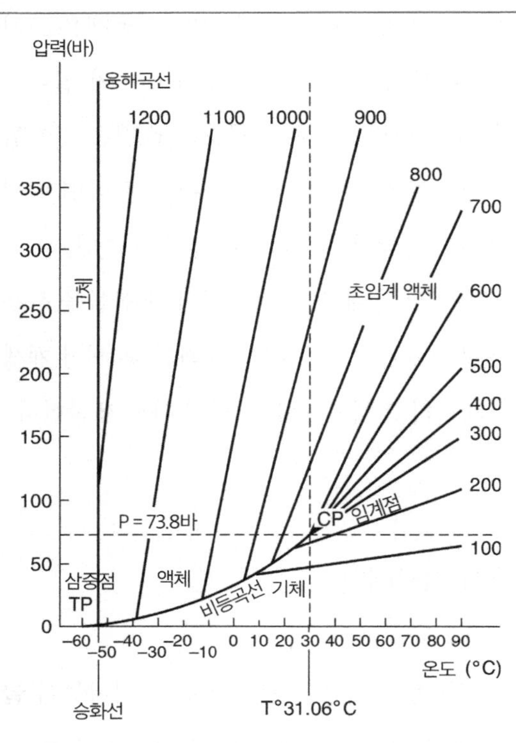

친화도와도 관련이 있다. 감압 또는 가열로 밀도를 낮추거나 흡착제를 이용하여 용해 화합물을 회수할 수 있다.

다만, 초임계 이산화탄소 공법은 고압에서 작동하기 때문에 초기 투자 비용과 유지 보수 비용이 높다는 단점이 있다. 상용화에서 비용은 중요한 문제이다. 고압 이산화탄소를 이용한 디카페인화는 1960년대 중반 '석탄연구학회'가 처음 제안하였다(Zosel, 1965). 당시 공정 조건은 온도 70~90℃, 압력 160~220바로, 다음의 세 가지 방법이 제시되었다.

(1) 압력 용기에 습윤시킨 생두와 이산화탄소를 혼합한다. 생두에 있던 카페인이 이산화탄소로 확산되면서 세척 탑으로 유입되고, 이곳에서 카페인이 물에 흡수된다. 10시간가량 재생시키면서 대부분의 카페인이 세척수에 용해되며, 이후 증류를 통해 분리한다.

(2) (1)과 동일하게 추출한 뒤, 이산화탄소 유체를 활성 탄소층에 통과시켜 카페인을 흡착, 제거한다.

(3) 생두와 활성탄소 펠릿 혼합물을 압력 용기에 인입하는데, 이때 용기 내 이산화탄소는 90℃, 220바로 한다. 5시간 동안 생두에 있던 카페인이 이산화탄소를 통해 활성탄에 확산된다. 추출이 끝나면 진동체를 이용해 활성탄 펠릿으로부터 생두를 분리시킨다.

상기 세 가지 공법에 경제성과 품질을 보완해 다양한 공정들이 개발되었다. 이 가운데 몇 가지는 앞으로 상세히 다룰 것이다. 조셀(Zosel)의 두 번째 공정을 기초로 하여 독일 하그(HAG)(사)가 1979년 습윤 생두를 이용한 이산화탄소 디카페인을 상용화하는데 성공했다. 이를 통해 초임계 이산화탄소를 이용한 카페인 정량 추출이 가능해진 것이다(Vitzthum & Hubert, 1975).

조셀의 첫 번째 공정을 변형한 예로는 '쉘러-블렉만 공장'이 있다(Lack et al. 1989). 증기나 물 또는 두 가지를 모두 원두와 접촉시켜 수분 함량을 40~45%로 최적화한다. 디카페인된 원두를 배출하고 신선 생두를 충전하는 동안 4개의 고압 추출 컬럼 중 3개는 연속 작동하고, 나머지 1개는 작동을 멈춘다. 추출기에 압력을 가한 후 이산화탄소 회로와 재연결하고 다른 추출기와는 연결을 중단시킨다. 카페인을 함유한 이산화탄소는 흡착 컬럼으로 이송되고, 역류 세척수로 카페인을 제거한다. 카페인을 97% 이상 제거하려면(미국), 세척 컬럼 후에 기류를 활성탄 흡착 컬럼에 통과시키면 된다. 연속 추출을 통해 세척수에 일정량의 카페인을 얻을 수 있다.

쉘러-블렉만(Seidlitz & Lack, 1989)은 습윤시키지 않은 생두를 과포화(1~2 중량 % H_2O)된 초임계 이산화탄소와 고압에서 반응시켜 습윤시키는 공정을 공개했다. 고압 반응기에서 카페인이 적층 방식으로 제거되며, 이때 디카페인 공법에 가장 적합하도록 생두의 수분 함량이 35%가량 유지된다. 카페인 세정기에서 나온 물은 과포화 상태로 커피 오일과 커피 풍미를 함유하고 있다. 또한 이 물은 CO_2 반대 방향으로 흐르도록 하여 2차 추출 단계에서도 선택적으로 사용할 수 있다.

부스 컴퍼니(Buse Company)(사)의 '간헐적 압력 시스템' 특허 공정은 3대 이상으로 구성한 추출기 중 한 대에서 습윤 원두를 압력 250바, 몇 분 또는 최대 몇 시간 동안 60°C 조건에서 이산화탄소와 접촉시킨다. 추출이 끝나면 압력을 빠르게 방출하여 커피 생두의 세포에 있던 물-카페인 용액이 표면으로 배출될 수 있도록 한다. 다시 반응기를 250바/60°C로 재가압한 후 커피층에 이산화탄소를 순환시킴으로써 디카페인 공정이 마무리된다. 카페인은 세척 탑에서 물에 흡착되며 수분 증발을 통해 분리된다. 습윤 생두는 마지막으로 원심 분리기로 이송해 남아 있는 카페인 용액을 제거하고 예비건조시킨다.

이 공정은 이후 동일 개발자들에 의해 보완되어(Ben-Nasr & Coenen, 1990) 초임계 이산화탄소 대신 이산화탄소가 포화된 무카페인 원두 추출물을 사용하여 최대 압력 300바, 최대 온도 110°C에서 1시간에서 수 시간까지 카페인을 제거하는 방식으로 개선되었다. 압력을 빠르게 방출한 다음 최대 2시간 동안 생두를 추출물로 세척한다. 이산화탄소 포화 및 카페인 함유 추출물은 세척탑에서 초임계 이산화탄소로 카페인을 제거한다. 카페인은 물 흡착 타워에서 이산화탄소와 분리된다.

이산화탄소 대체물로 초임계 아산화질소를 용매로 사용한 디카페인 실험도 공개되었다(Brunner, 1987). 아산화질소는 이산화탄소보다 밀도가 높아 특정 온도와 압력 조건뿐 아니라 상대적으로 낮은 임계 온도(36.5°C)에서도 용해능이 더 뛰어났다(그림 5.6). 다만, 아산화질소를 올바르게 취급하지 않으면 분해될 수 있다. 그러나 카페인 제거에 적합한 온도 범위에서 점화원이 없는 곳이라면 안전하게 취급할 수 있다. 지금까지 해당 공법을 대규모로 적용한 사례는 없었다.

활성탄 비표면적에 따른 흡착능을 정량 분석한 자료가 보고되었다(Gabel, et al., 1987). '카페인 비표면적'과 흡착열을 실험 분석하여 흡착능을 예측하였다(카페인 질량이 클수록 흡착열이 낮아지고, 표면흡착률은 증가한다).

콜롬비아 커피협회(Quijano-Rico, 1987)는 커피생산국을 대상으로 신선 생두의 디카페인을 위한 맞춤형 신기술 개발을 진행했다. 생두 수확 후 습식 가공, 파치먼트 제거 과정을 통해 카페인이 제거될 수 있도록 한 것이다. 전통적인 보습 및 건조 단계만 생략해도 운영 비용이 절감되고 커피 품질(cup quality)이 향상된다. 특정 온도 추출 조건 하에서 초임계 이산화탄소를 이용하면 자체적으로 카페인이 제거될 수 있다(60°C에서 85°C로 서서히 가열하여 '열 스트레스'를 저감화) (Toro, 1985).

그림 5.6 이산화탄소 및 아산화질소의 압력 및 밀도 (Brunner, 1987)

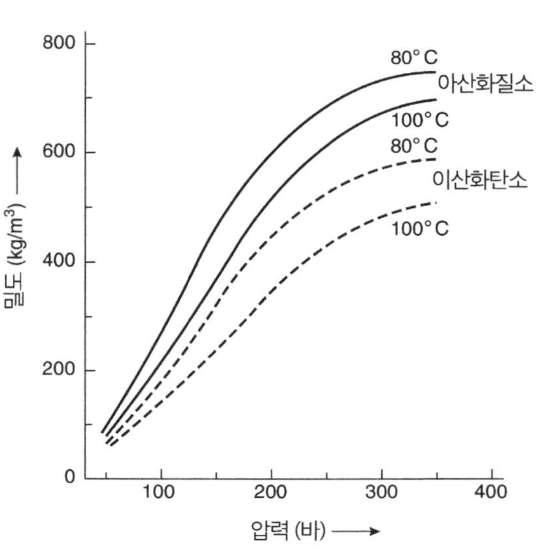

최초의 반연속 공정은 제네럴 푸드(사)가 개발하였다(Katz et al.,1990). 이 공정은 실린더형 수직 추출 용기에 카페인이 결합되지 않은 초임계 이산화탄소를 연속 주입시키는 것을 기본으로 한다(그림 5.7). 추출기에는 생두가 들어 있으며, 카페인이 결합된 이산화탄소는

반대편으로 연속 배출된다. 습윤 처리한 원두는 대형 볼 밸브와 록 호퍼 장치를 지나 추출 용기(300바)에 충전된다(Katz, 1989). 용기의 바닥에 있는 디카페인 원두는 볼 밸브가 차례로 열리면서 락 호퍼를 지나 배출된다. 원두가 배출된 후 밸브가 닫히고 추출이 계속 진행된다. 향류식 물 세척 컬럼에서는 이산화탄소에 결합된 카페인이 세척되는데 이는 카페인이 물에 더 잘 용해되는 분배계수를 이용한 것이다. 흡착제에서 분리된 고-카페인 함유수에 역삼투압 원리를 적용하여 농축함으로써 순도 97% 이상의 카페인을 수득할 수 있으며, 산성 비-카페인 고형물을 함유한 투과액을 공정에 추가할 시 수율과 속도를 높일 수 있다.

그림 5.7 제네럴 푸드(사)의 초임계 이산화탄소를 이용한 연속식 디카페인 (Krukonis et al, 1993).

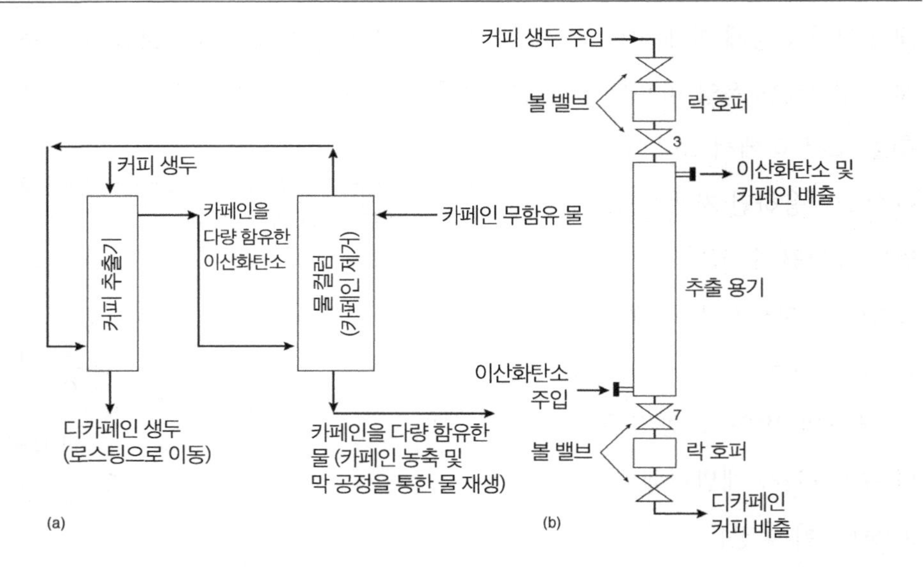

리퀴드 카보닉 코퍼레이션(사)의 초임계 이산화탄소 추출 공정 특허를 공장에 시범 적용한 뒤 관련 데이터를 토대로 이산화탄소 디카페인 공법 설계를 보완하였다(Linnig et al., 1991). 동 설계는 고압 추출 용기를 네 개 컬럼으로 구성했다. 이 가운데 컬럼 3대는 14~35MPa, 70~130°C 온도에서 6~12시간 동안 이산화탄소를 연속 역

류시키고, 네 번째 컬럼은 원두가 배출된 후 충전되는 식으로 구성하였다(그림 5.8). 카페인이 결합된 이산화탄소는 저온(15~50℃)과 저압(5~10 MPa)에서 물로 세척한다. 이렇게 얻은 조(crude) 카페인 함유수는 추가 가공(카페인 회수 및 정제)하는 곳에 판매한다. 해당 업체는 장비 기반 추정 기법을 적용하여 세 가지 용량별 상세 비용을 추산하였다(기본 사례: 10,000 t/a, 사례: 5,000 t/a, 사례 III: 20,000 t/a). 비용 평가는 표 5.1에 간략히 설명하였다.

우데(Uhde GmbH)(사)는 초임계 이산화탄소를 이용해 천연물에서 특정 물질을 추출하는(예: 차 또는 커피에서 카페인) 특수 장치를 고안했다(Theissing et al., 1991). 이 장치는 실린더형 고압 용기에 구멍이 뚫린 실린더 바스켓이 원형으로 내장되어 있다. 바스켓에 천연물과 흡착제를 넣고 외부 실린더에서 내부로 액체를 흘려보낸다(그림 5.9). 이렇게 설계하면 압력 강하와 막힘 위험이 줄어들고, 방사 방향으로 속도가 빨라지면서 흡착제의 물질 전달이 향상되고 소형 장비로 만들 수 있다는 장점이 있다.

리퀴드 카보닉 코퍼레이션(사)는 산성 수용액을 전처리하여 생두에서 카페인을 제거하는 방법을 제안하였다(Kazlas et al. 1991). 초임계 디카페인에서 발생하는 산성도 손실을 보완하고자 1.5-2% 시트르산을 이용하여 용액을 산성화시킨다. 산성화는 카페인 제거 전 습윤 단계에서 진행해도 된다.

초임계 이산화탄소를 이용한 추출을 살펴보기 위해 커피 원두의 디카페인을 사례로 연구한 경우도 있었다(McCoy, 1993). 해당 연구에서 이산화탄소 유량과 온도, 압력에 따른 디카페인을 측정한 결과, 온도 및 압력에 따라 카페인 제거율이 높았다. 이 수학적 모델은 외부와 입자간 확산 저항을 비롯해 물과 이산화탄소에서의 카페인 분포를 설명해준다. 물과 초임계 이산화탄소에서의 카페인 분배 계수는 온도와 압력의 영향을 받으며, 디카페인 전에 원두를 물에 적시면 카페인 제거율이 높아진다.

그림 5.8 리퀴드 카보닉(사)의 초임계 이산화탄소 추출 공정 (Linnig et al., 1991).

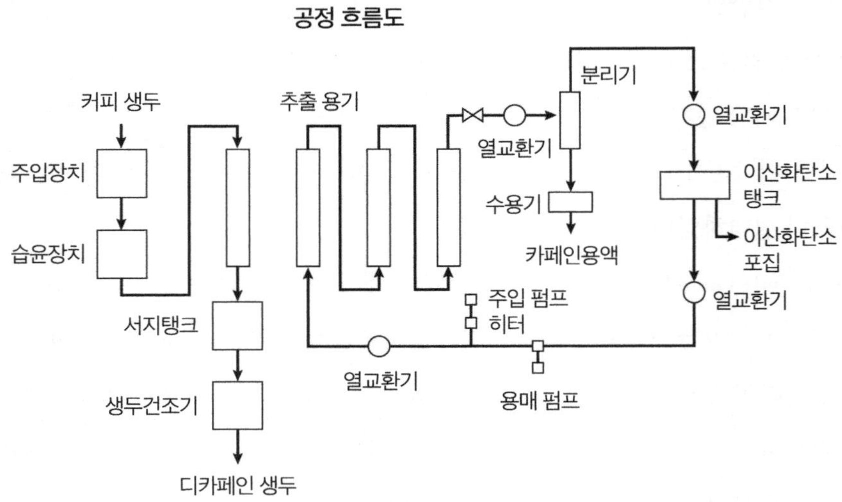

표 5.1 이산화탄소 디카페인 공법: 프로젝트 경제성 분석(1,000 $/년)

	기본 사례	사례 II	사례 III
시설	2630	1410	4990
근로감독	425	425	425
유지보수	880	650	1380
세금 및 보험	330	240	520
간접비	85	85	85
연간 자본회수계수	4400	3240	6900
총합	8750	6050	14300
총합, 센트/파운드	37.7	52.1	30.8
총 비용은 투자수익률을 포함			

출처: Unnig et al., 1991

독일 베를린에 위치한 인투스연구소(INTUS)는 초임계 이산화탄소 기존 공정에 고압 용기 안 습윤 원두 위로 물을 첨가한 디카페인 신기술을 발표했다(Roethe et al., 1994). 생두 1kg(건조중량)당 물 1~4kg을 사용했다. 포화 이산화탄소 기압에서 물을 연속적으로 유동시킬 경우, 생두 표면으로부터 유체로의 카페인 물질 전달이 향상되어 카페인 제거 시간을 절반으로 단축시킬 수 있다. 연속식과 달리 1시간에 9분씩

1~4회가량 간격을 두고 유동을 시키면 클로로겐산(위장에서 불편감을 일으키기도 함)을 상당량 제거한 뒤, 이산화탄소 세척 컬럼에서 흡착시킬 수 있다.

하그(사)는 초임계 이산화탄소에서의 카페인 흡착을 활성탄이 아닌 이온 교환기로 변경하였다(Hubert & Vitzthum 1981). 강산성 양이온 교환기는 활성탄보다 선택성이 훨씬 크기 때문에 수용성 염용액이나 무기산을 재생시킬 수 있고 내압성까지 지닌 것으로 밝혀졌다. 카페인 회수는 수용성 재생 용액을 농축시켜 카페인을 결정화시키거나 메틸렌 클로라이드 등 액체-액체 추출을 이용하는 방법이 있다.

일본에서 카페인을 초임계 유체와 분리하기 위해 활성탄 대신 제올라이트 막으로 대체한 실험 연구가 발표되었다(Tokunaga et al. 1997). 관모양 알루미나 막 표면에 수열 합성으로 제올라이트를 얇게 코팅하였다. 이 방법은 고열과 압력 저항을 가지며, 카페인 분리 성능도 우수하다. 그러나 해당 연구에서 카페인 회수에 관한 내용은 보고되지 않았다.

하그(사)는 로스팅 커피(또는 찻잎)에 초임계 이산화탄소 디카페인 공법을 적용한 특허를 받았다(Gehring, 1984). 1단계에서는 초임계 건조 이산화탄소로 아로마 성분을 추출한다. 2단계에서는 습윤시킨 로스팅 커피 원두에서 이산화탄소로 카페인을 제거한 후 카페인이 제거된 로스팅 원두로부터 수용성 성분들을 추출한다. 수용성 커피 추출물과 아로마가 결합된 초임계 건조 이산화탄소를 함께 혼합하고, 이산화탄소에서 분리한 아로마 성분은 감압하여 액체로 농축시킨다. 해당 추출물은 이후 동결 건조시킨다.

그림 5.9 우데(사)의 고압 이산화탄소 디카페인 원통형 기기 (Theissing et al., 1991): 1 고압 용기; 2 원통형 몸체 ; 3 바닥면; 4 덮개; 6 바스켓; 8 벽면 다공성 라이닝; 10 이산화탄소 주입 노즐; 11 이산화탄소 배기 노즐; 12 원통형 내강, 14 환형 외강

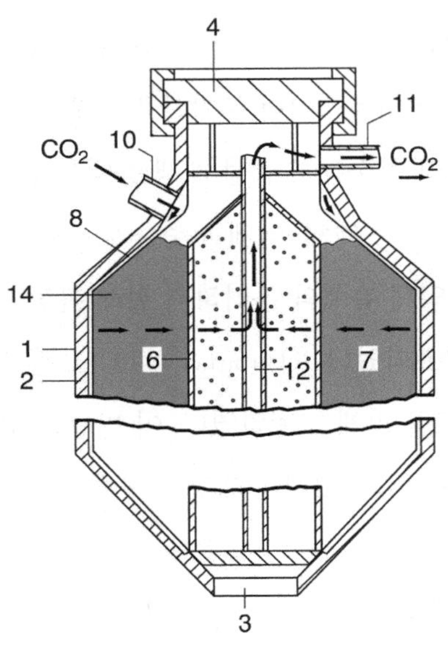

5.5 | 액체 이산화탄소를 이용한 디카페인

지금까지 이산화탄소를 이용한 디카페인 공법은 모두 초임계 조건에서 이루어졌다(31°C, 73.8 바 이상). 초임계 이산화탄소는 확산이 빠르기 때문에 추출률이 훨씬 높지만(추출 대상 성분의 용해성이 높아진다), 임계점 보다 낮은 온도와 압력 조건에서는 액체 이산화탄소가 선호된다. 독일 험센 컴퍼니(사)는 1989년 액체 이산화탄소를 이용한 디카페인 공법 특허를 취득했다(Hermsen & Sirtl, 1989). 수분 함량이 45~55%인 생두와 이산화탄소가 포화된 물을 활용하여 매우 낮은 온도(20~25°C)와 65~70바 상당의 압력에서 카페인을 제거한 것이다(그림 5.10). 60바 이하로 감압된 분리기에서 카페인을 분리하였으며, 카페인-물 혼합액 상태도 매우 깨끗했다. 약 60시간 동안 극저온에서 추출하기 때문에 디카페인 원두 상태가 일반 원두와 흡사했다. 특히 공

법대로 저온에서 습윤, 건조시키면 당 전환이나 마이야르 반응, 열분해 반응도 방지할 수 있다.

액체 이산화탄소를 이용해 로스팅 분쇄 커피에서 카페인을 제거하는 방식은 이미 하그(사)가 특허를 갖고 있다(Gehring et al., 1989). 습윤시킨 로스팅 커피를 압력 용기에 주입시킨다. 이 용기는 강산 이온 교환기가 충전된 다른 압력 용기 회로와 연결되어 있다.

그림 5.10 액체 이산화탄소를 이용한 디카페인 공법 : 1. 추출용기 2. 분리기 3. 농축기 4. 수집용기 5. 펌프 6. 열교환기 7. 이산화탄소 저장기 8. 포화탱크 9. 팽창벨브

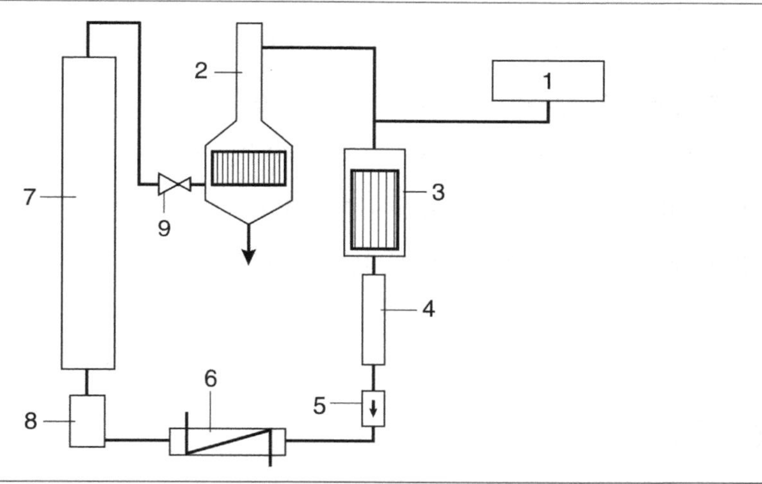

커피 아로마 성분의 추출을 최소화하고자 이산화탄소의 순환 온도는 15~30℃, 압력은 50~80바로 유지한다. 이온 교환기에서 카페인을 선택적으로 흡착시키면서 카페인을 약 2~3시간가량에 걸쳐 제거한다. 이후 초임계 이산화탄소를 이용하여 이온교환기를 세척하면서 카페인을 회수하는 탈착 단계를 거친다. 초임계 이산화탄소에 남아있는 다른 로스팅 커피 성분들은 이산화탄소를 최종적으로 기화시키면서 분리되며, 로스팅된 커피에 아로마를 흡착시킨다. 이렇게 만든 디카페인 커피의 풍미와 아로마는 일반 커피와 견주어도 비슷하다.

5.6 | 지질을 이용한 디카페인

물과 섞이지 않는 지질 성분도 카페인 용매로 사용 가능하다. 지질 용매 대부분이 지방산 에스테르(주로 글리세롤 에스테르) 조성이지만 디카페인 커피 공법에서는 식용 가능한 홍화유, 대두유, 옥수수유, 땅콩유, 커피 오일이 선호된다(Pagliaro et al., 1976).

워터 프로세스와 마찬가지로 카페인을 함유한 생두 추출액에 지질 용매를 적용한다. 다단계 향류 추출법에 생두의 수분을 최대 40~60%까지 습윤시킨 후 약 30°C에서 추출액보다 지질 용매 비중을 높여 처리한다. 온도를 90~120°C로 높이면 카페인 제거 효율이 극대화된다. 지질 용매는 물을 이용한 액체-액체 추출법으로 재생시키고, 생두에 남은 용매는 증기처리하여 분리시킨다.

지질 용매와 생두를 층류 접촉시키면 생두의 열분해를 저감화시키고 품질을 유지시킬 수 있다(Proudly & Symbolik, 1988). 카페인 제거율이 높아지면서 디카페인 목표치까지 필요한 용매 체류 시간이 단축된다(배출 비율을 지질 용매 10: 생두 1 미만으로 한다). 회수한 일부 지질 용매는 재사용하여 효율을 높일 수 있다.

5.7 | 최신 동향

5.7.1 가정용 디카페인

집에서도 갓 내린 디카페인 커피를 즐길 수 있는 신기술을 크로스와 왈드맨이 개발했다(1995). 디카페인 공법이 탑재된 가정용 커피 메이커는 드라이셀 배터리로 고압 정전기장을 일으킨다. 정전기는 액상커피의 카페인 분자를 끌어 당겨 폴리스티렌 술폰산 수지 등에 붙잡아 둔다. 액상 커피는 역원뿔 모양의 전극 사이를 통과하는데 한 전극은 술폰산 수지로 코팅되어 있다(그림 5.11). 추출 과정이 끝나면 다음 사이클을 위해 장치를 분해, 세척한 뒤 재조립해야 한다. 이온성 수지 표면은 물로 세척하면 장기간 사용이 가능하다.

그림 5.11 가정용 카페인 제거 방법 (Crose & Waldman, 1995): 4 수용기; 10 분리기; 12 정전기장 생성 조립체; 14 수집기; 22 깔때기형 베이스; 28,30 디스크; 32 통로; 34 출입 포트; 36 출구 포트; 38,40 쌍전극; 42 기판; 44 카페인 수용기; 46 전원 공급 장치.

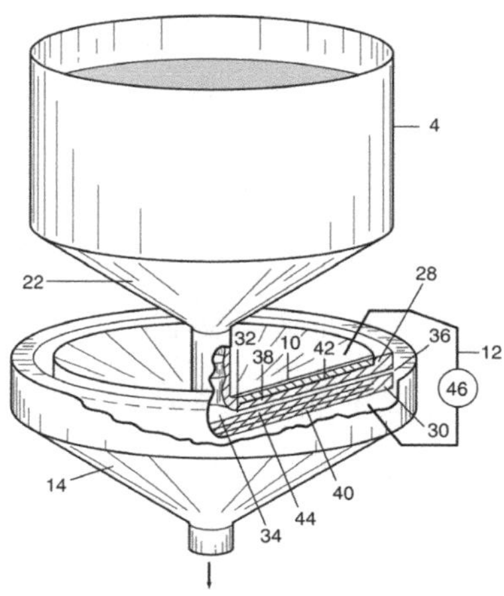

또 다른 가정용 디카페인 방법은 브루잉 커피를 무기 실리카 또는 알루민산염 물질로 처리하는 것이다. 해당 물질들은 흡착 성능을 높이는 역할을 한다(Lehrer, 1996). 원뿔형 종이 필터 두 겹 사이에 흡착제(벤토나이트 선호)만 넣어도 카페인이 대량 제거될 수 있다.

5.7.2 카페인 함량을 조절한 커피

에코페 코퍼레이션(ECOFE Corporation)(사)가 카페인을 원하는 양만큼 일정하게 함유한 커피를 만들었다(Nufert & Fowkes, 1997). 커피 종류와 브랜드마다 카페인 농도가 각기 다른 데다 소비자들에게 함량을 공개하지 않아 카페인 섭취를 조절할 수 없었다. 커피를 과음하는 사람들이 '건강에 해로운 비-카페인 성분'으로 생리학적 부작용을 조금이라도 면할 수 있도록 카페인을 강화한 커피(리카페인 커피)가 대안이 될 수 있다. 로스팅 분쇄 커피에 카페인 결정 분말을 혼합하거나 액상 카페인 용액을 분쇄 커피에 분사시켜 만들 수 있다.

5.8 | 활성탄을 이용한 카페인 회수

카페인은 의약품이나 식품 등 관련 산업계에서 중요한 원재료로 쓰인다. 커피나 차에서 추출하거나 합성 제조하여 카페인을 얻을 수 있다(Lack & Seidlitz 1993). 1970년 이후 이산화탄소 디카페인 공법(이후 워터 프로세스로 전환)이 활성화되면서 천연 카페인 성분의 생산량이 감소하였다. 그러나 이 방법은 카페인을 재사용할 수 없는 공법으로, 활성탄에 카페인을 흡착시킨 후 다시 회수하는 과정은 경제성이 떨어지는데다 600°C~800°C에 달하는 흡착제 재생 과정에서 카페인이 파괴되었다. 이 때문에 총 10,000톤/년 중 75%가량은 현재 합성 제조되고 있다(대칭형 다이메틸우레아를 사용하여 테오필린을 다량 생산한 후 메틸화를 통해 카페인으로 전환한다). 석유 유래의 합성 카페인은 ^{14}C 방사성 동위원소가 있어 '천연' 카페인과 구분된다.

천연 카페인의 판매가는 합성 카페인의 가격과 수요에 의해 결정된다. 1989년 천연 카페인 가격이 약 20마르크에서 1995년 약 24마르크로 상승하였다. 이 때문에 카페인을 생산 판매하던 디카페인 공장들의 수익성이 증대되는 계기가 되었다. 디카페인 공장 중 카페인 회수 시스템이 갖춰져 있는 곳(주로 유기용매 및 이산화탄소-물 흡착 공정)은 전체 50%가량이었기 때문에 활성탄을 이용한 카페인 회수 시스템이 상당히 중요해졌다. 카페인 회수 관련 특허들을 토대로 다음과 같은 공정들이 개발되었다.

- 제네럴 푸드(사)(Katz & Proscia, 1981)는 탄소를 유기산 또는 알코올로 처리하여 활성탄으로부터 카페인을 회수하는 방법을 설명했다. 아세트산 및 공비 혼합물이 특히 효율이 좋았다. 다만, 빙초산을 사용할 경우 운영이나 안전상에 문제가 있을 수 있다. 동 방법을 이용한 카페인 회수율은 73% 미만이었다.
- 활성탄으로부터 카페인과 카페인 외 커피 고형분을 회수 분리할 수 있는 다른 방법들도 있다(Katz & Proscia, 1985). 1단계에서는 비-카페인 고체를 제거하기 위해 약 60℃에서 활성탄에 염기성 수용액(예: 탄산 칼륨)을 처리한다. 2단계는 85℃에서 산성 수용액(예: 아세트산)을 활성탄에 처리하여 매우 깨끗한 카페인을 얻어낸

다. 활성탄은 이후 물과 증기로 세척하여 재사용한다. 비-카페인 커피 고형물은 염기성 용액에서 분리한 뒤 재활용하고, 산성 용액으로는 카페인을 분리한다.

- 제네럴 푸드(사)는 에틸렌 또는 프로필렌 카보네이트 수용액을 이용하여 활성탄에서 카페인을 50% 이상 회수하는 방법을 제안하였다(Karmiol et al., 1984). 탄산염 최적 농도는 선택성(농도와 비례) 및 용해능(농도와 반비례)을 절충하여 결정하여야 한다. 탄산염은 100℃가량 온도에서 20%일 때 효율이 좋은 편이며, 카페인은 용액을 침전시켜 회수할 수 있다. 농축 염용액(예: 탄산칼륨)을 첨가하면 카페인 함유 용액의 극성이 바뀌면서 카페인이 침전된다. 침전된 카페인은 여과나 원심분리를 통해 분리할 수 있다.
- 제네럴 푸드(사)는 활성탄에 약 70% 수용성 아세트산 용액을 100°C 이상에서 처리하여 70~80% 상당의 카페인을 수득할 수 있다고 밝혔다. 용액 기화로 카페인은 쉽게 분리할 수 있으며, 활성탄은 아세트산 잔류물을 제거하기 위해 세척 및 증기 처리해야 한다(Katz & Proscia, 1985).
- 하그(사)의 포름산 적용법은 아세트산 공법에 비해 시간을 단축하고, 저온과 저농도 산을 사용할 수 있다(Vitzthum et al., 1983). 포름산을 증류시켜 카페인을 분리시킬 수 있으며, 수율은 78%이다.
- 하그(사)는 활성탄 재생과 카페인 회수를 동시에 할 수 있는 공정을 개발했다. 이 방법은 카페인이 결합된 활성탄을 온수로 처리하는데 이때 압력은 86바 이상이어야 하나 200바가 가장 좋다. 온도는 300° C 이상에서 1~3시간 처리해야 한다(Gehring et al., 1985). 시간, 온도 및 압력 조건을 더 구체화하면 카페인이 과분해될 수 있다. 활성탄은 별도의 처리 없이도 즉시 재사용이 가능하다. 흡착 용량은 사용 횟수를 거듭할수록 감소하므로 활성탄을 수차례 사용했다면 고온에서 재활성화시켜야 한다. 수용액을 증발 또는 막 분리하여 수득할 수 있는 카페인 회수량은 약 65%이다.

- 카페인이 결합된 활성탄을 벤조산, 아세트산, 디클로로아세트산, 젖산이나 산성

혼합물로 처리하여 카페인을 회수하는 방법도 개발되었다(Kaper et al., 1987). 해당 산의 농도는 50% 이상으로, 최신 기법에 비해 활성탄 대비 용매량이 현저히 적은 편이다. 카페인은 결정화 등으로 용액에서 회수할 수 있다. 이 가운데 150°C 가량에서 벤조산 처리한 경우 수율이 가장 높았다(89.1%).

- 다우에 에그버츠(사)의 카페인 회수 공정은 카페인이 결합된 활성탄을 중량 기준 아세트산 65% 이상, 시트르산 2% 이상으로 구성한 혼합물로 처리한다(Kaper, 1987). 이 혼합물은 연소성이 낮고 특히 추출 효율이 좋은 편이다. 단, 추출 온도는 150°C로 맞추어야 하며, 활성탄 대비 추출제를 5~10배 비율로 혼합하여야 카페인을 90% 이상 회수할 수 있다. 카페인은 해당 용액을 결정화한 후 회수할 수 있다.
- 사라 리/다우에 에그버츠(사)는 워터 디카페인 공법에서 간단한 화합물만을 이용하여 활성탄을 재생시킬 수 있는 방법을 발견했다. 이전 공법과 비교해도 해당 화합물의 회수 속도와 에너지 요건이 월등히 뛰어났다(Noomen & Putten 1993). 메틸에틸케톤, 에틸 아세테이트, 디클로로메탄을 사용하거나 메틸에틸케톤과 에틸 아세테이트를 혼합하여 사용할 경우 다소 온순한 공정 조건에서 카페인이 최대 63%까지 탈착되었다. 이 가운데 디클로로메탄이 수율과 경제성에서 가장 뛰어났으며, 활성탄으로부터 다른 가용성 커피 고형물은 제거하지 않고 그대로 잔류시킬 수 있었다. 활성탄에 용매 잔류 가능성이 있으므로 증기 처리를 통해 재생시켜야 한다. 카페인은 회수제제를 증발시켜 분리시킬 수 있다.

카페인 회수 공정을 모두 평가한 결과, 상업화를 가로막는 단점들을 다음과 같이 정리해 볼 수 있었다.

- 화학 용매를 이용해 카페인을 회수했을 경우, '비화학적' 디카페인 공정이라는 표현이 논리적으로 맞지 않다.
- 미정제 카페인 생산을 위해서는 용매 등 2단계 공정이 필요하다.
- 활성탄을 세척하는 과정에서 용매가 손실되며, 카페인이 용매에서 분리된다.

- 사용한 용매는 휘발되며, 주로 가연성을 보인다.
- 활성탄을 세척, 재생한 후 재사용하여야 한다.

최근에 개발된 '카페인 직접 탈착 공정'(Heilmann, 1997)은 화학물질을 사용하지 않는 방식으로 하그(HAG)사의 특허 2개를 접목하여 만들어졌다(Wilkens, 1986; Sipos & Jones, 1994). 동 공정에서는 카페인이 결합된 폐활성탄을 3단계 유동층 반응기를 통해 처리한다(그림 5.12). 상부층 360℃ 가량에서 카페인 탈착이 일어나며 곧바로 회전식 기류로 전환된다. 이 기체는 산소가 거의 없어 연소가 불가한 불활성 기체 상태이다. 약 800℃에서 최하단부로 유입되며, 탄소가 재활성화된다. 중간 단계에서는 탈착되지 않은 카페인과 유기 불순물들이 분해된다. 재활성화 후, 탄소를 물로 급냉시키고 다시 디카페인 공정으로 재순환시킨다. 카페인이 흡착된 회전 기체는 세정/급냉 장치에서 처리하고, 카페인은 물에 흡수된 후 결정화된다. 그 결과로 생긴 판매용 결정질 미정제 카페인(장치에 유입되는 양의 약 60%)은 불순물이 5% 미만이며, 수분이 약 35%이다.

그림 5.12 활성탄에서의 카페인 직접 회수 (Heilmann, 1997).

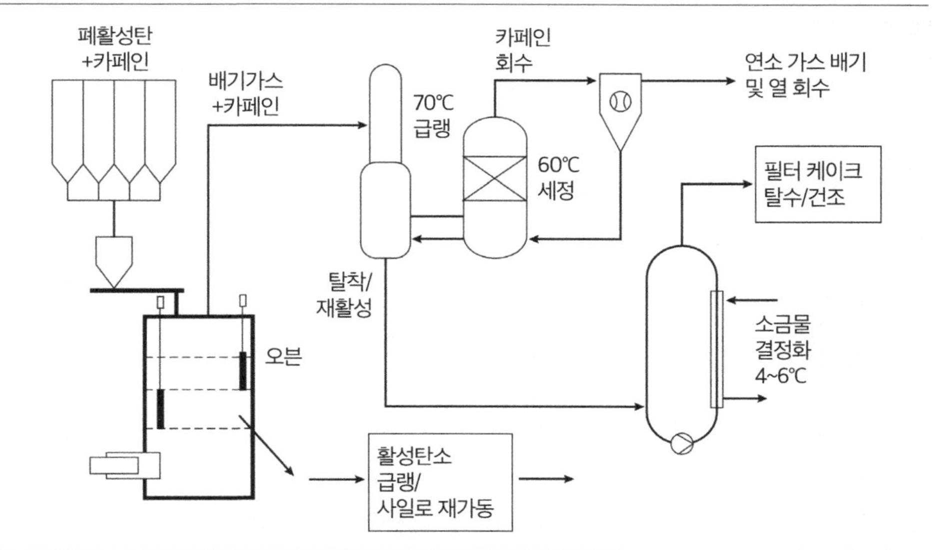

표 5.2 전 세계 디카페인 생산 능력[1]

	메틸렌디 클로라이드 (MC)	에틸아세테이트 (EA)	초임계 이산화탄소 (SCO_2)	물	액체 이산화탄소 (LCO_2)	지질	총합
유럽	132	45	67	98	20	—	362
북미	9	70	40	18	—	—	137
중남미	18	18	—	5	—	9	50
아시아	9	—	—	—	—	—	9
총합	168	133	107	121	20	9	558

[1] 1,000톤 기준. 아라비카와 로부스타로 단순 가정
MC = 메틸렌 디클로라이트, EA = 에틸 아세테이트, SCO2 = 초임계 이산화탄소, LCO2 = 액체 이산화탄소 = 지질.

5.9 | 경제적 측면

1970년대와 1980년대 디카페인 커피 소비가 늘어나면서 로스팅 커피업체를 중심으로 대규모 디카페인 공장이 설립되었다. 주로 중앙 유럽과 미국 등 디카페인 커피 소비가 있는 지역에 구축되었으며, 전 세계 디카페인 커피 50%가량을 독일과 프랑스에서 생산하고 있다(표 5.2).

디카페인 공정 분포를 살펴보면 대부분 디클로로메탄과 에틸아세테이트 등 용매를 이용한 방식이 대부분이며, '스위스 또는 프랑스 워터 프로세스'를 이용한 공법은 21.7% 수준에 그쳤다(표 5.3). 이러한 현상은 수익성과도 관련이 있다.

다음은 디카페인 공정별 비용이다.

용매: 미화 30~40센트/kg

초임계 CO^2: 미화 55~65센트/kg

워터 프로세스: 미화 80~100센트/kg

표 5.3 디카페인 공정별 비중

메틸렌 디클로라이드	30.1%
에틸아세테이트	23.8%
워터 프로세스	21.7%
초임계 이산화탄소	19.2%
액체 이산화탄소	3.6%
지질 용매	1.6%

서구 국가에서의 디카페인 커피 소비가 감소 추세에 접어든 반면 동유럽에서는

증가세를 보이고 있다(표 5.4). 1998년 기준 전 세계 디카페인 업계 규모는 382,000톤, 판매액 50억 미화 달러에 달한다(표 5.5).

전 세계 커피 생산량을 로부스타 34%, 아라비카 66%로 가정하고, 평균 카페인 함량이 각각 1%, 2%로 가정하면 전 세계 카페인 생산량을 6,340톤으로 추산해 볼 수 있다. 다만 모든 공장에서 카페인을 100% 전량 회수한다고 전제했기 때문에 실제 수득율이 평균 80%라는 점을 감안하면 천연 유래 카페인 생산량은 총 5,000t/년을 상회한다고 볼 수 있다. 그러나 실제 시중에 판매되는 천연 카페인이 2,500t/년에 불과하므로 총 커피 생산량에서 회수되는 카페인은 절반 수준이라 할 수 있다.

실제 전 세계 카페인 수요가 10,000t/년에 달하며, 이 중 합성 카페인 생산량은 7,500t/년이다. 이 생산량은 소수의 미국 및 독일 제조업체가 장악하고 있으며, 제약업체 베링거 인겔하임(사)가 독일과 멕시코에서 생산한 양은 4,000t 미만이다.

카페인은 청량음료에 압도적으로 많이 사용되고 있으며, 25%는 의약품 생산에 이용된다(그림 5.13).

표 5.4 서유럽, 동유럽 및 전 세계 제품별 판매량(in 1000 tonnes)

	1994	1998	% 성장률 1994/8
서유럽			
디카페인	97.4	93.9	−3.6
일반	11 74.6	1151.9	−1.9
총합	1272.0	1245.8	−2.1
동유럽			
디카페인	3.3	9.6	186.9
일반	199.2	254.5	27.8
총합	202.5	264.1	30.4
전 세계			
디카페인	303.6	381.6	25.7
일반	3293.3	3469.7	5.4
총합	3596.9	3851.3	7.1

출처: 유로모니터

비고: 지역별 및 전 세계의 성장률 총합은 반올림했기 때문에 개별 데이터의 총합과 다를 수 있다.

표 5.5 서유럽, 동유럽 및 전 세계 커피 제품 유형별 판매액 (단위 미화 100만 달러)

	1994	1998	% 성장률 1994/8
서유럽			
디카페인	1181.2	1124.5	–4.8
일반	11463.1	11316.0	–1.3
총계	12644.3	12440.6	–1.6
동유럽			
디카페인	53.0	199.6	276.2
일반	2287.7	3800.8	66.1
총계	2340.7	4000.4	342.3
전 세계			
디카페인	3544.2	4926.0	39.0
일반	32345.5	34825.3	7.7
총계	35889.6	39751.3	10.8

출처: 유로모니터

비고: 지역별 및 전 세계의 성장률 총합은 반올림했기 때문에 개별 데이터의 총합과 다를 수 있다.

그림 5.13 전 세계 카페인 이용 현황

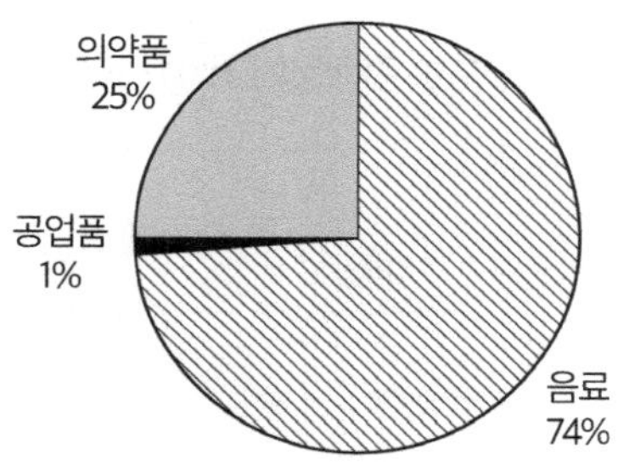

참고문헌

- Ben-Nasr, H. & Coenen, H. (1990) EP 0439710 B1,Buse GmbH.
- Berry, N.E. & Walters, R.H. (1943) Process of decaffeinating coffee. US Patent 2309092.
- Blanc M. & Margolis, G. (1981) EP 0049357, Nestle.
- Brunner, G. (1987) Decaffeination of raw coffee by means of compressed nitrous oxide. In: *Proceedings of the 12th ASIC Colloquium (Montreux)* pp. 294—305. ASIC, Paris, France.
- Bunselmeyer, D., Culmsee, O. & Heilmann, W. (1991) EP 0523268, Jacobs Suchard.
- Clarke, R.J. (1988) Patenting of coffee inventions. In: *Coffee*, Vol. 6. Commercial and Technico-Legal Aspects, (eds R.J. Clarke & R. Macrae) pp. 145—176. Elsevier Applied Science, Barking, UK.
- Coenen, H. & Ben-Nasr H. (1987) EP 0482675 A2, Buse GmbH.
- Crose, J.R. & Waldman, A.A. (1995) US Patent 5 503 724, IMSCO.
- Dawson-Ekeland, K.R. & Stringfield, T.R. (1991) EP 0432960 A2, Dow Chemical Company.
- Fischer, A. & Kummer, P. (1979) EP 008398, Coffex.
- Gabel, P.W., Sarge, S. & Camenga, H.K. (1987) Search for optimal adsorbents for decaffeination processes by calorimetric investigation. In: *Proceedings of the 12th ASIC Colloquium (Montreux)* pp. 306—312. ASIC, Paris, France.
- Gehring, M. (1984) EP 0151202, HAG.
- Gehring, M., Barthels, M. & Wienges, H.R. (1985) US Patent 4506072, HAG.
- Gehring, M., Vitzthum, O. & Wienges, H. (1989) Patent DE 3303679 C2, HAG.
- Hannay, J.B. & Hogarth, J. (1879). On the solubility of solids in gases. *Proc. Roy. Soc. London*, **29**, 324.
- Hay, P., Leigh, D. & Liardon, R. (1995) EP 0776607 A1, Nestle.
- Heilmann, W. (1991) A modified Secoffex process for green bean decaffeination. In: *Proceedings of the 14th ASIC Colloquium (San Francisco)* pp. 349—356. ASIC, Paris, France.
- Heilmann, W. (1997) Caffeine recovery from activated carbon. In: *Proceedings of the 17th ASIC Colloquium (Nairobi)* pp. 254—60. ASIC, Paris, France.
- Hermsen, M. & Sirtl, W. (1989) EP 0316694, Hermsen GMbH.
- Hinman, D.C. & Saleeb, F.Z. (1984) EP 0140629, General, Foods.
- Hubert, P. & Vitzthum, O.G. (1981) US Patent4411923, HAG.
- Izod, T.P.J. (1979) EP 0013451 A1, Union Carbide.
- Jones, G.V., Musto, J.A. & Meinhold, J.F. (1985) EP 0159829, General Foods.
- Kaleda, W.W., Saleeb, F.Z. & Zeller, B.L. (1986) US Patent 4467 634. General Foods.
- Kaper, L. (1987) EP 0259905 A1, Douwe Egberts.
- Kaper, L., Klamer, R. & Noomen, J.P. (1987) EP 0251364 B1, Douwe Egberts.
- Karmiol, M.H., Hickernell, G.L. & Hall, B.J. (1984) US Patent 4443 601, General Foods.
- Katz, S.N. (1984) US Patent 4472443, General Foods.
- Katz, S.N. (1987) Decaffeination of coffee. In: *Coffee*, Vol. 2, Technology, (eds R.J. Clarke & R. Macrae) pp. 59—72. Elsevier Applied Science, Barking.
- Katz, S.N. (1989) US Patent 4820537, General Foods.
- Katz, S.N., Spence, J., O'Brian, M.J. *et al.*, (1990) US Patent 4911941, General Foods.
- Katz, S.N. & Proscia, G.E. (1981) US Patent4298736, General Foods.
- Katz, S.N. & Proscia, G.E. (1985) US Patent4513 136, General Foods.

- Katz, S.N., Proscia, G.E. & Clisura, G.L. (1985) US Patent 4548827, General Foods.
- Kazlas, B.J., Novak, R.A. & Raymond, R.J. (1991) Patent WO92/ 03061, EP-547119, Liquid Carbonic Corporation.
- Krukonis, V.J., Gallagher-Wetmore, P.M. & Coffey, M.P. (1993) Food processing with supercritical fluids: fact and fiction. In: *Science for the Food Industry of the 21st Century*, ATL Press, USA.
- Lack, E. & Seidlitz, H. (1993) Commercial scale decaffeination of coffee and tea using supercritical CO2. In: *Extraction of Nature Products using Near Critical Solvents*, (eds M.B. King & T.R. Bott), pp. 101—39. Blackie, Glasgow.
- Lack, E., Seidlitz, H. & Toro, P. (1989) Decaffeination of coffee samples by CO2 extraction. In: *Proceedings of the 13th ASIC Colloquium (Paipa)* pp. 236—245. ASIC, Paris, France.
- Lehrer, R. (1996) Patent Application WO 97/07686.
- Leigh, D., Hay, P. & Liardon, R. (1995) EP 0776607, Nestle.
- Linnig, D.A., Leyers, W.E. & Novak, R.A. (1991) Decaffeination with supercritical carbon dioxide. In: *Proceedings of the 14th ASIC Colloquium (San Francisco)*, pp. 357—64. ASIC, Paris, France.
- Martin, H. (1982) Selective extraction of caffeine from green coffee beans and the application of similar processes on other natural products. In: *Proceedings of the 10th ASIC Colloquium (Salvador)* pp. 21—28. ASIC, Paris, France.
- McCoy, B.J. (1993) Rate processes in supercritical fluid extraction. In: *Proceedings of the 6th International Congress on Engineering and Food*, Chiba, Japan. Vol. 2, Blackie, Glasgow.
- Mooiweer, G.D. (1982) EP 0078088, Douwe Egberts.
- Mooiweer, G.D. (1983) EP 011375, Douwe Egberts.
- Morrison, L.R. & Phillips, J.H. (1984) US Patent, 4474821, Proctor and Gamble.
- Moyler, D.A. (1993) Decaffeination of coffee. In: *Extraction of Natural Products Using Near Critical-Point Solvents* (eds M.B. King & T.R. Bott), pp. 140—78. Chapman and Hall, Glasgow.
- Noomen, P.J. & Putten, C.V. (1993) EP 0612744, A1, Sara Lee Douwe Egberts, The Netherlands.
- Noronha, T. (2000) Coffee: world, Western Europe and Eastern Europe sales volume and value. *Euromonitor*, Feb.
- Nufert, T. & Fowkes, S. (1997) Patent Application WO 98/ 07330, Ecofe Corporation.
- Pagliaro, F.A., Franklin, J.G. & Gasser, R.J. (1976) US Patent 4465 699, Nestle.
- Palmer, M.V. & Ting, S.S. (1995) Applications for supercritical fluid technology in food processing. *Food Chem.*, **52**, 345—52.
- Proudly, J.C. & Symbolik, W.S. (1988) US Patent 4837038, Nestle.
- Quijano-Rico, M. (1987) New ways of industrial coffee processing. In: *Proceedings of the 12th ASIC Colloquium (Montreux)* pp. 187—193. ASIC, Paris, France.
- Roethe, K.P., Roethe, A., Suckow, M., Mothes, S. & Stackfleth, M. (1994) Patent WO94/26125, Method for depleting green coffee of caffeine and chlorogenic acids. INTUS, Berlin.
- Seidlitz, H. & Lack, E. (1989) UK Patent GB 2235121 A, Schoeller—Bleckmann.
- Sipos, S. & Jones, G.V. (1986) US Patent 5 702747, KraftFoods.
- Sipos, S. & Jones, G.V. (1994) EP 0666033 A1, Kraft Foods. van der Stegen, G. (1985) EP 0158381, Douwe Egberts.
- Theissing, P., Saamer, P. & Korner, J.-P. (1991) US Patent 5 153 015, Uhde GmbH.
- Tokunaga, Y., Fujii, T. & Nakamura, K. (1997) Separation of caffeine from supercritical carbon dioxide with a zeolite membrane. *Biosci. Biotech. Biochem.*, **61**, 1024—1026.
- Toro, P. (1985) DE 3445502 A1, Cafe Toro.
- Vitzthum, O. & Hubert, P. (1975) US Patent 3 879569, Genera Foods.

- Vitzthum, O., Werkhoff, P. & Gehring, M. (1983) EP 0129609, HAG.
- Welsh, W.A. (1986) EP 0173297, Grace & Co.
- Wilkens, J. (1986) DE 3511129 A1, HAG.
- Zeller, B.L., Kaleda, W.W. & Saleeb, F.Z. (1983) US Patent 4521438, General Foods.
- Zeller, B.L. & Saleeb, F.Z. (1999) Decaffeination of non-aqueous solvents using caffeic acid. In: *Proceedings of the 18th ASIC Colloquium (Helsinki)*, pp. 168—72. ASIC, Paris, France.
- Zosel, K. (1965) Studiengesellschaft Kohle. *Chem. Abstr.*, **63**, 110456.

CHAPTER 6

공학 III: 인스턴트 커피

TECHNOLOGY III: INSTANT COFFEE

R.J. 클라크
컨설턴트, 영국 치체스터 소재

공학 III:
커피인스턴트 커피

R.J. 클라크
컨설턴트, 영국 치체스터 소재

6.1 | 서론

6.1.1 인스턴트 커피 시장

대다수 나라에서 지난 십 년간 인스턴트 커피의 생산량과 판매량이 눈에 띄게 증가하였다. 영국에서의 인스턴트 소매 판매량은 1993년 기준 5억 2천 파운드가량으로 공식 집계되었다. 특히 브랜드(및 크기)도 다양해져 1987년 당시 17개 브랜드(자체제작상품 제외)가 분무 건조 분말과 과립 동결 건조, 디카페인 제품 등을 출시했으며(Clarke & Macrae, 1988), 이후 1999년에는 일부 신제품이 출시되거나(신제품 브랜드 5종) 단종된 제품들도 있었다. 순중량 100g당 제품가격을 살펴보면, 1987년 네슬레(사) 아틀라 리카 동결건조 커피 가격은 2.59파운드로, 1999년도 가격에 비해 그다지 저렴하지 않았다(예. 1999년 7월 기준 제품가 3.29파운드). 1984년 크래프트 푸드(사) (잉글랜드 글로스터셔 주 첼트넘 소재)로 인수된 제너럴 푸드(사)(밴버리 소재)는 '켄코(Kenco)' 등의 새로운 브랜드를 출시하였다. 아울러 솔루블 커피가 브라질에서 대거 역외 수입되었다. 다우에 에그버트(사)가 액상 커피 추출물 제품을 판매하기 시작했으며, 일본에서는 다양한 액상 커피 캔음료가 시중에 선을 보였다(챕터 7 참조).

6.1.2 신기술

공학 II에서 1987년 이전까지의 인스턴트 커피 관련 공법과 기기들을 종합적으로 다룬 바 있으며(Clarke, 1987a), '식품 기술 백과사전(Encyclopaedia of Food Technology)'의

'커피' 섹션에서 관련 정보들을 계속 업데이트하고 있다(Clarke, 1993a). 울먼(Ullman)의 기술 백과사전(Viani, 1986)에도 커피에 관한 신기술 정보를 찾아볼 수 있으며, 커피 생두, 로스팅 커피, 인스턴트 커피의 품질 관리 방법(Clarke, 1987b)과 커피의 보존 기한(Clarke, 1993b)을 검토한 자료들도 출간되었다.

지난 10년간 유럽에서 인스턴트 커피와 관련한 특허 35건이 잇따라 선보인 것만 보더라도 앞으로 해당 분야가 크게 발전하리라 예상된다. 1987-99년 '프랑스 파리 국제커피과학회 프로시딩(Proceedings of ASIC Colloquia)'에 게재된 다양한 인스턴트 커피 공법에 관한 연구들은 본 챕터에서 섹션별로 다룰 예정이며, 기술 논문 2편을 중점적으로 언급할 것이다(Sylla, 1989; Grenlund, 1995).

6.1.3 H.A.C.티센 교수의 업적

각종 논문들에서도 보았듯이 네덜란드 아인트호벤 공과대학교 티센(Thijssen) 교수 연구진은 1960년대 말부터 1970년대, 1980년에 이르기까지 커피 추출물(기타 식품 등)의 증발과 건조에 관한 화학 공법들을 선보이고, 독창적인 실험을 진행하였다. 티센 교수가 1986년 세상을 떠난 후인 1987년 아인트호벤에서 티센 교수를 추모하는 기념 심포지엄이 열렸다. 교수의 생전 주력 연구 분야였던 동결 및 열 농축과 건조 중 '선택 확산 컨셉'에 맞춰 심포지엄 제목을 '식품의 선농축 및 건조'로 정하였다. 교수의 관련 논문들은 심포지엄 이후 발표되었다(Bruin, 1988). 티센 교수를 이어 벨기에 화학공학자 마르셀 론신(Marcel Loncin) 교수가 화학공학을 식품 가공 분야에 접목하였으며, 이후 독일 카를스루에 공과대학교로 자리를 옮긴 뒤 1994년에 별세하셨다. 마르셀 론신 교수을 위해 지난 1997년 4월, 영국 브라이턴에서 열린 제7차 국제 식품공학학회(International Congress on Engineering and Food)에서 기념 행사가 진행되었다(학회 회보 출간, Jowitt, 1977). 론신 교수는 앞서 1977년, '식품공학과 커피'를 주제로 프랑스 파리 국제커피과학협회에서 기조 강연을 한 바 있다.

6.1.4 법규 및 기준

인스턴트 커피에 관한 유럽 법률은 마지막 고시 이후 별다른 개정이 없었다(Clarke, 1988). 그러나 지난 1999년 2월 22일자 1999/4/EC 신규 지침에서는 표시 및 표시 중량을 골자로 한 80/232/EEC 일부를 개정했고, 2000년 9월 13일 이전에 시행되었다. 국제표준화기구(ISO)의 새로운 인스턴트 커피 분석시험법은 본 도서의 별첨 1에 첨부하였다.

6.2 | 가공 공정

인스턴트 커피는 아래와 같이 여러 연속 공정을 거쳐 생산된다(Clarke, 1987a).

(1) 생두의 등급 분류, 저장, 블렌딩;
(2) 로스팅 및 분쇄;
(3) 추출;
(4) 건조, (a) 분무 (분말 또는 과립 생성); 또는 (b) 동결 건조 (과립 생성)

현재 대부분의 제조사들이 공정을 선택적으로 추가하여 제조 공정의 정교성과 품질을 높였다. 건조 전 단계에서 동결 농축이나 가열 증기처리 및 휘발성 아로마 화합물 처리 같은 선농축 공정을 추가하거나(3a) 건조 분무 단계에서 완제품에 '가향' 공정을 추가할 수도 있다(4a). 이 단계는 분말, 과립 형태 제품에 모두 사용할 수 있다.

(5) 병입 또는 통입

마지막으로 공장마다 커피 찌꺼기를 폐기하는 공정을 포함하고 있다. 커피 찌꺼기는 카페인이 제거된 생두이며, 최신 디카페인 공법은 챕터 5에서 설명하였다.

6.2.1 일반

인스턴트 커피는 다음의 두 가지를 목표로 한다.

(1) 커피 완제품 중 가용성 고형분의 종류와 함량을 최적화한다. 가용성 고형분의 대부분은 복합 탄수화물이지만 다른 비휘발성 성분들도 혀로 맛을 감별할 수 있거나 신체를 촉진하는 역할을 하기도 한다. 이들 성분 중에는 카페인이나 무기질 성분처럼 (상압)에서 처음 추출할 때 대부분 수득할 수 있는 경우도 있지만 탄수화물이나 멜라노이딘 등 일부 성분들은 다음 단계에서 대량 추출되기도 한다. 다만, 이 경우 단당류 성분이 분해되어 생성될 수도 있다.

(2) 추출된 커피 휘발성 성분의 종류 및 함량을 최적화하고, 완제품에 성분을 보존시킨다. 완제품의 최종 풍미를 구성하는 아로마 성분이거나 헤드 스페이스의 냄새에 영향을 미친다. 이는 코 비강 천장 부위의 후각으로 감지한다. 갓 로스팅한 커피의 휘발성분은 주로 1단계에서 추출되며, 사용한 커피와 물의 비율 외에도 여러 요인들의 영향을 받는다. 다만 최종적으로 오토클레이브 단계에서 방출된 것 외에 커피에서 일부 휘발성 화합물이 추가 생성될 수 있다. 또한, 추출 단계 전반에 걸쳐 풍미가 연속적으로 얻어지는 반면, 오토클레이브 단계에서는 푸르푸랄 등 불필요한 휘발성 화합물이 대거 생성될 수 있다. 그러나 해당 성분들은 '갓 끓인' 커피 풍미에서는 향긋하게 느껴질 수 있다. 최근 용매 추출법을 통해 조성 성분을 측정한 대규모 연구(챕터 3 참조)에서 갓 끓인 커피들은 로스팅(및 분쇄) 커피에 실제 존재하는 휘발성 화합물의 최대 80%까지 추출할 수 있는 것으로 나타났다. 아울러 일부 브루잉 커피에 있는 화합물들은 다른 성분에 비해 추출량이 적거나 많을 수 있다. 인스턴트 커피를 제조하기 위해서는 함유된 휘발성 화합물 일체와 오토클레이브 단계에서 수세식 조건 하에 로스팅 중 신규 또는 추가 생성되는 화합물들도 함께 수득할 수 있는 추출법을 사용해야 한다. 이 외에도 사

용한 로스팅 커피의 블렌딩(아라비카/로부스타)에 따라서도 휘발성 성분이 달라진다. 앞으로 설명할 최신 동향에서는 선별된 휘발성 화합물을 분리하거나 포함시키는 공법들을 다루고 있다. 추출 성분의 종류와 상관없이 완제품의 최종 아로마의 특성은 건조 방법과 조작 절차에 따라 크게 좌우된다.

최근 한 논문(Steinhaeser et al. 1999)은 인스턴트 커피 생산 과정에서의 로스팅 및 분쇄 커피 추출을 모형화하여 실험하고, 그중에서도 휘발성 화합물을 특별히 다루었다.

6.2.2 로스팅 및 분쇄

일반 시중에서 포장된 채로 판매되는 로스팅 커피(원두 또는 분쇄 형태)는 일반 로스팅 원두의 생산방법과 기기를 똑같이 사용한다. 최신 원두 로스팅 기법은 앞서 챕터 4에서 설명한 바 있다. 로스팅한 커피를 분쇄하는 방법이나 사용 기기에 있어서는 획기적인 발전은 없었으나 분쇄 시 공기/산소를 차단하는 설계 기능이 추가되기도 했다.

6.2.3 추출

'상압' 추출(수온 100°C가량)과 '오토 클레이브(최대 수온 170°C가량, 수압 기준)' 추출을 결합한 배터리 컬럼 퍼콜레이터 공정은 꾸준히 보편적으로 사용되어 왔다. 그러나 기본 제조 공정을 대폭 변형한 방식 또한 많이 이용된다. 덴마크 인스턴트커피 가공기기를 만드는 니로 A/S(Niro A/S)(사)는, 별도용기에서 로스팅한 분쇄 커피를 미리 적셔주는 프리웨팅(pre-wetting) 공정을 진행한 후 퍼콜레이션 컬럼에 충전하는 것이 중요하다고 강조하였다. 이때, 로스팅한 분쇄 커피에서 생성된 공기와 이산화탄소를 제거한 채로 컬럼에 충전하여야 수용성 추출이 원활하고, 기포 형성을 최소화할 수 있다. 이를 위하여 컬럼에 커피를 충전할 때는 진공 상태를 유지하는 것이 좋다. 이 기체에는 유용한 양의 커피 휘발성 화합물이 함유되어 있으므로 적절한 방법으로 포집한 다음 나중에 건조 제품에 추가해 준다.

최근 니로 A/S(사)는 두 추출 공정 단계를 물리적으로 분리시키는 방법도 제안하였다. 첫째로, 저온추출부에서 로스팅 및 분쇄한 120°C 이하인 원두를 10~15분간 추출하여 '아로마가 풍부한' 추출물을 얻는다. 두 번째 단계는 180°C 압력수를 이용하여 부분 추출한 커피를 오토클레이브로 추출한다. 이때, 일반 유속 대비 최대 2.5배로 높여 추출 시간을 줄인다. 각각 추출한 커피는 별개로 취급하여(동결 농축 및 열 농축 섹션 참조) 건조 전에 혼합한다. 이는 기존 공법에 비해 추출 시간을 200분에서 90분가량으로 단축시켰으며, 특수 제작된 추출 컬럼도 이용할 수 있다(Gronlund, 1995).

가용성 또는 휘발성 화합물 추출 시 최적의 퍼콜레이터 크기나 모양, 개수에 대해 논의가 이루어졌다(Clarke, 1987a). 유럽특허 EP 0489 401(1990), (Koch, K. & Vitz-thum, O.G, Kraft Jacobs Suchard)의 경우, 컬럼 길이가 짧기 때문에 퍼콜레이터 컬럼 개수를 2배로 늘리고, 로스팅 커피를 미세 분쇄하였다. 특히 로스팅 커피 브루의 향미를 높이고자 아로마를 별도로 처리하였다. 저온 추출 부위의 물-커피 비율을 높이는 게 중요하다. 가용성 고형물 최적 조건을 다룬 특허 2건도 출원되었다. 네슬레(사) 특허 EP 0826 308(1998)은 기존의 역류식 배터리보다 최대 220°C까지 온도를 높여 3단계로 추출하는 방식을 고안했다. 3단계는 다음과 같다. (1) 80~160°C에서 가열한다. (2) 160~190°C 온도에서 '2차' 수용액이 분쇄커피를 적신 후 배출된다. 160~220°C에서 1~15분간 열가수분해가 일어난다. (3) 170~195°C 온도에서 '3차' 액체로 열가수분해가 일어난 분쇄 커피에서 가용성 고형물을 한 번 더 추출한다. 이렇게 제조된 솔루블 커피 제품에는 탄수화물이 30% 이상 들어 있는데, 단당류 4%, 올리고당 10% 초과, 다당류 19% 이상으로 구성되어 있으며, 가중평균이 2000(돌턴) 이상으로 다분산성이 3을 넘는다.

앞서 제네럴 푸드(사)는 가용성 고형물의 추출 수율을 높이기 위해 로스팅 분쇄 커피를 부분 가수분해함으로써 향미 성분의 분해를 최소화시키는 다단계 접근 방식도 선보였다(USP 4 798 930A, 1989 =EP 0336 837(1990)). 380~450°F(193~223°C)의 별도 고정층 반응기에서 가수분해가 이루어지며, 추출 시간은 7~45분 상당으로 단시간으로 설정하고, 물 무게를 분쇄 커피 대비 6배 정도로 하였다. 기존 공정으로는 여러 가지 이유(시간 및 온도 제어, 불용성 산물 생성)로 초고온에서 추출할 수 없기 때문에 불용성 만난의 수용성을 제어함으로써 수율을 끌어올릴 수 있다. 다만, 수용성 만난 올리고당(무정형)은 불안정성이 높아 침전되어 버린다. 60°C 이상의 상업용 인스턴트 커피에서 만난이 결정화되면서 침전되는 과정은 관련 논문에서 확인할 수 있다(Bradbury & Atkins 1997).

로스팅 커피(또는 생두)에서의 가용성 고형물 비율과 경제성을 다룬 연구로는, 2단계 배치식 공정(단계별 최고 온도 90°C 및 180°C) 수율을 다룬 노에스(Noyes) 논문이 있다(1995).

오토클레이브 추출 단계에서 로스팅 커피에 함유된 복합 탄수화물 일부를 용해시킬 수 있는 효소들을 활용할 수 있다. 네슬레(사)는 β-만난아제 효소를 고정시키는 방법을 고안했는데(EP 0676 145 AI(1995)), 이전에도 다른 효소들을 활용한 사례들이 있다.

솔루블 커피 제조에 활용할 수 있는 각종 추출 방법을 그림 6.1에 제시하였다. 가정/케이터링용 브루잉 방법도 비교할 수 있도록 함께 소개하였다.

6.2.4 추출물의 동결 농축

동결 농축은 요즘 많이 사용하는 로스팅 커피 추출물 농축 방법으로, 퍼콜레이션 추출물 전량을 동결 농축하거나 아로마가 많이 포함된 저온 상압 추출액만을 동결 농축하는 방식이 있다. 휘발성 화합물의 보존능이 뛰어난 저온 상압 추출액 동결 농축 공법을 주로 사용하며 니로(사)도 이 공법을 적용하고 있다.

그림 6.1 물 또는 수용성 용액을 이용한 로스팅 분쇄 커피 추출법

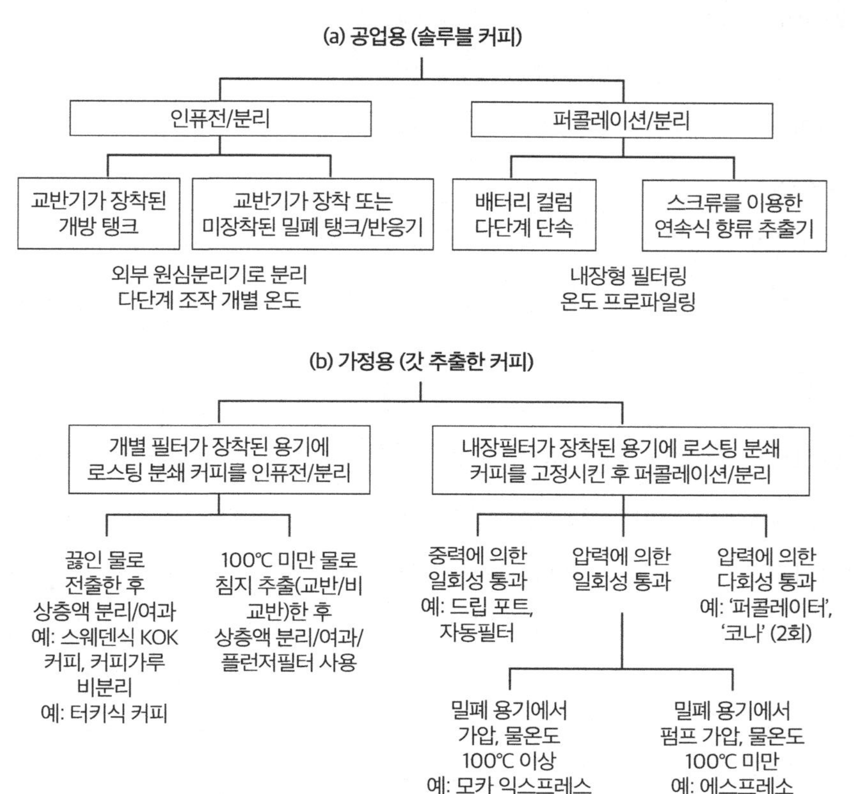

동결 농축 조건에 따라 추출 후 동결 건조한 커피의 색깔/아로마 함량이 크게 달라진다. 가령, 완만 동결 시에는 커피가 어두운 색깔을 띤다. 색깔은 반 동결('슬러시') 추출 공법 조건에 따라서도 달라진다. 최근 색깔에 영향을 미치는 요인들을 다룬 논문들도 출간되었다(Dithmer, 1995, Jansen & Van Pelt, 1987). 이 외에도 유니레버(사)는 동결 건조 전 급속 냉동(비농축)을 하는 특허 공법(EPO 256 567 A2(1988))을 내기도 했다.

6.2.5 열 농축 및 휘발성 화합물 보존

커피 추출물을 농축하기 위하여 가장 많이 사용하는 증발 방식은 퍼콜레이션 배터리 또는 공정 단계별로 얻은 추출액에 적용한다. 지금이야 잘 알려져 있지만 이러한

증발 방식은 수증기 증발률에 따라 휘발성 아로마 화합물을 탈기시킬 수 있다. 앞서 기술했듯이 휘발성 화합물이 오토 클레이브 과정에서 생성된 카라멜 또는 푸르푸랄류의 열 생성 화합물이라면 오히려 탈기 손실이 있는 게 더 좋다.

신선한 상태의 커피 추출액에서 아로마가 풍부한 추출액을 얻은 후 가용성 고형물의 농축을 향상시키기 위해 2단계에 걸쳐 가열 증발시킨다. 단일 효용 증발기 구조체(또는 증기/가스 탈거 구조체)에서 탈거 단계는 휘발성 화합물을 탈거한 후 농축, 포집하며 나중에 다시 커피와 재혼합시킨다. 보통 수분 함량의 10%를 증발시키는 이유는 뒤에 나오는 6.3 '휘발성 화합물의 물리적 성질'에서 설명할 것이다. 두 번째 단계는 탈거시킨 추출물을 대량 증발시키는데 필요한 연료의 효율을 위해 다중 효용 증발기에서 수분 함량이 50~55%(w/w)가 되도록 물을 증발시킨다. 주로 판형과 강하식 박막 증발기가 많이 사용된다. 앞서 말한 방법 외에 다른 대체 공법을 통해서도 탈거시킬 수 있다. 호주 화학공학자인 앤드류 크레이그가 개발하고, 플레이버테크(Flavourtech) (사)가 출시한 스피닝 콘 컬럼(SCC)이 비교적 최신 공법이라 할 수 있다(그림 6.2 및 6.3). 지금은 과일 주스나 유가공품, 인스턴트 커피 추출물 등 식품 산업계 전반에서 많이 사용되고 있다(Casimir & Huntington, 1970; Casimir & Craig, 1990). 스피닝 콘 컬럼은 증발 방식이 아닌 기체 탈거 방식을 취하고 있다.

그림 6.2 스피닝 콘 컬럼의 기계 도면 (플레이버테크(사) 제공).

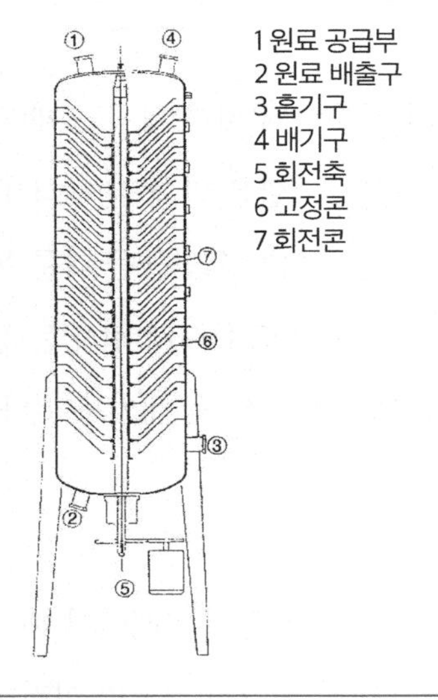

스피닝 콘 컬럼은 수직형 스테인리스 스틸 원통 구조를 갖고 있으며, 진공 상태에서 비활성 기체가 액체/슬러리에 있는 휘발성 화합물을 증기 형태로 탈거시킨다. 스피닝 콘 컬럼은 최대 직경 약 1m, 높이 5m 크기로, 시간당 약 10,000리터 이상을 처리할 수 있다. 원통 내부는 내벽과 연결된 고정콘과 중앙 회전축과 연결된 회전콘으로 이루어져 있으며, 고정콘 다음에는 회전콘이 평행하게 순차적으로 배열되어 있다. 커피 추출액 등 액체가 컬럼 상층부에서 주입되면 컬럼 하단부에 이르기 전까지 콘 표면과 계속 맞닿게 된다. 탈거용 기체(진공 조건에서 스팀 형성)가 컬럼의 하단부에서 계속 유입되고, 휘발성 화합물을 분리한다. 컬럼 상단부로 배출되는 증기는 농축되어 휘발성 화합물 농축액으로 만들어진다. 회전콘 아랫면에 달린 날개에 의해 부분 유도된 난류로 인해 아로마 화합물의 액체/기체 물질 전달이 쉽게 이루어진다.

그림 6.3 스피닝 콘 컬럼의 콘 내부 단면도 (플레이버테크(사) 제공).

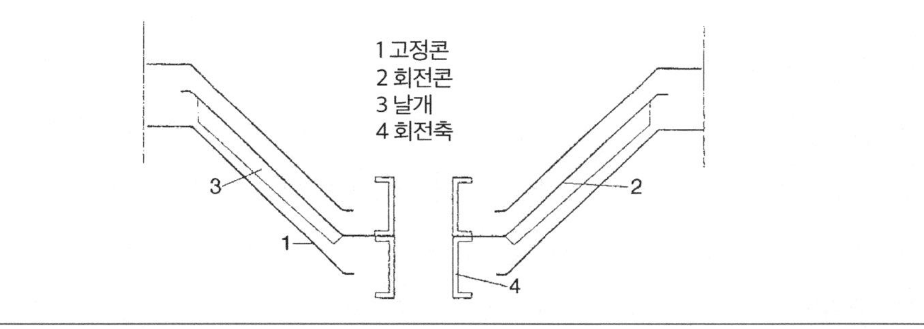

스피닝 콘 컬럼 공정의 실제 수증기 생성량이 적을 수 있으며, 충전탑이나 판형 증류탑의 증발량과 비슷하다. 이들 공정들은 계산 도출도 가능하다(Bomben et al. 1973). '알파 레벨 원심분리기'는 회전식 가열면인 증발기를 갖고 있다.

이러한 탈기 방식은 액상 체류량과 잔류 시간이 줄어들고, 분리 효율을 높이는 동시에 점성이 높은 액체도 취급할 수 있는 장점이 있다. 최근 스피닝 콘 컬럼 조작 시 범람(flooding) 현상을 유체역학으로 다룬 연구가 발표된 바 있다(Moy et al. 1997).

가공 전에 증기를 처리함으로써 로스팅 및 분쇄 커피에서 휘발성 화합물을 보존할 수 있다(Clarke, 1987a). EP O227 262A1 (1987) 특허에서는 진공 증기처리의 장점을 살려 최종 분무 건조 전에 휘발성 화합물을 부분 재흡수시키는 공법을 적용하였다.

6.2.6 휘발성 화합물 처리

추출 단계, 특히 고온 추출에서의 휘발성 화합물 선별 방식은 특허마다 조금씩 다르다. 커피 관련 다른 특허들과 마찬가지로 휘발성 화합물에 관한 특허도 영국, 독일, 미국이 보유 중이며, 표 6.1에서 이를 명시하였다.

USP 4 900 575 특허는 오토클레이브 단계에서 생성된 휘발성 화합물을 처리하는 공법으로, 이 휘발성 화합물을 증류 컬럼을 지나도록 하며, 증류컬럼의 상부에서 오토클레이브에서 배출된 증기가 유입되어 흡수제 컬럼(미세 미공성 흡수제)를 통과하게 된다. 이 과정에서 디아세틸/아세트알데히드를 최대한 많이 포집하고, 푸르푸랄은 제거한다.

6.2.7 역삼투압

역삼투압을 이용한 농축 기법은 희석 용액 스트림이 아닌 인스턴트 커피 가공에 적용하기 어렵다. 일부 고분자 성분에 의해 막이 오염되는 문제도 있지만 저분자 휘발성 화합물 보존도 어렵기 때문이다. 최근 한 일본 연구(Imura & Danno, 1995)에 따르면, 세라믹 마이크로 필터(0.8μm 공극 크기)를 통해 역삼투압 여과를 한 경우, 농도가 낮은 추출액(5% w/w)을 짧은 시간 동안 약 15%를 농축할 수 있었다.

6.2.8 분무 건조 및 조립

분무 건조 방식은 휘발성 아로마 화합물 보존 효과가 뛰어나 많이 사용되며, 커피 추출액 중 가용성 고형물 함량이 최소 50% w/w 될 때까지 농축시켜야 한다. 이 정도까지 농축시키려면 대량 가열 증발시켜야 한다. 다만, 여기에 별도로 조제한 아로마 농축액을 추가한다. 이 아로마 농축액은 앞서 설명하였듯이 탈거 및 처리 방법을 통해 획득한다. 아로마 농축액을 첨가하더라도 용해성 고형물 농도는 소량 감소한다. 이와 유사하게 아로마가 풍부한 1단계 추출액을 동결 농축하고(35% w/w), '2단계' 또는 '3단계' 열농축액에 첨가할 수 있다. 모두 혼합된 추출액은 벌크의 밀도/색 조절을 위해 분무 건조하게 된다. 이때 노즐을 통과하는 추출액의 기포 형성 유무는 중요하지 않다. 동결 건조 전에 커피 추출액을 동결 농축해야만 하는 경우도 있다.

표 6.1 커피의 휘발성 화합물 취급/보존 관련 특허

국가		특허 또는 출원번호	발행일	출원인	비고
유럽 특허	EP	0227263A1	1987	GF Ltd	플래시 탈거
	EP	0220 889 A2	1987	GF Ltd	미세물질 첨가
	EP	0847 699 A1	1998	아지노모토 GF	불량성분 제거
	EP	0240 754 A2	1987	네슬레	커피 오일 사용
	EP	0234 338 A1	1987	GF Ltd	플래시 탈거
미국 특허	USP	4 900 575	1990	크래프트 제네럴 푸드	가수분해, 휘발성 성분 선별
	USP	5 225 223	1993	제이콥스 슈샤드	휘발성 성분 처리

분무 건조 시 아로마를 최대한 보존하기 위한 조건을 알아내고자 여러 연구들이 진행되었다. 특히 브라질 인스턴트 커피업체(실소유주 일본 업체)와 일본 유제품 업체가 '저온' 건조 방식을 공동 개발했다(Bassoli et al., 1993; Ohtani et al., 1995). 이 공법에서는 스프레이 노즐 한 개를 사용하며, 온풍과 타워 상부에서 공급되는 열풍(통상 200~300°C 대신 130~180°C 적용)이 노즐에서 분사하는 액적을 감싸게 된다. 온풍은 전체 기류 하강을 강화시켜 노즐 근처의 급기류와 타워 상부의 분말 퇴적/점착을 완화시킨다. (열풍 온도를 달리한) 저온 분무 건조 제품에서 아로마의 보존 정도(특히 끓는점이 낮은 화합물)가 매우 긍정적으로 나타났으나 사실상 냉동 건조한 제품과 비교해 평이한 수준이었다. 추출액은 동결 건조 시 30% 또는 43% w/w, 열 농축 시 43%까지 주로 농축된다. 제품 품질 확인을 위해 미각 시험도 진행했다. 특히 저온 시료에서 카라멜 풍미 노트를 저감화시킬 때 적용된다. 이 밖에도 부피 밀도 조절을 위해 이산화탄소 기체를 생성시키면서도 아로마 보존 %를 유지시키는 방법이 추가 연구되고 있다.

분무 과정에서 발생하는 휘발성 성분 손실에 대해 그 출처와 원인을 규명하는 연구들이 지속적으로 이루어졌다. 관련하여 킹(King, 1988), 프레이(Frey, 1984) 및 파파데키스(Papadekis, 1987)의 문헌고찰이 있다. 가압 노즐에서 분사되면서 생성되는 액체막과 이후 액막으로 부서지는 과정에서 휘발성 성분이 손실된다. 이와 관련하여 킹(King) 연구진은 노즐 영역에 열풍을 혼합했을 때 미치는 영향을 심도있게 연구했으며, 건조기 내부에서의 열풍류 역학을 논의한 바 있다. 전 과정에서 펌핑 효과가 강하게 일어나므로 노즐의 압력이 충분히 높을 경우 스프레이에 의해 유입된 열풍의 체적 유량이 공급 유량보다 많아진다. 분무되는 커피 추출액의 가용성 고형물 농도가 가장 중요하나 다른 공정들을 개선함으로써 분무액적 내에서 용질이 최대한 빠르게 선택 확산될 수 있어 휘발성 화합물을 최대로 보존할 수 있게 된다. 휘발성 화합물의 보존 비율은 주로 확산 계수에 의해 결정되기 때문에 화합물 종류에 따라 달라질 수 있다. 다만, 특정 분무 건조 조건에서는 지표 화합물에 대한 확산 계수를 알고 있다면 다른 화합물의 보존 비율을 추정할 수 있다(Clarke, 1990).

뵈른스타드 등(Bjernstad et al., 1988) 실험 연구에서는 초기 건조 속도와 낙하 속도, 공기유량에 따른 아로마 보존 효과를 살펴보았다.

야마모토(Yamamoto, 1995) 연구진은 고정액적 건조 시 휘발성분의 보유력을 측정하기 위한 정밀 실험을 실시하고, 이를 토의 및 검토했다.

미국 니로(사)는 커피 분무 건조용 압력 노즐이 장착된 기본형 스프레이 타워를 계속 공급하고 있으나 지금은 입자 제품도 분무 건조시킬 수 있는 다단계 유동 분무 건조기도 선보이고 있다. 이 기계는 챔버 바닥에서 별도의 따뜻한 공기가 공급되어 통합 유동층을 형성하며, 반건조된 비산 분말을 유동화시킨다. 적정 크기와 강도인 덩어리 입자(300~500 μm)는 유동층에서 제거된다(Gronlund, 1995). 입자보다 크기가 큰 과립의 경우, 별도의 응집 공정단위를 이용하여 분무 건조된 입자를 물/미분무수 공급 또는 증기로 채워진 챔버에 회전식 디스크로 주입시킨다. 형성된 과립은 건조/냉각 유동층 공정단위로 넘어간다. 네슬레(사) 특허 USP 5 750 178(1998)에서는 과립 입자나 과립 제품을 생산하는 완전히 새로운 공정법을 제시했다. 휘발성 아로마 화합물을 첨가한 솔루블 커피(수분 함량 약 15%) 용해 질량을 압출 성형한다. 이를 경질화하여 원하는 입자 크기대로 분쇄한다.

'솔루블 에스프레소 커피' 조제를 위한 커피 추출 후 분무건조 제조에 관한 특허(USP 5 882 717(1999))는 크래프트 푸드(사)가 보유하고 있다. 아울러 압축 후 증기 분사 응축 공법을 이용해 수용성 분말 식품을 인스턴트화시키는 방법은 호게켐프 및 슈베르트 연구(Hogekemp & Schubert, 1997)에서 찾아볼 수 있다.

6.2.9 동결 건조

'프리미엄' 제품에 사용하던 동결 건조법이 점점 보편화되고 있다. 이와 관련해 아직 새로 개발된 기법은 없다. 커피 추출물의 동결 건조 방법은 독일 수베락(Suwerlack)(사)의 DE 195 19 129(1996) 특허가 등록되어 있다.

동결 건조는 휘발성 화합물의 보존성이 뛰어나다. 파르도 등(Pardo et al., 1999)은 추가 실험에서 냉동 및 동결 건조 조건을 달리하여 휘발성 화합물 6종에 대한 데이터를 제시하기도 했다.

6.2.10 방향족화

통상 공정에서 말하는 방향족화란 커피 아로마 오일을 포장 단계의 솔루블 커피에 '도포'함으로써 헤드스페이스 커피 아로마 휘발성 성분을 이용하는 것을 뜻한다. 커피 아로마 오일은 로스팅 커피나 다른 급원을 압착하여 조제하며, 휘발성 화합물의 풍미를 살리는 매개체 역할을 하기도 한다. 상업용 전자코를 통해 인스턴트 커피에 '도포된' 아로마 오일을 연구할 수 있었다(예: 용기 내에 있는 아로마). 연구에 사용한 상업용 전자코 2종 가운데 금속산화물 센서(폭스 시스템)는 황 화합물 분별에 뛰어났다. 압착착유방법(예: 앤더슨 착유기) 관련 연구는 팔라 연구진(Falla et al., 1989) 문헌 등에서 종종 다루고 있다.

6.2.11 커피 찌꺼기 폐기

커피공학자들은 커피 퍼콜레이션 공정에서 가용성 고형물을 얻은 후 나오는 커피 찌꺼기를 경제적으로 처리하기 위한 방법들을 강구해왔다.

이 커피 찌꺼기를 고부가가치 제품을 만드는 화학원료로 탈바꿈시키는 방법도 발표되었다(Stahl & Turek, 1991). 가령 D-만노오스를 환원시킬 경우, 의약품과 식품

업계에 중요한 D-만니톨로 바꿀 수 있다. 커피 찌꺼기(가용성 고형물 추출 정도에 따라 편차)에는 셀룰로오스 15%와 만난 25%, 아라비노-갈락탄 5%(건조 중량 기준)가 함유되어 있는 것으로 알려져 있다. 이들 성분은 탄수화물 고분자로서, 수용성 황산을 이용하여 고온의 반응기에서 기본 단당류로 가수분해할 수 있다. 만노오스를 선별 생산하는 최적 조건을 찾아냈으며, 만니톨 전환 방법은 기존 공법으로도 가능하다. 관련 특허로는 USP 4 484 012(1984), EP 0178 357B(1988), USP 4 508 745가 있다. 표 6.2는 커피 찌꺼기 중 기타 성분에 관한 특허를 열거하고 있다.

표 6.2 커피 찌꺼기 중 유용성분 추출에 관한 특허

국가	특허 또는 출원번호	년도	출원인	비고
유럽 특허	EP 0239 730 A1	1987	네슬레	카페스톨 조제
	EP 0223 982 A2	1987	—	소포제
	EP 0819 385 A1	1988	네슬레	커피 찌꺼기의 테르펜 제거

6.2.12 생두의 등급 분류, 저장 및 블렌딩

인스턴트 커피 제조 원료로 사용할 최상급 원두를 선별하는 작업은 소비자나 산업체에게 모두 중요하다. 대개 로스팅 커피나 분쇄 커피 제품을 선별하는데 주안을 두었으나 최근에는 표 6.3과 같이 생두를 '개량'하기 위해 증기를 처리하는 등의 방법들도 제시되고 있다.

표 6.3 생두 개량을 위한 특허

국가	특허 또는 출원번호	년도	출원인	비고
유럽 특허	0735 631	1997	달보벤	증기
유럽 특허	0478 839 A1	1992	아사마(일본)	탄닌 첨가
유럽 특허	0282 762 A2	1988	제이콥스 슈샤드	산도 증가
유럽 특허	0282 345 A2	1988	콤팍, 헝가리	로부스타 커피
유럽 특허	0271 957 A2	1988	프록터 앤 갬블	알칼리 처리

6.2.13 액상 추출물

커피 추출액의 안정성은 '인스턴트'나 '즉석섭취' 음료와도 관련이 있기 때문에 많은 주목을 받아왔다. 안정성은 보관 온도와 밀접한 관련이 있다. 장기간 안정성을 유지하려면 최대한 −20°C 온도를 유지해야 하는데(Severini et al., 1991), 지켜지지 않을 시 산도(낮은 pH)가 생기거나 다른 변화가 일어날 수 있다. 대개 미생물이나 산화, 수용액에서의 성분간 반응, 퀴나이드 가수분해로 인한 퀴닉산 생성이 원인이며, 특히 커피 추출물에 영향을 미친다. 따라서 저온살균이나 최대 7,000바에 달하는 초고압으로 미생물 생육을 저해하는 것만으로는 해결할 수 없다(Severini et al., 1995).

최근 산화반응 억제가 가능한 항산화제 공법이 특허를 받았다(네슬레, 유럽 특허 0934 702, 1999) (챕터 1 참조). 또한 5°C 이하 온도에서 한 달까지 보관이 가능한 상업용 커피 추출 농축액(다우에 에그버츠(사) 카피니스 제품)도 출시되었다.

6.3 | 휘발성 화합물의 물리적 성질

6.3.1 인스턴트 커피 공정에서의 주요 물리적 특성

티센 연구진은 인스턴트 커피 공정 중 휘발성 화합물에 관한 두 가지 물리적 성질을 다음과 같이 상세히 다루었다(Clarke, 1987a).

(1) $\alpha^{\infty}_{j,w}$, 무한 희석시킨 수용액에서의 특정 휘발성 화합물(j)과 순수한 물에서의 휘발성 화합물(w)을 나타내는 상대 휘발 정도를 의미한다. 실제 관심 용액에 가용성 커피 고형물을 함유하고 있을 수 있으므로 w 대신 ws가 된다.

(2) $D_{j,w}$ 성분 j의 액체 분자 확산도 또는 확산 계수를 뜻하며, 복잡한 특성을 가진다. 수용액에서는 D_j/D_w 비율로 주로 표현하고, D_w는 물의 확산 계수를 의미한다.

티센 연구진은 여러 논문에서 증발/탈거 및 분무 건조 등 인스턴트 커피의 가공 공정을 나타내는 등식에 α_j^∞ 및 D_j 값을 사용했으며, 두 물리적 성질에 영향을 미치는 요인으로 용액의 온도, 가용성 물질/산 함량을 검토한 연구들도 있다(Clarke, 1990).

로스팅 커피와 추출물에 함유된 휘발성 화합물 800여 종 중 특성이 구체적으로 밝혀진 종류는 소수에 불과하나 향후 예측 가능하다고 보고 있다(미발표 자료). 표 6.4는 상기 두 가지 물리적 특성을 정리하였다.

공기-물 분배계수 K_{a-w}(공기-커피오일 및 오일-물 계수와 동일)를 측정하는 간편 정지상 헤드스페이스 방법이 새로 소개되었으며(Gretsch et al., 1995), 이를 통해 각종 커피 휘발성 화합물에 대해 확인할 수 있었다.

표 6.4 물리적 성질 측정

특성	직접 측정	예상 형태
$\alpha_{j,w}^\infty$ (무차원)	분배계수(공기–물)를 이용한 가스 크로마토그래피 측정	(1) 증기압 + (2) 활동도 계수 (a) 수용액의 용해도, 또는 (b) 피에로띠 상관관계
D_j ($m^2 s^{-1}$ 단위)	각종 직접 측정법	몰랄 부피 및 윌크–창 방정식

매우 묽은 아세트알데히드(에타날)와 아세트산 에틸(에틸 에탄오에이트) 용액(10~2000ppm)을 30°, 40° 및 60°C에서 정밀 범위±10~30%로 측정한 $K_{j,a-w}$값은 저온에서 측정한 다른 논문 결과와 일치했으며, $\ell n K$와 $1/T$(절대온도 K)의 선형적 상관관계를 보였다.

다른 화합물에 대해서도 값을 측정하고, 고-휘발성과 중-휘발성으로 분류하였다. 그러나 분배계수가 매우 낮은 성분들은 이 방법으로 평가할 수 없었다.

$K_{j,a-w}$값은 $\alpha_{j,w}^\infty$ 값과 관련이 있다(즉, 무한 희석). 이는 화학공학에서 상대 휘발성 물리 특성을 나타내는 값으로 많이 이용된다.

$$\alpha_{j,a-w}^\infty = K_{j,a-w}/0.97 \times 10^{-6} \times P_w^s$$

P_w^s는 같은 온도에서의 수증기압을 나타낸다. 따라서 60°C(수증기압 149mm)에서 아로마 휘발성 탈거가 일어날 수 있다.

표 6.5에서는 피라진류가 상대적으로 휘발성이 낮게 나타나 이목을 끌었다. 해당 성분은 산성을 띠는 커피 추출물에서 양이온화가 되면서 휘발성이 훨씬 낮아질 수 있다. 저분자 피라진도 용해성이 높다. 부테리 등(Buttery et al., 1969)은 2-메틸 피라진과 2-에틸 피라진 모두의 분배계수를 측정하였으며, 25°C(수증기압 27.3mm Hg)에서 보고된 값은 다음과 같다:

	K	α_{jw}^{∞}
2-메틸 피라진	9×10^{-5}	3.4
2-에틸 피라진	10×10^{-5}	3.8

표 6.5 유기 화합물의 상대 휘발률

휘발성 화합물 (j)	분배계수[1] $K_{j,a\text{-}w}$ 60°C	상대 휘발률[2] $\alpha_{j,w}^{\infty}$
고휘발성		
에틸 에탄오에이트 (아세트산 에틸)	2.91×10^{-2}	200
에탄올 (아세트알데히드)	1.60×10^{-2}	110
2 –메틸 프로판올 (이소부탄올)	1.64×10^{-2}	113
3 –메틸 부탄올(이소펜탄올)	6.56×10^{-2}	453
다이메틸 다이설파이드	1.52×10^{-1}	1050
중휘발성		
2–메틸 피라진	2.80×10^{-3}	19.3
2–에틸 피라진	5.20×10^{-3}	35.9
2,6 디메틸 피라진	7.92×10^{-4}	5.4
트리메틸 피라진	6.05×10^{-4}	4.2
2,3–부타디온(디아세틸)	7.71×10^{-3}	53
2,3–펜타디온 (아세틸아세톤)	1.33×10^{-2}	92
푸르푸랄	1.13×10^{-3}	78
에탄싸이올 (에틸 머캅탄)	2.13×10^{-2}	147

[1] Gretsch et al. (1995). 데이터 발췌

[2] 분배계수로 계산

동 결과를 통해(순수 액상 성분)의 분자량과 끓는점이 증가함에도 상동계열 화합물의 상대휘발률(무한 희석 용액)이 증가하는 것을 알 수 있었다. 예: 2,3 부타디온과

2,3 펜타디온을 비교 또는 2-메틸 프로판올과 2-메틸 부탄올을 비교.

표 6.6에서도 알 수 있듯이 분배계수(직접 측정)와 상대 휘발률 값(유도) 모두 온도에 따라 달라질 수 있다. 분배계수는 수용액이 저온일 때 현격히 감소했으며, 맛도 유의미하게 바뀌었다. 증발 등 가공에서 중요하게 취급하는 상대 휘발률 값은 급격하진 않지만 증가하는 경향을 보였다. 뒤에서도 다루겠지만 이들 두 화합물은 로스팅 커피/인스턴트 커피에서 크게 중요하지 않다. 상기 분배계수 데이터를 보면 ℓn K와 온도 $1/T$(K) 간에 일직선 관계가 나타났다. 상대 휘발률과 분배계수 모두 이른바 활동도 계수($\gamma^{\infty}_{j,w}$)의 영향을 받는다. 따라서

$$\alpha^{\infty}_{j,w} = \gamma^{\infty}_{j,w} \times P^{s}_{j}/P^{s}_{w}$$

및

$$K = 0.97 \times P^{s}_{j} \times 10^{-6}\,\gamma^{\infty}_{j,w}$$

방정식에서 P^{s}_{j} 및 P^{s}_{w}은 특정 온도 하에 순수 화합물의 증기압이며, α는 휘발성 화합물을, w는 물을 뜻한다. 열역학적으로 나타내면 다음과 같다.

$$\frac{\partial \ln \gamma^{\infty}_{j}}{\partial(1/T)} = -A\bar{h}_{j}/R$$

여기서 $A\bar{h}_{j}$는 구성 성분의 부분 몰랄 용해열이다. 이는 $t \times \log\gamma$가 상수 값일 때, 아세트산에틸과 아세트알데히드와 마찬가지로 용해열이 음수임을 뜻한다. 다만 상기 데이터로는 정확히 입증할 수 없다.

$\gamma^{\infty}_{j,w}$는 실제로 물 w에서 화합물 j의 수용도와는 차이가 있어 $\gamma^{\infty}_{j,w}$의 값이 높을수록 포화 수용해도가 낮아진다. 표 6.7 및 6.8에 제시된 바와 같이, 가까운 시일 내는 어렵겠지만 비교적 간단한 방법으로 상대 휘발률 값을 예측할 수 있는 수용도 관련 데이터가 있다면 많은 도움이 될 것이다. $\gamma^{\infty}_{j,w}$의 값은 휘발성 화합물의 수율 %가 물/커피의 비율과 $\gamma^{\infty}_{j,w}$의 함수로 이루어지므로 커피 추출 또는 브루잉에서 특별히 중요하다.

확산계수도 직접 측정한 자료가 새로 나오기는 어려울 수 있으나 분사와 동결건조 연구에서 사용했던 예측 방법을 적용해 볼 수 있다. 여기에서 특정 화합물의 보존 비율을 $1/D$로 계산하고, 다른 조건들은 모두 같다고 가정한다.

표 6.6 온도에 따른 상대 휘발률 변이

				증기압 (mm Hg)			
온도 (℃)	1/T(K) x 10³	K x 10²	-ln K	j	w	$\alpha_{j,w}^{\infty}$	자료 출처
에틸 아세테이트 (j) 및 물 (w)							
80	2.83	6.00	2.81	—	355	174	그레츠 등 (1995)
60	3.00	2.91	3.53	436	149	199	그레츠 등 (1995)
40	3.19	1.11	4.50	281	55	208	그레츠 등 (1995)
25	3.35	0.46	5.51	93	27.3	256	찬드라세칸 및 킹 (1972)
	3.35	0.63	5.00	93	27.3	237	콜브 등 (1992)
	3.35	0.52	5.25	93	27.3	196	그레츠 등 (1995)외삽
아세트 알데하이드 및 물							
60	3.00	1.6	3.53		149	110	그레츠 등 (1995)
40	3.19	0.7	4.50		55	131	그레츠 등 (1995)
30	3.30	0.42	5.40		32	136	그레츠 등 (1995)
25	3.35	0.27	5.65		27.3	102	버터리 등 (1969)

표 6.7 로스팅 커피 중 커피 고유의 풍미에 기여하는 휘발성 화합물의 물리적 성질

성분명 (동의어)	화학식	분자량	끓는점[1] (℃)	용해도	
				졸(sol)ⁿ의 중량 %	물의 백분율(pph)
2-푸르푸릴싸이올 또는 푸릴메테인싸이올 (푸르푸릴 머캅탄)	C_5H_6OS	114	160 84/65mm	NAA	NAA
4-하이드록시-2,5 메틸-3(2H)-퓨라논 (퓨라네올)	$C_6H_8O_3$	128	—	S/Sol	—
2-메틸-부탄알	$C_5H_{10}O$	86	—	—	—
3-메틸-부탄알 (이소발렐알데하이드)	$C_5H_{10}O$	86	93	NAA	S/Sol
2-메톡시-페놀 (과이아콜)	$C_7H_8O_2$	124	205 163/200mm	1.87	15℃에서 1.9
4-비닐-과이아콜	$C_9H_{10}O_2$	150	204/100mm	NAA	NAA
2, 3-푸타디온	$C_4H_6O_2$	86	88	—	—
2-메틸-3-옥사-8-티아바이사이클로 [3,3,0]-1,4 옥타디엔, 또는 4'5'-디하이드로-2-메틸-티오페노 [3,4-b] 퓨란 또는 (카웨올 퓨란)	C_7H_8OS	140	105/20mm	NAA	NAA
2-아세틸 피라진	$C_6H_6ON_2$	122	80	—	—
2-메틸-3-퓨란싸이올	C_5H_6OS	114	160 84/65mm	—	—
2,3,5, 트리메틸피라진	$C_7H_{10}N_2$	122	61/62/35mm	물에 용해된 졸	—
(E)-β-다마세논	—	—	—	—	—
펜탄-2, 3-디온	$C_5H_8O_2$	100	108	7%	1:15
3-머캅토-3-메틸부틸 포메이트	$C_6H_{13}O_2S$	149	—	—	—
2-에틸, -3, 5-디메틸피라진	$C_8H_{12}N_2$	136	65/8mm	—	—
3 이소부틸2-메톡시피라진	$C_9H_{14}ON_2$	166	—	—	—
3-하이드록시 -4,5-디메틸-2 (5H)-퓨라논 (소톨론)	$C_6H_8O_3$	128	—	—	—
5-에틸-4-하이드록시-2 메틸-3(2H)-퓨라논	$C_6H_8O_3$	128	—	—	—
3-메틸 프로판알	C_4H_8O	72	—	—	—
메테인싸이올 (메틸 머캅탄)	Ch_4S	48	6	—	2.3

Silvar et al. (1987), Grosch (1995, 1999), Holscher (1991) 논문에서 화합물 발췌

[1] 별도 표시가 없는 경우 760mm 기준

NAA(not apparently available) 또는 —: 데이터 확인 불가

S/Sol: 난용성

표 6.8 로스팅 원두 또는 생두의 불쾌취에 기여하는 휘발성 화합물의 물리적 성질

성분명 (동의어)	화학식	분자량	끓는점 (℃)	용해도	
				졸(sol)ⁿ의 중량 %	물의 백분율(pph)
푸르푸랄 또는 2-푸르푸릴 알데하이드	$C_5H_6O_2$	96	181.7 121.8/200	8.3	20℃에서 9.1
2 -메틸 이소보르네올	$C_{11}H_{20}O$	168	200 초과	—	—
2, 4, 6-트리클로로아니솔 (TCA-리오(Rio) 향미 (역주 커피 생산지 이름을 본딴 것으로 불쾌한 향미를 뜻한다))	$C_7H_6OCl_3$	211	240	—	—
에틸 2-메틸 부탄산 (메틸 부탄산의 에틸 에스테르)	$C_7H_{13}O_2$	129	—	—	—
에틸 3-메틸 부탄산	$C_7H_{13}O_2$	129	—	—	—
에틸 카르복시 사이클로헥세인 (사이클로헥세인 카르복실산의 에틸 에스테르)	$C_9H_{16}O_2$	156	—	—	
2-메톡시-3-이소프로필-피라진	$C_9H_{14}ON_2$	166	—	—	—

Liardon et al. (1989), Bade-Wegner et al. (1993, 1995, 1997) 논문에서 화합물 발췌

6.3.2 물리적 성질

각종 커피 휘발성 화합물의 물리적 특성(예: 압력별 끓는점, 용해도 데이터)을 집대성한 연구가 발표되었다(Clarke, 1986, 1990, 1991). 마지막으로 발표한 연구는 특히 로스팅 커피의 싸이아졸, 싸이오펜 및 알킬싸이올 같은 황 화합물들을 대거 다루었으나 최근에는 주요 향미 성분으로 취급하지 않고 있다. 표 6.7은 주요 휘발성 화합물을 정리하였다(Grosch, 1995; 본 책의 챕터 3 참조). 인스턴트 커피에도 이들 향미 화합물이 함유되어 있으므로 추출이나 일반 휘발성 화합물의 취급, 건조 공정에서 요구되는 관련 물리적 성질을 이해하고 있는 것이 좋다.

최근에는 생두 또는 인스턴트 커피에 불쾌감을 주는 화합물에 대한 관심이 높아졌다. 관련 물질은 표 6.8에서 명시하였다.

참고문헌

- Bade-Wegner, H., Bendig, I., Holscher, W., Wolkenhauer, P. & Vitzthum, O.G. (1995) Off flavour elucidation in certain patches of Kenya Coffee. In: *Proceedings of the 16th ASIC Colloquium (Kyoto)*, pp. 174—82. ASIC, Paris, France.
- Bade-Wegner, H., Bendig, I., Holscher, R. & Wollmann, R. (1997) Volatile compounds associated with the over-fermented effect. In: *Proceedings of the 17th ASIC Colloquium (Nairobi)*, pp. 178—82. ASIC, Paris, France.
- Bade-Wegner, H., Holscher, W. & Vitzthum. O.G. (1993) Quantification of2-methyl isoborneol in roasted coffee by GC- MS. In: *Proceedings of the 15th ASIC Colloquium (Montpellier)*, pp. 537—43. ASIC, Paris, France.
- Bassoli, D.G., Suni, A.P., Akeshi, V. & Castro, A.S. (1993) Instant coffee with natural aroma by spray drying. In: Proceedings *ofthe 15th ASIC Colloquium (Montpellier)*, pp. 712—18. ASIC, Paris, France.
- Bjernstad, A., Pedersen, A. & Schwartzberg, H. (1988) Drop velocities and air incorporation in nozzle atomiser dryers. In: *Process Technology Proceedings, Vol. 5, Preconcentration and Drying of Food Materials*, (ed. S. Bruin). Elsevier, Amsterdam.
- Bomben, J.L., Bruin, S., Thijssen, H.A.C. & Merson, R.M. (1973) Aroma recovery and retention. In: *Advances in Food Research*, pp. 2—111, Academic Press, New York.
- Bradbury, A.G.W. & Atkins, E.D.T. (1997) Factors affecting mannan solubility in roast coffee extracts. In: *Proceedings of the 16th ASIC Colloquium (Kyoto)*, pp. 128—32. ASIC, Paris, France.
- Bruin, S., (Ed.) (1988) *Process Technology Proceedings, Vol. 5, Preconcentration and Drying of Food Materials*. Elsevier, Amsterdam.
- Buttery, R.G., Gudagni, D.E. & Ling, L.C. (1969) Volatities of aldehydes, ketones and esters in dilute water solution. *J. Agric. Food Chem.*, **17**, 385-9.
- Cale, K. & Imura, N. (1993) Recovery ofbeneficial coffee aromas from thermal hydrolysates. In: *Proceedings of the 15th ASIC Colloquium (Montpellier)*, pp. 685-93. ASIC, Paris, France.
- Casimir, D.J. & Huntington, J.N. (1970) In: *Proceedings of the XV International Federation Fruit Juice Procedures Conference*, Berne, Switzerland.
- Casimir, D.J. & Craig, A.J.McA. (1990) Flavour recovery using the Australian spinning cone/column. In: *Engineering and Food*, (eds W. E. Spies & H. Schubert), pp. 106-77. Elsevier Applied Science, Barking.
- Chandrasekan, S.K. & King, C.J. (1972) *A. I. Ch. E.* J., **18** 51320.
- Clarke, R.J. (1986) The flavour of coffee. In: *Developments in Food Science 3B. Food flavours, Part B*, (eds I.D. Morton & A.J. Macleod), pp 1-47. Elsevier, Amsterdam.
- Clarke, R.J. (1987a) In: *Coffee, Vol. II Technology*, (eds R.J. Clarke & R. Macrae), pp. 35-58 (Grading), pp. 73-108 (Roasting and grinding), pp. 109-46 (Extraction), pp. 147-200 (Drying) and pp. 201-20 (Packing). Elsevier Applied Science, Barking.
- Clarke, R.J. (1987b) Coffee technology. In: *Quality Control in The Food Industry*, (ed. S.M. Herschdoefer), pp. 161-92. Academic Press, London.
- Clarke, R.J. (1988) International standardization. In: *Coffee, Vol. 6, Commercial and Technico-LegalAspects*, (eds R.J. Clarke & R. Macrae), pp. 105-42. Elsevier Applied Science, Barking.
- Clarke, R.J. (1990) Physical properties of the volatile compounds ofcoffee. *Cafe, Cacao, The*, **XXXIV** (No. 4) 285-94.
- Clarke, R.J. (1991) Physical properties of the volatile compounds of roasted coffee. In: *Proceedings of the 14th ASIC Colloquium (San Francisco)*, pp. 331-8. ASIC, Paris, France.
- Clarke, R.J. (1993a) Instant coffee. In: *Encyclopaedia of Food Science, Food Technology and Nutrition* (ed. R.

Macrae), pp. 1126-31. Academic Press, London.

- Clarke, R.J. (1993b) Coffee. In: *Shelf Life Studies of Foods and Beverages, Developments in Food Science*, No. 33, pp. 801-19. Elsevier, Amsterdam.
- Clarke, R.J. & Macrae, R. (eds) (1988) Appendix I. In: *Coffee, Vol. 6, Commercial and Technico-Legal Aspects*, p. 202. Elsevier Applied Science, Barking.
- Dithmer, L. (1995) New developments in foaming and freezedrying. In: *Proceedings of the 16th ASIC Colloquium (Kyoto)*, pp. 463-9. ASIC, Paris, France.
- Falla, L., Ospima, J. & Posada, E. (1989) Determinacion de las condiciones de extraccion de aceite de cafe per extrusion. In: *Proceedings of the 13th ASIC Colloquium (Paipa)*, pp. 232-5. ASIC, Paris, France.
- Frey, D.D. (1984) Doctoral dissertation, University of California, Berkeley.
- Gretsch, C., Delame, J., Toury, A., Visani, P. & Liardon, R. (1997) Detection of aroma above a coffee powder: limits and perspectives of electronic sensors. In: *Proceedings of the 17th ASIC Colloquium (Nairobi)*, pp. 183-90. ASIC, Paris, France.
- Gretsch, C., Grandjean, G., Haering, M., Liardon, K. & Westfall, S. (1995) Determination of the partition coefficients of coffee volatiles using static headspace. In: *Proceedings of the 16th ASIC Colloquium (Kyoto)*, pp. 326-31. ASIC, Paris, France.
- Grosch, W. (1995) Instrumental and sensory analysis of coffee volatilities. In: *Proceedings of the 16th ASIC Colloquium (Kyoto)*, pp. 147-56. ASIC, Paris, France.
- Grosch, W. (1999) Key odorants of roasted coffee. In: *Proceedings of the 18th ASIC Colloquium (Helsinki)*. ASIC, Paris, France.
- Gronlund, M. (1995) Recent trends in soluble coffee. In: Proceedings *of the 16th ASIC Colloquium (Kyoto)*, pp. 457-62. ASIC, Paris, France.
- Hogekemp, S. & Schubert, H. (1997) Instantization of water soluble powdered foods by compaction and subsequent steam jet agglomeration. In: *Engineering and Food at ICEF 7*, (ed. R. Jowitt), pp. 32-7. Academic Press, Sheffield.
- Holscher, W. (1991) Thesis, University of Hamburg.
- Imura, M. & Danno, S. (1995) Effect of extract pre-treatment via micro filtration on the concentration of coffee extract via reverse osmosis. In: *Proceedings of the 16th ASIC Colloquium (Kyoto)*, pp. 470-77. ASIC, Paris, France.
- Jansen, H.A. & Van Pelt, W.H.J.M. (1987) Freeze concentration economics and applications. In: *Process Technology Proceedings, Vol. 5, Preconcentration and Drying of Food Materials*, (ed. S. Bruin), pp. 77-86. Elsevier, Amsterdam.
- Jowitt, R. (ed.) (1997) Marcel Loncin-In Memoriam. In: *Engineering and Food at ICEF7*, (ed. R. Jowitt), pp. 33-42. Academic Press, Sheffield.
- King, G.J. (1988) Spray drying of food liquids and volatiles retention. In: *Process Technology Proceedings, Vol. 5, Pre-concentration and Drying of Food Materials*, (ed. S. Bruin), pp. 147-62. Elsevier, Amsterdam.
- Kolb, B., Bichler, C. & E., Welter, C. (1992) Chromatographia, 34, pp. 235-240.
- Liardon, R., Spadone, J.C., Braendlen, N. & Dentan, E. (1989) Multi-disciplinary study of Rio flavour in Brazilian green coffee. In: *Proceedings of the 13th ASIC Colloquium*. (Paipa) pp. 117-26. ASIC, Paris, France.
- Moy, S., Shah, N. & Pyle, D.L. (1997) Flood and efficiency studies on a spinning cone column. In: *Engineering and Food at IECF*, (ed. R. Jowitt), pp. 133-6. Academic Press, Sheffield.
- Noyes, R.M. (1995) Relative extraction yields of green coffee. In: *Proceedings of the 16th ASIC Colloquium (Kyoto)*, pp. 309-16. ASIC, Paris, France.
- Ohtani, N., Takchaski, K., Yamura Y. *et al.* (1995) Spray drying instant coffee product at low temperatures. In: *Proceedings of the 16th ASIC Colloquium (Kyoto)*, pp. 447-56. ASIC, Paris, France.

- Papadekis, S.E. (1987) Dissertation at the University of California, Berkley.
- Pardo, J.M., Mottram, D.S. & Niranjan, K. (1999) Relation between volatile retention and movement of the ice front during freeze drying of coffee. In: *Proceedings of the 18th ASIC Colloquium (Helsinki)*, pp. 150-58. ASIC, Paris, France.
- Severini, C., Nicoli, H.C., Dalla Rosa, M. & Lerici, C.R. (1991) Effect of some extraction conditions on brewing and stability of coffee beverage. In: *Proceedings of the 14th ASIC Colloquium (San Francisco)*, pp. 649-56. ASIC, Paris, France.
- Severini, C., Nicoli, M.C., Romani, S. & Pinnavaia, G.C. (1995) Use of high pressure treatment for stabilizing coffee brew during storage. In: *Proceedings of the 16th ASIC Colloquium (Kyoto)*, pp. 498-500. ASIC, Paris, France.
- Silvar, R., Kamperschroer, A. & Tressl, R. (1987) Gaschroma- tographisch massenspecktrometrische Untersuchungen des Rostkoffeearomes. *Chemie, Mikrobiologie, Technologie der Lebensmittel (Nuremburg)*, **10**, 176-87.
- Stahl, H. & Turek, E. (1991) Acid hydrolysis of spent grounds to produce D-mannose and D-mannitol. In: *Proceedings of the 14th ASIC Colloquium (San Francisco)*, pp. 339-48. ASIC, Paris, France.
- Steinhaeser, V., Oestrich-Jansen, S. & Baltes, W. (1999) Model experiments in the extraction of roast and ground coffee during the production of instant coffee. *Deutsches Lebensmittel—Rund- shau*, **95**, pp. 257-62.
- Sylla, K.J. (1989) Processing of instant coffee. In: *Proceedings of the 13th ASIC Colloquium (Paipa)*, pp. 219-25. ASIC, Paris, France.
- Viani, R. (1986) Coffee. In: *Ullman's Encyclopaedia of Technology*.
- Yamamoto, S. (1995) Aroma and enzyme retention during drying. In: *Proceedings of the 16th ASIC Colloquium (Kyoto)*, pp. 457-62. ASIC, Paris, France.

CHAPTER 7

공학 IV: 음료 제조: 브루잉의 미래 동향

TECHNOLOGY IV : BEVERAGE PREPARATION : BREWING TRENDS FOR THE NEW MILLENNIUM

M. 페트라코
일리 커피, 이탈리아 트리에스테 소재

공학 IV: 음료 제조: 브루잉의 미래 동향

M. 페트라코
일리 커피, 이탈리아 트리에스테 소재

7.1 | 서론

언제부터 커피를 마시게 된 걸까. 많은 설들 중에서도 양치기가 커피 열매를 따서 생으로 먹거나 불에 구워 먹었다는 이야기가 가장 많이 회자된다(Burton 1860). 그러나 한 번이라도 커피를 씹어봤다면 커피가 어째서 오늘날 주요 교역 상품에 해당될 만큼 인기를 얻게 됐는지 이해가 되지 않을 것이다. 차라리 당시 '식품과학 분야'에서 커피가 가진 각성 효과에 매료되었다고 설명하는 편이 합리적으로 보인다(Ellis, 1998). 다시 말해, 커피 소비의 원초적인 이유는 지금은 많이들 알고 있지만 커피 속 카페인이 인체에 미치는 생리학적 효과였을 것이다(Viani, 1988). 다른 의견들도 있다. 물에 버금가는 커피의 인기를 설명할 때, 커피 특유의 풍미와 느껴지는 감각을 꼽기도 한다. 커피의 향과 맛을 즐기는 사람들이더라도 딱딱한 원두를 씹어 먹지는 않는다. 이러한 이유 때문에 커피를 음료로 조제하여 마시는 과정이 커피가 가진 장점을 즐길 수 있는 중요한 단계라고 할 수 있으며, 때로는 커피가 특별한 음료로 받아들여진다.

화학적 측면에서 보면 음료라 함은 영양소가 들어간 액체로 정의할 수 있다. 인체 조직에서 수분 균형을 유지하는 것은 생리적 기본 요건인 만큼 물은 모든 음료를 구성하는 기본적인 액체이다. 따라서 영양 성분은 액체 매트릭스 안에 용질(예: 분자 형태)로 존재한다고 보거나 액체와 혼합되지 않는 에멀젼 형태 또는 기포를 형성하는 기체, 부유 고형물 등이 섞여 있는 분산상 형태라고 설명할 수 있다.

커피 음료도 이와 다르지 않다. 이질상(hetero-phase) 함량에 따라 덩어리가 없는 순수 용액(예: 드립 필터 커피)과 에멀젼(예: 북유럽식 보일드 커피), 진한 현탁액(예: 터키식 브루잉)으로 분류할 수 있다. 발포(거품) 현상이 일어나는 경우 기포 표면이 형성되거나 거품층이 만들어지기도 한다(예: 에스프레소). 기본 커피 음료에 각종 첨가물을 첨가하여 변주를 줄 수도 있다. 이때 첨가물이 균일상 형태로 분산(예: 설탕물)되어 있거나 복합 다상계(예: 라떼와 카푸치노의 우유)를 구성하는 경우도 있다.

커피의 영양소가 음료로 전이되도록 조작하는 행위를 소위 브루잉이라고 부르나 엄밀히 말하자면 고체-액체 추출이다(Pictet 1987). 화학 또는 식품공학에서 고체-액체 추출은 일종의 단위 조작으로, 특히 주로 연속식(배치) 공법에서 많이 사용된다. 생두, 로스팅, 원두(whole bean), 가루커피 등 종류에 상관없이 수용성 액체 상태로 음료 제조에 사용되거나 중간 반가공품이 되기도 한다. 고체-액체 추출을 상업화한 제품이 바로 인스턴트 커피이다(Clarke, 1987a). 거칠게 분쇄한 로스팅 커피에서 액상을 수득하고, 이를 분무 또는 동결 건조하여 가용성 분말(또는 과립)로 만드는데 성공하면서 간편식 시대가 열리게 되었다. 추출 기구를 사용하지 않고도 따뜻한 물에 인스턴트 커피를 타면 커피 본연의 맛을 즐길 수 있다.

생두에서 추출한 성분으로 음료를 제조한 사례는 지금까지 없는 것으로 알려져 있다. 심지어 생두 가루에 뜨거운 물을 붓는 것만으로도 생리활성성분인 카페인을 효과적으로 추출할 수 있었지만 음료화되지는 않았다. 이렇게 내린 브루잉 커피는 풀내와 떫은 맛이 나기 때문에 상업화가 어렵다. 따라서 이번 장에서는 로스팅 커피 원두부터 물과의 접촉 표면을 늘리는 분쇄 단계 등 브루잉 기법에 대해 다루고자 한다(Clarke, 1987b). 그러나 1회 제공량이나 커피잔은 문화권마다 차이가 있으므로 유념해야 한다. 이탈리아 시실리 지방의 에스프레소 잔은 15ml인데 반해 미국은 250ml를 넘고, 브루잉 커피를 만드는데 소요되는 로스팅 분쇄 커피의 양도 5g에서 최대 15g 이상일 수 있다. 따라서 커피 음료의 특성이나 섭취를 다룬 정량 평가는 수치를 주의해서 해석해야 한다.

음료 조제를 위한 브루잉 기법들이 발달하면서 수세기에 걸친 커피 역사에서도 완전히 정착된 브루잉 기법들이 생겨났다. 대부분 지역 전통에서 비롯된 터라 기법 자체로 불리기보다 지역 명칭으로 불리는 경우가 더 많다. 글로벌 시장이 도래하면서 브루잉 기법도 상업화되기 시작했다. 관련 도구와 기계들이 생산되고 그 가운데 일부는 선풍적인 인기를 얻으며 널리 유통되었다. 가정용 기기는 1회 작동 시 보통 1~12잔을 만들도록 소형 설계할 수 있고, 기대 수명이 낮아 제조 투입 비용이 저렴해 전문가용 기기보다 다양하다.

반대로 전문가용 케이터링 기계는 간소화가 불가능했다. 커피 거장이나 일반 바리스타 또는 웨이터들을 만족시키기 위해서는 기계 설계와 구성이 세밀하면서도 유지 보수가 간편해야 했다. 오늘날 커피 기계들은 최신 공학 기술이 접목된 부품들이 복잡하게 구성되어 있으며, 대부분 내장된 컴퓨터로 기능 조작이 모두 가능해졌다.

서론을 마무리하면서 우리가 일반적으로 알고 있는 전통 커피 브루잉은 아니지만 하나의 현상으로 자리잡고 있는 '커피 변형 음료'에 대해서 짧게 언급하고자 한다. 커피에 우유나 크림을 부어 마시는 선례들은 있었지만 최근 획기적인 커피 제조법 2가지가 떠오르고 있다. 인공향을 가미한 커피 제품과 상업용 커피 음료의 혼합 및 보관이다. 커피 제품에 다른 향미를 첨가시킨 것은 1980년대로 거슬러 올라간다. 옛날식 커피 제조법이기는 하나 지금은 미국에서 수익성이 좋은 사업으로 부상하였다. 1990년대에는 손님 앞에서 커피를 내려주는 사업이 선풍적인 인기를 끄는 동시에 정반대 성격의 브루잉 사업들도 성공을 거두었다. 요즘 젊은 세대들은 청량 음료 대신 커피를 베이스로 한 캔 음료를 마시는 편이다. 그러나 커피 음료는 보관 과정에서 여러가지 위생 문제들이 도사리고 있다. 생두는 별다른 관리없이도 수 개월 동안 보관이 가능하고, 로스팅 분쇄 커피도 미생물 오염 위험이 상대적으로 없으나 커피 음료는 세균이 살기 좋은 배양 배지와도 같은 곳이어서 제품 유지를 위한 살균과 제품 밀봉이 요구된다.

7.2 | 추출 방법

로스팅한 커피 고형분에 물을 직접 접촉시키는 전제 조건이 갖춰져야 커피를 조제할 수 있다. 화학공학자들은 이 같은 단위 조작을 '침출(leaching)'이라고 표현하는데 원래 고정층에 액체를 여과시키는 뜻으로 사용되었으나 현재는 고체-액체 추출의 의미로 주로 사용된다. 침출 정의에 따르면(Miller et al. 1984), 불용성이면서 투과성이 있는 고체상으로부터 가용성 분획이 용액형태로 이동된 것을 말한다. 업계마다 적용방식과 이름이 서로 달라 침출(lixiviation), 삼출(percolation), 인퓨전(infusion), 전출(decoction), 수세(washing), 침지(maceration)로도 불린다.

고체-액체 추출은 항상 다음의 두 단계로 나뉜다. 고체에 용매가 닿아 가용성 성분이 용매로 질량 전이되는 단계와 잔류 고형물로부터 용액이 분리되는 단계이다. 후자는 주로 여과나 원심분리를 통해 분리하나 분리 효율이 떨어지더라도 경사분리(decantation) 분리법을 선호하는 경우도 있다. 첫 번째 질량 전이 단계에서는 침출 고체의 표면적을 늘리고, 고체 내에서 이동하는 반경 거리를 줄이기 위해 입자 크기를 작게 만든다. 원두를 통째 침출시키는 경우가 없는 까닭도 바로 투과성이 떨어지기 때문이다. 분쇄 방법에 대해서는 본 책에서 다루지 않으므로 관련 전문 서적을 참조하길 바란다(Petracco & Marega, 1991, Petracco 1995a).

소비자들이 눈으로 확인할 수 있는 커피의 입자 크기는 사실 커피 추출에 영향을 주는 여러 개별 변수들 중에 하나에 불과하다. 커피 추출은 일련의 역동적인 과정으로서(작물 및 로스팅 파라미터 등 커피 원두의 품질과 관련된 내재적 요인 외에도) 고체/물 비율, 접촉 시간, 물 온도 등 다양한 요인들이 영향을 미친다. 아울러 펌프 압력에 의한 물 에너지가 원동력인 에스프레소 등의 일부 추출법들은 더 많은 변수들을 고려해야 한다.

객관적으로 측정 가능한 주요 종속 변수로는 브루잉 수율이 있다(감각을 통해 측정하는 종속 변수들도 물론 중요하나 평가자의 주관성에 따라 크게 달라진다). 말 그대로 추출액으로 통과된 커피 물질의 질량과 사용한 총 커피 물질의 비율을 뜻한다(나머지는 커피 찌꺼기로 폐기된다). 브루잉 수율은 음료 1리터당 추출 물질을 g으로 나타낸 음료의 농도나 강도와는 다른 개념임을 분명히 해야 하며, 브루잉 비율(커피/물 비율)이 다르면 브루잉 수율도 달리 구해야 한다. 추출 수율은 14~30% 사이로 원두의 배전도가 강할수록 추출 수율이 높다. 브루잉 온도도 수율 변화에 절대적인 영향을 미친다. 그림 7.1에서 알 수 있듯이 접촉 시간과 분쇄 정도도 모두 추출 수율에 다소 영향을 미쳤으나 브루잉 비율인 커피/물 비율은 거의 미미했다(Nicoli et al. 1990 각색).

단순히 원재료에서 더 많은 추출물을 얻어야 좋다고 치부해 버릴 수 있지만 품질적인 측면에서는 틀린 말이다. 로스팅 커피에 함유된 많은 화학 성분(지금까지 1,800여 종 이상)마다 추출율이 달라 다음과 같이 관능적 품질에 따라 이분법적으로 판단하는 게 합리적일 수 있다. 과소추출은 브루잉 수율이 낮음(낮은 물 온도, 짧은 접촉 시간, 굵은 분쇄도)을 의미하는데 이때 용해도가 높은 가용성 성분인 산성 성분과 단맛 성분이 컵으로 대량 추출되며, 우리는 이를 과소추출된 음료라고 말한다. 반대로 과다추출은 브루잉 수율이 높다는 것으로 과소추출과는 반대되는 조건에서 쓴맛과 떫은 맛 성분이 추출된다. 따라서 개인의 기호와 더불어 사용하는 원두의 특성(오리진, 블렌딩, 로스팅)에 맞춰 브루잉 수율을 조정해야 한다. 일반적으로 추출은 픽의 확산 법칙을 적용하며, 다음의 수식으로 나타낼 수 있다(Barbanti & Nicoli 1996):

$$s = \mathrm{k}\, T/\eta\, A/x\, (C - c)\, \theta$$

s는 액체가 둘러싼 고체 입자로부터 확산된 용질의 양을 뜻한다:

k = 상수, 분자에 따라 상이

T = 절대 온도

η = 액체의 점성, f(T)

A = 고체 입자 주변의 확산층 단면적

x = 확산층 두께

C = 고체 중 용질 농도

c = 액체 중 용질 농도

θ = 접촉 시간

상업용 솔루블 커피 생산 공장 설계를 위해 추출 과정에서의 물질 전달 방정식들도 만들어졌다. 이 가운데 일부 방정식에 관한 리뷰는 클라크(Clarke 1987a, b) 문헌에서 다룬 바 있다. 반면 가정용 커피 기계(케이터링용 포함) 대부분은 경험에 의존해 설계하는데 연속식/불연속식 공법, 재순환 여부, 100°C 미만/이상, 저기압/고기압 등 여러 원칙에 따라 추출 방법을 분류할 수 있다(Peters, 1991; Clarke, 1986; Pictet, 1987; Cammenga et al. 1997). 그러나 본 챕터에서는 커피/물 접촉 방법과 시간을 고려해 추출 방법을 정성적으로 분류하되 최적의 조건이나 관련 변수들은 제안하지 않았다. 다만, 에스프레소는 별도로 상세히 다룰 예정이다(Petracco, 1989, 1995b; Petracco & Suggi, 1993).

그림 7.1 주요 브루잉 변수에 따른 추출 수율: (a) 온도, (b) 분쇄, (c) 브루잉 비율 (블렌딩 일정).

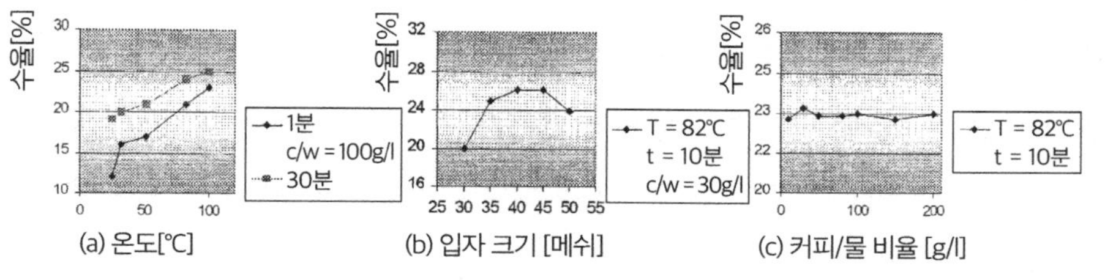

7.2.1 전출법

전출법(라틴어 동사 *decoquo*, *decocis*, *decoxi*, *decoctum*, *-ere*, 3° 유래, 영어로 '오래 끓이다' 번역; Campanini & Carboni, 1995a)은 부분 가용성 고형분을 물에 넣어 적정 온도에서 꽤 긴 시간 동안 두는 것을 말한다. 이때 끓는점까지 가열할 필요는 없으며, 달이는 동안 액체 속 고형분 농도가 진해진다. 질량 작용의 법칙에 따라 농도에 비례해 추출율이 감소하고, 휘발성 성분 손실과 가수분해가 일어나 원치 않는 풍미와 맛이 날 수도 있다. 커피 농도(강도)는 분쇄 커피와 액체가 접촉했던 시간과 비례하는데 이는 분쇄 커피의 불용성 성분이 가수분해될 수 있기 때문이다. 당연히 고온일수록 추출 수율이 높아진다. 초기 커피 브루잉 방식은 분쇄 커피를 물에 넣은 후 끓였는데 이는 맛보다는 건강에 중점을 둔 방법이라고 할 수 있다. 당시 오염된 식수를 끓여 마시는 방법이야말로 병에 걸리지 않는 유일한 예방법이었기 때문이다. 그러나 나중에 끓인 물을 분쇄 커피에 추가했을 때 커피 맛이 훨씬 더 좋았다.

(a) 보일드 커피 (Bolied Coffee)

브루잉 방법 가운데 가장 기본으로 꼽히는 보일드 커피는 노르웨이와 핀란드 같은 북유럽 국가에서 인기가 있다. 거칠게 분쇄한 커피를 물과 함께 포트에 넣은 뒤 따뜻한 상태 또는 끓을 때까지 난로에 두기 때문에 온도계가 필요없다. 이렇게 끓인 커피는 컵이나 머그로 옮겨 담아 액체 위에 떠 있는 커피 가루가 가라앉도록 방치하거나 여과기를 이용하기도 한다. 포트에 남은 커피는 따뜻하게 유지할 수 있도록 장시간 난로 위에 보관하는데 이때 커피 찌꺼기에서 가수분해가 많이 일어나거나 좋지 않은 가용성 화합물이 추가적으로 용해될 수 있다.

관련 실험 연구들에 따르면, 보일드 커피는 혈중 콜레스테롤을 높일 수 있는 것으로 알려져 있다. 이는 커피와 함께 들이킨 상당량의 부유 물질에는 주로 카페스테롤로 구성된 불용성 디테르펜 분획이 함유되어 있으며, 혈중 콜레스테롤을 높이는 것으로 보인다(Urgert, 1997). 따라서 종이 필터로 단순히 필터링을 하는 과정만 거치더라도 분획을 충분히 제거할 수 있다.

(b) 터키식 커피

브루잉 방식은 터키뿐 아니라(Petropoulos 1979), 슬로베니아부터 모로코에 이르기까지 지중해 국가 도처에서 행해지던 방식이다. 그리스식 커피나 이스라엘의 '머드 커피' 외에도 문화에 따라 조금씩 변형된 브루잉 커피까지 모두 총칭해 브루잉이라고 말한다.

브루잉 제조 방식에는 두 가지 도구가 필요하다. 길이가 긴 황동 분쇄기와 '이브릭'으로 불리는 구리 포트이다. 분쇄기는 매우 미세한 분말을 만들 수 있도록 설계되었는데 대부분 세포 구조가 파괴된 로스팅 원두 파편들이다. 파편화된 커피 세포의 밀도가 1.46 이상이여서 부유하지 못한(트리클로로에틸렌에서 침전) 커피 찌꺼기가 가라앉게 되며, 표면적이 넓어 강한 추출이 가능해진다.

원뿔의 윗부분이 잘려 나간 형태인 이브릭은 긴 손잡이가 달려 있는 냄비로, 아주 미세한 분쇄 커피에 차가운 물과 설탕을 함께 넣고 끓인다. 끓는점에 다다르면 거품이 격렬하게 끓어오르는데 넘치기 전에 내려 식히고, 다시 불 위에 올려 끓이는 작업을 3번 반복한다. 이브릭에 넣은 내용물을 컵에 조심스레 옮겨 담아도 커피 위에 떠 있는 찌꺼기가 상당량 딸려 들어온다. 따라서 조금씩 나눠 마셔서 커피 찌꺼기가 최대한 적게 들어오도록 해야 한다.

(c) 퍼콜레이터 커피

미국에서 가장 오랜 시간 사랑받은 브루잉 방법으로 액체가 계속 역류하면서 커피가 역동적으로 이동하는 특성을 본따 '퍼크'라고 줄여 부르기도 한다. 퍼콜레이터는 열이 가해지는 동안 커피가 계속 순환하는 방식이다(Peet & Thye 1954). '비밀'은 용기 내부 구조에 있다.

용기 내부에 깔때기 모양의 여과통이 위치한다. 가열 시 미세한 증기 압력차가 생기면서 끓는 물이 관을 통해 위로 이동한다. 관 끝에서 물은 분쇄 커피가 채워진 여과통으로 뿌려지게 된다. '첫' 추출 커피가 아래 용기로 조금씩 떨어지게 되고 이 과정이 다시 여러 차례 반복된다.

즉, 추출 과정이 순환해서 반복되면서 커피에 추출 성분들이 더 많아지며, 나중에는 용해도가 낮은 커피 성분(원치 않는 맛을 내는 성분)들도 용액으로 추출된다. 그 결과로 강한 떫은 맛이 날 수 있으며, 아로마를 생성하는 휘발성 성분들도 사라져 최근에는 인기가 시들해졌다.

(d) 진공흡입식 커피

진공흡입식 커피는 온도차로 인한 열역학 원리를 이용한 기구이다. 알콜 버너 등 고온의 화기에 직접 커피를 가열하다가 실온과 유사한 저온에 방치한다. 상업 모델명은 '코나'로 전자 가열식 모델도 시중에서 구할 수 있다(Ehrenkranz & Inman, 1948). 이 기기는 깔때기 형태의 유리 플라스크 아래에 또 다른 유리 플라스크를 결합해 사용한다. 상부 플라스크에는 분쇄 커피를, 하부 플라스크에는 물을 넣는다. 끓는 물이 만들어낸 증기압이 데워진 물을 상부 플라스크로 밀어 올리면서 커피 가루가 추출된다. 열원을 제거하면 하부 플라스크의 압력이 진공 상태에 가까울 만큼 낮아지고, 압력차에 의해 상부 플라스크에 있던 커피 추출액이 하부 플라스크로 떨어진다. 하부 플라스크에 담긴 커피는 컵에 따라내 바로 마실 수 있다.

7.2.2 인퓨전 방법

인퓨전은 보통(끓인 물이 아닌) 뜨거운 물을 미세 커피에 적시는 방법으로 많이 알려져 있으며, 커피를 가열하여 끓이는 전출법과는 차이가 있다. 그러나 인퓨전이나 전출법 모두 100°C 또는 100°C~80°C 사이의 일정 온도대에서 용해 과정이 일어나도록 제조한다는 점에서 화학공학적 관점에서는 별반 다르지 않다. 다만, 제조되는 커피 양은 다를 수밖에 없다.

전출식 커피는 커피 고형물과 물을 오랜 기간 접촉시키는 배치식 방법을 취하나 인퓨전은 부분 가용성 물질이 담긴 층에 뜨거운 물이 주입되는 형식으로 일정량의 깨끗한 물이 짧은 시간 커피 고형물과 접촉한다. 인퓨전은 '위로 붓다'는 뜻의 라틴 동사(*infundo*, *-is*, *infudi*, *infusum*, *-ere* 3°)에서 유래되었다(Campanini & Carboni, 1995b). 이 때문에 주로 인퓨전과 퍼콜레이션을 혼동하기도 한다. 다시 말하지만 인퓨전은 거칠게 분쇄한 커피를 헐겁게 쌓아 별도의 물리적 힘을 가하지 않고 그저 물을 조금씩 흘려보내는 정량적 특징이 있다. 반면, 퍼콜레이션은 외부의 힘을 받아 모세관 현상과 콜로이드 침윤 현상이 일어나야만 커피 밀집층 사이로 물이 흐를 수 있다. 따라서 퍼콜레이션은 커피층의 기하와 유수량 등 새로운 변수들을 감안해야 한다. 이와 관련된 내용은 7.2.3에서 설명할 것이다.

간편하고 깨끗하게 차를 우릴 수 있는 종이 티백(사체)이 등장하기 전까지 잘게 다진 찻잎을 여과기 안에 넣은 뒤, 그 위로 물을 부어 잔에 차를 받았던 방법이 인퓨전이라면 온도가 서서히 식으면서 차가 우러나는 티백은 인퓨전이라기보다 전출법에 가까우며, 보다 정확하게는 침지식이라고 할 수 있다.

그러나 모든 것을 흑백논리로 양분할 수 없듯이 인퓨전이라도 전출 과정이 반드시 필요하다. 분쇄 커피가 중력을 받아 추출되고, 스며들기 위해서는 표면에 적당량의 액체가 있어야 한다. 다만, 해당 '씻어 내림(washing-out)'으로 산미와 풍미가 풍부해지며, 접촉 시간이 짧기 때문에 인퓨전 커피가 전출식보다 관능적으로 마일드하다는 평가를 받는다.

(a) 필터 커피

북유럽에서 보편화된 필터 커피는 커피 용액이 깨끗하고 투명하다. 일반적으로 원뿔 모양의 플라스틱 필터 홀더 위에 종이 필터만 올리면 되기 때문에 구성이 단출하다. 중간 크기로 분쇄한 커피 원두를 필터 위에 담고, 유리 주전자 위에 홀더를 올려둔다. 그다음 끓인 물을 필터 위에 부어 원두에 조금씩 스며들도록 한다(Van Zante, 1968). 드립 커피로도 알려진 이 방식은 밀리타 벤츠 부인에 의해 1908년도에 최초 개발되었으며, 상업용으로 판매되었다(Bentz, 1908).

필터의 모양과 재질은 다양하다. 일회용 종이 재질부터 천으로 만든 필터도 있으나 위생적으로 잘 관리해야 한다. 미세 구멍이 뚫려 있는 금색 필터도 인기가 있지만 일회용이 아닌 데다 쉽게 망가지는 특성이 있어 손상없이 깨끗하게 쓰려면 세심한 주의가 필요하다.

시중에서 흔히 볼 수 있는 자동 또는 반자동 기계로도 커피를 손쉽게 제조할 수 있다. 분쇄한 커피 위로 떨어지는 열수 속도를 조절하여 일정한 인퓨전 패턴을 만드는 전자 기기를 '드립 커피'라고 부른다. 대부분 가열판 위에 주전자를 올려두기 때문에 브루잉한 커피를 장시간 방치해 버릴 수 있는데 이 과정에서 화학 반응이 추가적으로 일어나 커피 맛이 떨어질 수 있다.

(b) 나폴레타나 커피

인퓨전 방식 중에 가장 간편한 *마키네따 나폴레타나*('플립 드립 포트'로도 알려져 있다)는 1800년대 초 이탈리아에서 시작되었다. 중력을 이용해 중간 굵기로 분쇄한 커피층에 뜨거운 물을 스며들게 한다. 분쇄한 커피를 구멍 뚫린 통에 담고 물을 넣은 하단부 포트 위에 결합시킨다. 하단부 포트를 가열하다가 물이 끓으면 포트를 잡고 뒤집는다. 뜨거운 물이 커피 바스켓을 지나 상단부 포트로 떨어진다. 상단부 포트는 주전자 형태이므로 커피를 그대로 따라 마실 수 있다.

나폴레타나는 양쪽으로 구멍이 뚫린 필터 사이에 커피가 고정되었다는 점이 드립필터와 다르다. 해당 공법은 커피가 물에 잠겨 있다기보다 고정된 커피 사이로 물이 흘러 지나간다는 느낌에 가깝다. 나폴레타나는 커피와 물의 비율에 따라 차이는 있으나 다소 맛이 강한 편이다. 가열 과정에서 분쇄 커피에 증기열 영향을 받아 쓴맛이 날 수 있다.

7.2.3 가압법

압력은 일반 물리학에서 단위 면적에 수직으로 가해지는 힘으로 정의한다. 유체 역학에서 압력이란 유체에 의해 특정 지점에서 급격히 바뀌는 세기 성질을 뜻하며, 스칼라로 표현된다. 유체 내 압력장은 포텐셜 에너지(베르누이의 피에조미터 에너지)를 생성해 운동에너지로 쉽게 전환되면서 유체의 질량에 유속이 생긴다.

모든 삼출법은 유동하는 힘이 필요하기 때문에 일정한 압력(최소 mm 단위의 수주)이 필요하다. 이는 분쇄한 커피층을 관통하여 흐르는 흐름을 만들어내기 위해서는 헤드로스(유체 흐름에 의해 생긴 에너지 손실: 역자)보다 더 큰 힘이 필요하다. 그러나 커피 분말이 미세할 경우 더 높은 상대압(1~2크기 정도)이 요구된다. 에스프레소에서 밀착력이 높은 미세 분쇄 커피인 소위 '케이크'에 물을 흘려보내려면 최대 10atm(물기둥 높이 10,330cm에 해당) 압력이 필요하다.

이 압력 에너지는 미크론 크기의 고체 입자나 지방 방울이 추출액으로 유출되도록 한다. 이들 성분에 의해 음료의 특성이 현격하게 변하며, 속칭 '바디감'이 강화된다. 이는 다음 섹션에서 상세히 설명할 것이다.

(a) 플런저

프렌치 프레스(인기 제품인 '*라 카페티에르*'로도 명명)로도 불리는 이 브루잉 방식은 음식점을 찾은 손님 앞에서 커피를 내릴 수 있어 특히 식당에서 많이 애용된다. 움직임이 자유로운 피스톤이 실린더 유리 비커에 장착(플런저)되어 있고, 피스톤 바닥은 미세한 철망으로 덮여 있다. (중간 크기로 분쇄한) 커피 한 스푼을 비커에 넣고 끓는 물을 넣는다. 비커를 몇 분간 방치한 후(전출 효과가 발생) 침전물이 액체에 섞이지 않도록 플런저와 철망 필터를(몇 초간에 걸쳐) 서서히 누른다.

플런저로 만든 커피 음료는 거품이 생성되며, 바디감이 묵직하다. 또한, 미세한 부유입자와 기름 방울이 떠있어 액체가 탁하다. 플런저를 아래로 누른 힘(2~10kg)을 플레이트 단면적(20~200Cm^2)으로 나누었을 때 최대 0.01~0.5 상대기압이 산출되었다. 다만, 누르는 힘은 분말도에 의해 크게 좌우되는데 너무 곱게 분쇄했을 경우, 아무리 강한 힘으로 눌러도 액체가 필터를 통과하지 못할 수 있다.

(b) 모카포트

모카포트는 저가 브루잉 기계의 상표명으로 스토브탑(stove-top) 에스프레소로 잘못 불릴 때도 많다. 알루미늄이나 강철로 만든 오토클레이브식 주전자를 열원에 직접 노출시켜 물을 끓여 수압을 만들고, 물에 잠긴 파이프를 따라 물이 통과한다. 파이프는 커피 케이크(coffee cake, 압축시킨 원두층: 역주)가 들어 있는 여과 바스켓 사이를 관통한다. 상단부 주전자와 하단부 물통 사이는 고무 가스켓으로 밀봉시키고, 상단부 주전자를 향하는 관을 통해 커피 추출액이 이동된다. 커피와 물의 접촉 시간은 커피 케이크에서의 유압 저항과 밀접한 관련이 있는데 사용한 커피가루의 양, 입자 크기 분포(분말도), 탬핑할 때 가한 힘 세 가지 요인이 중요하다. 커피가루 탬핑은 의도적으로 할 수도 있지만 상단 부분을 결합시키면서 가한 힘에 의해서도 탬핑이 일어날 수 있다. 물이 고갈됨에 따라 관의 상단부에서 시끄러운 소리가 나면 모카포트 브루잉이 종료된 것이다.

적당한 굵기의 분쇄 커피 사이로 물을 통과시키려면 적정 압력이 필요하다. 이는 수압과 100℃ 이상 초고온 간의 열역학 관계로 설명할 수 있다: 이 과정을 통해 일반적으로 추출되지 않는 불용성 성분이 커피 용액에 용해되면서 소위 '탄 맛'과 흡사한 매우 쓴맛이 느껴진다. 일반 에스프레소 방법과는 달리 모카포트의 압력은 실제 에스프레소 기계가 만들어내는 압력보다 매우 낮다. 보통 9atm을 가압하는 에스프레소 기계로는 생성이 어려운 오일 에멀젼도 만들 수 있다(향후 설명). 반면, 모카포트는 0.5 상대기압(110℃에 해당)을 넘지 않도록 유지해야 한다. 수온이 지나치게 높아져 불쾌한 쓴맛이 나지 않게 하려는 것도 있지만 안전상의 이유도 있다. 실제로 모카포트 물통에 안전 밸브가 있어 필터 막힘이 일어나지 않게 해준다.

모카포트와 에스프레소 공통점을 압력이라고 생각할 수도 있겠지만 사실 두 방법 모두 분쇄 커피에 물이 한 번만 통과해 최대 용해능으로 추출하고, 떫은 맛이 나는 화합물이 과다추출되지 않도록 최소화한다. 이 열평형은 다양한 변수들에 영향을 받기 때문에 조절이 쉽지 않으며, 앞서 말한 유압 저항도 수량, 초기 물 온도, 화염 강도, 물통과 화염의 위치, 뚜껑 여닫이 여부에 따라 다르다.

(c) 에스프레소

에스프레소는 당초 이탈리아의 특산물이었으나 라틴 유럽을 비롯한 유럽 전반으로 빠르게 전파된 뒤 최근에는 미국과 일본 등 다른 시장으로도 확산되었다.

에스프레소가 일시적인 유행이 아닌 성공을 거둘 수 있었던 것은 다른 제조방법에 비해 소비자들의 감각을 충족시킬 수 있었기 때문으로 보인다. 사실 에스프레소는 품질 관리가 쉽지 않다. 특히 에스프레소의 높은 강도는 아로마와 직결되어 약점으로 작용한다. 아로마 품질을 높이려다 원두에 결함이 생길 수 있다. 에스프레소를 실수없이 제조하더라도 최상의 조건에서 내려야 좋은 결과물을 얻을 수 있다.

에스프레소의 정의

이탈리아 문화가 다른 환경으로 전파되면서 에스프레소가 현지 문화와 융합되거나 변질되기도 했다. 가령, 로스터 등 많은 사람들이 에스프레소는 브루잉 방법보다 배전도와 관련이 있다고 생각하는 경향이 생겨난 것이다. 따라서 에스프레소의 역사 속에서 세 가지 기준을 도출하였다(Petracco, 1995c).

생활 속 에스프레소: 즉석에서 바로

이탈리아어(다른 유럽어)에서 '에스프레소'(급속) 또는 '에스프레사멘테'(급속으로) 단어는 '특정 목적을 위해, 즉시 명확한 주문에 따라 만든'이라는 의미를 내포한다. 이는 즉성에서 준비하는 '즉흥적'이라는 개념으로 이어질 수 있다. 그러나 에스프레소는 정확하고 주의를 요하는 작업이라는 점에서 '즉시, 명확한 주문에 따라 준비된'이라는 의미로 이해해야 한다. 따라서 이를 한 문장으로 축약해 볼 수 있다. '에스프레소 커피가 소비자를 기다리는 것이 아니라, 소비자가 자신을 위한 커피 한 잔을 기다리는 것이다'.

에스프레소 음료는 시간이 지나면서 신선도가 떨어지므로 커피의 신선도는 손님이 설탕을 넣어 마시는 순간까지만 허용된다. 따라서 다른 제조법처럼 보관을 염두에 두고 원하는 무게감이나 농도를 얻기 위해 에스프레소를 미리 만들어두어서는 안된다. 손님들이 즉석에서 주문을 하고 눈 앞에서 자신만을 위한 커피가 만들어지는 모습을 누리는 즐거움을 선사하기 위해서가 아니라, 제조와 섭취 사이에 시간이 길어질수록 변형이 크게 일어나 에스프레소의 외관과 관능적 특성이 나빠질 수 있기 때문이다. 특히 탈수가 일어나면서 외관상으로 거품이 없어진다. 탈수된 거품은 끈적이고, 유동성이 떨어지며, 거품층이 없는 부분이 생겨난다. 결국 컵 안에는 거품 없는 액체만 남고, 컵 안쪽 벽에는 말라붙은 거품만 남게 된다.

소비자들이 가장 관심을 두는 관능 부분에서는 시간이 지나면서 산미가 점차 강해지는 느낌을 받을 수 있다. 커피가 식지 않더라도 산미가 똑같이 변하는데 이는 앞으로 상세하게 다루겠지만 일부 커피 성분들이 상호작용하는 것과 관련이 있다. 가령, 산도가 약한 유기산은 가수분해가 쉽게 일어날 수 있으며, 관능 변화의 원인이 될 수 있다(Maier, 1987).

브루잉 방법으로서의 에스프레소: 압력

에스프레소에 대한 최초 정의는 '일상을 즐기는 특별한 습관, 커피 한 잔'으로 매우 포괄적이었다. 시대를 거듭해 에스프레소 기기가 '즉석'에서 커피를 추출할 수 있게 되면서 정의도 구체화되었다. 20세기 초반에 이르러서는 주문한지 몇 분도 아니라 몇 초만에 커피를 요구하는 손님들을 위해 수압을 높여 추출 시간을 단축시켰다. 밀폐된 주전자에 물이 끓을 때까지 가열시키고, 증기가 만들어질 때까지 압력을 가했다. 펌핑 장치 없이도 손쉽게 수압을 만들어 낼 수 있어 기발한 아이디어였지만 압력을 높이려면 공급하는 물의 온도를 높여야 하는 치명적인 단점이 있었다. 표 7.1은 몰리에르 선도에 따른 끓는 물의 압력/온도 관계이다(Liley et al., 1984).

표 7.1 끓는 물의 압력/온도 관계

절대 압력 (atm)	온도 (℃)
1	100
1.2	104
1.5	110
2	120
3	133
5	152
10	180

100℃가 넘는 가압 상태의 끓는 물로 커피를 추출하면 당연히 과다추출이 일어난다. 분쇄 로스팅 커피에 있던 저가용성 성분들이 대거 추출되면서 쓰면서 떫은 맛과 함께 탄 맛이 느껴져 불쾌감을 줄 수 있다.

이러한 문제는 주전자에서 끓인 물과 실제 커피를 브루잉하는데 사용하는 물을 분리해서 단점을 보완해 볼 수도 있다. 이렇게 하면 열수 대신 온수로도 에스프레소를 만들 수 있다. 압력은 레버 피스톤을 장착해 커피 바리스타의 팔 힘이나 전기 펌프로 배가시킬 수 있다. 전기 펌프는 작동 방법이 간단해 최근 많이 사용한다. 이러한 방법들을 통해 최대 10atm까지 가압이 가능하며(예: 제곱 센티미터당 약 10kg당의 힘, 실용적으로는 10바와 동일), 에스프레소 표면에 아주 두꺼운 거품층을 만들 수 있다.

짧게나마 에스프레소 기계의 변천사(추후 에스프레소 기계 섹션을 참조)를 통해 에스프레소 제조 방법이 얼마나 중요한지 엿볼 수 있었다. 따라서 에스프레소를 제조하는 방식 자체를 명확하게 정리하여 에스프레소의 정의에 상세하게 반영할 필요가 있다.

에스프레소의 핵심은 압력에 있다. 압력 에너지가 운동 에너지로 전환되고, 운동 에너지는 다시 퍼텐셜 에너지와 열로 바뀌면서 에스프레소 특성이 다양해진다. 로스팅 분쇄 커피 중 영양 성분들이 물 용매에 의해 커피로 이동되며, 수온은 끓는점보다는 약간 낮은 온수가 좋다.

그러나 로스팅 커피에 함유된 수많은 화학 성분 가운데(확인된 성분만 해도 1800여 종이 넘는다) 뜨거운 물에 용해되지 않아 에스프레소에는 없는 성분들도 많다. 압력으로 생겨난 각종 에너지들로 커피를 추출하는 동안 원재료(분쇄 커피)의 거동이 급변한다. 따라서 열수에 의한 열화학적 에너지로만 추출한 커피 제품들과 에스프레소는 커피 특성이 다를 수 있다.

특히 외형과 관능적 특성 검사 결과에서 차이가 가장 두드러졌다. 다른 커피 조제법과 달리 에스프레소에서만 확인된 특이점들이 많았다.

- 주요 특징: 에스프레소는 액체 위에 거품이 촘촘하고 풍부하게 생성되었다. 추후 육안 검사에서, 에스프레소는 아주 작은 기름 방울이 퍼져 있는 에멀젼 상태로서 액체가 탁함을 알 수 있었다(Petracco, 1989).
- 관능적 특성은 말 그대로 미각과 후각을 통해 인지할 수 있는 고유의 감각이다. 7.3.2에서 나중에 설명하겠지만 에스프레소에는 있고 다른 브루잉 조제 커피에 없는 불용성 성분의 인지적 감각을 '바디감'으로 국한하겠다. 에스프레소를 마셔

본 사람이라면 바디감을 잘 이해할 수 있다. 풍부하고 크림 같은 '커피 맛'이 입 안에 가득차는 것 같은 느낌으로 에스프레소를 삼킨 후에도(최대 15분) 여운이 남는다.

에스프레소 특유의 관능적 특성은 압력에 저항하는 커피층을 일컫는 커피 케이크를 짚고 넘어가야 한다. 에스프레소에서 중요한 요소인 압력은, 라틴어 동사 익스프리모, 익스프레시, 익스프레섬에서 유래한 에스프레소 어원에서도 잘 드러난다(Campanini & Carboni, 1995c). 말 그대로 '짜내다(pressed out)'라고도 풀이할 수 있으며, 에스프레소의 원동력이 압력이라는 것을 암시한다.

진정한 에스프레소라면 에너지 평형을 맞춰줄 브루잉 장비가 필요하다. 압력을 만들어내는 힘은 반드시 분쇄 커피층에서 일로 전환되고, 마지막에는 운동에너지가 되어야 한다. 이러한 조건 없이도 커피를 추출할 수 있지만 정지압력이 높은 경우 커피 입자에 정지 압력이 일로 전환되지 않고, 커피 케이크를 지나 감압이 이루어질 수 있다. 회전식 프로펠러나 압력 조절 노즐 및 분무기처럼 커피가루와의 접촉이 끝난 추출 커피에 운동에너지를 가하는 장치에서도 동일한 현상이 일어난다. 해당 장치는 추출 커피에 운동에너지를 가해 실제 에스프레소처럼 풍성한 거품층을 만든다. 그러나 외관상으로만 그렇게 보일 뿐이다.

커피 케이크에 가해진 수압이 내부에서 운동에너지로 전환되는 방식을 협의의 '퍼콜레이션(삼출)'이라고 지칭할 것이다. 에스프레소 브루잉 기법의 질적 정의는 다음과 같다.

에스프레소는 제한된 양의 뜨거운 물이 커피 케이크를 통과하면서 삼출되는 압력을 이용한 음료 조제 기법으로 수압 에너지가 커피 케이크에서 소진된다.

'커피' 단어를 쓸 때마다 에스프레소 커피는 당연히 '로스팅한 분쇄 커피'를 원재료로 추출했다고 생각하는 경향이 있어 주의가 필요하다. 말 그대로 브루잉 단계 직전(소규모 공정)이나 그 전에 미리(보관 및 보존을 위한 적정 포장 설비를 갖춘 공업용 단위의 공정) 코페아 식물종에 속하는 식물의 씨앗을 로스팅해 분쇄하는 것이다. 그럼에도 불구하고, 각종 케이크에서 압력 에너지를 소진할 수만 있다면 분쇄 산물(이른바 대체 커피)이라도 에스프레소 방법과 에스프레소 브루잉 장비를 적용해 가용성 성분을 추출할 수 있다. 물론 로스팅 커피 원두의 특성상 복잡한 내부 구조가 (챕터 6 참고) '진짜 에스프레소'의 특성을 부여하기 때문에 '진정한 에스프레소'의 특성과 동일하지 않을 수 있다.

더군다나 에스프레소는 주로 자연에서 직접 얻은 자연 음료로 취급하는 경향이 있어 원재료 외에 향미 화학물질이나 거품층 생성을 도와주는 기포제 등의 첨가물이 일절 들어가서는 안된다는 인식이 있다.

에스프레소의 추출: 신속

지금까지 에스프레소 음료나 에스프레소 추출 방법에 따른 특성을 정량 분석한 사례가 없었다. '맛은 취향의 문제'라는 말에 맞게 에스프레소의 잔 크기나 에스프레소 농도 등을 자신에게 맞게 설정할 자유가 있다. 이탈리아에서 시작하여 오늘날 전 세계로 확대된 '이탈리아식 에스프레소'의 정의를, 이러한 이탈리아 전통 요소들을 반영하여 구체화하고자 한다.

이탈리아식 에스프레소의 핵심은 빠른 추출로, 30초가 가장 이상적이다. 시간을 제한하는 이유는 바로 커피의 복잡한 화학 성분 때문인데 앞에서도 말했지만 에스프레소를 추출한 후에도 시간이 지나면서 특성이 변한다. 특히 추출 시간이 길어지면 커피가루 케이크에서 화학 반응이 격렬해지면서 에스프레소 품질 변화가 더 뚜렷하게 관찰된다. 앞에서도 말했지만 에스프레소 조건에서는 분쇄된 커피에 더 많은 에너지를 가하기 때문에 추출력이 강해지고, 추출되는 성분의 수와 농도가 많아진다. 일부 추출 성분은 비친수성이기 때문에 용해되지 않을 수 있다. 따라서 이들 성분은 추출 조건에 따라 고체나 액체 상태로 있을 수 있으며, 용해 반응의 열역학적 평형과 동력학이 부분 용해성에 영향을 미칠 수 있다. 다시 말해, 커피가루가 물과 만나는 시간이 길어질수록 에스프레소 음료의 건조 잔류물에서 용해도가 낮은 성분이 다량 측정될 수 있다.

커피가루 케이크에서 30초 후에 추출한 음료 분획을 따로 검사해 보면, 가용성이 낮은 성분이 가장 맛이 없다는 것을 알 수 있다. 이러한 점 때문에 에스프레소 바리스타 사이에서 추출 시간을 30초 이내로 해야 한다는 사실은 불문율이다. 30초를 넘기면 에스프레소에 불쾌한 성분이 추출되어 전체 맛과 풍미 밸런스를 망가뜨릴 수 있다. 에스프레소 오퍼레이터들도 에스프레소 커피를 해치는 주요 원인으로 이러한 과다추출을 꼽는다.

에스프레소 추출에는 많은 에너지가 쓰이기 때문에 브루잉 조건이 급격하게 변할 수 있다는 점을 유념해야 한다. 올바른 조건에서는 최상의 결과를 낳을 수 있지만 반대로 장비 과부하로 음료를 망칠 수 있다. 아울러 추출 시간을 자칫 넘겨버리는 일이 없도록 신경 써야 할 것이다. 과다추출보다는 발생 확률이 적지만 과소 추출도 가볍게 넘겨버려서는 안된다. 추출 시간이 15초 보다 짧으면 산미가 강하고 밸런스가 떨어질 수 있다.

에스프레소에 대한 정량적 정의

에스프레소 품질에 영향을 주는 변수들에 대해 상세히 다루지는 않았으나(상세 리뷰는 Petracco, 1989, 1995b을 참조) 앞으로 설명할 에스프레소에 대한 일반적인 정의를 통해 에스프레소 커피 조제에 대한 틀을 잡을 수 있을 것이다. 사실 너무 광범위하다는 생각이 들 수 있으나 특정 에스프레소 음료를 생산하는데 필요한 원재료와 조제법을 중점적으로 설명하였다. 그러나 에스프레소 음료라면 반드시 필요한 특성이나 좋은 에스프레소라면 충분 조건이 아닌 필수 조건으로 갖춰야 하는 기준은 구체화된 바가 없다. 이러한 기준을 설정해 나가기 위해 에스프레소 조제 단계별로 최상의 조건들을 다룬 책 한 권을 소개한다. 해당 도서는 농경학 분야에서의 식물과 로스팅 커피 원두의 가공, 커피 추출액을 위한 분쇄와 삼출에 대해 다루고 있다(Illy & Viani, 1995).

에스프레소에 대한 정량적 정의

이탈리아 에스프레소는 요청에 따라 로스팅 분쇄 커피 원두로 조제한 음료로, 압축한 로스팅 분쇄 커피층에 뜨거운 수압을 단시간 동안 삼출식 기계로 통과시켜 거품이 풍부한 농축액을 말한다.

변수의 범위는 다음과 같다.
6.5 ± 1.5g: 분쇄 커피 분량
90 ± 5°C: 수온
9 ± 2 바: 주입 수압
30 ± 5 초: 삼출 시간

에스프레소 기계

에스프레소 커피를 만드려면 컨테이너 안에 적정량의 분쇄 커피를 케이크 형태로 담아 입자가 빠져나가지 않도록 한 후 음료를 추출하고, 약 100°C 물 온도를 주입하면서 상대 압력 9를 고정시킬 수 있는 기계가 필요하다. 이른바 '에스프레소 커피 기계'는 일반 가정용 소형 제품부터 전산화가 가능한 전문가용 기기에 이르기까지 다양한 모델이 시장에 출시되어 있다. 열-수력 순환식 에스프레소 기계는 그림 7.2에 제시하였다.

그림 7.2 열-수력 순환식 에스프레소 기계

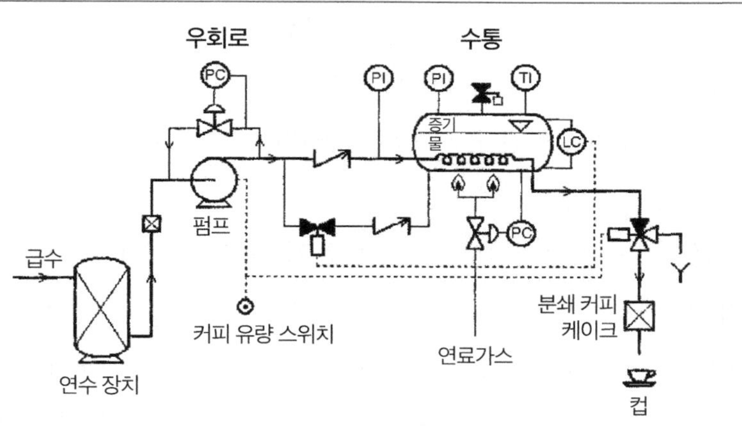

현대의 에스프레소 조제법은 온도와 압력을 분리시킴으로써 100°C 이상 온도에서 과다추출되는 단점을 보완시키는 성과를 얻을 수 있었다. 프란시스코 일리가 취득한 공압식 에스프레소 기계는 실용성이 떨어지기는 했어도 당시로서는 시대를 앞서나갔으며(Illy, 1935), 이후 레버식 에스프레소 기계가 개발되었다. 이 기계는 에스프레소 바텐더가 팔 힘으로 스프링을 돌려 감으면 방출된 에너지가 압력 챔버에 담긴 물에 전달된다. 비록 지금은 전통 커피 하우스에서나 볼 수 있지만 레버식 에스프레소 기계의 성능은 바리스타가 적절한 팔 힘과 시간을 들여 도징(그라인더에서 분쇄된 원두를 포터필터에 담는 작업: 역자) 하는지에 따라 달라져 에스프레소는 소위 불확실성을 가진 일종의 '예술'로도 여겨진다.

앞서 서론에서도 언급했지만 전력을 이용한 에스프레소 자동화 기기가 출시되면서 몇 백 와트의 전력만으로도 전기 모터가 작동하면서 압력을 만들어낼 수 있게 되었다. 전문가용 펌프 기기는 원심력 원리를 이용한 임펠러와 바이패스 밸브로 구성되어 있다. 바이패스 밸브는 공급되는 물이 다시 인입되도록 해준다. 이 과정에서 압력이 소실되는 것처럼 보이나 물이 통과해야 하는 유압 저항(커피 케이크)과 관계없이 펌프 헤드(배압)를 일정하게 유지시켜 주는 역할을 한다.

가정용 기기는 원심 펌프를 위치시킬 공간이 충분치도 않지만 가격면에서도 경제성이 떨어져 진동 펌프로 대체한다. 진동 펌프는 전자석과 반환 스프링을 이용해 작은 피스톤이 앞뒤로 진동하는 방식으로 작동하는 일종의 정량 펌프(volumetric pump)이다. 이러한 펌프류들은 펌프헤드가 매우 높은데(최대 30기압) 이는 수력학적 저항과 연관성이 매우 높다. 따라서 에스프레소 추출액은 커피가루의 무게와 분쇄도, 탬핑 정도에 따라 달라진다. 커피 한 잔을 내리기 위한 기계 조작이 하나의 예술과도 같다고 할 수 있다.

전기저항가열을 적용하면서 에스프레소 기계에도 혁신이 일어났다. 직접적인 열교환이 가능해진 것이다. 기존 가열 방식은 저압 조건에서 물통에 열을 가하는 방식이기 때문에 다류 등 인퓨전 방식에 사용할 물을 만들거나 카푸치노용 스팀밀크를 만드는데 이용했으며, 물통은 침수저항이나 가스버너에 의한 발열을 저장하는 역할이었다. 에스프레소 추출에 사용하는 물은 완전히 다른 방식으로 가열된다. 물은 펌프를 통해 보일러로 이동된다. 보일러에는 물속에 잠겨 있는 전열 코일이 있으며, 여기에서 적정 온도까지 가열된다(보일러 온도보다 물 온도가 훨씬 낮다). 다만 이 장치는 관리가 까다롭고 고가여서 전문가용 에스프레소 기계에는 모두 장착되어 있지만 일부 고가의 가정용 기계에도 찾아볼 수 있다. 이런 기계들은 스팀 생성이 가능해 카푸치노를 만들 수 있다. 추출 챔버는 기계 상판부에 위치하며 필터 홀더를 끼워 부착시킨다. 필터 홀더에는 분쇄한 커피 분량을 넣고, 다진다. 상판부가 기계에서 외부로 돌출된 형태이므로 보일러에 있는 물을 내장된 관으로 소량 흘려보내 예열시키는 것이 좋다. 소형 모델은 직접열교환기 보일러를 대신 사용한다. 직접열교환기는 바이메탈 온도센서가 내장된 침수식 전기저항을 이용해 만들었으나 최근에는 열전대 온도센서로 전력을 공급한다. 펌프로 공급한 차가운 물은 구불구불한 회로를 지난 후 커피 케이크를 바로 통과한다.

에스프레소 기계에서 정수 부품도 중요하다. 상수시설에서 바로 공급하는 수돗물은 주로 칼슘과 마그네슘이 다량 함유되어 있다. 이른바 '경수'를 가열하는 기계는 알칼리 토류 탄산염이 가열 표면에서 침전되어 열교환 효율을 낮출 수 있다(Cammenga & Zielasko, 1997). 이를 방지하기 위해 전문가용 기계에는 주로 연수 장치가 장착되어 있다. 연수 장치의 원리는 이온교환수지층에 물을 통과시켜 원수의 칼슘 이온을 수지가 가지고 있던 나트륨 이온과 치환되고, 나트륨 염은 모두 용해되어 출수된다. 연수 장치는 염화나트륨으로 정기적으로 재생 처리하여야 연수 효율이 유지되고 에스프레소 기계를 오래 사용할 수 있다. 가정용 에스프레소 기계에는 연수 장치를 넣을 수 없기 때문에 약산성 용액으로 정기 세척하여 기계를 유지해야 한다. 따라서 에스프레소에 있어서 물 산도와 경도는 추출과 관련이 있다고 할 수 있다(Fond, 1995). 물이 에스프레소에 미치는 영향은 다음에서 상세히 다룰 것이다.

7.3 | 음료 특성

7.3.1 이화학적 특성

(a) 물리적 특성

커피 음료는 주로 '다크한', '스티미한(steamy)', '향이 좋은' 같은 모호하면서 포괄적인 특성으로 설명한다. 커피 특성을 제대로 다루려면 과학적으로 거의 규명되지 않은, 다소 구조적으로 분석하여야 한다. 물리적 특성 중에서도 가장 이목을 끄는 균질성부터 살펴볼 필요가 있다. 브루잉 커피 음료 특유의 감각적 특성은 액체 매트릭스에 헤테로상(hetero phases)이 분포된 형태가 크게 작용한다. 앞에서도 말했지만 지질 방울 에멀젼이 에스프레소 특유의 질감과 후미를 만들며, 터키쉬 커피의 매력으로 꼽히는 진한 마우스필(mouth feel)도 해당 부유 물질에서 기인한다. 이러한 특성 때문에 분석 검사까지 다소 시간이 지연될 수 있으나 반대로 커피 액체 위에 생성된 거품층이 짧은 시간 내에도 생성되거나 사라질 수 있다.

상층부 거품

광천수는 수원 현장에서 바로 확인해야 하는 검사 항목들이 있다. 커피에 적용한다면 수원 현장은 브루잉 기구에 해당된다. '급원'에서 얻은 물질은 현격한 변화가 일어나기 때문에 되도록 빨리 측정해야 한다. 샘물도 표토 위로 노출된 후 특성이 크게 변화한다. 온도도 물론 달라지지만 용존 기체량(산소, 이산화탄소, 질소)은 낮은 압력 환경에 노출되면서 갑자기 방출되기 시작한다. 에스프레소나 플런저처럼 거품이 많이 생성되는 일부 브루잉 커피들도 마찬가지로 용존 기체들이 커피(컵)에서 빠르게 방출되는데, 이산화탄소가 주로 휘발된다. 해당 기체들은 브루잉 커피 표면 성분에 의해 거품 층을 생성한다. 이처럼 상층부 거품과 하단부 액체로 매우 다르지만 쉽게 구분이 가능한 구성 형태를 보인다.

거품 자체는 액막 기포(라멜라)로 이루어진 이상계를 형성하고 있으며, 액막은 계면활성제 용액으로 구성되어 있다(Petracco et al, 1999). 양쪽 바깥으로 계면 활성 분자층이 있고, 그 사이에 물 분자가 끼어 있는 구조이다. 액막의 장력이 세지면서 방울 형태로 하나씩 떨어져 있거나 방울 형태가 모여 벌집 구조를 만든다. 거품은 로스팅에서 생성된 이산화탄소가 아직 남아 있는 방증이라고 보고 분쇄 커피의 신선도 지표로 활용되기도 한다. 그러나 드립 커피 등 몇몇 조제법들은 거품이 너무 많이 생겨 필터링 시간이 길어지고 브루잉 커피에도 악영향을 줄 수 있다. 이때는 분쇄 커피를 미리 적셔 주면 문제를 해결할 수 있다.

커피의 거품은 곧 사라지기 때문에 브루잉 직후 정량 측정해야 한다. 또한, 에스프레소에서는 특히 거품의 지속성을 중요한 특성으로 본다. 적어도 2~3분 동안은 거품이 유지되다 터지면 에스프레소 표면에 검은 얼룩을 남긴다. 일정 시간이 지난 후 거품이 사라지는 이유는 바로 배수 현상이다. 액막에 갇혀 있던 물이 밖으로 빠져나오는 과정으로 마지막에는 표면에 있는 분자들이 거품 모양을 유지하고 있다. 그러나 탄력도 한계에 다다르면 액막이 터지면서 갇혀 있던 기체가 방출된 후 에스프레소액에 다시 용해된다. 거품의 세 번째 특성은 바로 견고성으로, 커피 한 스푼 정도의 무게를 순간적으로 견딜 수 있는 힘을 뜻한다.

하단부 액체

커피의 하단부 액체 특성 대부분은 주로 소비자들의 기호와 관련이 있는 밀도, 점성, 표면 장력, 굴절률이다. 이들 특성을 다루기 전에 커피 음료의 복합체와 다상(multi phase)의 특성을 이해할 수 있도록 몇 가지 용어를 짚고 넘어가고자 한다.

분산상(Dispersed phases)

(분산계에서 분산매 속에 미세한 입자 형태로 분산되어 있는 용질(溶質): 역주)

커피 음료의 액상 부분은 복잡계로 구성되어 있으며, 그 위로는 거품이 형성되어 떠있다. 커피 액상은 염류나 산류, 당류를 비롯해 카페인 같은 특정 분자들의 용액으로 구성된 매트릭스가 동시 다발적으로 존재하고 있으며, 커피 음료 특유의 특성을 설명하기 위해서는 분산상의 특성도 함께 고려해야 한다. 유화액(기름 방울), 현탁(고체 입자), 거품(기포)이 주요 분산상이라 할 수 있다.

필터링을 하지 않은 커피 브루잉은 액체가 불투명해 육안으로도 쉽게 헤테로상을 관찰할 수 있지만 일부는 현미경을 이용해 특성을 확인해야 한다. 여러가지 기법을 활용해 분산 매트릭스의 불연속성을 규명해왔지만 보통 주사 전자현미경(SEM)과 투과 전자현미경(TEM)이 많이 이용된다. 이 같은 광학 현미경 성능을 높이기 위해 몇 가지 처리가 필요하다. 기포를 확인하기 위해 간섭 기법을 적용하며, 기름 방울 검사 시에는 특정 오염 매질(예: 염색제 '오일 레드 O' 및 사산화오스뮴)이 적합하다고 알려져 있다(Heathcock, 1988, 개인 서신).

분산상에 따라 유지 시간이 달라 기포는 최대 1분가량 관찰되지만 에멀젼과 현탁은 며칠이 지나도 유지될 수 있다. 따라서 관련 연구에서 문제가 되는 부분들도 다르다. 기포는 빠른 시간 내에 '고정'시켜야 하며, 유화액은 상을 분리하여 분석에 필요한 기름을 수거하는 게 어렵다. 그림 7.3에서 볼 수 있듯이 안정적인 입자의 상대적인 양을 비교해 보면, 에스프레소에서는 기름 방울과 고체 입자 가운데 미크론 크기인 기름 방울이 압도적으로 많으며, 터키쉬 커피는 서브미크론 크기의 세포벽 파편이 주를 이룬다.

그림 7.3 에스프레소 분산상 중 기름 방울 및 고체 입자의 현미경 사진

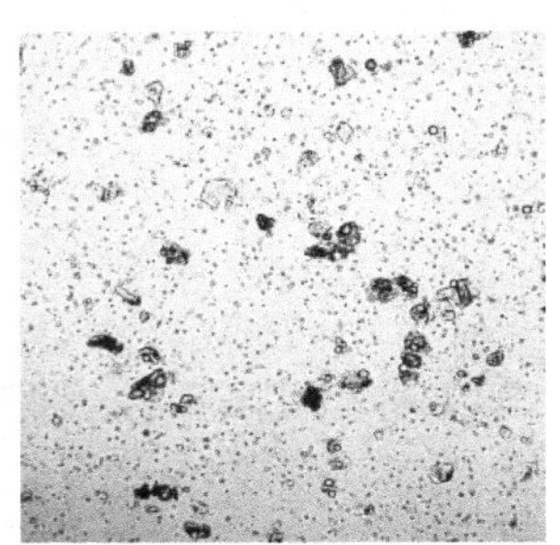

밀도

밀도는 커피 추출 성분과 무관하다. 에스프레소와 물의 밀도를 비교해도 소수 둘

째 자리가 달랐을 뿐이었다(Petracco, 1989). 유화된 커피의 지방이 물보다 가벼워지면서 전체 밀도가 감소했을 것으로 풀이해 볼 수 있다. 당분을 첨가한 후 음료의 밀도가 최대 1.08까지 증가한 사례도 있었다. 감각으로 인지하는 밀도 분포를 뜻하는 '바디감'은 자당(일반 설탕) 대신 사카린이나 아스파탐 같은 합성 감미료를 넣은 커피를 한모금 마셨을 때 강렬하게 느껴지는 바디감의 차이를 통해 예측할 수 있다. 이때 합성 감미료는 밀도 변화를 일으키지 않고도 단맛을 부여할 수 있기 때문에 자당보다 훨씬 소량을 첨가해도 된다.

점도

(카푸치노를 제외한) 모든 커피 음료는 뉴턴 작용에 의거해 전단속도와 관계없이 점도가 일정하다. 에스프레소 점도는 순수한 물보다 점도가 훨씬 높은데, 보고된 수치(표 7.2 참조)에 따르면, 일반적으로 섭취하는 온도에서 점도가 2배가량 차이 났다. 올바르게 조제한 커피와 그렇지 않은 커피와 비교했을 때 커피의 점도는 분산상과 다소 관련이 있는 것으로 보인다. 표 7.2에서도 알 수 있듯이 바디감에 따라 점도가 33%가량 증가하는 것으로 나타나 에멀젼에서의 지방 방울 함량과 관련이 있어 보인다. 이는 순수 용액보다 에멀젼의 점도가 높은 것을 감안하더라도 타당성이 있다.

표 7.2 고-바디감 및 저-바디감 에스프레소의 점도. 물의 점도와 비교. (Petracco, 1989).

온도 (℃)	점도 (mPa s)		
	정수물	저-바디감 에스프레소	고-바디감 에스프레소
45	0.61	1.32	1.64
30	0.81	1.51	2.01

표면 장력

표면 장력은 계면에서 일어나는 특성으로 분자가 한 물질에서 다른 물질로 확산되려는 경향을 말한다. 20°C에서 순수 물과 공기 계면에서의 표면 장력은 73×10^{-3}

N/m이다. 커피 음료의 표면 장력은 이보다 더 낮은데 계면 활성제 역할을 하는 특정 물질과 관련이 있다. 이 분자는 극성 머리 부분과 긴 비극성 꼬리를 가지고 있으며, 액체-공기 등 다른 계면에서도 단분자층을 구성하고 있다. 이 작용을 통해 거품과 유화액이 생성, 유지될 수 있으며 좁은 커피층 사이로 모세관 현상에 따른 퍼콜레이션이 진행되는 동안 유체의 표면 장력에 영향을 줬을 수 있다. 아직까지 커피의 천연 계면활성성분에 대한 화학적 특성은 확인되지 않았다. 당지질이나 당단백질 같은 각종 복합분자가 원인일 수도 있다(Nunes et al., 1997). 다음의 에스프레소 두 가지 특성은 다당류 분획에 의한 기포성과 단백질 분획에 의한 거품의 지속성으로 설명할 수 있다(Petracco et al., 1999). 아울러 표면 장력은 기포와 유화 형성 외에 커피 음료가 혀의 미뢰에 침투할 수 있도록 도와줘 감각 반응을 강화시킬 수 있다.

굴절률

굴절률은 투명 액체 중 용질의 농도를 평가하는데 주로 사용하는 측정 기법이다. 그러나 커피는 다상계로 이루어져 있어 굴절률이 정확하지 않을 수 있으며, 바디감 특성을 예측하기도 쉽지 않다. 순수 물의 굴절률(20°C 기준 1.333)과 비교해 보면, 필터 커피는 1.333~1.338이며, 에스프레소 음료는 1.338~1.342 수치를 보였다. 굴절률이 용질이나 분산상에도 영향을 받는지 확인하고자 필터링한 분취량에 대해서도 굴절률을 측정했으나 큰 차이는 없었다.

(b) 화학 조성

음료는 물에 일부 영양소들이 분산된 형태임을 감안해 추출물의 화학적 특성을 성분별로 다루어야 한다(예: 음료로 추출된 로스팅 커피의 성분 특성 및 추출용매의 성분 특성). 1800여 종이 넘는 커피에 비해 추출용매인 물의 화학 성분이 한 가지처럼 보이지만 물의 중요성과 복잡성을 간과해서는 안된다.

커피 추출

총 고형물

커피 음료의 첫 번째 특성으로 다룰 내용은 일반 소비자들은 '강도'로 많이 오해하는 전체 농도를 말하고자 한다. 화학계에서는 음료의 총 고형물이라고도 한다. 오븐에 액체를 넣고 건조시킨 후 항량하고, 부유 고형물을 비롯해 유화 지질과 용질을 모두 고려하여 특성을 판단해야 한다. 물론 커피의 총 고형물 농도를 커피 브루잉 식인 커피/물 비율로 나타낼 수도 있지만 배전도와 퍼콜레이션 온도에 따라 편차가 커질 수 있다. 실제 다크 로스팅한 커피는 가용성 고형물이 더 많았고, 추출 온도가 높을수록 해당 성분의 추출 효율이 좋아졌다(Nicoli et al., 1991). 편차 범위는 최소 10g/ℓ에서 최대 60g/ℓ 수준으로, 표 7.3에서 브루잉 방법별 총 고형물 함량을 추출 수율과 함께 정리하였다.

실제 가용성 고형물은 액체를 필터링한 후에 얻은 분획을 측정한 결과, 총 고형물이 통상 90% 이상이었다. 다만, 디캔팅 방식으로 커피 브루잉을 분리한 경우(예: 터키쉬 및 보일드 커피)는 제외했다. 관련 데이터는 표 7.4에서 확인할 수 있다. 총 커피 고형물의 화학적 조성도 원재료의 품종이나 로스팅 과정, 브루잉 방법에 따라 천차만별일 수 있다. 표 7.5는 지질을 뺀 가용성 고형물에 대해 근사 분석한 결과이다.

표 7.3 브루잉 방법별 농도 및 추출 수율 (Peters, 1991).

브루잉 방법[1]	브루잉 커피 중 총 고형물 (g/l)	추출 수율 (%)
보일드	13.0	26.9
퍼콜레이터	10.9	25.5
필터	13.0	30.4
나폴레타나	26.9	29.6
플런저	14.2	23.9
모카포트	41.1	31.9
에스프레소	52.5	24.2

[1] 커피/물 비율 및 브루잉 온도. 블렌딩 일정.

표 7.4 브루잉 방법별 불용성 고형물(미세입자) 함량 (Peters, 1991).

브루잉 방법	브루잉 커피 중 미세입자 (g/l)	미세입자/총 고형물 비율 (%)
보일드	2.04	15.7
퍼콜레이터	0.22	2.0
필터	0.07	0.5
나폴레타나	1.71	6.3
플런저	1.06	7.5
모카포트	1.10	2.7

표 7.5 커피 고형물 질량에 따른 화학 조성 (Clinton, 1984).

종류	비율 (%)
카페인	8.25
클로로겐산	18.50
환원당	1.45
기타 탄수화물	19.90
펩타이드	6.00
칼륨	10.00
기타 무기질	13.60
산	17.30
트리고넬린	5.15

지질

생두에 존재하는 기름 성분(Folstar, 1985)은 로스팅과의 관련성이 매우 낮아 보이며, 대다수 브루잉 커피에도 추출량이 저조했다. 그러나 비-필터방식의 브루잉 방법으로 조제한 커피에서는 상당량의 지질이 검출되었지만 미립자 형태였다. 유화 지질 분획 여부는 현미경으로 확인했으며(Heathcock, 1988), 액체-액체 용매 추출로 정량화할 수 있다. 이 분리 방법은 세심함이 요구되는 만큼 에스프레소와 비-에스프레소 커피 음료에서 보고된 지질 함량이 다양했다(Petracco, 1989; Peters, 1991; Sehat et al., 1993). 에스프레소의 총 고형물은 일반적으로 10%가량이며, 로스팅한 분쇄 커피 중 총 지질인 10%보다 다소 적은 수치이다. 유적 성분은 종이필터로 가장 잘 걸러졌으며 브루잉 커피에서 함량이 10mg/l 수준에 불과했다.

커피 음료 지질의 불검화 분획물은 로스팅 및 분쇄 커피에 비해 다소 적게 검출됨에 따라(Ratnayake et al., 1993), 극성화합물이 우선 추출되는 것으로 보인다. 한편, 로스팅한 아라비카 원두에 0.6%가량 함유된 디테르펜은 브루잉 커피에서 추출량이 더 적게 나타났다(Urgert, 1997).

산

커피 음료에서 산도는 소비자의 커피 평가에 있어 중요한 요소로 작용한다(Woodman, 1985). 브루잉 커피에서 발견된 산성 성분으로는 아세트산, 포름산, 말산, 젖산 외에도 퀴닉산과 클로로겐산이 있다(Peters, 1991; Severini et al, 1993). 퀴닉산과 클로로겐산은 다크 로스팅 커피에서 대거 소실되어 거의 남아있지 않았다(Clifford, 1985). 무기산인 인산도 브루잉 커피에서 검출되었는데(Maier, 1987), 이노시톨 인산에스테르인 피틴산이 열분해되어 유도된 것으로 보인다. 전극식 pH 측정기를 이용하면 산도를 가장 쉽게 평가할 수 있다. 측정된 pH가 5.2~5.8인 것을 미루어보아 로스팅 강도(DallaRosa et al, 1986a, 1986b)와 추출 시간(Nicoli et al., 1987)에 영향을 받는다는 사실을 알 수 있다. 다만, 유기산이 부분 가수분해될 수 있으며, 혀에 있는 미뢰와의 상호작용에 대해 충분한 연구가 이루어지지 않아 사람이 느끼는 산미와 pH가 항상 일치하지 않을 수도 있다(Maier, 1987). (본 도서의 챕터 1 참조)

탄수화물

커피 종자의 탄수화물은 다른 식물성 재료들과 마찬가지로 단순당과 다당류로 구성되어 있다(Trugo, 1985). 원두 로스팅 과정에서 탄수화물이 반응하고 변형되면서 가용성 및 불용성 탄수화물 간의 균형도 바뀔 수 있다. 이와 관련한 상세한 정보와 참고 문헌은 앞서 챕터 1에서 다룬 바 있다.

커피 음료는 가용성 탄수화물만 관련이 있지만 브루잉 방법에 따라 불용성 탄수화물 고분자가 가수분해를 일으키면서 가용성 성분으로 변할 수 있다. 보통 추출액에서 단당류가 미량 발견되는 경우는 있어도 자당(통상 설탕으로 많이 알려져 있는 이당류)은 검출된 적이 없었다. 사실, 자당은 이미 로스팅 과정에서 대부분 마이야르 화합물로 전환되어 쓴맛을 낸다(Trugo & Macrae, 1985). 커피의 탄수화물에 관한 연구들은 상당히 많았지만(Leloup et al, 1997 및 참고 문헌), 커피 음료의 탄수화물 함량을 다룬 데이터는 거의 없다. 일반적으로 알려진 에스프레소 속 가용성 탄수화물의 농도는 8g/ l 정도로 총 고형물의 15% 수준이다(Petracco, 1989).

추출한 커피의 열량 중 대부분은 탄수화물에서 기인한다. 커피 한 잔당 2~3kcal 상당이기는 하나 영양학적 관점에서 본다면 커피에 주로 첨가하는 설탕(약 5g 한 스푼 기준 열량 20kcal)에 비해 매우 미미한 수준이다(Macrae, 1988).

질소 화합물

질소 함유 화합물은 커피 음료에서 변형 단백질인 멜라노이딘과 카페인 상태로 존재한다. 다만, 트리고넬린은 로스팅 과정에서 다량 소실된 후 휘발성 화합물을 생성하여 아로마에 기여하게 된다(Macrae, 1985). 질소 화합물은 총 질소 원소에서 카페인 질소를 차감하고, 질소-단백질 환산계수인 6.25를 곱하여 정량할 수 있다. 보통 총 질소는 1.4mg/ml이며 이는 단백질로 4mg/ml가량 정도에 해당한다.

카페인 성분은 특유의 생리학적 활성 때문에 가장 많은 연구가 이루어졌다(Dews, 1984; Gilbert, 1992; Garattini,1993; Debry 1994; Spiller,1998). 카페인 수용성은 온도에 따라 현격한 차이를 보이는데 표준 대비 끓는점에서 용해도는 30배까지도 증가한다. 끓는점에서는 용해반응이 일어날 수 있는 시간만 충분히 주어진다면 상당량이 용해될 수 있다(Spiro & Page, 1984; Spiro & Selwood, 1984; Spiro & Hunter, 1985; Spiro et al.,1989; Spiro, 1993). 물 경도 또한 일정 수준까지는 카페인 추출에 영향을 미치는 것으로 알려져 있다(Cammenga & Eligehausen, 1993).

브루잉 방법에 따라 커피 음료 중 카페인 함량에도 다소 차이가 발생한다. 표 7.6에서 새로운 물을 첨가하지 않은 브루잉 기법들은 추출 수율이 낮아지는 것으로 나타났다. 에스프레소 커피 중 카페인 함량에 대한 연구는 많이 이뤄지지 않았지만 일부 데이터에서 에스프레소 삼출식을 이용한 분쇄 커피에서 카페인의 추출량은 주로 75~85%대인 것으로 확인되었다. 이는 에스프레소 추출 방법상 커피 세포 구조에서 카페인을 추출하기에 시간이 짧기 때문으로 풀이할 수 있으며, 이는 에스프레소 분획별 추출 곡선을 통해서도 확인할 수 있다(그림 7.4). 따라서 에스프레소의 카페인 함량은 1.2mg/ml에서 최대 4mg/ml 수준으로 컵 크기와 블렌딩 조성에 따라 달라질 수 있는데 에스프레소 컵 기준 카페인 함량은 60mg(순수 아라비카 블렌딩)에서 120mg(순수 로부스타 블렌딩)까지 최대 2배 수준이었다.

표 7.6 브루잉 방법별 카페인 농도 및 추출 수율 (Peters, 1991).

브루잉 방법	브루잉 중 카페인 (g/l)	카페인 수율 (%)
필터	0.67	100
모카포트	2.36	92
나폴레타나	1.35	98
플런저	0.69	81
퍼콜레이터	0.58	95
보일드	0.57	89

그림 7.4 에스프레소 커피컵의 시간별 분획에 따른 카페인 누적 함량 (Petracco, 1989).

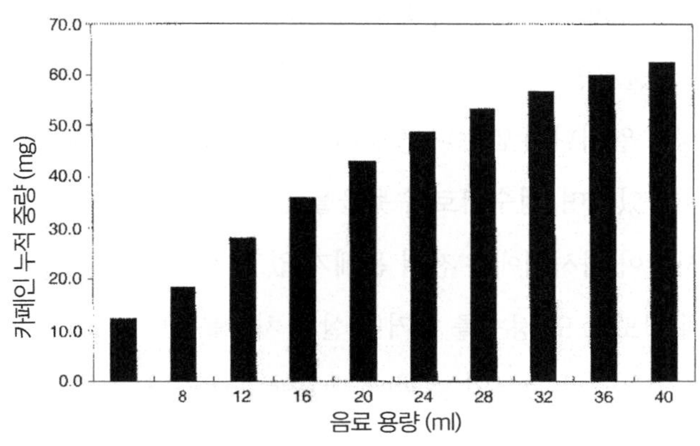

무기질

커피 브루잉 중 회분 허용기준이 7g/l인 것을 보더라도 무기질 함량이 매우 적다는 것을 알 수 있으나 광천수 중 염류 함량이 약 2g/l라는 것을 감안하면 경미하게 취급해서는 안된다.

그럼에도 불구하고, 무기질은 총 고형물의 약 15%를 구성하고 있으며, 이 가운데 상당량이 칼륨이기 때문에 인체에 유익할 것으로 보인다. 이 외에도 브루잉 커피에 존재하는 칼륨이 다른 맛 성분과 결합하여 미각 자극의 유형이나 강도를 조절할 수도 있다. 브루잉 커피의 칼륨 효과에 대해 충분히 이해하려면 추가 연구가 필요하다.

물

브루잉 커피에서 커피 다음으로 중요한 두 번째 원료는 커피 음료의 95% 이상을 차지하는 물이라고 할 수 있다. 당연한 말 같겠지만 커피 제조에서 물에 대한 이해가 없으면 커피에만 쏟는 노력과 관심이 자칫 물거품으로 돌아갈 수 있다. 그럼에도 물의 중요성이 간과되어 버리고는 하는데, 이는 물 선택권이 최종 이용자에게 달려 있기 때문이기도 하지만, 최종 사용자에게 해당하는 바리스타, 종업원, 가정주부들이 선택할 수 있는 물이 제한적일 수밖에 없기도 하다. 실제 미네랄 워터에 커피를 내려 먹는 사람들도 드물지만 존재한다. 미네랄 워터에 대한 특성은 제품 라벨에 적혀 있으며, 보통 변성이 일어나지 않는다고 본다. 그러나 소비자 대다수는 수돗물의 수질을 믿고 이용하고 있으며, 정수기로 수돗물을 정제해서 사용하는 가정도 있다.

수돗물은 사람이 마시기에는 전혀 문제가 없고, 상수도 시설에서 충분히 처리하고 있기 때문에 별도로 또 정제를 하거나 살균 처리를 하지 않아도 된다. 다만, 감각적으로 인지하거나 커피 브루잉 기계에 사용할 물이라면 음용수를 별도로 처리할 필요가 있다.

염소처리

무엇보다 커피는 염소 등으로 소독 처리한 물로 인해 불쾌한 이취가 나서는 안된다. 유리염소(하이포염소산염)에서 방출한 염은 커피에서 특유의 맛을 내며, 염소(Cl_2) 초기 농도가 0.5mg/l를 초과하면 감각적으로 느낄 수 있다. 이러한 염소 맛을 없애기 위해서 냄새 성분을 흡수할 수 있는 활성 탄소 과립층에 물을 흘려보내는 방법이 가장 많이 사용된다. 다만, 활성 탄소가 포화되더라도 겉으로 드러나지 않는다는 단점이 있어 특정 주기마다 활성 탄소를 재생시키거나 교체해 주는 작업이 필요하다.

물 경도

두 번째로 눈여겨 봐야 할 점은 물의 칼슘과 마그네슘 함량을 뜻하는 물 경도이다. 물을 가열하면 이들 양이온이 불용성 염(주로 탄산염 외에도 황산염, 규산염)을 만들어낸다. 이 염들은 특히 가열 표면을 중심으로 침전되면서 물때를 형성하며, 에스프레소 기계에 심각한 기술 결함을 일으킬 수 있다. 특히 열전달 효율이 떨어지면서 과열이 일어나 발열 부품이 고장 날 수 있다.

생수는 대개 경수로 분류되며, 경도가 15°F(French degree)를 넘는다. 이를 탄산칼슘($CaCO_3$) 농도로 환산하면 150mg/l에 해당한다. 일부 이탈리아 수돗물은 물 경도가 최고 37°F에 달한다. 다만, 이탈리아 관련법상(DPR 236, 24/5/88) 음용수 권장 기준이 15~50°F이기 때문에 문제가 되지 않으며, 미네럴 워터 대부분은 100°F을 넘긴다. 드물긴 하지만 수돗물 중에는 최저 경도가 2°F인 연수도 있다.

이러한 수돗물을 전문가용이나 가정용 에스프레소 기계에 바로 사용하면 얼마 되지 않아 침전물이 생길 수 있다. 따라서 가정용 기계는 정기적으로 약산성 용액을 이용해 침전물을 제거해 주는 게 좋다(시트르산 또는 포름산, 식초를 사용해도 된다). 전문가용 에스프레소 기계는 정수 장치를 장착해 침전물 생성을 방지한다. 이 장치는 칼슘과 마그네슘 이온을 비롯해 다른 중금속 이온들까지도 정수해준다. 정수 장치로는 경수연화장치와 탈이온장치 두 가지가 있다.

경수연화장치

경수연화장치는 이온교환수지를 사용하여 물 속에 있는 칼슘 이온을 흡착하고 나트륨 이온으로 바꿔주며(경도 변화 및 침전물 미생성), 에스프레소 기계 제조사들이 권장한 허용 경도 8°F 이내를 유지한다. 이온교환수지는 염화나트륨(NaCl) (일반 소금 이용 가능)으로 세척해 정기적으로 재생시켜 연화 효과를 유지시켜야 한다. 그러나 경수연화장치는 다음의 두 가지 문제를 수반한다.

시간이 지나면서 이온교환수지 내에 수로가 국소적으로 생성되어 이온교환 효과 기능이 떨어질 수 있다(간헐적인 수지 교환으로 해결). 이온교환수지에 미생물이 증식하여 위생상 위험할 수 있으나 세균발육 억제제를 첨가한 수지를 사용하면 된다. 매우 높은 경도의 물을 연수 처리할 경우, 나트륨 첨가량이 상당히 많아지면서 맛으로도 느껴질 수 있으며, 나트륨 이온에 의해 만들어진 알칼리수가 추출에 영향을 줄 수 있다.

탈이온 장치

탈이온 장치는 별도의 금속 이온 없이도 칼슘 이온을 제거할 수 있다. 탈이온 장치는 개별 수지층을 연속으로 배치하거나 수지를 혼합해 한 층으로 구성하는 방법이 있다. 양이온 수지는 Ca++, Mg++ 등 양이온을 흡착시킨 후 H+으로 교체하며, 다른 음이온 수지는 음이온(Cl^-, HCO_3^-, SO_4^{--} 등)을 수산화기로 바꾼다. 수산화기는 수소 이온을 물(H2O)로 중화시킬 수 있다. 각 이온 수지는 염산(HCl)과 수산화나트륨(NaOH)으로 재생시켜야 한다. 최신 탈이온장치는 역삼투압 원리를 이용하여, 압력에너지로 물을 반투과막에 여과시킨다. 이 과정에서 이온은 걸러지고 크기가 작은 물분자는 통과한다. 걸러진 염은 농축수를 분취하여 배수시킴으로써 제거한다. 이렇듯 적절한 분리막을 이용하거나 우회로를 설치하여 원하는 경도의 물을 얻을 수 있다.

음료에 미치는 영향

연수(경도 2°F 미만)를 사용한 에스프레소는 퍼콜레이션(삼출) 시간이 15% 이상 길어지는 경향을 보였다. 이는 보통 수돗물 경도인 8°F대 물을 이용했을 때도 별 차이가 없었다. 따라서 2°F 미만으로 물을 연수하거나 탈이온하지 않아야 하며, 삼출 시간이 늘어나는 것을 상쇄하기 위해 커피 입자를 굵게 분쇄해야 한다. 다만, 물의 산성도와 알칼리성을 나타내는 산도가 에스프레소 품질에 어떤 영향을 주는지는 아직 정확히 밝혀진 바가 없다. 삼출 시간에 영향을 미치는 또 다른 요인을 예상하는데 한계가 있긴 하지만 경도와 관련이 있을 것으로 보인다. 물의 경도와 pH가 각각 칼슘 이온과 산도와 관련이 있고, 이는 로스팅 커피에 있는 천연 계면활성제의 거품 생성과 유화 특성에 영향을 미쳤을 것으로 풀이해 볼 수 있다. 그러나 삼출 시간이 길어진다고 해서 기포발생과 유화액의 점도를 비롯해 석회염이나 기타 pH 민감 성분의 침전을 저감시키는지는 알 수 없다.

7.3.2 관능적 특성

관능은 눈, 귀, 피부, 코, 입 기관을 통해 직접적으로 정보를 '인식함으로써 얻는 것'을 말한다. 맛과 풍미, 냄새, 색깔, 외관, 관련 요인 등 식음료의 주관적인 특성을 묘사하고 평가하는 행위를 이른바 감각 분석이라고 칭한다(Heath, 1988).

커피 한 잔은 신체 감각을 강렬하게 자극한다. 진한 색깔, 강렬한 아로마, 강하면서 오랜 여운이 남는 맛으로 눈과 코, 혀를 만족시킨다. 청각을 제외한 오감을 경험하게 되는 것이다(모카포트 기계에서 나는 소리까지 포함된다면 오감을 자극하게 된다). 뜨거운 커피 한 잔으로도 커다란 즐거움을 얻을 수 있어 놀라운데 이 모든 것이 거의 제로 칼로리밖에 되지 않는다. 커피 한 잔에는, 커피 본연의 다양한 화학성분들과 커피 못지 않게 복합적인 우리의 감각 인지 시스템이 어우러져 있다.

(a) 시각

커피에서 핵심적인 시각 요소는 거품으로, 특히 터키쉬 커피와 에스프레소 추출에서 중요하다. 점성을 가진 액체 주변에 미세한 기포가 생성되고, 세포벽 입자 일부가 그 위로 떠다니면서 '호랑이 가죽' 무늬를 만들어낸다. 보통 커피 거품의 색과 질감을 중대시하는 소비자들이 있는데 실제 거품은 커피의 상태를 나타내는 시그니처이기도 하다. 추출 온도나 강도를 잘못 맞춰 삼출 단계 또는 분쇄 단계에서 오차가 일어나면 바로 거품의 색과 질감, 지속성을 통해 바로 알아차릴 수 있다. 거품은 또한 아로마를 가두기도 한다. 에스프레소의 냄새를 만들어내는 휘발성 화합물은 증기압이 높아 뜨거운 에스프레소에서 쉽게 휘발될 수 있다. 이때 거품은 에스프레소의 원두 원료의 상태에 따라 기분 좋은 냄새를 가두거나 나쁜 냄새를 가둘 수 있다. 거품이 호불호를 극대화시키는 증폭제 같은 역할을 하는 것이다.

(b) 미각

관능적 특성을 체계적으로 설명하려면 우선 미각과 후미, 냄새와 풍미, 바디감과 떫은 맛을 구분할 줄 알아야 한다. 인간은 보통 이러한 감각들을 통해 음식물을 판단하게 된다.

맛

맛(taste)은 혀 표면에 분포된 500여 개의 미뢰로 미각을 느낄 수 있다. 특정 미뢰가 신맛, 쓴맛, 단맛, 짠맛과 같은 특정 미각을 인지하는 것으로 알려져 있었다. 가령 단맛에 민감한 미뢰는 혀 끝에 몰려 있고, 쓴맛은 혀 뒷면, 짠맛과 신맛은 측면에 위치한다는 게 일반론이었다. 하지만 최근 이 이론이 바뀌었다(Bartoshuk, 1993).

필터 커피의 주요 특성은 산미이지만 고농도 에스프레소에서는 산미가 강해지면서 밸런스를 깨뜨릴 수 있어 선호되지 않는다. 산미가 강한 편인 고급 수세식 원두는 필터 커피에 어울린다. 가수분해에 강한 편이어서 커피를 만들고 먹는 데까지 걸리는 긴 시간 동안 품질을 유지시킬 수 있기 때문이다(Feria-Morales, 1989). 에스프레소 블렌드에서는 다양한 원두를 혼합하여 향을 조화롭게 만들 수 있다. 수세식 커피로만 블렌드를 만들면, 산미가 세고 바디감이 없는 반면, 자연건조 커피는 반대로 바디감과 밸런스가 모두 좋다. 로스팅 강도로도 쓴맛과 신맛의 비율을 바꿀 수 있다. 수세식 커피를 강하게 배전하면 톡 쏘는 듯한 탄 맛이 느껴져 불쾌감을 줄 수 있다. 너무 빨리 로스팅해도 원치 않는 신맛이 생길 수 있다. 이는 로스팅 시간이 짧아지면서 향미로 생성되지 못한 클로로겐산 잔류물이 쇠맛과 비슷한 신맛을 유발할 수도 있다.

단맛은 누구나 좋아하는 특성으로 가치를 높여주는 요인으로 여겨지는 반면 쓴맛은 커피 값을 떨어뜨리는 요인으로 작용한다. 그러나 좋은 에스프레소는 첫맛에서 약간의 산미와 함께 쓴맛과 단맛이 느껴져야 하고, 강한 바디감과 아로마가 기분 좋게 유지되어야 한다.

커피의 쓴맛과 신맛의 비율은 나라마다 서로 기호가 크게 갈린다. 남부는 쓴맛이 많이 나는 커피를 주로 선호하는 편이며, 바디감을 중요하게 생각한다. 반면 북부는 밸런스를 더 좋아하는 경향이 있으며, 쓴맛이 과하면 커피에 결함이 있다고 판단한다. 실제로도 남부는 에스프레소 잔이 매우 작고 우유를 첨가하지 않고 농축해서 마시는 편을 선호하는 반면, 북부에서는 우유나 유크림을 넣거나 에스프레소를 묽게 마시는 경향이 있다. 그러나 50ml가 넘는 에스프레소 잔은 과잉 추출할 수밖에 없다. 북유럽에서 즐겨 마시는 묽은 에스프레소에서 쓴맛과 나무향이 나거나 떫은 맛까지도 느껴지는 이유가 바로 용해도 낮고, 사람들이 좋아하지 않는 성분들이 추출되기 때문이다. 에스프레소가 분별 추출되는 음료라고 생각할 수 있겠지만 가용성 성분이 전부 사람들의 입맛에 맞지 않기에 커피의 품질을 위해서는 언제까지 추출할지 알아야 한다.

후미

에스프레소는 다른 커피와는 다른 특유의 유동성을 갖는다. 에스프레소 농도가 진한 만큼 점도가 높은 동시에 천연 계면활성 성분이 표면 장력을 낮추기도 한다. 정 반대의 특성이 공존하기 때문에 강한 맛과 긴 여운을 느낄 수 있다. 에스프레소는 혀의 미세한 표면에 스며들어 깊은 향과 맛을 남긴다. 미뢰에 남아있는 에스프레소 액체 속 유화 지방이 수용체에 강력히 결합하며, 용해된 휘발성 화합물이 서서히 입 안으로 방출된다. 우리가 에스프레소를 마신 뒤 시간이 지나서야(최대 15분) 느끼게 되는 것도 바로 이 때문이다.

쓴맛을 덜 느끼는 이유도 동일하다. 퀴닌 용액의 쓴맛을 100으로 평가한 테스터가 카르복시메틸셀룰로오스 다당류를 1% 섞은 퀴닌 콜로이드 용액의 쓴맛을 40으로 평가한 적이 있다. 이를 통해 콜로이드가 수용체를 차단시켜 쓴맛을 인지하는 능력을 떨어뜨리는 것을 알 수 있다. 콜로이드는 여러 가지로 정의할 수 있지만 여기에서는 입자 크기가 10μm 이하인 고체 또는 액체 정도로만 이해해도 된다. 에스프레소의 바디감을 높여주는 유화 지방은 실제 10μm 보다는 크기가 작은 편이다.

에스프레소를 희석시켜 마시면 쓴맛이 강해지는 현상도 이를 통해 설명할 수 있다. 보통 희석시키면 맛 강도가 낮아지기 때문에 의아하게 느껴질 수 있다. 에스프레소에는 쓴맛을 내는 분자가 수십 억개인 반면 유화 지방은 이 보다 몇 배는 적은 양이 들어 있다. 따라서 유화지방이 쓴맛 수용체와 만날 확률이 높아지려면 에스프레소 농도가 강해져야 한다. 에스프레소를 희석하면 쓴맛 분자 수용체와 결합할 가능성이 높아져 희석한 에스프레소가 오히려 더 쓴맛이 강해질 수 있게 되는 것이다.

(c) 후각

후각은 휘발성 냄새 분자를 인지하는 감각으로 코 안쪽에 위치한 수천 개의 후각 수용체가 커피에서 발산하는 휘발성 냄새 분자를 통틀어 인식하게 되는데 우리는 이를 아로마라고 말한다. 공기 중에 있는 냄새 분자는 우리가 흡입하거나 숨을 쉬는 동안 유입되어 후각 수용체를 자극한다. 흡입을 통해 느끼는 감각은 냄새(odor)라고 명칭하고, 숨쉬기를 통해 느끼는 감각은 풍미(flavor)라고 말한다. 저자의 모국어이자 여러 유럽어의 모태인 이탈리아어에서 풍미를 나타내는 단어가 안타깝게도 소실되었다. 과학계에서 공용어 격인 영어로 풍미라고 표현할 수 있겠지만 과거 원어와 비교하면 정확한 의미는 아니다(Heath, 1988). 저자 개인의 의견인 만큼, 국제표준화기구 규격 ISO/TC 34-5492/1에서 냄새와 풍미 모두 후각과 관련이 있다고 정의한 해당 단체에 양해를 구하고자 한다.

냄새

냄새는 흡입을 통해 후각으로 얻어지는 감각을 말한다. 갓 분쇄한 커피는 아로마가 후각을 강렬하게 자극하는 반면 컵에 담긴 커피는 휘발성 화합물이 다량 방출되지 않는다. 앞서 언급한 에스프레소에서 기포가 아로마를 가둬두는 역할을 하는 것과 차이가 나는 이유이다. 그러나 입 안에 머금고 있는 커피에서는 다량의 휘발성 아로마 분자가 방출되어 코의 후각 수용체에 도달하는 역확산이 일어난다. 다시 말해, 기체성 분자가 입에서 인두를 거쳐 코로 이동하는 것이다. 간단히 코를 막고 사과를 씹어 삼켜 보더라도 이동 경로를 느낄 수 있으며, 이 가운데 이전과는 달리 느껴지지 않는 감각이 있다면 '풍미'에 속한다.

풍미

풍미는 커피의 관능적 특성 중 가장 논란이 많다(Wrigley, 1988). 특히 에스프레소의 '미각의 후각적 성분'에서 강도와 품질은 모두 중요한 요소들이다. 지금까지 커피의 헤드스페이스에서 검출된 휘발성 성분은 800여 종으로 이 가운데 대부분이 지용성이었다. 에스프레소 방법을 이용하면 커피 오일을 작은 지방 방울로 분산시킬 수 있어 커피 오일을 다량 추출할 수 있다. 아울러 로스팅 커피의 지방질상에 갇혀 있던 지용성 휘발성 분자들이 대거 추출될 수 있다. 브루잉이 끝나면 기체 분자들이 지방에서 빠져나가 후각 수용체에 도달한다. 후각 수용체가 복잡하게 작용하기 때문에 에스프레소와 필터 커피가 아로마 농도는 고사하고 스펙트럼까지도 달리 인지될 수 있다.

풍미를 표현하는 용어들은 주로 생활 속 꽃이나 과일, 신선 식품, 빵류에서 차용했다. 부정적인 풍미나 오염을 나타내는 경우들도 있다. 보통 '구린내(stinker)'가 보편적으로 쓰이며, 썩어서 시큼한 채소 냄새를 뜻하는 '곰팡이 냄새'는 과일에 핀 흰 곰팡이가 연상되며, '풋내(peasy)'는 완두콩 냄새가 떠오른다. 국제커피협회에서 소비자용 풍미 목록을 작성하여 배포한 바 있으나(ICO 1991), 컵테이스팅 전문가들은 풍미를 보다 완벽하게 표현하기 위해 본인만의 용어를 고수하는 편이다.

(d) 마우스필

마우스필은 구강 점막이 인지하는 촉각으로 음료의 온도에 따라 점막의 열 반응이 달라질 수 있다. 마우스필 특성은 대부분 입천장과 잇몸 사이 공간의 혀가 액체에 대항해 전단 응력(물체 표면에 평행하게 작용하는 단위면적 당의 힘: 역자)으로 작용하는 현상으로 설명할 수 있다. 전단 응력은 유체역학에서 점성과 질감을 나타낸다. 에스프레소 커피의 핵심인 바디감도 동일하게 인지된다. 바꿔 말하면, 떫은 맛은 침에 있는 단백질이 음료의 특정 페놀성 화합물과 결합하여 침전하면서 생겨나는 화학적 현상인 것이다.

바디감

바디감은 로부스타 에스프레소 브루잉에서 발견되는 특성으로 '입안에서 느껴지는 음료의 가득함'으로 표현되기도 한다. 아라비카 에스프레소보다 로부스타에서 콜로이드 크기의 기름 방울이 더 많이 함유되어 있는데 로스팅 후 분쇄한 로부스타 원두가 아라비카보다 지질 함량이 훨씬 적다는 점(로부스타 9%, 아라비카 13%)을 감안하면 이해하기 어려운 대목이다. 몇몇 컵테스팅 실험에서 갓 추출한 로부스타 에스프레소가 아라비카보다 바디감이 더 좋았고, 입 안에 커피를 한 모금 머금고 몇 초가 흐른 뒤 느껴지는 첫 바디감도 아라비카는 계속 남아 있는 반면 로부스타는 사라지는 것으로 나타났다. 아울러 에스프레소를 2분가량 방치한 후 바디감을 평가했을 때 아라비카의 바디감이 다시 강해지는 역전 현상이 일어났다. 이 같은 기이한 현상의 원인으로, 콜로이드 크기의 기포가 빠르게 소멸되면서 점도 강화제 역할을 한 것으로 추정되며, 이는 특히 로부스타에서 더 뚜렷하게 관찰되는 현상이기도 하다 (Petracco, 1989).

떫은 맛

촉각 중 하나인 떫은 맛은 대개 사람들이 선호하지 않는다. 떫은 맛이 나는 커피 음료를 마시면서 약이나 불쾌한 경험을 떠올리는 경우들도 있다. 디카페오일퀴닉산(디클로로겐산)을 함유한 미성숙 원두 맛이 떫은 맛을 내는 것도 침에서 분비되는 가용성 단백질과 만나 침전되는 물질이 구강 점막을 수축시키는 원리이다(Ohiokpehai et al., 1982). 안타깝게도 최근 커피 원두 가격 하락에 따라 농가의 품질 관리가 해이해지면서 설익은 원두가 발견되는 사례가 점차 늘어나고 있다.

7.4 | 커피 변형 음료

7.4.1 우유 혼합 커피

예로부터 맛없는 커피에 우유를 부어 불쾌한 냄새를 없애기도 했고(우유 지방 에멀젼이 실제 아로마 밸런스를 조정한다), 근래에는 우유가 들어간 커피의 소비량도 상당한 만큼 우유를 넣은 커피에 대해 다뤄 볼까 한다.

우유의 영양가는 아무리 강조해도 지나치지 않다. 특히 신생아들에게는 유일무이한 식사원이며, 성인은 주로 우유에 함유된 칼슘을 통해 건강을 유지하는데 도움을 받는다. 따라서 우유를 혼합한 음료로 우유 소비를 증진시키고, 칼슘을 섭취할 수 있어 뼈 건강에 유익할 수 있다. 다만, 우유는 열량이 꽤 높아(전유 60~80kcal/ 100ml, 탈지유 약 40kcal/ 100ml), 커피와 혼합할 경우 커피의 열량을 훨씬 초과해 총 섭취 열량이 상당히 높아질 수 있다. 커피와 우유 혼합 레시피는 문화권마다 다양하다. 풍미만 살짝 추가하기 위해 우유 한 잔에 커피 한 방울을 섞는 경우부터 커피 한 잔에 우유 한 방울을 넣어 커피 색을 희석시키는 경우도 있다. 우유에는 마우스필(입안에서 느껴지는 감각: 역자)과 풍미에도 영향을 미치는 지방이 함유되어 있기 때문에 우유를 커피에 첨가하면 외관뿐 아니라 질감과 후미 지속성도 바뀔 수 있다. 아울러 에스프레소에 우유를 넣으면 커피 중 지용성 맛 분자가 분포될 수 있도록 해준다. 우유는 차갑게 또는 뜨거운 상태로 첨가할 수도 있으나 우유를 커피에 첨가해야 할지 커피를 우유에 첨가해야 하는지 그 순서에 대해서는 아직도 의견이 분분하다.

다만, 거품 형태의 우유를 커피에 첨가하는 방식이 가장 선호되는데 카푸치노 계열 음료라고 생각하면 된다. 우유 거품 형성 과정은 커피 거품만큼이나 화학적으로 복잡하다. 우유 거품은 인지질을 매개로 카제인과 지질 사이에 상호작용을 통해 만들어진다(Goff & Hill, 1993). 우유 속 단백질과 지방 모두 거품 발달에 중요하다. 단백질 함량이 매우 높은 탈지유는 저지방이나 전유보다 거품을 더 많이 생산하며, 반면 지방은 거품을 유지시키는 역할을 한다.

소에서 바로 집유한 우유는 신선도가 가장 좋을 수 있지만 위생 문제가 있어 거의 사용하지 않는다. 저온살균유는 대신 최대 14일까지 냉장 보관할 수 있고, 거품 특성이 눈에 띄게 변화하지 않아 선호된다. 저온살균유는 일반 저온살균법(64°C, 30분) 또는 고온순간살균법(HTST) (72°C, 15초) 중 택일하여 생산할 수 있다(Hinrichs & Kessler, 1995). 무균가공유(초고온 살균법, 144°C, 4초)의 경우 실온에서 수개월 밀봉 상태로 보관할 수 있다. 실제 공간이 비좁은 업장에서는 냉장비를 줄이고, 상온 보관이 가능하기 때문에 가열에 들어가는 시간과 투입 온도가 적다는 장점이 있어 보인다. 그러나 실제 업계에서 거의 사용하지 않고 있다.

좋은 카푸치노를 만들려면 숫자 3을 기억해야 한다. 우선, 큰 컵에 기본 에스프레소를 1/3 담고, 1/3은 뜨거운 우유를 붓고, 1/3은 우유 거품을 올린다.

카푸치노 레시피에서 변주를 준 메뉴 가운데 인기에 힘입어 카페오레나 까페크림, 마끼아또, 라떼, 프라푸치노, 모카치노처럼 이국적인 느낌의 명칭들도 생겨나 커피 관련 용어가 무궁무진하게 늘어나고 있다.

그러나 카푸치노 조제 시 주의해야 할 점들도 있다. 이취가 나는 물을 사용하여 스팀 밀크를 오염시킬 수도 있으며, 망가졌거나 더러운 스팀 기구로 인해 탄 맛이 날 수 있다. 또한, 스팀 처리 시간이 길어져 우유 온도가 70°C를 넘으면 가열취가 생기기도 한다. 보통 우유 거품을 만들 때 신선 우유(스티밍이 되지 않은 우유) 비중이 75% 이상이어야 한다. 거품이 생기기 전에 스팀 노즐을 빼지 않으면 우유에 물이 너무 많이 주입되어 마우스필과 부드러운 질감이 적고, 거품 유지력도 떨어진다.

로스팅 분쇄 커피와는 달리 우유는 사람뿐 아니라 미생물에게도 '완전' 식품이여서 취급을 잘못하여 상할 수 있다는 점을 마지막으로 염두해야 한다. 따라서 가능한 냉장 보관하고 우유가 닿는 노즐과 통을 항상 청결하게 유지해야 한다.

7.4.2 캔커피 음료

갓 내린 듯한 맛을 느낄 수 있으면서 보관도 가능한 커피를 마다할 사람이 있을까. 대개 커피 기구들은 휴대가 불가능하거나 불편함을 무릅쓰고 가지고 다니더라도 제대로 사용할 수 없었다. 이럴 경우, 가장 나쁜 해결책은 커피를 미리 만들어 두었다가 나중에 다시 데우거나(전자레인지도 추천하지 않는다) 심지어 몇 시간씩 끓여 먹는 것이다. 이렇게 하면 가수분해가 일어나 화학적 조성 변화로 맛이 저하될 뿐 아니라 (Feria-Morales, 1989; Nicoli et al., 1989, 1991; DallaRosa et al., 1990) 커피 음료가 영양 '배지(broth)' 역할을 하면서 미생물 부패 위험이 크게 도사린다.

대기 먼지에 묻은 곰팡이와 세균은 수분 활성도가 높고, 탄수화물이 풍부한 커피에서 쉽게 증식할 수 있다. 이에 우유나 주스 등 각종 인기 음료를 보존하던 전통 방식(멸균, 저온살균 등)을 커피업계에서도 차용하였다. 또한 침전을 최소화하기 위해 안정화시키는 기법도 적용함으로써(Severini et al., 1995), 캔이나 병, 종이용기에 포장하는 등 다양한 커피 음료를 생산할 수 있게 되었다.

이들 제품은 커피란 갓 뽑은 음료라는 전통적 이미지가 강한 서구권에서는 인기가 없지만 일본에서는 엄청난 성공을 거두었다. 일본에서 서구 음식에 대한 영향력이 커지면서 커피를 마시는 문화가 형성되었으며, 이제는(인구 1인당) 커피 소비량이 4위인 국가가 되었다. 1970년대 초, 일본 기업가인 타다오 우에시마가 커피와 우유를 혼합한 가당 음료를 병에 주입하여 안정화시키는 방법을 개발해내면서 단숨에 인기를 얻었다.

일본의 캔커피 대부분은 야외에 설치된 200만여 개 자판기를 통해 판매되고 있다(60°C 보온 또는 냉장 보관). 한해 약 25억 리터 커피가 소비되고 있으며, 1인당 캔커피 100여 개를 마시는 것으로 추산된다(Nakanishi, 1998). 장시간 캔커피를 보온 보관할 경우, 카페익산 분해로 맛이 다소 변질될 수도 있다(Yamada et al., 1997).

일본은 용기에 담은 커피 음료를 커피 함량에 따라 '커피'. '커피 음료', '커피 함유 청량 음료' 세 가지로 구분한다. '커피'는 커피가 5g 이상 함유된 음료로 로스팅한 커피 생두를 추출 또는 농축시켜야 한다. '커피 음료'는 커피 원두를 원료로 사용한 음료에 적용하며, '커피 함유 청량 음료'는 당류나 유제품, 유화유지류, 기타 식용 품목을 첨가한 커피 음료로 정의한다(JETRO, 1996).

7.4.3 가향 커피 음료

"'가향 커피'를 만든 자를 몇 번이고 총으로 쏘아야 한다"하는 말이 있다. 극단적인 말처럼 들리지만 갓 로스팅한 농산물을 변질시켰다는 의미에서 순수 커피주의자들 사이에서 반향을 일으켰다. 그러나 실제 기원을 찾아 시간과 장소를 거슬러 올라가면 코페아 아라비카가 태어난 에티오피아에서 이미 수 세기 전부터 커피에 향신료를 타서 먹던 풍습을 엿볼 수 있다. 이 풍습은 지금까지도 이어져 내려오고 있으며, 인근 아랍 국가에서도 톡 쏘는 소두구씨를 커피 한 잔에 넣어 향을 추가해서 마시기도 한다.

커피를 마시지 않는 이들에게 탄산음료를 대체할 음료로 인공향을 강화시킨 커피가 미국에서 첫선을 보였다. 지금은 미국 커피 판매량의 상당수-전체 커피 판매량 중 최대 15%-를 차지하고 있으며 바닐라 너트, 아이리쉬 크림, 초콜릿, 바닐라, 마카다미아 너트, 아마 레토, 초콜릿 아몬드, 코코넛, 시나몬, 초콜릿 라즈베리 크림 향이 상위 10위권에 들었다. 가향 커피 음료의 거대한 마케팅 현상에 대해 기본적인 몇 가지 향조(노트, note)로 분석해 보고자 한다.

우선 기본적으로 향은 인공과 자연 두 가지로 나눈다. 자연향은 물리적 가공을 거치거나 발효를 통해 원재료에서 나는 향을 말한다. 커피 열매 자체가 수확 후 고유의 효모와 세균에 의해 발효가 될 수도 있다. 이때 커피 열매 고유의 향이 일부 생성되기도 하지만 적절치 않은 환경에서 발효가 진행되면 커피 열매가 변질되거나 이취를 풍길 수 있다.

각종 식물성 재료를 이용하여 커피의 맛을 바꾸기도 한다. 로스팅이 너무 강하게 된 커피의 쓴맛을 감추기 위해 레몬 껍질을 사용하는 경우도 있다. 인공향을 두 가지로 나눈다면 자연향과 동일한 인공향과 완전히 인위적인 향으로 나눌 수 있다. 자연향과 동일한 향은 자연향과 동일한 향을 내도록 화학적으로 가공 처리하여 최종 완제품에 천연향과 동일한 분자 구조를 갖도록 만든다. 그럼에도 불구하고, 미국 관계법상 자연향과 동일한 인공향은 '인공'으로 표시해야 한다.

하나의 첨가향을 만드는데 최대 80여 가지의 성분을 사용할 만큼 조향 과정은 매우 복잡한 반면 의외로 가향 커피는 가공 공정이 그다지 복잡하지 않다. 우선 로스팅한 원두에 액상 첨가물을 넣거나 분쇄 커피에 분말 향료를 넣어 고루 섞는다. 분말 향료는 주로 탄수화물 운반체에 향료를 결합시켜 만든다. 특정한 향을 입힌 커피를 만드는 용도로는 아라비카가 많이 선호된다. 이 외에도 평소보다 로스팅 강도를 살짝 높여서 커피 맛을 깊게 만들거나 원두 온도를 상온까지 식힌 다음 액상이나 분말 향료를 첨가하는 방법도 있다. 보통 상업용으로는 원두 무게당 향료 2%를 첨가하거나 극히 예외적으로 4%까지 사용하는 경우들도 있다.

가향 커피를 장시간 극한 온도에서 가공하여 첨가한 휘발성 성분을 대거 증발시킬 수 있다면 전통 브루잉 방식으로도 조제가 가능하다. 물론 희석 과정이나 유화제 유무, 당류 또는 우유 혼합에 따라 향료에 대한 감각 반응이 달라질 수 있으며, 예기치 못한 결과를 낳을 수도 있다.

추출한 커피 음료에 향을 입히는 새로운 방법을 개발하고 있다. 향이 코팅된 휘젓개를 음료에 넣고 돌리면 활성 성분이 방출되거나 커피 음료에서 비스켓이 일부 녹아 특정한 향이 나도록 만드는 방법을 고안 중이다.

요즘 '안 되는 게 없는' 식품 산업에서(사실상 우리가 먹는 모든 식음료에 향을 입히는 게 가능하다), 아로마가 강한 커피 원두에 인공적으로 향을 강화시키는 것이 필요한지 여부는 논란이 분분하다.

참고문헌

- Barbanti, D. & Nicoli, M.C. (1996) Estrazione e stabilita della bevanda caffe: aspetti chimici e tecnologici. *Tecnol. Aliment.*, **1/ 96**, p. 62.
- Bartoshuk, L.M. (1993) The biological basis of food perception and acceptance. *Food Qual. Pref.*, **4**, 21.
- Bentz, M. (1908) *Kaffeefilter mit nach unten gewiilbten, mit einem Abflufloch versehenen Boden*. German patent No. 347896/13 July 1908.
- Burton, R.F. (1860) *The Lake Regions of Central Africa* (reprinted 1961). Horizon Press.
- Cammenga, H.K., Eggers, R., Hinz, T., Steer, A. & Waldmann, C. (1997) Extraction in coffee-processing and brewing. In: *Proceedings of the 17th ASIC Colloquium (Nairobi)* pp. 216219. ASIC, Paris, France.
- Cammenga, H.K. & Eligehausen, S. (1993) Solubilities of caffeine, theophylline and theobromine in water, and the density of caffeine solutions. In: *Proceedings of the 15th ASIC Colloquium. (Montpellier)*, p. 734. ASIC, Paris, France.
- Cammenga, H.K. & Zielasko, B. (1997) Kinetics and development of boiler scale formation in commercial coffee brewing machines. In: *Proceedings of the 17th ASIC Colloquium (Nairobi)*, pp. 284-289. ASIC, Paris, France.
- Campanini, G. & Carboni, G. (1995a) *Vocabolario Latino — Italiano*, p. 339. Paravia Torino, Italy.
- Campanini, G. & Carboni, G. (1995b) *Vocabolario Latino— Italiano*, p. 767. Paravia Torino, Italy.
- Campanini, G. & Carboni, G. (1995c) *Vocabolario Latino— Italiano*, p. 524. Paravia Torino, Italy.
- Clarke, R.J. (1986) The flavour of coffee. In: *Food Flavours: 3B The Flavour of Beverages* (eds A.J. MacLeod & I.D. Morton), pp. 1-48. Elsevier, Amsterdam.
- Clarke, R.J. (1987a) Extraction. In: *Coffee Vol. 2 Technology* (eds R.J. Clarke & R. Macrae), pp. 109-146. Elsevier Applied Science, London.
- Clarke, R.J. (1987b) Roasting and grinding. In: *Coffee Vol. 2 Technology* (eds R.J. Clarke & R. Macrae), pp. 73-108. Elsevier Applied Science, London.
- Clifford, M.N. (1985) Chlorogenic acids. In: *Coffee Vol. 1 Chemistry*, (eds R.J. Clarke & R. Macrae), pp. 153-202. Elsevier Applied Science, London.
- Clinton, W.P. (1984) The chemistry of coffee. In: *Banbury Report 17. CoffeeandHealth*, (eds B. Macmahon & T. Sugimura), p. 3. Cold Spring Harbour Laboratory.
- DallaRosa, M., Barbanti, D. & Lerici, C.R. (1990) Changes in coffee brews in relation to storage temperature. *J. Sci. Food Agric.*, **50**, 227-35.
- DallaRosa, M., Barbanti, D. & Nicoli, M.C. (1986a) Produzione di caffe tostato ad alta resa. Nota 2. Qualita della bevanda di estrazione. *Ind. Aliment.*, **7—8**, p. 537.
- DallaRosa, M., Nicoli, M.C. & Lerici, R.C. (1986b) Caratter- istiche qualitative del caffe espresso in relazione alle modalita di preparazione. *Ind. Aliment.*, **9**, p. 629-33.
- Debry, G. (1994) *Coffee and Health*. John Libbey Eurotext, Paris, France.
- Dews, P.B. (1984) *Caffeine Perspective from Recent Research*, Springer-Verlag, Berlin.
- Ehrenkranz, F. & Inman, L. (1948) *Equipment in the Home: Appliances, Wiring and Lighting, Kitchen Planning*, p. 83. Harper and Brothers Publishing.
- Ellis, J. (1998) *The History of Coffee*. Cafepress (www.cafepres- s.pair.com).
- Feria-Morales, A. (1989) Effect of holding-time on sensory quality of brewed coffee. *Food Qual. Pref.*, **1**, 87.
- Folstar, P. (1985) Lipids. In: *Coffee Vol. 1 Chemistry*, (eds R.J. Clarke & R. Macrae), pp. 203-22. Elsevier Applied Science, London.

- Fond, O. (1995) Effect of water and coffee acidity on extraction. Dynamics of coffee bed compaction in espresso type extraction. In: *Proceedings of the 16th ASIC Colloquium (Kyoto)*, pp. 413— 42. ASIC, Paris, France.
- Garattini, S. (ed.) (1993) *Caffeine, Coffee andHealth*, Raven Press.
- Gilbert, R. J. (1992) Caffeine: the most popular stimulant. In: *The Encyclopedia of Psychoactive Drugs. Series 1*, (ed. S.H. Snyder). Chelsea House Publications.
- Goff, H.D. & Hill, A.R. (1993) Dairy chemistry and physics. In: *Dairy Science and Technology Handbook, Vol. 1, Principles and Properties*, (ed. Y.H. Hui), Chapter 1. VCH Publishers
- Heath, B. (1988) The physiology of flavours. In: *Coffee Vol. 3 Physiology*, (eds R.J. Clarke & R. Macrae), pp. 141—70. Elsevier Applied Science, London.
- Heathcock, J. (1988) Espresso Microscopy and Image Analysis, private communication to the author.
- Hinrichs, J. & Kessler, A.G. (1995) Thermal processing of milk — processes and equipment: In: *Heat-induced Changes in Milk*, (ed. P.F. Fox), 2nd edn. International Dairy Federation, Brussels.
- ICO (1991) *Sensory Evaluation of Coffee*, p. 74. International Coffee Organization, London.
- Illy, F. (1935) *Apparecchio per la rapida ed automatica preparazione dell'infusione di caffe....* Italian patent No. 333293/26 December 1935.
- Illy, A. & Viani, R. (eds) (1995) *Espresso Coffee: The Chemistry of Quality*, Academic Press, London.
- JETRO (1996) *Market Survey on Coffee in Japan*. Japan External Trade Organization
- Leloup, V., DeMichieli, J.H. & Liardon, R. (1997) Characterisation of oligosaccharides in coffee extracts. In: *Proceedings of the 17th ASIC Colloquium (Nairobi)*, pp. 120—27. ASIC, Paris, France.
- Liley, P.E., Reid, R.C. & Buck, E. (1984) Physical and chemical data. In: *Perry's ChemicalEngineers' Handbook*, (eds R.H. Perry & D.W. Green), pp. 3—46. McGraw-Hill, New York.
- Macrae, R. (1985) Nitrogenous components. In: *Coffee Vol. 1 Chemistry*, (eds R.J. Clarke & R. Macrae), pp. 115—52. Elsevier Applied Science, London.
- Macrae, R. (1988) Nutritional factors. In: *Coffee Vol. 3 Physiology*, (eds R.J. Clarke & R. Macrae), pp. 125—40. Elsevier Applied Science, London.
- Maier, H.G. (1987) The acids of coffee. In: *Proceedings of the 12th ASIC Colloquium (Montreux)*, pp. 229—37. ASIC, Paris, France.
- Miller, S.A. and other authors (1984) Liquid—solid systems. In: *Perry's Chemical Engineers' Handbook Sixth Edition*, (eds. R.H. Perry & D.W. Green), pp. 19—48. McGraw-Hill.
- Nakanishi, N. (1998) Canned coffee is Japan's most popular drink. *Indian Express Newspaper*, 16 April.
- Nicoli, M.C., DallaRosa, M. & Lerici, R.C. (1987) Caratteristiche chimiche dell'estratto di caffe: Nota I. Cinetica di estrazione della caffeina e delle sostanze solide. *Ind. Aliment.*, **5**, 467.
- Nicoli, M.C., DallaRosa, M. & Lerici, R.C. (1990) Influence of some processing conditions on solid—liquid extraction of coffee. *Lebensmittel-Wissen. Technol.*, **23**, 386—9.
- Nicoli, M.C., DallaRosa, M. Lerici, R.C. & Bonora, R. (1989) Caratteristiche chimiche dell'estratto di caffe: Nota III. Cinetica di invecchiamento ed influenza di alcuni interventi tecnologici sulla stabilita della bevanda. *Ind. Aliment.*, **28**, 706— 10.
- Nicoli, M.C. Severini, C. DallaRosa, M. & Lerici, C.R. (1991) Effect of some extraction conditions on brewing and stability of coffee beverage. In: *Proceedings of the 14th ASIC Colloquium (San Francisco)*, pp. 649—53. ASIC, Paris, France.
- Nunes, F.M., Coimbra, M.A., Duarte, A.C. & Delgadillo, I. (1997) Foamability, foam stability, and chemical composition of espresso coffee as affected by the degree of roast. *J. Agric. Food Chem.* **45**, 3238—43.
- Ohiokpehai, O., Brumen, G. & Clifford, M.N. (1982) The chlorogenic acids content of some peculiar green

coffee beans and the implications for beverage quality. In: *Proceedings of the 10th ASIC Colloquium (Salvador)*, pp. 177—86. ASIC, Paris, France.

- Peet, L.J. & Thye, L.S. (1954) *Household Equipment*, 4th edn, p. 83. John Wiley & Sons, New York.
- Peters, A. (1991) Brewing makes the difference. In: *Proceedings of the 14th ASIC Colloquium (San Francisco)*, pp. 97—106. ASIC, Paris, France.
- Petracco, M. (1989) Physico-chemical and structural characterisation of espresso coffee brew. In: *Proceedings of the 13th ASIC Colloquium (Paipa)*, pp. 246—61. ASIC, Paris, France.
- Petracco, M. (1995a) Grinding. In: *Espresso Coffee: The Chemistry ofQuality*, (eds A. Illy & R. Viani), Chapter 6, p. 122. Academic Press, London.
- Petracco, M. (1995b) Percolation. In: *Espresso Coffee: The Chemistry ofQuality*, (eds A. Illy & R. Viani), Chapter 8, p. 155. Academic Press, London.
- Petracco, M. (1995c) Definition of espresso. In: *Espresso Coffee: The Chemistry of Quality*, (eds A. Illy & R. Viani), Chapter 2, p. 5. Academic Press, London.
- Petracco, M. & Marega, G. (1991) Coffee grinding dynamics: a new approach by computer simulation. In: *Proceedings of the 14th ASIC Colloquium (San Francisco)*, pp. 319—30. ASIC, Paris, France.
- Petracco, M., Navarini, L., Abatangelo, A., Gombac, V. D'Agnolo, E. & Zanetti, F. (1999) Isolation and characterization of a foaming fraction from hot water extracts of roasted coffee. In: *Proceedings of the 18th ASIC Colloquium (Helsinki)*, pp. 95— 105. ASIC, Paris, France.
- Petracco, M. & Suggi L.F. (1993) Espresso coffee brewing dynamics: development of mathematical and computational models. *Proceedings of the 15th ASIC Colloquium (Montpellier)*, pp. 702—11. ASIC, Paris, France.
- Petropoulos, I. (1979) *0 tourkikos kafes en Elladi* [The Turkish Coffee in Greece]. Ellenika Grammata Ekdoseis.
- Pictet, G. (1987) Home and catering brewing of coffee. In: *Coffee Vol. 2 Technology* (eds R.J. Clarke & R. Macrae), pp. 221—56. Elsevier Applied Science, London.
- Ratnayake, W.M.N., Hollywood, R., O'Grady, E. & Stavric, B. (1993) Lipid content and composition of coffee-brews prepared by different methods. *Food Chem. Toxicol.*, **31**, 263.
- Sehat, N., Montag, A. & Speer, K. (1993) Lipids in the coffee brew. In: *Proceedings of the 15th ASIC Colloquium (Montpellier)*, pp. 869—72. ASIC, Paris, France.
- Severini, C., Nicoli, M.C., Romani, S. & Pinnavaia, G.G. (1995) Use of high pressure treatment for stabilizing coffee brew during storage. In: *Proceeding of the 16th ASIC Colloquium (Kyoto)*, pp. 498—500. ASIC, Paris, France.
- Severini, C., Pinnavaia, G.G., Pizzirani, S., Nicoli, M.C. & Lerici, R.C. (1993) Etude des changements chimiques dans le cafe sous forme de boisson pendant l'extraction et la conservation. In: *Proceedings of the 15th ASIC Colloquium (Montpellier)* pp. 601—606. ASIC, Paris, France.
- Spiller, G. (ed.) (1998) *Caffeine*, CRC Press, Boca Raton, Florida.
- Spiro, M. (1993) Modelling the aqueous extraction of soluble substances from ground roasted coffee. *f. Sci. Food Agric.*, **61**, 371.
- Spiro, M. & Hunter, J.E. (1985) The kinetics and mechanism of caffeine infusion from coffee: the effect of roasting. f. *Sci. Food Agric.*, **36**, 871—6.
- Spiro, M. & Page, C.M. (1984) The kinetics and mechanism of caffeine infusion from coffee: hydrodynamic aspect. In: *f. Sci. Food Agric.*, **35**, 925—30.
- Spiro, M. & Selwood, R.M. (1984) The kinetics and mechanism of caffeine infusion from coffee: the effect of particle size. In: *f. Sci. Food Agric.*, **35**, 915—24.
- Spiro, M., Toumi, R. & Kandiah, M. (1989) The kinetics and mechanism of caffeine infusion from coffee: the hindrance factor in intra-bean diffusion. *f. Sci. Food Agric.*, **46**, 349—356.

- Trugo, L.C. (1985) Carbohydrates. In: *Coffee Vol. I Chemistry*, (eds R.J. Clarke & R. Macrae), pp. 83—114. Elsevier Applied Science, London.
- Trugo, L.C. & Macrae, R. (1985) The use of the mass detector for sugar analysis of coffee products. In: *Proceedings of the 11th ASIC Colloquium (Lome)*, pp. 245—51. ASIC, Paris, France.
- Ueshima, T. (1975) *Process for producing canned coffee*. Japanese Patent n. 59-34571, January 1975.
- Urgert, R. (1997) *Health effects of unfiltered coffee*. Thesis, Agricultural University of Wageningen, The Netherlands.
- Van Zante, H.J. (1968) *Household Equipment Principles*, p. 358. Prentice Hall, New York.
- Viani, R. (1988) Physiologically active substances in coffee. In: *Coffee Vol. 3 Physiology*, (eds R.J. Clarke & R. Macrae) pp. 1— 31. Elsevier Applied Science, London.
- Woodman, J.S. (1985) Carboxylic acids. In: *Coffee Vol. 1 Chemistry*, (eds R.J. Clarke & R. Macrae) pp. 266-89. Elsevier Applied Science, London.
- Wrigley, G. (1988) *Coffee*, p. 491. Longman Scientific & Technical, London.
- Yamada, M., Komatsu, S. & Shirasu, Y. (1997) Changes in components of canned coffee beverage stored at high temperature. In: *Proceedings of the 17th ASIC Colloquium (Nairobi)* pp. 205—10. ASIC, Paris, France.

CHAPTER 8

건강에 미치는 효과와 안전성

HEALTH EFFECTS AND SAFETY CONSIDERATIONS

베노이트 실러, 크리스토프 캐빈, 앤젤리카 트리처, 앤 콘스터블
네슬레 연구센터 식품안전팀, 스위스 로잔 소재

건강에 미치는 효과와 안전성

베노이트 실러, 크리스토프 캐빈, 앤젤리카 트리처, 앤 콘스터블
네슬레 연구센터 식품안전팀, 스위스 로잔 소재

8.1 | 서론

식품과 식품 조성이 인체에 막대한 영향을 미칠 수 있다는 것은 이미 많이 알려져 있다. 그러나 최근까지도 식품의 안전성이나 건전성은 영양학이나 미생물, 독성적 측면에서만 주로 다루었다. 이를 토대로 영양 결핍을 사전에 예방하거나 미생물, 화학적 독성 물질로부터 막을 수 있는 방법들을 권장해왔다. 최근에는 경우에 따라 특정 식품의 성분들이 원래의 영양학적 기능을 뛰어넘는 생리학적 기능을 소비자들에게 제공할 수 있다는 인식이 점차 만연해져 가고 있다. 따라서 식품과 식품 성분이 인체 건강에 미치는 영향을 영양, 유익성, 부작용 등 되도록 여러 측면에서 고려하여 평가해야 한다. 이번 장에서는 커피와 관련 성분에 대해 다각도로 접근해 보고자 한다.

다른 식용 식물과 마찬가지로 커피는 여러 화학 성분이 복잡하게 섞여 있다. 알려진 바로는 1,000여 가지가 넘는 화학 성분이 들어 있다고 한다. 이러한 화학 성분들은 이론적으로 함유량에 따라 생물 활동을 하면서 인체에 나쁜 영향을 주거나 반대로 유익할 수도 있다. 인류가 커피를 소비한 지 1,000년이 넘었음에도 커피와 건강을 다룬 연구들 대부분이 부정적인 영향이나 독성 효과에 치중되어 있다. 커피 음용에 따라 유발되거나 악화된다고 알려진 질병만 해도 100여 가지가 넘는다(Leviton et al., 1994). 이 가운데 고혈압, 심혈관계 질환, 암, 자연유산, 지연 임신, 저체중, 골다공증이 이슈로 떠오르고 있다. 수많은 연구들이 쏟아져 나왔지만 커피와 이들 질병 간의 직접적인 관련성을 보여주기에 한계가 있거나 모순점이 발견되었다. 다만, 아직 입증되지는 않았지만 커피나 일부 커피 성분들이 건강에 유익할 수 있다는 내용의 논문들이 점차 발표되고 있다. 그중에서도 기능 향상 또는 일부 암이나 간 질환, 방사선 조사로 유도된 손상 조직을 예방할 수 있다는 연구들도 있었다. 커피가 유익할 수 있는 원인을 커피에 상당량 함유되어 있는 항산화 성분으로도 설명할 수 있다. 그러나 건강에 이로울 수 있는 것으로 보이는 활성 성분들도 밝혀졌다. 동 보고서는 커피 소비가 인체 건강에 미치는 영향성을 과학적으로 입증한 정보들을 모아 정리해보고자 하며, 커피의 유익성과 위험성을 모두 포함하였다. 대부분 정보들이 커피를 적정량 마셔도 안전하며, 건강에 유익한 측면도 확인되어 향후 추가적으로 연구해볼 가치가 있었다.

8.2 | 목적 및 범위

커피의 생물학적 및 건강 영향성을 규명하기 위해 동물을 비롯해 시험관 내, 인체 모형 연구들이 광범위하게 이루어졌다. 현재 다양한 건강과 생리학적 효과를 다룬 연구들이 보고되어 있다. 이번 챕터는 공중 보건에서 유의미한 주제들을 선별하여 지금까지 밝혀진 정보들을 개괄적으로 정리하였다. 보다 자세한 정보는 인용된 문헌이나 본 장 말미에 소개한 참고 문헌에서 얻을 수 있을 것이다. 우선 인체 대상 연구 정보들을 우선적으로 다루었다. 작용 기전을 다룬 실험 모형 데이터들도 인체 연구에서 도출한 가설과 관련성이 있는 경우에 한해 제시하였으며, 커피의 부작용과 유익성을 모두 다루었다.

8.3 | 커피 소비

커피는 소비 식품 가운데 꽤 많은 양을 차지한다(약 70~80%). 커피를 만드는 방법이나 컵의 표준 용량, 소비량이 다르기 때문에 지리학적으로나 개인 차에 따라 소비량이 천차만별이다. 이번 챕터에서는 커피 소비량을 매우 낮음(〈 1컵/일), 낮음(1~3컵/일), 보통(3~5컵/일) 및 많음(〉 5컵/일)으로 분류하였다. 카페인 평균 농도는 인스턴트 커피와 로스팅 커피, 분쇄 커피 1컵당 60~85mg 수준으로 추정된다.

8.4 | 커피와 발암

8.4.1 인체 데이터

커피 섭취와 발암성의 상관 관계를 다룬 역학 연구들이 다양한 지역에서 보고되었다. 최근에는 커피와 발암성을 대대적으로 검토한 보고서도 발표되었다(세계보건기구 국제암연구소(WHO/IARC 1991 ; Nehling & Debry, 1996)). 다만, 아직까지 커피 음용이 인체 발암 위험성을 유의미하게 높인다는 결정적 근거는 밝혀지지 않았다. 인구 1인당 커피 소비량이 전 세계 상위권에 속하는 노르웨이에서, 43,000여 명을 대상으로 실시한 대규모 연구에서도(Stensvold & Jacobsen, 1994) 커피 음용이 발암 위험성을 높인다는 상관 관계는 밝혀지지 않았다.

(a) 생식기 발암

유방암

국제암연구소에서 발표한 7건의 연구에서 유방암 발생 위험과 커피 음용 간의 상관 관계는 밝혀지지 않았다(WHO/ IARC, 1991). 최근 커피가 폐경 전후 여성의 유방암과 관련이 없다는 입증 연구들이 발표된 바 있다(Folsom et al., 1993; Smith et al., 1994; Tavani et al., 1998).

자궁암

환자-대조군 연구를 통해 커피 음용과 자궁암 간의 약한 양의 상관 관계가 확인되었다. 용량-반응 관계가 나타난 연구는 1건에 불과했으며, 대부분의 연구는 그 효과성이 유의미하지 않았다(Nehling & Debry, 1996; WHO/IARC, 1991). 국제암연구소 검토에 따르면, 커피 음용과 자궁암 간의 관련성을 입증하기에는 그 근거가 부적절하다. 그러나 관련 데이터에 의하면, 상대 위험도가 미미하지만 유의미한 수준으로 증가하였다(WHO/IARC, 1991). 그러나 다른 문헌에서는 커피 섭취가 자궁암 위험을 높일 가능성이 낮다고 보았다(Leviton, 1990). 가장 근래에 발표된 한 연구에서도 마찬가지로 커피 섭취와 자궁암 간의 관련성을 규명하지 못했다(Polychronopoulou et al., 1993).

전립선암

최근 커피 음용과 전립선암의 관련성이 확인된 연구는 없었다(Jain et al., 1998 ; Hsieh et al., 1999).

(b) 요로암

신장, 요로

신장암의 발병 원인에 대해서는 아직까지 밝혀지지 않은 부분들이 많다(Nehling & Debry, 1996; Tavani & La Vechia, 1997). 가용 가능한 정보들을 토대로, 커피 섭취와 신장암은 관련성이 떨어지는 것으로 보여진다(WHO/IARC, 1991; Nehling & Debry, 1996; Tavani & La Vechia, 1997). 요로암 역시 신장암과 마찬가지로 커피 섭취와 관련이 없다고 볼 수 있다(WHO/IARC, 1991 ; Nehling & Debry, 1996).

방광암

커피 섭취와 방광암 간의 역학적 데이터로는 둘 간의 상관성이 모호하다. 커피 섭취가 방광암의 위해 요인일 수 있다는 연구들이 많았지만 반대로 관련성이 없다는 연구들도 다수 있었다(WHO/IARC, 1991; Nehling & Debry, 1996; Bruemmer et al., 1997; Donato et al., 1997; Probert et al., 1998). 주로 커피 섭취와 방광암의 관련성은 낮지만 용량-반응 관련성이 있다는 연구들이 일부 보고되었다(WHO/IARC, 1991 ; Nehling & Debry, 1996). 세계보건기구/국제암연구소의 1991년도 검토에서는 커피 소비와 방광암 발생 간의 약한 양의 상관 관계가 있다고 결론내렸다(WHO/ IARC, 1991). 다만, 방광암은 흡연과 식습관, 직업 등 교란 요인들이 강한 상관 관계를 보이며, 커피 관련 데이터에도 유의한 영향을 줄 수 있다는 점을 주의해야 한다(Viscoli et al., 1993; Nehling & Debry, 1996). 이 외에도 커피 섭취가 인체의 방광암을 발생시키는 주요 위해 요인일 개연성이 낮다는 연구 2건도 있었다(Viscoli et al., 1993; Nehling & Debry, 1996).

(c) 위장암

식도암 및 위암

커피 섭취와 구강암 및 인두암, 식도암, 위암의 관련성을 다룬 여러 연구들이 발표된 바 있다. 대개 상관성이 없는 것으로 밝혀졌으나(WHO/IARC, 1991 ; Nehling & Debry, 1996), 오히려 커피가 약간의 예방 효과가 있다는 주장도 제기되었다(Inoue et al., 1998).

췌장암

커피가 췌장암 발생 위험을 높인다는 연구들이 다수 발표되었다. 대부분의 연구들이 상관성을 입증하지는 못했지만 일부 커피를 과음용한 경우 췌장암 발생 위험을 다소 높일 수 있다는 주장도 제기되었다(WHO/IARC, 1991). 췌장암 병인에 관한 상세 및 최신 연구들에 따르면, 커피가 췌장암 발생을 다소 높일 수 있다는 효과는 흡연 등의 교란 효과와 관련이 있을 수 있기 때문에 커피 섭취 자체가 췌장암 발생 위험의 유의한 효과는 아니라고 밝혔다(Nehling & Debry, 1996; Silverman et al., 1998; Weiderpass et al., 1998). 최근 발표된 환자-대조군 실험에서 커피 섭취량에 따른 췌장암 발생 위험의 상관 관계가 U자 형태를 갖는 것으로 드러났다(Nishi et al., 1996). 동 연구진은 금단 그룹과 비교했을 때와 마찬가지로, 커피를 소량에서 적당량 마신 그룹은 췌장암을 예방하는 추세를 보이다 섭취량이 늘어나자 췌장암 발생 위험이 높아지는 것으로 나타났다. 이처럼 U자 형태의 용량 반응 효과는 이후 1981년부터 1993년간 발간된 연구 14건을 메타 분석한 연구 결과와도 일치하였다(Nishi et al., 1996). 커피 섭취량이 일일 1~4잔으로 소량 섭취했을 때가 췌장암 발생 위험이 가장 낮았다.

결장암

커피 섭취와 결장암 유병률은 여러 국가에서 많이 연구한 주제이다(WHO/IARC, 1991; Nehling & Debry, 1996). 관련 데이터가 일관되지는 않으나 다수의 환자-대조군 연구에서 커피 섭취와 결장암 발생 위험이 반비례(예방) 효과가 있는 것으로 드러났다. 세계보건기구/국제암연구소가 실시한 1991년도 검토 자료에서, 반비례 효과가 나타난 원인으로 바이어스와 교란 효과를 배제할 수 없으나 전체적인 근거를 토대로 보면 예방 효과가 있는 것으로 확인되었다.

커피 섭취와 결장암 발생 위험을 다룬 메타 분석도 최근 발표되었다(Giovannucci, 1998). 12건의 환자-대조군 연구에서 커피 섭취와 결장암 발생 위험은 반비례 관계를 보였으나 코호트 연구 5건에서는 양 또는 음의 상관 관계를 입증할 수 없었다. 다만, 환자-대조군 연구와 코호트 연구 결과가 불일치하기 때문에 결과를 단정지을 수 없으나 이번 메타 분석을 통해 커피 섭취량이 많은 대상(> 일일 4잔)일 경우 결장암 위험이 낮게 나타났다.

8.4.2 실험 데이터

(a) 돌연변이 및 항돌연변이 효과

세균이나 효모, 곰팡이, 포유동물 세포, 전 동물 등 각종 생물 시험 체계를 이용하여 커피의 돌연변이성을 다룬 연구들이 여러 차례 진행되었다(WHO/IARC, 1991 ; Nehling & Debry, 1994a). 세균이나 곰팡이, 포유동물의 세포 등 시험관 실험에서 상대적으로 고농도 커피가 돌연변이를 다소 일으키는 것으로 나타났다. 특히 세균 분석에서는 커피가 산화 돌연변이원(친전자성)에 민감한 균주를 돌연변이화 시켰다. 그러나 동물의 간 추출물이나 분해 효소, 과산화 효소 등 외인성 해독 체계를 첨가하면 커피의 돌연변이 유발능이 사라진다는 점에서 과산화수소(H_2O_2)가 커피의 유전독성에 중요한 영향을 미치는 것으로 보인다(Nagao et al., 1986). 시험관 내 과산화수소 생성과 커피의 산화촉진제 활성은 클로로겐산과 카페익산의 폴리페놀 열 분해 산물을 만들어내는데 기여했으며, 이러한 성분들은 전이 금속이 있는 경우 대기 중 산소를 감소시키는 역할을 하였다.

다만, 시험관 실험은 실제 생리적 조건에서 일어나는 활성을 충분히 반영할 수 없기 때문에 커피의 돌연변이 활성이 건강에 미치는 영향을 유의해서 해석해야 한다. 특히 과산화수소 생성의 필수 요소인 산소 분압과 철분 농도는 체내보다 실험에서 더 높게 나타난다. 아울러 생물체는 산화 해독 메커니즘과 복원 시스템을 갖추고 있다는 점에서 쥐 생체내 실험은 시험관 실험 결과와 달리 돌연변이원성에 대한 근거가 없다는 사실을 짚고 넘어가야 한다(Nehling & Debry, 1994a).

시험관 실험에서 측정한 종말점과 산화 메커니즘, 커피 화합물의 농도에 따라 식이성 페놀 화합물은 산화촉진물질이나 항산화제 역할을 할 수 있었다. 커피의 이 같은 항산화 활성은 생체 외 실험을 통해서도 입증되었다(Stadler et al., 1994, 1995). 인스턴트 커피와 커피의 페놀 화합물은 과산화 수소(H_2O_2) 생성과 돌연변이 유발을 촉진하기도 하지만, 동시에 강력한 항산화와 항돌연변이 활성도 나타났다. 이러한 커피의 예방 효과는 t-부틸 하이드로퍼옥사이드에 노출시킨 세포 연구를 통해 입증되었다(Stadler et al., 1994).

다른 시험관 내 실험에서는 커피나 폴리페놀 화합물이 풍부한 커피 분획이 헤테로사이클릭아민(Obana et al., 1986)이나 니트로화 물질(Stich et al., 1982) 등 발암성 화합물의 돌연변이원성에 대항하는 효과뿐 아니라 자외선 방사선 영향을 저감시키는 효과(Obana et al., 1986)를 가진다고 파악되었다. 커피의 항돌연변이성을 밝힌 생체내 연구들도 진행되었다. 한 연구는 인스턴트와 로스팅 분쇄 커피가 특정 발암성 화학

물질의 유전독성 작용으로부터 마우스를 예방한다고 밝혔다(Abraham, 1991).

요컨대, 커피의 시험관 내 및 생체 내 돌연변이원성을 종합적으로 검토하고 관련 메커니즘을 고려한 결과, 사람이 일상적으로 섭취하는 양으로는 유전 손상을 초래하지 않는 것으로 보여진다(Nehling & Debry, 1994a; Nehling & Debry, 1996). 따라서 커피의 예방 효과와 항돌연변이 효과의 가능성은 실험에 따라 뒷받침되었다.

(b) 발암성 실험 데이터

장기간 동물 시험에서 커피의 발암 가능성에 대한 조사가 다수 진행되어 왔다. 고용량 커피를 식이 투여한 래트(rat)와 마우스(mouse)에서도 종양이 발생하지 않은 반면(Nehling & Debry, 1996), 인스턴트 커피가 자연발생종양 유병을 감소시킨다는 연구가 일부 보고되었다(Stadler et al., 1990). 아울러 니트로사민(Nishikawa et al., 1986) 또는 1,2-디메탈하이드라진(Gershbein, 1994) 등 유명 발암 물질의 작용을 커피 또는 해당 성분이 예방한다는 연구들도 발표되었다. 각종 동물 발암 모형에서 여러 조직에 7, 12-디메틸벤즈안트라센-유도 발암이 생성되는 것을 생두와 로스팅 커피가 억제시키는 것을 입증한 연구들도 소개되었다(Huggett et al., 1997).

(c) 메커니즘 정보

커피를 구성하는 여러 성분들이 화학적 예방 효과를 내는데 기여하는 것으로 알려져 있다. 앞서 언급했듯이 각종 커피 구성 성분들의 뛰어난 항산화 특성 덕에 돌연변이성 활성이 상당한 것으로 알려져 있다(Stadler et al., 1994, 1995; Abraham, 1991). 그중에서도 카페인을 비롯해 클로로겐산 유도체 및 분해산물 등의 폴리페놀이나 페닐인단, 멜라노이딘이 항산화 활성을 보였다. 지금까지 산화적 손상이 암 등 여러 병리학적 과정에 관여하나 항산화제를 이용해 산화적 손상을 예방할 수 있다는 근거가 점차 늘어나고 있다. 따라서 커피가 발암을 화학적으로 예방할 수 있다는 주요 메커니즘으로 항산화 활성이 주목받고 있다.

이 밖에도 다른 화학적 예방 메커니즘들이 실험 조사를 통해 제기되었다. 일례로, 커피의 특정 디테르펜 카페스톨과 카웨올(C + K)은 수차례 진행된 실험 동물 연구를 통해 항발암성을 가지는 것으로 보고되었다(Huggett et al., 1997). 실험 근거를 토대로, 디테르펜 카페스톨과 카웨올이 해독 효소인 글루타치온-S-전이효소 등에 대한 유도능을 가졌을 가능성이 시사되었다(Schilter et al., 1996; Huggett et al., 1997). 최근에는 디테르펜 카페스톨과 카웨올이 해독 과정을 촉진할 뿐 아니라 발암 활성 저감화에도 크게 기여하는 것으로 알려졌다. 간암 발생원인인 아플라톡신 B1(AFBI)과 관련하여, 커피의 디테르펜 카페스톨과 카웨올은 쥐 간에서의 아플라톡신 B1 활성 시토크롬 P450 발현을 감소시키고, 글루타치온 전이효소 소단위인 Yc2를 강하게 유도시킨다. 해당 글루타치온 전이효소는 아플라톡신 B1의 유전독소 주요 대사산물인 8,9-에폭사이드를 효율적으로 해독시킨다(Cavin et al., 1998). 그러나 인체에서도 동일하게 화학적 예방 특성을 갖는지는 추가 연구가 필요하다.

8.4.3 결론

커피 음용이 인체 발암에 영향을 준다는 논란은 아직도 계속되고 있다. 가용 정보를 토대로 적정 커피 소비(일일 최대 5잔)가 발암 위험을 가져온다는 결정적 근거는 여전히 없는 실정이다. 미국 암학회도 적정량의 커피 섭취를 반대할 만한 근거를 찾지 못하고 있다(미국 암학회, 1996). 다만, 역학 연구들을 통해 관측된 바로는, 커피가 결장암이나 기타 암에 대한 예방 효과가 있을 수 있다는 가능성은 있는 것으로 보이나 입증되지는 않았다. 실험 데이터와 기계적 정보도 이와 동일하게 예방 효과 가능성을 나타냈다.

8.5 | 커피와 심혈관계 질환

커피가 심혈관계 질환에 영향을 줄 수 있다는 논란이 끊임없이 제기되었지만 아직 명확히 밝혀진 바는 없다. 커피 섭취가 심근경색과 부정맥처럼 심혈관계 질환 평가 변수간의 상관 관계를 밝히고자 인체를 대상으로 집중 연구되었다. 많은 연구들이 커피가 심혈관계 위험 인자인 고혈압, 혈중 고콜레스테롤을 비롯해 최근에는 혈중 호모시스테인을 높이는데 기여한다는 조사들도 소개되었다.

8.5.1 심근경색 또는 관상동맥으로 인한 사망

지난 20여 년간, 커피 섭취와 심장 질환의 관련 가능성을 다룬 보고서들이 양의 상관 관계나 음의 상관 관계, 관계 없음처럼 상반된 결과들을 제시했다. 커피와 심장질환이 음의 상관 관계를 가진다고 주장한 일부 연구들은 커피를 끓여 마시면 혈중 콜레스테롤이 증가할 수 있다고 말했다(8.5.4 참조). 아울러 주요 교란 인자들을 쉽게 간과해 버리기 때문에 특히 과거에 발표된 연구 데이터들 중에는 해석이 어려운 경우들도 있다. 교란 인자 가운데에서도 스트레스나 흡연, 음주, 식습관, 좌식 생활습관 등이 매우 강한 심혈관계 위험 인자로 꼽힌다. 시간이 지나 방법론들이 개선되고, 주요 교란 인자들이 보정되기도 했다. 그럼에도 커피 과다 섭취가 심혈관계 질환을 일으키는 생활 습관 요인들과 직접적인 관련이 있는 것으로 나타나(Debry, 1994), 심혈관계 질환이 잠재 교란 변수가 아닌 커피 음용과 관련이 있다고 단언하기 어렵다.

커피 섭취와 심근경색 간의 관련성은 많은 전향 연구(코호트 연구)와 환자-대조군 연구들에서 다뤘던 주제이다. 대다수 코호트 연구에서 적정량의 커피 섭취가 심근경색을 일으킨다는 상관성을 찾지 못했으나 커피를 과다 섭취(일일 5잔 이상)하는 경우에도 심근경색과 관련이 없는지는 불분명하다(Debry, 1994). 총 143,030명이 참여한 전향 연구 11편을 메타 분석한 결과, 커피 섭취(섭취량 무관)가 관상동맥 질환과 아무런 관계가 없는 것으로 나타났다(Myers, 1992). 해당 메타 분석은 환자-대조군 연구를 배제하여 적정 대조군을 선정하거나 커피 섭취량을 추정하는 과정에서 발생할 수 있는 편향들을 제거하였다.

연구 22편(환자-대조군 연구 8편, 코호트 연구 14편)을 메타 분석한 또 다른 논문에서는 커피 사용이 심근경색 또는 관상동맥으로 인한 사망에 영향을 미치는지에 대한 결론 도출이 더욱 어려웠다(Greenland, 1993). 환자-대조군 연구에서는 위험성을 높이는 것으로 확인되었으나 코호트 연구는 이질적인 경향성을 보였다. 메타 분석 대상이었던 연구 가운데 상당수는 강한 교란 변수로 분류되는 흡연을 반영하지 않았다. 저자는 해당 메타 분석을 통해 커피를 하루 5잔가량 마실 경우 심혈관계 질환 위험성은 떨어지나 섭취량이 하루 10잔이라면 발생 가능성이 있다고 결론내렸다.

지난 몇 년간 커피 섭취가 심근경색과 관련이 있을 수 있다는 논란이 있어왔다. 가령, 하루 5잔 이상의 커피를 마시는 여성은 심근경색 발생 위험이 높다는 연구가 발표되었으나(Palmer et al., 1995), 최신 연구들에서는 커피와 심근경색 간의 관련 근거를 확인할 수 없었다(Palmer et al., 1995). 스코틀랜드 심장 건강 연구에 따르면, 커피를 마시지 않는 사람에게서 관상동맥성심장병 유병이 가장 높은 반면, 매일 커피 섭취량이 5잔 이상인 대상에서는 최저를 기록했다(Brown et al., 1993). 이후 이어진 추적 연구에서는 남성의 경우 커피 섭취가 조금이나마 심장 건강에 유익하다는 연구 결과가 나왔다(Woodward & Tunstall-Pedoe, 1999). 한편, 8,000여 명의 여성을 대상으로 한 미국 간호 연구에서 주요 심혈관계 위해 인자인 흡연과 연령을 보정한 결과, 커피 섭취가 관상동맥성심장병과 관련이 있다는 근거가 없었다(Willett et al., 1996). 1990년도 발표된 한 연구(Tverdal et al.)는 커피를 섭취하면 남녀 모두에서 관상동맥성심장병으로 사망할 수 있다는 결과를 발표하였다. 뒤이어 6년 후 실시한 후속 연구에서는 커피를 하루 9잔 이상 마시는 대상자에 한해 사망 위험이 다소 증가하였다(Stensvold et al., 1996). 최근 환자-대조군 연구에서는 카페인과 디카페인 커피 모두 심근경색과 관련이 없었으며, 하루 4잔 이상 마시는 대상에서도 같은 경향성을 보였다(Sesso et al., 1999).

다시 말해, 커피를 적정량 섭취(일일 최대 5잔)하더라도 심근경색이나 관상동맥으로 인한 사망 발생과의 관련성을 입증할 근거는 없었다.

물론 커피를 다량 섭취하면 심근경색 내지 관상동맥 사망 위험이 다소 높아진다고 말할 수 있지만 커피를 과다 섭취하는 행위 자체가 심혈관계 질환을 유발하는 위험한 생활 습관이기 때문에 데이터를 유의해서 해석할 필요가 있다. 한편, 심혈관계 질환 위험을 높인다고 알려진 보일드 커피(boiled coffee)와 관련해서도 다른 결과를 내놓아야 한다.

8.5.2 부정맥

실험 및 역학, 임상 연구를 통해 커피가 심박동수에 영향을 줄 수 있다는 관련성이 언급되었다. 카페인이 심조직에 약리 작용을 한다고 알려져 있는 만큼, 부정맥을 다룬 많은 연구들에서 카페인을 집중적으로 다루었다. 관련 연구들은 일반인이나 부정맥 기저 질환이나 심근경색 병력이 있는 환자들을 대상으로 진행되었다.

관련 연구 결과 대부분은 단정지을 수는 없지만 평소에 커피나 카페인을 적정량 마시더라도 심박에 영향을 주지 않는 것으로 보고 있다. 커피와 심박 간의 관련성을 다룬 한 리뷰 논문에 따르면(Myers, 1991), 하루 최대 5~6잔의 커피에 상응하는 카페인을 섭취한 경우에도 신체 건강하거나 심혈관계 환자 또는 심실 이소증 박동 환자의 심부정맥 중등도와 빈도에 영향을 주지 않았다. 이는 이후 128,934명을 대상으로 진행된 한 역학 연구(Klatsky et al., 1993)를 통해서도 추가 확인할 수 있었는데, 당시 연구에서도 심부정맥의 사인이 커피 섭취라는 근거를 찾을 수 없었다. 이 외에도 카페인을 적당량 마신 일반인 및 심질환자 모두에게서 심박에 영향을 주지 않는 것으로 보인다는 연구들이 이후 발표되었다(Newby et al., 1996; Arciero et al., 1998 ; Daniels et al., 1998 ; Myers, 1998).

8.5.3 카페인 및 혈압

커피가 혈압에 영향을 줄 수 있는지는 아직도 의견이 분분하다(Debry, 1994; Jee et al., 1999). 동물 모형 및 인체 연구를 통해 카페인이 푸린 수용체를 방해할 수 있기 때문에 아데노신의 혈관 확장 효과를 억제하는 길항제로 작용한다는 것이 밝혀졌다(Debry, 1994). 이러한 약리 효과는 말단 혈관 저항성을 높여 고혈압을 유발시킬 수 있다. 타당성은 떨어지지만 카페인에 의해 교감 신경계 활성이 촉진되고, 혈장 노르에피네프린이 늘어나는 메커니즘이 고혈압을 유발시킬 수 있다는 예측도 제안되었다(Debry, 1994).

여러 실험 설계 형태의 인체 대상 연구들이 카페인이 혈압에 미치는 영향을 다각도로 연구하였다. 이 중에는 스트레스 유무에 따른 급성 카페인 용량을 다루거나 카페인의 만성 노출을 알아보는 임상 연구들도 있었다. 정상 혈압 및 고혈압 인구를 대상으로 한 연구 데이터를 비롯해 일반 인구 대상의 커피 섭취와 혈압 간의 관련성을 다룬 역학 연구들도 발표된 바 있다.

(a) 급성 투여

카페인/커피를 급성 투여한 경우 혈압에 어떠한 영향을 미치는지를 검토하였다 (Green et al., 1996; Myers, 1988, 1998). 투여 후 처음 몇 시간 동안은 혈압에 아무런 변화가 없거나 일시적으로 소폭 증가하는 경향을 보였다. 혈압 상승(최대 10~15mmHg)이 나타난 경우는 대개 투여 전 카페인을 일정 기간 섭취하지 않은 대상들이었다. 카페인을 습관처럼 마시는 대상들은 혈압에 거의 변화가 없었다. 카페인 섭취를 일정 기간 자제한 경우에는 혈압이 증가할 수도 있지만, 여러 차례 카페인에 노출되면 내성이 생기기 때문에 2~3일 이내에 혈압 기저치가 원상복구되었다. 24시간 정도 단시간 동안 카페인을 자제하는 경우 카페인 내성이 부분적으로 떨어질 수 있다.

(b) 급성 투여 및 스트레스

신체나 정신적으로 받는 스트레스로 혈압이 올라간다는 사실은 잘 알려져 있다. 각종 스트레스 조건 하에서 카페인을 급성 투여했을 때 동반되는 상승 효과를 연구한 논문들이 다수 발표되었다. 논문 27편을 검토한 리뷰논문에서는 카페인 노출이 없던 개인에게 스트레스와 카페인 급성 투여가 혈압을 소폭 증가시키는 것으로 나타났다(Green et al., 1996). 실험 조건에서는 이러한 상승 효과가 가중되었다(Green et al., 1996; Myers, 1998).

(c) 만성 노출

카페인에 반복/만성적으로 노출시킨 연구들에서도 급성 투여와 동일한 결과가 도출되었다(Green et al., 1996; Myers, 1988, 1998). 연구들 대부분은 카페인이 혈압에 미치는 영향력을 확인하지 못했으나 일부 연구에서 혈압이 약간 증가했다고 보고했다. 이처럼 혈압 상승이 확인된 연구들이 있었지만 급성 투여한 연구보다 영향 강도가 훨씬 더 낮았다(Myers, 1998). 여러 반복/만성 노출 연구들을 통해 카페인의 완전 내성 또는 부분 내성이 생성될 수 있었다(Myers, 1998).

대조 임상시험 11건을 메타 분석한 한 연구에서, 장기간 커피를 음용할 경우 혈압에 미치는 영향성을 평가했을 때 수축기압은 2.4mmHg, 확장기압은 1.2mmHg 만큼 소량 증가하는 것으로 나타났다(Jee et al., 1999). 일상 생활에서의 혈압에 영향을 미치는 다른 요인들과 비교하니 카페인 섭취로 인한 혈압 상승이 임상적으로 유의한 수준은 적은 것으로 나타났다(Green et al., 1996; Myers, 1998).

혈압 상태를 가장 정확하게 측정할 수 있는 24시간 활동혈압측정법을 이용한 최근 연구들에서, 카페인이 혈압에 미치는 영향은 증감 또는 무영향을 보이는 등 데이터가 일치하지 않았다(Green et al., 1996; Myers, 1998). 전반적으로 해당 연구들은 만성 카페인 노출이 혈압에 중간 정도의 영향 또는 무영향을 준다는 선행 연구들을 뒷받침하였다(Myers, 1998).

(d) 고혈압 환자 대상 연구

고혈압 환자를 대상으로 카페인이나 커피가 혈압에 미치는 영향에 대해서도 연구가 이루어졌다. 고혈압 치료를 받는 환자와 위약 대조군에 각각 2주간 카페인을 투여한 실험을 예로 들어보면(Eggertsen et al., 1993), 카페인으로 인한 활동 혈압에는 아무런 영향이 없는 것으로 확인되었다. 마찬가지로, 치료를 받지 않는 경계성 고혈압 환자도 2주간 카페인을 투여했을 때 활동 혈압에 변화가 없었다(MacDonald et al., 1991).

(e) 역학 연구

일반인을 대상으로 한 커피 섭취와 혈압 간의 상관 관계에 대해서도 여러 역학 연구가 진행되었다. 연구마다 결과가 상이하게 나타났으며(Green et al., 1996; Myers, 1988 ,

1998), 방법론적으로도 한계가 있었다. 커피가 수축기 혈압 및/또는 이완기 혈압과 관련해 아무런 관련이 없거나 양 또는 역상관관계가 있었다(Green et al., 1996). 한 연구에서는 비선형적 상관 관계가 확인되었는데(Stensvold et al., 1989), 커피를 마시지 않는 대상과 고섭취군(9잔 이상)은 혈압 차이를 보이지 않은 반면 하루 1~4잔을 마시는 대상에서는 혈압이 소폭 증가하는 것으로 나타났다.

(f) 요약

커피를 여러 잔 마시는 사람에 비해 카페인을 1회 투여한 대상군은 혈압이 다소 증가하는 경향성을 보였는데, 이는 주로 카페인을 잘 마시지 않는 대상에게서 두드러졌다. 그러나 대화 등의 일상 생활에서도 관측되는 생리학적 범위 내에서 혈압이 증가하였다(Myers, 1998). 카페인에 대한 내성은 1~3일간 반복 노출한 후에 발달되었다. 역학 조사들은 연구 결과가 일치하지 않아 최종적인 결과를 내릴 수 없었다. 역학 연구 대부분이 카페인이 고혈압을 유발시키는 주요 원인임을 입증하지 못한 것이다. 혈압을 높인다고 알려진 스트레스와 심리적 긴장은 커피를 다량 음용하는 경우 상관 관계가 있을 수 있다. 이러한 근거를 토대로, 커피가 일부 연구에서 관측된 대로 혈압 상승을 일으키는 요인이 아닐 수 있다.

8.5.4 혈청 콜레스테롤

커피 섭취가 혈청 콜레스테롤에 미치는 영향력을 다룬 인구 조사들에서 서로 상충되는 결과들이 도출되었다. 한 리뷰 연구에서 연구 대상의 약 2/3는 커피 섭취가 혈청 콜레스테롤 농도를 증가시키는데 연관이 있었다고 발표했다(Thelle et al., 1987). 일부 연구에 한해 커피 섭취와 혈청 콜레스테롤 농도의 증가 효과가 용량에 비례한다고 밝혔다.

위약 대조군과 고혈압 치료를 받는 이들을 비교한 가용 정보를 상세히 분석해 보니 커피와 혈청 콜레스테롤 간의 상관 관계가 스칸디나비아 지역 연구에 국한되어 있었으며, 미국이나 다른 유럽 지역에서 행한 연구와는 다소 큰 차이를 보였다(Ugert

& Katan, 1997). 특히 스칸디나비아 국가에서 많이 마시는 보일드 커피(커피를 뜨거운 물에 끓여 필터링을 하지 않고 윗물을 마시는 커피)의 경우, 다량 섭취한 경우 혈청 콜레스테롤이 확연히 증가하는 것으로 나타났다(Ugert & Katan, 1997). 해당 지역에서는 또한 보일드 커피가 관상심장질환과도 관련이 있다고 밝혀졌다(Tverdal et al., 1990). 스칸디나비아에서는 지난 몇 년간 혈청 콜레스테롤이 크게 감소한 것을 놓고 보일드 커피 대신 필터 커피로 식문화가 변화한 것을 원인으로 파악하고 있으며(Tuomilehto & Pietinen, 1991), 이로 인해 심혈관계 질환도 감소하였다고 보았다(Tverdal et al., 1990; Johansson et al., 1996; Stensvold et al., 1996). 이후 역학 및 대조 임상 연구를 통해 커피의 고콜레스테롤성 효과는 커피를 브루잉하는 방식에 따라 달라지는 것으로 확인되었다. 예를 들어 보일드 커피와 달리 필터 커피는 혈청 콜레스테롤 수치에 유의한 효과를 주지 않은 반면(Van Dusseldorp et al., 1991), 터키식 커피는 혈청 콜레스테롤을 증가시켰다(Kark et al., 1985).

수차례 이루어진 임상 연구에서 고콜레스테롤성 성분이 보일드 커피의 지질 분획에 존재한다는 사실이 드러났다. 고콜레스테롤성 성분의 주요 원인 성분은 바로 지방산 에스테르에 주로 존재하는 디테르펜 카페스톨과 카웨올이었다(Weusten-Van der Wouw et al, 1994; Ugert & Katan, 1997). 이들 연구들은 카페스톨과 카웨올이 용량 반응에서 가역 효과를 증명하였다. 각종 브루잉 커피를 대상으로 디테르펜을 화학 분석한 결과, 스칸디나비아식 보일드 커피와 터키식, 카페티에르 커피가 카페스톨과 카웨올 함량이 가장 높았고, 인스턴트와 필터 커피는 무시할 수 있는 함량이었으며, 에스프레소는 중간 정도의 함량을 갖고 있었다(Ugert et al., 1995; Ugert & Katan, 1997).

다시 요약해 말하자면, 보일드 커피처럼 디테르펜 카페스톨과 카웨올을 다량 함유한 커피를 상당량 마신 경우에만 혈청 콜레스테롤이 꾸준히 증가하는 모습을 보였다. 브루잉 커피를 필터링하거나 다른 종류의 커피는 고콜레스테롤 효과를 오히려 예방하였다.

8.5.5 혈청 호모시스테인

지난 20여 년 넘게 혈청 호모시스테인이 중간 정도(중등도)로 증가하는 경우가 관상동맥질환 및 말초동맥질환 위험성 증가와 관련이 있는 것으로 알려져 있었다 (Meleady & Graham, 1999). 그러나 이러한 연관성이 최근 인과 관계일 수 있다는 연구가 제기되었다(Meleady & Graham, 1999). 아직 메커니즘은 분명하지 않지만 실험 근거를 통해 호모시스테인이 산화 스트레스를 일으켜 혈관 손상을 촉진할 수 있는 것으로 보인다(Meleady & Graham, 1999).

생활 요인에 따른 혈청 호모시스테인 농도에 대한 연구는 거의 이루어지지 않았다. 현재까지 밝혀진 바로는 과일과 채소, 엽산, 비타민 B_{12}, 비타민 B_6을 적게 섭취하는 것이 혈청 호모시스테인의 주요 요인들로 꼽히고 있다. 이 외에도 흡연과 연령도 중요한 역할을 하는 것으로 보인다. 최근 세 건의 연구에서 과한 커피 섭취가 혈장 총 호모시스테인을 높일 수 있다고 밝혀졌다(Nygard et al., 1997a; 1998; Oshaug et al., 1998; Stolzenberg-Solomon et al., 1999). 예를 들어, 노르웨이 인구를 대상으로 한 니가드 등(Nygard et al., 1997a, 1998) 연구에서는 커피 섭취와 혈중 호모시스테인 간의 직접적이고도 용량 의존적인 상관 관계를 제시하였다. 특히 이러한 효과는 하루 커피 섭취량이 9잔 이상인 피험자에게서 나타났으며, 디카페인 커피나 카페인이 함유된 차에서는 효과가 없었다. 반대로, 죽상동맥경화증 지역사회 연구에서 커피 섭취나 카페인은 혈중 총 호모시스테인과 유의한 관련성이 없었다(Nieto & Comstock, 1997). 한 대조 중재 임상 연구에서는 선행 연구들에서 발견된 여러 편향 요인들을 제거한 결과, 필터링을 하지 않은 보일드 커피를 매일 1리터씩 2주간 섭취하면 총 혈장 호모시스테인 농도가 10% 증가하는 것을 관측하였다(Grubben et al., 2000). 그러나 이처럼 커피를 과도하게 섭취하면 식단이나 혈장 호모시스테인과 관련된 기타 요인들에도 영향을 미칠 수 있다(Vollset et al., 2000).

커피 섭취와 총 혈중 호모시스테인 간의 관련성을 다룬 연구 결과들이 예상과 달라 추가 확인이 필요한 데다 개연성 있는 메커니즘이 아직 밝혀지지 않았다. 또한, 다른 생활 습관들이 주 원인일 가능성도 있기 때문에 관측 연구에서 확인된 커피 효과가 실제인지, 또는 흡연이나 미측정 또는 미확인 요인 등 잠재 교란 변수들에 의한 결과였는지는 불확실하다. 노르웨이 연구팀은 비타민, 특히 엽산이 연구 결과의 잠재 교란 변수일 가능성을 언급한 바 있다(Nygard et al., 1997b). 아울러 커피가 건강에 미치는 유의성을 해석하기가 어렵다. 앞서 말한 노르웨이 연구에서 혈장 호모시스테인 수치 증가가 커피 섭취와 관련성이 있다고 보여진 그룹은 경증부터 중등도 호모시스테인혈증 대상이었다. 따라서 커피에 따른 호모시스테인 증가와 일반인의 심혈관계 위험성 간의 관련성을 규명하기 어렵다고 볼 수 있다.

다시 요약해 보자면, 여러 연구를 통해 커피 과다 섭취 시 혈중 호모시스테인이 소폭 증가하는 것으로 나타났다. 다만, 커피가 혈중 호모시스테인 상승으로 인한 건강 유의성에 직접적인 영향을 미치는지는 아직 입증되지 않았다고 할 수 있다.

8.5.6 결론

커피 음용과 심혈관계 질환 간의 관련 가능성에 대해 숱한 논쟁과 연구가 이루어졌다. 그러나 다른 식이나 생활 습관 요인들이 심혈관계 질환에 커다란 영향을 준다는 점을 유의해야 한다. 이 중 몇 가지 요인들은 커피 섭취와도 관련이 있어, 앞서 보고된 일부 효과들을 설명할 수 있다. 대체로 디테르펜이 풍부한 보일드 커피 등을 제외하고는 적정 수준의 커피 섭취가 심혈관계 질환의 기여 요인은 아니었다.

8.6 | 커피와 뼈 건강

골다공증은 만성 퇴행성 뼈 질환으로 대체적으로 폐경 여성에게서 많이 발생한다. 폐경 과정에서 뼈에 탈무기질화(칼슘 손실)가 일어나면서 골절이 발생할 위험이 높아진다. 유전이나 생리, 환경적 요인 등 병인이 매우 복잡한데, 이 중 에스트로겐 결핍과 흡연, 과음, 운동 부족, 비만, 영양 부족이 주요 원인으로 알려져 있다. 영양 측면에서는 칼슘을 평생 적게 섭취한 경우 골다공증이 발생할 위험이 가장 높다고 알려져 있으며, 기타 무기질 섭취가 적었거나 비타민 D가 충분치 못한 경우도 영향을 줄 수 있다.

최근 몇십 년간 선진국에서 골다공증 골절 발생 수가 증가세를 보이고 있다. 단순히 기대 수명이 늘어난 것만으로는 설명할 수 없어 영양과 생활습관을 중심으로 병인 요인들을 폭넓게 조사하고 있다. 동물과 인체를 대상으로 한 실험 데이터를 보면 카페인이 칼슘 대사에 영향을 줄 수 있는 것으로 확인되었다. 대개 커피 섭취를 통해 체내로 유입되는 카페인이 인체의 골 손실을 일으키는 요인이라는 주장에 이목이 집중되었다. 최근 카페인이 골다공증을 일으키는 위험 요인일 수 있다는 연구들이 다수 발표되었다.

8.6.1 칼슘 대사

카페인은 동물 실험 연구에서 소변으로의 칼슘 배설을 높이는 것으로 확인되었다(Debry, 1994). 그 외 여러 인체 연구에서도 카페인이 특히 여성의 경우, 칼슘이 음의 평형 상태를 초래할 수 있다고 나타났으나 관련 데이터들 간에 차이를 보였다(Debry, 1994). 최초 연구는 폐경 전 여성 168명을 대상으로, 카페인 섭취가 칼슘에 미치는 영향이 미미하지만 상당히 부정적이라는 결론을 도출하였다(Heaney & Recker, 1982). 다만, 칼슘의 식이 섭취량을 고려하자 더이상 카페인과 칼슘의 상관성은 찾아볼 수 없었다. 다른 연구들에서도 카페인이 급성 칼슘 이뇨 작용을 유의미한 수준으로 유도한다고 밝혔다(Massey & Wise, 1984; Debry, 1994; Heaney, 1998). 그러나 후속 연구에서 칼슘 배설량이 증가한 이후 다시 감소하는 양상이 나타나 총 음의 칼슘 평형 상태가 과거 예측치보다 낮게 나타났다(Kynast-Gales & Massey, 1994).

카페인의 칼슘 대사 영향을 다룬 이중맹검, 무작위, 위약 대조, 교차 설계 대사 연구가 최근 발표되었다. 19일간 카페인 400mg을 투여한 본 연구에서는 24시간 칼슘 손실 총량에 영향을 미치지 않았다(Heaney & Recker, 1994; Barger-Lux & Heaney, 1995). 그러나 칼슘 흡수 효율이 다소 감소하면서 칼슘이 음의 평형을 유지하였다. 여기에서 여성 피험자들의 칼슘 섭취량이 현행 권장량을 크게 하회했다는 점을 유의해야 한다. 이처럼, 식사를 통한 칼슘 섭취가 모자라는 경우 카페인이 칼슘의 음의 평형 상태를 초래할 수 있었다. 또 다른 연구에서도 하루 칼슘 섭취량이 600mg 미만인 여성에게서 카페인이 칼슘 대사에 영향을 미치는 것을 확인할 수 있었다(Massey et al., 1994). 새로 제정된 생애주기별 칼슘 참고섭취량 가운데 성인은 1,000~1,300mg/일인데, 대체적으로 카페인이 칼슘 평형 상태에 미치는 영향력은 낮으며, 커피 한 잔에 우유를 1~2 작은술 첨가하는 것만으로도 상쇄시킬 수 있다(Barger-Lux & Heaney, 1995).

다시 말해, 칼슘 섭취 표준 권장량으로는 카페인이 칼슘의 뼈 대사에 유해한 영향을 주지 않을 것으로 생각된다. 최근 미국 식이허용기준(RDA)에 따르면, 사람마다 카페인 섭취량이 다르기 때문에 특정한 칼슘 권장 섭취량을 보편적으로 적용할 수 없다.

8.6.2 골다공증

카페인 섭취와 골다공증의 발생 위험 가능성에 대해 논란의 여지가 많다(Debry, 1994; Heaney, 1998). 각종 골 관련 측정 데이터(예: 골절 위험, 골밀도, 골질량)와 카페인 섭취 추정량이 다양하기 때문에 연구들을 비교 해석하기 어려웠다. 또한, 대다수 연구들에서 골 손실의 변수로 알려진 칼슘 섭취를 비롯한 흡연, 체중, 신체 활동, 호르몬 치환 요법 등을 조절하지 않았거나 조절 방법이 적절치 못했다. 이는 카페인 노출에 대한 결론을 뒤바꿀 수 있을 만큼 칼슘 섭취에 있어 중요한 의미를 갖는다(Heaney, 1998).

일부 역학 연구들에서 카페인이 골절 위험을 다소 높이거나 골밀도를 감소시킬 수 있다는 사실이 제기했으나 대부분 카페인이 원인이라는 증거를 제시하지 못했다(Debry, 1994; Heaney, 1998).

관측 연구 23편에 대한 리뷰 논문에 따르면, 5편은 카페인이 골 건강에 부정적인 영향을 주는 것으로 나타났으며, 2편은 부분적으로 영향을 주고, 나머지 16편은 아무런 영향이 없다고 보았다(Heaney, 1998). 이 가운데 연구 2편은 권장량보다 낮게 칼슘을 섭취한 여성에게서만 골 건강에 부정적인 영향이 확인되었다고 제시했다(Barrett-Connor et al., 1994; Harris & Dawson-Hughes, 1994). 최근 한 연구는 교란 변수를 최소화하고, 신체 건강한 폐경기 여성 138명을 대상으로 카페인 섭취가 골 손실에 영향을 주지 못한다는 결론을 도출하였다(Lloyd et al., 1997).

골 형성 중인 여성에 대해서 카페인이 뼈 건강에 미치는 영향성도 연구되었다. 카페인은 30살 안팎인 연령대 여성들의 척추 뼈 형성과는 연관성이 없었다(Packard & Recker, 1996). 다른 연구에서는 현재 미국 10대 여자 청소년들이 섭취하는 카페인 함량이 18세의 골 무기질 함량이나 대퇴골 골밀도와는 상관 관계가 없는 것으로 밝혀졌다(Lloyd et al., 1998).

8.6.3 결론

현재 보고된 논문들을 토대로, 커피를 통해 카페인을 적정량 섭취한다고 해서 칼슘 권장량을 섭취한 일반 신체 건강한 개인이 뼈 건강에 유해하다는 근거는 밝혀지지 않았다. 따라서 카페인이나 커피가 골다공증의 주요 위해 요인이라고는 보기 어렵다. 또한, 칼슘이 결핍된 여성에게서 카페인으로 인한 영향이 다소 나타났다고 해도 우유 등의 칼슘원 섭취를 늘림으로써 해소할 수 있다.

8.7 | 커피 및 카페인의 생식, 발달 문제 유발 가능성

동물 모델에서 카페인이 기형을 유발할 수 있는 것으로 나타나 임신 중 커피를 마셔도 되는가에 대한 안전성 문제가 제기되었다. 다만, 임신 여성의 경우, 카페인의 체내 대사 속도가 더디기 때문에 카페인 노출 시간이 길어지고 노출량이 높아질 가능성이 있다. 이와 관련해 커피/카페인이 최기형성(선천성 기형), 신경발달, 저체중아 출산(성장 지연 및 조산), 자연유산(유산) 및 불임 파라미터 등 각종 생식 및 발달 관련 문제를 일으킬 수 있다는 동물 및 인체 대상 연구들이 다수 발표되었다.

8.7.1 선천성 기형

(a) 인체 데이터

여러 역학 연구들이 카페인 섭취와 선천성 기형 간의 관련성을 다룬 바 있다(Nehling & Debry, 1994b; Brent, 1998). 다만, 대부분 카페인과 최기형성의 유관성을 입증하지는 못했다(Nehling & Debry, 1994b; Brent, 1998). 카페인 또는 커피 섭취와 선천성 기형을 다룬 연구 14편을 검토한 결과(Nehling & Debry, 1994b), 최기형성 유발 가능성을 다룬 연구는 3편뿐이었으며 나머지 11편은 관련성을 입증하지 않았다. 제이콥슨 등(Jacobson et al., 1981)은 커피를 과다 섭취한(일일 8~25잔) 여성이 손발가락결손증(ex-trodactyly) 아이를 출산한 사례 3건을 보고했다. 기형 등의 사례가 증가하고, 다른 대규모 대조 역학 연구를 통해서도 확인된 바 있으나 손발가락결손증 사례에 대해서는 해석을 제대로 하지 못했다. 한 일본 연구에서는 염색체 이상 등 각종 선천성 기형이 비섭취군보다 커피 섭취군에서 2배 높게 나타나 커피가 최기형성과 돌연변이 효과를 일으킬 수 있음을 시사하였다(Furuhashi et al., 1985). 일반적으로 기형 발생원들은 다양한 기형 종류가 아닌 특정 최기형성 유형을 유발시키는 것으로 알려져 있기 때문에 앞서 커피가 최기형성과 돌연변이 효과를 일으킨다는 결과가 이례적이라고 할 수 있다. 아울러 커피가 생체 내에서 돌연변이를 일으킨다는 근거도 없기 때문에 관련 데이터에 관찰되지 않은 편향 요인이 영향을 주었다고 설명하는 게 가장 타당할 수 있다(Narod et al., 1991). 세 번째 연구에서는 임신 중 커피 섭취량이 하루 8잔 이상인 경우, 선천성 기형 발생을 증가시키는데 약한 상관 관계가 있다고 보고하였다(Borlee et al., 1978). 그러나 해당 연구에서 보고한 발생 사례가 워낙 극소수이고, 주요 교란 변수인 흡연 등을 고려하지 않은 데다 통계 분석 방법도 검토해야 할 부분들이 있었다(Nehling & Debry, 1994b). 따라서 전반적으로 적정량의 커피나 카페인이 인체의 선천성 기형을 초래하는 병인으로 볼 만한 근거가 없었다.

(b) 동물 데이터

인체 데이터와 달리 마우스나 래트, 토끼, 원숭이 등을 대상으로 한 동물 모형에서는 용량에 따라 최기형성 효과가 나타났다(Nehling & Debry, 1994b; Brent, 1998). 이러한 경향성은 대개 고용량 카페인에서 관측되었는데 모체에 독성을 일으키는 것으로 확인되었다.

평소 사람이 마시는 수준으로는 최기형성을 유발하는 용량까지 다다르지 못한다. 이 외에도 카페인을 투여하는 방법에 따라서도 최종 결과가 달라질 수 있다(Nehling & Debry, 1994b). 동물 연구에서 최기형성 효과가 관측된 경우는 주로 고용량 카페인을 매일 1회 투여(주사, 피하투여 또는 경구투여)하여 혈장 농도가 높아졌을 때였다. 실험 동물에 카페인을 다회 분할 투여하거나 식이를 통해 경구투여한 경우 최기형성 효과가 나타나지 않거나 훨씬 더 많은 용량에서 유효하였다. 최기형성 효과가 나타난 동물 연구 대부분은 실험 설계에서 사람이 커피를 통해 노출되는 카페인 패턴을 반영하지 않았다. 따라서 해당 연구 데이터를 인체에 적용하여 관련성을 평가할 수 없다.

8.7.2 신경 발달학적 효과

카페인 특유의 신경약리학적 특성이 각성 효과를 내는 것으로 알려져 있다. 신경약리학적 제제들은 독성을 유발하지 않는 용량 내에서 발달 중인 유기체의 신경화학 또는 행동에 막대한 영향을 미친다. 따라서 인체와 동물 모형에서 출생 전후로 카페인을 노출시켰을 때 신경 발달에 미치는 영향에 대한 연구들이 진행되었다(Nehling & Debry, 1994b; 1994c).

(a) 인체 데이터

임신 여성의 카페인 섭취가 신생아의 신경계에 미치는 영향을 다룬 연구들은 그다지 많지 않다. 모체가 임신 중 카페인을 섭취함으로써 신경 발달 문제가 초래되는지 알아보기 위해 신생아부터 7세 연령의 어린이 500여 명을 대상으로 연구가 이루어졌다. 출생 전에 카페인에 노출되었더라도 생후 첫 2일간 신경 발생이나 흡철 반사에 영향이 없었고(Barr & Streissguth, 1991), 생후 8개월 후 관측한 인지 및 운동 발달에도 아무런 연관성이 없었다(Streissguth et al., 1980; Barr et al., 1984). 아울러 4세와 7세 때의 지능 지수 또는 4세의 운동 능력, 7세의 각성에도 영향을 주지 않았다.

출생 시 혈장 중 카페인이 측정 가능한 영아에게서 어떠한 생리학적 또는 신경행동학적 장애가 확인되지 않았다는 연구가 보고되었다(Dumas et al., 1982). 그러나 태어난 지 1~2일이 지난 영아의 타액 중 카페인 농도가 시각 각성과 신경과민을 높인다는 또 다른 연구도 발표되었다(Emory et al., 1988). 금단 증후군은 매우 많은 양의 카페인에 노출된 여성에게서 태어난 아이에게서 관측되기도 했다(Nehling & Debry, 1994b). 더불어 일부 연구에서는 카페인이 호흡 조절 기능과 신생아 무호흡증에 기여한다고 밝혔으며(Toubas et al., 1986), 이를 토대로 카페인 노출이 영아 돌연사 증후군과 관련이 있다는 이슈가 제기되었다. 최근 발표된 후향적 역학 연구에서는 영아의 돌연사 증후군 발생 위험은 모체의 카페인 과다 섭취와 관련이 있지만(Ford et al., 1998), 용량-반응 관계는 아니었다. 앞서 이러한 연구 내용이 다뤄진 적이 없어 교란변수에 기여하는 위해 요인들을 가능한 모두 고려하여 추가 분석할 필요가 있다. 실제 조산아의 무호흡증을 치료하는 임상 연구에서 카페인을 사용한 적이 있었다는 것에 주목할 필요가 있다(Nehling & Debry, 1994c).

(b) 동물 데이터

카페인 또는 커피를 중간~고용량만큼 임신한 쥐에 투여하자 신생 쥐의 뇌 신경 화학물질과 조성에 큰 변화를 보였다(Nehling & Debry, 1994b; Brent, 1998). 또한 출산 전후로 카페인에 노출시킨 어미 쥐의 새끼는 수면 조절과 행동에 영향을 받는 것으로 나타났다. 가령, 임신 및/또는 수유 중인 어미를 중간용량 또는 고용량의 카페인에 노출시킨 경우, 훗날 새끼 쥐의 자발적 운동 활성을 높였다(Nehling & Debry, 1994b).

학습 능력에도 영향을 미쳤다. 일반적으로 쥐의 장기간 행동장애는 모체의 카페인 노출량이 많을 때에 한해 관측되었으며, 성장 부진 등의 다른 문제들도 함께 야기하였다. 사람이 일상 생활에서는 연구에서의 노출량에는 미치지 못한다.

8.7.3 저체중, 발육지연 및 조산

저체중아는 주로 출생 당시의 체중이 2,500g 미만인 경우를 뜻한다. 대개 임신 기간이 짧은데 출산을 했거나(조산) 자궁내 발육지연으로 '부당경량아'로 태어난 경우이다. 여러 의학 및 사회적 요인, 생활습관이 저체중증을 유발시키는 것으로 알려져 있지만 커피도 직접적인 상관 관계가 있다는 연구들이 발표되기도 했다. 따라서 관련 연구에서 커피가 저체중아 출산에 영향을 미치는지 도출하기 어렵다.

산모의 카페인 또는 커피 섭취가 저체중아를 출산하는 위해 요인인지를 관찰한 조사들이 광범위하게 이루어졌다.

일반적으로 임신 중 카페인 섭취가 저체중아 출산 확률과는 아무런 관련이 없는 것으로 보고 있다(Hinds et al., 1996).

모체가 임신 기간 동안 커피나 카페인을 섭취한 행위가 저체중아 또는 '경량아' 출산의 위험 요인이라는 역학 연구가 논란을 빚어왔다. 일각에서는 연관성을 입증할 근거가 없다고 판단한 반면, 직접적인 상관 관계를 제기한 연구들도 있었다(Brent, 1998; Narod et al., 1991; Nehling & Debry, 1994b). 카페인 섭취 용량이 300mg/일을 넘는 상대적으로 높았던 경우 이러한 연관성이 나타났으나, 일부 섭취량이 적은 경우에도 동일한 효과가 확인된 연구들도 일부 있었다. 출생 체중 감소 범위는 70~121g이었다(Narod et al., 1991).

그러나 최근 상반되는 데이터들도 발표되었다. 가령 브라질에서 실시한 한 연구에서는 자궁 내 성장 지연으로 저체중아를 출산한 여성의 비율이 커피 섭취에 비례하여 증가세를 보였다(Rondo et al., 1996). 아울러 커피가 저체중아의 위해 요인으로 볼 수 없다는 일본 연구도 발표되었다(Maruoka et al., 1998).

저체중아가 성장 과정에서 다른 건강 문제가 발생할 가능성은 저체중을 일으킨 원인에 따라 달라진다. 커피나 카페인으로 인한 저체중이 장기적으로 건강에 악영향을 미칠 수 있다는 근거는 아직 보고된 바 없다.

모체의 카페인 섭취와 저체중아에 관한 연구들 사이에서 결과가 일치하지 않았던 이유에는 카페인이 저체중아에 미치는 효과가 적거나 없는지 규명하기 어려워서도 있다. 아울러 흡연이나 음주처럼 태아의 성장에 부정적인 영향을 미친다고 알려진 요인들이 커피와 직접적인 관련성이 있어 카페인 섭취와 저체중아 관련 연구 데이터 해석이 복잡해졌다.

흡연이 태아의 저산소증을 유발시키는 것으로 알려져 있는 가운데, 카페인 섭취는 출생 시 체중과 관련이 있다. 흡연자들은 비흡연자들에 비해 카페인 섭취량이 많은 편이다. 그러나 흡연으로 인한 카페인 대사 촉진 때문에 비흡연자에 비해 흡연자의 혈중 카페인 농도는 낮게 나타난다. 아울러 임신 중 혈중 카페인 농도와 신생아의 체중과는 관련이 없는 것으로 확인되었다. 이러한 연구 데이터를 통해 출생 전 카페인 노출과 출생 시 체중 간의 관련성을 다룬 연구에서 흡연이 교란 변수로 작용하는 것을 입증할 수 있었다.

8.7.4 자연유산

임신 여성의 커피 또는 카페인 섭취와 자연유산 발생 위험 간의 관련성을 다룬 연구가 대대적으로 이루어졌으나 데이터들이 서로 상충되었다. 상호 관련성을 제기한 연구들도 있었지만, 어떠한 영향도 관측되지 않았다고 발표한 연구들도 있었다 (Narod et al., 1991; Nehling & Debry, 1994b,c; Hinds et al., 1996; Brent, 1998). 최근 커피나 카페인 섭취가 자연유산 위험성에 영향을 주지 않거나 다소 증가시킬 수 있다는 연구들이 보고되었다. 초기 임신 3개월까지는 카페인의 총 추정량이나 카페인의 음료 1회 섭취가 자연유산 발생 위험을 크게 증가시키지 않는다는 연구가 발표되었다 (Fenster et al., 1997). 또 다른 연구에서는 카페인 섭취량이 일일 300mg를 초과한 경우 임상적으로 자연유산 위험이 소폭 증가한다고 언급하였다 (Dlugosz et al., 1996). 카페인의 주요 대사산물인 파라잔틴에 대해 모체의 혈청 중 농도와 자연유산 발생 위험을 다룬 데이터(Klebanoff et al., 1999)를 통해, 하루 커피 섭취가 6잔 이상과 맞먹는 혈청 파라잔틴 고농도 수준이어야만 자연유산과 관련이 있음을 확인할 수 있었다.

교란 요인과 편향이 카페인 또는 커피 섭취와 자연유산 관련성에 중대한 영향을 줄 수 있다는 일부 논문들이 발표되었다. 가령 임신 중 오심(메스꺼움)으로 음식을 먹지 않는다면 커피나 카페인 섭취량이 감소할 수 있다. 이 밖에도 오심이 자연유산 발생 위험을 떨어뜨린다는 연구도 보고된 바 있다(Stein & Susser, 1991). 이를 토대로 임신 유지 가능성이 높은 임신부는 오심이 일어나 카페인 섭취량이 감소한다는 논리를 세울 수 있다. 이 같은 가설 하에서 태아 사망과 카페인을 다룬 연구들 가운데 오심을 고려하지 않은 경우 카페인 노출 위험이 과대 평가되었을 수 있다.

대부분 연구들은 임신 중 메스꺼움 유발에 관한 정보를 담고 있지 않았다. 한 연구는 카페인 과다 섭취로 인한 자연유산 발생 위험은 임신 중 메스꺼움 여부에 따라 달라진다고 밝혔다(Fenster et al., 1991).

8.7.5 불임

카페인이 동물의 불임과 생식에 미치는 영향력을 다룬 동물 연구는 극히 제한적이다. 고용량 카페인을 투여한 경우, 실험 쥐의 수태 기간이 길어지는 것으로 보아 커피나 카페인이 불임을 유발하는 것으로 보인다. 커피 또는 카페인 섭취와 사람의 불임을 연구한 문헌들을 보면 논쟁의 여지가 많고, 결과가 일치하지 않았다. 커피가 불임을 유발시키며, 용량 의존적인 경향성도 보인다는 연구들이 있는 반면(Wilcox et al., 1988), 과다 섭취하는 대상조차도 아무런 관련성이 없다고 보고한 연구들도 있었다(Narod et al., 1991; Nehling & Debry, 1994c; Bolumar et al., 1997). 덴마크의 한 대규모 연구에서는 여성 10,886명을 대상으로(Olsen et al., 1991), 임신 지연(수태능의 저하)을 관측하였으나 커피를 과다 섭취하면서(>8잔) 흡연을 동시에 하는 대상에 한해 이 같은 경향성을 보였다. 또 다른 최근 미국 연구에서는 카페인을 과다 섭취하면(>300mg/일) 비흡연 여성이더라도 임신이 지연될 수 있다고 보고했다(Stanton & Gray, 1995). 유럽 인구를 대규모로 무작위 선정하여 진행한 최근 연구에서도 카페인 과다 섭취(>500mg/일)가 가임 여성의 수태능 저하와 관련이 있는 것으로 나타났다(Bolumar et al., 1997). 이 같은 경향은 특히 흡연자들에서 더 뚜렷했다. 섭취량이 가장 많은 대상은 첫 임신까지 기간이 11% 증가하였다. 동 연구는 주요 교란 변수 일부를 보정했기 때문에 카페인 노출 평가가 비교적 정확하다고 볼 수 있다. 따라서 연구진은 관련 데이터를 토대로, 생식력 감소에 영향을 줄 만한 위해 요인들 중에서도 카페인이 약한 상관 관계를 가지고 있으나 불임과의 인과 관계는 충분치 않다고 보았다.

임신 지연은 운동이나 스트레스, 영양, 생활습관, 사회적 영향 등 다소 보편적인 여러 요인들에 의해 영향을 받음에도 불구하고, 이러한 교란 변수들을 보정하지 않거나 보정하지 못한 연구들이 많았다. 아울러 커피나 카페인이 불임에 미치는 메커니즘도 아직 해답을 찾지 못했다. 따라서 적정량의 커피 섭취가 불임 파라미터에 부정적인 영향을 미친다는 것을 입증할 만한 강력한 근거가 없는 실정이다.

8.7.6 결론

대개 커피를 통해 섭취되는 카페인은 다양한 발달 및 생식 부작용에 영향을 미친다. 관련 논문들에 따르면, 카페인을 일일 300mg 이하 섭취한 경우, 인체의 발달 및 생식 건강에 영향을 주지 않는 것으로 보인다. 다만, 현존하는 정보로는 카페인을 더 많이 섭취했을 때 생기는 영향을 정확히 규명하지 못하고 있다.

8.8 | 커피가 건강에 주는 유익성

최근 커피가 건강에 유익하다는 말들이 회자되고 있다. 아직까지 이를 입증하거나 다수의 동의를 얻은 것은 아니나 가능한 모든 편향과 교란변수들을 고려한 대조 역학 연구에서 커피가 건강에 유익할 수 있다는 사실이 드러나 관련 사안을 논의해 보고자 한다.

8.8.1 신경 활성

커피는 사람들의 행동에 긍정적인 영향을 준다고 많이들 생각한다. 커피의 구성 성분 중에서도 카페인이 주요 원인 성분으로 꼽힌다. 가령 카페인은 각성 효과 외에도 집중력을 향상시키거나 피로감을 줄여 주는 것으로 알려져 있다(Smith, 1998).

커피의 신경 활성과 관련하여 카페인이 자살과 우울증을 예방하는 효과가 있다는 의견이 새로이 등장하였다. 128,933명을 대상으로 한 전향적 연구에서 커피 섭취와 자살 위험은 강한 역상관 관계를 보였다(Klatsky et al., 1993). 커피 섭취와 자살은 용량 의존적인 관계를 나타냈으며, 하루 커피 섭취량이 5잔 이상인 경우 비섭취자에 비해 자살 위험이 5배 낮았다. 또 다른 전향 연구에서는 하루에 커피를 2~3잔 마시는 여성의 자살 상대 위험도가 비섭취자에 비해 3배가량 떨어졌다(Kawachi et al., 1996). 다만, 우울증 환자가 자발적으로나 전문가의 의견을 받아들여 카페인 섭취를 중단했다면 자살과의 관련성이 무효화될 수 있다. 그러나 카페인이 가진 예방 효과들은 특유의 신경 활성 특성으로 설명할 수 있다. 위약군과 비교해 보면 카페인을 실험 투여한 그룹에서 웰빙이나 사회적 성향, 자신감, 활기, 직장에서의 동기부여 같은 주관적인 감정을 상승시켜 주는 것으로 나타났다(Griffiths et al., 1990).

정신 의학 관련 연구에서는 카페인을 투여한 이후, 기분이 개선되고(Furlong, 1975) 과민성이 떨어진다고 보고하였다(Stephenson, 1977). 비록 커피나 카페인 섭취에 따른 우울증을 인구집단 전향 연구로 다룬 적은 없으나 일본 의대 학생의 횡단 연구에서 카페인을 과다 섭취하면 남성과 여성의 우울감을 경감시킬 수 있는 것으로 확인되었다(Mino et al., 1990).

8.8.2 화학적 암예방

커피 섭취가 결장암 등 특정암을 예방하는 효과가 있다는 역학적 근거들이 보고되었다(Giovannucci, 1998). 관련 실험 데이터들을 미루어볼 때, 커피가 강력한 항산화제와 화학적 해독 과정을 촉진시키는 성분을 함유하고 있어 이러한 화학적 예방 효과를 가지는 것으로 풀이된다(8.4 참조). 관련 커피 성분들은 일반적인 메커니즘을 거치는 경향이 있기 때문에 다른 화학 암예방 효과도 있을 것으로 기대해 볼 수 있다.

최근 커피 섭취가 음주로 인한 간 질환(간경변) 발생 위험을 유의미하게 감소시킨다는 역학 연구가 수차례 회자되었다(Klatsky et al., 1992, 1993; Corrao et al., 1994). 관련 주제를 처음으로 다룬 보고서에 따르면, 커피를 하루 4잔 이상 마시는 사람은 알코올성 간경변 발생 위험이 커피를 마시지 않는 대상에 비해 5배 낮은 것으로 나타났다(Klatsky et al., 1992). 최근 커피가 알코올성 간경변에 유익하다는 연구가 발표되면서 커피와 간 질환 간의 상관성을 다시 한번 확인할 수 있었다(GESIA 합동 연구단, 미출간). 해당 연구는 또한 커피 섭취와 간경변 바이러스성 위해 요인 간의 상호작용이 간경변 발달에 미치는 영향에 대해서도 다루었다. 커피는 B형과 C형 간염의 간경화 발달에 길항 작용을 하는 것으로 밝혀져 비알코올성 간경화에 대한 예방 효과가 있는 것으로 보여진다. 이러한 화학적 예방 효과를 명확하게 입증하려면 추가 연구가 필요하다. 예를 들어 역학 연구에서 관측되었던 커피 섭취와 간경화 간의 역상관관계가 실제 가능한 일인지, 또는 커피를 마시지 않는 피험자의 중증 간경화 발생 가능성 등을 살펴보고, 작용 기전도 규명해야 한다.

작용 기전을 통해 커피가 특유의 항산화와 해독 등 잠재적인 예방 효과가 있는 것으로 보이나 카페인은 대상에서 제외되었다(Collaborative GESIA Group, 출간 중; Klatsky et al., 1992).

커피를 섭취했을 때 간담도 질환의 지표인 혈청 γ-글루타밀전이효소 수치가 감소한다는 임상 연구와 역학 연구들이 계속해서 발표되었다(Nilssen & Forde, 1994; Ugert & Katan, 1997; Tanaka et al., 1998). 이로써 커피가 간을 예방하는 잠재적 효과를 추가적으로 입증한 셈이다. 커피 특유의 디테르펜과 카페스톨, 카웨올이 최근 γ-글루타밀전이효소의 혈청 수치를 낮추고, 간 기능과 해독을 보여주는 지표들을 조절하는 것으로 최근 밝혀졌다(Schilter et al., 1996; Cavin et al., 1998).

이 밖에도 최근 발표된 다른 데이터에 따르면, 커피와 카페인이 다양한 화학적 암예방 효과를 가지는 것으로 보여진다. 방사선조사를 받은 조직이 향후 합병증으로 발생할 가능성이 있기 때문에 종양 억제를 위해 방사선 임상 치료를 할 때 선량에 한도가 있다. 한 역학 연구에 따르면, 자궁암으로 방사선 치료를 받는 환자들이 커피 등 카페인 함유 음료를 마신 경우 치료 후 중증 부작용을 겪는 발생률이 유의미하게 감소하는 것으로 나타났다(Stelzer et al., 1994).

8.9 | 커피 섭취와 안전성

장기간 전통적으로 섭취해온 식품들은 안전하다고 믿는 경향이 있지만 독성 성분들이 내재되어 있을 수도 있다. 독성적인 측면에서 접근해 보면, 음식은 인체에 커다란 위험성만 없으면 보편적으로 안전하다고 판단된다. 그러나 데이터에 입각해 사람이 안전하게 섭취해온 이력을 충분히 입증하지 못했다면 엄밀히 말해 음식이 안전하다고 단언할 수도 없는 실정이다. 실제 전통 음식 대부분은 안전성 자료가 없다고 보아야 한다.

인류가 커피를 소비한지도 벌써 1,000여 년이 지났다. 지금까지 커피가 건강에 나쁘다는 정황도 뚜렷이 제기된 적 없었던 터라 오랜 기간 먹어도 안전한 먹거리로 여겨도 된다. 그러나 다른 전통 음식들과는 달리 커피와 커피 성분들은 동물 모형과 인체를 대상으로 많은 연구들이 이루어지고 있다.

커피를 적정량 섭취하면(하루 3~5잔) 암이나 심혈관계 질환, 골다공증, 발달 질환 등 주요 건강 변수들에 나쁜 영향을 줄 수 있다는 역학 연구들이 많았지만 연구 결과 간의 차이가 컸다. 따라서 현재 커피가 미치는 영향성이 대부분 미약하며, 용량 의존적이지 않다고 결론내릴 수 있다. 이번 연구에서는 커피를 하루 3~5잔 수준으로 적정량 마신다면 건강에 미칠 우려는 없다고 판단하였다.

인체 데이터 대부분이 적정 커피 섭취가 안전하다고 보고 있으나 현 시각에서 가용 가능한 정보들로는 커피를 과다 섭취했을 때 건강에 나쁜 영향을 주는지는 정확히 평가할 수 없다. 과다 섭취 시에는 잠재 교란 요인들이 데이터에 유의미한 편향으로 작용할 수 있다는 점을 유념해야 한다. 많은 연구들이 커피를 과다 섭취하는 행위가 혈관성 질환이나 악성 종양, 발달성 부작용을 일으키는 생활 습관 요인과 직접적인 관련이 있음을 간적접으로 시사한 바 있다. 최근 발표된 한 연구에 따르면(Leviton et al., 1994), 커피를 과다 섭취하는 사람은 흡연 가능성이 높은 반면 비타민 보충제를 섭취하거나 건강식(채소, 비타민, 섬유질 고함유 및 저지방)을 챙겨먹을 확률이 떨어졌다. 해당 연구진은 커피 과음인들이 커피 자체를 마셔서가 아니라 다른 생활 습관에 의해 여러 질병이 발생할 위험성이 커지는 것이라고 설명했다.

인스턴트와 로스팅 커피, 분쇄 커피의 평균 카페인 농도를 60~80mg으로 가정하면(Barone & Roberts, 1996), 앞에서 언급했듯이 커피를 적정량 마셨을 때 노출되는 카페인은 180~425mg으로 산출할 수 있다. 이는 해당 논문에서 인용한 저자들 대다수가 먹어도 안전하다고 보는 농도대에 속한다. 일각에서는 저용량에서 발달 효과에 다소 영향을 줄 수 있다고 보나 혹시라도 있을 불확실성을 감안해 임신 중에는 안전용량이더라도 적게 섭취하도록 권고하고 있다. 콜레스테롤을 높이는 디테르펜 카페스톨과 카웨올에 대한 안전 노출 수치는 아직 공식 규정되지 않았다. 다만, 카페스톨의 평균 농도가 1mg/컵(0~3.1mg/컵)이고, 디테르펜이 혈중 콜레스테롤에 미치는 임상 데이터를 토대로, 에스프레소 커피를 일일 5잔 섭취해도 고콜레스테롤 효과가 미미하다고 간주한다(Ugert et al., 1995).

해당 데이터를 안전 노출량으로 간주하여 카페스톨 발생 데이터(Ugert et al., 1995; Ugert & Katan, 1997)와 비교하면 터키식 보일드 커피와 프렌치 프레스 커피 외의 일반 커피를 하루 최대 5잔까지 마신다면 혈중 콜레스테롤에 큰 영향을 주지 않을 것으로 나타났다.

8.10 | 결론

커피 섭취가 건강에 미치는 잠재적인 영향을 조사하기 위한 동물과 인체 대상 연구들이 대대적으로 진행되어 왔다. 이러한 가용 정보를 토대로 볼 때, 일반적인 농도의 커피를 하루 3~5잔 정도 적정량 마셔도 안전하다. 그러나 이 보다 더 많이 마셨을 경우 건강에 미치는 위험성을 정확히 평가할 수 없었다.

참고문헌

- Abraham, S.K. (1991) Inhibitory effects of coffee on the genotoxicity of carcinogens in mice. *Mut. Res.*, **262**, 109-14.
- American Cancer Society 1996 Advisory Committee on Diet, Nutrition, and Cancer Prevention (1996) Guidelines on diet, nutrition, and cancer prevention: reducing the risk of cancer with healthy food choices and physical activity. *Cancer J. Clin.*, **41**,334-7.
- Arciero, P.J., Gardner, A.W., Benowitz, N.L. & Poehlman, E.T. (1998) Relationship ofblood pressure, heart rate and behavioral mood state to norepinephrine kinetics in younger and older men following caffeine ingestion. *Eur. J. Clin. Nutr.*, **52**, 80512.
- Barger-Lux, M.J. & Heaney, R.P. (1995) Caffeine and the calcium economy revisited. *Osteoporosis Int.*, **5**, 97-102.
- Barone, J.J. & Roberts, H.R. (1996) Caffeine consumption. *Food Chem. Tox.*, **34**, 119-29.
- Barr, H.M. & Streissguth, A.P. (1991) Caffeine use during pregnancy and child outcome: a 7-year prospective study. *Neurotoxicol. Pharmacol.*, **13**, 441-8.
- Barr, H.M., Streissguth, A.P., Martin, D.C. & Herman, C.S. (1984) Infant size at 8 months of age: relationship to maternal use of alcohol, nicotine, and caffeine during pregnancy. *Pediatrics*, **74**, 336-41.
- Barrett-Connor, E., Chang, J.C. & Edelstein, S.L. (1994) Coffee- associated osteoporosis offset by daily milk consumption. *J. Am. Med. Assoc.*, **271**, 280-83.
- Bolumar, F., Olsen,J., Rebagliato, M., Bisanti, L. &the European study group on infertility and subfecundity (1997) Caffeine intake and delayed conception: a European multicenter study on infertility and subfecundity. *Am. J. Epidemiol.*, **145**, 324-34.
- Borlee, I., Lechat, M.F., Bouckert, A. & Mission, C. (1978) Le cafe, facteur de risque pendant la grossesse? *Louvain Med.*, **97**, 279-84.
- Brent, R.L. (1998) *A Systematic Evaluation of the Reproductive Risks of Caffeine*. International Life Sciences Institute (ILSI) North America Publishers, Washington, DC.
- Brown, C.A., Bolton-Smith, C. & Woodward, M. (1993) Coffee and tea consumption and the prevalence of coronary heart disease in men and women: results from the Scottish heart health study. *J. Epidemiol. Com. Health*, **47**, 171-5.
- Bruemmer B., White E., Vaughan, T.L. & Cheney, C.L. (1997) Fluid intake and the incidence of bladder cancer among middle-aged men and women in a three-county area of western Washinton. *Nutr. Cancer*, **29**, 163—8.
- Cavin, C., Holzhauser D., Constable A., Huggett, A.C. & Schilter B. (1998) The coffee-specific diterpenes cafestol and kahweol protect against aflatoxin Bi-induced genotoxicity through a dual mechanism. *Carcinogenesis*, **19**, 1369—75.
- Collaborative GESIA (Epidemiologic Group of the Italian Society of Alcohology) group for the Italian study on liver cirrhosis determinants (2000) Lifetime caffeine intake and the risk of liver cirrhosis: results from the Italian SIDECIR project. (in press).
- Cook, D.G., Peacock, J.L., Feyerabend, C. *et al.* (1996) Relation of caffeine intake and blood caffeine concentrations during pregnancy to fetal growth: prospective population based study. *Br. Med. J.*, **313**, 1358—62.
- Corrao, G., Lepore, A.R., Torchio, P. *et al.* (1994) The effect of drinking coffee and smoking cigarettes on the risk of cirrhosis associated with alcohol consumption. A case-control study. Provincial group for the study of chronic liver disease. *Eur. J. Epidemiol.*, **10**, 657—64.
- Daniels, J.W., Mole, P.A., Shaffrath, J.D. & Stebbins, C.L. (1998) Effects of caffeine on blood pressure, heart rate, and forearm blood flow during dynamic leg exercise. *J. Appl. Physiol.*, **85**, 154—9.
- Debry, G. (1994) *Coffee and Health*, Gerard Debry, Edition John Libbey, Eurotext, Paris, France.

- Dlugosz, L., Belanger, K., Hellenbrand, K., Holford, T.R., Leaderer, B. & Bracken, M.B. (1996) Maternal caffeine consumption and spontaneous abortion: a prospective cohort study. *Epidemiology*, 7, 250—55.
- Donato, F., Boffetta, P., Fazioli, R., Aulenti, V., Gelatti, U. & Porru, S. (1997) Bladder cancer, tobacco smoking, coffee and alcohol drinking in Brescia, northern Italy. Eur. *J. Epidemiol.*, **13**, 795—800.
- Dumas, M., Gouyon, J.B., Tenenbaum, D., Michiels, Y., Escousse, A. & Alison, M. (1982) Systematic determination of caffeine plasma concentrations at birth in preterm and fullterm infants. *Dev. Pharmacol. Ther.*, **4 (Suppl. 1)**, 182—6.
- Eggertsen, R., Andreasson, A., Hedner, T., Karlberg, B.E. & Hansson, L. (1993) Effect of coffee on ambulatory blood pressure in patients with treated hypertension. *J. Intern. Med.*, **233**,351—5.
- Emory, E.K., Konopka, S. Hronsky, S., Tuggey, R. & Dave R. (1988) Salivary caffeine and neonatal behavior: assay modification and functional significance. *Psychopharmacology*, **94**, 64—8.
- Fenster, L., Eskenazi, B., Windham, G.C. & Swan, S.H. (1991) Association of caffeine consumption during pregnancy and spontaneous abortion. *Epidemiology*, **2**, 168—74.
- Fenster, L., Hubbard, A.E., Swan, S.H. *et al.* (1997) Caffeinated beverages, decaffeinated coffee, and spontaneous abortion. *Epidemiology*, **8**, 515—23.
- Folsom, A.R., McKenzie, D.R., Disgard K.M., Kushi, L.H. & Sellers, T.A. (1993) No association between caffeine intake and post-menopausal cancer incidence in the Iowa women's health study. *Am. J. Epidemiol.*, **138**, 380—83.
- Ford R.P.K., Schluter, P.J., Mitchell, E.A., Taylor, B.J., Scragg, R. & Stewart, A.W. (1998) Heavy caffeine intake in pregnancy and sudden infant death syndrome. New Zealand cot death study group. *Arch. Dis. Childhood*, **78**, 9—13.
- Furlong, F.W. (1975) Possible psychiatric significance of excessive coffee consumption. *Can. J. Psychiatry*, **20**, 577—83.
- Furuhashi, N., Sato, S., Suzuki, M., Hiruta, M., Tanaka, T. & Takahashi, T. (1985) Effects of caffeine ingestion during pregnancy. *Gynecol. Obst. Invest.*, **19**, 187—91.
- Gershbein, L.L. (1994) Action of dietary trypsin, pressed coffee oil, silymarin and iron salt on 1,2-dimethylhydrazine tumor- igenesis by gavage. *Anticancer Res.*, **14**, 1113—16.
- Giovannucci, E. (1998) Meta-analysis of coffee consumption and risk of colorectal cancer. *Am. J. Epidemiol.*, **147**, 1043—52.
- Green, P.J., Kirby, R. & Suls, J. (1996) The effects of caffeine on blood pressure and heart rate: a review. *An. Behav. Med.*, **18**, 201—16.
- Greenland, S. (1993) A meta-analysis of coffee, myocardial infarction, and coronary death. *Epidemiology*, **4**, 366—74.
- Griffiths, R.R., Evans, S.M. & Heishman, J. (1990) Low-dose caffeine discrimination in humans. *J. Pharmacol. Exp. Ther.*, **2556**, 1123—32.
- Grubben, M.J., Boers, G.H., Blom, H.J. *et al.* (2000) Unfiltered coffee increases plasma homocysteine concentrations in healthy volunteers: a randomized trial. *Am. J. Clin. Nutr.*, **71**, 480—84.
- Harris, S.S. & Dawson-Hughes, B. (1994) Caffeine and bone loss in healthy postmenopausal women. *Am. J. Clin. Nutr.*, **60**, 573—8.
- Heaney, R.P. (1998) Effects of caffeine on bone and calcium economy, International Life Sciences Institute (ILSI) North America Publishers, Washington, DC.
- Heaney, R.P. & Recker, R.R. (1982) Effects of nitrogen, phosphorus, and caffeine on calcium balance in women. *J. Lab. Clin. Med.*, **99**, 46—55.
- Heaney R.P. & Recker, R.R. (1982) Determinants of endogenous fecal calcium in healthy women. *J. Bone Min. Res.*, **9**, 1621—7.

- Hinds, T.S., West, W.L., Knight, E.M. & Harland, B.F. (1996) The effect of caffeine on pregnancy outcome variables. *Nutr. Rev.*, **54**, 203—7.
- Hsieh, C.C., Thanos, A., Mitropoulos, D., Deliveliotis, C., Mantzoros C.S. & Trichopoulos, D. (1999) Risk factors for prostate cancer: a case-control study in Greece. *Int. J. Cancer*, **80**, 699—703.
- Huggett, A.C., Cavin, C., Holzhauser, D. & Schilter, B. (1997) Effect of coffee components on glutathione S-transferases: a potential mechanism for anticarcinogenic effects. In: *Proceedings of the 17th ASIC Colloquium (Nairobi)*, pp. 43—50. ASIC, Paris, France.
- Inoue, M., Tajima, K., Hirose, K. *et al.* (1998) Tea and coffee consumption and the risk of digestive tract cancers: data from a comparative case-referent study in Japan. *Cancer Causes Contr.*, **9**, 209—16.
- Jacobson, M.F., Goldman, A.S. & Syme, R.H. (1981) Coffee and birth defects. *Lancet*, **1**, 1415—16.
- Jain, M.G., Hislop, G.T., Howe, G., Burch, J.D. & Ghadirian, P. (1998) Alcohol and other beverage use and prostate cancer risk among Canadian men. *Int. J. Cancer*, **78**, 707—11.
- Jee, S.H., He,J., Whelton, P.K., Suh, I.&Klag, M.J. (1999) The effects of chronic coffee drinking on blood pressure: a metaanalysis of controlled clinical trials. *Hypertension*, **33**, 647—52.
- Johansson, L., Drevon, C.A. & Aa Bjorneboe, G.-E. (1996) The Norwegian diet during the last years in relation to coronary heart disease. *Eur. J. Clin. Nutr.*, **50**, 277—83.
- Kark, J.D., Friedlander, Y., Kaufmann, N.A. & Stein, Y. (1985) Coffee, tea, and plasma cholesterol: the Jerusalem lipid research clinic prevalence study. *Br. Med. J.*, **291**, 699—704.
- Kawachi, I., Willet, W.C., Colditz, G.A., Stampfer, M.J. & Speizer, F.E. (1996) A prospective study of coffee drinking and suicide in women. *Arch. Intern. Med.*, **156**, 521—5.
- Klatsky, A. & Amstrong M. (1992) Alcohol, smoking, coffee and cirrhosis. *Am. J. Epidemiol.*, **136**, 1248—57.
- Klatsky, A.L., Amstrong, M.A. & Friedman, G.D. (1993) Coffee, tea, and mortality. *Ann. Epidemiol.*, **3**, 375—81.
- Klebanoff, M.A., Levine, R.J., Dimonian, R., Clemens, J.D. & Wilkins, D.G. (1999) Maternal serum paraxanthine, a caffeine metabolite, and the risk of spontaneous abortion. *N. Engl. J. Med.*, **341**, 1639—44.
- Kynast-Gales, S.A. & Massey, L.K. (1994) Effect of caffeine on circadian excretion of urinary calcium and magnesium. *J. Am. Coll. Nutr.*, **13**, 467—72.
- Leviton A. (1990) Methylxanthine consumption and the risk of ovarian malignancy. *Cancer Lett.*, **51**, 91—101.
- Leviton, A., Pagano, M., Allred, E.N. &El Lozy, M., (1994) Why those who drink the most coffee appear to be at increased risk of disease. A modest proposal. *Ecol. Food Nutr.*, **31**, 285—93.
- Lloyd, T., Rollings, N., Eggli, D.F., Kieselhorst, K. & Chinvilli, V.M. (1997) Dietary caffeine intake and bone status of postmenopausal women. *Am. J. Clin. Nutr.*, **65**, 1826—30.
- Lloyd, T., Rollings, N.J., Kieselhorst, K., Eggli, D.F. & Mauger, E. (1998) Dietary caffeine intake is not correlated with adolescent bone gain. *J. Am. Coll. Nutr.*, **17**, 454—7.
- MacDonald, T.M., Sharpe, K., Fowler, G. *et al.* (1991) Caffeine restriction: effect on mild hypertension. Br. *Med. J.*, **303**, 1235—8.
- Maruoka, K., Yagi, M., Akawaza, K., Kinukawa, N., Ueda, K. & Nose, Y. (1998) Risk factors for low birthweight Japanese infants. *Acta Paedriatica*, **87**, 304—9.
- Massey, L.K., Bergman, E.A., Wise, K.J. & Sherrard, D.J. (1994) Interactions between dietary caffeine and calcium on calcium and bone metabolism in older women. *J. Am. Coll. Nutr.*, **13**, 592—6.
- Massey, L.K. & Wise, K.J. (1984) The effect of dietary caffeine on urinary excretion of calcium, magnesium, sodium and potassium in healthy young females. *Nutr. Res.*, **4**, 43—50.
- Meleady, R. & Graham, I. (1999) Plasma homocysteine as a cardiovascular risk factor: causal, consequential, or of no consequence. *Nutr. Rev.*, **57**, 299—305.

- Mino, Y., Yatsuda, N., Fujimura, T. & Ohara, H. (1990) Caffeine consumption and depressive symptomatology among medical students. *Jpn. J. Alcohol Drug Depend.*, **25**, 486—96.
- Myers, M.G. (1988) Effects of caffeine on blood pressure. *Arch. Intern. Med.*, **148**, 1189—93.
- Myers, M.G. (1991) Caffeine and cardiac arrhythmias. *Ann. Intern. Med.*, **114**, 147—50.
- Myers, M.G. (1992) Coffee and coronary heart disease. *Arch. Intern. Med.*, **152**, 1767—72.
- Myers, M.G. (1998) Cardiovascular effects of caffeine. International Life Sciences Institute (ILSI) North America Publishers, Washington, DC.
- Nagao, M., Fujita, Y., Wakabayashi, K., Nukaya, H., Kosuge, T. & Sugimura, T. (1986) Mutagens in coffee and other beverages. *Environ. Health Perspect.*, **67**, 89—91.
- Narod, S.A., de Sanjose, S. & Victoria, C. (1991) Coffee during pregnancy: a reproductive hazard? *Am. J. Obst. Gynecol.*, **164**, 1109—14.
- Nehling, A. & Debry, G. (1994a) Potential genotoxic, mutagenic and antimutagenic effects of coffee: a review. Mut. *Res.*, **317**, 145—62.
- Nehling, A. & Debry, G. (1994b) Potential teratogenic and neurodevelopmental consequences of coffee and caffeine exposure: a review on human and animal data. *Neurotoxicol. Teratol.*, **16**, 531—43.
- Nehling, A. &Debry, G. (1994c) Effets du cafe et de la cafeine sur la fertilite, la reproduction, la lactation et le developpement. *J. Gynecol. Obstet. Biol. Reprod.*, **23**, 241—56.
- Nehling A. & Debry G. (1996) Coffee and cancer: a review of human and animal data. *World Rev. Nutr. Diet*, **79**, 185—221.
- Newby, D.E., Neilson, J.M., Jarvies, D.R. & Boon, N.A. (1996) Caffeine restriction has no role in the management of patients with symptomatic idiopathic ventricular premature beats. *Heart*, **76**, 355—7.
- Nieto, F.J. & Comstock, G.W. (1997) Coffee consumption and plasma homocysteine: results from the atherosclerosis risk in communities study. *Am. J. Clin. Nutr.*, **66**, 1475—6.
- Nilssen, O. & Forde, O.H. (1994) Seven-year longitudinal population study of change in gamma-GT: the Tromso study. *Am. J. Epidemiol.*, **139**, 787—92.
- Nishi, M., Ohba, S., Hirata, K. & Miyake, H. (1996) Doseresponse relationship between coffee and the risk of pancreas cancer. *Jpn. J. Oncol.*, **26**, 42—8.
- Nishikawa,A.,Tanaka, T. & Mori, H. (1986) An inhibitory effect of coffee on nitrosamine-hepatocarcinogenesis with aminopyrine and sodium nitrite in rats. *J. Nutr. Growth Cancer*, **3**, 161—6.
- Nygard, O., Refsum H., Ueland, P.-M. *et al.* (1997a) Coffee consumption and plasma total homocysteine: the hordaland homocyteine study. *Am. J. Clin. Nutr.*, **65**, 136—43.
- Nygard, O., Refsum, H., Ueland, P.M. & Vollset, S.E. (1998) Major lifestyle determinants of plasma total homocysteine distribution: the Hordaland homocysteine study. *Am. J. Clin. Nutr.*, **67**, 263—70.
- Nygard, O., Vollset, S.E., Refsum, H. & Ueland, P.M. (1997b) Reply to F.J. Nieto et al. *Am. J. Clin. Nutr.*, **66**, 1476—7.
- Obana, H., Nakamura, S. & Tanaka, T. (1986) Suppressive effects of coffee on the SOS responses induced by UV and chemical mutagens. Mut. *Res.*, **175**, 47—50.
- Olsen, J., Overvad, K. & Frische, G. (1991) Coffee consumption, birthweight, and reproductive failures. *Epidemiology*, **2**,370—74.
- Oshaug, A., Bugge, K.H. & Refsum H. (1998) Diet, an independent determinant for plasma total homocysteine. A cross sectional study of Norwegian workers on platforms in the North Sea. *Eur. J. Clin. Nutr.*, **52**, 7—11.
- Packard, P.T. & Recker, R.R. (1996) Caffeine does not affect the rate of gain in spine bone in young women. *Osteoporosis Int.*, **6**, 149-52.

- Palmer, J.R., Rosenberg, L., Sowmya, R. & Shapiro, S. (1995) Coffee consumption and myocardial infarction in women. *Am. J. Epidemiol.*, **141**, 724-31.
- Polychronopoulou, A., Tzonou, A., Hsieh, C. C. *et al.* (1993) Reproductive variables, tobacco, ethanol, coffee and somatometry as risk factors for ovarian cancer. Int. *J. Cancer*, **55**, 402407.
- Probert, J.L., Persad, R.A., Greenwood, R.P., Gillatt, D.A. & Smith, P.J.B. (1998) Epidemiology of transitional cell carcinoma of the bladder: profile of an urban population in the south-west of England. *Br. J. Urol.*, **82**, 660-66.
- Rondo, P.H.C., Rodrigues, L.C. & Tomkins, A.M. (1996) Coffee consumption and intrauterine growth retardation in Brazil. *Eur. J. Clin. Nutr.*, **50**, 705-709.
- Schilter, B., Perrin, I., Cavin, C. & Huggett, A.C. (1996) Placental gluthatione A-transferase (GST-P) induction as a potential mechanism for the anti-carcinogenic effect of the coffeespecific components cafestol and kahweol. *Carcinogenesis*, **17**, 2377-84.
- Sesso, H.D., Gaziano, J.M., Buring, J.E. & Hennekens, C.H. (1999). Coffee and tea intake and the risk of myocardial infarction. *Am. J. Epidemiol.*, **149**, 162-7.
- Silverman, D.T., Swanson, C.A., Gridley, G. *etal.* (1998) Dietary and nutritional factors and pancreatic cancer: a case-control study based on direct interviews. *J. Nat. Cancer Inst.*, **90**, 1710-19.
- Smith, A. (1998) Effects of caffeine on human behavior. International Life Sciences Institute (ILSI) North America Publishers, Washington, DC.
- Smith, S.J., Deacon, J.M. & Chilvers, C.E.D. (1994) Alcohol, smoking, passive smoking and caffeine in relation to breast cancer in young women. Br. *J. Cancer*, **70**, 112-19.
- Stadler, R., Bexter, A., Wurzner, H.P. & H. Luginbuhl (1990) A carcinogenicity study ofinfant coffee in swiss mice. *Food Chem. Tox.*, **28**, 829-30.
- Stadler, R.H., Richoz, J., Turesky, R.J., Welti, D.H. & Fay, L.B. (1995) Oxidation of caffeine and related methylxanthines in ascorbate and polyphenol-driven Fenton-type oxidations. *Free Rad. Res.*, **24**, 225-40.
- Stadler, R.H., Turesky, R.J., Muller, O., Markovic, J. & Leong- Morgenthaler P.-M. (1994) The inhibitory effects of coffee on radical-mediated oxidation and mutagenicity. *Mut. Res.*, **308**, 177-90.
- Stanton, C.K. & Gray, R.H. (1995) Effects of caffeine consumption on delayed conception. *Am. J. Epidemiol.*, **142**, 13229.
- Stein, Z. & Susser, M. (1991) Miscarriage, caffeine and the epiphenomena of pregnancy: the causal model. *Epidemiology*, **2**, 163-7.
- Stelzer, K.J., Koh, W.J., Kurtz, H., Greer, B.E. & Griffin, T.W. (1994) Caffeine consumption is associated with decreased severe late toxicity after radiation to the pelvis. *Int. J. Radiat. Oncol. Biol. Phys.*, **30**, 411-17.
- Stensvold, I. & Jacobsen, B.J. (1994) Coffee and cancer: a prospective study of 43 000 Norwegian men and women. *Cancer Causes Contr.*, **5**, 401-408.
- Stensvold, I., Tverdal, A. & Foss, O.P. (1989) The effects of coffee on blood lipids and blood pressure: results from a Norwegian cross-sectional study, men and women, 40-42 years. *J. Clin. Epidemiol.*, **42**, 877-84.
- Stensvold, I., Tverdal, A. & Jacobsen, B. (1996) Cohort study of coffee intake and death fron coronary heart disease over 12 years. Br. *Med. J.*, **312**, 544-5.
- Stephenson, P.E. (1977) Physiologic and psychotropic effects of caffeine in man. *J. Am. Dietetic. Assoc.*, **71**, 240-44.
- Stich, H.F., Risin, M.P. & Bryson, L. (1982) Inhibition of mutagenicity of a model nitrosation reaction by naturally occuring phenolics, coffee and tea. Mut. *Res.*, **259**, 307-24.
- Stolzenberg-Solomon, R.Z., Miller E.R., Maguire M.G., Selhub, J. & Appel, L.J. (1999) Association of dietary protein intake and coffee consumption with serum homocysteine concentrations in an older population. *Am. J. Clin. Nutr.*, **69**, 467-75.

- Streissguth, A.P., Barr, H.M., Martin, D.C. & Herman, C.S. (1980) Effects of maternal alcohol, nicotine, and caffeine use during pregnancy on infant mental and motor development at eight months. *Alcoholism Clin. Exp. Res.*, **4**, 152-64.
- Tanaka, K., Tokunaga, S., Kono, S. *et al.* (1998) Coffee consumption and decreased serum gamma-glutamyltransferase and aminotransferase activities among male alcohol drinkers. Int. *J. Epidemiol.*, **27**, 438-43.
- Tavani, A. & La Vechia, C. (1997) Epidemiology of renal-cell carcinoma. *J. Nephrol.*, **10**, 93-106.
- Tavani, A., Pregnolato, A., La Vecchia, C., Favero, A. & Fran- ceschi, S. (1998) Coffee consumption and the risk of breast cancer. Eur. *J. Cancer Prevent.*, 7, 77-82.
- Thelle, D.S., Heyden, S. & Fodor, J.G. (1987) Coffee and cholesterol in epidemiological and experimental studies. *Artherosclerosis*, **67**, 97-103.
- Toubas, P.L., Duke, J.C., McCaffree, M.A., Mattice, C.D., Bendell, D. & Orr, W.C. (1986) Effects of maternal smoking and caffeine habits on infantile apnea: a retrospective study. *Pediatrics*, **78**, 159-63.
- Tuomilehto, J. & Pietinen, P. (1991) Coffee and cardiovascular disease. *Cardiovasc. Risk Factors*, **1**, 165-73.
- Tverdal, A., Stensvold, I., Solvoll, K., Foss, O.P., Lund-Larsen, P. & Bjartweit, K. (1990) Coffee consumption and death from coronary heart disease and mortality in middle-aged Norwegian men and women. Br. *Med. J.*, **300**, 566-9.
- Ugert, R. & Katan, M.B. (1997) The cholesterol-raising factor from coffee beans. *Ann. Rev. Nutr.*, **17**, 305-24.
- Ugert, R., Van der weg, G., Kosmeijer-Schuil, T.G., Van Bovenkamp, P., Hovenier, R. & Katan, M. (1995) Levels of the cholesterol-elevating diterpenes cafestol and kahweol in various coffee brews. *J. Agr. Food Chem.*, **43**, 2167-72.
- Van Dusseldorp, M., Katan, M., Van Vliet, T., Demacker, P.N.
- M. & Stalenhoef, A. (1991) Cholesterol-raising factor from boiled coffee does not pass a paper filter. *Arterioscler. Thromb.*, **11**, 586-93.
- Viscoli, C.M., Lachs, M.S. & Horwitz, R.I. (1993) Bladder cancer and coffee drinking: a summary of case-control research. *Lancet*, **341**, 1432-7.
- Vollset, S.E., Nygard, O., Refsum, H. & Ueland P.M. (2000) Coffee and homocysteine. *Am. Clin. Nutr.*, **71**, 403—404.
- Weiderpass, E., Partanen, T., Kaaks, R. *et al.* (1998) Occurrence, trends and environmental etiology of pancreatic cancer. *Scand.* J. *Work Environ. Health*, **24**, 165—74.
- Weusten-Van der Wouw, M.P.M.E., Katan, M., Viani, R. *et al.* (1994) Identity of the cholesterol-raising factor from boiled coffee and its effects on liver function enzymes. *J. Lipids Res.*, **35**, 721—33.
- Wilcox, A., Weinberg, C. & Baird, D. (1988) Caffeinated beverages and decreased fertility. *Lancet*, **2**, 1453—6.
- Willett, W.C., Stampfer, M.J., Manson, J.E. *et al.* (1996) Coffee consumption and coronary heart disease in women, a ten-year follow-up. *J. Am. Med. Assoc.*, **276**, 458—62.
- Woodward M. and Tunstall-Pedoe, H. (1999) Coffee and tea consumption in the Scottish heart health study follow-up: conflicting relations with coronary risk factors, coronary disease, and all cause mortality. *J. Epidemiol. Community Health*, **53**, 481—7.
- World Health Organisation International Agency for Research on Cancer (WHO/IARC) (1991) Coffee, Tea, Mate, Methylxanthines and Methylglyoxal. In: *IARC Monographs on the Evaluation of Carcinogenic Risks to Humans*, **51**, 47—206. IARC, Lyon, France.

CHAPTER 9

농업 경제학 I: 커피 육종 기술

AGRONOMY I: COFFEE BREEDING PRACTICES

허버트 A.M. 바스 반 데르 보센
식물 육종 및 종자 컨설턴트 네덜란드 엥크하위젠 소재

농업 경제학 I: 커피 육종 기술

허버트 A.M. 바스 반 데르 보센
식물 육종 및 종자 컨설턴트 네덜란드 엥크하위젠 소재

9.1 | 서론

9.1.1 전 세계 생산량 증대

전 세계 커피 생산량 가운데 약 70%는 아라비카(코페아 아라비카), 30%는 로부스타(코페아 카네포라)이며, 연평균 생산량은 매년 큰 폭으로 변동은 있지만 지난 15년간 14%가량 증가해 1980~84년 520만 톤에서 1995~1999년(ICO, 1990~99) 590만 톤으로 집계되었다. 이 가운데 최저 생산량은 1986~97년도 480만 톤이었으며, 최고 생산량은 1998~1999년도 590만 톤을 기록하였다.

대개 전 세계 커피의 공급량과 시장가는 물량의 19~33%를 생산하는 최대 산지 브라질에 의해 크게 좌우된다. 브라질은 자연 재해인 냉해와 가뭄 피해가 자주 발생하고 있다. 1998~1999년 수확시기를 기준으로 전 세계 커피 생산량의 약 61%는 남미가, 아프리카가 18%, 아시아가 21%를 차지했다. 특히 베트남과 인도네시아의 로부스타 커피 생산량이 40만 톤을 넘어서 폭발적인 증가세를 보이고 있다. 같은 해 브라질의 로부스타 생산량은 30만 톤, 아라비카는 180만 톤으로 전통적인 로부스타 생산 강국이었던 코트디부아르와 우간다를 빠른 속도로 추월하고 있다. 인도는 지난 10년간 연간 생산량이 2배로 뛰어올라 조만간 고품질의 아라비카 품종(40%)과 로부스타 품종(60%) 30만 톤을 생산할 것으로 예상된다.

9.1.2 1985년 이전 선발 및 육종

반 데르 보센(1985), 카발료(1988), 샤리에르 및 베르타드(1988), 리글리(1988)는 1980년대 중반까지 아라비카와 로부스타 커피를 선발하고 육종하는 방식을 조사하였다. 베텐코트 및 로드리게스(1988)는 질병 저항성 육종을 중점적으로 검토하고, 캠브로니(1988)는 교배육종법에 몰두했다. 지금부터 소개할 육종과 품종 개발에 관한 발달들은 주로 해당 연구진들이 정리한 내용들로 본 챕터를 이해하는데 기본 지식이 되어줄 것이다.

전 세계 커피의 대부분은 50~80년 전부터 상대적으로 단순히 선발 및 육종된 전통 품종들로 이루어져 있으며, 대개 종자를 증식하는 방식을 취해왔다. 자가 수분한 아라비카 커피 품종들은 작물 재배지에서 단일 식물이 순수 육종되었거나 단순 교배 및 역교배에서 얻은 자손일 수 있다.

반면 이계 교배된 로부스타는 선별 종자 내지 영양체 채종원에서 얻은 종자를 개방 수분한 품종들이다. 로부스타 영양체는 대량 증식을 했을 때의 물류나 유통이 복잡해지는 데다 커피 생산의 주축인 소작농들에게는 비용이 부담스럽기 때문에 인도네시아나 코트디부아르의 대형 농장을 제외한 일부 국한된 지역에서만 재배되었다. 생산량이나 식물의 초세(식물의 생육이 왕성한 정도: 역자), 품질은 두 커피 품종 모두 품종을 선발할 때 주요 기준으로 삼지만 인도에서 1920년대 이후부터 아라비카 커피 육종 선별 시 커피녹병(CLR)에 대한 숙주 저항성을 최우선 지표로 정하고 있다. 지난 30년 동안 교배 설계 체계화와 시험재배의 통계 예측 등 관련 육종 사업이 진행되면서 통계 유전학과 농경제 분야가 태동하게 된다.

이를 토대로, 아라비카와 로부스타 커피에 대한 생산량과 품질, 기타 양적 형질을 구성하는 성분 대부분의 상가적 유전 분산을 계산할 수 있게 되었다. 이를 통해 간소화된 후대검정을 받아 부모의 육종가를 추정하고, 선발 과정를 강화할 수 있도록 해야 한다. 잡종 교배에서의 잡종 강세 현상은 특정 생물형군에 분산되어 있던 상호 보완적인 다원 유전자가 축적되어 발현된 것으로 설명할 수 있다. 일부 로부스타 커피의 육종 사업(예: 코트디부아르)에서는 특정 생물형군을 이용한 상호순환선발 방식을 적용시켜 생산량과 품질, 기타 주요 형질이 우수한 유전자형이 생산될 수 있도록 했다.

아라비카 커피에서 질병 저항성은 육종 시 최우선 순위로 두는 항목이기도 하다. 커피녹병에 대한 저항성을 초기에 획득했더라도 이후 신종 커피녹병 진균류가 거듭 출현하면서 저항성을 유지하기 위한 노력을 오랜 기간 계속해왔다. 그러나 일부 카티모르 품종(카투라와 티모르 교배종 간 교잡 중 선발) 계통은 대부분 국가에서 완전 저항성을 보이기도 했다. 해당 품종은 자가 수분 작물에 일반적인 육종 방법을 적용한 것으로, 재조합 교배 후 역교배, 동종 교배, 계통 선발을 진행했다. 커피열매병(CBD) 저항성을 획득하고자 했던 케냐의 육종 사업에도 동일한 육종 방법을 적용하였다. 커피열매병은 일부 주요 유전자에 의해 조절되며, 질병 내구성을 갖는 것으로 확인되었다. 영양계나 순수 육종이 아닌 F1 교잡종(종자) 품종을 생산하기로 육종 전략을 바꾼 이유에는 아라비카 커피를 유전학적으로 분기한 개체를 교배했을 때 잡종 강세가 뚜렷이 관찰된 것과도 부분적으로 관련이 있다. 이 외에도 커피열매병과 커피녹병에 대한 저항성을 모두 가질 수 있으며, 경제적인 이점도 취할 수 있다. 종간교잡은 커피에서 중요한 역할을 해왔다. 예를 들어 아라비카와 로부스타 커피를 교배하여 아라비카 커피에 질병 저항성 유전자를 주입하거나(예: 브라질 이카투 품종) 로부스타 커피의 추출액 품질을 개량한 경우(예: 코트디부아르의 아라부스타 품종)가 있다. 인도에서도 아라비카와 로부스타 커피 품종을 종간교잡으로 개량화에 성공하였다.

9.1.3 최신 기술

잠재 수확량과 주요 질병(커피녹병 및 커피열매병) 저항성을 높인 아라비카 품종들이 여러 나라에서 전통 품종들을 대체하기 시작했다. 콜롬비아와 브라질, 중미, 인도의 카티모르 및 사치모르 품종, 브라질의 이카투 품종, 카메룬의 자바 품종, 케냐의 루이르 II, 에티오피아의 아바부나 품종이 여기에 해당된다(마지막 두 품종은 F1 교잡종이다). 로부스타 커피의 경우, 최신 선발 사업을 통해 선발된 신품종이 점차 출시되고 있다. 예를 들어 인도네시아의 BP와 SA 영양체, 인도의 BR(종자), 코트디부아르의 IF 영양체, 브라질의 아포아타 품종이 있다. 그러나 코트디부아르에서 진행된 아라부스타 신품종 사업은 유전적 안정성 문제가 해소되지 않고 생식력이 떨어져 기대감에 부응하지 못했다. 한편, 인도에서 C. 콘젠시스와 C. 카네포라 품종을 교배해 만든 C × R 변종은 생산성이 좋고, 안정적인 로부스타 커피라는 평을 받았으며, 원두와 추출액(liquor)의 특성이 뛰어나다.

인도 카티모르 계통에서 커피녹병 저항성이 떨어지고, 콩고 민주공화국과 우간다의 로부스타 커피에서 시들음병(tracheomycosis)이 갑자기 발생하였다. 아울러 중미에서는 아라비카 커피에 선충 문제가 불거지고, 콜롬비아(1988)와 인도(1990)에서 커피 열매 천공 벌레가 유입되는 사태가 벌어져 커피 산업계가 새로운 당면과제를 맞게 되었다. 그러나 선발과 육종 사업 또한 획기적으로 추진할 필요가 있다.

식물 생명공학은 지난 10여 년간 응용 과학으로 발전을 거듭하면서 식물 육종 분야에 힘을 보탤 수 있게 되었다. 식물 생명공학은 선발 효율성을 높이고, 지금껏 달성 불가했던 목표들을 새로이 접근할 수 있는 길을 열어주었다. 이른바 식물 생명공학 관련 분자육종 기술은 크게 분자 표지와 형질전환식물로 나뉜다. 분자 표지 기술로 인해 유전적 발산 생물형군(예: 잡종 강세 예측) 감별, 관련 생물종의 유전자 이입, 분자 표지 활용 선발(Lashermes et al., 1996a, 1997a; Charrier & Eskes, 1997)이 가능해져 커피의 유전자원 특성과 관리에 이용되었다(Lashermes et al., 1996a, 1997a; Charrier & Eskes, 1997).

유전자 변형은 주로 분리 또는 재조합이 상대적으로 쉬운 주요 유전자를 이용했기 때문에 품종의 특성을 조절하는데 머물렀다. 시험관 내 미세번식 및 체세포배발생 경로를 이용한 식물체 재분화 기술은 지금까지 여러 식품 품종에 적용된 바 있으며, 카페인이 없는 원두나 해충 저항성을 지닌 유전자 재조합 커피 나무가 개발되기도 했다(챕터 10 및 챕터 11 참조). 그러나 소유권과 생물안전성 관련 법률을 수립하지 않은 국가들이 있고, 생명기술에 대한 여론이 부정적이라는 점에서 유전자 재조합 커피 품종을 도입하고, 무제한 재배하는데 일시적으로 어려움을 겪을 수 있다.

9.2 | 유전자원

9.2.1 전 세계 유전자원

식량농업기구(FAO)는 1964년 에티오피아에 코페아 아라비카 생식질을 수집하기 위한 인원을 급파하여 실질적인 국제 공조를 최초로 도모하고, 전 세계 커피연구센터에 유전자원 623종을 배분하였다(Meyer et al., 1968). 이후 1966년에는 프랑스 개발조사연구소(예: ORSTOM)가 에티오피아 남서부 고산지대에서 C.아라비카 신종 유전자원을 추가 발견하였다. 프랑스 개발조사연구소는 1960~1985년 동안 국제식물유전자원연구소과 협력하여 유전적 다양성의 보고라 할 수 있는 기니, 코트디부아르, 중앙 아프리카, 카메룬, 콩고, 동아프리카, 마다가스카르에서 코페아 종을 대거 수집하였다. 자원 대부분은 코트디부아르와 마다가스카르에 소재한 장기보존용 포장 유전자원 은행(base field collection) 기지에서 보존하였다(Berthaud & Charrier, 1988). 최근 커피의 생식질을 수집하기 위해 C. 아라비카는 예멘으로(Eskes & Mukred, 1989), C.카네포라는 탄자니아 북서부로 수거반을 한 팀씩 파견하였다(Nyange & Marandu, 1997). 1966년 이후부터 에티오피아로부터 상당량의 C.아라비카 외부보존 생식질을 수집, 보존하고 있다(Bellachev, 1997).

지금까지 코페아 속 100종(분류군)이 확인되었는데(Bridson & Verdcourt, 1988), 모두 아프리카 열대 산림지역 토착종으로, 이배체 종(2n =22)에 해당되었다(C. 카네포라, C. 콘젠시스, C. 리베리카, C. 유게니오이데스, C. 스테노필라, C. 라세모사, C. 잔구에바리애 등 및 마스카로코페아에 속하는 50분류군). 다만, C. 아라비카는 이질사배체(2n =44)로, 에티오피아 남서부 고원지대 숲이 원산지였다.

종내 및 종간 유전적 변이가 쉽게 일어나야 작물을 지속적으로 개량할 수 있다. 코페아 종은 모두 단계통에 속하고, 종간 교배 장벽이 없어(Charrier & Berthaud, 1985; Charrier & Eskes, 1997) 여러 종들을 유전적으로 변이시키는데 활용할 수 있다. 이를 통해, 상품성이 좋은 C.아라비카와 C.카네포라에 농경제 또는 생화학적 측면에서 유용한 특성을 이입시킬 수 있다. 에티오피아와 코트디부아르, 마다가스카르에는 주요 장기보존용 유전자원(베이스컬렉션) 3곳이 위치해 커피 육종에 있어 매우 중요한 의미를 가진다. 따라서 커피의 유전 자원을 보존, 연구하기 위해서는 주요 커피 생산국 참여 하에 신종 생식질 유지와 체계적인 추가 발굴을 위한 국제인증 네트워크 기구의 지원이 충분히 이루어져야 한다.

국제식물유전자원연구소는 프랑스 개발조사연구소, 국제농업개발연구협력센터, 아프리카 커피연구네트워크와 함께 이러한 뜻을 펼치기 위한 이니셔티브를 추진한 바 있으나(Guarino et al., 1995; Ngategize, 1997), 공식 네트워크가 출범하기 전까지 생산국 간에 커피 생식질을 무상 교환하지 못할 것으로 보이며, 코코아는 이미 공식 네트워크가 구축되어 있는 상태이다(Eskes et al., 1998).

하몬 등(Hamon et al., 1998)은 이러한 대규모 생식질 유전자원 컬렉션을 한층 효과적으로 관리하고, 접근성을 높일 수 있도록 유전자원이 중복되지 않으면서도 유전적 다양성을 확보할 수 있는 대표적인 핵심 유전자원(코어 컬렉션) 식별 전략을 제시하였다. 식별 방법으로는 주성분 점수 전략을 적용하였다. 한편, 둘루 등(Dulloo et al., 1998)은 코페아 종의 현장 보존 전략을 제안하였다.

앞서 언급한 베이스컬렉션 3곳 외에도 커피생산국 내에 소재한 많은 연구센터들이 자체 육종 사업 용도로 재배 및 야생 커피 생식질에 대한 포장 유전자원 은행(필드컬렉션, 살아 있는 식물을 현장에서 수집 보존하는 유전은행: 역자)을 동일하게 갖고 있다. 표 9.1은 전 세계에 소재한 주요 커피 생식질 포장 유전자원 은행의 위치, 유형, 규모를 개략적으로 정리하였다. 유전자원들은 특히 야생 커피 나무에서 종자를 수집한 경우 유전자원의 유전자형이 복수개 이상일 수 있다. 커피 생식질 유전자원을 다룬 보고서에서 유전자형 개수를 많게 잡는 이유는 유전자원과 유전자형 간의 차이가 항상 뚜렷할 수 없기 때문이다. 표 9.1에서는 커피의 유전자원 개수는 관련 정보를 입수하는 대로 수정하였다.

9.2.2 종간 관계

최근 코페아 속에 대한 유전다양성과 계통학적 유연관계를 다룬 연구들은 여러 커피 품종에서 추출한 엽록체와 핵 DNA에 분자 지표 기술을 접목하였다(Orozco-Castillo et al., 1994, 1996; Lashermes et al., 1995, 1996b, 1997a, 1999a; Cros et al, 1998). 이들 분자 지표는 다형성이고 환경에 영향을 받지 않기 때문에 기존 분류학적 분석상의 형태학, 생화학 특성을 파악할 수 있다는 장점이 있다. 주요 결론은 다음과 같다.

표 9.1 커피의 포장 유전자원 은행

국가	기관	지역	유전자원				유전자원 총 개수
			코페아 아라비카	코페아 카네포라	기타 종	마스카로코페아	
장기보존용 유전자원 (베이스컬렉션)							
에티오피아	BCRI/E	쪼제	X				800
	EIAR/JARC	짐마, 게라	X				2000
코트디부아르	CNRA	디보		X	[24]		1200
		망	X				200
마다가스카르	FOFIFA	키안 아바토		X		X	800
		라카 에스트 (Ilaka–Est)		X			1200
		사함바비	X				350
실무용 단기보존 유전자원(워킹 컬렉션)							
코스타리카	CATIE	투리알바	X	X	[7]		1700
브라질	IAC	캄피나스	X	X	[9]		310
콜롬비아	CENICAFE	친치나	X	X	[10]		980
케냐	CRF	루이르	X		[5]		500
탄자니아	TARO	리아뭉구	X	X	[10]		300
카메룬	IRAD	폼보트, 산타	X				100
		쿰바네		X	[3]		50
인도네시아	ICCRI	젬버 등	X	X	X		1000
인도	CCRI	칙마갈루르	X	X	[18]		360

비고: [24] = 기타 종의 개수
출처: Dulloo et al. (1998); 국제 식물 유전자원 연구소(IPGRI) 커피 유전자원 수집센터 (1999).
x = 현지이용가능

- 분자 지표에 기반한 커피 종의 계통수 관계는 전통 분류체계와 매우 유사했다. 비교적 최근 아프리카 코페아 종에서 생태학적 종분화가 일어남에 따라 지리에 따른 유전적 유연관계가 있는 그룹을 클러스터(군집)로 묶을 수 있었다(표 9.2). 그러나 마스카로코페아와 아프리카 본토의 다른 그룹들 간의 종간 교잡종이 성공적으로 이루어진 사례를 통해 해당 종분화 단계에서 유전적 장벽은 아직 없는 것으로 보여진다. 따라서 이전 코페아 종에 대한 분류체계는 폐기되었다.
- 브리드슨와 버드코트(Bridson & Verdcourt, 1988)는 코페아 단일 속에 대한 분류를 개정하는 과정에서 코페아와 프실란투스속이 매우 밀접한 유전적 유연관계에 있다는 분자적 근거를 찾아냈다. 이후 P.에브락터라투스(ebracteolatus)(사배체)와 C. 아라블리아(arablea) 교배로 교잡종을 얻은 쿠투론 등(Couturon et al., 1998) 연구에서도 이 같은 사실이 입증되었다.
- C. 유게니오이데스 및 C. 카네포라 (또는 C. 콘젠시스)와의 유연관계가 밀접하거나 동일하다면 각각 이질사배체 C. 아라블리아의 모계와 부계 조상일 가능성이 높다. 라이나 등(Raina et al., 1998)은 유전체와 형광동소보합법을 이용한 C.아라비카 관련 세포유전 연구에서도 같은 결과를 얻었다. C.아라비카의 이염색체 감수분열이 조절 유전자의 염기쌍 형성이 억제되는 조건에서 일어날 가능성이 있다는 기존 세포유전학적 근거를 분자분리분석(RFLP) 마커로 입증할 수 있었다(Lashermes et al., 2000a).

표 9.2 아프리카 코페아 품종의 지리적 기원

품종	서부	중앙I(대서양)	중앙 II	에티오피아	동부	마다가스카르
C. 아라비카				X		
C. 유게니오이데스			X			
C. 카네포라	G	C	C			
C. 콘젠시스		X	X			
C. 리베리카	X	X	X			
C. 후밀리스	X	X				
C. 스테노필라	X					
C. 브레비네스		X				
C. 라세모사					X	
C. 살바트릭스					X	
C. 잔구에바리애					X	
C. 파데닐					X	
마스카로롱코페아 (50종)						X

비고: G = C.카네포라의 아개체군 기니, C = C.카네포라의 아개체군 콩고
Berthaud & Charrier (1988) 채택
x = 현지이용가능

- 분자 분석(임의증폭다형) 지표를 통해 C. 아라비카 유전자원 가운데 부분적 유전 변이된 다음의 소그룹 2종을 발견하고(Lashermes et al., 1996c), 표현형 특성에 대한 다변량 분석을 실시했다(Montagnon & Bouharmont, 1996). (a) 에티오피아 리프트 밸리 서부(카파, 일루바볼, 울레가) 지역에서 수집한 전 품종, (b) 리프트 밸리 동부(시다모, 하라르게)에서 수집한 품종 및 재배 품종. 대개 C. 아라비카 재배종에서 유래된 예멘 지역의 재배 커피는 에티오피아의 리프트 밸리 동부가 원산지이다.
- 형태학, 생화학(동종효소) 특성 및 분자표지를 통해 C. 카네포라 품종에 유전적으로 다양한 아개체군(콩고 및 기니)이 존재하는 것으로 확인되었다(Berthaud, 1985; Leroy et al., 1993).
- C. 아라비카 개체에 C. 카네포라의 유전자형을 이입하여 육종함으로써 유전자 변이를 한층 강화하였다. 아라비카 유사 품종인 티모르 교배종는 C. 아라비카와 C. 카네포라를 자연 교배하여 유도한 품종이다. 유전자 증폭산물 길이 다형성(AFLP) 기술로 분석한 분자 연구를 통해 카티모르와 사치모르 계통(티모르 교배종

교배 유도체)의 유전 변이가 일반 에티오피아산 아라비카 품종 또는 수집종보다 2배가량 많았다(Lashermes et al., 2000b).

9.2.3 보존

커피의 유전자원을 장기 보존하기 위해서는 현지 외(ex situ, 종자 보존과 관련하여 자연 서식지 밖에서 보존하는 것: 역주) 포장 유전자원 은행에 보존하는 방법 외에 다른 방법이 없었다. 커피 종자 자체가 난저장성인 데다 기존의 종자 보관 방법으로는 생육력이 2~3년 밖에 되지 않기 때문이다(Van der Vossen, 1985). 포장 유전자원 은행은 토지 및 유지 비용이 비싸고, 자격을 갖춘 직원이 필요할 뿐 아니라 병해충으로 유전자원이 손실되거나 지역 환경에 적응하지 못하는 사례가 발생할 수 있다.

저성장 조건에서 이식편 기내 배양(접합자배, 정단분열조직 또는 마디 삽목)과 반복 계대 배양할 경우, 뒤세루 등(Dussert et al., 1997a)은 커피 유전자원의 주요 유전자원 은행(core collection) 보존 기한을 3년으로 둘 수 있었다. 그러나 수집종마다 계대배양 생존률 차이가 커 유전적 부동(유전자 변이에 따른 무작위 손실)이 일어날 가능성이 있다. 기내 보존 방법을 이용하면 유전자원 유통이 한결 수월해질 수 있으나(운송 시 부피가 작고 검역 절차가 간편), 장기 보존으로는 부적합하다.

최근 커피 종자에 동결보존 기법(-196℃ 액체질소에서 보관)을 적용한 결과가 보고되었다(Dussert et al., 1997b). 압델누르-에스퀴벨 등(Abdelnour-Esquivel et al., 1992) 연구에서 커피 접합자배에도 이를 확대 적용할 수 있는 방법이 개발되면서, 뒤세루 등(Dussert et al., 1997c)은 동결보존한 C.아라비카 종자에서 살아 있는 배아를 고효율로 회수할 수 있었다. 다만, 초기 종자 발아율이 높은 것에 반해 정상 실생묘 발달이 적다면 냉동과 해동 과정에서 배젖이 손상되었음을 의미한다. 반면, 동결보존한 배아를 기내 배양한 경우 실생묘 발달 비율이 매우 높았다. 종자를 건조, 예냉, 급속 해동하는 조건, 코페아 품종에 따라 보존 후 실생묘 회수율이 크게 달라진다(Dussert et al., 1998, 1999). 동결보존 기법은 아직까지 보완해야 할 문제들이 많이 남아 있지만 커피 유전자원을 장기 보존할 수 있는 길을 열어주었다고 할 수 있다.

9.3 | 육종

9.3.1 일반 목표 및 전략

아라비카와 로부스타 커피 육종 사업은 신품종을 개발함으로써 잠재생산량을 극대화시키고, 커피 농가에 경제적 이익을 돌려주는 것을 기본 목표로 하고 있다. 커피 육종 시 선발 기준(표 9.3)에서는 아라비카와 로부스타 품종의 생산성을 우선 선발 순위로 정하고 있으나 아라비카 커피의 경우, 생산성 외에도 원두의 크기, 추출액(liquor) 품질, 주요 질병 및 해충의 숙주 저항성을 우선시하고 있다. 기후나 토양, 생물 및 비생물적 스트레스, 작부 체계, 사회경제적 요인, 시장 현황, 소비자 선호도에 따른 환경 변수들에 대해서도 선발 기준 우선순위로 정해야 한다.

표 9.3 커피의 주요 선발 기준

기준	우선순위	
	아라비카	로부스타
생산성		
생산량: 식물 및 헥타르당 kg	3	3
생산 안정성	3	3
초세	3	3
밀수형 (단절)	3	2
품질		
원두의 크기 및 모양	3	1
추출액 품질	3	2
카페인 함량	1	2
숙주의 질병 저항성		
커피녹병	3	1
커피열매병 (아프리카 한정)	3	—
기타 질병	1	1
숙주의 해충 저항성		
선충	3	1
잎굴파리	2	1
커피천공벌레	2	2
줄기천공벌레	2	1
가뭄 내성	1	1

비고: 1 = 육종 우선순위 낮음, 3 = 육종 우선순위 높음

육종과 품종 증식 방법은 아라비카(동종교배)와 로부스타(이종교배)의 교배 방식에 따라 주로 달라진다. 커피 육종 계획에 대한 개요는 다른 논문에서 이미 상세히 다룬 바 있으며(Van der Vossen, 1985; Charrier & Berthaud, 1988), 표 9.4에서는 실제 커피 연구 센터에서 진행한 육종법들을 출시 품종 사례와 함께 정리하였다.

육종 및 선발을 위한 기본 4가지 방법은 아라비카와 로부스타별로 나눌 수 있다. 계통 선발이나 개체집단선발부터 종내 및 종간 교잡에 이르기까지 복잡도와 육종 목적, 결과물별로 정리하였다.

9.3.2 생산성

일부 커피육종센터는 현재 생산성을 보다 빠르게 증대시키기 위한 방편으로 교잡종 육성에 주력하고 있다. 에티오피아(Ameha, 1990), 카메룬(Cilas et al., 1998) 및 중미(Bertrand et al., 1997)에서 아라비카 커피의 우수 교배친 대비 잡종강세가 30~60%로 관측되었으며, 이는 케냐(Walyaro, 1983)와 인도(Srinivasan & Vishveshwara, 1978)의 선행 연구 결과와도 일치했다. 커피 교잡종은 지역과 시간에 따른 수확률 안정성도 우수하게 나타났다(다만, 유전자형 × 환경 상호 효과보다 안정성이 낮았다). 일반 재배종과 에티오피아 수집종을 교배하는 등 아개체군 간의 유전적 거리가 먼 부모를 조합할 때 잡종 강세가 나올 확률이 크게 높아졌다(Lashermes et al., 1996c).

표 9.4 커피 육종법 개요

육종법	모개체	생식방법	결과물	증식방법	예시
아라비카					
(1) 순계 선발	변종	자가수정	계통	종자	카투라(브라질), 켄트(인도), SL28(케냐), 자바(카메룬)
(2) 교잡종 후 계통 선발	변종	교배 및 자가수정	계통	종자	카투아이, 투피(브라질), 카티모르 사치모르(코스타리카), S795 (인도)
(3) 종내 F1 교잡종	변종/수집종, 잡종 계통	교배 및 자가수정	복합교잡종 F1 교잡종 F1 영양체	종자 (인공수분) 체세포배발생	루이르 II (케냐) 아바부나 (에티오피아) 진행중: 카티모르 x Et (C. 아메리카)
(4) 종간 교잡종 (아라비카 x 로부스타), 역교배 및 계통 선발	아라비카 변종, 4배체/2배체 로부스타 유전자형	교배 및 자가수정	계통	종자	이카투(브라질), S2828(인도)
로부스타					
(5) 집단선발 (개별 식물)	지역 또는 도입 변종 및 수집종	개방 수분	개방수분 변종	종자	아포아타(브라질), S274(인도), 네마야 (C. 아메리카)
(6) 가계 및 영양체 선발	변종, 영양체	개방수분 (반형매가계)	합성 변종 (이중클론, 다클론 채종원) 영양체	종자	BR Sel 2(인도) SA 및 BP 선발체(인도네시아) IF 126, 202, 461 영양체 (코트디부아르) BP39, BP42(인도네시아)
(7) 상호순환선발	변종, 영양체 (아개체군 2종 구분)	그룹내 조합능력 및 그룹간 재조합 검사를 위한 양친교배; +배가반수체	합성 교잡종 (이중클론 채종원) 영양체 F1 교잡종	종자 삽목 또는 체세포배발생 종자	진행중(코트디부아르, 프랑스)
(8a) 종간 교잡종 (아라비카 x 로부스타), 가계 및 영양체 선발	아라비카 변종, 4배체 로부스타 유전자형	교배 및 개방수분	합성 교잡종 (다클론 채종원) 영양체	종자 삽목	아라부스타 (코트디부아르)
(8b) 종간 교잡종 (C. 콘젠시스 x 로부스타), 로부스타 역교배 및 가계 선발	C. 콘젠시스 수집종, 로부스타 유전자형	교배, 역교배, 형매교배	개방수분 변종	종자	C x 변종(인도)

코트디부아르에서 1985년부터 진행한 대규모 상호순환선발 육종 사업에 따르면, 로부스타 커피를 개체군 간 교배하여 얻은 후대의 수확량에서 뚜렷한 잡종 강세가 보고되었다(Leroy et al., 1993, 1994, 1997; Montagnon et al., 1998a, 1998b). 그룹 간 양친교배(콩코 x 기니) 후대 중에는 최상의 상업용 영양체에서 얻은 후대보다 수확량이 40% 더 많은 경우도 있었다. 해당 시험과 배가반수체 교배 등의 육종 실험에서(초기) 수확을 위한 유전분산과 대다수 형질들은 주로 일반조합능력(상가적 유전 효과)에 의해 크게 좌우되었다(Lashermes et al., 1994a). 유전분산이 충분하고, 개체간 교배에서의 잡종강세를 이용하면 아라비카와 로부스타 커피의 수확량을 높일 수 있는 선발 방법을 도출할 수 있다.

앞서 언급한 선발 시험에서 초세가 수확량과 관련성이 높았던 이유는 생리학적 특성을 고려해 보아야 한다. 커피 과실이 영양 생장에 피해를 주지 않으면서 착과되려면 잎면적이 최소 20 Cm^2 이상(아라비카 잎의 절반) 되어야 할 만큼 동화작용이 활발한 부위이다(Cannell, 1985).

활력도가 좋은 수목은 새순과 잎 생산 속도가 빨라 수확량이 많아지며, 폐쇄형 재식 방법에서 단위 면적당 커피 수확량을 대폭 늘릴 수 있다. 그러나 초세가 강하고 임관층이 넓게 형성된 경우, 수광 경쟁이 이른 시기에 발생해 개화와 수확량이 줄어들 수 있다. 밀집 생육된 아라비카 품종 카투라의 절간 길이가 짧았다는 점에서(단일 우성 유전자 Ct, 절간 길이가 약 50%까지 감소), 수목의 활력도와 고밀도 재식을 통해 생산성을 증대시키면서도 상호차광으로 인한 조기 생산량 감소를 방지할 수 있다. 이 방법은 아라비카 품종 개발에 많이 이용되고 있는데(표 9.4: cvs 카투아이, 카티모르, 콜롬비아), CtCt 유전자형을 가진 한쪽 부모에게서 태어난 CtCt 유전자형 교잡종 F1대에서도 밀집 생육이 가능했다(표 9.4: 루이르 II; 카티모르 × Et).

한편, 최근 로부스타 커피와 C × R 변종(예: C. 콘젠시스와 C. 카네포라 교배) (Srinivasan, 1996)에서 절간 길이가 짧은 왜성 돌연변이가 확인되면서 로부스타 신품종 개발에 새로운 지평을 열었다.

9.3.3 품질

신종 질병에 대한 재배종의 저항성은 커피 생산국의 명성 유지와 세계 커피 시장에서의 위치와 직결되기 때문에 아라비카 커피 육종 분야에서, 특히 마일드(수세식) 커피를 생산하는 국가를 중심으로 커피 원두의 크기 선별과 커피 품질에 대한 관심이 매우 높았다. 이에 따라 케냐는 커피열매병과 커피녹병에 저항성을 가진 교잡 재배종인 루이르 II(Njoroge et al., 1990)를 생산하고, 콜롬비아는 커피녹병 저항성 재배종인 콜롬비아(Moreno et al., 1995)를 만들어 국제커피테이스팅협회의 인정을 받았다. 커피의 품질을 결정하는 구성 성분은 대개(상가적) 유전 변이의 영향을 받으나 환경적 요인도 관련이 있다(Walyaro, 1997). 위의 두 육종 사업은 수확 전후의 관리 기준과 생두 등급 분류, 컵 테이스팅 규격을 엄격하게 관리하여 선발 과정을 개선하고 외래 유전자원이 질병 저항성에 이입됨으로써 발생할 수 있는 품질 문제를 차단할 수 있었다. 유전자형 × 환경의 상호 영향이 원두의 크기와 추출액(liquor) 품질에 유의미한 영향을 줄 수 있기 때문에 환경(예: 기후, 고도, 그늘)에 따라 새로운 재배품종의 품질을 검증할 필요가 있다(Mawardi & Hulupi, 1995; Guyot et al., 1996; Agwanda et al., 1997). 브라질에서 1992년 출시된 커피녹병 저항성 이카투 재배종은 브라질의 미수세식 커피 품질 기준을 적용했을 때 기존 브라질 재배종과 원두 크기와 추출액 품질이 유사하였다(Fazuoli et al., 1999). 해당 품종은 1950년대부터 시작한 장기간 육종 사업의 일환으로 종간 교잡종(로부스타 × 아라비카)과 아라비카와의 반복 역교배, 계통 선발을 통해 획득하였다(Carvalho, 1988).

모스케토 등(Moschetto et al., 1996)은 코트디부아르에서 재배된 로부스타 커피의 원두 크기와 커피 품질의 유전자 변이에 대한 연구 결과를 발표하였다. 그 결과, 품질 특성의 유전성은 아라비카 커피와 유사하게 나타났으며, C. 카네포라의 콩고 그룹 유전자형은 기니 그룹보다 커피 품질이 대체적으로 우수하였다. 바디나 산미가 더 부드럽고 쓴맛과 불쾌취가 덜했으나 아라비카 커피 기준에는 크게 하회했다. 한편, 일부 아라부스타와 콩구스타 커피의 커피 품질은 아라비카와 흡사했다. 아라부스타 사업은 수확량이 낮고 불안정하여 중단되었다(Charmetant et al., 1991; Yapo, 1995).

반면, 콩구스타는 로부스타 유사 커피 생산을 위해 커피 품질을 개량할 수 있는 기회를 확대할 수 있을 것으로 보인다. 인도에서 '콩구스타' 교잡종을 로부스타와 역교배한 후 전형매가계선발 과정을 거쳐 개발한 C×R 변종에서 이러한 가능성이 점쳐졌다(Srinivasan, 1996; Srinivasan et al., 1999). 이 품종은 밀집 생육, 우수한 생산력, 저고도 적응력을 가진 아라비카 커피와 품질이 비슷했다.

카페인 함량(아라비카 커피의 카페인 함량은 로부스타의 약 2배)은 유전력이 높은 양적 형질에 속했다(Montagnon et al., 1998c). 바르에 등(Barre et al., 1998) 연구에서는 카페인이 없는 C. 슈도잔구에바리애와 C. 리베리카 품종의 디워브레이 종간교배를 통해 카페인의 유무는 이중 열성 유전자형 결여 상태에서 주요 유전자 1개의 조절을 받는 것으로 추정한다.

무카페인은 쓴맛을 내는 헤테로사이드 디테르펜과 관련이 있으며, 이는 주요(공동우성) 유전자에 의해 조절된다. 이 형질을 분자표지함으로써 카페인과 쓴맛이 모두 결여된 유전자형을 신속히 찾을 수 있었으며, 당초 모이스디 등(Moisyadi et al., 1999; 11장 참조)이 제안한 형질 변환시킨 무카페인 커피 식물을 대체할 수 있었다. 카페인 특유의 각성 효과 때문에 커피를 마시는 경우가 많고, 적정량은 마셔도 대개 건강에 유해하지 않다(챕터 8 참조). 따라서 디카페인 커피의 수요가 적다는 점(총 커피 소비량의 10%)을 감안하면 카페인 무함유 재배종은 제한적이며, 향후 수요가 크게 증가하지 않을 것으로 예상된다.

9.3.4 커피녹병 저항성

커피녹병(Hemileia vastatrix)은 1970년(브라질)과 1986년(파푸아뉴기니 및 자메이카) 일대 커피 생산지로 확산되기 시작해 1976년에는 중미, 1983년에는 콜롬비아로까지 번졌다(Carvalho et al., 1989). 커피녹병으로 세계 아라비카 커피 생산에 입힐 경제적 손실을 추산해 보면, 작물 손실(20~25%)에 따른 피해액은 연간 미화 10~20억 달러에 달해 문화 및 화학적 방제 대책(생산비용의 10%)이 필요하다.

커피녹병 숙주의 저항성과 아라비카 품종 육종을 다룬 연구로는 댈하우지 대학의 에스케스(Eskes) 연구소가 많이 언급된다(1989). 커피녹병 저항성은 주요 유전자(SH) 개수에 의해 결정되며, 커피녹병균의 생리적 변종과의 상호작용에 따라 저항성을 분류한다는 것이다. 커피녹병 변종의 독성 검사에 사용한 아라비카의 커피녹병 저항성 육종과 분화를 표 9.5에 제시하였다.

C.카네포라의 주요 유전자(SH6—SH 9 + ?)에서 유래한 카티모르 계통의 숙주 저항성은 지난 15년간 여러 국가에서 발생한 커피녹병 유행성을 꾸준히 예방해왔다. 커피녹병이 발생한 국가들은 비교적 서늘한 기후(고산지)에서 아라비카 커피를 재배하고, 수많은 생리적 변종이 제한적으로 존재하는 지역으로 콜롬비아, 중미 국가들, 케냐, 탄자니아, 파푸아뉴기니가 여기에 속한다. 최초 발견된 변종 II는 32개국 독성 검사에서 발견된 분리균 중 58%를 차지했으며, 변종 I(14%), 변종 III(9%), 변종 XV(4%)가 그 뒤를 이었다. 변종 II, I, XV은 커피녹병에 취약한 브라질 아라비카 재배종에서 1974년 분리되었다. 그러나 IAC(깜비나스 농경제연구소) 선발 포장에서 이후 여러 변종들이 추가로 발견되어 A형 저항성을 가진 신규 재배종 개발의 필요성이 대두되었다(Carvalho et al., 1989).

인도의 아라비카 커피 육종 역사에 있어 오랫동안 커피녹병 변종이 반복 출현한 이유에는(Carvalho et al., 1989), 주요 재배지의 기후가 고온 다습했던 것과 관련이 있어 보인다. 인도에서 1985년 대규모 식재를 한 후 몇 년 동안 카티모르 나무(코버리 지역)에서 커피녹병 감염 사례가 보고되었다(Srinivasan et al., 1999). 전혀 감염되지 않은 식수들도 있었지만 중증 감염 식수의 경우 변종 II에도 취약한 것으로 드러났다. 그러나 대부분은 녹병 감염 증상이 경미했다. 1993년에는 생리적 변종 9종이 새로이 확인되었으며, 이 가운데 저항성 유전자 4종(SH6—SH9)에 대항하는 변종도 포함되어 있었으나 대개 공격성은 낮았다. 이에 따라 총 39종의 변종이 규명되었으며, 이 가운데 30종은 인도에서 발견되었다(Rodrigues et al., 1993). 따라서 코버리 지역에서 확인된 커피녹병 감염 사례는 A형(모든 변종에 저항성을 가짐)과 R형 저항성 그룹(새로운 병원성을 일으킬 수 있음)을 비롯한 일부 E그룹 분리개체가 혼합되었던 것으로 보인다. 오에이라스 커피녹병연구소(CIFC-Oeiras)의 접종 시험에서는 A형 저항성을 가진 카티모르 계통 중 신종 변종에 감염된 사례는 확인되지 않아 아직 미확인된 다른 SH 유전자가 존재하는 것으로 보인다. 그 밖에 다른 아시아 국가(예: 필리핀)를 비롯해 콜롬비아에서도 최근 카티모르 식물에 녹병 감염이 보고되었으나 분리균의 병원성을 추가적으로 확인할 필요가 있다(Varzea & Rodrigues, 개인 서신)

표 9.5 커피녹병 변종 식별을 위한 주요 분화

분화			숙주 저항성	
그룹	변종/교배	영양체	유전자형	유전자원
A	HDT (티모르 교배종)	832/1	SH 5,6,7,8,9 + ?	C. 카네포라
R	HOT (티모르 교배종)	1343/269	SH 6	C. 카네포라
R–1	M. 노보x HW 26	H420/10	SH 5,6,7,9	C. 카네포라
R–2	M. 노보x HW 26	H420/2	SH 5,8	C. 카네포라
R–3	M. 노보x HW 26	H419/20	SH 5,6,9	C. 카네포라
R–4	카투라 x HdT 1343/269	H440/7	SH 5,6	C. 카네포라
	S12카파	635/2	SH 4	C. 아라비카 ex 에티오피아
I	S12카파	134/4	SH 1,4	C. 아라비카 ex 에티오피아
W	S12카파	635/3	SH 1,4,5	C. 아라비카 ex 에티오피아
J	S4아가로	110/5	SH 4,5	C. 아라비카 ex 에티오피아
G	S288–23	33/1	SH 3,5	C. 리베리카 ex 인도
H	S353–4/5	34/13	SH 2,3,5	C. 리베리카 ex 인도
D	켄트	32/1	SH 2,5	C. 리베리카 ex 인도
L	KP532–31	1006/10	SH 1,2,5	C. 아라비카 ex 탄자니아
C	게이샤	87/1	SH 1,5	C. 아라비카 ex 에티오피아
	딜라 & 알게	128/2	SH 1	C. 아라비카 ex 에티오피아
E	버본	63/1	SH 5	C. 아라비카

비고: HW 2 6 = 카투라 x HdT 83 2/1 .
Bettencourt & Rodrigues (1988) 채택.

한편, 인도 데바마치 유래 아라비카 품종(로부스타 x 아라비카 자연발생적 교잡종, 티모르 교배종과 유사)과 S2828 선발 품종은 커피녹병의 포장 저항성이 높을 뿐 아니라 수확량도 많고 품질도 우수하였다. 해당 품종은 종간 교잡종(로부스타 × 아라비카)을 아라비카와 역교배하고, 계통을 선발하는 방법으로 개발하였다(Srinivasan et al., 1999). 저항성 특성은 아직 확인해야 할 부분들이 남아 있지만 주요 및 소수 유전자로 인해 커피녹병 내구 저항성을 보여주는 특정 선발종에서 카티모르 유래(예: 투피, 오바타)와 브라질 이카투 재배종과 비슷할 수 있다(Carvalho et al. 1989; Carvalho & Fazuoli, 1993; Fazuoli et al., 1999). 카스티요 및 알바라도 연구(Castillo & Alvarado, 1997)에서도 카티모르 계통에서 커피녹병 불완전 저항성을 밝혀냈다. 특정 카티모르와 이카투 계통의 커피녹병 불완전 저항성은 변종 특이성을 갖는 것으로 보여 내구 저항성은 없을 것으로 보인다(Eskes et al., 1990).

특히 유전자 집적(하나의 유전자형에 여러 저항성 유전자를 축적)과 관련해 SH 유전자형과 변종 특이 및 비특이성 커피녹병 저항성 유전자를 분자표지하여 아라비카 커피의 내구 저항성 선발 효율을 높여야 한다. 임의증폭다형(RAPD) 표지를 이용한 초기 연구를 통해 일부 녹병 변이는 다형성이 크다는 사실을 확인할 수 있었으며(Santa Ram & Sreenath, 1999), 조만간 국내외 연구소들이 합동으로 커피녹병의 분자표지활용선발을 진행할 계획이다(Sreenath & Naidu, 1999).

로부스타 커피는 주로 커피녹병의 포장 감염에 대한 개별 식물, 영양체 또는 가계 점수를 토대로 커피녹병 저항성을 2차 선발한다. 로부스타 콩고그룹은 기니그룹에 비해 대부분 저항성이 훨씬 뛰어났다(Montagnon et al., 1994; Leroy et al., 1997).

9.3.5 커피열매병 저항성

커피열매병은 진균류(Colletotrichum coffianum)에 의해 발생되며, C.카와웨(kahawae)로도 부른다 (Waller et al., 1993). 이 탄저병은 아프리카의 아라비카 커피 열매 생산을 황폐화시킬 수 있으며, 특히 고산지에서는 심각한 피해를 줄 수 있다(Van der Graaff, 1992 ; Masaba & Waller, 1992). 커피열매병이 유행할 경우(장기간 한랭다습한 기후 조건), 작물 손실량은 수년에 걸쳐 50~80%에 달할 수 있다. 살진균제를 분무하여 방제시킨다 해도 그 비용이 비싼 데다(총 생산비의 30~40%), 효과를 100% 장담할 수 없고, 소규모 농가에게는 경제적으로 부담을 줄 수 있다. 아프리카에서 커피열매병으로 인한 아라비카 커피의 경제적 피해 수준(작물 손실 및 방제비용)은 매년 3만~5만 달러(미화)로 추정된다.

케냐와 에티오피아에서는 30여 년 전 시작한 육종 사업을 통해 커피열매병 저항성이 강한 신품종 개발에 성공했다(Van der Vossen, 1997). 케냐는 지금까지 약 10,000헥타르가 넘는 지역에 교잡종 루이르 II를 파종하였다. 이는 커피열매병과 커피녹병 저항성을 동시에 가지면서도 집약 생육이 가능해 일반 재배 품종과 비교해도 수확량과 품질이 우수하다. 에티오피아의 아바부나 품종 등 커피열매병 저항 교잡종이 앞서 출시한 육종 계통에 비해 경제성이 좋아 농가에서 많이 받아들였지만 실제 파종 현황을 알 수 있는 자료가 없다.

탄자니아 육종 사업에서는 티모르 교잡종(영양체 CIFC 1343)과 수단 루메에서 발견한 커피열매병 저항성을 기반으로, 다중교배를 통해 얻은 영양체에 대한 다지역 시험에 들어갔으며, 커피열매병(및 커피녹병) 저항 영양체를 몇 년 내로 출시할 계획을 갖고 있다(Nyange et al., 1999). 그러나 이들 품종들은 탄자니아 마일드 커피의 커피 품질 기준에는 맞지 않을 수 있다. 카메룬은 1980년까지 커피열매병 저항성을 가진 자바 품종을 선발하였다. 해당 사업에서는 다수의 아라비카 품종과 에티오피아(Et) 오리진 수집종의 경제적 특성과 질병 저항성을 스크리닝하였다(Bouharmont, 1994). 이후 후속 육종 사업에서는 에티오피아(Et) 수집종을 한부모로 포함시켜 교배했을 때 잡종강세가 두드러지게 나타났으나, 자바 품종과의 조합능력은 떨어졌다(Cilas et al., 1998).

에티오피아 육종 연구에서 일부 열성 유전자의 상가적 효과가 확인되었음에도 불구하고, 주로 세 가지 주요 유전자(우성 R, 공동우성 T 및 열성 k 유전자)에 따라 커피열매병에 대한 숙주저항성이 달라진다는 케냐 연구 결과가 발표되었다(Walyaro, 1997; Bellachev, 1997). 이러한 차이는 유전자원 차이도 있겠지만 유전 연구에서 사용한 접종 시험도 원인이 될 수 있다. 에티오피아는 커피열매를 분리시켜 접목하는 유전 연구를 진행하였다. 기추루 등 연구(Gichuru et al.,, 1999)에 따르면, 통상 커피열매병 저항 변종을 가진 접목 열매나 배축 줄기에서 확인 가능한 조직학적, 화학적 저항성 메커니즘을 분리된 커피열매에서는 확인할 수 없었다. 주요 유전자 저항성에 대한 가설은 애관다 등(Agwanda et al., 1997)과 크리스탄초(Cristancho, 1999)의 분자 표지 기술을 접목한 최근 연구를 통해 입증할 수 있었다. 해당 연구진은 티모르 후대교배종과 유도체(예: 카티모르)의 커피열매병 저항성 조절 T 유전자에 대한 임의증폭다형 지표와 밀접한 관련이 있음을 밝혀냈다. HdT1343(콜롬비아 카티모르 계통 후대)는 T 유전자를 갖고 있었으며, HdT832 유래 카티모르 계통(예: 오에이라스 및 브라질 커피녹병연구소)은 커피열매병에 모두 취약했다(Van der Vossen, 1997). 로벨리 등(Rovelli et al., 1999)은 아라비카 커피에서 다형성 부수체를 검출하였다. 이는 기타 커피열매병 저항성 유전자의 분자표지 개발에 유용할 것으로 기대를 모으고 있는 가운데, 육종 개발 분야에 있어 커피열매병 저항성을 위한 유전적 근거를 재확인시켜 주고, 유전자 집적에 의한 효과적인 숙주 저항성을 확보할 수 있을 것으로 보인다. 아울러 아프리카 이외 지역의 육종가들에게 해당 지역에서 커피열매병이 돌연 병원성을 보이는 경우, 보유 종축을 선제적으로 커피열매병 저항성을 검증하거나 이입할 수 있게 해준다. 실제 이 전략은 콜롬비아가 커피녹병이 유입되기 전 수년간 진행된 바 있다(Castillo, 1989).

벨라 망가 등(Bella Manga et al., 1997; Bella Manga, 1999) 연구에서는 커피열매병 병원균과 아라비카 유전자 간의 품종 특이적인 상호작용을 다룬 로드리게스 외(Rodrigues et al., 1992) 및 바르제아 외(Varzea et al., 1999) 연구에 대해 확정할 수 없다고 밝혔다. 이들 연구진은 아프리카 국가 일부에서 커피열매병 취약 및 저항 아라비카 재배종과 수집종을 수거한 뒤 C. 카하웨를 다수 분리하였다. 체세포 융합군(VCG)과 임의증폭다형 분자 표지로 평가한 결과, 병원균 개체 간의 유전적 다양성은 다소 좁게 나타났으나 동아프리카와 카메룬의 소그룹은 구분할 수 있었다. 카메룬 소그룹에서 분리한 병원균은 일부 동아프리카보다 병원성이 높게 나타났다. 그러나 병원성 검사를 통해 분리균의 공격성과 숙주 저항성 정도에 상당한 변이가 일어나더라도 병원균-숙주 간의 상호작용은 미미한 것으로 확인되었다. 케냐의 커피열매변 분리균을 대상으로 한 오몬디 등(Omondi et al, 1997) 연구에서도 유사한 결과가 도출되었다. 커피열매병 분리균의 공격성 변이는 에티오피아에서도 나타났다(Derso, 1999). 커피열매병 병원균의 특정 변종은 숙주 저항성에(지금까지) 영향을 주지 않았으나 작물 보호에 필요한 숙주 저항성은 지역마다 차이가 있다.

9.3.6 기타 질병에 대한 저항성

다른 진균이나 세균성 질병이 커피에 영향을 줄 수 있지만(Wrigley, 1988; Anon, 1997), 육종 프로그램에서 다루는 질병은 매우 제한적이다. 커피 유전자원에 숙주 저항성이 없는 경우 커피 생산지에 엄청난 경제적 파급력을 미치기도 한다. 실제 인도에서 커피녹병에 이어 두 번째로 피해가 큰 검은썩음병(Koleroga noxia) (Bhat et al., 1995) 외에도 자이렐라 파스티디오사(Xylella fastidiosa)로 인한 커피 잎마름병도 브라질 일부 커피 산지 지역에서 문제가 되고 있으며(Beretta et al., 1996), 케냐 몇몇 지역에서도 흰 잎마름병(Pseudomonas syringae pv garcae)으로 홍역을 앓고 있다(Kairu, 1997).

푸사리움 가지마름병 또는 진균성 관다발병(Fusarium xylarioides)은 1980년대부터 콩고민주공화국 북동부와 우간다 남서부 지역의 로부스타 커피 생산량을 급감시켰다(Flood & Brayford, 1997; Birikunzira & Hakiza, 1997). 아직까지도 재발생 원인을 정확히 규명하지 못하고 있으나 오래되거나 방치된 커피 농장일수록 특히 피해 규모가 컸다. 우간다 영양체 중에는 아직도 저항성을 가진 개체가 있으므로 로부스타 유전자원에서 내성을 가진 숙주를 새로 선별해 낸다면 경제적으로 도움이 될 수 있다.

9.3.7 선충 저항성

뿌리혹 선충(Meloidogyne spp.)과 뿌리썩이 선충(Pratylenchus spp.)은 브라질(Carvalho, 1988)을 비롯한 중미(Anzueto et al. 1991), 인도(Anon, 1997), 인도네시아(Mawardi & Soe-naryo, 1988) 아라비카 커피 농가에 막대한 경제적 손실을 야기시킬 수 있다.

다만, 동아프리카는 묘목에서 선충이 발생하는 경우 외에는 큰 피해가 없었다(Mitchell, 1988). 로부스타 커피 유전자원은 해당 내부 기생선충 2종에 대한 숙주 저항성을 가지고 있었으며, 피해 지역을 중심으로 뿌리줄기를 활용해 아라비카 품종을 선발하였다. 중미의 네마야 품종(Anzueto et al., 1991)과 브라질의 아포아타 품종(Carvalho & Fazuoli, 1993)이 바로 그 예이다. 아포아타 품종은 잠재 생산량과 커피녹병 저항성이 뛰어나 최근 브라질 상파울루의 로부스타 커피 생산량을 늘릴 수 있는 품종으로 선정되기도 했다.

코스타리카와 과테말라, 엘사바도르를 대상으로 한 연구에 따르면, 뿌리혹선충 2종은 다음의 두 가지 요소로 구분할 수 있다. (a) 뿌리 안쪽에서의 산란량으로 인한 강한 충영 형성 및 약한 뿌리 파괴(예: M. exigua, M. arabicida), (b) 뿌리 바깥쪽에서의 산란량으로 인한 약한 충영 형성 및 강한 뿌리 파괴(예: M. incognita, M. arenaria, M. javanica) (Bertrand et al., 1995). 첫번째 뿌리혹선충 유형에 대한 숙주 저항성은 콜롬비아산 카티모르 계통에서 발견되었으며, 두 번째 뿌리혹선충 저항성은 에티오피아의 일부 아라비카 아형에서 확인되었다. 유형별 저항성은 주요 우성 유전자 1~2종에 의해 발현되었으며, 일부 로부스타 식물(주요 및 소수 유전자)이 두 뿌리혹선충에 대한 저항성을 동시에 지니고 있었다. 아라비카의 경우 모든 유전자원이 뿌리혹선충에 취약했으나 일부 로부스타 유전형이 내성을 보였다. 중미커피 산지에서 뿌리혹선충과 뿌리썩이 선충 질병이 동시다발적으로 발생하는 양상을 보이며, 두 개체가 길항작용을 하는 것으로 알려져 있다. 따라서 하나의 식물 질병에 대한 저항성을 가지면 다른 질병의 질병 발생 위험이 높아질 수 있다(Bertrand et al., 1998). 이러한 점을 고려하여 뿌리선충에 대한 다양한 저항성 스펙트럼을 가진 로부스타 뿌리줄기(예: 네마야 품종)을 사용하거나 장기적으로 주요 뿌리혹선충과 뿌리썩이 선충 모두 저항성을 가진 아라비카 신품종(교잡종)을 개발하는 것이 중요하겠다. 최근 뿌리혹선충 저항성에 관한 유전자 분자 지표를 개발하는 합동 연구 프로젝트가 출범하였다(Lashermes et al., 1999a).

9.3.8 해충 저항성

커피에 크고 작은 영향을 미치는 해충은 수백 가지에 이른다(Wrigley, 1988). 통합해충관리시스템(IPM)은 재배, 생물, 화학적 정보를 조합해 조기에 알려주는 경보 시스템으로, 주요 커피 해충을 성공적으로 관리하고 있다(Bardner, 1985). 지난 1988년, 콜롬비아(Bustillo et al., 1995)와 인도(Bheemaya et al., 1996; Anon, 1997)에 커피천공벌레

(Hypothenemus hampei)가 유입되자 해당 해충 병원균을 제어하기 위해서는 효과적인 통합해충관리법을 강구해야 한다는 움직임이 일었다. 인도 아라비카 커피에 커다란 영향을 미쳤던 흰줄기천공벌레(Xylotrechus quadripes)의 수컷 페로몬을 확인, 합성하면서 이를 방제할 생물학적 제제 방안을 마련할 수 있었다(Hall et al., 1998; Jayarama et al., 1998).

브라질에서 심각한 피해를 입힌 잎천공벌레 페릴루코프테라 커피엘라(Perileu-coptera coffeella)에 대한 숙주 저항성이 코페아 스테노필라와 코페아 라세모사 품종에서 발견되었다. 다만, 코페아 라세모사 품종에서 얻은 저항성 유전자만 아라비카 커피에 이입시킬 수 있었다(Carvalho, 1988). 페릴루코프테라 커피엘라 저항성은 보족상위 유전자 2종이 요구된다(Guerreiro Filho et al., 1999). 그러나 이 외에 코페아 유전자원에서 다른 해충 저항성은 확인되지 않았다. 향후 유전자 재조합을 통해 잎 천공벌레(페릴루코프테라 커피엘라, 류콥테라 종) 저항 유전자에 대한 재분화가 가능해지면(Leroy et al., 1999; 11장 참조) 주요 커피 해충, 특히 내과피 해충에 저항성을 가진 분자를 육종할 수 있는 길이 열릴 수 있을 것으로 기대된다(Guerreiro Filho et al., 1998).

9.3.9 가뭄 내성

아라비카 커피가 로부스타에 비해 수분 스트레스가 일반적으로 높은 것과 관련하여, 뿌리가 더 넓고 깊게 내리는 것과 관련이 있다고 보고 있다. 그러나 같은 품종일지라도 유전자형에 따라 가뭄 내성도 차이가 크게 나타난다.

동아프리카계 일부 품종(예: SL28)은 근계가 유난히 잘 발달되어 있고, 수분 스트레스 하에서의 초계와 잎 보유력이 우수해 아라비카 유전자원 가운데 유전자형이 가장 뛰어나다는 평가를 받는다(Van der Vossen & Browning, 1978). 해당 수목은 12~15세기 동안 장기간 작물화가 이루어지면서 해당 유전자형이 발달된 것으로 보인다. 원래 에티오피아의 고산지 산림 하층에서 음수였던 수목이 예멘의 건조하고 양지인 환경을 거쳐 동아프리카에 최종 정착하였다. 케냐에서 장기간 건기가 이어지면서 아라비카 품종이나 에티오피아 아종 파종지보다 SL28 품종 파종지에서 시들음병이 훨씬 늦게 나타났다. 브라질은 카투라와 문도노보 품종이 에티오피아 유전자원에 비해 가뭄 내성이 더 뛰어났다(Carvalho, 1988).

가뭄 내성이 우수한 로부스타 커피를 선발하려면 근계의 깊이와 넓이뿐만 아니라 스트레스 조건 하에서의 잎 보유를 중점적으로 살펴보아야 한다. 인도 C×R 재배종은 가뭄 내성이 뛰어난 편이지만 아라비카보다 가뭄 내성이 더 좋은 로부스타 유전자형을 보유하고 있을 가능성은 떨어진다. 카발료(1988)는 가뭄 내성 원종으로 C. 라세모사 품종을 권장하기도 했다.

9.4 | 신품종 번식

9.4.1 종자 번식

많은 국가들이 커피 신품종 개발 방법으로 종자 번식을 선호해왔다(표 9.4 참조). 순수 계통의 종자를 육종한 경우, 아라비카 커피의 사례처럼 저렴한 비용으로 종자를 번식하고 보급하기 위해서 지리적으로 격리된 종자원을 설립한다. 브라질(Fazuoli et al., 1999), 인도(Srinivasan, 1996), 카메룬(Bouharmont, 1994)이 이러한 방식을 선택했다. 콜롬비아는 종자원별로 다수의 카티모르 계통을 번식시키고, 선발 계통의 종자를 혼합시켜 합성 품종을 만들었다(Moreno, 1994).

아라비카 제1대 잡종 증식은 꽃의 생식기관을 제거하고 교배봉투에 넣어 인공 수분을 실시하는 등 복잡한 교배 작업을 수행해야 한다(Opile & Agwanda, 1993). 케냐의 교잡종 루이르 II 실험에 따르면, 대규모 종자 증식 방식은 영양체 증식보다 기술적으로 실현 가능하고, 저렴한 편이었다. 그러나 채종 생산 단위를 소규모화하여 분산시킨다면 생산량을 크게 개선시킬 수 있다(Van der Vossen, 1997). 한편, 에티오피아 오리진의 아라비카 수집종에서 한 개의 열성 유전자에서 웅성 불임성이 확인되어(Mazzafera et al., 1989 ; Dufour et al., 1997) 종자 생산 비용을 절감할 수 있는 가능성이 열렸다. 해당 유전자는 기존 이입 육종 방법에 비해 종자 생산에 드는 시간이 크게 단축되기 때문에 불임성 모계를 얻기 위한 분자 육종(마커이용선발법 및 유전자 변형)에 적합하다 할 수 있다.

로부스타 커피 종자는 완전히 격리된 종자원에서 생산한 묘목 개체를 선발하여 파종한다(예: 아포아타, 네마야, S274). 합성된 교잡종 종자는 조합능력이 뛰어난 영양체(2개체 선호)와 함께 파종해야 한다(Charmetant et al., 1990; Montagnon et al., 1998a). 자가불화합성으로 타가 수분이 이루어질 수 있게 해준다. 모체 영양체가 이형 접합성을 보이기 때문에 '영양 교잡종'이 일정하지는 않지만 모체의 배가반수체에 의해 유전적으로 균일화된 로부스타 교잡종 종자를 만들어낼 수도 있다(Lashermes et al., 1994b).

9.4.2 영양번식

기존의 영양번식법은 종자번식 비용의 10배가 소요된다(Montagnon et al., 1998a). 영양번식한 로부스타 재배종은 잠재 생산량이 많고, 초기 비용을 빨리 회수할 수 있는 일부 대규모 커피 농가에서 제한적으로 파종되었다(Charrier & Berthaud, 1988). 또한, 영양번식한 교잡종 아라비카 재배종은 증식 속도가 느리고, 건조냉랭한 아라비카 커피 재배 환경에서 경화(hardening-off) 문제가 발생해 물류와 기술적인 부분이 더 요구된다.

커피에 시도된 기내 재분화 방법 중 액체 배지에 고빈도 체세포배발생(Zamarripa et al., 1991; Berthouly & Michaux-Ferriere, 1996)은 대량증식의 효율성을 높일 것으로 기대된다.

중미에서는 아라비카 교잡종 종자생산 대신 카티모르×에티오피아(Et) 교잡종 증식을(Etienne et al. 1997a, b), 우간다는 우수 로부스타 영양체 증식을 이용하고 있다(Berthouly et al., 1995). 발근묘에서 자란 커피 식물은 실생묘보다 직근이 없어 발근이 얕게 형성된다. 따라서 장기간 건조 기후에서 저항성이 약하다. 체세포배발생으로 키운 식물은 실생묘 근계와 유사하게 발달된다는 이점이 있다. 데예 등(Deshayes et al., 1999) 연구는 체세포배발생으로 생산한 로부스타 커피 식물 비용이 일반 발근묘와 비슷하다고 보고했는데, 바꿔 말하면 교잡종 종자생산보다 아직도 월등히 비싸다고 볼 수 있다.

약어

ACRN	아프리카 커피연구네트워크
AFLP	유전자 증폭산물 길이 다형성
BCRI / E	생물다양성 보존 연구, 에티오피아
CATIE	코스타리카 열대 농업 연구 및 고등교육센터
CBD	커피열매병
CCRI	인도 중앙커피연구소
CENICAFE	콜롬비아 국립커피연구센터
CIFC	오에이라스 커피녹병연구소
CIRAD	국제농업개발연구협력센터(프랑스 소재)
CLR	커피녹병
CNRA	코트디부아르 국립농업연구센터
CRF	케냐 커피연구재단
FOFIFA	마다가스카르 국립농업 및 농촌응용개발연구소
IAC	브라질 농업연구소
IAR / JARC	에티오피아 농업연구소/ 지마 농업연구센터
ICO	국제커피기구(영국 런던 소재)
ICCRI	인도네시아 커피 및 코코아연구소
IPGRI	국제식물유전자원연구소(이탈리아 로마 소재)
IPM	통합해충관리
IRAD	카메룬 농업개발연구소
IRD	프랑스 개발조사연구소(예: ORSTOM)
RAPD	임의증폭다형
RFLP	제한효소절편다형
TARO	탄자니아 농업연구기구
VCG	체세포 불화합성

참고문헌

- Abdelnour-Esquivel, A., Vallalobos, V. & Engelmann, F. (1992) Cryopreservation of zygotic embryos of *Coffea* spp. *Cryo-Letts*, **13**, 297-302.
- Agwanda, C.O., Baradat, P., Cilas, C. & Charrier, A. (1997) Genotype-by-environment interaction and its implications on selection for improved quality in arabica coffee (*Coffea arabica)*. In: *Proceedings of the 17th ASIC Colloquium* (*Nairobi*), pp. 4249. ASIC, Paris, France.
- Agwanda, C.O., Lashermes, P., Trouslot, P., Combes, M.C. & Charrier, A. (1998) Identification of RAPD markers for resistance to coffee berry disease, *Colletotrichum kahawae*, in arabica coffee. *Euphytica*, **97**, 241-8.
- Ameha, M. (1990) Heterosis and arabica coffee breeding in Ethiopia. *Plant Breed. Abstr*. **60**, 594-8.
- Anon (1997) *Coffee Guide*. Coffee Board of India, Central Coffee Research Institute, Chikmagalur District, Karnataka, India.
- Anzueto, F., Eskes, A.B., Sarah, J.L. & Decazy, B. (1991) Recherche de la resistance a *Meloidogyne* sp. dans une collection de *Coffe arabica*. In: *Proceedings of the 14th ASIC Colloquium (San Francisco)*, pp. 534-543. ASIC, Paris, France.
- Bardner, R. (1985) Pest control. In: *Coffee: Botany, Biochemistry and Production of Beans and Beverage* (eds M. N. Clifford & K. C. Willson), pp. 208-218. Croom Helm, London, New York and Sydney.
- Barre, P., Akaffou, S., Louarn, J., Charrier, A., Hamon, S. & Noirot, M. (1998) Inheritance of caffeine and heteroside contents in an interspecific cross between a cultivated coffee species *Coffea liberica* var *dewevrei* and a wild species caffeine- free *C. pseudozanguebariae*. *Theoret. App. Genet.*, **96**, 306-11.
- Bellachev, B. (1997) Arabica coffee breeding in Ethiopia: a review. In: *Proceedings of the 17th ASIC Colloquium (Nairobi)*, pp. 40614. ASIC, Paris, France.
- Bella Manga (1999) *Etude de la diversite de* Colletotrichum kahawae *responsable de l'anthracnose des baies et caracterisation de la resistance du cafeier Arabica a cet agent pathogene*. These Docteur en Sciences, Universite Montpellier II, Sciences et Technique du Langedoc, Montpellier, France.
- Bella Manga, Bieysse, D., Mouen Bedimo, J.A., Akalay, I., Bompard, E. & Berry, D. (1997) Observations sur la diversite de la population de *Colletotrichum kahawae* agent de l'anthracnose des baies du cafeier arabica: implications pour l'amelioration genetique. In: *Proceedings of the 17th ASIC Colloquium (Nairobi)*, pp. 604-12. ASIC Paris, France.
- Beretta, M.J.G., Harakawa, R., Chagas, C.M. *et al.* (1996) First report of *Xylella fastidiosa* in coffee. *Plant Dis. St Paul*, **80**, 821-6.
- Berthaud, J. (1985) Propositions pour une nouvelle strategie d'amelioration des cafeiers de l'espece *C. canephora*, basee sur les resultats de l'analyse des populations sylvestres. In: *Proreedings of the 11th ASIC Colloquium (Lome)* pp. 445—52. ASIC, Paris, France.
- Berthaud, J. & Charrier, A. (1988) Genetic resources of Coffea. In: *Coffee Vol. 4 Agronomy* (eds R.J. Clarke & R. Macrae), pp. 1—42. Elsevier Applied Science, London and New York.
- Berthouly, M., Alvaro, D., Carasco, C. & Duris, D. (1995) A technology transfer operation: a commercial *Coffea canephora* micro-propagation laboratory in Uganda. In: *Proceedings of the 16th ASIC Colloquium (Kyoto)*, pp. 743—4. ASIC, Paris, France.
- Berthouly, M. & Michaux-Ferriere, N. (1996) High frequency somatic embryogenesis in *Coffea canephora*. *Plant Cell Tiss. Org. Cult.*, **44**, 169—76.
- Bertrand, B., Aguilar, G., Santacreo, R. *et al.* (1997) Comporte- ment d'hybrides F1 de *Coffea arabica* pour la vigueur, la production et la fertilite en Amerique Centrale. In: *Proceedings of the 17th ASIC Colloquium* (Nairobi),

pp. 415—23. ASIC, Paris, France.

- Bertrand, B., Anzueto, F., Pena, M. X., Anthony, F. & Eskes, A. B. (1995) Genetic improvement for resistance to root-knot nematodes (*Meloidogyne* spp) in Central America. In: Proceedings *of the 16th ASIC Colloquium (Kyoto)*, pp. 630—36. ASIC, Paris, France.
- Bertrand, B., Cilas, C., Herve, G., Anthony, F., Etienne, H. & Villain, L. (1998) Relations entre les populations des nematodes *Meloidogyne exigua* et *Pratylenchys* sp. dans les racines de *Coffea arabica* au Costa Rica. *Plant. Rech. Develop.*, **5**, 279—84.
- Bettencourt, A.J. & Rodrigues, C.J. (1988) Principles and practice of coffee breeding for resistance to rust and other diseases. In: *Coffee Vol. 4Agronomy* (eds R.J. Clarke & R. Macrae), pp. 199— 234. Elsevier Applied Science, London and New York.
- Bhat, S.S., Daivasikamani, S. & Naidu, R. (1995) Tips on effective management ofblack rot disease in coffee. *Ind. Coffee*, **59**, 3—5.
- Bheemaya, M.M., Sreedharan, K. & Dhruvakumar, H.K. (1996) Coffee berry borer: the dreaded pest on coffee. *Ind. Coffee*, **60**, 3—5.
- Birikunzira, J.B. & Hakiza, J. (1997) The status of coffee wilt disease (tracheomycosis) and strategies for its control in Uganda. In: *Proceedings of the 17thASIC Colloquium (Nairobi)*, pp. 766—70. ASIC, Paris, France.
- Bouharmont, P. (1994) La variete Java: un cafeier Arabica selectionne au Cameroun. *Plant. Rech. Develop.*, **1**, 38—45.
- Bridson, D.M. & Verdcourt, B. (1988) Rubiaceae (Part 2). In: *Flora of Tropical East Africa* (ed. R.M. Polhill), pp. 703—23. Balkema, Rotterdam and Brookfield.
- Bustillo, A.E., Villalba, D., Orozco, J., Benavides, P., Reyes, I.C. & Chaves, B. (1995) Integrated pest management to control the coffee berry borer, *Hypothenemus hampei*, in Colombia. In: *Proceedings of the 16th ASIC Colloquium (Kyoto)*, pp. 671—80. ASIC, Paris, France.
- Cambrony, H.R. (1988) Arabusta and other interspecific fertile hybrids. In: *Coffee Vol. 4 Agronomy* (eds R.J. Clarke & R. Macrae), pp. 263—91. Elsevier Applied Science, London and New York.
- Cannell, M.G.R. (1985) Physiology of the coffee crop. In: *Coffee: Botany, Biochemistry and Production of Beans and Beverage* (eds M.N. Clifford & K.C. Willson), pp. 108—24. Croom Helm, London, New York and Sydney.
- Carneiro, M.F. (1997) Coffee biotechnology and its application in genetic transformation. *Euphytica*, **96**, 167—72.
- Carvalho, A. (1988) Principles and practice of coffee plant breeding for productivity and quality factors: *Coffea arabica*. In: *Coffee Vol. 4 Agronomy* (eds R.J. Clarke & R. Macrae), pp. 129—65. Elsevier Applied Science, London and New York.
- Carvalho, A., Eskes, A.B., Castillo, J. *et al.* (1989) Breeding programmes. In: *Coffee Rust: Epidemiology, Resistance and Management* (eds A.C. Kushalappa & A.B. Eskes), pp. 293— 335. CRC Press, Boca Raton, Florida.
- Carvalho, A. & Fazuoli, L.C. (1993) Cafe. In: *O Melhoramento de Plantas no Instituto Agronomico, Vol. 1* (eds A.M.C. Furlani & G.P. Viegas), pp. 29—76. Instituto Agronomico, Campinas-SP, Brazil.
- Castillo, J. (1989) Breeding for rust resistance in Colombia. In: *Coffee Rust: Epidemiology, Resistance and Management* (eds A.C. Kushalappa & A.B. Eskes), pp. 307—16. CRC Press, Boca Raton, Florida.
- Castillo, J. & Alvarado, A.G. (1997) Resistencia incompleta de genotipos de cafe a la roya bajo condiciones de campo en la region centrale de Colombia. *Cenicafe*, **48**, 40—58.
- Charmetant, P., Leroy, T., Bontems, S. & Delsol, E. (1990) Evaluation d'hybrides de *Coffee canephora* produits en champs semenciers en Cote d'lvoire. *Cafe, Cacao, The*, **34**, 257—64.
- Charmetant, P., Le Pierres, D. & Yapo, A. (1991) Evaluation d'hybrides arabusta F1 (cafeiers diploides doubles x *Coffea arabica)* en Cote d'lvoire. In: *Proceedings of the 14th ASIC Colloquium (San Francisco)*, pp. 422—30. ASIC, Paris, France.

- Charrier, A. & Berthaud, J. (1985) Botanical classification of coffee. In: *Coffee: Botany, Biochemistry and Production of Beans and Beverage* (eds M.N. Clifford & K.C. Willson), pp. 13—47. Croom Helm, London, New York and Sydney.
- Charrier, A. & Berthaud, J. (1988) Principles and methods of coffee plant breeding: *Coffea Canephora* Pierre. In: *Coffee Vol. 4 Agronomy* (eds R.J. Clarke & R. Macrae), pp. 167—97. Elsevier Applied Science, London and New York.
- Charrier, A. & Eskes, A.B. (1997) Les cafeiers. In: *L'Amelioration des Plantes Tropicales* (eds A. Charrier, M. Jackot, S. Hamon & D. Nicolas), pp. 171—96. CIRAD/ORSTOM, Montpellier, France.
- Cilas, C., Bouharmont, P., Boccara, M., Eskes, A.B. & Baradat, Ph. (1998) Prediction of genetic value for coffee production in *Coffea arabica* from a half-diallel with lines and hybrids. *Euphytica*, **104**, 49—59.
- Couturon, E., Lashermes, P. & Charrier, A. (1998) First intergeneric hybrids. (*Psilanthus ebracteolatus* Hiern x *Coffea arabica* L.) in coffee trees. *Can. f. Bot.*, **76**, 542—6.
- Cristancho, M. (1999) Genetic diversity of the CENICAFE germplasm collection. Third International Seminar on Biotechnology in the Coffee Agroindustry, Londrina, Brazil.
- Cros, J., Trouslot, P., Anthony, F., Hamon, S. & Charrier, A. (1998) Phylogenetic analysis of chloroplast DNA variation in *Coffea* L. Mol. *Phylogen. Evol.*, **9**, 109—117.
- Derso, E. (1999) Variation in aggressiveness among *Colletotrichumkahawae* isolates in Ethiopia. In: *Proceedings of the 18th ASIC Colloquium (Helsinki)*, ASIC, Paris, France.
- Deshayes, A., Ducos, J.P., Gianforcaro, M., Florin, B. & Petiard, V. (1999) A technically and economically attractive way to propagate elite coffee cultivars: *in vitro* somatic embryogenesis. In: *Proceedings of the 18th ASIC Colloquium (Helsinki)*, pp. 295—304. ASIC, Paris, France.
- Dufour, M., Anthony, F., Bertrand, B. & Eskes, A.B. (1997) Identification de cafeiers male-steriles de *Coffea arabica* au CATIE, Costa Rica. *Plant. Rech. Develop.*, **4**, 401—407.
- Dulloo, M.E., Guarino, L., Engelmann, F. *et al.* (1998) Complementary conservation strategies for the genus *Coffea*: a case study of Mascarene *Coffea* species. *Genet. Res. Crop Evol.*, **45**, 565—79.
- Dussert, S., Chabrillange, N., Engelmann, F., Anthony, F. & Hamon, S. (1997b) Cryopreservation of coffee (*Coffea arabica* L.) seeds: importance of the precooling temperature. *CryoLett*, **18**, 269—76.
- Dussert, S., Chabrillange, N., Engelmann, F., Anthony, F., Louarn, J. & Hamon, S. (1998) Cryopreservation of seeds of four coffee species (*Coffea arabica*, *C. costafructa*, *C. racemosa* and *C. sessiflora*): importance of water content and cooling rate. *Seed Sci. Res.*, **8**, 9—15.
- Dussert, S., Chabrillange, N., Engelmann, F., Anthony, F., Recalt, C. & Hamon, S. (1997a) Variability in storage response within a coffee (*Coffea* spp.) core collection. *Plant Cell Rep.*, **16**, 344—8.
- Dussert, S., Chabrillange, N., Engelmann, F. & Hamon, S. (1999) Quantitative estimation of seed desiccation sensitivity using a quantal response model: application to nine species of the genus *Coffea* L. *Seed Science Res.*, **9**, 135—44.
- Dussert, S., Engelmann, F., Chabrillange, N., Anthony, F., Noirot, M. & Hamon, S. (1997c) *In vitro* conservation of coffee (*Coffea* spp.) germplasm, In: *Conservation of Plant Genetic Resources in vitro Vol. 1: General Aspects*, (eds M.K. Razdan & E.C. Cocking), pp. 287—305. Science Publishers, USA.
- Eskes, A.B. (1989) Resistance. In: *Coffee Rust: Epidemiology, Resistance and Management* (eds A.C. Kushalappa & A.B. Eskes), pp. 171—291. CRC Press, Boca Raton, Florida.
- Eskes, A.B. & Mukred, A. (1989) Coffee survey in PDR Yemen. In: *Proceedings of the 13th ASIC Colloquium (Paipa)*, pp. 582— 9. ASIC, Paris, France.
- Eskes, A.B., Engels, J. & Lass, T. (1998) The CFC/ICCO/PGRI project: a new initiative on cocoa germplasm utilization and conservation. *Plant., Rech., Develop.*, **5**, 412—17.
- Eskes, A.B., Hoogstraten, J.G.J., Toma-Braghini, M. & A Carvalho (1990) Race-specificity and inheritance of

incomplete reistance to coffee leaf rust in some Icatu progenies and derivative of Hibrido de Timor. *Euphytica*, **47**, 11—19.

- Etienne, H., Bertrand, B., Anthony, F., Cote, F. & Berthouly, M. (1997a) L'embryogenese somatique: un outil pour l'ameliora- tion genetique du cafeier. In: *Proceedings of the 17th ASIC Colloquium (Nairobi)*, pp. 457—65. ASIC, Paris, France.
- Etienne, H., Solano, W., Pereira, A., Bertrand, B. & Berthouly, M. (1997b) Protocole d'acclimatation de plantules de cafeiers produits *in vitro*. *Plant. Rech. Develop.*, **4**, 304—309.
- Fazuoli, L.C., Medina-Filho, H.P., Guerreiro Filho, O., Con- calves, W., Silvarolla, M.B. & Lima, M.M.A. (1999) Coffee cultivars in Brazil. In: *Proceedings of the 18th ASIC Colloquium (Helsinki)*, pp. 396—404. ASIC, Paris, France.
- Flood,J. & Brayford, D. (1997) Re-emergence of *Fusarium* wilt of coffee in Africa. In: *Proceedings of the 17th ASIC Colloquium (Nairobi)*, pp. 621—8. ASIC, Paris, France.
- Gichuru, E.K., Kingori, P.N. & Masaba, D.M. (1999) Histochemical differences during infection of *Coffea arabica* varieties by *Colletotrichum kahawae* isolates. In: *Proceedings of the 18th ASIC Colloquium (Helsinki)*, pp.477—479. ASIC, Paris, France.
- Guarino, L., Charrier, A. & Opile, W.R. (1995) A plan of action for the ACRN programme on plant genetic resources. In: *Proceedings of the 16th ASIC Colloquium (Kyoto)*, pp. 626—9. ASIC, Paris, France.
- Guerreiro Filho, O., Denoit, P., Pefercen, M., Decazy, B., Eskes, A.B. & Frutos, R. (1998) Susceptibility to the coffee leaf miner (*Perileucoptera* spp.) to Bacillus thuringiensis d-endotoxins: a model for transgenic perennial crops resistant to endocarpic insects. *Curr. Microbiol.*, **36**, 175—9.
- Guerreiro Filho, O., Silvarolla, M.B. & Eskes, A.B. (1999) Expression and mode of inheritance of resistance in coffee to leaf miner *Perileucoptera coffeella*. *Euphytica*, **105**, 7—15.
- Guyot, B., Gueule, D., Manez, J.C., Perriot, J.J., Giron, J. & Villain, L. (1996) Influence de l'altitude et de l'ombrage sur la qualite des cafes Arabica. *Plant., Rech. Develop.*, **3**, 272—83.
- Hall, D.R., Cork, A., Phythian, S., Sumathi, C. *et al.* (1998) Studies on the male sex pheromone of the coffee white stemborer, *Xylotrechus quadripes* Chevrolat (Coleoptera: Cerambycidae). In: *Second International Symposium on Insect Pheromones. Book of Abstracts*, pp. 50—52. WICC—IAC, Wageningen, the Netherlands.
- Hamon, S., Dussert, S., Deu, M. *et al.* (1998) Effects of quantitative and qualitative principal component score strategies on the structure of coffee, rice, rubber tree and sorghum core collections. *Genet. Sel. Evol.*, **30(Suppl 1)**, S236—S258.
- ICO (1990—99) *Annual Statistics on Coffee Production and International Trade*. International Coffee Organization, London, UK.
- Jayarama, M.G., Venkatesh, M., D'Souza, V., Naidu, R., Hall, D.R. & Cork, A. (1998) Sex pheromone of coffee white stem borer for monitoring and control is on the anvil. *Ind. Coffee*, **62**, 15—16.
- Kairu, G.M. (1997) Biochemical and pathogenic differences between Kenyan and Brazilian isolates of *Pseudomonas syringae* pv *garcae*. *Plant Pathol.*, **46**, 239—46.
- Kumar, A., Srinivasan, C.S. & Nataraj, T. (1994) A preliminary note on the occurrence of dwarf mutants in robusta coffee (*Coffea canephoraff. Coffee Res.*, **24**, 41—5.
- Lashermes, P., Agwanda, C.O., Anthony, F., Combes, M.C., Trouslot, P. & Charrier, A. (1997b) Molecular marker-assisted selection: a powerful approach for coffee improvement. In: *Proceedings of the 17th ASIC Colloquium (Nairobi)*, pp. 474—80. ASIC, Paris, France.
- Lashermes, P., Andrzejewski, S., Bertrand, B. *et al.* (2000b) Molecular analysis of introgressive breeding in coffee (*Coffea arabica* L.). *Theoret. Appl. Genet.*, **100**, 139—46.
- Lashermes, P., Anzueto, F., Bertrand, B., Graziosi, G. & Anthony, F. (1999a) Sustainable improvement of

nematode resistance in coffee cultivars (*Coffea arabica* L.) of Central America: enhanced use of genetic resources by the development of marker-facilitated selection programmes. In: *Proceedings of the 18th ASIC Colloquium (Helsinki)*. ASIC, Paris, France. Abstract available.

- Lashermes, P., Combes, M.C., Cros,J., Trouslot, P., Anthony, F. & Charrier, A. (1995) Origin and genetic diversity of Coffea arabica L. based on DNA molecular markers. In: *Proceedings of the 16th ASIC Colloquium (Kyoto)*, pp. 528—35. ASIC, Paris, France.
- Lashermes, P., Combes, M.C., Robert,J. *et al.* (1999b) Molecular characterization and origin of the *Coffea arabica* L. genome. *Mol. Gen. Genet.*, **261**, 259—66.
- Lashermes, P., Combes, M.C., Trouslot, P. & Charrier, A. (1997a) Phylogenetic relationships of coffee tree species (*Coffea* L.) as inferred from ITS sequences of nuclear ribosomal DNA. *Theoret. Appl. Genet.*, **94**, 947—55.
- Lashermes, P., Couturon, E. & Charrier, A. (1994a) Combining ability of doubled haploids in *Coffea canephora* P. *Plant Breed.*, **112**, 330—37.
- Lashermes, P., Couturon, E. & Charrier, A. (1994b) Doubled haploids of *Coffea canephora*: development, fertility and agronomic characteristics. *Euphytica*, **74**, 149—57.
- Lashermes, P., Couturon, E., Moreau, N., Pailard, M. & Louarn, J. (1996a) Inheritance and genetic mapping of selfincompatibility in *Coffea canephora*. *Theoret. Appl. Genet.*, **93**, 458—62.
- Lashermes, P., Cros, J., Combes, M.C. *et al.* (1996b) Inheritance and restriction fragment length polymorphism of chloroplast DNA in the genus *Coffea* L. *Theoret. Appl. Genet.*, **93**, 626—32.
- Lashermes, P., Paczek, V., Trouslot, P., Combes, M.C., Couturon, E. & Charrier, A. (2000a) Single-locus inheritance in the allotetraploid *Coffea arabica* L. and interspecific hybrid *C. arabica* x *C. canephora*. *f. Heredity*, **91**, 81—5.
- Lashermes, P., Trouslot, P., Anthony, F., Combes, M.C. & Charrier, A. (1996c) Genetic diversity for RAPD markers between cultivated and wild accessions of *Coffea arabica*. *Euphytica*, **87**, 59—64.
- Leroy, T., Henry, A.M., Philippe, R. *et al.* (1999) Genetically modified coffee trees for resistance to coffee leaf miner. Analysis of gene expression, insect resistance and agronomic value. In: *Proceedings of the 18th ASIC Colloquium (Helsinki)*, pp. 332—8. ASIC, Paris, France.
- Leroy, T., Montagnon, C., Charrier, A. & Eskes, A.B. (1993) Reciprocal recurrent selection applied to *Coffea canephora* Pierre. I. Characterization and evaluation of breeding populations and value of intergroup hybrids. *Euphytica*, **67**, 113—25.
- Leroy, T., Montagnon, C., Cilas, C., Charrier, A. & Eskes, A.B. (1994) Reciprocal recurrent selection applied to *Coffea canephora* Pierre. II. Estimation of genetic parameters. *Euphytica*, **74**, 121—8.
- Leroy, T., Montagnon, C., Cilas, C., Yapo, A., Charrier, A. & Eskes, A.B. (1997) Reciprocal recurrent selection applied to *Coffea canephora* Pierre. III. Genetic gains and results of first cycle intergroup crosses. *Euphytica*, **95**, 347—54.
- Masaba, D.M. & Waller, J.M. (1992) Coffee berry disease. In: *Colletotrichum—Biology, Pathology and Control* (eds J.A. Baily & M.J. Jeger), pp. 237—49. CAB International, Wellingword, UK.
- Mawardi, S. & Hulupi, R. (1995) Genotype-by-environment interaction of bean characteristics in arabica coffee. In: Proceedings *of the 16th ASIC Colloquium (Kyoto)*, pp. 637—44. ASIC, Paris, France.
- Mawardi, S. & Soenaryo (1988) The present status of arabica coffee breeding in Indonesia. In: *Proceedings of the International Seminar on Coffee Technology*, pp. 63—73. Chiang Mai University, Faculty of Agriculture, Thailand.
- Mazzafera, P., Eskes, A.B., Parvals, J.P. & Carvalho, A. (1989) Sterilite male detectee chez *C. arabica* et *C. canephora* au Brail. In: *Proceedings of the 13th ASIC Colloquium (Paipa)*, pp. 466— 73. ASIC, Paris, France.
- Medina-Filho, H.P., Fazuoli, L.C., Guerreiro-Filho, O. *et al.* (1999) Increasing robusta production in Brazil: the potential of 200 thousand hectares in Sao Paulo State. In: *Proceedings of the 18th ASIC Colloquium (Helsinki)* pp. 390—95. ASIC, Paris, France.

- Meyer, A.J.T., Fernie, L.M., Narasimhaswami, R.L., Monaco, L.C. & Greathead, D.J. (1968) *FAO Coffee Mission to Ethiopia 1964—65*. FAO, Rome.
- Mitchell, H.W. (1988) Cultivation of the arabica coffee tree. In: *Coffee Vol. 4 Agronomy* (eds R.J. Clarke & R. Macrae), pp. 43— 90. Elsevier Applied Science, London and New York.
- Moisyadi, S., Neupane, K.R. & Stiles, J.I. (1999) Cloning and characterization of xanthosine-N7-methyltransferase, the first enzyme of the caffeine biosynthesic pathway. In: *Proceedings of the 18th ASIC Colloquium (Helsinki)*, pp.327—331. ASIC, Paris, France.
- Montagnon, C. & Bouharmont, P. (1996) Multivariate analysis of phenotypic diversity of *Coffea arabica. Genet. Res. Crop Evol.*, **43**, 221—7.
- Montagnon, C., Guyot, B., Cilas, C. & Leroy, T. (1998c) Genetic parameters of several biochemical compounds from green coffee, *Coffea canephora. Plant Breeding*, **117**, 576—8.
- Montagnon, C., Leroy, T. & Eskes A.B. (1998a) Amelioration varietale de *Coffea canephora* I. Criteres et methodes de selection. *Plant. Rech. Develop*, **5**, 18—33.
- Montagnon, C., Leroy, T. & Eskes A.B. (1998b) Amelioration varietale de *Coffea canephora*. II. Les programmes de selection et leurs raultats. *Plant. Rech. Develop.*, **5**, 89—98.
- Montagnon, C., Leroy, T., Kebe, I. & Eskes, A.B. (1994) Importance de la rouille orangee et facteurs impliques dans revaluation de la resistance au champs de *Coffea canephora* en Cote d'Ivoire. *Cafe, Cacao, The*, **38**, 103—12.
- Moreno, G. (1994) Contribucion del mejoramiento genetico al desarrollo de la caficultura colombiana. *Revista Innovacion y Ciencia, CENICAFE, Colombia*, **3**, 1—6.
- Moreno, G., Moreno, E. & Cadena, G. (1995) Bean characteristics and cup quality of the Colombia variety (*Coffea arabica*) as judged by international tasting panels. In: *Proceedings of the 16th ASIC Colloquium (Kyoto)*, pp. 574—8. ASIC, Paris, France.
- Moschetto, D., Montagnon, C., Guyot, B., Perriot,J.J., Leroy, T. & Eskes, A.B. (1996) Studies on the effect of genotype on cup quality of *Coffea canephora. Trop. Sci.*, **36**, 18—31.
- Ngategize, P.K. (1997) The African Coffee Research Network: prospects and challenges into the next millennium. In: *Proceedings of the 17th ASIC Colliqum (Nairobi)*, pp. 36—5. ASIC, Paris, France.
- Njoroge, S.M., Morales, A.F., Kari, P.E. & Owuor,J.B.O. (1990) Comparative evaluation of the flavour qualities of Ruiru II and SL28 cultivars of Kenya arabica coffee. *Kenya Coffee*, **55**, 843— 9.
- Nyange, N.E., Kipokola, T.P., Mtenga, D.J., Kilambo, D.J., Swai, F.B. & Charmetant, P. (1999) Creation and selection of *Coffea arabica* hybrids in Tanzania. In: *Proceedings of the 18th ASIC Colloquium (Helsinki)*, pp. 356—62. ASIC, Paris, France.
- Nyange, N.E. & Marandu, E.F. (1997) Improvement of *Coffea canephora* germplasm in Tanzania: exploration and collection of new robusta material from farmers' plots. In: *Proceedings of the 17th ASIC Colloquium (Nairobi)*, pp. 502—505. ASIC, Paris, France.
- Omondi, C.O., Hindorf, H., Welz, H.G., Saucke, D., Ayiecho, P.O. & Mwang'ombe, A.W. (1997) Genetic diversity among isolates of *Colletotrichum kahawae* causing coffee berry disease. In: *Proceedings of the 17th ASIC Colloquium (Nairobi)*, pp. 800— 804. ASIC, Paris, France.
- Opile, W.R. & Agwanda, C.O. (1993) Propagation and distribution of cultivar Ruiru Il: a review. *Kenya Coffee*, **58**, 1496—508.
- Orozco-Castillo, C., Chalmers, K.J., Powell, W. & Waugh, R. (1996) RAPD and organelle specific PCR re-affirms taxonomic relationships within the genus *Coffea. Plant Cell Rep.*, **15**, 337— 41.
- Orozco-Castillo, C., Chalmers, K.J., Waugh, R. & Powell, W. (1994) Detection of genetic diversity and selective gene introgression in coffee using RAPD markers. *Theoret. Appl. Genet.*, **87**, 934—40.
- Raina, S.N., Mukai, Y. & Yamamoto, M. (1998). *In situ* hybridization identifies the diploid. progenitor species of

Coffea arabica (Rubiaceae). *Theoret. Appl. Genet.*, **97**, 1204—209.

- Rodrigues Jr, C.J., Varzea, V.M., Godinho, I.L., Palma, S. & Rato, R.C. (1993) New physiologic races of *Hemileia vastatrix*. In: *Proceedings of the 15th ASIC Colloquium (Montpellier)*, pp. 318—321. ASIC, Paris, *France*.
- Rodrigues Jr, C.J., Varzea, V.M. & Medeiros, E.F. (1992) Evidence for the existence of physiological races of *Colletotrichum coffeanum* Noack *sensu* Hindorf. *Kenya Coffee*, **57**, 1417—20.
- Rovelli, P., Mettulio, R., Antony, F., Anzueto, F., Lashermes, P. & Graziosi, G. (1999) Polymorphic microsatellites in *Coffea arabica*. In: *Proceedings of the 18th ASIC Colloquium (Helsinki)*, pp. 344—347. ASIC, Paris, France.
- Santa Ram, A. & Sreenath, H.L. (1999) Genetic fingerprinting of coffee leaf rust differentials with RAPD markers. In: *Proceedings of the 3rd International Seminar on Biotechnology in the Coffee Agro-industry, Londrina, Brazil* (in press).
- Sreenath, H.L. & Naidu, R. (1999) Coffee biotechnology research in India — potential progress and future thrust areas. In: *Proceedings of the 18th ASIC Colloquium (Helsinki)*, pp. 281— 94. ASIC, Paris, France.
- Srinivasan, C.S. (1996). Review: current status and future thrust areas of research on varietal improvement and horticultural aspects of coffee. *f. Coffee Res.*, **26**, 1—16.
- Srinivasan, C.S., Prakash, N.S., Padma Jyothi, D., Sureshkumar, V.B. & Subbalakshmi, V. (1999) Genetic improvement of coffee in India. In: *Proceedings of the 3rd International Seminar on Biotechnology in the CoffeeAgroindustry*, Londrina, Brazil (in press).
- Srinivasan, C.S. & Vishveshwara, S. (1978). Heterosis and stability for yield in arabica coffee. *Ind. f. Genet. Plant Breed.*, **38**, 416—20.
- Van der Graaff, N.A. (1992) Coffee berry disease. In: *Plant Diseases of International Importance Vol. IV: Diseases of Sugar, Forest and Plantation Crops* (eds A.N. Mukhopadhyay, J. Kumar, U.S. Sing & H.S. Chaube), pp. 202—30. Prentice Hall, New York.
- Van der Vossen, H.A.M. (1985) Coffee selection and breeding. In: *Coffee: Botany, Biochemistry and Production of Beans and Beverage* (eds M.N. Clifford & K.C. Willson), pp. 48—96. Croom Helm, London, New York and Sydney.
- Van der Vossen, H.A.M. (1997) Quality aspects in arabica coffee breeding programmes in Africa. In: *Proceedings of the 17th ASIC Colloquium (Nairobi)*, pp. 430—38. ASIC, Paris, France.
- Van der Vossen, H.A.M. & Browning, G. (1978) Prospects of selecting genotypes of *Coffea arabica* which do not require tonic sprays of fungicide for increased leaf retention and yield. f *Horticult. Sci.*, **53**, 225—33.
- Varzea, V.M.P., Rodrigues Jr, C.J., Silva, M.C., Pedro, J.P. & Marques, D.V. (1999) High virulence of a *Colletotrichum kahawae* isolate from Cameroon as compared with other isolates from other regions. *Presented at the 18th ASIC Colloquium (Helsinki)*. Abstract only available.
- Waller, J.W., Bridge, P.D., Black, R. & Hakiza, G. (1993) Characterization of the coffee berry disease pathogen, *Colletotrichum kahawae* Sp. Nov. Mycol. *Res.*, **97**, 989—94.
- Walyaro, D.J. (1983) *Considerations in breeding for improved yield and quality in arabica coffee* (Coffea arabica L). PhD thesis, Agricultural University of Wageningen.
- Walyaro, D.J. (1997) Breeding for disease and pest resistance and improved quality in coffee. In: *Proceedings of the 17th ASIC Colloquium (Nairobi)*, pp. 391—405. ASIC, Paris, France.
- Wrigley, G. (1988) *Coffee*. Tropical Agriculture Series, Longman Scientific & Technical, Harlow, UK.
- Yapo, A. (1995) Amelioration qualitative de *Coffea canephora* Pierre par hybridation interspecifique: exploitation d'un nouveau schema de selection chez les arabusta. In: *Proceedings of the 16th ASIC Colloquium (Kyoto)*, pp. 655—62. ASIC, Paris, France.
- Zamarripa, A., Ducos, J.P., Tessereau, H., Bollon, H., Eskes, A.B. & Petiard, V. (1991) Developpement d'un procede de multiplication en masse du cafeier par embryogenese soma- tique en milieu liquide. In: *Proceedings of the 14th ASIC Colloquium (San Francisco)*, pp. 392—402. ASIC, Paris, France.

CHAPTER 10

농업 경제학 II: 발생 및 세포 생물학

AGRONOMY II: DEVELOPMENTAL AND CELL BIOLOGY

M.R. 손달 | T.W. 바우만

피토링크 코오퍼레이션(Fitolink Corporation) (사), 미국 마운트 로렐 소재 | 식물생물학 연구소, 스위스 취리히 대학교

농업 경제학 II:
발생 및 세포 생물학

M.R. 손달 | T.W. 바우만
피토링크 코오퍼레이션(Fitolink Corporation) (사), 미국 마운트 로렐 소재 | 식물생물학 연구소, 스위스 취리히 대학교

10.1 | 개요

코페아 속은 식물학자 린네(Linnaeus)가 1735년 처음 제안한 뒤 1753년에는 코페아 아라비카 종을 설명하는 단어로 사용되다 현재는 티피카(Typica) 품종을 대표하고 있다. 코페아는 꼭두서니(Rubiaceae)과에 속하는 식물로, 해당 과에는 500개가 넘는 속과 800개 가량의 종이 포함되어 있다(Bridson & Verdcourt 1988). 코페아 속에는 약 100종이 속해 있으나(Charrier & Berthaud 1985) 상업용으로 생산되는 품종은 C. 아라비카와 C. 카네포라로 각각 전 세계 커피 시장의 70%와 30%가량을 차지하고 있다.

아라비카 커피는 다른 비재배 커피 종과 달리 복이배체와 자가수분 형질을 갖고 있어 코페아 속에서 분리되었다. 로부스타 커피는 자가불화합성이 높은 종으로 이형접합 종자이다. 두 품종 모두 세포와 분자 단위의 신기술이 개발되고 있어 향후 발전 가능성이 높다고 할 수 있다.

이번 챕터에서는 세포생물학의 발달과 이에 따른 커피 개량 및 생식질 보존 응용을 다룬다. 잎과 열매가 발달되는 과정에서 퓨린 알칼로이드 함량이 변화되는 것으로 미루어보아 커피 종의 방어 메커니즘이 진화함을 알 수 있다. 카페인과 클로로겐산의 합성과 관련 조절 요인은 고체 및 액체 세포 배양에서 논의하였다. 배발생 세포의 증식을 이용한 세포배양방법과 유전자 개량에 관한 최신 동향도 소개할 예정이다. 아울러 생물반응기로 체세포배를 대량생산하는 쾌거를 이루었으며, 일부 대규모 시범 사업들이 진행 중이다. 마지막으로 기내 변이를 이용한 신 재배종 개발 전망

도 본 챕터에서 다룰 예정이다. 커피 식물과 음료를 새로운 방법으로 개선하기 위해서는 기본적으로 커피 식물의 기관 분화와 대사과정에 대한 지식을 넓히고, 기내 배양과 식물체 재생 방법을 다룰 줄 알아야 한다.

10.2 | 기관 발달과 방어 화학물질의 분포

10.2.1 서론

커피의 기관 발달(예: 뿌리, 열매, 잎, 꽃)을 다룬 연구들은 다른 '작물'에 비해 적을뿐더러 아라비카 품종에 집중되어 있다. 기술적인 이유도 있겠지만 온실이나 통제 조건 하에서 연구한 내용들이 대부분이다. 그러나 '인위적인' 환경에서 조사한 연구일지라도 종자성숙 등 꽃과 열매의 발달 과정을 충분히 이해할 수 있다. 꽃과 열매 기관은 최종적으로 기본적인 산포 단위인 소위 산포체로 발달하는데(Van der Pijl, 1982), 이 과정에서는 외부 요인에 대한 영향이 거의 없거나 미미한 편이다. 반대로, 영양 식물체 부위(예: 순, 잎, 뿌리)는 생물 및 비생물적 요인에 의해 변이가 큰 폭으로 일어난다. 다시 말하면, 생식 발달 과정은 종 전체의 분산과 보존을 위해 엄격하게 통제되는 반면, 영양 발달 과정은 개체 보호와 생존을 목표로 다소 역동적이고 유연하게 진행된다. 다음에 다룰 퓨린 알칼로이드와 클로로겐산 등 기관의 화학적 방어물질 분비에서 이를 유념하여 이해해야 한다.

10.2.2 잎

아라비카 잎(온실 또는 식물생장 조건)은 각각 30~35일(Mosli Waldhauser et al., 1997) 또는 50~60일(Frischknecht et al., 1982)이 지나자 잎이 펴지고 최대 건조 중량을 가졌다. 다시 말하자면, 출아 후 4~5주 내로 부드럽고 윤기가 나는 엽신으로 표면 생장이 끝나며(그림 10.1 참조), 엽신이 단단해지려면 2~3주가 더 지나야 한다. 따라서 형태학 외에도 생리학적 및 식물 화학물질 변화에 따라 잎의 발달이나 변환 단계를 다음과 같이 나누어 볼 수 있다. (1) 휴면아(그림 10.2의 B1) (2) 출아(그림 10.2의 B2~B4) (3) 엽신 팽창 및 물리적 보강, (4) 노화.

그림 10.1 C.아라비카의 잎 발달. 30–35일(약 5주) 후 잎 팽창이 완료됨. 해당 기간 동안 생중량은 360배 증가

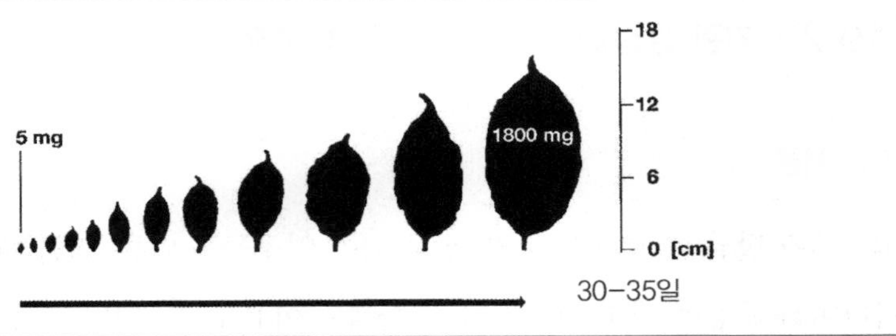

(1) 휴면아(그림 10.2 중 B1)에서 정단분열조직과 엽원기가 단단한 탁엽쌍에 가려져 있다. 아울러 엽원기와 탁엽 사이에 수지층이 있으며, 발아 시 일부 수지층이 엽두에 붙어 있을 수 있다. 잎눈에 따라 엽원기와 수지층, 탁엽 중 퓨린 알칼로이드 농도 차이가 큰 것으로 미루어보아(그림. 10.3), 화학적 방어의 중요성이 중간 정도임을 나타내며 물리적 보호의 중요성이 더 크다는 것을 의미한다(Frischknecht et al., 1986).

그림 10.2 C. 아라비카 커피 엽아로부터의 소엽 출아 (Frischknecht et al., 1986. 발췌)

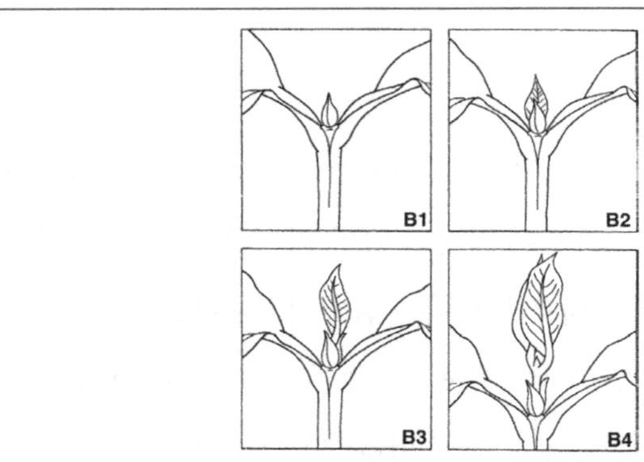

(2) 그림 10.2 (B2~B4)는 커피의 출아를 묘사하고 있다. 쌍엽은 며칠 내로 4단계에 접어들면서 탁엽을 밀어내며, 서로 가까이 붙어 있다. 이 발달 과정에서 퓨린 알칼로이드 농도가 급증하는 반면(B3 단계에서 최대 4%), 해당 변동 계수는 감소하였다. 가령 B3 단계에서는 카페인의 변동 계수가 B1 대비 3배 감소하였다. 카페인 생합성은 소엽이 출아하는 동안 빠르게 진행되며, B3 단계에서 최고 속도 17,000 μg day^{-1}g^{-1}에 다다랐다(Frischknecht et al., 1986). 변동 계수가 급감했다는 것은 출아 당시 탁엽에 의해 물리적으로 가려져 있던 소엽이 노출되고, 부드러운 재질을 가지는 상태에서 퓨린 알칼로이드가 매우 중요하고 엄격한 요인으로 작용한다고 풀이할 수 있다.

그림 10.3 잎눈 7종의 알칼로이드 함량 (테오브로민 및 카페인). 탁엽, 수지층 및 소엽별 상대 비율 (Frischknecht et al. 1986).

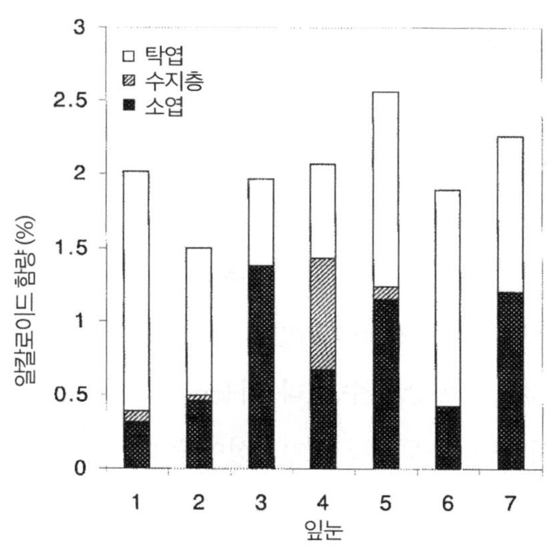

(3) 다음 엽신이 팽창하는 단계에서는 카페인 합성률이 기하급수적으로 감소한다. 잎 면적과 광합성능 측면에서 잎이 완전히 성장했을 때 카페인 합성이 16μg day^{-1}g^{-1}를 기록했다(Frischknecht et al. 1982). 이와 마찬가지로, 잎면적 당 영양가도

감소하였다. 카페인 합성 최종 단계를 조정하는 효소 활성에 대해 잎 팽창 동안 조사되었다. 커피 중 카페인의 생합성은 주로 잔토신일인산(XMP)의 7번 질소 위치에 첫 번째 N-메틸전이효소(NMT)가 메틸화를 시키면서 개시한다. 인산리보오스인 잔토신일인산 일부분이 소진되면 7-메틸잔틴이 두 번째와 세 번째 N-메틸전이효소에 의해 추가 메틸화 과정을 거치며, 테오브로민을 거쳐 카페인이 생성된다(Schulthess et al., 1996). 카페인 대사에 대한 종합적인 정리 내용은 아시하라와 크로지어(Ashihara & Crozier, 1999)를 참조할 수 있다. 잎의 생중량에 따른 두 번째와 세 번째 N-메틸전이효소 활성을 그림 10.4에서 제시하였다. 앞서 퓨린 알칼로이드가 급증한 것에서 알 수 있듯이 휴면아에서 소엽이 출아할 때 두 N-메틸전이효소 활성이 매우 높다가 급감한다. 카페인의 상대함량은 '성장에 따라 희석'되어 감소한다. 그러나 잎이 팽창하는 기간 내내 효소 활성이 낮게 유지되기 때문에 카페인의 절대량은 꾸준히 증가한다(Mösli Waldhauser et al., 1997). 잎 팽창이 끝나는 시점에서는 순광합성량(NPS)이 최대가 된 후 계속 유지되는 동시에 암호흡이 지속적으로 감소하기 때문에 발달 50~60일차 건조중량 기준 카페인 생산량이 최적화된다(Frischknecht et al., 1982. 참고: 해당 논문의 표1의 건조중량은 실수로 10배 작게 기재되었다).

지금까지 커피 잎의 물리적 안정성을 심층적으로 다룬 연구가 없었다. 엽육 세포의 세포벽은 셀룰로오스가 침적되면서 점차 두꺼워지고, 관다발계가 페놀 화합물로 강화될 것으로 예상할 수 있다. 아울러 엽신의 윗 표면이 광택을 잃어가면서 왁스층이나 표피가 두꺼워질 가능성이 높다. 잎이 발달하는 동안 클로로겐산과 퓨린 알칼로이드 분포가 같다는 점을 짚고 넘어갈 필요가 있다(Aerts & Baumann, 1994). N-메틸전이효소가 카페인 생합성을 촉매하는 것처럼(그림 10.4 참조), 페닐프로페인 합성의 주요 효소인 페닐알라닌 암모니아 분해효소(PAL)가 어린잎에서 매우 활성화되다가 잎 팽창 시기에는 감소하는 양상을 보인다(Aerts & Baumann, 1994). 알칼로이드(주로 카페인)와 클로로겐산(주로 5-카페오일퀴닉산; 5-CQA)의 협동 반응은 생리학적으로 유의미하다: 생리적 장벽 침투가 쉬운 카

그림 10.4 C. 아라비카의 잎 발달 중 시간 경과에 따른 N-메틸전이효소 활성. 발달 단계별로 잎을 모은 후 추출 (잎 크기에 따라 5~70개). 최초 발달 단계의 잎 생중량은 약 5mg, 최후 발달 단계의 잎 생중량은 1,900mg이었다. 최후 발달 단계는 그림 10.1처럼 잎이 모두 팽창했으나 광택이 있고 연한 상태로, 30~35일 정도 지난 잎을 말한다. (a) 잎 생중량(g)에 따른 효소 활성 ; 삽입 그림: 생중량에 따른 퓨린 알칼로이드 함량 (b) 잎에 따른 효소 총 활성도 (pkat) ; 삽입 그림: 잎에 따른 퓨린 알칼로이드류인 테오브로민 및 카페인의 절대량. 삽입 그림에 제시된 데이터는 잎을 11개로 분류한 개별 실험 결과로, 효소 활성 측정에 사용한 잎과는 관련이 없다(Mosli Waldhauser et al., 1997 연구에서 발췌)

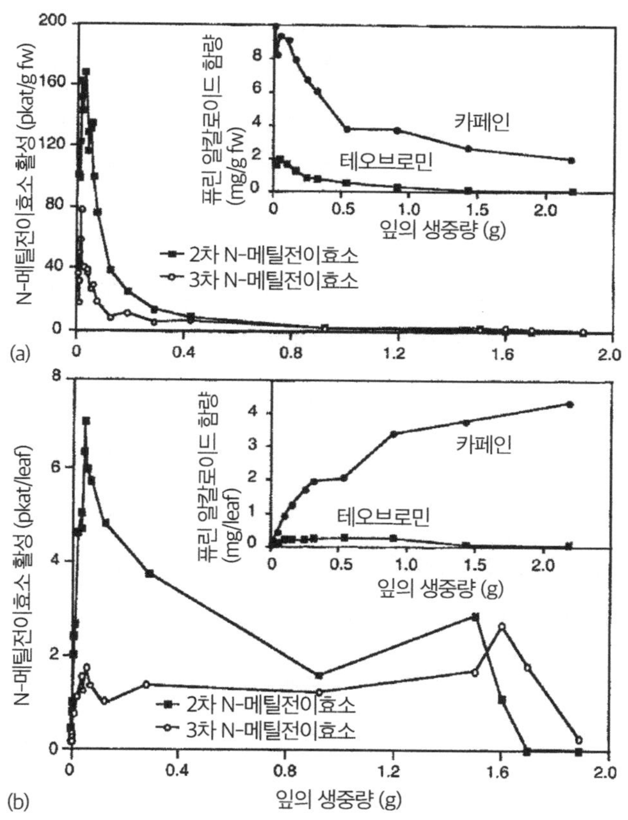

페인이 5-CQA에 의해 이화학적으로 복잡한 경로를 거치면서 자가중독을 피하기 위해 액포에 존재하게 된다(Mösli Waldhauser & Baumann, 1996). 그러나 이러한 식물화학물질이 마지막 엽신에서는 골고루 분포하지 않는다. 선행 연구(Wenger

& Baumann, 미발표 데이터)에 따르면, 클로로겐산과 퓨린 알칼로이드 모두 잎 가장자리에 상당량 분포되어 있는 반면, 주맥으로 갈수록 급감하는 것으로 밝혀졌다. 이를 통해, 이러한 '잎 구조에 따른 식물 화학물질'이 갖는 생태학적 의미를 찾자면 잎 가장자리는 해충 공격이 쉽기 때문에 이러한 방어물질들이 특히 풍부하다고 유추해 볼 수 있다. 잎 구조에 따른 식물 화학물질에 대해 유전학적인 이해가 가능하다면 현대 육종에서 중요한 의미를 가질 수 있을 것으로 보인다.

(4) 커피 잎 노화에 대한 연구는 아직 불충분하다. 위버(Weevers, 1997)가 노화에 따른 카페인의 거동을 선도적으로 연구하여 조명을 받은 바 있다. 해당 연구는 성숙한 잎에 카페인이 최대 축적된 후 시간이 지나면서 30~50%까지 감소했으나 파란 잎을 유지한다고 보고했다. 해당 연구진은 네덜란드 암스테르담의 '열대 온실'에서 재배한 식물잎을 수집하여 '매우 어린 잎', '어린 잎', '성숙한 잎', '늙은 잎'으로 분류했다. '성숙한 잎'과 '늙은 잎' 사이에 긴 기간 동안 식물의 '생활사'가 달라지거나 (예: 광체계 및 기타 환경적 요인), 단순히 카페인이 분해 또는 방출되면서 차이가 생겼을 수 있다. 아울러 연구진은 탈리한 잎의 '카페인 상태'를 조사하는 과정에서 자연적으로 노화된 잎에서만 카페인이 발견되지 않은 반면, 감염(예: 헤밀리아균)으로 탈리된 잎에는 카페인이 계속 잔류하는 사실을 확인했다. 그러나 실험을 통해 아라비카 커피 식물의 잎에서 카페인이 소멸하는 이유를 입증하기 어려웠다. 예를 들어, 아시하라 등(Ashihara et al., 1996) 연구에서 고리로 표지한 카페인을 성숙한 커피 잎에 공급했으나 이산화탄소가 미량(표지 방사능의 0.03%) 검출되었을 뿐 대사산물은 발견되지 않았다. 식물체에 부착된 잎에 이중 표지된 카페인을 공급한 경우에도 일주일 이내 다른 잎으로 방사능이 이동한 경우는 1% 밖에 되지 않았다(Baumann & Wanner, 1972). 그러나 공급한 방사능 중 회수된 방사능은 (1/4) 수준이어서 선행 연구와 마찬가지로 늙은 잎에서 이화작용이 일어난 것으로 보인다(Kalberer, 1964, 1965). 노화가 일어나는 아라비카 커피 잎에 [2-^{14}C], [8-^{14}C], [1-메틸-^{14}C], 또는 [7-메틸-^{14}C] 카페인을 공급하자 알란토인과 이

산화탄소 외에도 통상 메틸화 우레이드로 분류하는 미상의 분해 산물 3종이 모두 발견되었다. 다만, 카페인이 원인 미상의 화합물질이나 알란토인으로 전환되는 경로는 최근까지도 여러 연구들이 진행되었지만 아직 밝혀지지 않았다(Mazzafera et al., 1994; Ashihara et al., 1996). 지금까지 카페인의 탈메틸효소 활성을 측정할 수 없거나 아라비카 커피 잎에 표지한 카페인을 공급한 후 요산 중 방사능을 검출할 수 없었다(Vitoria & Mazzafera, 1999 및 참고 문헌). 따라서 커피 잎의 노화와 관련 화합물의 유동성에 대해서는 추가 연구가 필요하다.

10.2.3 열매

커피의 열매 발달은 종이나 유전자형, 기후, 재배방법에 따라 다르지만 개화부터 완숙까지 2~3개월(예: C. 라세모사) 또는 14개월(예: C. 리베리카)가 소요된다. 특히 C. 아라비카와 C. 카네포라는 완숙까지 6~8개월, 9~11개월밖에 걸리지 않아 경제적인 품종으로 꼽힌다(Guerreiro Filho, 1992 관련 문헌 참고).

지금으로부터 약 30년 전, 아라비카 커피의 열매 발달을 규명하기 위한 장기간 연구가 진행되었다. 해당 연구에서는 과피와 종자의 생장과 알칼로이드 함량을 7개월 이상 살펴보았다(Keller et al., 1971 , 1972). 열매 발달은 총 11개 단계로 분류하고 범례에 표시하였다(그림. 10.5). 다만, 1단계(생중량 38mg)는 과피와 종자 조직을 현실적으로 분리할 수 없었다. 과피의 건조중량을 나타낸 실선 그래프는 마지막 성숙 단계(8~11단계)에서 이상성(biphasic course)을 보였다. 종자의 건조중량은 점차 증가하다 8단계에서 최대치를 나타냈으며, 배젖의 질감이 거칠었다. 시간에 따른 두 열매 조직의 카페인 절대함량 그래프는 인상적이었다. 종자는 건조중량 곡선을 거의 그대로 따르며, 종자의 발달 기간 내내 카페인 함량 변화는 비교적 거의 없었다(〉1%).

그림 10.5 C. 아라비카 열매 발달에 따른 카페인 절대함량 및 건조 중량 (After Keller et al., 1972. 1~11단계별 특성은 다음과 같다(생중량 단위 mg): 1 (38), 과피와 종자의 조직 분리가 불가능함, 1~2주; 2 (240) 녹색, 2~3주; 3 (400) 녹색, 3주; 4 (800) 녹색, 4주; 5 (1200) 녹색, 5주; 6 (1180) 녹색, 단단한 내과피, 2~3달; 7 (1080) 녹색, 4달; 8 (1600) 연두/올리브, 중과피 약간 두툼, 배젖 거침, 5~6달; 9 (2180) 외과피 부분적으로 빨간색, 중과피 매우 두툼, 배젖 매우 거침, 5~6달; 10 (2160) 외과피 선홍색, 중과피 매우 두툼, 배젖 매우 거침, 6달; 11 (1800) 외과피 검붉은색, 중과피 약간 건조, 배젖 매우 거침, 7~8달.

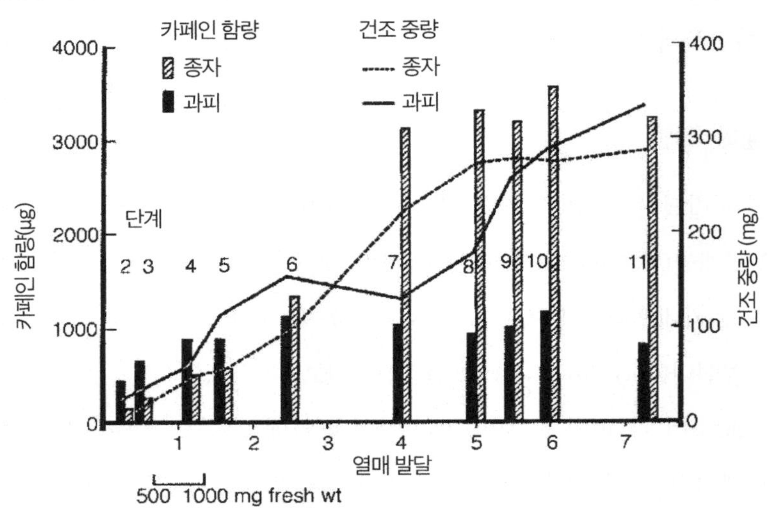

해당 연구에서는 일시적으로 생성되는 외배유와 실제 배젖을 구분할 수 없어 아쉬웠다(Carvalho et al., 1969). 그러나 과피의 경우, 이미 5단계에서 카페인 분포가 중단해 버리는 탓에 총 카페인 함량이 1mg을 넘기 힘들다. 건조중량이 크게 증가하면서 열매가 성숙하는 동안 카페인이 희석되어 육질이 두툼한 과피에서의 총 농도가 약 0.24%(건조중량) 수준이었다. 이는 1~2단계에서 측정된 카페인 함량이 각각 2.2%와 1.7%였던 것과는 반대되며, 성숙한 아카리카 원두보다 확연히 높은 수치이다. 과피에서 카페인이 추가 축적되지 않고 중단되자 내과피 조직이 단단해지는 흥미로운 현상(6단계 종료 시)이 확인되어 화학적 방어에서 물리적 방어로 전환된다는 것을 알 수 있었다. 열매가 성숙하는 동안 과피 조직에서 생화학적인 변화는 동물에 의한 산포체(동물에 의한 종자분산)와 직결된다. 단단한 내과피는 과일을 주식으로 먹는 새나 포유류 등의 동물에서 장내 소화 효소가 활성화되더라도 종자를 보호하는 역할을 한다. 반면, 중과피(Urbaneja et al., 1996)는 카페인 함량이 적은 대신 육질이 두툼하고 당이 함유되어 있으며, 안토시아닌 색소가 있어 강렬한 색깔을 띈다(Barboza & Ramirez-Martinez, 1991). 외과피는 종자를 분산시켜 줄 동물을 유혹하기 위해 강렬한 색상을 지닌다. 이중표지한 카페인을 어린 커피 열매의 과피 표피층에 적용하자 상당한 양의 알칼로이드가 배젖 조직으로 옮겨지는 것을 확인했다(Baumann & Wanner, 1972). 배젖의 카페인 생성능은 매우 어린 C. 아라비카 '액상' 배젖을 이용해 간접적으로 검사할 수 있다. 이 배젖은 카페인 생합성 마지막 단계를 촉매하는 N-메틸전이효소를 분리하기 좋은 급원이다(Mazzafera et al., 1994; Gillies et al., 1995). 아울러 6개월이 지난 열매의 배젖 조직(예: 그림 10.5 중 약 8단계)은 테오브로민과 카페인을 합성하는 특유의 메틸전이효소가 활성화되는 것으로 확인했다(Mazzafera et al., 1994). 그러나 커피 배젖의 카페인 신생성능은 아직까지 검사한 바 없다. 다만, 아라비카 배젖에 방사성 전구체를 공급한 연구 보고서가 1건 발표된 적이 있지만(Keller et al. 1972), 연구 당시에는 실제 일시적으로 생성된 외배유인지 모르고 있었다. 따라서 외배유는 생중량이 500mg(약 25일생)인 열매로 분석되었다. 그럼에도 불구하고, 광조건에서 $^{14}CO_2$를 함께 공급했을 때 외배유의 카페인 신생합성은 과피보다 2.6배가량 높게 나와 관심을 받았다.

반대로, 광조건에서 [메틸-^{14}C] 메티오닌에 방사능이 결합되는 것을 토대로 외배유보다 과피의 메틸화가 더 많이(25 ×) 일어났다. 과피의 경우, 암조건일 때에 비해 광조건에서 메틸화가 10배 증가하였다. 연녹색 외배유에 대해 카페인 생성(메틸화)을 시험한 연구가 안타깝지만 아직 없는 실정이다(빛자극에 따른 카페인 생합성은 다음 섹션에서 다룰 것이다). 퓨린 알칼로이드 외에도 외배유에 분산된 클로로겐산 등 2차 화합물에 대한 거동을 이해하는 것이 무엇보다 중요하다. 해당 성분들이 보관되었다가 배아로 이동되는지, 아라비카 외배유에 다량 함유된 디카페오일퀴닉산(Schulthess & Baumann, 미발표 데이터)이 어떤 의미가 있으며, 각종 식물 종자의 시안화 디글루코사이처럼 종자 발달 및/또는 발아동안의 효소로 인한 분해를 억제하여 아포플라스트 수송을 촉진하기 위함인지(Selmar et al., 1988)에 대한 질문이 해소되지 않았다. 맛있는 커피 원두가 만들어지기까지 다양한 발달 과정들을 거치게 되나 높은 경제성에도 과학계의 외면을 받아왔다. 그러나 최근 로부스타와 아라비카 종자 발달 과정에서 변화하는 성분들을 다룬 연구가 주목을 받았다(Rogers et al., 1999). 당류, 폴리올, 유기산, 일부 무기 음이온 등 각종 파라미터들을 조사한 결과, 특히 완전히 발달했을 때 배젖이 차지했던 전체 공간을 외배유가 채우게 되는데, 이 외배유는 단순히 '자리를 차지하는 역할'만 하는 게 아니라 배젖에 당분과 유기산을 공급하는 주체임이 드러났다. 이러한 견해는 현대 커피 육종에서 필수적이며, 모체 조직(외배유)이 종자 크기 외에도 커피 원두의 후기 단계(배젖)의 품질에도 영향을 미친다는 것을 암시한다. 이는 부모 갈등 가설에서도 모두 제기되었다(Grossniklaus et al., 1998).

10.3 | 커피 세포 배양에서의 퓨린 알칼로이드 생성

10.3.1 서론

최근 탄산 음료 시장에서의 카페인 수요가 전 세계적으로 폭증했으나 비용 대비 경제성이 떨어져 식물 조직배양체 생산으로는 이어지지 못했다. 그럼에도 불구하고, 2차 식물유용성분 생산용 식물 생물반응기를 설계하고 검사할 때 기준으로 커피 세포의 카페인 형성을 삼기 때문에 많은 관심을 받아왔다(Prenosil et al., 1987). 그 이유는 다음과 같다. 우선, 커피 세포 배양체를 쉽게 수득할 수 있고, 인공 배지에서도 잘 자라며, 퓨린 알칼로이드와 클로로겐산 등 2차 화합물을 바로 생성한다. 또한, 퓨린 알칼로이드는 배양 배지에 확산되어 고성능 액체 크로마토그래피(HPLC) 등으로 직접 계량이 가능하기 때문에 알칼로이드 생산성을 빠르게 예측할 수 있다. 다만, 알칼로이드 생산량은 여러 요인에 따라 쉽게 영향을 받는데, 실험 조건에서는 특히 광 조건 영향을 크게 받았다. 아래에서 다루겠지만 취급이 어려운 식물 기관체 대신 조직배양체를 자주 사용하고, 생화학적 및 생리학적 연구에서 많이 이용되는 이유를 짚어

보고자 한다.

아라비카 품종을 대상으로 한 연구들이 많았지만, 카네포라 또한 연구 대상으로 적합한 품종이며, 알칼로이드 생산성도 좋은 편이다(Baumann & Frischknecht, 1982). 그러나 조직배양체를 조사하려면 전제조건이 아라비카처럼 유전적으로 동질해야 한다. 코페아 외 다른 속 커피의 배양 조직에서 퓨린 알칼로이드에 대한 생성량을 측정한 결과, 파울리니아 쿠파나(Baumann & Frischknecht, 1982)를 제외하고, 카멜리아 시넨시스(Ogutuga & Northcote, 1970; Baumann & Frischknecht, 1982; Shervington et al., 1998)와 테오브로마 카카오(Baumann & Frischknecht, 1982; Gurney et al., 1992)에서 현저하게 적은 양이 검출되었다. 바우만과 프리슈네히트(Baumann & Frischknecht, 1988a; b) 검토 문헌에서는 오래된 조직배양체를 다루기도 했다.

10.3.2 캘러스 배양

캘러스 배양을 이용해 카페인을 생성시킬 수 있다는 연구가 30여 년 전 처음 보고되었다(Keller et al., 1971, 1972). 연구진은 아라비카 커피 열매를 횡단 절개하여 최초 배양체를 유도하고, 배양 4~5주 후 카페인의 95~98%가 고체 아가 배지에 확산된 사실을 발견했다. 전체 배양체에 함유된 카페인은 6배, 생물체 중 카페인 함량은 2배로 검출되자 켈러 등(Keller et al., 1972)은, 생체내 카페인 합성이 생성물 형성에 의해 저해될 수 있으며, 기내에서는 카페인이 배지로 확산되면서 저해 효과가 약화된다는 가설을 제기하였다. 이후 프리슈네히트 등(Frischknecht et al., 1977)은 최초 배양체와 아라비카 줄기 절편에서 유래한 계대배양체의 카페인 생산성을 상세히 연구하였다. 카페인은 캘러스 건조중량에 비례한 증가세를 보여 퓨린 알칼로이드 합성이 생장 과정과 대사적으로 관련이 있다고 추정된다. 아울러 조직 내 카페인 농도가 900~1,000µg/ml(약 5mM) 이상인 경우 캘러스 생장과 카페인 형성 모두 저해되었다. 암조건에서 자란 배양체의 카페인 농도(5mM)가 어린 커피잎(최대 50—60mM)에 비해 크게 하회해 암조건에서 카페인이 저해되는 것을 알 수 있었다. 명조건에서는 액포가 클로로겐산과 복합체를 형성하기 때문에 카페인의 자가독성이 일어나지 않았다(다음 내용을 참조).

10.3.3 현탁배양

타운스리그룹(Townsley's group)에서 처음으로 커피의 현탁배양세포를 만들고(Townsley, 1974; Van de Voort & Townsley 1974, 1975; Buckland & Townsley 1975), 모식물체 특유의 화합물을 생합성할 수 있는 능력을 발견했다. 퓨린 알칼로이드 외에도 스테롤, 지방산, 클로로겐산, 커피 아로마 성분들이 생성되는 것으로 보고되었다. 이후 현탁에서의 커피세포 생장이 최적화되면서 알칼로이드 생성을 전면 연구하기 시작하였다(Frisch-knecht & Baumann, 1980). 알칼로이드는 세포 분열이 끝나고 팽창이 시작되는 성장 단계 말미에 농도가 가장 높았다. 이는 세포가 급속히 팽창되는 어린 커피 소엽에서 알칼로이드 수치가 가장 높았던 것과 일치했다(10.2.2 참조). 이 외에도 테오브로민에 방사능을 표지하여 생물 내 변화를 검사하였다(Frischknecht & Baumann, 1980). 마지막으로 배양 과정 동안 N-메틸전이효소 활성을 측정했을 때(유사분열) 성장 단계에서 최대치가 확인되어 관심이 집중되었다. 해당 성장 단계에서는 세포에서 퓨린이 단기 공급되다가 관련 대사가 감소하면서 퓨린 대사산물이 과잉 공급되는데 반해 메틸전이효소 활성은 상대적으로 낮아진다(Baumann et al, 1983). 다시 말해, 현탁배양세포에서 퓨린 알칼로이드 대사 자체는 유기적으로 작동되지 않으나 이를 최적화시킬 수 있는 방법들이 있어 아래에서 다뤄 보고자 한다.

알칼로이드 생산성은 특정 세포 덩어리와 연관성이 있었다. 퓨린 알칼로이드는 세포덩어리가 큰 것보다 작은 덩어리에서 생성량이 더 적었다(Frischknecht & Baumann, 1980). 이러한 현상을 토대로 알긴산염 비즈에 커피 세포를 포집, 고정하여 통제 조건에서 인공 세포덩어리를 만들었다(Haldimann & Brodelius, 1987). 실제 고정한 세포에서 알칼로이드가 다량 증가하였다. 크기가 크거나 고정화시킨 세포덩어리에서 카페인 생합성을 촉진하는 이유는 설명이 어려우나, 스트레스가 원인일 수 있다. 세포가 악조건에서 적응하기 위해 외부 요인들에 의한 2차 식물 대사가 크게 조정되면서 생태학적으로 변화가 생겼을 수 있다. 따라서 고온이나 자외선, 낮은 수분포텐셜, 손상(초식)처럼 환경적인 스트레스 조건 하에 놓이면 알칼로이드, 카르데놀리드, 글루코시놀레이트 등 정성적인 방어 성분들이 강화 축적될 수 있다. 이와 유사한 이유로, 단일 세포나 소형 세포덩어리와는 달리 대형 세포덩어리도 배지 성분이 덩어리 중앙 부위로 이동하지 못하면서 영양 스트레스를 받을 수 있다.

프리쉬크네히트와 바우만은 1985년 최초로 스트레스 노출 하에서의 조직배양체를 연구하였다. 이들 연구진은 아라비카 커피의 현택배양세포를 강한 빛 및/또는 고염분(NaCl) 조건에 두었다. 소형 배양체 덩어리에서 카페인 합성이 100배 촉진되어 빛에 의한 효과가 가장 크게 나타났다. 에테폰(Cho et al., 1988; Schulthess & Baumann, 1995) 또는 아데닌(Schulthess & Baumann, 1995)을 적용하자 퓨린 알칼로이드 생성이 강화되었다. 암조건 현탁배양체에 에테폰과 아데닌을 모두 적용했을 때는 퓨린 알칼로이드가 11배 증가했다(Schulthess & Baumann, 1995). 광주기 배양체는 암조건 배양체 대조군에 비해 카페인 생성량이 21배 많았다. 반대로 광주기 조건에서 에테폰을 처리하자 카페인과 클로로겐산 생성량이 약 50~60% 감소하였다. 이에 따라, 카페인 생성이 클로로겐산 축적과 관련이 있는 것으로 결론내릴 수 있었다. 클로로겐산에 문제가 생길 경우 카페인 복합체가 결핍되어 퓨린 알칼로이드 생합성도 저해된다.

바우만과 뢰리히(Baumann & Röhrig, 1989)는 아라비카 현탁배양세포의 액포 내 클로로겐산 위치를 가시적으로 보여주었다. 생성 과정이 복잡한 카페인은 세포 내 클로로겐산(5-CQA) 농도에 따라 특정 농도까지만 세포 내에 축적하는 것으로 확인하였다. 퓨린 알칼로이드와 클로로겐산의 이화학적 및 상호의존적 대사작용을 규명하고자 C. 아라비카의 현탁배양세포를 이용한 연구가 진행되었다(Mosli Waldhauser & Baumann, 1996).

광주기 또는 메틸자스모네이트(두 성분 모두 카페인과 클로로겐산 합성을 촉진)를 추가하거나 외인성 카페인을 첨가하는 등 실험 조건을 다양하게 설계하였다. 광주기나 메틸자스모네이트는 최종 산물인 클로로겐산을 생성하는 페놀화합물 경로 중 페닐알라닌 암모니아 분해효소를 강력하게 억제하는 요인으로 작용한다. 해당 조건에서는 상기 퓨린 알칼로이드와 클로로겐산의 상호의존성을 조명할 수 있었다. 그 결과, 카페인(및 테오브로민)의 구획은 클로로겐산 농도와 밀접한 관련이 있었으며, 아울러 퓨린 알칼로이드와 클로로겐산 간의 조절 작용이 세포질의 카페인 농도의 영향을 받는 것으로 보인다. 실험 조건에서 클로로겐산 합성을 억제하자 카페인 생합성이 급감한 것과 관련하여, 연구진은 유전 공학을 이용해 카페인 함량을 저감화시키고자 한다면 카페인과 더불어 클로로겐산의 발현 경로도 바꿔야 한다고 결론내렸다.

10.4 | 세포 및 기관 배양의 최신 동향

10.4.1 문헌 고찰

커피의 조직배양체에 관한 문헌들을 선도적으로 상세히 리뷰한 논문들이 발표되었다(Sondahl et al. 1984, Sondahl & Loh 1988, Dublin 1991, Sondahl & Lauritis 1992).

커피 개량에 필요한 기술들 가운데 체세포배의 대량 유도 후 무성생식 배아의 발아 정상 커피 식물체의 수득이 가장 중요하다. 커피 개량에 큰 성과를 주도한 연구로는 로부스타의 배양순(Staritsky, 1970), 성숙 잎절편체의 고빈도 배아발생(Sondahl & Sharp, 1977), 옥신 무함유 배지에서의 아라부스타 교잡종 유래 체세포배 생산(Dublin, 1981), 아라비카 어린잎 유래 체세포배 발생(Yasuda et al., 1985)이 있다.

상기 프로토콜들은 모두 20년간 개발된 기내 고체 배양 방식에 기반하나 1990년대 초반에 액체 배양체에서 배아를 발생시키는 방법이 선을 보였다. 동조화가 높은 체세포배를 생산하는 액체 배양 프로토콜이 노이엔슈반데르와 바우만(Neuen-schwander & Baumann , 1992)에 의해 발표되었다. 해당 프로토콜은 기존 손달과 샤프(Sondahl & Sharp, 1977)가 제안한 2단계 체세포배 생산을 변형하였다. 이후 자마리파 등(Zamarripa et al., 1991a) 연구에서 3리터 생물반응기에서 배양하여 로부스타 체세포배를 대량 생산하는 방법을 제시했고, 이어 5리터 생물반응기 시스템을 통한 아라비카 배아 방법이 소개되었다(Noriega & Sondahl, 1993). 한편, 임시 침지 배양용 특별

장치를 이용해 커피 소식물체를 발달시키는 프로토콜도 보고되었다(Berthouly et al., 1995a).

이렇듯 커피의 체세포배 발생을 위한 고체 및 액체 배지 프로토콜이 발표되면서 미세증식이나 유전자 이동, 기내 돌연변이 생성 및 선발, 생식질 보존(동결보존), 생화학 연구 등 다양한 커피 개량 사업으로 이어졌다.

주기적으로 계대배양(3일 간격)을 하여 작은 세포덩어리를 현탁 액체 배지에 무기한 유지시킬 수 있게 되었다. 이렇듯 미분화된 세포 배양체는 아로마생성 화합물(Townsley, 1974), 지질 합성(Van de Voort & Townsley, 1975), 퓨린 알칼로이드(Neuenschwander & Baumann, 1991) 등 대사 연구에 유용하다. 배발생 조직처럼 특정 세포계를 액체에 배양시킨 개체는 원형질 분리, 유전자 이동 또는 대량증식에 사용된다.

세포에서 세포벽이 제거된 원형질체는 삼투압조절제 고함유 배지에 보관한다. 초기 커피잎 원형질체 관련 연구를 바탕으로 미세집락을 생산하였으나(Sondahl et al., 1980, Orozco & Schieder 1982), 이후 쉐브크 등(Schoepke et al., 1987) 연구에서 로부스타 기내 배아로부터 분리한 원형질체를 이용해 체세포배를 배양하였다. 커피 원형질체를 효과적으로 분리하고 재생하는 프로토콜로는, 액체 배지에서 자란 배발생 세포로부터 원형질체를 분리하는 방법이 꼽힌다(Acuna & Pena, 1991 ; Spiral & Petiard, 1991). 배양된 원형질체는 원연종끼리 체세포 교잡종을 합성하거나 세포 원형질이 DNA를 도입하여 유전자를 이동시키는데 이용한다.

10.4.2 최신 동향

(a) 체세포배 발생

아쿠나(Acuna, 1993)는 선발 유전자형 2종과 배양배지 2종을 이용하여 배발생 조직(ET)을 만들었다. F5.305 계통은 NAR $\frac{1}{2}$ 배지와 조합해 계대배양을 하지 않고도 배양한 지 2개월 후에 절편체 93%에서 배발생 조직을 유도하였다. 절편체는 가지치기 후 새로운 흡지에서 나온 부드러운 어린잎이 적합하다. NAR $\frac{1}{4}$ 배지는 무라시게 & 스쿠그(1962) MS 매크로 염$\frac{1}{4}$ 농도, MS 마이크로 염$\frac{1}{2}$ 농도, B-5 유기성분; 자당

(30g/l) 및 2 - ip(1mg/l)로 구성한다.

커피의 배발생 조직과 초기 배아 분화 단계를 주사전자현미경(SEM)으로 연구한 자료가 손달 등(Sondahl et al., 1979)과 나카무라 등(Nakamura et al., 1992)에서 보고되었다. 또한, 최근 타하라 등(Tahara et al., 1995)은 커피 캘러스 3점(C. 아라비카), 배발생 캘러스 1점(EC), 비-배발생 캘러스 2점(황색 캘러스, NYC; 백색 캘러스, NWC)을 2, 4-D(10μM)를 첨가한 MS 배지에 유지시키고, 이를 SEM으로 관찰한 흥미로운 연구 결과를 발표하였다. 배발생 캘러스는 구형 세포질 모양의 노란색 세포로 구성되어 있으며, 크기가 균일했다. 백색 캘러스는 길쭉하거나 불룩한 모양의 반투명 세포였으며, 황색 캘러스의 세포는 배발생 캘러스 세포 외형과 비슷했으나 더 엉성하게 형성되어 있었다. 2, 4-D 배지에 둔 배발생 캘러스는 체세포배가 재생되지 않았지만 2,4-D 무함유 배지로 옮기자 2~3주 뒤 구형의 배아가 생성되었다. 연구진은 배발생 캘러스를 10μM 2, 4-D 배지에 유지한다면 6년간 배발생 가능성이 있다고 설명했다. 이러한 데이터를 토대로 2,4-D가 배발생 적격 세포를 유도할 수 있으나 적격 세포가 체세포배를 만드는 재생 과정을 저해하는 것으로 나타났다.

한편, 니시바타 등(Nishibata et al., 1995)은 아스파라긴이 커피의 체세포 배아 유도에 미치는 영향을 다루었다. C. 아라비카의 배발생 세포계를 10μM 2, 4-D 배지(생장 배지)에서 유지시키고, 체세포배 생산을 위해 5μM 2-iP 배지(재생 배지)에 정기적으로 옮겨주었다. 재생배지에 아스파라긴(10μM)을 첨가하여 배아발생을 촉진시켰으나 글루타민, 글루타민산 또는 아스파르트산을 첨가하는 경우 체세포배 발생이 강하게 억제되었다. 아울러 아스파라긴산을 2,4-D 생장 배지에 첨가하면 체세포배는 유도하지만 세포 증식은 억제하였다.

하타나카 등(Hatanaka et al., 1995) 연구에서 C. 카네포라 엽배양체의 체세포배 발생에 대한 생장조절제 효과를 다루었다. 동 연구에서는 사이토키닌(5μM)이 로부스타 엽배양체에서 체세포배를 생성하는데 필수적인 요소이며, 사이토키닌 급원으로 2-iP가 효과적임을 입증하였다. 엽절편을 고체 배지에 절반 정도 침지시키면 배지와 접촉한 절단면에서만 배아가 발달하였다. 또한, 옥신 검사(IAA, IBA, NAA, 4-FA, 2,

4-D)를 통해 옥신 농도에 비례하여 체세포배 발생이 저해되었다. 연구진은 에틸렌 효과도 평가한 결과, 에틸렌 농도 12μl에서는 체세포배 발생이 촉진되었으나 6μl에서는 에틸렌 효과가 없었고, 24μl에서는 저해 효과를 일으키는 것으로 확인하였다.

아라비카와 로부스타 조직에 체세포배발생을 유도하기 위한 배양 조건을 야수다 등(Yasuda et al., 1995)에서 발표하였다. 어린잎 절편체를 이용하여 아라비카와 로부스타 품종 모두 A3 사이토키닌 배지(5μM 2-iP 또는 BA)에서 체세포배를 생산하였으나 유전자형에 따라 배양체의 반응이 달랐다. 로부스타 배양체는 배지와 접촉한 어린잎 절편체 절단면에서 체세포배가 바로 생성되었으나 옥신을 첨가하자 배아 생성이 억제되었다. 아라비카 배양체는 배발생 캘러스가 유도되기까지 오랜 시간(16주)이 소요되었다. 배발생 조직을 10μM 2, 4-D 배지에 옮기자 백색 비-배발생 캘러스와 황색 배발생 캘러스가 생성되었다. 황색 캘러스는 연속 증식으로 유지가 가능했으며, 사이토키닌이나 옥신 무함유 배지로 옮기면 4년 이상 체세포배 생성능이 유지되었다.

체세포배 발생 유도 시험은 상업용 아라비카 재배종과 에티오피아의 어린잎 절편체에서 얻은 야생형 유전자를 교배한 F1 교잡종 10점을 이용하였다(Etienne et al., 1997). 고체 배양체에서 6개월 후 배발생 세포가 생성되며, 페트리 접시에서 증식한 후 125ml 삼각 플라스크로 옮겨 배발생 현탁배양 세포를 만들기 위해 27°C, 100rpm 속도로 배양한다. 계대배양 주기는 10주로 한다. 어린 체세포배는 계대침지 RITA® 배양조로 옮겨 배아 발아와 소식물체 발달 과정을 거친다. 배양조에서 3~4개월이 지나면 쌍떡잎과 함께 수직근이 생성된다. F1 교잡종에서 유전자형 차등반응으로 체세포배가 발생하였다. 배발생이 많은 재료(가계 1/ 교잡종 1)는 RITA 배양조 당 최대 소식물체 9,000점을 얻었으나 배발생이 적은 교잡종은 750~1,000점 수준이었다. 연구진은 이 방법이 F1 교잡종 대량증식 방법으로 적합하다고 결론내렸다.

로욜라-바르가스 등(Loyola-Vargas et al., 1999)은 아라비카 잎절편체로부터 체세포배 발생이 '직접 유도 또는 저유도' 되는 사례를 조사하였다. 기내 소식물체에서 얻은 경엽을 야스다 등(Yasuda et al., 1985) 배지에서 배양한 지 21일차에 절편체 엽육세포로부터 체세포배가 직접 유도되는 것을 관찰하였다. 해당 배양체 가운데 배발생 조직(부서지기 쉬운 캘러스, 배발생 캘러스)은 관찰되지 않았다. 분리한 배아체는 발아 조건으로 옮겨졌으며, 온실 환경에서 식물체 700여 점 이상이 생성되었다. 재생산된 식물체는 형태 차이가 없어 해당 커피 영양체 개체에서 육안으로 확인 가능한 체세포 변이는 없었던 것으로 추측된다.

저자는 커피 체세포배 발생에 질소가 미치는 영향을 연구한 결과, 총 질소 농도가 4~9mM에서 최대 발생 반응을 보였으며, 질소원의 최적비율은 1 NO_3: 2 NH_4였다.

(b) 배아 동결보존

커피 생식질은 종자 생육 기간이 짧고, 장기간 보존 기법을 커피 종자에 적용하기 어려워 포장 조건에서 유지하여야 한다. 액체 질소를 이용한 체세포배 동결보존(-196°C)은 생식질을 중복 보존하는 방법이 될 수 있다.

플로린 등(Florin et al., 1993) 연구에서는 아라비카 접합배와 로부스타 체세포배가 액체 질소 냉동내성을 가지는지 여러 냉동방법 조건에서 살펴보았다. 접합배는 온도 18°C, 상대습도 43% 하에서 조습건조시킨 후 동결보존이 가능했으며, 해동 후 접합배가 정상적으로 발달하였다. 같은 방법 또는 자당으로 전처리하는 간편 방식을 적용한 후 -20°C에서 예냉하자 2차 배아발생을 거쳐 체세포배가 재성장하였다.

C. 아라비카(재배종 카투아이 및 카투라)와 C. 카네포라 및 아라부스타 교잡종에서도 정상적인 식물체를 수득할 수 있었다. 프롤린 등(Florin et al., 1995) 연구에서 로부스타 체세포배에 세 가지 보존 기법을 적용하여 평가하는 후속 연구를 진행하였다. 그 결과, 수화시킨 배아는 1~2개월 동안 20°C에서 보존이 가능했으며, 부분탈수한 배아는 액체 질소에 보관하면 무기한 보관할 수 있었다. 이렇게 냉동시킨 배아는 대조군과 마찬가지로 소식물체로 발달할 수 있었으며, 커피 배아도 15~24°C, 상대습도 43%에서 탈수한 상태로 1개월 이상 보관 가능했다.

알긴산으로 코팅한 로부스타 체세포배가 액체 질소 냉동 전후로 생존할 확률을 다른 연구에 따르면(Hatanaka et al., 1995), 임계 탈수는 13%이며, 이를 하회하는 배아는 건조 상해를 입을 수 있다. 비냉동 배아는 회수율이 77%인 반면, 냉동 배아의 생존율은 최대 66%였다. 동결보존 후 생존한 체세포배의 절반 이상은 해동 50일 이내로 순과 뿌리가 바로 발달했고(캘러스나 2차 배아 발달 없었음), 동결보존 8개월 후에도 결과가 같았다.

동결보존용 체세포배 유도 과정을 단축시키고자 뒤세루 등(Dussert et al., 1997) 연구에서 종자를 모두 냉동시킨 후 해동 전 접합배를 절제하는 방법을 제안하였다. 이때 종자는 기존 0.5g H_2Og^{-1} 건조중량(dw)에서 0.2g으로 탈수시키고, 표면 살균처리한 종자를 -50°C에서 서서히 예비냉각한 후 액체 질소에 침지시킨다. 해동 후 생존한 절제 배아는 70%였으며, 소식물체로 정상 발달하였다(손상되지 않은 종자 30%만 발아).

(c) 원형질체 배양

커피 원형질체 분리와 소식물체 재생을 성공적으로 획득할 수 있었던 연구는 배발생 세포를 이용한 사례였다(Acuna & Pena 1991 ; Spiral & Petiard 1991). 야수다 등(Yasuda et al. , 1995) 연구진은 단순한 원형질체 프로토콜을 적용하여 한 배지에서만 세포벽 재생, 미세군락 형성 및 재생 방법을 설명하였다. 아라비카 커피의 배발생 조직에서 분리한 원형질체는 A3 배지에 10% 코코넛워터와 만니톨(0.3M), 5μM BA를 추가하여 배양하였다. 첫 세포 분열은 만니톨을 추가하지 않은 액상 A3 배지에서 3주 후 관측되었다. 배양 2달 후에는 체세포배가 관찰되었으며, 이를 계대배양하여 정상 소식물체로 발달시켰다.

(d) 형질전환 및 재생

유전자를 이동시킴으로써 식물 종의 유전자 구성을 바꿀 수 있다. 우선 식물세포에 유전자 카세트(목표 유전자를 비롯한 인트론, 프로모터, 말단 염기서열로 구성)를 식물 세포에 성공적으로 주입하고, 변형시킨 세포로부터 식물체를 재생시킨다. 형질전환은

'유전자 삽입' 기법을 뜻하고, 재생은 살아 있는 형질변환에 성공한 살아 있는 식물체를 회복하도록 하는 기내 과정을 의미한다. 유전자 이동 성공률은 기내 세포 배양 방식과 유전자 주입 방법에 따라 달라진다. 원형질체 배양을 이용한 유전자 이동 시에는 증식이 활발히 일어나고, 세포벽이 제거된 세포를 대상으로 한다. 유전자 이동 방법은 주로 3가지이다. (a) 원형질체에 DNA를 도입; (b) DNA를 코팅한 가속 입자; (c) 아그로박테리움 투메파시엔스(또는 아그로박테리움 리조제네스) 공배양. 앞서 두 가지는 물리적인 방법인 반면, 세 번째는 세균 벡터를 매개로 한 생물학적 방법이다. 세균 벡터는 자연적으로 식물 세포에 침투하여 DNA 절편을 세포 핵으로 이동시킨다. 양성 유전자 변형 이벤트(외래 DNA 도입 세포)는 1~5% 밖에 되지 않으며 이 중에서도 정상 식물체를 회복시켜야 한다. 형질전환/재생 프로토콜은 몇 되지 않는 양성 유전자 변형 세포를 회수시키는 기내 재생에 편중되어 있다. 실용적 측면에서 유전자 이동 사업은 100여 개의 양성 유전자 변형 식물체를 회복시켜서 우수한 개체를 선별할 수 있도록 해야 한다. 양성 유전자 변형 식물체는 발현 상태가 떨어지거나 아예 발현되지 않은 DNA를 갖고 있을 수 있다. 양성 유전자 변형 식물체는 기내 또는 체세포 변이가 일어날 수 있으므로 식물체 단위에서 스크리닝이 필요하다. 커피에 관한 분자 생물과 유전자 이동 연구는 챕터 11에서 상세히 다룰 예정이며, 본 챕터에서는 커피 배양체를 이용해 기내에서 형질전환을 재생시키는 방법을 간략히 소개한다.

두 가지 유전자 이동 방법은 커피 고형 배양체를 이용하였다. 바튼 등(Barton et al., 1991) 연구에서는 커피 원형질체 전기천공법을 적용하여 유전자 표지(NPT II)를 이동시키는 프로토콜을 개발하고자 했다. 연구진은 해당 실험에서 캘러스와 배아를 회복시켰으나 NPT II 표지가 커피 식물에 주입되었는지는 확인하지 않았다.

스피랄과 페티아드(Spiral & Petiard, 1993) 연구에서는 GUS 및 NPT II 유전자 표지와 35-S, NOS 프로모터로 구성한 아그로박테리움 리조제네스를 이용하여 세 가지 유전자형(로부스타, 아라비카(재배종 레드 카투아이) 및 아라부스타 #1307)을 형질전환/재생시켰다. 커피 체세포배는 1시간 동안 아그로박테리움 리조제네스와 공배양한 후 배발생 배지로 옮겨 11일 동안 배양했다. 이 기간이 끝나면 세균 사멸을 위해 세팔로리딘 200ml를 첨가한 배지에 배양체를 계대배양한다. 3주차에 캘러스와 잔뿌리, 배아체가 관측되었다. 양성 형질전환 빈도(+10%)가 높게 나타났다. GUS 양성 반응을 보인 뿌리를 배발생 배지에서 계대배양한지 4주가 지나자 새로운 체세포배가 생성되었다. 해당 뿌리유래 배아를 배양한지 2개월 후에는 커피의 소식물체가 회복되어 유전자 삽입 양성 평가(GUS 및 NP II)가 가능해졌다. 소식물체 단위에서 같은 유전자가 도입된 것을 확인할 수 있었으며, 도입된 DNA의 안정성과 다중 유전자를 다음 세대에서 추적할 계획이다.

스기야마 등(Sugiyama et al., 1995)은 아그로박테리움 리조제네스 균주 IF 14554 야생형을 이용하여 아라비카 조직을 형질전환/재생시킨 사례를 보고하였다. 자엽 절편으로 캘러스(48%)와 잔뿌리(39%) 만들었다. 캘러스로만 만든 배축 조직(95%)과 잎절편체로 잔뿌리와 캘러스를 소량 생산하였다. 캘러스 조직은 배발생을 하지 않으나 2μM 2-iP 배지에서 6개월간 배양하자 잔뿌리에서 체세포배가 소량 회복되었다. 이러한 뿌리 유래 배아체를 호르몬이 없는 배지에 옮겨 소식물체를 얻었다. 양성 유전자 변형 소식물체는 절간배양으로 복제하고, 결과물인 소식물체는 형질변환시킨 공여조직과 같은 표현형을 계속 발현했다.

(e) 기내선발 연구

식물 독소가 있는 조건 하에서 고체 또는 액체 배양체를 기내선발할 경우, 회복한 세포계와 소식물체가 병원균에 내성을 가질 수도 있다. 다만, 독소 내성과 기내 내성 간의 상관 관계가 있어야 성립할 수 있다. 이 기내선발 연구는 체세포의 자연 변동성 및/또는 기내배양조건에서 유도된 변이성을 탐색하였다. 그 결과, 기내 독소 내성과 기외 병원균 내성 간 양의 상관 관계를 입증하였다(Hartman et al., 1984; Hammerschlag, 1990).

커피열매병(CBD)은 콜레토트리쿰 코페아눔 곰팡이에 의해 발생하며, 살진균제를 제대로 처리하지 않아 커피 손실량이 최대 50%에 달하자 아프리카 커피 생산국들이 차질을 빚은 바 있다(Griffiths et al., 1971) (챕터 9 참조). 니앙게 등(Nyange et al., 1993)은 C.코페아눔에서 부분정제한 배양 여과액을 액체에 담긴 분쇄 캘러스에 아라비카 현탁세포(N 39 및 티모르 교잡종)와 함께 사용했다. C.코페아눔 여과액이 있는 조건에서는 배양체의 생장과 변이성이 유의미하게 감소했으며, 선발된 캘러스에서 체세포배와 소식물체 일부가 회복하였다. 해당 식물체는 생체 내 실험을 통해 커피 열매병에 대한 저항 반응 여부를 확인할 예정이다.

10.5 | 미세증식을 이용한 커피 대량화

종자증식 방법이 가장 보편적이기는 하나, 이 방법은 자가생식(동형 접합체)을 하는 품종이거나 교잡종 종자가 대량으로 믿을 수 있는 방식으로 생산되었을 경우에만 한정된다. 반면, 영양번식은 식물체가 상업용 종자나 교잡종 종자를 생산할 수 없을 때 사용하며, 발근과 접목 방식이 가장 많이 쓰인다.

미세증식은 (a) 전통 증식 방법이 불가하거나, (b) '질병이 없는' 식물 재료를 이용하거나; (c) 식물체를 단기간 대량 생산해야 하는 경우 사용한다. 미세증식은 여러 가지 기내증식법을 적용한다: (a) 기존 곁눈을 성장; (b) 기관생성을 통한 순 생성; 또는(c) 체세포배 발생을 이용한 소식물체 생산. 상업용 미세증식 프로토콜은 대부분 고체 배지에서의 곁눈 증식에 치중되어 있다(Kurtz et al. 1991). 기관발생을 통한 미세증식은 구체적인 프로토콜이 결여되어 있거나 체세포 변이률이 높아 제한적으로 사용된다(Litz & Gray, 1992). 체세포배 발생은 증식률이 매우 높고(단위 비용 절감 효과), 온실 및 포장 평가에서 최종 식물체가 상대적으로 유전자가 안정적이라는 점에서 많은 관심을 받았다(Jones & Hughes, 1989; Sondahl et al., 1999; Ducos et al., 1999). 실제 다년생에 체세포배 발생은 식물종이나 열대 식물에서 많이 사용된다. 이들 식물에는 발근과 접목을 저해하는 페놀 화합물이 다량 함유되어 있다.

아라비카 커피는 자가수분을 하는 종으로 6세대(자가수정 및 선발 기간 약 24년)에 걸쳐 동형 접합체 98%를 얻을 수 있다. 로부스타는 이종교배 종이며, 분리 개체들을 선발하여 종자 파종하였다. 우량 개체를 파종한 로부스타 플랜테이션에서는 생산량과 바람직한 형질이 크게 개선되었다. 우량 개체를 상업적으로 이용할 수 있게 되면서 자가수분과 공여체와 같은 동형 접합체를 선발하는데 필요한 시간을 단축시킬 수 있었다. 따라서 여러 영양체를 한번에 사용할 수 있고, 커피 플랜테이션에서 이형 접합성과 적응도를 높일 수 있게 될 것이다. 상업용 재배지 설치 외에도 커피 미세증식을 통해 '채종원'을 구축하여 다계 품종을 대량 생산하거나 품종 간 교잡종을 합성하기 위한 분리 친계를 증식할 수 있다.

커피는 접목, 곁눈 발달(절간배양)로 증식하거나 '직접' 배아발생 경로를 통해서도 번식시킬 수 있다. 영양계 개체가 제한적이어서 증식률이 낮은 경우 이들 증식법이 적합하다. 이번 챕터에서는 연간 100,000~1,000,000개에 달하는 우량 개체를 파종할 수 있도록 대규모 '고빈도(또는 간접)' 체세포배 발생을 이용하는 방법을 집중적으로 다룰 계획이다.

10.5.1 체세포배의 대량 생산

커피의 체세포배 생산을 위한 프로토콜이 많이 나와 있지만 프로토콜 모두 실험용이며, 대규모 증식에는 적합치 않다. 우량 식물체의 체세포로부터 배발생 조직을 생산하려면 반드시 고체 배양체가 필요하며, 주기적인 계대배양을 통해 배양체를 생존시킬 수 있다. 삼각 플라스크나 생물반응기로 액체 배발생 현탁배양을 하여 체세포배를 대량생산할 수 있다.

(a) 플라스크 배양

자마리빠 등(Zamarripa et al., 1991a)은 커피 배발생세포의 현탁배양 조건을 상세히 밝혔다. 더블린 배지(1984)에서 배양한 잎 절편체를 고체 배지에 넣고 어두운 곳에서 배아발생을 유도한다. 이후 1.0mg/l BA를 첨가한 야수다 배지(1985)로 옮겨, 빛 아래에서 배양한다. 노란색의 부서지기 쉬운 배발생 조직을 야수다 변형 배지 20ml가 함유된 50ml 삼각 플라스크에 옮겨 담는다(Zamarripa et al., 1991a). 최초 생육 후 현탁액을 100ml 플라스크와 250ml 플라스크로 연속해서 옮기고 23°에서 100rpm으로 배양한다. 현탁액 정치 시 최초 접종 농도가 중요한데 1리터당 10g fw/리터 이상이어야 한다. 안정적인 배발생 현탁액을 만드는 데까지는 약 8개월이 소요된다. 액체 배양액은 21일간 계대배양하면서 배양액을 유지시킨다. 계대배양별로 나일론 필터(메쉬 50μm)를 이용하여 생물량을 수거하고, 액체 배지가 100ml 들어 있는 새로운 삼각 플라스크 250ml에 옮겨 최종 농도가 1리터당 10g fw를 유지할 수 있도록 만든다. 현탁배양에는 카투아이 430μm, 아라부스타 630μm, 로부스타 760~940μm 직경 크기의 세포 응집체가 들어 있다.

배발생 현탁액을 성공적으로 정치하면(Zamarripa et al. 1991a), 세포 응집체를 새로운 더블린 배지(1984)에 옮겨 체세포배를 유도하였다. 이 단계에 최초 농도를 0.1—0.2g fw/리터로 희석시키는 게 중요하다. 농도를 낮출수록 체세포배가 잘 발달될 수 있다. 6주 후 배아 농도가 240,000배아/리터 수준을 유지하면, 약 90,000 어뢰형 배아가 생성된다. 이러한 결과는 커피 유전자형에 관계없이 동일하게 나타났다. 그러나 체세포배에서 단계별(구형, 심장형, 어뢰형)로 분화가 일어나기 때문에 배아 형성이 동일하지 않을 수 있다.

연구진은 접종 농도나 새로운 배지 첨가 주기, 교반, 명/암 조건 등 배양 조건에 따라 배아 생산이 달라질 수 있다고 언급했다. 새로운 배지를 매주 첨가한 경우, 격주로 첨가한 경우에 비해 어뢰형 배아 생산에 효과적이다.

액체 배지에서 배아를 8주간 분화시킨 후, 0.225mg/l BA가 첨가된 고체 배지로 옮긴다(Zamarripa et al., 1991a). 이후 4주간 사이토키닌이 무함유된 배지에서 배아를 계대배양하면 8주 내로 잎을 관측할 수 있다. BA 무함유 배지에서 배아가 소식물체로 전환되는 비율은 12주 후 50~70% 수준이다. 잎이 2~3매 발현된 소식물체를 온실로 이식하여 경화 및 생육시킨다.

(b) 생물반응기 배양

로부스타 배발생 현탁배양세포(영양체 R2)를 3리터 액체 배지에 1.0mg 화학식량/리터(fw/liter)로 충전하고, 세트릭 SGI(Setric SGI) 생물반응기 기구에 넣어 60rpm 속도로 교반시킨다. 이때 생물반응기 조건은 26℃, 통기량 0.04 공기량/배지 부피/분(min)으로 한다(Zamarripa et al. 1991b). 생물반응기 배양에서 배발생 조직은 배양 49일차에 최대 1리터당 배아체 20만 점으로 증식할 수 있다. 총 배아 개체의 20%가량(40,000/리터)은 어뢰형 배아이다. 생물반응기 유래 체세포배 전환율은 삼각 플라스크(50~70%)와 비슷하며, 생물반응기로 환산 시 2달 주기로 소식물체 60,000점을 생산할 수 있다. 5개월 후 온실 경화 성공률은 80~95%이다. 이는 3리터 생물반응기에서 로부스타 배발생 세포를 배양했을 때 2개월마다 영양 식물체 48,000점가량을 수득할 수 있으며, 이는 2,500 식물체/헥타르 식재 밀도 기준으로 커피 플랜테이션 19헥타르에 달한다. 생물반응기 총 반응 부피를 늘리고, 기기를 여러 대 동시에 작동시킬 수 있다면 로부스타 우량 식물체를 실제 얻을 수 있을 것으로 기대된다.

듀혹 등(Ducos et al., 1993)에서 로부스타(및 아라부스타) 커피를 생물반응기로 대량생산하기 위해 필요한 파라미터를 제시하였다. 세트릭 SGI 모형 SET4CV 교반 생물반응기에 배발생 현탁배양 세포를 0.5g fw/리터로 주입하고, 매주 총 반응 부피 3리터를 작동시켰다. 21일차까지 교반 속도를 최저 50rpm으로 유지하다 이후부터 100 rpm이 되도록 서서히 증가시켰다. 생물반응기류는 용존산소(DO_2) 임계 수치보다 높게 유지하기 위해 최저 속도로 유지했다. 산소 소비량과 CO_2 및 에틸렌 생성률이 배양 시간에 따라 감소하였다. CO_2와 에틸렌 생성량은 통기량과 비례하여 증가하였는데 이는 플라스크 배양과는 반대되는 현상이었다. 배아는 21일째부터 생성되어 58일차에 완료되었다. 듀혹 등(Ducos et al., 1993) 연구에서는 로부스타 품종의 최대 배아 수득이 1리터당 180,000점으로 보고했다. 배아의 소식물체 전환율은 로부스타의 경우 47%로 삼각 플라스크 대조군과 비슷했다. 아라부스타는 생물반응기 1리터당 배아 개체 160,000점을 수득해 37% 전환율을 보여 플라스크 전환율(20%)보다 더 높았다.

생물반응기를 이용해 아라비카 체세포배를 대량생산한 사례를 노리에와 손달(Noriega & Sondahl, 1993) 연구에서 확인할 수 있다. 손달의 프로토콜에 따라 부서지기 쉬운 배발생 조직(FET)을 획득하였는데, C. 아라비카 재배종인 레드 카투아이에서 성숙한 잎 절편체를 얻은 후, 6주간 배지(MSI)에서 배양하고, 유도 배지(MSII)로 옮긴다. 4~6개월 동안 2차 배양한 후 부서지기 쉬운 배발생 조직 영양체를 분리하고, 계대배양을 하면서 고체 배지에 약 3년간 보관한다.

예비 연구에서는 FET 배양체를 생물반응기 배양조에 저밀도로 접종하여 20배로 증식시켰다(Sondahl & Noriega, 1992). 증식 단계 후에는 어뢰형 배아가 저빈도로 관측되었으며, 배치 교체없이 2달간 생물반응기를 계속 가동시켰다. 해당 단계가 끝날 때 즈음에는 배아로 모두 분화해 현탁 상태였으며, 액체 '성숙 배지'로 옮겨 4주간 배양하였다. 성숙 배아는 고체 발아 배지로 도말하여 정상 소식물체를 만들었다. 해당 실험은 FET 접종 세포 1.0g당 배아 12,500점 수율을 보였다.

생물반응기에서 아라비카 품종 배아를 대량생산한 후속 연구에서, 노리에와 손달(Noriega & Sondahl, 1993)은 레드 카투아이의 배발생 세포현탁 배양체를 125ml 또는 250ml 삼각 플라스크에 MSII 배지와 함께 넣고, 25°C 어두운 곳에서 회전진탕기 100rpm 속도로 교반시켰다. 일주일 2회씩 새로운 MSII 배지를 첨가하였다. 현탁 배양체는 3개월간 정치시키고, 3주마다 배양체를 분리시켜 충진세포용량(PCV)을 5~10ml/ 100ml 수준으로 유지하였다. 현탁액에는 직경 0.5~1.0mm FET 세포집합체만 함유되어 있었다.

해당 FET 현탁배양액을 생물반응기에 접종하였다(Noriega & Sondahl, 1993). 5리터 자석 교반형 생물반응기 배양조를 암 조건에서 70~120rpm 속도로 작동시켰다. FET 세포집합체를 액체 MSII 배지에 충전하고, 5주 동안 매주 배지를 교체하였다. 생물반응기 내 세포밀도를 1~5 PCV/리터로 유지할 수 있게 배지 교체시 초과되는 조직은 버렸다. 마지막 5주차에는 휴지기(증식 단계 중지)에 들어갈 수 있게 새로운 배지를 추가하지 말아야 한다. 이후 4주간 새로운 '발달 배지(DM)'를 추가하고, 5주 뒤에는 생물반응기에서 체세포배를 수확해 고체 아가배지에 도말하여 발아할 수 있도록 했다. 따라서 해당 프로토콜은 FET 세포를 5주간 증식하고, 4주간 휴지(배아 분화) 및 5주간 발달 배지에서 배양하는 것으로 간단히 설명할 수 있다. 이를 통해 생산 말미(3.5개월)에는 생물반응기 5리터당 배아 개체수가 45,000점일 것으로 추산해 볼 수 있다. 총 배아 개체수는 증식 단계에서 FET 세포를 주기적으로 제거하면서 감소하였다. 해당 생물반응기 방법을 이용해 만든 체세포 배아 개체는 25%가 어뢰형, 45%가 심장형, 30%가 구형 배아 형태를 갖고 있었다. 생물반응기 내부에 FET 세포 잔해가 남아 있다면 개봉 당시 세포 분화가 완전히 끝나지 않았다는 것을 의미한다. 도말한 배아는 광 조건에서 1~2주가 지나면 엽록소로 발달하며, 10주 후에는 배아가 완전히 발아한다(Noriega & Sondahl, 1993).

(c) 계대침지 배양

오토클레이브의 여과 단위(여과능 500ml)를 조정하여 액체배지의 계대침지 플러쉬(flush)가 수월할 수 있도록 하고, 곁눈과 체세포배 발생을 이용해 커피 증식을 연구했다(Berthouly et al., 1995a). 계대침지 배양 장치는 상부와 하부로 나뉘며 이 사이에 유리관을 연결하였다. 상부의 바닥면에는 미세한 차단막을 설치하여 배양 조직을 고정시켰다. 배양 장치 상단부에는 절편체를 충전하고 바닥에 새로운 배지를 넣었다. 바닥면은 소형 공기 펌프와 연결되어 있으며, 전자 시계로 조절하였다. 공기 펌프를 작동시키면 0.22μm 필터를 거쳐 하단부로 공기가 주입되며, 무균 상태를 유지하도록 해준다. 공기로 인한 압력이 형성되면서 상단부에서 액체 배지가 공급이 중단된다. 펌프 가동을 중단할 시 액체 배지가 중력을 받아 다시 하단부로 이동한다.

상단부에 커피의 직립성 절간조직을 사용하여 5~6주 내로 곁눈 6~7개가 유도되었다. 고체배지에서 배양한 경우 12주가 소요되었던 것과는 차이가 있었다. 계대침지의 시간과 빈도는 최상의 결과물을 만들어 내는데 매우 중요한 요인이다. 따라서 재배하는 유전자형에 따라 프로토콜을 수정하여 적용해야 한다. 아라비카 절간 배양의 경우 1.0mg/l BA 배지에 24시간마다 15분간 4회 펄스 처리하는 것이 가장 이상적이다. 다만, 침지 시간이 길어지면 유리화될 가능성이 있다. 로부스타 절간배양은 0.1mg/l BA 배지에서 24시간마다 1분간 4회 펄스 처리한다. 동 조건에서 각각 아라비카와 로부스타 배양체로부터 평균 6.8개와 7.2개의 신초가 기록되었다.

FET를 동일한 계대침지 방식(RITA 계대침지)에 충전한 뒤 40일 후 생산된 생중량을 보면 삼각 플라스크에 대조 배양한 수치와 같았다. 침지 시간과 빈도는 커피 배발생 배양 시에도 매우 중요하다. 체세포 증식과 배아 재생을 위한 조건으로는 24시간마다 15분간 4회 펄스 처리가 가장 좋다.

10.5.2 응용

사례 1: 버본 LC 영양체 포장

고체와 액체 배지로 만든 커피 체세포배의 안전성을 시험하고자 C.아라비카 cv 버본 LC 계통 B를 이용해 실험용 포장을 설립했다. 기내배양으로 얻은 유식물을 미국 뉴저지 실험실에서 브라질로 운송하고, 현지에서 대조 식물체로 사용할 동일 계통의 실생묘를 만들었다(Sondahl et al., 1999).

손달 및 샤프(Sondahl & Sharp, 1977) 2단계 방법을 이용하여 성숙한 식물체의 잎 절편체로부터 부서지기 쉬운 배발생 조직(FET)을 만든다. 노리에와 손달(Noriega & Sondahl, 1993) 방법대로 FET 배양 현탁액을 정치시킨 후 생물반응기 배양조에 넣어 증식시킨다. 생물반응기는 5리터, 자석 교반식 오노(Ono) 모델과 7리터 날개 교반식 애플리콘(Aplikon) 모델 두 가지를 시험하였다. 생물반응기 배양체와 고체 아가 배양체에서 수득한 체세포배는 발아하여 소식물체를 만들었고, 이를 35 × 145mm 튜브에 옮긴 뒤 온실에서 경화하였다.

4단계 소식물체는 브라질 생명유전자연구소(Cenargen)의 검역 지원을 받아 브라질로 유입한 뒤 지역 커피 농가에 이전시켰다. 동일한 버본 LC 계통 B 종자를 발아토에서 발아시킨 후 35 × 145mm 튜브로 옮겨 발달시켰다.

해당 식물체는 1996년 3월 2일부터 4일까지 한 커피 농장에 2.0 × 1.0m 간격으로 무작위 재식되었다. 재식된 물질은 생물반응기-유래 식물체 220점, 고체 배지 식물체 230점, 종자-유래 식물체 500점으로 구성하였다. 이후 1차 수확물(1998)과 2

차 수확물(1999)에 대해 형태 평가를 실시하여 다음과 같은 결과를 얻었다.

생물반응기 식물체 = 01 불균일(01/220 = 0.4%)
고체 배지 식물체 = 02 활엽형(02/230 = 0.9%)
종자-유래 식물체 = 02 멀타형(murta type)
01 앙구스티폴리아(angustifolia) (03/500 = 1.0%)

4년 후 포장 시험지의 2차 수확물에서 커피 식물체에 매우 미세한 차이가 확인되었다(상기 데이터 참조). 해당 시범 포장 시험을 통해 체세포배에서 커피 식물체를 유도할 수 있으며, 고체와 액체 생물반응기로 배양하더라도 미세증식이 가능하다는 사실을 입증하였다. 실제 연구 대상이었던 미세증식 식물체가 모두 비슷하다고 볼 수 있다. 식물체의 변이률이 매우 낮았기 때문에(1% 미만), 커피 품종 실험을 위한 대량증식 방법으로 안전하다고 결론내릴 수 있다. 기내변이 빈도는 유전자형의 영향을 많이 받으므로 미세증식용으로 선발된 우량 식물체나 교잡종별로 포장 시험을 거친 뒤 대형 플랜테이션에 식재해야 한다.

사례 2: 네슬레(사)의 로부스타 영양체 포장

로부스타는 자가불화합종으로 선발 식물체의 유전자를 유지하려면 영양체증식을 적용해야 한다. 본격적인 파종 사업을 시행하기 전에 몇 가지 측면을 평가해야 한다: (a) 선발 유전자형별 배발생 세포계 재생능; (b) 영양 식물체의 생산 및 유통 물류; (c) 체세포배 발생에 따른 식물체 생산 비용; (d) 재생산 식물체의 동일(true-to-type) 형질여부(Ducos et al., 1999).

미세증식 평가를 위해 농경제적 형질을 가진 로부스타 우량 식물체 5점을 선발하였다. 어린잎 절편체를 8개월간 고체 배양한 후 배발생 세포계를 분리하였다. 2개월 동안 액체 현탁에서 배양한 후, 2주 주기로 10g fw/리터 배지에 계대배양하였다. 접종 밀도를 10g fw/리터에서 1.0g fw/리터로 줄여 체세포배를 유도하고, 표준 농도

(full-strength)의 MS 배지에 옮겨 체세포배를 유도한다. 2~3개월 후 배아를 발아 고체 배지에 옮긴다. 연구진은 그 결과, 배발생 현탁 세포계는 연속배양 6개월부터 배아 생산능이 감소하는 것을 확인했다. 따라서 배발생 세포계를 고체 배지에서 유지하고, 대량 생산 스케쥴(3개월 된 현탁이 적합)에 맞춰 액체 현탁에 옮기는 방법을 권장했다. 듀혹 등(Ducos et al. 1999)은 위의 조건을 가정하여 다음과 같은 값을 산출하였다. (a) 절편체 500점에서 1.0g FET 생산; (b) 액체 배지에서 3개월 증식하여 60g FET 수득; (c) 3개월된 FET 액체 배양체 1.0g fw로 소식물체 56,000점 생산. 따라서 잎 절편체 500점을 최초 접목하여 소식물체 약 300만 점을 획득할 수 있으며, 약 1,800헥타르 상당의 로부스타 포장에 충분히 식재할 수 있는 물량이다.

네슬레(사) 실험실은 필리핀(식물산업부)의 협력 시설에 어린형 기내 체세포배를 보내 식물체 7만점가량을 회수하였다. 배아가 소식물체로 전환되는 수는 프랑스보다 필리핀에서 4~5배가량 적었다는 점에서 기외에서 순화시킨 소식물체를 지역 종묘장으로 보내는 방법이 나을 수 있다. 지금까지 평균 회수된 기외 소식물체는 37%이다. 네슬레(사)는 초기 비용과 생산비용을 추산했을 때 체세포배아 유래 식물체당 미화 $0.169가 소요되었으며, 로부스타는 삽목당 미화 $0.158 수준이었다. 따라서 플랜테이션 1헥타르당 식물체 1,600점을 기준으로 계산하면 1헥타르당 차이가 미화 $18.4 밖에 되지 않아 대량생산으로 얻는 이익까지 셈하면 차이가 크지 않다고 할 수 있다.

이들 로부스타 영양체 5점은 커피생산 5개국(필리핀, 태국, 멕시코, 나이지리아, 브라질)에서 포장 시험이 진행 중이다(4,000 식물체/지역). 필리핀에서 식물체 8,000점을 포장 육안계측한 결과를 토대로, 미세증식한 로부스타 식물은 영양적인 측면에서도 정상이었으며, 파종 2년 후 꽃과 과실이 정상적으로 발달하였다. 필리핀 시범 포장지에서 2차 수확 시 생두 1톤을 생산하였다. 해당 재배지는 앞으로도 장기 생장과 생산능을 평가하고, 삽목이나 미세삽목 등 기타 영양체 방법 유래의 식물체를 기내 유래식물체와 비교하는 연구를 진행할 예정이다.

사례 3: F1 아라비카 교잡종의 영양체 포장

중미 커피 생산국간 협력 사업(Promecafe)을 비롯해 코스타리카의 CATIE 연구센터, 프랑스 협력 컨소시엄(Cirad, Orstom, Mae)들이 다수성 아라비카 품종(카투라, 카투아이, 카티모르, 사치모르)과 에티오피아 및 수단의 야생 아라비카 유전자형에서 얻은 F1 교잡종 합성에 착수했다(Etienne et al., 1997). 해당 사업은 커피 품질이 우수하면서도 생산량과 병해충 저항성이 높은 품종을 얻기 위함으로, 1992년도에 시작하여 현재 F1 교잡종에 대한 포장 실험이 진행 중이며, 2003년도에는 최종 선발이 있을 계획이다(Etienne et al., 1999).

F1 교잡종 10점을 대상으로 미세증식 파일럿 연구가 이미 진행 중이며, 앞서 설명한 RITA 계대침지 기법을 적용하고 있다(Berthouly et al., 1995a). F1 교잡종별로 배아발생능이 다르지만 F1 교잡종에서 회수한 FET 양으로도 대규모 영양체 생산에 필요한 액체 증식이 충분히 가능하다(Etienne et al., 1997). 현재 데이터에 따르면, 배발생 현탁배양체 1g당 배아-유래 식물체가 7,500~1,5000점이 생산된다. 연구진은 '직접 파종' 방식을 성공적으로 검사할 수 있었으며, 초기 자엽 체세포배를 인공토가 담긴 트레이로 옮겨담고 통제된 온실 조건 하에 두었다.

해당 F1 교잡종에서 총 식물체 20,000점이 생산되었으며, 중미 4개국에서 포장 시험이 진행 중이다(Etienne et al., 1999). 해당 연구는 특정 농경 조건에서 배아-유래 식물체의 성과를 평가하였다. 지금까지 포장과 종묘장 환경에서 파종한 병묘 4,000점에 대해 평가가 이루어졌으나 체세포 변이는 관찰되지 않았다(Etienne et al., 1999).

사례 4: 우간다 로부스타 영양체 사업

우간다 농업부는 유럽연합의 영농지원사업을 통해 로부스타 선발 영양체 6점을 대량 증식하고 농가에 보급하는 프로젝트를 추진하였다. 동 사업은 삽목과 기내배양 기술을 이용하여 영양체를 대량 증식할 계획이며(Berthouly et al., 1995a), 우간다에 온도조절 배양실과 온실을 갖춘 182m^2 부지의 지역 영양체 시설이 설립되었다. 곁눈 발달(미세삽목)과 체세포배에 계대침지기법(Berthouly et al. 1995a)을 활용하여 영양체를 미세증식할 예정이다. RITA 배양조 2,000개를 설치 중에 있으며, 미세삽목으로 인한 식물체 연간 600,000점, 체세포배 발생을 통한 식물체 연간 2,000,000~2,500,000만 점을 생산할 수 있을 것으로 기대된다(Berthouly et al. , 1995b).

10.6 | 체세포영양계 변이 및 신계통 육성

10.6.1 정의 및 예시

문헌에서 최초 기록된 기내배양에서의 재생 식물 변이는 담배 캘러스배양에서 얻은 식물체로, 부텐코 외(Butenko et al. 1967)에서 찾아볼 수 있다. 그러나 기내배양에 관한 변동성은 라킨 및 스코크로프트(Larkin & Scowcroft, 1981) 연구에서야 제대로 다루어졌다. (식물 부위) 절편체를 조직배양주기에 적용했을 때 체세포영양계에 변이가 발생하였다. 조직배양주기는 탈분화세포나 조직배양체를 특정 조건에 배양하고, 식물체를 재생시키는 과정을 말한다(Hammerschlag, 1992). 배양 반수체세포에서 기내 변이성이 일어나는 것을 포함하여 이른바 '배우자 영양체 변이'라고 한다(Evans et al., 1984). 체세포 변이는 식물 세포가 자연 발생적으로 변이하거나 식물체 재생 후 기내에서 변이가 유도된 것을 말한다(Larkin & Scowcroft, 1981; Evans & Sharp, 1986). 기내 식물체에서의 자발적 변이 대부분은 손상, 전좌, 결실, 이수성, 배수성, 체세포 교차 등 염색체 변이와 관련이 있다. 아울러 체세포 변이는 점 돌연변(Point mutation)이나 유전자 복제수 변이, 전이인자 활성화, DNA 메틸화 변이처럼 단일 유전자에 의해 발생할 수도 있다(Karp et al., 1982; McCoy et al., 1982; Orton, 1983; Phillips et al., 1990). 체세포 변이는 기존 재배종을 유전적으로 변이시킬 수 있기 때문에 육종 사업 기간을 단축시킬 수 있는 좋은 수단이다(Evans & Sharp, 1986). 체세포영양계는 유전적 변이가 거의 일어나지 않기 때문에 원래 상업용 재배종의 유전자를 온전히 보존할 수 있다. 커피의 경우, 기존에 알려진 대로 아라비카 종에서의 종 다양성을 제외한 유전자 변이가 관측되지 않았다(Sondahl & Bragin, 1991). 체세포를 변이시킴으로써 유성증식(담배, 토마토, 평지씨, 옥수수, 블랙베리, 셀러리, 커피)과 무성증식(감자, 고구마, 사탕수수)한 개량 품종을 얻을 수 있다(Evans, 1988; Hammerschlag, 1992; Sondahl & Lauritis, 1992).

10.6.2 커피의 체세포 변이

농경제학적으로 중요한 커피 유전자형은 일부 체세포 변이 연구에 이용되기도 한다(Sondahl & Bragin, 1991; Sondahl & Lauritis, 1992).

체세포변이 빈도가 유전자형과 배양 방법에 따라 달라지기 때문에 신장이 큰 품종(옐로우 버본, 문도 노보, 이카투, 아라모사)부터 신장이 작은 품종(레드 카투아이, 옐로우 카투아이, 카투라, 카티모르, 라우리나 및 기타 유전자형)에 이르기까지 다양한 유전자형을 대상으로 하였다. 손달 및 샤프(Sondahl & Sharp, 1977) 프로토콜에 따라 성숙한 잎 절편체로부터 조직을 배양하고, 공여 식물체는 온실종자원에 보관하였다. 소식물체는 '저빈도 경로(LFSE)'와 '고빈도 경로(HFSE)'를 모두 이용하여 재생시킨다. 소식물체는 온실에서 경화 과정을 거친 후 검역 하에 브라질에 위치한 커피 종묘장으로 운송된다. 기내유래 식물체가 이식 가능한 크기만큼 배양되면 공여 품종별로 구획된 포장에 재식된다. 연구 중인 커피 품종의 대조군으로 종자-유래 식물체는 실험용 포장마다 재식한다. 재식 장소는 브라질 카주루 지역에 소재한 커피 농장으로, 남위 21°, 고도 1040m, 3.5 × 2.0m 간격 조건을 갖추고 있다. 기본적인 거름주기와 병해충 관리가 이루어지고 있으며, 커피 유전자형 9종을 대표하는 기내-유래 식물체 14,948점이 포장에 재식되었다. 1차 및 2차 작물을 스크리닝한 후 가장 흥미로운 식물체들은 포장에 재식하여 다음 세대를 연구하였다.

기내-유래 커피 개체에서 확인된 변이성은 10% 수준으로, 변이성 상당수가 유전자형과 관련이 있었다. 실제 옐로우 버본은 30.6%에서 변이성이 확인된 반면, 레드 카투아이는 3.3%에 그쳤다. 변이가 가장 많았던 부분은 열매 색깔이었고(황색에서 붉은색으로 변색 42.35%), 식물의 신장 변이(장신에서 단신으로 변이 3.8%)가 그 뒤를 이었다. 기내 식물체 7,772점을 평가한 결과, 변동성 빈도는 HFSE 유래 식물체(또는 간접 배아발생 12%)와 LFSE 식물체(또는 직접 배아발생; 10.4%)와 유사했다. 따라서 HFSE

경로에서 변이성이 강해지지 않으므로 HFSE와 LFSE 모두 미세증식 사업에 활용 가능하다는 것을 알 수 있었다. 미세증식 사업에 관한 상세 내용은 손달 및 브래건(Sondahl & Bragin, 1991)과 손달 및 라우리츠(Sondahl & Lauritis, 1992)를 참조할 수 있다.

미세증식 사업을 통해 재미있는 변종들이 선발되었으며, 후대들을 현재 연구하고 있다. 향후 새로운 품종 출시를 목표로 표준 육종방법을 적용해 돌연변이를 개발 중이다. 우수한 커피 품질을 갖고 있으면서 농경학적으로도 우수한 형질을 가진 개체를 선발하는 것이 중요하다. 주요 육종 개체인 라우리나 체세포영양계, 이카투 체세포영양계 및 아라모사 체세포영양계 3종은 조직배양체에서 얻었다. 이카투와 아라모사에서 분리한 개체의 특성들은 손달 등(Sondahl et al., 1997) 연구에서 보고되었다. 이외에도 문도 노보 및 옐로우 버본의 단신 돌연변이 등 기타 소규모 개체군은 현재 연구가 진행 중이다. 옐로우 카투아이 잎배양체에서 유래한 마라고지페 돌연변이 식물체가 눈길을 끈다. 해당 체세포 영양계의 2세대와 3세대에서 일반적인 마라고지페 품종의 표현형과 일반 카투아이 품종, 단신이지만 대형인 중간 표현형이 분리되었다.

10.6.3 신품종 상업화

라우리나는 1800년대 중반 프랑스 레위니옹 섬의 레드 버본 식물이 자연 돌연변이하여 생겨났다. 이 식물은 잎이 작고 곁가지가 얇으며, 신장이 짧으면서 열매와 원두가 길쭉하게 생겼다. 문헌에서 '라우리나', '르로이', '부르봉 뽀완뚜', '스미르나' 커피로도 불린다(Raoul, 1897; Boutilly, 1900; Coste, 1955).

해당 라우리나 체세포 돌연변이종은 가뭄 내성과 음료로서의 특성이 우수해 아프리카의 대규모 상업용 농장으로 바로 들여왔다(이후 남미로 이전) (Raoul, 1897; Krug et al., 1954). 얼마 지나지 않아(1950년대 중반) 커피 관련 연구들에서 라우리나 식물의 카페인 농도가 자연적으로 50% 저감되었다고 보고되었다(Lopes, 1973). 최근에는 브라우만 등(Baumann et al., 1998) 연구에서 라우리나의 카페인 함량 저감화가 합성 활성이 둔화되었기 때문이라고 설명했다.

1991년 6월, 라우리나 기내-유래 식물 800여 종 가운데 R_0 세대에서 우수 품종 15종을 선발하였다. 선발 식물은 자매 식물이나 공여 식물체에 비해 잎 면적이나 곁가지, 식물체의 길이, 직경이 크고, 생산량이 우수해 초세가 눈에 띄게 좋았다. 선발 식물체의 종자는 개별 실험 포장(4헥타르)에 파종하여 체세포영양체 계통별로 품종 성능을 평가했다. 생장 패턴과 생산량, 카페인 함량을 15개 계통별로 포장 조건에서 첫 5년간 관찰하였다(3회 연작).

카페인 함량은 안정적이었으며, 공여식물체와 함량이 동일했다. 생장 패턴도 전 계통(분리 없음)에서 안정되었으며, 상위 5개 계통의 생산량은 대조군보다 수율이 2배나 높았다. 수득 평가는 실험용 포장에서 6회차(1999 작물년도)까지 진행했으며, 생산량이 월등히 많았던 상위 5개 계통과 연 2회로 작물 주기가 짧아졌음을 확인할 수 있었다. 선별 계통의 3세대를 25헥타르 규모의 준상업용 시험구에 배치했다. 상위 5개 종자는 '버본' 종자명으로 확대되고 있다.

라우리나 체세포영양계 중 우수 품종을 최초 선발한 후 이와 관련한 특허를 출원하고, 1995년 7월 25일자로 미국 실용특허 제 5 436 395호를 취득했다(Sondahl et al., 1995).

커피 품종으로는 최초로 특허를 취득한 버본 LC는 체세포배 배양체에서 분리한 자연 변이 유래의 커피 품종으로 처음으로 방출하였다. 버본 LC는 카페인을 자연 저감화(50%)한 품종을 상품화한 유일한 사례이다. 평소 섭취량보다 2배 많은 양을 마시고도 일일 카페인 기준을 초과하지 않아 커피 애호가들의 이목이 집중되었다.

10.7 | 요약

아라비카 커피 식물체에서 잎과 열매 개체가 발생하고, 열대 및 아열대 환경에서 생존하기 위한 방어 메커니즘으로 퓨린 알칼로이드 조직이 변화하는 중요성을 앞서 살펴보았다.

이 외에도 세포와 기관 배양에 관한 최신 동향도 검토하였다. 아라비카와 로부스타 품종 모두에서 체세포배를 유도 또는 재생하거나 배발생에 적합한 세포계를 유지하는 방법이 크게 진일보하였다. 앞으로 원형질체 연구와 유전자 이동 사업이 발전할 수 있는 계기가 될 것이다. 아울러 체세포배 발생 과정에 대한 이해의 폭이 넓어지고, 생물반응기와 계대침지 배양기술도 함께 발달하면서 커피의 대량증식 방법의 발전으로 이어졌다.

커피처럼 다년생 식물종의 영양번식이 가능해지면서 새로운 유전자형을 도입한 식물을 생산할 수 있게 되었다. 이로 인해 식물 재료 교체가 빨라져 농가는 우량 식물체로 농경제적인 혜택을 볼 수 있게 되었고, 커피업계 또한 업계와 마케팅 니즈에 맞춰 생두를 생산할 수 있는 기회가 열리게 되었다. 생두의 품질은 유전자, 환경, 농법에 따라 달라지며, 대량 증식을 통해 유전자 조절이 가능해졌다. 우수 품종을 이형접합시켜 영양번식하고, 여러 영양체 계통을 이용함으로써 이형접합성 보존과 커피 플랜테이션에서의 환경 변화에 유연하게 대처할 수 있게 된 것이다. 체세포배 발생을 이용한 미세증식 기술개발로 상업용 플랜테이션에 물량을 공급할 수 있게 되었으며, 다른 증식 방법과 비교해도 비용 경쟁에서 뒤지지 않는다. 현재 진행 중인 체세포배 유래 커피 식물체에 대한 임상 평가에서도 아라비카와 로부스타 모두 복제 정확도가 높았으며, 지금까지 유전자형의 체세포 변이가 없었거나 일어나더라도 매우 적었다.

세포 수준에 자연 변이성을 최초로 접목한 생산용 품종들이 출시되고 있다. 농장에서의 생산 제약 문제를 해소하고, 지속가능한 커피 생산이 가능하도록 자연 체세포 돌연변이 기반의 세포 생물 기술을 적용한 신품종과 개량 품종을 개발 중에 있다. 식물체 재생 기술로 세포 수준에서의 자연 변이성을 제거할 수 있어 선별한 돌연변이형의 유전자 구성을 기존의 공여 식물체 유전자 구성과 매우 유사하게 만들 수 있다. 이 방식을 이용하면 종전의 형질을 그대로 유지할 수 있기 때문에 신품종을 빠르게 출시할 수 있다.

이중(double) 동형접합 식물체 회수가 가능한 약배양이나 소포자 배양 분야는 개발이 필요하다. 이미 다른 식물 품종에는 적용이 완료된 상태이기 때문에 야생형 커피의 유전자를 재배종에 이입하는데 도움을 받아 커피 육종 사업을 진척시킬 수 있을 것으로 보인다.

생식질 보존도 많은 관심을 받는 분야이다. 야생형 커피종이 자연적으로 진화해 온 서식지를 인위적으로 변경하면서 귀중한 생식질들이 파괴될 위험에 처해 있다. 따라서 살아 있는 커피 생식질 수집에 대한 지원 노력과 함께 커피 종자와 배아의 장기 보존 기술을 개선해 나가야 할 것이다.

약어

BA 또는 6BA	6-벤질아미노퓨린
2,4-D	2,4-디클로로페녹시아세트산
2-iP	2-이소펜테닐아데닌
KIN	키네틴
NAA	1-나프탈렌 아세트산
PAL	페닐알라닌 암모니아 분해효소

참고문헌

- Acuna, J.R. & Pena, M. (1991) Plant regeneration from protoplasts of embryogenic cell suspensions of *Coffea arabica* L. cv. Caturra. *Plant CellRep.*, **10**, 345-8.
- Acuna, M.E.A. (1993) Somatic embryogenesis induced by culture on single media in coffee plants from crosses of *Coffea arabica* by Timor Hybrid. In: *Proceedings of the 15th ASIC Colloquium (Montpellier)*. pp. 82-88. ASIC, Paris, France.
- Aerts, R.J. & Baumann, T.W. (1994) Distribution and utilization of chlorogenic acid in *Coffea* seedlings. *J. Exp. Botany*, **45**, 497-503.
- Ashihara, H. & Crozier, A. (1999) Biosynthesis and metabolism of caffeine and related purine alkaloids in plants. *Adv. Bot. Res.*, **30**, 117-205.
- Ashihara, H., Monteiro, A.M., Moritz, T., Gillies, M.F. & Crozier, A. (1996) Catabolism of caffeine and related purine alkaloids in leaves of *Coffea arabica* L. *Planta*, **198**, 334-9.
- Barboza, C.A. & Ramirez-Martinez, J.R. (1991) Antocianinas en pulpa de cafe del cultivar Bourbon rojo. In: *Proceedings of the 14th ASIC Colloquium (San Francisco)*, pp. 272-6. ASIC, Paris, France.

- Barton, C.R., Adams, T.L. & Zarowitz, M.A. (1991) Stable transformation of foreign DNA into *Coffea arabica* plants. In: *Proceedings of the 14th ASIC Colloquium (San Francisco)*, pp. 460-64. ASIC, Paris, France.
- Baumann, T.W. & Frischknecht, P.M. (1982) Biosynthesis and biodegradation of purine alkaloids in tissue cultures. *Proceedings of fifth International Congress on Plant Tissue and Cell Culture* (ed. A. Fujiwara), pp. 365-366. Tokyo, Japan. Assoc. Plant Tissue Culture.
- Baumann, T.W. & Frischknecht, P.M. (1988a) Caffeine: production by plant (*Coffea* spp.) cell cultures. In: *Biotechnology in AgricultureandForestry, Vol. 4MedicinalandAromaticPlants* I, (ed. Y.P.S. Bajaj) pp. 264-281. Springer-Verlag, Berlin, Heidelberg.
- Baumann, T.W. & Frischknecht, P.M. (1988b) Purines. In: *Cell Culture & Somatic Cell Genetics ofPlants, Vol. 5 Phytochemicals in Plant Cell Cultures* (eds F. Constabel & I. K. Vasil), pp. 40317. Academic Press, San Diego.
- Baumann, T.W., & Rohrig, L. (1989) Formation and intracellular accumulation of caffeine and chlorogenic acid in suspension cultures of *Coffea arabica. Phytochemistry* **28**, 2667-9.
- Baumann, T.W., Koetz, R. & Morath, P. (1983) N-methyl- transferase activities in suspension cultures of *Coffea arabica* L. Plant *CellRep.* **2**, 33-5.
- Baumann, T.W., Sondahl, M.R., Mosli Waldhauser, I.S. & Kretschmar, J.A. (1998) Non-destructive analysis of natural variability in bean caffeine content of Laurina coffee. *Phytochemistry*, **49**, 1569-73.
- Baumann, T.W. & Wanner, H. (1972) Untersuchungen uber den Transport von Kaffein in der Kaffeepflanze *Coffea arabica. Planta*, **108**, 11-20.
- Berthouly, M., Alvard, D., Carasco, C. & Duris, D. (1995b). A technology transfer operation: a commercial *Coffea canephora* micropropagation laboratory in Uganda. In: *Proceedings of the 16th ASIC Colloquium (Kyoto)*, pp. 743-44. ASIC, Paris, France.
- Berthouly, M., Dufour, M., Alvard, D., Carasco, C., Alemanno, L. & Teisson, C. (1995a) Coffee micropropagation in a liquid medium using the temporary immersion technique. In: Proceedings *of the 16th ASIC Colloquium (Kyoto)* pp. 514-19. ASIC, Paris, France.
- Bridson, D.M. & Verdcourt, B. (1988) Coffee. In: *Flora of Tropical East Africa — Rubiaceae (Part 2) Balkema* (ed.) R.M. Polhill. Rotterdam.
- Boutilly, V. (1900) *Cafeier de Liberia. Sa Culture et sa Manipulation*. Bibliotheque de la Revue des Cultures Coloniales. A, pp. 1-3. Challamel, Paris.
- Buckland, E. & Townsley, P.M. (1975) Coffee cell suspension cultures. Caffeine and chlorogenic acid content. f Inst. *Can. Sci. Technol. Aliment*, **8**, 164-5.
- Butenko, R.G., Shemina, Z.B. & Frolova, L.Y. (1967) Induced organogenesis and characteristics of plants produced in tobacco tissue culture. *Genetika*, **3**, 29-39.
- Carvalho, A.C., Ferwerda, F.P., Frahm-Leliveld, J.A., Medina, D.M., Mendes, A.I.T. & Monaco, L.C. (1969) Coffee. Reprinted from *Outlines of Perennial Crop Breeding in the Tropics* (eds F.P. Ferwerda & F. Wit) pp. 189-241. H. Veenmann & Zonen N.V., Wageningen, The Netherlands.
- Charrier, A. & Berthaud, J. (1985) Coffee. In: *Botany, Biochemistry and Production of Beans and Beverage* (eds M.N. Clifford & K.C. Wilson), pp. 13-47. American Edition, Westport, Connecticut.
- Cho, G.H., Kim, D.I., Pedersen, H. & Chin, C.K. (1988) Ethephon enhancement of secondary metabolite synthesis in plantcell cultures. *Biotech. Progress* **4**, 184-8.
- Coste, R. (1955) *Les cafeiers et le Cafe dans le Monde*, Vol. 1, Chapter II, pp. 15-31. Editions Larose, Paris.
- Dublin, P. (1981) Embryogenese somatique directe sur fragments de feuilles de cafeier Arabusta. *Cafe, Cacao, The*, **25**, 237-41. Paris.
- Dublin, P. (1984) Techniques de reproduction vegetative in vitro et amelioration genetique chez les cafeiers cultives. *Cafe, Cacao The*, **28**, 231-43. IFCC, Paris.

- Dublin, P. (1991) Les techniques modernes de reproduction asexuee. Impacts sur l'amelioration genetique des cafeiers. In: *Proceedings of the 14th ASIC Colloquium (San Francisco)*, pp. 365-77. ASIC, Paris, France.
- Ducos, J.P., Gianforcaro, M., Florin, B., Petiard, V. & Deshayeves, A. (1999) Canephora (Robusta) clones: in vitro somatic embryogenesis. In: *Proceedings of the 18th ASIC Colloquium (Helsinki)*, 295-301. ASIC, Paris, France.
- Ducos, J.P., Zamarripa, A., Eskes, A.B. & Petiard, V. (1993) Production of somatic embryos of coffee in a bioreactor. In: *Proceedings of the 15th ASIC Colloquium (Montpellier)*, pp. 89— 96. ASIC, Paris, France.
- Dussert, S., Chabrillange, N., Engelmann, F., Anthony, F., Hamon, S. & Lashermes, P. (1997) Cryopreservation of coffee (*Coffea arabica*) seeds. In: *Proceedings of the 17th ASIC Colloquium (Nairobi)*, pp. 466—73. ASIC, Paris, France.
- Etienne, H., Barry-Etienne, D., Vasquez, N. & Berthouly, M. (1999) Aportes de la biotecnologia al mejoramiento genetico del cafe: el ejemplo de la multiplicacion por embrigenesis somatica de hibridos F1 en America Central. In: (eds B. Bertrand & B. Rapidel), *Desafios de Caficultura en Centroamerica*, pp. 457—93. IICA, San Jose.
- Etienne, H., Bertrand, B., Anthony, F., Cote, F. & Berthouly, M. (1997) L'embryogenese somatique: un outil pour l'amelioration genetique du cafeier. In: *Proceedings of the 17th ASIC Colloquium (Nairobi)*, pp. 457—65. ASIC, Paris, France.
- Evans, D.A. (1988) Applications of somaclonal variation. In: *Biotechnology in Agriculture*. pp. 203—223. Alan R. Liss, Inc.
- Evans, D.A. & Sharp, W.R. (1986) Somaclonal variation in agriculture. *Biotechnology*, **4**, 428—532.
- Evans, D.A., Sharp, W.R. & Medina-Filho, H.P. (1984) Somaclonal and gametoclonal variation. *Am. f. Botany*, **71**, 759—74.
- Florin, B., Ducos, J.P., Firmin, L. *et al.* (1995) Preservation of coffee somatic embryos through desiccation and cryopreservation. In: *Proceedings of the 16th ASIC Colloquium (Kyoto)*, pp. 542—7. ASIC, Paris, France.
- Florin, B., Tessereau, H. & Petiard, V. (1993) Conservation a long terme des ressources genetiques de cafeeier par cryoconservation d'embryons zygotiques et somatiques et de cultures embryogenes. In: *Proceedings of the 15th ASIC Colloquium (Montpellier)*, pp. 106—14. ASIC, Paris, France.
- Frischknecht, P.M. & Baumann, T.W. (1980) The pattern of purine alkaloid formation in suspension cultures of *Coffea arabica. Planta medica*, **40**, 245—9.
- Frischknecht, P.M. & Baumann; T.W. (1985) Stress induced formation of purine alkaloids in plant tissue culture of *Coffea arabica. Phytochemistry*, **24**, 2255—7.
- Frischknecht, P.M., Baumann, T.W. & Wanner, H. (1977) Tissue culture of *Coffea arabica*. Growth and caffeine formation. *Planta med.*, **31**, 344—50.
- Frischknecht, P.M., Eller, B.M. & Baumann, T.W. (1982) Purine alkaloid formation and CO2 gas exchange in dependence of development and of environmental factors in leaves of *Coffea arabica. Planta* **156**, 295—301.
- Frischknecht, P.M., Ulmer-Dufek, J. & Baumann, T.W. (1986) Purine alkaloid formation in buds and developing leaflets of *Coffea arabica*: expression of an optimal defence strategy? *Phytochemistry*, **25**, 613—16.
- Gillies, F., Jenkins, G.I., Ashihara, H. & Crozier, A. (1995) *In vitro* biosynthesis of caffeine: the stability of N-methyl- transferase activity in cell-free preparations from liquid endosperm of *Coffea arabica*. In: *Proceedings of the 16th ASIC Colloquium (Kyoto)*, pp. 599—605. ASIC, Paris, France.
- Griffiths, E., Gibbs, I.N. & Waller,J.M. (1971) Control ofcoffee berry disease. *Ann. Appl. Biol.* **67**, 45—54.
- Grossniklaus, U., Vielle-Calzada, J.P., Hoeppner, M.A. & Gagliano, W.B. (1998) Maternal control of embryogenesis by medea, a polycomb group gene in Arabidopsis. *Science*, **280**, 446-50.
- Guerreiro Filho, O. (1992) *Coffea racemosa* Lour. Une revue. *Cafe, Cacao, The*, **36**, 171—86. Paris.
- Gurney, K.A., Evans, L.V. & Robinson, D.S. (1992) Purine alkaloid production and accumulation in cocoa callus and suspension cultures. *f. Exp. Bot.*, **43**, 769—75.

- Haldimann, D. & Brodelius, P. (1987) Redirecting cellular metabolism by immobilization of cultured plant cells — a model study with *Coffea arabica*. *Phytochemistry*, **26**, 1431—4.
- Hartman, C.L., McCoy, T.J. & Knous, T.R. (1984) Selection of alfalfa (*Medicago Sativa}* cell lines and regeneration of plants resistant to the toxin(s) produced by *Fusarium oxysporum* f. sp. *midicaginis*. *Plant Sci. Lett.*, **34**, 183—94.
- Hammerschlag, F.A. (1990) Resistance response of plants regenerated from peach callus to *Xanthomonas campestri* pv. Pruni. *f. Am. Soc. Hort. Sci.* **115**, 1034—7.
- Hammerschlag, F.A. (1992) Somaclonal variation. In: *Biotechnology of Perennial Fruit Crops* (eds F.A. Hammerschlag & R.E. Litz), pp. 35—55. CAB Intl., UK.
- Hatanaka, T., Azuma, T., Uchida, N. & Yasuda, T. (1995) Effect of plant hormones on somatic embryogenesis of *Coffea cane- phora*. In: *Proceedings of the 16thASIC Colloquium (Kyoto)*, pp. 790—97. ASIC, Paris, France.
- Jones, L.H. & Hughes, W.H. (1989) Oil Palm (*Elaeis guineensis* Jacq.). In: *Biotechnology in Agriculture and Forestry, Vol. 5, Trees II* (ed. Y.P.S. Bajaj), pp. 176—202. Springer-Verlag, Heidelberg.
- Kalberer, P. (1964) *Untersuchungen zum Abbau des Kaffeins in den Bldttern von* Coffea arabica. Thesis, University of Zurich.
- Kalberer, P. (1965) Breakdown of caffeine in the leaves of *Coffea arabica* L. *Nature*, **205**, 597—8.
- Karp, A., Nelson, R.S., Thomas, E. & Bright, S.W.J. (1982) Chromosome variation in protoplast-derived potato plants. *Theoret. Appl. Genet.*, **63**, 265—72.
- Keller, H.R., Wanner, H. & Baumann, T.W. (1971) Koffein- synthese und Gewebekultur bei *Coffea arabica*. *Verhandl. Schweiz. Naturforsch. Ges.*: 88—90.
- Keller, H., Wanner, H. & Baumann, T.W. (1972) Kaffein- synthese in Fruchten und Gewebekulturen von *Coffea arabica*. *Planta*, **108**, 339—50.
- Krug, C.A., Carvalho, A. & Antunes Filho, H. (1954) Genetica de *Coffea*. XXI — Hereditariedade dos caracteristicos de *Coffea arabica* var. Laurina (Smeathman) DC. Bol. *Tech. Div. Exper. Pesq., Inst. Agronomico, Campinas, Brazil*, **13**, 247—55.
- Kurtz, S.L., Hartman, R.D. & Chu, I.Y.E. (1991). Current methods of commercial micropropagation. In: *Scale-up and Automation in Plant Propagation* (ed. I.K. Vasil), pp. 3—34. Academic Press, New York.
- Larkin, P.J. & Scowcroft, W.R. (1981) Somaclonal variation — a novel source of variability from cell cultures for plant improvement. *Theoret Appl. Genet.* **60**, 197—214.
- Litz, R.E. & Gray, D.J. (1992) Organogenesis and somatic embryogenesis. In: *Biotechnology of Perennial Fruit Crops* (eds F.A. Hammerschlag & R.E. Litz), pp. 3—34. CAB Intl., UK.
- Lopes, M.H. (1973) Teor em cafeina de cafes espontaneos de Mozambique. In: *Proceedings of the 5th ASIC Colloquium (Lisbon)*, pp. 63—9. ASIC, Paris, France.
- Loyola-Vargas, V.M., Fuentes-Cerda, C.F.J., Monforte- Gonzales, M., Mendez-Zeel, M., Rojas-Herrera, R. & Mijan- gos-Cortes, J. (1999) Coffee tissue culture as a new model for the study of somaclonal variation. In: *Proceedings of the 18th ASIC Colloquium (Helsinki)*, pp. 302—307. ASIC, Paris, France.
- McCoy, T.J., Phillips, R.L. & Rhines, H.W. (1982). Cytogenic analysis of plants regenerated from oat (*Avena sativa*) tissue culture: high frequency of partial chromosome loss. *Can. f. Genet. Cytol.*, **24**, 37—50.
- Mazzafera, P., Crozier, A. & Sandberg, G. (1994) Studies on the metabolic control of caffeine turnover in developing endosperms and leaves of *Coffea arabica* and *C. dewevrei*. *f. Agric. Food Chem.*, **42**, 1423—7.
- Mazzafera, P., Wingsle, G., Olsson, O. & Sandberg, G. (1994) S- adenosyl-L-methionine:theobromine 1-A-methyltransferase, an enzyme catalyzing the synthesis of caffeine in coffee. *Phytochemistry*, **37**, 1577—84.
- Mosli Waldhauser, S.S. & Baumann, T.W. (1996) Compartmentation of caffeine and related purine alkaloids depends exclusively on the physical chemistry of their vacuolar complex formation with chlorogenic acids. *Phytochemistry*, **42**, 985—96.

- Mosli Waldhauser, S.S., Kretschmar, J.A. & Baumann, T.W. (1997) M-methyltransferase activity in caffeine biosynthesis: biochemical characterization and time course during leaf development of *Coffea arabica. Phytochemistry*, **44**, 853—9.
- Murashighe, T. & Skoog, F. (1962) A revised medium for rapid growth and bioassays with tobacco tissue cultures. *Physiol. Plant.*, **15**, 473—97.
- Nakamura, T., Taniguchi, T. & Maeda, E. (1992) Studies on somatic embryogenesis of coffee by scanning electron microscope. *fap. f. Crop Sci.*, **61**, 476—86.
- Neuenschwander, B. & Baumann, T.W. (1991) Purine alkaloid formation during somatic embryo development of *Coffea arabica*. In: *Proceedings of the 14th ASIC Colloquium (San Francisco)*, pp. 595—600. ASIC, Paris, France.
- Neuenschwander, B. & Baumann, T.W. (1992) A novel type of somatic embryogenesis in *Coffea arabica. Plant Cell Rep.*, **10**, 608—612.
- Nishibata, T., Azuma, T., Uchida, N., Yasuda, T. and Yamaguchi, T. (1995) Amino acids on somatic embryogenesis in *Coffea arabica*. In: *Proceedings of the 16th ASIC Colloquium (Kyoto)*, pp. 839—44. ASIC, Paris, France.
- Noriega, C. & Sondahl, M.R. (1993) Arabica coffee micropropagation through somatic embryogenesis via bioreactors. In: *Proceedings of the 15th ASIC Colloquium (Montpellier)*, pp. 73—81. ASIC, Paris, France.
- Nyange, N.E., McNicol, R.J., Williamson, B. & Lyon, G.D. (1993) *In vitro* selection of *Coffea arabica* callus and cell suspensions for resistance to phytotoxic culture filtrates from *Colletotrichum coffeanum*. In: *Proceedings of the 15th ASIC Colloquium (Montpellier)*, pp. 123—31. ASIC, Paris, France.
- Ogutuga, D.B.A. & Northcote, D.H. (1970) Caffeine formation in tea callus tissue. *f. Exp. Bot.*, **21**, 258—73.
- Orozco, F.J. & Schieder, D. (1982) Aislamento y cultivo de protoplastos a partir de hojas de cafe. *Cenicafe*, **33**, 129—36.
- Orton, T.J. (1983) Experimental approaches to the study of somaclonal variation. *Plant Mol. Rep.*, **1**, 67—76.
- Phillips, R.L., Kaeppler, S.M. & Peschke, V.M. (1990) Do we understand somaclonal variation? In: *Progress in Plant Cellular and Molecular Biology* (eds H.J.J. Nijkamp *et al.)*, pp. 131—41. Kluwer Academic Publishers, Dordrecht, The Netherlands.
- Prenosil, J.E., Hegglin, M., Baumann, T.W. *et al.* (1987) Purine alkaloid producing cell cultures: fundamental aspects and possible applications in biotechnology. *Enzyme Microb. Tech- nol.*, **9**, 450—58.
- Raoul, E. (1897) Culture du cafeier. In: *Manuel des Cultures Tropicales*, Vol I, Part 1, (eds E. Raoul & P. Sagot), pp. 86—95; 167—239. A. Challamel, Paris.
- Rogers, W.J., Michaux, S., Bastin, M. & Bucheli, P. (1999) Changes to the content of sugars, sugar alcohols, myo-inositol, carboxylic acids and inorganic anions in developing grains from different varieties of Robusta (*Coffea canephora*) and Arabica (C. *arabica)* coffees. *Plant Sci.*, **149**, 115—23.
- Schoepke, C. Muller, L.E. & Kohlenbach, H.W. (1987) Somatic embryogenesis and regeneration of plantlets in protoplast cultures from somatic embryos of coffee (*Coffea canephora* P. ex Fr.). *Plant Cell, Tiss. Org. Cult.*, **8**, 243—8.
- Schulthess, B.H. & Baumann, T.W. (1995) Stimulation of caffeine biosynthesis in suspension-cultured coffee cells and the *in situ* existence of 7-methylxanthosine. *Phytochemistry*, **38**, 1381—6.
- Schulthess, B.H., Morath, P. & Baumann, T.W. (1996) Caffeine biosynthesis starts with the metabolically-channelled formation of 7-methyl-XMP — a new hypothesis. *Phytochemistry*, **41**, 169—75.
- Selmar, D., Lieberei, R. & Biehl, B. (1988). Mobilization and utilization of cyanogenic glycosides. The linustatin pathway. *Plant. Physiol.*, **86**,711—16.
- Shervington, A., Shervington, L.A., Afifi, F. & El-Omari, M.A. (1998) Caffeine and theobromine formation by tissue cultures of *Camellia sinensis. Phytochemistry*, **47**, 1535—6.
- Sondahl, M.R. & Bragin, A. (1991) Somaclonal variation as a breeding tool for coffee improvement. In:

Proceedings of the 14th ASIC Colloquium (San Francisco), 701—10. ASIC, Paris, France.

- Sondahl, M.R., Chapman, M.S. & Sharp, W.R. (1980) Protoplast liberation, cell wall construction, and callus proliferation in *Coffea arabica* L. callus tissues. *Turrialba*, **30**, 161—5.
- Sondahl, M.R. & Lauritis, J.A. (1992) Coffee. In: *Biotechnology of Perennial Fruit Crops*, (eds F.A. Hammerschlag & R.E. Litz), pp. 401—20. CAB International, UK.
- Sondahl, M.R. & Loh, H.T. (1988) Coffee biotechnology. In: *Coffee Vol. 4 Agronomy* (eds R.J. Clarke & R. Macrae), pp. 235— 62. Elsevier Applied Science, London.
- Sondahl, M.R., Nakamura, T., Medina-Filho, H.P., Carvalho, A., Fazuoli, L.C. & Costa, W.M. (1984) Coffee. In: *Handbook ofPlant Cell Culture, Crop Species*, Vol. 3 (eds P.V. Ammirato *et al.)*, pp. 564—90. MacMillan, New York.
- Sondahl, M.R. & Noriega, C. (1992) Coffee somatic embryogenesis in liquid cultures. In: *Proc. Inti Symp. in-vitro CultureHort. Breeding*, p. 75. International Horticulture Society, Baltimore, MD.
- Sondahl, M.R., Petracco, M. & Zambolim, L. (1997) Breeding for qualitative traits in Arabica coffee. In: *Proceedings of the 17th ASIC Colloquium (Nairobi)*, pp. 447—56. ASIC, Paris, France.
- Sondahl, M.R., Romig, W.R. & Bragin, A. (1995) Induction and selection of somaclonal variation in coffee. US Patent Office, No. 5 436395.
- Sondahl, M.R., Salisbury, J.L. & Sharp, W.R. (1979) SEM characterization of embryogenic tissue and globular embryos during high frequency somatic embryogenesis in coffee callus cells. *Z. Pflanzenphysiol.*, **94**, 185—8.
- Sondahl, M.R. & Sharp, W.R. (1977) High frequency induction of somatic embryos in cultured leaf explants of *Coffea arabica* L. *Z. Pflanzenphysiol.*, **81**, 395—408.
- Sondahl, M.R. & Sondahl, C.N. & Goncalves, W. (1999) Custo comparativo de diferentes tecnicas de clonagem. In: *IIISIBAC Symposium* Londrina, Brazil (in press).
- Spiral,J. & Petiard, V. (1991) Protoplast culture and regeneration in coffee species. In: *Proceedings of the 14th ASIC Colloquium (San Francisco)*, pp. 383—91. ASIC, Paris, France.
- Spiral, J. & Petiard, V. (1993) Developpement d'une methode de transformation appliquee a differentes especes de cafeier et regeneration de plantules transgeniques. In: *Proceedings of the 15th ASIC Colloquium (Montpellier)*, pp. 115—22. ASIC, Paris, France.
- Staritsky, G. (1970) Embryoid formation in callus cultures of coffee. *Acta. Bort. Neerl.*, **19**, 509—514.
- Sugiyama, M., Matsuoka, C. & Takagi, T. (1995) Transformation of coffee with *Agrobacterium rhizogenes*. In: *Proceedings of the 16th ASIC Colloquium (Kyoto)*, pp. 853—9. ASIC, Paris, France.
- Tahara, M. Nakanishi, T., Yasuda, T. & Yamaguchi, T. (1995). Histological and biological aspects in somatic embryogenesis of *Coffea arabica*. In: *Proceedings of the 16th ASIC Colloquium (Kyoto)*, pp. 860—67. ASIC, Paris, France.
- Townsley, P.M. (1974) Production of coffee from plant cell suspensioncultures.*f.Inst. Can.Sci. Technol. Aliment.*,7,79—81.
- Urbaneja, G., Ferrer,J., Paez, G., Arenas, L. & Colina, G. (1996) Acid hydrolysis and carbohydrates characterization of coffee pulp. *Renewable Energy*, **9**, 1041—4.
- Van de Voort, F. & Townsley, P.M. (1974) A gas chromatographic comparison of the fatty acids of the green coffee bean, *Coffea arabica*, and the submerged coffee cell culture.*f. Inst. Can. Sci. Technol. Aliment.*, 7, 82—5.
- Van de Voort, F. & Townsley, P.M. (1975) A comparison of the unsaponifiable lipids isolated from coffee cell cultures and from green coffee beans.*f. Inst. Can. Sci. Technol. Aliment.*, **8**, 199— 201.
- Van der Pijl, L. (1982) *Principles of Dispersal in Higher Plants*. Springer-Verlag, Berlin.
- Weevers, T. (1907) Die Funktion der Xanthinderivate im Pflanzenstoffwechsel. *Arch. Neerl. Sci. IIIB*, **5**, 111—95.
- Vitoria, A.P. & Mazzafera, P. (1999) Xanthine degradation and related enzyme activities in leaves and fruits of two

Coffea species differing in caffeine catabolism. f *Agric. Food Chem.*, **47**, 1851—5.

- Yasuda, T., Fujii, Y. & Yamaguchi, T. (1985) Embryogenic callus induction from *Coffea arabica* leaf explants by benzyladenine. *Plant Cell Physiol.*, **26**, 595—7.
- Yasuda, T., Tahara, M., Hatanaka, T., Nishibata, T. & Yamaguchi, T. (1995) Clonal propagation through somatic embryogenesis of *Coffea* species. In: *Proceedings of the 16th ASIC Colloquium (Kyoto)*, pp. 537—41. ASIC, Paris, France.
- Zamarripa, A., Ducos, J.P., Bollon, H., Dufour, M. &Petiard, V. (1991b) Production d'embryons somatiques de cafeier en milieu liquide: effets densite d'inoculation et renouvellement du milieu. *Cafe, Cacao, The*, **35**, 223—44. Paris, France.
- Zamarripa, A., Ducos, J.P., Tessereau, H., Bollon, H., Eskes, A.B. & Petiard, V. (1991a) Developpement d'un procede de multiplication en masse du cafeier par embryogenese soma- tique en milieu liquide. In: *Proceedings of the 14th ASIC Colloquium (San Francisco)*, pp. 392—402. ASIC, Paris, France.

CHAPTER 11

농업 경제학 III: 분자 생물

AGRONOMY III: MOLECULAR BIOLOGY

존 I. 스타일스
인터그레이티드 커피 테크놀로지(Integrated Coffee Technologies, Inc.) (사), 미국 하와이 호놀룰루 소재

농업 경제학 III: 분자 생물

존 I. 스타일스
인터그레이티드 커피 테크놀로지(Integrated Coffee Technologies, Inc.) (사), 미국 하와이 호놀룰루 소재

11.1 | 서론

커피가 주요 세계 무역 상품이자 커피 생산국들의 주요 외화벌이 수단임에도 불구하고 분자생물학과 생명공학적 연구는 다른 작물에 비해 뒤처져 있다. 커피 유전자 염기서열은 1994년에서야 처음 유전자은행에 등록되었으나 아직까지도 완전 해독된 염기서열은 일부에 불과하다. 이처럼 커피 산업이 갖는 경제적 중요성에도 불구하고 커피를 분자 생물과 생명공학적으로 다룬 실험 연구는 오늘까지도 많지 않다. 관련 연구 센터들이 재배지가 아닌 북부 온대 지역에 집중 분포되어 있는 가운데, 관련 기법들을 향후 개발할 계획이기는 하나 커피가 다년생 식물이라 모형 생물체로 사용하기에도 애로가 있으며 옥수수나 대두, 면화처럼 연간 대량 생산이 가능하여 수익을 창출할 수 있는 종자가 아니기 때문에 생명과학 업체들에게도 구미에 당기는 대상은 아니었다. 아래에서도 다루겠지만 온대 작물에 적용하는 기법 대부분은 커피에 적용할 수 없는 경우가 많다. 그러나 분자 기술과 생명공학이 계속해서 발전하고 널리 파급되어 커피 분야에도 확대 적용할 수 있을 것이다.

커피 농가들이 양질의 작물을 대량 생산하기 위해서는 해결해야 할 문제들이 있다. 생물학적인 스트레스, 특히 병해충 문제는 해결이 시급하다. 커피열매천공충(Hypothenemus hampei) 같은 주요 병해충에 대한 저항성은 자연적으로 생겨나지 않는다. 생물학적 조절 메커니즘에 대한 개발이 진행 중이나 커피열매천공충이 커피에 미치는 경제적 피해가 여전히 크다. 생물공학를 접목해 효과적인 저항성을 도입

해낼 수 있다면 전 세계 커피 농가에 엄청난 효과를 가져올 수 있을 것이다.

커피 곰팡이병에 대한 저항 유전자들이 이미 밝혀진 바 있으나 커피가 다년생 식물이라는 점을 감안하면 육종에 걸리는 시간이 길고 저항성이 오래 유지되기 위해서는 생명공학을 주요 도구로 활용할 수 있다. 저항성 재배종은 육종에 소요되는 시간이 특히나 길고(25~30년), 경제적인 이익과 커피 품질이 모두 있어야 하므로 개발이 쉽지 않다. 생명공학을 이용해 자연에 있는 커피의 저항 유전자나 커피 외의 저항 유전자를 재배종에 도입하면 시간을 크게 단축할 수 있고 지속가능하면서도 양질의 커피를 생산할 수 있다.

냉해와 가뭄 등 비생물학적 스트레스도 커피 산업에 커다란 문제이다. 브라질의 어떤 생산지가 철마다 결빙 피해를 본다면 농가에게도 막대한 피해가 가지만 상품 시장도 교란시켜 수입업체와 로스터, 소비자들도 영향을 받는다. 분자 기술을 이용해 내동성을 조금이라도 높인다면 커피 산업이 입을 타격을 완화해줄 수 있다. 마지막으로, 스페셜티 커피 산업이 증대됨에 따라 컵 퀄리티가 점차 중요해지고 있다. 컵 퀄리티를 확보하면서도 미생물이나 해충 오염으로 인한 결함을 저감화시키기 위해서는 생명공학이 분명 중요한 역할을 담당할 것이다. 이 외에도 생명공학 기법으로 커피 생두의 화학성분을 직접 변형시킬 수도 있다. 가령 카페인이 없는 커피 재배가 가능해지면 카페인을 화학적으로 제거하지 않아도 되나 품질이 떨어질 수 있다. 분자생물학과 생명공학 응용이 아직 걸음마 단계에 머물러 있어 본 챕터에서는 커피 산업계의 진행 현황과 전망을 살펴보고자 한다.

11.2 | 커피 유전자

염기서열이 완전히 해독된 커피 유전자는 몇 개 되지 않으며, 특성까지 규명된 유전자는 이보다 더 적다. 유전자 대부분은 부분 해독되어 있어 계통 발생 용도로 사용하고 있었으나 이 분야도 빠르게 변화하고 있다. 커피에서 최초로 분리한 유전자는 종자 유래의 α-갈락토시다아제였다. 커피 원두의 α-갈락토시다아제는 B형 혈액형 표면에 위치한 말단 α 1,3-갈락토오스 잔기를 제거하여 O형으로 전환시킬 수 있어 수혈 치료가 가능한 '만능 공여체'를 만들 수 있다(Goldstein et al., 1982; Goldstein, 1989). 이를 차용하여 커피 종자로부터 α-갈락토시다아제 영양체를 만든 다음 미생물이나 세포 배양계에 대량 증식하여 상업화 물량을 확보할 수 있었다. 주 및 골드스타인(Zhu & Goldstein, 1994)은 건조한 생두에서 α-갈락토시다아제를 정제하고, N-말단 염기서열과 브롬화시안 파편 염기서열 분석을 이용해 아미노산 부분 염기서열을 얻었다. 종자 mRNA를 주형으로 cDNA를 합성하고, 이를 이용해 유전자 분절을 중합효소연쇄반응(PCR)으로 증폭시켰다. 프라이머는 아미노산 염기서열을 이용하고, 5′ 및 3′ 말단 cDNA는 RACE법으로 얻었다(Zhu & Goldstein, 1994). 커피의 α-갈락토시다아제는 앞서 오버벡 등(Overbeeke et al., 1989) 연구에서 분리했던 구아검의 α-갈락토시다아제와 80% 가량 일치했다. 실제 구아검의 α-갈락토시다아제는 α1,6 글리코시드 결합을 주로 절단하였다(Guiseppin et al., 1993). 반면 커피 효소는 주로 α1,3 결합과 α1,4 결합을 절단한다. 커피의 α-갈락토시다아제는 사람이나 효모, 아스페르길루스 니게르 등 다양한 생물체에서 얻은 α-갈락토시다아제와 50% 이상 일치했다(Zhu & Goldstein, 1994). 커피 cDNA를 α-바큘로바이러스 발현 벡터에 삽입하고, 곤충 변형 세포에서 α-갈락토시다아제를 동정하였다.

커피 유전자 중에서는 11S 종자 저장단백질이 코딩된 유전자 특성이 가장 두드러졌다. 아쿠나 등(Acuna et al., 1999)과 로저스 등(Rogers et al., 1999) 연구는 11S 단백질 및 cDNAs의 구조와 염기서열을 상세 조사하였다. 마리니치 등(Marraccini et al., 1999)은 11S 종자 저장단백질 유전자를 복제하여 유전변형한 담배 식물에서 프로모터 분석을 실시했다. 커피 종자에서 가장 많은 단백질이 11S 종자 저장단백질이며, 주로 배젖 세포의 저장 액포에 존재했다. 커피 종자의 11S 저장단백질은 다른 콩과 식물의 저장단백질과 유사했다. 비환원 조건에서는 11S 단백질의 분자량이 약 55kDa였으며, 환원 시 각각 32~33kDa 폴리펩타이드(특정 α-아단위)와 20~24kDa 폴리펩타이드(특정 β-아단위) 2개로 나뉘어졌다(Rogers et al., 1999; Acuna et al., 1999). 그림 11.1은 환원 및 비환원 종자 단백질의 SDS 폴리아크릴아마이드 겔 분리 결과이다. 2차 겔 전기영동으로 분리한 종자 단백질에 대해 마이크로 염기서열분석을 실시한 결과, 11S 단백질의 α와 β 소단위 모두 이질성이 확인되었다(Rogers et al., 1999). C.아라비카 4배체와 C.카네포라 2배체가 이질성을 보여 C. 아라비카의 부모일 수도 있음을 유추할 수 있었다(Lashermes et al., 1999).

아울러 cDNA 염기서열 3개로부터 추정한 아미노산 염기서열을 비교하니 아미노산 치환과 결실/삽입이 다수 발생한 것으로 확인할 수 있었다. 현재 서던 블롯팅으로 다유전자군은 확인할 수 없으나 다른 식물의 종자 저장단백질에서도 많이 볼 수 있는 유전자군이 11S 종자 저장단백질에도 포함된 것을 알 수 있었다(Rogers et al., 1999; Acuna et al., 1999).

그림 11.1 커피 종자(원두) 단백질의 SDS 폴리아크릴아마이드. 환원 및 비환원 조건. P는 비환원 조건에서의 성숙 11S 종자 저장단백질의 주요 종이며, α사슬과 β사슬의 이황화 결합으로 구성되어 있다. 반면, 환원 조건에서는 α와 β사슬이 분리된다(Rogers et al., 1999). 재편집.

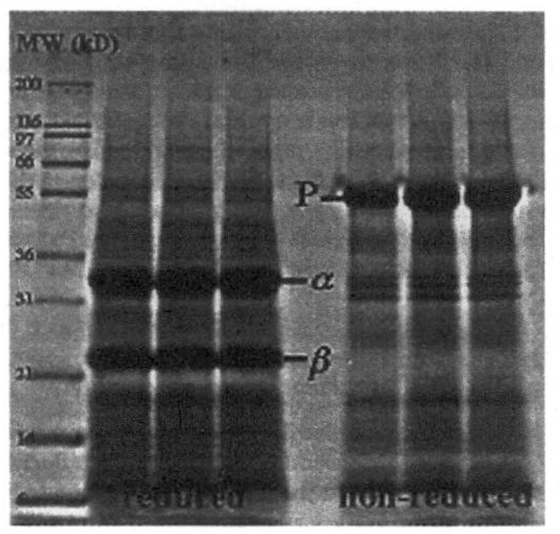

다른 종자 저장단백질과 마찬가지로 전사 단계에서 단백질 발현이 조절된다. 로저스 등(Rogers et al., 1999) 연구에서는 11S mRNA가 대량 축적되자 발달 중인 커피 종자에서 11S 단백질이 증가했다고 밝혔다. 개화한 후 15주가 되기 전까지는 발달 중인 종자에 11S mRNA가 없었다. mRNA가 빠르게 생성되었다가 개화 후 18~27주 기간 동안 11S가 다량 존재한다는 것으로, 해당 기간에는 11S 단백질이 최대 축적되었다(그림 11.2). mRNA는 개화한 지 27주차를 지나면서 감소했으며, 11S 단백질도 조금 더 축적되다 똑같이 감소하는 경향을 보였다.

그림 11.2 종자 발달 과정에서의 11S 종자 저장단백질 및 mRNA 축적 (Rogers et al., 1999) 자료 편집

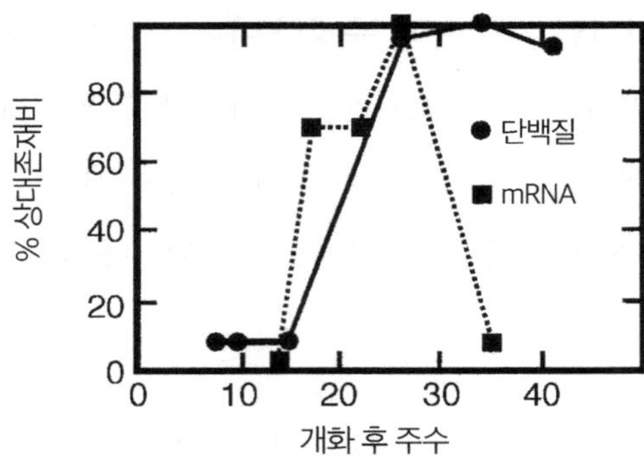

커피의 11S 종자 저장단백질은 다른 콩류 종자 저장단백질과 동일한 방식으로 합성과 가공 과정을 거친다. 마라치니 등(Marraccini et al., 1999) 연구에서는 11S 단백질의 유전체를 역 중합효소 연쇄반응으로 복사하였다. 해당 유전자는 앞서 분리했던 cspl cDNA에 암호화된 유전자와 일치했다(Rogers et al., 1999). 유전자는 3인트론과 111개 염기쌍 중 2개, 79개 염기쌍 중 1개가 포함되어 있었다. 인트론은 다른 콩과 유전자와 정확히 같은 위치에 위치해 있었다.

전장 유전자로 추정되는 cspl cDNA를 통해 32개 염기로 구성된 5′-비번역 선도서열, 492개 아미노산 단백질(55kDa)이 암호화된 1,476개 염기의 열린해독틀, 195개 염기로 구성된 3′-비번역 서열을 통해 mRNA를 예측할 수 있다. cDNA의 예상 단백질 염기서열과 해당 단백질에서 분리한 N-말단 염기서열을 비교하여 N-말단에서 아미노산 26개로 이루어진 신호 염기서열을 예측했다. cDNA상에 암호화된 추정 단백질은 NGLEET 염기서열을 포함했다. 이는 다른 식물의 11S 저장 단백질에서도 확인된 고보존 분열 부위와 일치했다. 분절 위치는 N과 G 사이로, 커피 11S

단백질에서 해당 부위가 기능성을 갖는지 확인하는 방법은 β 사슬 2개의 N-말단에 GLEET 염기서열이 있는지 확인하면 된다. 염기서열은 2차원 젤 전기영동을 이용한 로저스 등(Rogers et al., 1999) 연구로 정제하거나 폴리아크릴아마이드 겔 전기영동 및 N-말단 염기서열분석한 아쿠나 등(Acuña et al., 1999)의 연구 자료를 사용하는 방법이 있다.

그림 11.3은 11S 단백질 생합성과 가공에 관한 염기서열을 나타낸다. 55kDa 상당의 단백질 전구체는 첫 생성물로, ATG 번역 개시 코돈을 기준으로 E/QPRL 26 또는 27 아미노산 염기서열의 N 말단에서 일어난 절단은 α-펩타이드의 N-말단 염기서열분석을 통해 확인했다. 다만, 번역 개시 코돈은 유전자군에 따라 달라질 수 있다(Acuna et al.1999; Rogers et al., 1999). 이는 다른 11S 저장 단백질과도 일치했다. N-말단 염기서열분석에 따르면, 보존된 NGLEET 염기서열은 단백질 전구체를 산성 펩타이드(Rogers et al., 1999 논문에서 α 사슬으로 명명)와 염기성 펩타이드(Rogers et al., 1999 논문에서 β 사슬으로 명명)로 분해시킨다. 다른 11S 저장 단백질은 두 개의 사슬로 구성되어 있으며, 각각 시스테인 아미노산을 포함하고 있다. 이 두 시스테인 사이에 형성된 이황화 결합을 통해 사슬이 연결되어 있다. 아쿠나 등(Acuna et al., 1999) 연구에서는 다른 콩과 식물를 통해 C112와 C307에 이황화 결합이 있을 것으로 유추하고, C36과 C69 사이에 α 사슬 이황화 결합이 존재하는지 예측했다. 전반적으로 커피 11S 종자 저장 단백질은 대개 콩과 종자 저장 단백질에 존재하는 것으로 보인다.

마라치니 등(Marraccini et al., 1999)은 역 중합효소 연쇄반응(IPCR)을 이용해 커피의 11S 저장 유전자를 복제하였다. 프로모터 구간은 1kb였으며, 암호화 구간의 3′ 말단이 약 0.9kb였다. 프로모터 구간의 염기서열을 분석한 결과, 다른 종자 저장 단백질에서도 발견 가능한 여러 모티프들이 확인되었다. 해당 모티프들은 주로 시간적, 공간적 조절유전자에 해당된다. ATG 전사 개시 부위의 상류 영역 757bp과 181bp에서는 염기서열 TGTAAAG가 확인되었다. 이 염기서열은 보리와 밀의 글루테닌이나 콩의 레구민, 옥수수의 제인 단백질, 보리의 홀데인 프로모터에서 발견되는 배젖 모티프 TGTAAAGT와 유사하다(Marraccini et al., 1999 참조).

그림 11.3 11S 종자 저장단백질 유전자의 구조 및 성숙 11S 종자 저장단백질 발현 과정. 프로모터에서의 보존 모티프 위치와 종류는 다음과 같다: ● 배젖-유사 모티프; ◆ GCN4-유사 모티프; ★ TGAC-유사 모티프; ☆ 대두 박스; ◇ E-box 모티프; ORY 반복 염기서열. 상세 설명은 본문을 참조. mRNA전구체에는 인트론이 세 번 포함되어 있다. 단백질 전구체는 신호 염기서열이 있으며, PQPRL 염기서열 부위와 NGLEET 공통 절단 부위에서 절단되어 α와 β사슬이 생성된다. 절단 지점은 화살표로 명시하였다.

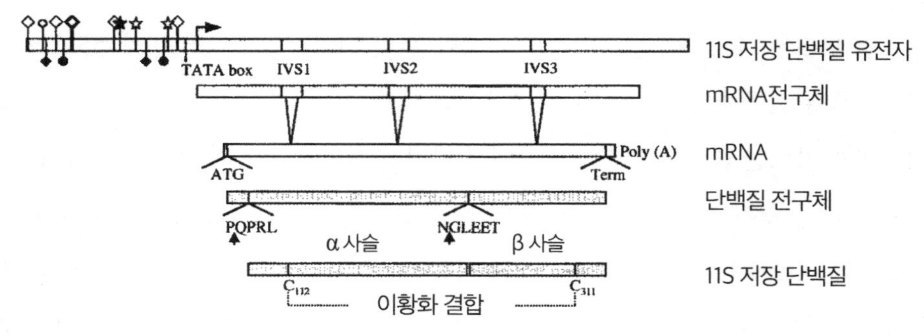

마라치니 등(Marraccini et al., 1999) 연구는 이 외에도 'GCN4-유사 모티프' 등 다른 모티프들을 발견했다. 해당 모티프는 보리의 -742와 -181(번역 개시 부위)에 위치한 C-홀데인 프로모터에서 발견되었다. 커피의 염기서열은 각각 TGAGTC와 TGAGT였으며, GCN4 모티프는 ATGA(C/G)TCAT였다. 이 외에도 콩의 렉틴 단백질 특이 발현에 필요한 TGAC-유사 모티프도-326 위치에 발견되었다(de Pater et al., 1993). 대두 유전자의 정상적인 발현에 반드시 필요한 '대두 박스'는 -248과 -42 위치에 두 번 위치했다(Goldberg et al., 1989). 마라치니 등(Marraccini et al., 1999)은 콩과 단백질인 파세올린의 E-box 및 RY 반복서열 구간, β-콘글리시닌 대두 단백질 중 AT 염기서열이 많은 인핸서(enhancer)모티프(유전자 발현을 촉진하는 특정 DNA 염기서열: 역주) 등과 유사한 염기서열을 발견했다.

그러나 전사조절 염기서열의 특성상 정확도가 떨어지고 대개 염기서열이 짧은 편이다. 따라서 길이가 적당히 긴 DNA 염기서열에서 유사 염기서열들이 주로 발견될 수 있으며, 프로모터 결실 분석 등의 방법을 이용한 확인 과정이 필요하다. 마라치니 등(Marraccini et al., 1999) 연구에서는 커피 11S 프로모터의 상류 염기서열을

uidA 유전자(GUS 유전자)에 도입한 뒤 담배 식물에 형질전환시켰다. 형질전환시킨 담배의 종자와 잎 조직을 대상으로 GUS 발현을 측정하여 발현 정도와 특이성을 평가하였다. 그 결과, 프로모터 4종을 프로모터가 없는 대조군과 35S 프로모터에 의한 구성적 발현이 가능한 양성 대조군을 이용해 분석하였다. GUS 암호화 염기서열에 도입한 11S 프로모터는 커피 11S 단백질 중 다섯 번째 아미노산 암호화 영역 바로 뒤에 위치하였다. 프로모터 4종은 각각 945bp, 695bp, 445bp, 245bp로 구성되어 있으며, ATG 번역 개시 코돈이 위치해 있다.

담배 종자는 발현 수준이 상대적으로 높은 편이었으나 945bp과 695bp 프로모터간 차이는 유의미하지 않았다. 프로모터를 445bp로 단축시키자 발현량이 감소했으며, 245bp인 경우 더욱 감소했다. 구성 염기서열 중 잎에서 검출 가능한 수준만큼 발현된 경우는 없었으며, 활성도가 가장 낮았던 245bp 프로모터를 비롯한 모든 구성 염기서열이 35S 프로모터보다 발현량이 많았다. 945bp와 695bp 프로모터는 강도나 특이성 면에서 차이가 없어 -695와 -945 사이에 250bp 필수 염기서열이 없는 것으로 결론내렸다. 해당 250bp 영역에 몇 가지 공통 염기서열이 있을 수 있으나 -695 영역에도 공통 염기서열이 추가 복제될 수 있다. 통계적으로 명확히 밝힐 수는 없으나 -445와 -695 사이의 해당 영역을 결실시키자 프로모터 강도가 약 50% 감소한 것으로 보인다. 해당 영역은 AT 염기서열이 많은 인핸서 모티프와 E-박스 염기서열을 제외한 공통 염기서열이 거의 없다. AT 염기서열이 많은 인핸서로 추정되는 염기서열을 제거한 후 프로모터 강도가 50% 감소한 것인지 연구하고자 했으나 해당 모티프의 중요성을 좀 더 분석할 필요가 있다.

-245와 -454 사이에 염기서열을 제거하자 프로모터 강도가 훨씬 감소한 반면 특이성은 차이가 없었다. 해당 영역은 추정 RY-모티프 2개와 배젖 모티프, -254에 걸쳐진 대두 박스를 포함하고 있다.

마라치니 등(Marraccini et al., 1999) 연구의 초기 분석에서 모티프별 역할은 밝혀지지 않았지만 해당 분석을 통해 커피 11S 프로모터에 관한 향후 연구 분야의 길을 열어주었다. 형질전환을 이용한 프로모터 분석 과정에서 형질전환체마다 편차가 꽤 크다는 문제가 공통적으로 확인되었으며, 이는 동 연구 데이터를 통해서도 알 수 있었다. 이는 무작위 통합으로 인한 '위치 효과'일 가능성이 농후하며, 현재 식물 형질전환 기법의 문제점으로도 제기되고 있다. 다만, 부위 특이적인 형질전환 기법이 완벽해지기 전까지 기술적 한계가 있었지만 사용되었다.

11S 저장단백질 프로모터의 종자 특이성은 커피 생명공학 분야에서 유용하게 이용할 수 있다. 프로모터 길이를 조정하여 커피 종자(원두)에 조직 특이적인 방법을 적용해 발현 정도를 원하는 대로 만들 수 있다. 이 기술을 이용해 병해충 내성 유전자를 종자에 특이적으로 원하는 양만큼 발현시킬 수 있으며, 솔루블 커피 시장에서 중요한 커피 품질이나 가용성 고형물에 영향을 줄 수 있는 유전자를 발현시킬 수도 있다.

네우파네 등(Neupane et al., 1999)은 커피 열매에서 에틸렌 생합성에 관여하는 다음의 유전자 2개를 복제했다. 1-아미노-사이클로프로페인-1-카르복실산(ACC) 합성효소는 열매 발현과 관련이 있으며, ACC 산화효소는 성숙한 커피 열매에서 mRNA를 이용해 만든 cDNA 라이브러리에서 분리시켰다. ACC 합성효소와 산화효소 중 고보존 유전자 영역의 아미노산 염기서열을 토대로 축퇴성 디옥시-올리고뉴클레오타이드 프라이머를 합성했다. 해당 프라이머를 이용하여 역전사 중합효소 연쇄반응(RPCR)을 일으켜 ACC 합성효소와 ACC 산화효소 유전자 일부분을 합성했으며, 숙성 열매의 mRNA를 주형으로 cDNA를 합성했다. 숙성 열매에서 분리한 mRNA로 만든 cDNA 라이브러리는 역전사 중합효소 연쇄반응으로 얻은 산물을 탐침으로 이용하여 두 유전자의 cDNA 전체(또는 전체에 가까운) 길이를 취할 수 있었다. ACC 합성효소 중 최장 cDNA 길이는 2040bp였으며, 아미노산 488종에 대한 개방형 해독틀을 포함하고 있었다. 해당 cDNA의 추정 아미노산 염기서열은 다른 ACC 합성효소와 51~68%가량 일치했고, 고보존서열 영역을 모두 포함하고 있었다. ACC 산화효소 cDNA 최장 길이는 1320bp로, 아미노산 318종에 대한 개방형 해독틀을 보유했으며, 다른 ACC 산화효소 대비 50~83%가 일치했다.

커피 열매가 특정 발달 시기에 들어서면 에틸렌에 의한 반응으로 성숙된다는 게

한동안 정설로 받아들여졌으나 커피가 호흡 급등형 과실인지는 아직 증명되지 않았다. 네우파네 등(Neupane et al., 1999) 연구 데이터를 보면 과일이 성숙하는 동안 ACC 합성효소와 ACC 산화효소 mRNA가 축적되는 양상을 근거로 커피가 호흡 급등형 과실이라고 주장했다. 그림 11.4는 커피의 발달 단계에 따른 ACC 합성효소 및 ACC 산화효소 mRNA의 축적을 나타내는 노던 블롯팅 결과이다. mRNA는 각각 미성숙 녹색 생두, 성숙 녹색 생두, 약 25%, 50% 및 75%, 100% 붉은색 생두에서 얻은 뒤 겔 전기영동으로 분리하였다. 열매가 성숙하는 동안 호흡 급등형 과실과 마찬가지로 ACC 합성효소 및 ACC 산화효소 mRNA 모두 축적됨을 알 수 있었다(Neupane et al., 1999). 커피가 호흡 급등형 과실인지는 에틸렌 생합성 억제 효과를 관측함으로써 확실히 결론내릴 수 있을 것으로 보이며, 현재 관련 연구가 진행 중이다.

그림 11.4 발달 단계에서 분리한 종자(원두) RNA의 노던 블롯팅. 열매 발현 ACC 합성효소 및 ACC 산화효소를 방사능 표지 cDNA로 탐침.

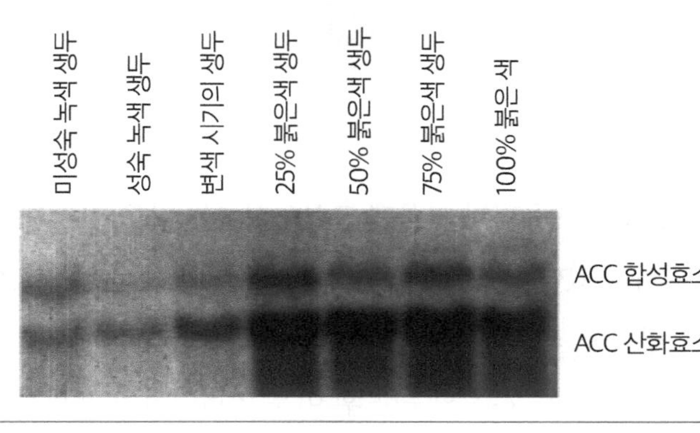

커피 분자생물과 생명공학에서 카페인 생합성이 가장 큰 이슈이다. 그림 11.5는 수년간의 방사능 실험과 일부 생화학 연구에서 밝힌 카페인 생합성 경로를 보여준다(Crozier et al., 1997 참조). 특히 카페인 생합성 경로에서 N^7 위치의 크산토신이 큰산토신-N^7-메틸 전이효소에 의해 메틸화를 일으키는 단계가 독특하다 할 수 있다. 해당 크산토신(XMP)은 개시 기질 역할을 하는 것으로도 알려져 있다(Schulthess et al.,

1996). 이 리보오스는 이후 분열되어 7-메틸잔틴을 생성하고, 두 차례 메틸화가 추가 진행되면서 카페인이 만들어진다.

그림 11.5 카페인 생합성 경로. 개시 성분은 잔토신 또는 잔토신 일인산일 수 있으며, N^7 위치에 메틸화가 진행된 후 해당 리보오스가 분해되면서 7-메틸잔틴이 생성된다. 이후 두 차례 메틸화 과정을 거쳐 카페인(트리메틸잔틴)이 만들어진다.

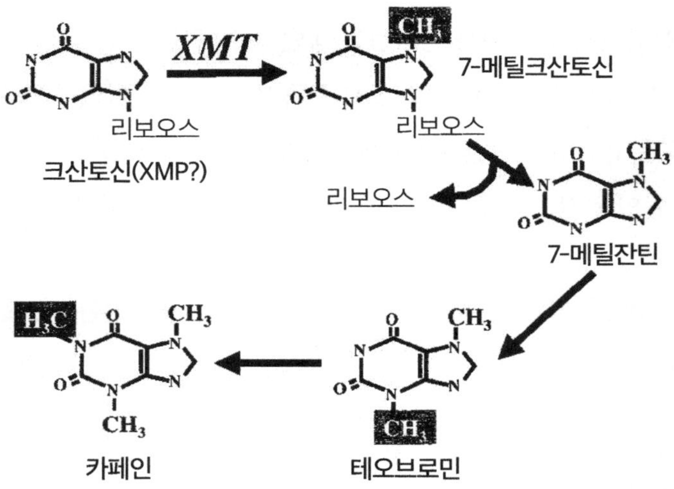

카페인 생합성 경로 관련 유전자 가운데 크산토신-N^7-메틸 전이효소 암호화 유전자만 유일하게 밝혀져 있다(Moisyadi et al., 1998, 1999). 이 유전자는 효소를 정제하는 '전통' 생명공학 방식을 적용하여 복제되었다. 크산토신-N^7-메틸전이효소를 정제하고, 아미노산 염기서열을 부분 획득한 후 이를 역번역하여 축퇴성 올리고뉴클레오타이드 염기서열을 만든다. 이렇게 얻은 아미노산 염기서열을 토대로 축퇴성 PCR 프라이머를 합성하였고, PCR을 이용해 유전자의 일부를 합성하였다. 부분 유전자 염기서열을 이용해 이후 어린잎 조직의 mRNA로 만든 cDNA를 스크리닝하여 전체 코딩 영역을 얻었다.

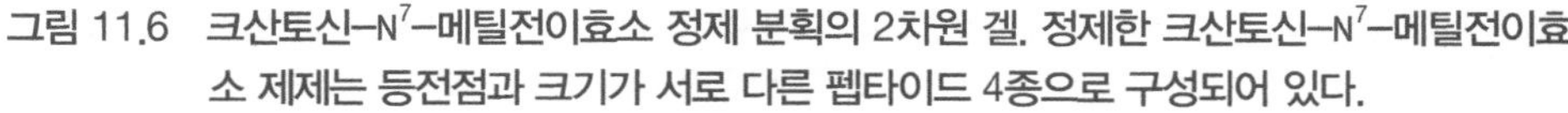

그림 11.6 크산토신-N^7-메틸전이효소 정제 분획의 2차원 겔. 정제한 크산토신-N^7-메틸전이효소 제제는 등전점과 크기가 서로 다른 펩타이드 4종으로 구성되어 있다.

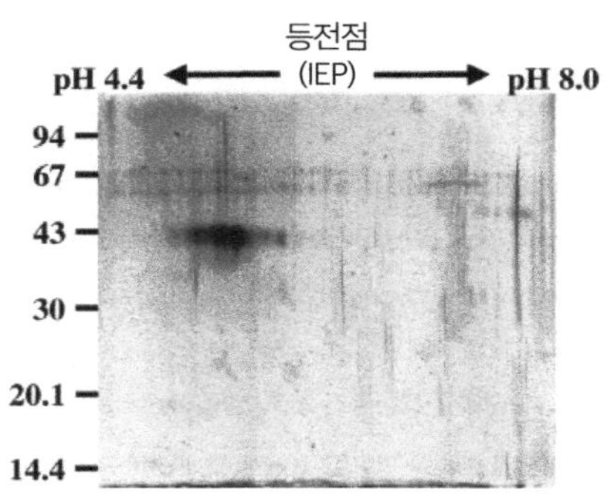

크산토신 순수 제제를 2차원 겔 전기 영동으로 분석한 결과 펩타이드 4종이 확인되었는데 이 중 2개 펩타이드는 약 41kDa이었으며, 나머지 두 펩타이드는 약 40kDa로 양분할 수 있었다. 크기 종류별로 펩타이드 1종은 전하를 띄었으며, 다른 크기 분류의 펩타이드와 매우 유사했다(그림 11.6) (Moisyadi et al., 1998, 1999). 아울러 정제가 가장 잘된 제제에서 분자량이 더 큰 단백질 2종이 확인되었다. 해당 단백질의 펩타이드 파편에 대해 부분 아미노산 염기서열분석을 통해 해당 단백질이 '세포 유지' 효소로 밝혀졌다(Moisyadi & Stiles, 미발표 데이터).

2가지 cDNA 클론에 대한 염기서열이 모두 확인되었다. 이 중 가장 긴 염기서열에 41kDa 단백질이 암호화된 열린 해독틀(open reading frame, ORF)이 포함되어 있었다(그림 11.7).

아기장태 cDNA와 일부 추정 아기장대 GDSL-모티프 지질분해효소/산성 가수분해효소에서 중간 정도의 유사성이 발견되었다. 아기장대 cDNA는 아직 어떤 기능을 하는지 밝혀지지 않은 단백질을 암호화한 열린 해독틀이 포함되어 있다. 커피 XMT는 또한 특정 원핵세포 변형 효소에 있는 아데노신 및 S-아데노실메티오닌 결합 부위 관련 모티프와 유사한 염기서열을 포함하고 있었다. 해당 효소는 DNA 제한/일시변이 부위의 아데닌 잔기 N^6에 메틸화를 하는 것으로 알려져 있다.

그림 11.7 커피 중 크산토신-N^7-메틸전이효소의 아미노산 서열. 염기서열 YPPY(연한 음영)는 아데닌 메틸전이효소에서 발견된 보존 모티프 (D,S,N) PPY와 유사하며, 해당 효소의 활성 부위일 가능성이 높다. 진한 음영으로 표시된 염기서열은 N^6-아데닌 메틸전이효소와 유사하며, S-아데노실메티오닌 결합 부위로 확인되었다.

```
  1  MAFVARQWFL LSIINVVVVC FLKPFALGEQ QVPCYFIFGD SQDDNGNNNH
 51  LNTTARANYP PYGIDFPEGP TGRFTNGRNH ADFIGELLGF DSYIPPFANT
101  KGRDITKGIN YASGASGILD QTGRHLGDLF SFNEQLHNHE RAISRIVRLI
151  GNRSATKEYL AKCLYTVALG NNDYINNYLL PEYYPTSHLY TPREFASLLI
201  RHYSQQLRTL YRLGARKIAV FGLGWLGCIP AELSTDGNCV DSINEEVLLF
251  NDKLKPLVDE LNTELSGAQF LYVDVIAINL NNLSTPAEIT IGNAPCCNVS
301  AAVAGGQCIP GQIPCSNRNQ YYFWDDFHPS EVVNEAYSRL AYSALSSLLD
351  ADPLAIGGLT GKNCHDKVKI Q*
```

보존 모티프류인 (D,S,N) PPY는 대개 N^6-메틸전이효소에서 발견된다(Timinskas et al., 1995). EcoRV 아데닌-N^6-메틸전이효소에서 DPPY 염기서열의 D 또는 Y 유전자가 돌연변이를 일으킬 경우, S-아데노실메티오닌 결합에는 영향이 미미하고, 효소의 활성은 크게 감소했다. 관련 염기서열인 YPPY는 커피 XMT 염기서열의 60 위치에서 시작되었으며, 250 위치에서 시작되는 두 번째 염기서열은 S-아데노실메티오닌 결합 부위와 유사하다는 연구가 보고되었다(Roth et al., 1998). 이러한 공통된 결합부위와 XMT 유전자 간의 일치가 확인되었더라도, 아데닌과 잔틴 구조가 다르게 나타나 이러한 유사성에 근거해 결론을 내리기가 어렵다.

커피 XMT 유전자를 규명하고자 XMT cDNA 염기서열 발현이 가능한 형질전환 담배를 제작하고, 35S 프로모터로 조절될 수 있도록 하였다. 커피 XMT 유전자를 포함된 형질전환 담배 식물은 노던 블롯팅 분석을 통해 선별했다. 해당 식물의 어린 잎에서 단백질을 추출한 다음 직접 또는 부분 정제하여 검정하였다. 그림 11.8을 통해 커피 XMT cDNA가 발현된 형질변환 담배에서 XMT 활성이 확인되었으며, 정제도가 높을수록 활성도가 증가함을 알 수 있었다. XMT cDNA 안티센스를 가진 커피 식물에 대해 현재 특성을 규명 중이며, 현재 디카페인 공법으로 만들 수 있는 함량 이상의 무카페인 아라비카 커피를 생산할 수 있을 것으로 기대된다.

그림 11.8 담배 중 커피의 크산토신-N^7-메틸전이효소 발현. 커피의 크산토신-N^7-메틸전이효소 cDNA는 CaMV 35S 프로모터 조절에 따라 발현된다. 정상 담배 식물의 어린잎이나 크산토신-N^7-메틸전이효소 발현에서 단백질을 추출한 뒤 바로 검정하거나 소수성 상호작용 크로마토그래피 (HIC) 또는 시바크론 블루 F3GA (바이오라드(사)) (애피-블루 겔 사용)를 모두 적용하여 정제하여 검정하였다.

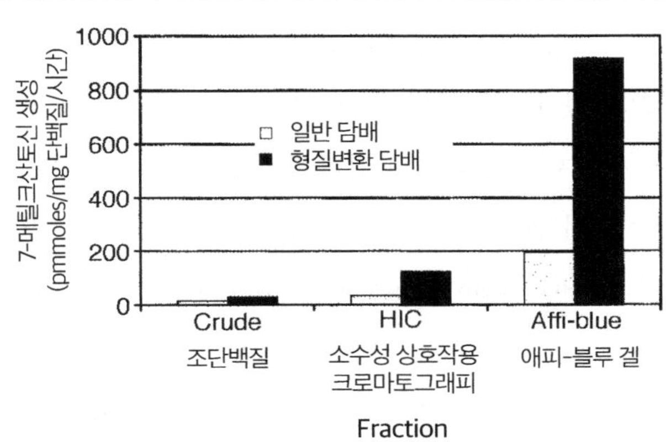

11.3 | 커피의 형질전환법

아라비카와 로부스타 커피와 관련해 다양한 형질전환 방법이 발표되었으나 DNA를 안정적으로 삽입한 전초를 회복시킨 연구는 별로 없었다. 유전자총을 이용한 형질전환법(Spiral & Petiard 1991; Ocampo & Manzanera, 1991; Grezes et al., 1993; Spiral et al., 1993; Leroy et al., 1997) 원형질체를 이용한 DNA 전기 천공법(Barton et al., 1991), 여러 아그로박테리움 시스템(Spiral & Petiowd, 1991; Ocampo & Manzanera, 1991; Grezes et al., 1993; Spiral et al., 1993; Leray et al., 1997)이 발표되었으나 형질전환이 안정적으로 이루어진 사례가 거의 없었다.

커피 식물에서의 형질전환 최초 성공 사례는 원형질체와 전기충격을 이용한 방법이었다(Barton et al., 1991). 바튼(Barton) 연구팀은 원형질체를 카나마이신으로 선별한 후 회복, 조직 재생시켰다. 안타깝게도 재생된 형질전환 식물에서 근계 발달이 부실했으며, 개화하지도 않았다. 다만, 아라비카인지 명확하지 않은 원두를 대상으로 하였고, 해당 기술이 다른 변종 전체나 대부분에도 적용할 수 있을지는 알 수 없다. 원형질체 재생은 유전형에 따라 차이가 큰 것으로 알려져 있다.

다양한 형질전환 방법들이 연구되어 왔지만 현재 대부분 아그로박테리움 투메파시엔스 방법을 사용하고 있다. 그러나 해당 방법으로는 식물 생산량이 매우 떨어지는 것으로 알려져 있다. 지금까지 가장 뛰어나다고 알려진 방법은 바실러스 튜링겐시스 CryIA(c) 유전자 발현을 통한 커피 생산으로 알려져 있다. CryIA(c) 유전자를 도입한 커피는 커피 천공충(페릴류코프테라 코페엘라) 등 특정 해충에 독성을 갖는 살진균 단백질이 있다(Guerreiro Filho et al., 1998). CryIA(c) 유전자를 함유한 형질전환 커피 식물은 아그로박테리움 리조제네스와 아그로박테리움 투메파시엔스로 모두 만들 수 있다(Leroy et al., 1997). 초기 아그로박테리움 리조제네스가 형질전환 효율이 더 높았으나 '잔뿌리' 표현형을 억제할 수 없었고, 개화가 되지 않는 등 농경제적으로 문제가 있었다. 이러한 문제를 해소하고자 아그로박테리움 투메파시엔스를 이용한 연구가 진행되었다. 스피랄(Spiral) 연구진은 커피 체세포배를 형질전환한 경우, NPTII 카나마이신 저항성 유전자는 선별에 효과적이지 않았으며, 오히려 살진균제 클로르설푸론 저항성 유전자가 효과적이었다(Spiral et al., 1999).

초창기 형질전환 성공률은 다른 식물에 비해 현저히 떨어졌다. 아그로박테리움 투메파시엔스를 사용한 경우에만 체세포배의 약 0.4%가 형질전환에 성공했다(Leroy et al., 1997). 그러나 최근 선별 방법을 개선하였다. 르로이 연구진은 배발생 캘러스의 30~80%가 클로르설푸론 저항성 유전자로 형질전환되었으며, 클로르설푸론으로 선별한 후 10~12개월 후 표지유전자인 거스(GUS) 유전자 양성반응이 확인되었다(Leroy et al., 2000). DNA 분석 방법이 아직까지 제한적이기는 하나 형질전환 효율이 크게 발전할 수 있게 되었다. 다만, 형질전환 결과가 여전히 유동적이며, 유전형에 의존적인 모습을 보였다(Leroy et aL, 2000). 르로이 연구진은 또한 작물재배에 유용한 해충 저항성 형질을 커피 식물에 안정적으로 형질전환시키고, 재생시키는데 최초 성공했다. 앞서 언급했듯 cryIA(c) 유전자를 로부스타(C. 카네포라)와 아라비카(C.

아라비카) 2종인 카티모르(8661-4) 및 FI 교잡종(Et29 × Ca5)에 도입하였다. 카티모르와 로부스타 품종의 형질전환 효율이 비슷하였으나 F1 교잡종은 다소 적었다.

형질전환 식물 23점 중 18점에서 검출가능한 cryIA(c) 단백질 수치가 나왔다. 사전 생물검정 데이터에 따르면, cryIA(c) 발현 형질전환 식물 가운데 생물검정 점수가 큰 폭으로 하락했고, 해충인 P.코페엘라 푸패(P. coffeela pupae)가 형질전환 잎에서 다수 검출되었다. 해당 형질전환 식물체는 2000년부터 포장 시험에 들어간다.

11.4 | 향후 전망

일부 국가에서 여전히 논란은 많지만 분자 생물학과 생명공학은 커피 재배종 개량에 점차 중요한 역할을 할 것으로 예상되며, 농가와 소비자 모두에게 도움을 줄 수 있다. 커피는 열대 환경에서 재배되는 다년생 작물로 다른 열대 작물들처럼 곰팡이와 해충 피해가 상당하다. 생명공학은 농가에게 독특한 속성을 지닌 양질의 커피 생산이 가능하도록 돕는다. 이 외에도 화학물질의 사용을 저감화함으로써 환경을 보존할 수도 있다.

생명공학은 커피천공충(히포테네무스 함페이)에 저항성을 갖도록 만들 수 있다. 커피는 해당 해충에 대해 저항성이 없으며, 전 생애주기 대부분이 열매이기 때문에 살진균제는 그다지 효과적이지 않다. 커피천공충으로 인한 커피 손실은 최대 96%에 이르기도 한다(Nyambo & Masaba, 1997). 생명공학을 이용한 방제 방법은 화학적 처리에 비해 비교적 저렴하고, 화학물질 오염으로 인한 환경 보호도 가능해 효과적이다. 이는 흡사 유럽 옥수수천공충 방제를 위해 미국에서 유전자재조합 옥수수를 도입했던 사례와 유사하다. 질병이 휩쓸었을 때에도 생산량을 14% 증가시키고, 농약 사용을 줄일 수 있었다(Gianessi, 1999).

특정 가수분해효소를 단독 또는 조합하여 곰팡이 저항성에 대한 폭을 넓혀주면 커피 질병 저항성에 큰 도움을 줄 수 있다. 병원성 곰팡이는 막대한 손실을 불러 일으킬 수 있으며, 커피열매병(콜레토트리쿰 카와웨), 커피녹병(헤밀리아 바스타트릭스) 외에도 푸사리움이나 미세나 곰팡이로 인한 각종 질병을 일으킬 수 있다. 곰팡이 질병에 대항할 수 있는 자연 발생적 유전자들이 이미 존재하나 또다른 메커니즘이 있다면 매우 유용할 수 있다. 커피는 육종 주기가 긴 다년생 식물이기 때문에 새로운 저항성 계통을 만들려면 오랜 시간이 소요된다는 단점이 있다. 대신, 기존에 있는 저항성 유전자를 분해하는 방법이 대두되었다. 커피는 특히 저항성 유전자의 효과성을 높이면서도 커피 품질(cup quality)을 유지해야 하는 어려움이 있으며, 원산지 고유의 커피 특성도 가져야 한다. 이러한 문제 때문에 새로운 커피 계통 육종이 어렵고 시간이 많이 소요된다. 생명공학을 적용하면 기존에 업계에서 이용하던 재배종에 저항성 유전자를 추가할 수 있어 시간도 절약할 수 있지만 무리없이 수용할 수 있게 된다.

커피 원두가 곰팡이에 오염될 경우 오크라톡신 같은 곰팡이 독소가 생길 수 있다. 오크라톡신은 특히 유럽 사회에서 문제가 많이 되고 있다. 베가 및 메르카디에르(Vega & Mercadier, 1999) 연구에 따르면, 커피 원두에 H. 햄페이 등의 곤충이 매개체가 되어 아스페르길루스 플라버스와 아스페르길루스 오크라세우스 등의 곰팡이가 감염되고, 이로 인해 아플라톡신이 생성된다. H. 햄페이 및/또는 각종 곰팡이 저항성 유전자를 도입함으로써 커피의 곰팡이 감염을 피할 수 있는 것이다. 생명공학은 환경 스트레스에 대한 취약성도 감소시켜 줄 수 있다. 이상 기후, 특히 한파 기후에서는 커피 시장이 교란되어 농가와 로스팅 업계가 피해를 입을 수 있다.

커피 재배지는 주로 겨울이 없거나 동한기가 짧은 지역이기 때문에 동결 방지 공학 분야에서는 커피가 이상적인 작물로 손꼽힌다. 식물들은 저온 적응 기간 동안 세포막을 안정시키기 위해 다양한 변화를 겪는다. 세포막은 주로 냉해나 동결 손상이 처음 일어나는 부위로 알려져 있다(Tomashow, 1999). 지질 조성을 변화시키거나 자당 등 기타 당류들이 축적되고, 배발생 후기 단계에서 다량 생성되는 단백질(LEA 단백질)과 고-친수성 단백질(예: 아라비돕시스 식물체의 COR156 단백질) 등 세포막 안정화를 위한 특정 단백질들이 합성된다. 생명공학을 적용해 이러한 보호 요인들을 식물체에 개입시켜 현재 재배 과정에서 극저온 스트레스를 받더라도 이를 견딜 수 있는 능력을 가질 수 있게 된다. 다만, 품질이나 풍미에 관한 형질을 조작하는 유전 형질전환 기술에 대해서는 여전히 문제가 제기되고 있다. 특정 유전자를 변화시켜 원하는 풍미나 품질 특성을 얻을 수 있을 만큼 충분히 규명되어 있지 않은 형질이 대부분이지만 몇 가지 결점들을 제거할 수는 있다. 가령 메틸이소보르네올(MIB)은 대부분 로부스타 커피선별 단계에서 발견되는 결점이다. 메틸이소보르네올이 식물이나 관련 미생물에서 합성하는지 여부는 알 수 없지만, 생명공학을 이용해 메틸이소보르네올 생성을 막아 로부스타 커피의 품질을 높일 수 있다.

유전자 재조합 식물은 대개 선별지표로 사용하는 외래 유전자 때문에 비판을 많이 받는다. 특히 항생제 내성 유전자 지표가 많이 언급된다. 현재 대부분의 유전자 재조합 식물은 형질전환 선별 과정에 필요한 외래 유전자를 갖고 있다. 유전자가 효율적으로 도입되지 않을 수 있기 때문에 비-형질전환 세포 다수와 형질전환 세포가 혼합되어 있을 때 선별 과정이 필요하다. 주로 네오마이신 인산전달효소 II형(NptII) 유전자가 선별 지표로 많이 이용된다. 이 유전자로 형질전환된 세포는 정상 세포와는 달리 카나마이신과 관련 항생제가 있는 환경에서도 생존이 가능하다. 선별지표로 클로르설푸론 같은 제초제에 저항성을 가진 유전자들도 사용된다. 과학계에서는 해당 유전자가 환경이나 소비자에게 위험하지 않다며 주장하고 있으나 특정 국가에서는 반발이 상당하다. 선별 지표를 다르게 쓰거나 유전자를 제거하는 등의 신기술이 개발 중이며, 현 상황을 해소해줄 것으로 기대하고 있다.

형질전환을 이용한 또 다른 선별 기법으로는 탄소원에서 생존이 가능하도록 만드는 방법이다. 인산-6-만노오스-이성화효소 유전자를 식물 세포에 주입하여 단일 탄소원으로 만노오스만 있는 환경에서 생존이 가능하도록 만들었다(Joersbo et al., 1998). 이 방법은 현행 NptII 지표보다 선별 효율이 5배까지 뛰어난 것으로 알려져 있다. 다만, 이 방법은 식물 형질 자체를 개선시키거나(예: 제초제 저항성 유전자 주입) 항생제 저항성 유전자와도 관련이 없어 최근 형질전환과 관련해 제기된 반대 여론을 잠재울 수 있다.

선별 지표 대신 화분을 이용해서도 형질전환의 효율성을 높일 수 있다. 스미스 등(Smith et al., 1994)이 발표한 화분 형질전환에 따르면, 전기천공법을 이용하여 화분에 DNA를 주입하고, 이 화분을 담배 식물에 수분시킴으로써 최대 44%까지 형질전환 효율을 높일 수 있다. 형질전환을 높이는 동시에 선별표지가 필요 없어진다. 부위 특이적인 유전자를 변경하는 기술이 도입된다면 외래 DNA 도입도 대체할 수 있을 것으로 보인다.

이 기법은 기존에 있던 유전자를 불활성화시켜 카페인이나 MIB 등의 산물을 생성할 수 없도록 하거나 유전자 산물이 새로운 형질을 갖도록 바꿔 버릴 수도 있다. 예를 들어, 기존에 질병 저항성이 있었던 유전자를 신종 병원균이나 저항 병원균의 폭을 확대하는 등 저항성을 갖도록 바꾸는 것이다. 최근 키메릭 RNA/DNA 올리고뉴클레오타이드를 이용하여 식물 유전자를 선택 또는 특이적으로 변형시킨 모형 연구가 2건 있었다. 주 등(Zhu et al., 1999)은 키메릭 올리고뉴클레오타이드로 옥수수 아세토하이드록시산 합성효소를 변경시켜 이미다졸리논이나 설포닐유레아 제초제에 저항성을 갖고, 돌연변이 녹색 형광 단백질 유전자 복구능을 만들어주었다. 해당 키메릭 올리고뉴클레오타이드는 식물 DNA 가운데 단일염기를 치환함으로써 아세토하이드록시산 합성효소 단백질의 단일 아미노산을 바꾸고, 종국에 제초제 저항성을 갖도록 설계하였다. 관련 연구에서는 40개 계통 가운데 34개에서 목표한 염기가 치환되었으며, 전환 빈도는 1×10^{-4} 대였다. 그러나 해당 목표 유전자에서 예기치 않은 변화들도 다수 발생했다. 가령 돌연변이 수선 기작으로 오류쌍을 복구하는 과정에서 정확도가 떨어질 수 있다.

비트햄 등(Beetham et al., 1999)은 동일한 방식을 이용하여 담배 아세토하이드록시산 합성효소 유전자에 돌연변이를 유도했다. 돌연변이 발생 빈도는 부위-특이적 상동 재조합과 비교하면 적정 수준이나 선별이 가능한 변화를 줄 수 없어 돌연변이 방식을 이용하기에 무리가 있다. 이 외에도 돌연변이는 단복제 유전자에서 단일 염기만 변경시킬 수 있다는 한계가 있다. 따라서 이 기술로 유전자 특성을 바꾸려면 단일 유전자의 경우, 여러 차례에 걸쳐 돌연변이를 유도해야 한다. 식물은 주로 돌연변이가 여러 차례 축적되어 발생하는 다중유전군 형태로 존재한다. 키메릭 올리고뉴클레오타이드가 식물 유전자를 부위 특이적으로 돌연변이를 유도할 수 있다는 사실을 입증해낸 것만으로도 중요한 진전이라 할 수 있다.

부위 특이적으로 유전자를 전환할 수 있는 두 번째 방법으로 상동성 유전자 재조합을 들 수 있다. 상동성 유전자재조합은 효모나 일부 동물을 이용하여 특정 유전자를 전환시킬 수 있다. 그러나 일부 모형에서는 식물의 상동 재조합 효율이 지나치게 낮아 실용화가 불가능했다. 대장균 재조합 RecA 단백질 등의 단백질을 이용하여 부위 특이적인 재조합 효율을 높일 수 있었다(Pati et al., 1997). 이 방법은 키메릭 올리고뉴클레오타이드를 사용할 때보다 유전자를 대폭 변경할 수 있다는 장점이 있다. 그러나 C.아라비카 같은 4배체에서 유전군이나 중복 유전자를 변경하려면 돌연변이를 여러 차례 유발시켜야 한다.

분자 생물학과 생명공학을 이용해 커피의 경제적 또는 품질 형질을 개량시킬 수 있을 것이라는 기대감이 크게 일고 있다. 현재 잎천공 해충 저항성 단백질을 갖도록 형질변환시킨 커피가 포장 시험에 들어가 생명공학이 농경제에서 당면한 문제들을 해소해 줄지 지켜봐야 한다. 이 외에도 카페인이 없는 형질전환 커피도 개발 막바지에 접어들어 생명공학을 이용한 품질 개량 가능성을 보이고 있다. 커피도 다른 다년생 열대 작물들처럼 질병 피해가 큰 편이라 적정 생산량을 얻기 위해서는 화학물질이 대거 필요하나 대부분 커피 농가들이 화학 방제를 효과적으로 할 수 있을 만큼 재원이 부족한 실정이다. 더욱이 화학물질을 대량 사용하면 환경 피해도 뒤따른다. 그러나 생명공학을 통해 생산량을 증대시키면서도 동시에 환경적 피해를 저감화시킬 수 있을 뿐 아니라 커피의 가치를 높여 주는 형질을 도입시킬 수 있다. 이를 통해 커피 농가의 안정성과 수익성을 높이고, 커피 생산을 생업으로 하는 종사자들의 생활이 윤택해질 수 있다.

참고문헌

- Acuna, R., Bassuner, R., Beilinson, V. *et al.* (1999) Coffee seeds contain 11S storage proteins. *Physiol. Plant.*, **105**, 122—31.
- Barton, C.R., Adams, T.L. & Zarowitz, M.A. (1991) Stable transformation of foreign DNA into *Coffea arabica* plants. In: *Proceedings of the 14th ASIC Colloquium (San Francisco)*, pp. 460—64. ASIC, Paris, France.
- Beetham, P.R., Kipp, P.B., Sawycky, X.L., Arntzen, C.J. & May, G.D. (1999) A tool for functional plant genomics: chimeric RNA/DNA oligonucleotides cause *in vitro* gene-specific mutations. *Proc. Natl. Acad. Sci. USA*, **96**, 9774—9778.
- Crozier, A., Baumann, T.W., Ashihara, H., Suzuki, T. & Waller, G.R. (1997) Pathways involved in the biosynthesis and catabolism of caffeine in *Coffea* and *Camellia*. ASIC, Paris, France. In: *Proceedings of the 17th ASIC Colloquium (Nairobi)*, pp. 106— 13.
- Gianessi, L. (1999) *Agricultural Biotechnology: Insect Control Benefits*. National Center for Food and Agricultural Policy, Washington, DC.
- Goldberg, R.B., Baker, S.J. & Perez-Grau, L. (1989) Regulation of gene expression during plant embryogenesis. Cell, **56**, 149— 60.
- Goldstein, J. (1989) Conversion of ABO blood groups. *Transfusion Med. Rev.*, **3**, 206—12.
- Goldstein, J., Siviglia, G., Hurst, R., Lenny, L. & Reich, L. (1982) Group B erythrocytes enzymatically converted to group O survive normally in A, B and O individuals. *Science*, **215**, 168—70.
- Grezes, J., Thomasset, B. & Thomas, D. (1993) *Coffea arabica* protoplast culture: transformation assays. In: *Proceedings of the 15th ASIC Colloquium (Montpellier)*, pp. 745—7. ASIC, Paris, France.
- Guerreiro Filho, O., Denolf, P., Peforoen, M, Decazy, B., Eskes, A.B. & Frutos, R. (1998) Susceptibility of coffee leaf miner (*Perileucoptera* spp) to *Bacillus thuringiensis* 6-endotoxins: a model for transgenic perennial crops resistant to endocarpic insects. *Curr. Microbiol.*, **36**, 175—9.
- Guiseppin, M.L., Almkerk, J.W., Heistek, J.C. & Verrips, C.T. (1993) Comparative study on the production of guar a-galac- tosidase by *Saccharomyces cerevisiae* SU50B and *Hansenula polymorpha* 8/2 in continuous cultures. *Appl. Environ. Microbiol.*, **59**, 52—9.
- Joersbo, M., Donaldson, I., Kreiberg, J., Petersin, S.G., Bruns- ted, J. & Okkels, F.T. (1998) Analysis of mannose selection used for transformation of sugar beet. *Mol. Breed.*, **4**, 111—17.
- Lashermes, P., Combes, M.-C., Robert, J. *et al.* (1999) Molecular characterisation and origin of the *Coffea arabica* L. genome. Mol. *Gen. Genet.* **261**, 259—66.
- Leroy, T., Henry, A.-M., Royer, M. *et al.* (2000) Genetically modified coffee plants expressing the *Bacillus thuringiensis cry* 1Ac gene for resistance to leaf miner. *Plant Cell Rep.* (in press).
- Leroy, T., Paillard, M., Royer, M. *et al.* (1997). Introduction degenes d'interet agronomique dans l'espece *Coffea canephora* Pierre par transformation avec *Agrobacterium* sp. In: *Proceedings of the 17th ASIC Colloquium (Nairobi)*, pp. 439—46. ASIC, Paris, France.
- Marraccini, P., Deshayes, A., Petiard, V. & Rogers, W.J. (1999) Molecular cloning of the complete 11S seed storage protein gene of *Coffea arabica* and promoter analysis in transgenic tobacco plants. *Plant Physiol. Biochem.*, **37**, 273—82.
- Moisyadi, S., Neupane, K.R. & Stiles, J.I. (1998) Cloning and characterization of a cDNA encoding xanthosine-N7-methyl- transferase from coffee (*Coffea arabica*). *Acta Hort.*, **461**, 367— 77.
- Moisyadi, S., Neupane, K.R. & Stiles, J.I. (1999). Cloning and characterization of xanthosine-N 7-methyltransferase, the first enzyme of the caffeine biosynthetic pathway. In: *Proceedings of the 18th ASIC*

Colloquium (Helsinki), pp. 327—31. ASIC, Paris, France.

- Neupane, K.R., Moisyadi, S. & Stiles, J.I. (1999) Cloning and characterization of fruit-expressed ACC synthase and ACC oxidase from coffee. In: *Proceedings of the 18th ASIC Colloquium (Helsinki)*, pp. 322—6. ASIC, Paris, France.
- Nyambo, B.T. & Masaba, D.M. (1997) Integrated pest management in coffee: needs, limitations and opportunities. In: Proceedings *of the 17th ASIC Colloquium (Nairobi)*, pp. 629—38. ASIC, Paris, France.
- Ocampo, C.A. & Manzanera, L.M. (1991) Advances in genetic manipulation of the coffee plant. In: *Proceedings of the 14th ASIC Colloquium (San Francisco)*, pp. 378—82. ASIC, Paris, France.
- Overbeeke, N., Fellinger, A.J., Toonen, M.Y., Van Wassenaar, D. & Verrips, C.T. (1989) Cloning and nucleotide sequence of the a-galactosidase cDNA from *Cyamopsis tetragonoloba* (guar). *Plant Mol. Biol.*, **13**, 541—50.
- de Pater, S., Pham, K., Chua, N.H., Memelink, J. & Kijne, J. (1993) A 22-bp fragment of the pea lectin promoter containing essential TGAC-like motifs confers seed-specific gene expression. *Plant Cell*, **5**, 877—86.
- Pati, S., Mirkin, S., Feuerstein, B. & Zarling, D. (1997) Sequence-specific DNA targeting. *Encyclopedia of Cancer*, Vol. III, pp. 1601—25.
- Rogers, W.J., Beard, Deshayes, A., Meyer, I., Petiard, V. & Marraccini, P. (1999) Biochemical and molecular characterization and expression of the 11S-type storage protein from *Coffea arabica* endosperm. *Plant Physiol. Biochem.*, **37**, 261—72.
- Roth, M., Helm-Kruse, S., Friedrich, T. & Jeltsch, A. (1998) Functional roles of conserved amino acid residues in DNA methyltransferases investigated by site-directed mutagenesis of the EcoRV adenine-N^-methyltransferase. *f. Biol. Chem.*, **273**, 17333—42.
- Schulthess, B.H., Morath, P. & Baumann, T.W. (1996) Caffeine biosynthesis starts with the metabolically channelled formation of7-methyl-XMP — a new hypothesis. *Phytochemistry*, **41**,169— 75.
- Smith, C.R., Saunders, J.A., Van Wert, S., Cheng, J. & Matthews, B.F. (1994) Expression of GUS and CAT activities using electrotransformed pollen. *Plant Sci.*, **104**, 49—58.
- Spiral,J., Leroy, T., Paillard, M. & Petiard, V. (1999) Transgenic coffee (*Coffea* species). *Biotechnol. Agric. Forestry*, **44**, 55—76.
- Spiral,J. & Petiard, V. (1991) Protoplast culture and regeneration in *Coffea* species. In: *Proceedings of the 14th ASIC Colloquium (San Francisco)*, pp. 383—91. ASIC, Paris, France.
- Spiral, J., Thierry, C., Paillard, M., Petiard, V. (1993) Obtention de plantules de *Coffea canephora* Pierre transformese par *Agrobacterium rhizogenes*. *C. R. Acad. Sci. Paris*, **t316**, Serie III, 1—6.
- Timinskas, A., Butkus, V. &Janulaitis, A. (1995) Sequence motifs characteristic for DNA [cytosine-N4] and DNA [adenine-N6] methyltransferases. Classification of all DNA methyltransferases. *Gene*, **157**, 3—11.
- Tomashow, M.F. (1999) Plant cold acclimation: freezing tolerance genes and regulatory mechanisms. *Ann. Rev. Plant Physiol. Plant Mol. Biol.*, **50**, 571—99.
- Van Boxtel, J., Berthouly, M., Carasco, C., Dufour, M. & Eskes, A. (1995) Transient expression of p-glucuronidase following biolistic delivery of foreign DNA into coffee tissues. *Plant Cell Rep.*, **14**, 748—52.
- Vega, F.E. & Mercadier, G. (1999) The coffee berry borer and associated fungi. Presented at the 18th *ASIC Colloquium (Helsinki)*.
- Zhu, A. & Goldstein, J. (1994) Cloning and functional expression of a cDNA encoding coffee bean a-galactosidase. *Gene*, **140**, 227—31.
- Zhu, T., Peterson, D.J., Tagliani, L., St Clair, G., Baszczynski, C.L. & Bowen, B. (1999) Targeted manipulation of maize genes *in vivo* using chimeric RNA/DNA oligonucleotides. *Proc. Natl. Acad. Sci. USA*, **96**, 8768—73.

별첨 1
국제표준화기구(ISO)

R.J.클라크 전 회장
국제표준화기구 (ISO), ISO/TC34/SC15

국제표준화기구는 소위원회 ISO/TC34/SC15를 두고 있으며, 커피와 그 제품에 관한 규격을 제정하고 있다. 1963년을 시작으로 24개의 규격을 제정하였으며, 최신 규격을 다음과 같이 분류해 볼 수 있다.

1.1 | 커피 및 그 가공품에 관한 용어

ISO 3 509-1989, 제3판 (제1판 1977) BS 5456-1989

1.2 | 생두 (지침 및 시료채취 절차)

보관 및 운송에 관한 지침
ISO 8455-1986 = BS 6827-1987

생두에 관한 지침
ISO 9166-1992 = BS 7601-1992

결점두에 관한 지침
ISO 10470-1993 = BS 7683 -1993

시료채취에 관한 지침
ISO 4072 -1982 = BS 6379-1983 파트 1

커피 트라이어에 관한 규격
ISO 6666-1983 = BS 6379-1984 파트 3

관능 분석을 위한 조제법
ISO 6608-1991 = BS 6379-1991 파트 4

1.3 | 인스턴트 커피 (시료채취 절차)

내부 포장재(라이너)가 있는 케이스로부터의 시료채취 방법
ISO 6670—1983 = BS 6379—1984 개정 중.

1.4 | 시험법 (이화학)

수분 함량

생두

수분 함량 측정
참고 시험법: ISO 1446—1978 제2판 = BS 5752-1979 파트 1
상용 시험법: ISO 1447—198 3 제2판 = BS 5752-1984 파트 2

105°C에서의 질량 손실 측정
상용 시험법: ISO 6673—1983 = BS 5752-1984 파트 7

로스팅 및 분쇄 커핑

칼 피셔 방법을 이용한 수분 함량 측정
참고 시험법: ISO 11187—1994 = BS 5752-1995 파트 13

수분 함량 측정 (103°C에서의 질량 손실)
상용 시험법: ISO 11294—1994 = BS 5752-1995 파트 14

인스턴트 커피

70°C에서의 질량 손실 측정 (감압 조건)
ISO 3726-1983 = BS 5752 -1984 파트 4

카페인 함량

생두 (로스팅 및 인스턴트 포함)

카페인 함량 측정 (레빈 법)
참고 시험법: ISO 4052—1983 = BS 5752-1984. 파트 3

카페인 함량 측정 (HPLC)
상용 시험법: ISO 10095—1992 = BS 5752-1992 파트 12

기타 화학성분

인스턴트 커피

고성능 음이온 교환 크로마토그래피(HPAE)를 이용한 유리 및 총 탄수화물 함량 측정
ISO 11292—1997 (수정판) = BS 5752 -1995 파트 15

육안 및 물리적 특성

생두

육안 및 후각 검사, 이물질 및 결함 측정 ISO 4149—1980 = BS 5752-1980 파트 4

크기분석 (수동 체질)
ISO 4150—1991 (제2판) = BS 5752-1991 파트 5

벌레 손상 원두의 비율 측정
ISO 6667—1985 = BS 5752-1986 파트 8

생두 및 로스팅 커피

자유 유동 방법을 이용한 원두의 자유 유동 부피 밀도 측정
ISO 6669—1995 = BS 5752-1996 파트 16

인스턴트 커피

입자 크기 분석
ISO 7532—1985 = BS 5752-1986 파트 10

자유 유동 및 밀집 부피 밀도 측정
ISO 8460—1987 = BS 5752-1987 파트 11

1.5 | 일반 논평

국제표준화기구는 해당 규격(분석 방법, 지침, 용어집)을 영어와 프랑스어로 제공하고 있으며, 각 국가의 표준기구가 자국어로 제공할 예정이다.

최근 발표한 최신 분석법 관련 규격 가운데 특히 칼 피셔(Karl Fisher)의 생두의 수분 함량 측정법 ISO 11817(1994)이 눈에 띈다. 카페인 함량 측정에 고성능 액체 크로마토그래피(HPLC)를 적용하는 방법(ISO 10095-1992)과 고성능 음이온 교환 크로마토그래피(HPAE)를 이용해 탄수화물을 측정하는 방법이 한층 정교해졌다(ISO 11292-1997). 생두에 대한 커피 표준 대다수가 수확과 가공 현장에서 적용되었기 때문에 이제 개발도상국들도 현대적인 분석 실험실 기술에 접근 가능해졌다고 볼 수 있다. 지속적인 관심이 필요한 생두의 결점에 대해 포괄적으로 표준화한 ISO 10470가 마련되었다. 해당 표준은 습식 및 건식 가공 아라비카 커피와 건식 가공 로부스타 커피에서 발생할 수 있는 결점두의 정의와 원인 및 결과를 최대한 일치시켜 정확도를 높이고자 했다. 특히 결점두에 대한 인식이 나라마다 달라 마케팅적인 측면에서 (로스팅 후) 브루잉 풍미에 영향을 줄 수 있는 결점두에 대해서만 정성적으로 표준화하였다.

수치보다는 계량 방법을 적용하는 등 커피에 대한 표준을 조화시켜 나가는 것은 바람직한 방향이라 할 수 있다. 지금까지 SC15는 생두, 로스팅 또는 인스턴트 커피에 대해 실제 규격을 설정하기보다 용어와 커피 무역에서 문제가 되고 있는 이화학적 시험법을 제공해 왔다.

세계표준화기구 소식지(ISO Bulletin, 1995)에 전 회장 R.J. 클라크의 ISO/TC34/SC15의 활동 소개(소식지 13~15쪽)와 식품 규격 전반에 관한 ISO 활동(소식지 8~12쪽)이 설명되어 있다. R. 비아니 박사가 새로 취임한 후 1999년 12월 프랑스 파리에서 열린 SC15 회의에서 미래 전략과 활동에 관한 논의를 나누었다. 일반적으로 식품, 특히 커피에서의 세계표준화기구와 코덱스 기관(FAO/WHO) 간의 역할이 무엇인지에 대한 의문이 제기되어 왔다. 두 기구의 역할은 서로 겹치지 않고 평행하며 서로 긴밀한 관계에 있다고 할 수 있다. 코덱스는 (건강/영양학적 이슈에 대한) 규제를 주로 담당하며, 각국의 정부로 구성되어 있다. 반면, 세계표준화기구는 비영리단체로 지난 1947년부터 국제 통상에 관한 문제를 규격화하는 작업을 수행하고 있다 (예: 시험법, 용어, 시료채취 등). 코덱스는 몇 년 전부터 커피나 인스턴트 커피 규격에는 관여하지 않겠다고 선언했으나 유럽에서는 각료이사회가 유럽지침을 통해 관련 규정을 집행하고 있다.

별첨 2
국제커피기구(ICO)

C.P.R. 두보이스
국제커피기구(ICO), 운영위원장

2.1 | 1994년 국제커피협정 체결

2.1.1 배경

국제커피협정은 1962년부터 5년마다 조약을 체결하고 있으며, 1994년 5회차를 맞이했다. 1994년도 협정은 본연의 가격안정화 메커니즘에 문제가 제기되면서 난항을 겪었다. 정치적으로 불가능하다는 판단에서 해당 조약은 경제 규제 조항을 빼고 국제커피기구(ICO)의 유지와 커피의 국제협력 진흥에 관한 조항으로 구성하는데 합의하여 1994년 10월 1일자로 발효하였다. 사무실장으로는 경제전문가이자 커피를 포함해 여러 분야의 고위 공무직을 맡았던 셀시우스 A.로더가 임명되었다.

2.1.2 우선순위

국제커피협의회는 1995년 5월, 1994년도 조약의 기본 목적에 부합하는 4가지 시행사업을 다음과 같이 승인하였다. 멤버쉽 확대; 커피 시장에 관한 통계 서비스 검토, 분석 자료 및 정보 제공; 상품 공동기금(CFC)의 자금 조달을 위한 국제커피기구의 후원 프로젝트 역량 개발; 연구 및 조사 진행이 여기에 해당된다.

2.1.3 최신 프로젝트

상품공동기금(CFC) 내 국제커피상품기구가 지정되면서 커피 생산국의 생산 개선과 해충 퇴치를 위한 지원이 가능해졌다. 1995~1999년 동안 관련 대규모 6개 프로젝트에 미화 3,100만 달러가 승인되었다.

상품공동기금 외에도 유럽연합과 양자 원조 집행기관 등 다른 주체에서도 큰 금액의 공동 기금을 조성했다. 이 기금은 주로 커피생산국에 융자가 아닌 교부금 형태로 지원 투자하였으며, 부가가치 확보를 위한 품질 개선이나 병해충 퇴치, 유통구조 개선 등 분야에 사용되었다. 일반적으로 한 국가에 지원하던 방식에서 벗어나 여러 지역과 환경에서 겪는 커피 관련 문제들을 해결하고, 신기술과 방법론을 확립해 나가는 방향으로 탈바꿈했다는 점에서 혁신적이라고 할 수 있다.

2.1.4 홍보 활동

국제커피기구는 1987년과 1983년 협약으로 출범한 '홍보 펀드' 자원을 토대로 제한된 자원과 예산이지만 세계 최대 시장으로 꼽히는 중국과 러시아를 대상으로 커피 음용에 대한 이미지를 강화하고, 커피 섭취를 도모하는 방법들을 강구해왔다. 국제커피기구가 실시하는 홍보들이 커피 소비에 작은 영향을 줄 수 있으나 중국과 러시아에서 큰 성과를 거두었다. 바네사 메이 콘서트 프로모션에 참여하고, '커피 스토리' 소책자 등 교육 자료를 제작 및 전파하여 커피에 대한 인식을 제고하는데 기여했으며, 연례 커피 축제를 개최하거나 커피의 장점을 알리기 위해 커피 테이스팅과 시음 행사를 포함한 언론인 대상 미디어 브리핑 프로그램들을 마련하였다.

커피 대기업과의 단단하고 긍정적인 관계 구축과 국제커피기구 홍보에서의 민간 참여 확대가 가장 큰 성과였다. '커피 스토리' 소책자 같은 교육홍보물이나 시음 행사, 미디어 브리핑 행사는 긍정적인 '커피 문화' 이미지를 양산하여 장기적으로 커피 소비에도 영향을 줄 수 있도록 지속적인 활동이 필요하다.

2.1.5 민간 참여

커피 산업 및 무역협회 포럼(CITAF)이 1997년 설립되면서 비공식적이긴 하나 민간 부문이 갖고 있던 문제(통계, 법률, 환경)들을 위원회 및 협의회 세션에서 정기적으로 논의할 수 있는 자문 메커니즘을 구축하였다. 이 외에도 다음의 두 민간 이니셔티브를 통해 민간 참여를 강화하고 있다. 국제커피협의회와 집행위원회에 자문 의견을 전달하기 위해 1999년 7월 설립된 민간자문위원회(PSCB)는, 커피 수출국과 수입국 민간 대표 8명씩으로 구성하였다. 세계 커피 컨퍼런스를 정례화하여 정부와 민간 대표가 모여 전 세계 커피 산업의 문제들을 논의하는 장으로 활용하고자 한다. 국제커피기구 주관의 제1차 세계 커피 컨퍼런스는 2001년 5월 2일 개최될 예정이며, 콜롬비아 커피협회 총괄 매니저인 조지 가르데나스 구티에레스가 좌장을 맡게 된다.

2.1.6 통계 및 정보

1999년 협의회는 통계위원회를 신설하여 커피 관련 통계를 모든 회원국과 민간 대표, 전문가에게 제공하기로 했다. 동 위원회는 국제커피기구의 통계 서비스를 지속적으로 강화하고, 여건 변화에 적응하는 것을 목표로 한다.

1994년도 협약에서 언급한 다음의 인터넷 정보제공을 통해 국제커피기구와 다우존스 공동 이니셔티브로 iCoffee(www.iCoffee.com)를 개시하여 세계 최초로 전 세계 커피 산업계 전용 인터넷 구독 서비스를 제공하고, 국제커피기구 웹사이트(www.ico.org)를 구축해 하루 평균 전 세계에서 650명의 유저들이 방문하고 있다.

2.1.7 글로벌 연구 네트워크

글로벌 연구 네트워크가 2000년 시행되면서 예비 연구와 타당성 조사가 진행되었다. 현재 회원국이 약 1,500인년(man-year, 한 사람이 1년 동안 일한 양: 역주)을 커피 관련 연구 프로젝트에 투자하고 있으나, 연구 결과를 전파하는 속도가 더디고 보완해야 할 부분들이 있었다. 따라서 글로벌 연구 네트워크는 회원국이 접속할 수 있는 데이터베이스를 몇 년 내로 구축함으로써 수천 인년이 소요된 연구 프로젝트 작업물을 간접적으로라도 확인할 수 있게 해야 한다. 이를 통해 향후에는 커피 연구비를 효과적으로 지출하고, 커피 수출을 통한 수익 증대와 생산성 향상을 도모해야 한다.

2.1.8 경제 연구 및 출판

국제커피기구는 1994년부터 커피 시장의 주요 경제 및 환경 측면에 대한 연구를 수행하여 문서로 발간했다. 시장 상황을 정기적으로 검토하는 것 외에도 가격 결정 및 변동성; 유기농 커피; '엘니뇨'가 커피 생산에 미치는 영향; 커피 부문의 지속 가능성에 대한 네 가지 연구 주제를 다루고 있다. 스페셜티 커피의 예측 모델, 커피 및 생물다양성, 커피, 무역 및 환경의 경제학에 대한 다른 연구들도 현재 진행 중이거나 계획 단계에 있다. 또한 1999년 말까지 13개국 커피 프로파일이 공개되었으며 2000년까지 9개국이 추가될 예정이다. 여기에는 해당 국가의 커피 관련 최신 정보 등이 종합적으로 담겨 있다.

2.1.9 2001년 신규 협정 체결을 위한 움직임

국제커피협의회는 1999년 7월, 제78차(특별) 세션에서 1994년도 국제커피협약을 기존 1999년 1월에서 2년 연장하는 내용의 결의안 제384호를 채택하였다. 해당 결의안은 협의회가 빠른 시일 내에 민간 커피 부문이 국제커피기구에 참여할 수 있도록 독려하고 커피 소비를 증진하며, 국제커피기구의 통계 시스템을 개선하는 내용을 담았다. 아울러, 협상그룹을 출범시켜 2000년 9월 30일까지 새로운 국제커피협약 초안을 마련하여 회원국들이 협약 비준에 만 1년을 소요할 수 있게 할 예정이다.

협상그룹의 수장은 코스타리카 커피연구소 회장직을 역임했던 아놀도 로페즈 에찬디가 임명되었으며, 2000년 9월 30일까지 새로운 국제커피협약 초안을 마련하고 2001년 10월 1일까지 발효할 수 있도록 1999년 말 논의에 착수했다.

2.2 | 결론

커피 작물 년도 1998/99 말 기준 국제커피기구에 소속된 회원국은 모두 63개국으로, 수출국 45개국, 수입국 18개국으로 구성되어 있다. 그러나 민간 부문의 참여 확대로 기존의 국제커피기구 업무가 전 세계 커피 무역의 정부 참여 강조에서 소비자 및 환경 보호를 위한 규제 체계 확립과 시장 중심의 무역 환경 조성으로 전환하고 있다. 민간자문위원회(PSCB)는 2000년 1월, 커피에 관한 긍정적인 뉴스 전파, 지속가능한 개발 홍보, 공공 안전을 보호하는 동시에 커피의 특정 조건에 부합한 규정 확보와 같은 세 가지 우선순위를 정하였다.

국제커피기구는 세계 커피 경제의 모든 이해 관계자를 위한 국제포럼이자 이러한 당면과제를 해결하기 위한 유일 기관으로 자리 잡았다. 지금까지 국제커피기구에 대한 최근 이야기들을 서술하였다 (참고문헌 참조). 통계에 관심있는 이들을 위해 다음의 두 가지 표를 덧붙였다(표 A.1 및 A. 2, 섹션 2. 3 참조).

2.3 | 통계

표 A.1 1964–1998년(역년기준) 수출 물동량, 수출액, 단위가격.

년도	수출			1990년도 당기 수출액[1]		지수 1964 = 100			UN 지수 (1990 = 100)
	물동량 (100만 포대)	당기 수출액 (미화 백만 달러)	당기 단위가격 (미화 센트/파운드)	수출액 (미화 백만 달러)	단위가격 (미화 센트/파운드)	물동량	당기 수출액	당기 단위 가격	
1964	46.2	2306	37.7	10480	171.4	100	100	100	22
1965	43.2	2114	37.0	9609	168.0	94	92	98	22
1966	49.4	2309	35.3	10037	153.5	107	96	90	23
1967	50.7	2191	32.7	9528	142.2	110	91	83	23
1968	54.1	2368	33.1	10295	143.8	117	98	84	23
1969	54.9	2404	33.1	10017	138.0	119	96	81	24
1970	52.8	3018	43.2	12074	172.9	114	115	101	25
1971	53.8	2688	37.8	9954	140.0	116	95	82	27
1972	58.1	3221	41.9	11106	144.5	126	106	84	29
1973	62.8	4294	51.7	12630	152.0	136	121	89	34
1974	55.0	4200	57.7	10244	140.8	119	98	82	41
1975	58.6	4254	54.9	9249	119.3	127	88	70	46
1976	60.0	8395	105.7	17861	225.0	130	170	131	47

1977	48.2	12524	196.6	24557	385.4	104	234	225	51
1978	57.3	11235	148.2	19371	255.5	124	185	149	58
1979	64.3	12411	145.9	18805	221.0	139	179	129	66
1980	60.2	11778	147.8	15916	199.7	130	152	117	74
1981	60.5	8087	101.0	11720	146.4	131	112	85	69
1982	64.5	9014	105.6	13256	155.3	140	126	91	68
1983	66.3	9243	105.5	14219	162.2	143	136	95	65
1984	68.6	10680	117.7	16953	186.8	148	162	109	63
1985	71.4	10831	114.8	17192	182.1	154	164	106	63
1986	64.5	14309	167.7	18827	220.6	140	180	129	76
1987	72.0	9589	100.8	11281	118.5	156	108	69	85
1988	65.8	9437	108.4	10258	117.8	142	98	69	92
1989	75.9	8683	86.5	9542	95.0	164	91	55	91
1990	80.6	6866	64.4	6866	64.4	174	66	38	100
1991	75.8	6501	64.9	6501	64.9	164	62	38	100
1992	78.2	5326	51.5	5171	50.0	169	49	29	103
1993	75.0	5689	57.4	5865	59.1	162	56	35	97
1994	70.5	10125	108.6	10227	109.7	152	98	64	99
1995	67.6	11611	129.9	10555	118.1	146	101	69	110
1996	77.5	9993	97.5	9428	92.0	168	90	54	106
1997	79.8	12871	122.0	13134	124.5	173	125	73	98
1998	79.1	11321	108.3	11917	113.9	171	114	66	95

출처: ICO 데이터베이스.

[1] UN의 선진국 제조품 단위가격으로 당기 수출액이 하락

표 A. 2 1964–1998년 커피 가격 (미화 센트/파운드).

년도	기타 마일드 아라비카	로부스타	복합지표 가격	콜롬비아 마일드 (뉴욕)	브라질 내추럴 (뉴욕)
1965	45.08	31.07	40.37	48.00	43.58
1966	42.12	33.53	39.61	47.35	40.56
1967	39.20	33.52	37.22	41.61	37.72
1968	39.33	33.86	37.36	42.42	37.36
1969	39.78	33.11	38.71	44.44	40.90
1970	52.01	41.44	50.52	56.66	55.80
1971	44.99	42.27	44.66	49.01	44.71
1972	50.33	45.19	50.41	56.70	52.52
1973	62.30	49.88	62.16	72.52	69.20
1974	65.84	58.68	67.95	77.81	73.34
1975	65.41	61.05	71.73	81.31	82.57
1976	142.75	127.62	141.96	157.72	149.48
1977	234.67	223.76	229.21	240.21	308.04
1978	162.82	147.48	155.15	185.20	165.29
1979	173.53	165.47	169.50	183.41	178.47
1980	154.20	147.15	150.67	178.82	208.79
1981	128.23	102.61	115.42	145.33	179.55
1982	140.05	109.94	125.00	148.60	143.68
1983	132.05	123.90	127.98	141.61	142.75
1984	144.64	137.75	141.19	147.33	149.65
1985	146.05	120.14	133.10	155.87	151.76
1986	194.69	147.16	170.93	220.04	231.19
1987	113.62	101.99	107.81	123.45	106.37
1988	137.60	94.31	115.96		121.84
1989	108.25	75.09	91.67	107.14	98.76
1990	89.46	53.60	71.53	96.53	82.97
1991	84.98	48.62	66.80	89.76	72.91
1992	64.04	42.66	53.35	67.97	56.49
1993	70.76	52.50	61.63	75.79	66.58
1994	150.04	118.87	134.45	157.27	143.24
1995	151.15	125.68	138.42	158.33	145.95
1996	122.21	81.92	102.07	131.23	119.77
1997	189.06	78.75	133.91	198.92	166.80
1998	135.23	82.67	108.95	142.83	121.81
1999	103.90	67.53	85.72	116.45	88.84

참고문헌

국제표준화기구(1988), 커피 제6판: 상업 및 기술-법적 측면 (R.J. 클라크 및 R. 맥래), pp. 29-54. 엘스비어 응용과학 출판, 런던.

별첨 3
단위와 숫자

3.1 | 단위

3.1.1 국제단위계(SI) 기본 단위

수량	단위 이름	단위 기호	치수
길이	미터	m	[L]
질량	킬로그램	kg	[M]
시간	초	s	[T]
열역학 온도	켈빈	K	[θ]
물질	몰	mol	[N]
전류	암페어	A	[I]
광도	칸델라	cd	[I_v]

3.1.2 공학에 사용하는 일부 SI 유도 단위

(a) 특별한 명칭이 있는 단위

수량	이름	단위 기호	기본 단위로 표시되는 기호
주파수	헤르츠	Hz	s^{-1}
에너지, 일, 열량	줄	J	$kg\ m^2\ s^{-2}$
힘	뉴턴	N	$kg\ m\ s^{-2}$
압력	파스칼 (평방 미터당 뉴턴)	Pa	$kg\ m^{-1}\ s^{-2}$
전력	와트 (초당 줄)	W	$kg\ m^2\ s^{-3}$

(b) 특별한 명칭이 없는 단위의 예

물리량	SI 단위	단위 기호
밀도	입방 미터당 킬로그램	kgm^{-3}
열용량	켈빈 당 킬로그램 당 줄	$J\ kg^{-1}\ K^{-1}$
열전달 계수	평방 미터당 와트 켈빈	$Wm^{-2}\ K^{-1}$
열 전도성	미터당 와트 켈빈	$Wm^{-1}\ K^{-1}$
속도	초당 미터	ms^{-1}
점도		
(역학 점도)	파스칼 초	Pa s
(동적 점도)	초당 평방 미터	$m^2\ s^{-1}$

주의: 상기 단위 기호는 분수형태로 표현 가능하다. 예: $Wm^{-1}K^{-1}$ = W/m K.

3.1.3 SI 단위에서 사용하는 접두사

배수 인자	접두사	기호
10^{12}	테라	T
10^{9}	기가	G
10^{6}	메가	M
10^{3}	킬로	k
10^{2}	헥토	h
10	데카	da
10^{-1}	데시	d
10^{-2}	센티	c
10^{-3}	밀리	m
10^{-6}	마이크로	μ
10^{-9}	나노	n

주의. 면적 및 부피 관련 외 SI 단위에 헥토-, 데카-, 데시-, 센티- 접두어를 사용하지 않는 것이 바람직하다. 다만, 리터는 SI 유도단위(1 x 10^{-3} 세제곱미터 또는 1 세제곱 데시미터, 1 dm^3)에 해당되므로 밀리리터 (1/1000 또는 10^{-3} 리터), 센티리터(1/1000 또는 10^{-2} 리터), 데시리터(1/10 또는 10^{-1} 리터)같이 상기 접두어를 사용한다. 밀리리터는 과거 세제곱 센티미터(Cm^3 또는 cc)와 동일하다.

중량 및 질량 단위에서는 그램 단위에서만 상기 접두어를 사용한다. 예: 마이크로그램(μg)은 10^{-6}g을 뜻한다. 선형 측정에서 밀리미터 등의 일반적인 사용은 기본 SI 단위와 완전히 일치한다. 미크론(주로 μ으로 표현하나 μm가 정확한 표현임)은 1 x 10^{-6}m이다. 옹스트롬 10^{-10}m은 나노미터(즉, 1Å = 0.1nm)로 바꾸어 사용하는 것이 바람직하다.

3.1.4 SI 및 비 SI 단위 환산

단위 종류	환산		환산계수
	원래 단위	변환된 단위	
길이	인치 (in)	미터 (m)	0.0254
	피트 (ft)	미터 (m)	0.30480
	마일	킬로미터	1.6211
면적	제곱피트(ft^2)	제곱미터 (m^2)	0.09290
	에이커	헥타르	0.40469
부피	입방피트 (ft^3)	세제곱미터 (m^3)	0.02832
	리터	세제곱미터	10^{-3}
	갤런 (미국)	갤런 (대영제국 또는 영국)	0.833
	갤런 (영국)	세제곱미터	4.546×10^{-3}
질량	파운드 (lb)	킬로그램 (kg)	0.453 6
	갤런 (British)	마일 리터/킬로미터	2.80
	온스 (oz)	킬로그램	28.35×10^{-3}
밀도	입방 피트 당 파운드	킬로그램/세제곱 미터 (또는 그램/리터)	16.02
		그램/세제곱 센티미터 (또는 /밀리리터)	0.01602
유량	분당 입방피트(cfm)	세제곱미터/초	4.72×10^{-4}
	시간당 갤런 (영국, 또는 대영제국) (igph)	제곱미터/초	1.263×10^{-6}
열과 힘	Btu (BThU) (영국식열량단위)	칼로리	252
	열량(cal)	줄 (J)	
	열화학		4.184
	국제표(international table)		4.187
	와트 (W)	초당 줄	동일
	마력 (hp) (초당 550 ft lbf)	와트 (W)	7.457×10^2
	파운드 당 영국열량단위(Btu)	킬로그램 당 칼로리	555
		킬로그램 당 킬로칼로리	0.555
열전달 계수	Btu/제곱피트/시/℉	칼로리/제곱미터/초/℃	1.356
	칼로리/제곱미터/초/℃	와트/제곱미터/켈빈	4.187
압력	평방 당 파운드 힘	킬로그램/제곱센티미터	0.07031

	인치 (psig, gauge; psig, absolute pressure)	파스칼 (Pa)	6.895
		킬로파스칼 (kPa)	6.895
		메가파스칼 (MPa)	0.006 895
	psig	바	0.06895
	inHg (32℉)	파스칼	3.386×10^{3}
	mmHg (0℃)	파스칼	1.333×10^{2} *
	mmHg 절대값	토르	동일
	바	파스칼	1.0×10^{5}
	대기압 (=760mmHg	메가파스칼	0.1
	또는 ≈ 30 inHg ≈ 14.7 psi	파스칼	1.013×10^{5}
	abs.=0.00 psig	메가파스칼	0.1013
열전도	Btu/시간/제곱피트/℉/인치	열량/초/제곱센티미터/℃/cm	3.447×10^{-4}
	Btu/시간/제곱피트/℉/인치/피트	열량/초/제곱센티미터/℃/cm	4.13×10^{-3}
	열량/초/제곱센티미터/℃/cm (=열량/초/센티미터/℃)	와트/제곱센티미터/켈빈/cm (=와트/센티미터/켈빈)	4.187
점도 (역학 점도)		와트/미터/켈빈/푸아즈	4.187×10^{2}
	그램/센티미터/초 (또는 다인 초/제곱 센티미터)	푸아즈(P)	동일
	푸아즈	센티푸아즈(cP)	10^{2}
	센티푸아즈	파운드(질량)/피트/시	2.42
	초당 센티미터 당 그램	파스칼초	0.1
	센티푸아즈	밀리 파스칼초(mPa s)	동일
점도 (동적 점도)	제곱센티미터/초	스토크스	동일
	스토크스	제곱미터/초	1.0×10^{-4}
확산 (확산 상수)	제곱센티미터/초	제곱미터/초	1×10^{-4}
힘	다인	뉴턴 (N)	1.0×10^{-5}
	파운드힘	뉴턴 (N)	4.448
질량 전달	그램/제곱센티미터/초	그램/제곱미터/초	1×10^{-4}

참고문헌

커크-오서머, 간추린 화학 공학 사전, 존 와일리, 뉴욕, 1985.

3.2 | 기수사

그리스[a]	라틴[b]	영어 및 접두어[c,d]
이스, 미아, 엔	우누스, 우나, 우눔; I	원 [유니-, 라틴어]
두오	두오, 두애; II	투 [두오-, 라틴어 및 그리스어]
트레이스, 트리아	트레스, 트리아; III	쓰리 [트리, 라틴어 및 그리스어]
텟사레스, 텟사라	콰트오르; IV	포 [콰드리-, 라틴어]
펜테	퀑퀘; V	파이브 [퀑퀘-, 라틴어; 펜트(펜타), 그리스어]
헥스	섹스; VI	식스 [헥스(헥사)-, 그리스어; 섹스(섹시)-, 라틴어]
헵타	셉템; VII	세븐 [헵타-, 그리스어; 셉트(셉템)-,라틴어]
옥테	옥토; VIII	에잇 [옥타(옥토)-, 라틴어 및 그리스어]
애니어	노벰; IX	나인 [난-, 그리스어]
데카	디셈; X	텐 [덱(데카)-, 그리스어; 데시- (1/10), 라틴어]
에이코시	위긴티, xx	투웬티 [에이코사-그리스어]
펜테콘타	퀑콰긴타; L	피프티 [—]
헤카톤	첸툼; C	헌드레드 [헥토-, 그리스어; 센티- (1/100, 라틴어]
펜타코시오이	퀑젠티; D	파이브 헌드레드
킬리오이	밀리; M	천 [킬로-, 그리스어; 밀리- (1/1,000), 라틴어]

[a] 그리스어 주격 단수명사는 부정형과 함께 쓰이나 라틴어에서는 (장모음 = η; e(단모음) = ε; (단모음) = ο; o(장모음) = ω, kh = x; ph = ψ)을 동반한다는 점에서 차이가 있다. 그리스어 u = υ (윱실론)은 라틴어의 y이다.

[b] 라틴 주격 단수명사는 가능한 경우 여성(f), 남성(m) 또는 중성(n) 성별로 나타낸다.

[c] 그리스어와 라틴어 접두사는 각각 해당 언어에서 유래한 단어와 사용해야 한다.

[d] 일반적으로 배수(예: 킬로-)는 그리스 접두어를, 분수(예: 밀리-)는 라틴어 접두어를 사용한다

클라크 & 맥래(1987, 1988) 클루버 아카데믹 출판사의 자료 재편집.